조약법상 준비문서(*Travaux Préparatoires*)의 지위

유민총서
25

조약법상 준비문서
(*Travaux Préparatoires*)의 지위

| 황준식 지음 |

홍진기법률연구재단

머리말

　국제관계에서 조약의 비중과 범위가 확대되면서 조약 해석의 주체와 계기 역시 매우 다양해졌다. 정부의 일상적 외교실무에서 수시로 조약의 유권적 해석이 필요하며, 국제재판기구가 국가간 분쟁을 해결하는 과정에서도 조약해석이 이루어진다. 국제기구의 권한있는 기관이 자신의 설립헌장에 대한 해석을 통해 업무를 수행하기도 하고, 내국인간 또는 외국인 소송 당사자를 포함하는 분쟁에서 국내법원이 조약을 해석하는 경우도 많다. 이렇게 다양한 맥락에서 전지구적으로 이루어지고 있는 조약해석이라는 규범적 행위가 반세기 전 탄생한 비엔나 조약법협약에 의해 비교적 순조롭게 규율된다고 상상해볼 수 있다면 이 협약에 담긴 조약해석 규칙의 어떤 본질적인 유연성 또는 실용성에 주목하지 않을 수 없다.

　그러한 비엔나 조약해석 규칙을 구성하고 있는 각각의 해석 요소들에는 저마다 고유한 역할과 배경이 있는데 그중 특히 '준비문서'라는 해석 요소는 독특한 존재감을 갖는다. 조약의 작성 주체가 주권국가라는 사실로 인해 전통적 조약해석 담론에서는 저자의 본래적 의도를 찾으려는 노력이 두드러졌다. 이러한 경향은 현대 국제법에서도 거의 마찬가지다. 여기서 준비문서는 조약 작성 주체의 의도를 직접적으로 보여주는 대표적 원천이자 수단으로 간주되어 왔다. 따라서 이러한 준비문서가 현대 조약해석 담론에서 실질적으로 어떠한 지위를 부여받고 있는지 검토하는 것은 비엔나 조약법협약 체제의 연구에서 매우 중요한 부분을 구성할 수밖에 없다. 한편, 한일 과거사를 둘러싼 다양한 논란에서 조약해석이라는 국제법적 측면이 근본적 쟁점의 하나로 자리하고 있음을 알 수 있는데, 특히 해방 이후 한일간 국교정상화에 이르는 장기간의 회담 과정에서 양국 정부에 의해 방대한 교섭기록이 만들어졌음에 주목할 필요가 있다. 21세기 들어 일반대중에 공개된 이 한일회담 문서는 정치학과 역사학의 연구 대상일 뿐 아니라 조약해석상 준비문서로서도 중요한 의미를 갖는다. 한일회담 문서를 준비문서라는 관점에서 접근해본다면 국제법의 눈으로 한일관계의 현대적 연원을 다시 생각해보는 계기를 만들어낼 수도 있다.

이 책은 이러한 문제의식을 배경으로 현대 조약해석 규칙의 규범적 존재양상, 그리고 준비문서의 실질적 가치와 역할에 대해 질문한다. 조약해석론의 역사적 연원과 비엔나 조약해석 규칙의 형성 과정에 대한 분석을 통해 그 규칙의 규범적 지위와 현황에 대한 비판적 이해를 도모하고, 현대적 학설과 판례 등에 담긴 준비문서 관련 논의를 상세 검토하여 조약해석 과정에서 준비문서가 작동하는 방식에 대한 보다 정교한 평가를 도출하는 것이 이 연구의 목적이라고 할 수 있다. 이 연구의 결론을 최대한 단순화해서 표현하자면 비엔나 조약해석 규칙의 위계적 외관이 시사하는 바와 달리 준비문서는 다른 주요 해석요소들과 사실상의 동등성을 갖는 것으로 평가되어야 한다는 것이다. 이러한 결론에 이르기까지 조약해석론의 여러 측면에 관련된 다양한 이론적 쟁점 또는 경향들이 식별·검토되고 있다. 마지막으로 이 책은 준비문서의 사실상 동등성 명제를 염두에 두고 1965년 한일 청구권·경제협력 협정의 준비문서 사례를 분석한다. 특히 이 부분은 청구권 관련 한일회담 진행경과를 준비문서라는 관점에서 종합적으로 접근하면서 우리 대법원의 핵심 관련 판례에 대한 학계 논의를 정리하고 있다.

이 책은 조약해석에 대한 개론서가 아니라 비교적 특수한 쟁점(비엔나 규칙의 실질적 지위와 준비문서의 지위 등)을 중심으로 조약해석 문제에 접근하는 연구서라고 할 수 있다. 그러나 국제법상 조약해석 규칙의 형성 과정을 조망하고 우리나라의 주요 현안과 관련된 조약 문제를 다루고 있다는 점에서 단지 이 특수한 쟁점에 관심을 가진 전공자에만 국한되지는 않는 잠재적 독자층이 있을 것으로 생각된다. 이러한 연구가 국제법의 주요 문제에 대한 학술적 논의뿐만 아니라 복잡한 정치사회적 현안의 검토에도 조금이나마 기여할 수 있기를 기대해본다.

이 연구서는 이근관 교수님의 지도 하에 작성한 필자의 박사학위 논문(2022년)을 일부 수정·보완한 결과물이다. 뒤늦은 박사학위 취득 노력에 무한 응원을 보내준 사랑하는 가족들과 어려운 고비마다 소중한 가르침으로 논문을 지도해주시고 이 책의 발간과정뿐만 아니라 평소 필자의 업무와 관련해서도 항상 통찰력있는 상세한 조언을 베풀어주신 이근관 교수님께 각별한 감사의 말씀을 드리고 싶다. 제5장에서 다루는 한일회담 외교문서에는 우리를 식민지배했던 일본을 상대하며 조금이라도 더 나은 협상 결과를 얻기 위해 전쟁과 정치적 격변 등 온갖 어려움 속에서 고군분투했던 우리나라의 외교관들, 그리고 유민 홍진기 선생과 같은 선구적 관료이자 학자의 땀과 눈물이 소리 없이 담겨있다. 그렇기에 필자의 학위논문이 과분할 정도로 영광스러운 홍진기법률연구상을 수상한 것은 개인적으로 각별한 의미가 있었다. 홍진기법률연구재단의 모든 관계자분들, 특히 홍석조 이사장님 그리고 정인섭 교수님을 비롯한 이사님들께도 깊은 감사를 드린다. 이 책에 담긴 분석이나 주장은 대한민국 정부의 공식입장과 무관한 필자 개인의 학술적 견해이며, 오류와 착오 등을 포함한 모든 내용은 전적으로 필자의 책임이다.

2024년 6월

저자 황준식

목 차

표 목 차

제1장

서 론

1930년대 중반 이태리의 침략에 맞서고 있던 에티오피아 정부는 미국 출신의 젊은 법학도를 국제법 자문관으로 채용하였다. 당시 그는 파리대학에서 법학박사 학위를 갓 취득한 상황이었는데, 1934년에 그가 쓴 학위논문의 제목은 '준비문서에 의한 조약해석'이었다. 이 논문은 준비문서를 활용한 역사적 조약해석 방법론이 조약 텍스트의 저자인 주권국가들을 지켜주는 최선의 보호장치가 될 것이며 이는 국제 정의의 만개(滿開)를 가져올 것이라는 결론을 내렸다.[1] 국제연맹의 실패가 점쳐지던 비관적 시기에 낙관적 국제주의자에 의해 제출된 이러한 전망은 국가의 진정한 의도를 담지하는 조약해석의 요소로서 준비문서가 갖는 독특한 특징을 잘 드러내는 것으로 보인다. 그 후 대략 90년 정도 지난 오늘날 유사한 주제의 논문을 쓴다면 그 안에 과연 동일한 낙관적 전망을 담 수 있을 것인가?

당시에는 전통적인 학설과 법언 체제가 다양한 조약해석의 원칙이나 규칙을 제공하고 있었으며 오늘날 비엔나 조약법협약과 같은 정식화된 해석규칙 체제는 존재하지 않았다. 1969년 채택된 비엔나 조약법협약 제31조와 제32조는 조약해석의 '일반규칙'과 '보충수단'을 서술하고 있는데[2] 이를

---

1) John Spencer, "L'Interpretation des Traités par les Travaux Préparatoires" (Thèse pour le Doctorat en Droit, Université de Paris: 1934). Spencer는 이후 Selassie 황제의 고문으로 약소국 에티오피아의 국익을 위해 오랫동안 함께 고군분투하게 되는데, 국제사회의 냉혹한 현실을 목도하며 결국 국제법과 국제기구에 대한 기대를 접은 것으로 알려졌다. 그는 회고록에서 법률자문관은 법학 훈련 따위는 다 잊고 철저한 외교관과 전략가의 역할을 수행해야 한다고 서술하였다. John Spencer, *Ethiopia at Bay: A Personal Account of the Haile Selassie Years* (Reference Publications, 1984), p. 354.

2) 비엔나 조약법협약 제31조와 제32조는 다음과 같다. "Article 31 (General rule of interpretation): 1. A treaty shall be interpreted in good faith in accordance with the

통해 비로소 국제법 체제에는 성문화된 공식적 조약해석 규칙 체제가 도입
되었다. 따라서 일견 국제법상 조약해석 문제에 대해서는 이론적으로나 실
무적으로 정리가 된 것으로 보이기도 한다. 그러나 실제 국제법 학술 논의
와 실무 쟁점상 조약해석의 결과에 대한 치열한 논쟁이 자주 발생한다. 비
엔나 해석 규칙의 존재만으로 조약해석의 모든 어려움이 해소되지도 않았
고 조약해석 분쟁이 크게 줄어들지도 않았다. 상설국제사법재판소(Permanent
Court of International Justice, 이하 PCIJ)와 이를 승계한 국제사법재판소
(International Court of Justice, 이하 ICJ)의 규정 제36조 2항이 선택적 강제
관할권 수락의 첫 번째 대상으로 조약해석에 대한 분쟁을 규정하였듯이,
조약의 해석은 국제법적 분쟁에서 항상 큰 비중을 차지하는 주제였다.3) 이

---

ordinary meaning to be given to the terms of the treaty in their context and in the
light of its object and purpose. 2. The context for the purpose of the interpretation
of a treaty shall comprise, in addition to the text, including its preamble and annexes:
(a) any agreement relating to the treaty which was made between all the parties in
connexion with the conclusion of the treaty; (b) any instrument which was made by
one or more parties in connexion with the conclusion of the treaty and accepted by
the other parties as an instrument related to the treaty. 3. There shall be taken into
account, together with the context: (a) any subsequent agreement between the parties
regarding the interpretation of the treaty or the application of its provisions; (b) any
subsequent practice in the application of the treaty which establishes the agreement
of the parties regarding its interpretation; (c) any relevant rules of international law
applicable in the relations between the parties. 4. A special meaning shall be given
to a term if it is established that the parties so intended.
Article 32 (Supplementary means of interpretation) Recourse may be had to
supplementary means of interpretation, including the preparatory work of the treaty
and the circumstances of its conclusion, in order to confirm the meaning resulting
from the application of article 31, or to determine the meaning when the interpretation
according to article 31: (a) leaves the meaning ambiguous or obscure; or (b) leads
to a result which is manifestly absurd or unreasonable". 제33조 역시 조약해석에 대한
조항으로서 복수 언어 정본으로 된 조약의 해석 문제를 다룬다. 협약의 국문 명칭은
'조약법에 관한 비엔나협약'이며 우리나라는 1977년에 비준하였다(조약 제697호). 협
약의 발효일은 1980년 1월 27일이다.

러한 맥락에서 현대 국제법상 비엔나 조약법협약에 근거한 조약해석 규칙[4]이 어떠한 실효적 역할을 하고 있는지 근본적으로 점검하는 것은 충분히 유의미할 것이다.

비엔나 조약해석 규칙을 둘러싼 수많은 쟁점들 가운데 이 연구에서는 특히 준비문서(*travaux préparatoires*)[5]에 초점을 맞추고자 한다. 준비문서는 20세기 초반부터 조약해석론에 있어서 가장 논쟁적 요소 중 하나였다.[6] 비엔나 규칙은 준비문서를 제32조상 "보충수단"으로 규정하고 있는데, 실제 조약해석에 있어서 준비문서는 자연스럽고 필수적인 검토 대상이 되는 경향을 보이고 있다. 1960년대 중반경 유엔 총회의 보조기관인 국제법위원회(International Law Commission, 이하 ILC)가 비엔나 조약법협약 초안을 성안하는 과정에서 준비문서의 역할이나 지위에 대한 다양한 논의가 이루어

---

3) Statute of the International Court of Justice, Article 36, paragraph 2.

4) 이하에서는 비엔나 조약법협약상 조약해석 조항(주로 제31조와 제32조)을 "비엔나 규칙" 또는 "비엔나 조약해석 규칙"으로 지칭하도록 한다.

5) 비엔나 조약법협약 국문본은 원래 이를 "교섭기록"이라고 번역하였으며, "준비자료"라는 용어가 쓰이기도 한다. 2023년 외교부는 비엔나 조약법협약 국문 번역의 오류시정 및 우리말 순화 차원에서 일부 정정된 국문본을 새로 공지하였는데 여기서는 "준비작업"이라는 번역이 사용되었다. 관보 제20518호(2023.6.9.) '조약 제697호(조약법에 관한 비엔나 협약중 정정)' 참조. 이 책에서는 대부분의 교섭기록이나 준비자료가 문서 형식으로 이루어졌다는 점을 감안하여 기존 실무 관행 등을 따라 "준비문서"라는 용어를 사용하도록 한다. 준비문서는 교섭기록을 포함한 조약체결 준비·협상 작업 과정에서 생산되는 문서와 자료 일체를 의미하는데 이에 대한 정의는 비엔나 조약법협약에 나와있지 않다. 준비문서의 정의 관련 논의에 대해서는 후술(제4장 제3절 2.가 (1)) 참조.

6) Hersch Lauterpacht, "Some Observations on Preparatory Work in the Interpretation of Treaties", *Harvard Law Review*, Vol. 48, No. 4 (Feb. 1935), p. 549; Richard Gardiner, *Treaty Interpretation* (Oxford University Press, 2010), p. 25; Panos Merkouris, "'Third Party' Considerations And 'Corrective Interpretation' in the Interpretive Use of Travaux Préparatoires: Is It Fahrenheit 451 For Preparatory Work?", in Malgosia Fitzmaurice et al. (eds), *Treaty Interpretation and the Vienna Convention on the Law of Treaties: 30 Years On* (Martinus Nijhoff, 2010), p. 75.

졌다. ILC의 비엔나 규칙 성안 논의 과정은 그 이전 시대의 조약해석 학설과 판례법을 바탕으로 그 이후 지속 제기될 여러 근원적 쟁점들에 대한 통찰을 제공해주고 있다. 비엔나 조약법협약은 어느 시점 이후 ICJ 등 여러 국제사법기구들에 의해 받아들여지면서 국제법상 조약해석 담론의 중심적 위치를 확고히 인정받게 되었다. 그러나 이러한 국제법 담론의 전개 과정에서 조약해석과 준비문서의 개념에 대한 원론적 쟁점들이 충분히 논의되었거나 모두 식별되었다고 보기는 어렵다. 조약해석 담론상 비엔나 규칙의 중심성은 논의의 끝이 아니라 더 많은 문제제기의 이유가 될 수 있다. 비엔나 규칙 체제의 규범적 특성과 준비문서의 실질적 역할과 가치에 대한 고찰을 통해 (국제정의의 만개 등에 대한 고차원적인 담론까지는 이르지 못하더라도) 현대 국제법상 조약해석 문제의 실체에 대한 나름 유의미한 교훈을 모색해 볼 수 있을 것이다.

현대적 조약해석 규칙의 형성과정을 ILC 논의 과정을 중심으로 재검토하거나 재구성한 연구는 종종 발표되어왔다. 이러한 선행연구는 ILC 위원들이 구체 쟁점을 식별하고 그에 대해 다양한 견해를 밝히는 과정에서 비엔나 규칙이 어떻게 형성되어왔는가에 대한 이해를 넓혀주었다. 한편, PCIJ와 ICJ의 판례를 전체적으로 조망하면서 그 판례법상 조약해석 접근법을 식별하거나 이를 바탕으로 국제법의 분절화라는 주제와 연관짓는 연구도 있었다. 그러나 20세기 초 서구학계의 인식과 PCIJ 및 ICJ 판례법의 변화를 일관된 관점에서 살펴보며 그러한 담론의 궤적에 담긴 불일치 또는 간극을 드러내어 비판적으로 검토하고 이를 바탕으로 조약해석 규칙의 형성사 및 준비문서 관련 담론의 변화와 내적 긴장 또는 동요를 식별하고자 하는 시도는 많지 않았던 것으로 보인다. 이 책은 PCIJ와 ICJ의 판례 분석 과정에서 기존 연구성과를 적절히 참고하되, 기존 연구에서 크게 주목되지 않았던 PCIJ/ICJ의 조약해석 세계관 또는 담론에 내재한 불연속성이나 공백에 유념하면서, 준비문서의 실질적 가치와 역할에 대한 분석에 초점을 맞춘다.

아울러, 그간 우리나라의 대표적인 조약법상 쟁점인 한일간 청구권·경제
협력협정의 적용범위에 대한 국제법적 검토 논문은 많이 있었으나 한일회
담 관련 문서를 상세히 검토하여 조약법상 준비문서라는 틀에서 심층 접근
하는 연구는 많지 않았던 것으로 관찰된다. 그리고 역사학계의 상세한 한
일회담 문서 분석 작업은 국제법상 조약해석론과는 다소 상이한 차원의 연
구로서, 그간 국제법적 접근과 역사학적 접근이 충분히 융합되었다고 보기
어려운 측면이 있다. 본 연구에서는 국제법적 연구와 역사적 분석이 비엔
나 규칙 체제의 준비문서 개념 하에서 조응할 수 있는 방법을 찾는 데 도
움이 될 수 있도록 한일회담 문서 및 관련 국내 주요 판결 등에 대한 사례
연구를 시도하고자 한다.

이 책은 크게 비엔나 조약해석 규칙의 형성과 정착에 이르기까지의 국제
법 학설·판례·담론의 진행경과를 상세히 살펴보는 부분과 이를 바탕으로
비엔나 규칙의 규범적 성격 및 준비문서의 실질적 지위를 검토하는 부분,
그리고 한일 청구권·경제협력협정 준비문서에 대한 사례분석 부분으로 구
성된다. 우선 비엔나 조약해석 규칙 형성 이전의 조약해석론을 국제법상
조약해석론의 연원과 20세기 전반의 조약해석 규칙 정식화 시도로 나누어
고찰한다. 조약해석론의 연원은 고전시대의 조약해석론과 근세 국제법 담
론의 캐논(canons) 체제에서 찾을 수 있는데 특히 근세 국제법 담론은
Grotius와 Vattel의 조약해석 서술을 중심으로 살펴본다. 이어지는 20세기
전반의 조약해석 규칙 정식화 시도에 대한 검토로는 무엇보다도 PCIJ의 판
례법상 조약해석 규칙과 관행, 그리고 이를 바탕으로 조약해석 규칙의 성
문화를 시도한 대표적 사례인 Harvard Research 초안을 상세히 살펴본다.
아울러, ILC의 조약법협약 논의 이전 초기 ICJ 판례를 살펴보면서 PCIJ 판
례와의 연계성을 심층 검토하도록 한다.

제3장에서는 비엔나 조약해석 규칙의 형성과 현재적 적용양상을 살펴본
다. 우선, 비엔나 규칙의 직접적 원천이 되는 문헌에 대한 검토에서 출발하

여 ILC 조약법협약 특별보고관 Waldock의 보고서 및 이에 대한 ILC 내부의 논의 전개를 상세히 고찰한다. 여기서 작성된 ILC의 조약법협약 초안을 정식 채택한 비엔나 조약법 회의에서는 조약해석 규칙과 준비문서에 대해 어떠한 논의가 이루어졌는지도 상세 확인하도록 한다. 이어 비엔나 규칙의 현재적 지위를 평가하는 차원에서 비엔나 규칙에 국제관습법으로서의 지위를 공식 부여하면서 이 규칙 체제를 수용해온 ICJ의 주요 판례들을 차례로 살펴본다. 이를 통해 ICJ가 점진적으로 정립시킨 현대적 조약해석 방법론을 확인하고 비엔나 규칙에 대한 통상적 서사가 정립되는 과정을 식별한다.

이러한 검토를 바탕으로 제4장은 비엔나 규칙의 규범적 성격과 구조(국제관습법 규칙으로서의 지위 문제, 위계적 구조 문제)를 비판적으로 논의하여 준비문서의 실질적 가치 평가를 위한 전제를 구축한다. 이어 준비문서의 사실상 동등성 명제를 도출하고 그 실체적 배경 또는 원인, 잠재적 쟁점, 그리고 그러한 명제의 한계까지 살펴보도록 한다. 이를 통해 준비문서의 실질적 지위에 대한 검토가 갖는 이론적 또는 실천적 함의를 고찰할 것이다.

제5장은 준비문서의 실제 사례분석으로서 한일간 청구권·경제협력협정의 준비문서를 검토하고 준비문서에 대한 앞선 이론적 논의가 이 사례분석을 통해 어떠한 구체적 시사점을 도출해줄 수 있는지 생각해볼 것이다.

제6장에서는 상기 논의를 요약하면서 결론적 명제를 전체적 맥락 속에서 재확인하고 준비문서 분석과 활용의 중요성에 대해 짚어보고자 한다.

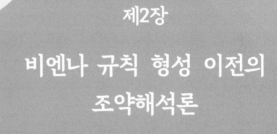

제2장

비엔나 규칙 형성 이전의
조약해석론

제1절 국제법상 조약해석론의 연원

1. 고전시대 조약해석론의 전개

'법언(법격언)'이라는 이름으로 더 많이 알려진 라틴어 경구의 원칙 또는 규칙들은 오늘날 다양한 국제판례 또는 학술 담론에서 여전히 원용되고 있다.[7] 국제법에서 또는 조약법에서 가장 널리 알려진 대표적인 법언은 '합의는 준수되어야 한다(*pacta sunt servanda*)'일 것이다.[8] 이러한 자명한 법언뿐만 아니라 매우 기술적인 성격의 해석 규칙도 이러한 법언의 형태로 널리 원용되고 있다.[9] 고전적 규칙을 담은 경구식 언설을 캐논(canon)이라고도 하는데, 국제법상 조약해석 규칙 담론의 역사적 연원에 대한 검토는 서구 고전시대부터 형성되기 시작한 이러한 캐논에서 출발해야한다.[10]

실제 서구 그리스-로마 고전시대에는 조약체결의 관행도 상당 수준 축적되어있었으며 당시의 국내법 및 조약해석에 대한 원형적 담론이 현대 국제법 논의에까지 어떠한 식으로든 영향을 미치고 있다.[11] 당시 조약해석 캐

---

7) 대부분의 조약해석 법언(maxim/canon)은 로마법에 근거한 국내법 체제에서 비롯하였으며 따라서 라틴어 문구 형식이 많다. Alain Pellet, "Canons of Interpretation under the Vienna Convention", in Joseph Klinger et al. (eds), *Between the Lines of the Vienna Convention? Canons and Other Principles of Interpretation in Public International Law* (Kluwer Law International, 2018), p. 27.

8) 비엔나 조약법협약 서문 참조.

9) 예를 들면, 목록으로 나열된 특정 단의의 의미를 함께 열거된 다른 단어와의 관계 속에서 파악하는 법언으로 *Ejusdem generis* 라는 규칙(구체 범주의 사람이나 사물 나열 후 일반적 단어가 나오면 그 일반적 서술은 앞선 구체범주의 범위내에서의 의미로 적용된다)이 있다. Henry C. Black, *Black's Law Dictionary* (6th edition by the publisher's editorial staff, West Group, 1990), p. 517.

10) 여기서는 법언, 법격언이라는 번역 명칭보다는 고전적 규칙, 전범, 정전 등의 뉘앙스를 살리는 취지에서 "캐논"이라는 영어 표현을 그대로 사용하도록 한다.

논의 발전은 그리스-로마 시대를 풍미한 수사학에 그 뿌리를 두고 있는 것으로 평가된다.[12] 그리스 도시국가간 체결된 조약에는 오늘날 평화조약, 중립선언, 동맹조약 등의 성격으로 분류될 수 있는 합의들이 다수 발견되며 로마인들 역시 주변부의 정치체들과 우호조약에 상응하는 합의를 체결하고 이를 영향력 확장의 지렛대로 활용했다고 한다. 이러한 과정에서 수사학적 논쟁구조에 대한 경험과 인식을 바탕으로 조약해석 규칙 개발이 시도되었다.[13] 특히 로마의 경우 수사학자들과 법학자들 간의 치열한 논리적 경쟁과 토론을 통해 법적 텍스트에 대한 해석규칙 적용 논의가 발전하였으나, 이후 중세를 거쳐 근세로 넘어오면서 수사학과 법학 간의 세밀한 차이들은 흐려졌고, 주로 수사학 전통의 영향을 받은 조약해석 규칙 담론들이 유럽 지식인들에 의해 재구성되었다.[14]

---

11) Gardiner, *supra* note 6, p. 60.

12) David J. Bederman, *Classical Canons: Rhetoric, Classicism and Treaty Interpretation* (Ashgate, 2001), p. 2.

13) *Ibid.*, p. 58. 원래 그리스 로마 수사학자들은 법적 주제에 관심이 많았다고 한다. 로마인들은 수사학적, 웅변학적 담론에 있어서 법적 쟁점의 활용을 중시하였는데, 수사학을 가르치는 교육방식의 하나로서 오늘날 모의법정과 유사한 토론 경연대회 (declamation)가 많이 활용되었다. 여기서 문법과 변증법적 논리학의 일환으로 배우는 논리적 또는 언어구조의 규칙들을 캐논이라고 하였다. 즉, 고전주의 학문에서 말하는 캐논이란 특정 텍스트의 단어에서 그 의미와 용법을 확인하는 기술적 문법 규칙을 지칭한다. *Ibid.*, pp. 15-18.

14) 기본적으로 로마의 법적 문헌들보다는 Cicero 등 저명 수사학 원전들이 더 많이 읽혀지고 알려지면서 근세초기 조약해석 관련 캐논들의 형성에 영향을 미쳤다. *Ibid.*, pp. 98-111. 널리 알려진 Grotius의 정전론 역시 Cicero를 포함한 서구의 전통적 도덕론에 근거하고 있다. Oona Hathaway and Scott Shapiro, *The Internationalists: How a Radical Plan to Outlaw War Remade the World* (Simon & Schuster, 2017). p. 10.

2. 근세 국제법 담론에서의 캐논: Grotius와 Vattel

고전주의에 대한 관심의 부활을 배경으로 서양 근세 국제법 담론에서는 조약해석 규칙을 체계화하려는 움직임이 나타나기 시작하였다. 이러한 맥락에서 가장 체계적인 조약해석 규칙과 접근법을 선구적으로 제시한 Grotius와 이를 전면 승계하며 정교하게 발전시킨 Vattel의 저작이 가장 중요하다고 할 수 있을 것이다.15)

Grotius는 1625년 저서 '전쟁과 평화의 법'에서 하나의 장(章)을 할애하여 조약해석 문제를 다루었다.16) 그는 조약해석론에 대한 체계적인 연구와 분석을 실시한 첫 학자로 평가된다.17) 앞서 언급하였듯이 Grotius를 비롯한 서구 근세 국제법 학자들은 고전시대의 해석 캐논을 국제법상 조약 해석론에 적용하였는데, 이는 그러한 캐논들의 상당수가 어느 정도 상식적 합리성의 관점에서 수용가능한 내용이었기 때문에 자연스러운 귀결이라고 할 수 있었다.18)

---

15) Gardiner, *supra* note 6, p. 60; Bederman, *supra* note 12., p. 111.

16) Hugo Grotius (edited and with an Introduction by Richard Tuck), *The Rights of War and Peace (De jure belli ac pacis)* (Liberty Fund, 2005), pp. 848-883; Hugo Grotius (edited by Stephen Neff), *On the Law of War and Peace* (student edition) (Cambridge University, 2012), pp. 238-251. 해석을 다룬 장은 제XVI장이다. 여기서는 영어번역본 중 2012년 Stephen Neff 편집본을 인용하도록 한다. Lauterpacht는 Grotius의 조약해석론이 20세기의 관점에 비추어보아도 별로 손색이 없는 내용이라고 평가한다. Hersch Lauterpacht, "Restrictive Interpretation and the Principle of Effectiveness in the Interpretation of Treaties", *British Yearbook of International Law*, Vol. 26 (Jan. 1949), p. 48.

17) Liliana Popa, *Patterns of Treaty Interpretation as Anti-Fragmentation Tools: A Comparative Analysis with a Special Focus on the ECtHR, WTO and ICJ* (Springer, 2018), p. 166. Grotius의 조약해석 이론에 대한 전반적인 개관은 Béla Vitányi, "Treaty interpretation in the Legal Theory of Grotius and its Influence on Modern Doctrine", *Netherlands Yearbook of International Law*, Vol. 14 (Dec. 1983), pp. 41-67 참조.

18) Lassa Oppenheim, *International Law: A Treatise* (edited by Ronald Roxburgh) (Third edition, Vol. I), (Longmans, Green and Co., 1920), p. 700.

Grotius는 조약해석론을 의도의 문제로 접근하였다. 즉, 정확한 해석은 가장 개연성 높은 징표들로부터(*ex signis maxime probabilibus*) 출발하여 당사자들의 의도에 도달하는 것이다.[19] 이는 합의문에 표현된 내용보다는 신의성실한 의도를 더 중시해야한다는 점을 강조한 것으로 볼 수 있다.[20] 그러나 Grotius가 통상적으로 알려진 '해석학파' 분류 중 '의도 중시 학파'에 해당할법한 특정 견해만을 주창한 것은 아니었다. 그는 단어가 통상적 의미(ordinary sense)로 이해되어야 한다는 점도 명확히 하였다.[21] 또한 해석에 있어서 조약의 핵심주제나 조약체결 동기(목적)에 부합하며 합리적이고 실효적인 결과를 보장하는 추론이 필요하다는 원칙들을 제시함으로써 해석의 필수적 요소들을 망라하고 있다.[22] 이러한 과정에서 Grotius는 각각의 규칙이나 사례 범주에 적용되는 예외를 명시하는 등 비교적 정교한 접근법을 취함으로써 현대 조약해석 담론의 전조 또는 전위 역할을 해준 것으로 평가된다.[23] Grotius가 고전주의적 관념에 근거하여 조약해석의 규칙 또는 원칙들을 포괄적으로 집대성함으로써 서구 조약법 연구 전통의 중요한 가교역할을 한 것은 사실이나, 이 분야에서 그의 기여는 이러한 취합과 재정리에 한정되지 않는다. Grotius는 자연법론의 맥락에서 주권자간 합의가 객관적 자연이성에 근거한 조약해석 규칙에 의해 규율됨으로써 정확한 또는 올바른 해석과 분쟁해결이 가능함을 보여주었다. 또한, 그리스·로마적 웅변과 수사학의 설득론을 넘어 법리적 논변을 통해 체계적인 조약해석과 운용이 가능함을 시사하였다.[24] 아울러, Grotius가 제시한 다수의 원칙들은

---

19) Grotius, *supra* note 16, p. 238. 여기서 가장 개연성 높은 지표는 단어 및 그 함의를 지칭한다고 볼 수 있다. Lauterpacht, *supra* note 6, p. 571; Bederman, *supra* note 12, p. 119.

20) Bederman, *supra* note 12, p. 119.

21) Grotius, *supra* note 16, p. 238; Lauterpacht, *supra* note 16, p. 48.

22) Grotius, *supra* note 16, pp. 239-241.

23) Lauterpacht, *supra* note 16, p. 48.

24) Bederman, *supra* note 12, pp. 119, 122-123.

국가들의 궤변적 해석과 조약상 의무 회피를 차단할 수 있는 해석 규칙의 정립이 중요하다는 인식을 드러낸다고 할 수 있다.25)

Grotius의 충실한 원용자이자 승계자로서 18세기의 가장 저명한 국제법학자 중 하나인 Vattel은 1758년 대표저작을 통해 Grotius가 고전주의에 근거하여 재정립한 전통적 규칙들을 보다 현대적 담론에 가까운 방식으로 정교화하였다.26) Vattel의 저술은 당대를 통틀어 조약해석론을 가장 상세하게 다룬 것으로서 Vattel이 제시한 캐논들은 이후 주요 국제법 저서에서 거의 빠짐없이 소개되었다.27) 그의 여러 캐논들 중 근본적인 해석 규칙으로서 가장 널리 알려진 것은 '해석할 필요가 없는 것은 해석해서는 아니 된다'라는 규칙이다.28) 이는 조약의 단어가 맥락 속에서 통상적 의미로 이해되어야 하며 명백하고 정확한 표현과 의미는 (그것이 명백히 불합리한 결과가

---

25) *Ibid.*, pp. 122-123. Bederman은 수사학과 법논리의 융합 및 텍스트와 의도의 조화 등에 대한 강조를 바탕으로 고전주의를 극복하는 근대적 해석규칙을 구성해낸 것이 Grotius의 중요한 기여라고 평가한다. *Ibid.*, pp. 136-137.

26) Emer de Vattel (edited by Béla Kapossy and Richard Whatmore), *The Law of Nations* (Liberty Fund, 2008), pp. 407-448. 이하에서는 이 영어본을 원용하도록 한다. 해석에 대한 내용은 제XVII장에 나와 있다. Vattel의 이 저서에서 가장 많이 원용된 학자는 Grotius였다. Hathaway and Shapiro, *supra* note 14, p. 27. 그러나 Bederman은 Vattel이 Grotius로부터 모든 원칙과 관념들을 물려받았음에도 불구하고 여전히 그 출처가 Grotius임을 충분히 밝히지 않았으며 해석 캐논에 대한 접근에 있어서 고전주의라는 원천에 대한 충분한 인식이 결여되어 있었다고 평가한다. Bederman, *supra* note 12, p. 139.

27) Lauterpacht, *supra* note 16, p. 48; Charles Fairman, "The Interpretation of Treaties", *Transactions of the Grotius Society*, Vol. 20 (1934), p. 129. Gardiner는 Vattel이 이후의 학자들에게 과도한 영향력을 미쳤다고 지적하면서, 그 결과 오히려 ILC가 '규칙 목록식'의 접근법을 거부하게 되었다고 평가한다. Gardiner, *supra* note 6, p. 62.

28) Vattel은 이것을 해석의 제1일반법언(first general maxim)이라고 명명하였다. Vattel, *supra* note 26, p. 408. Harvard Research in International Law, "Harvard Draft Convention on the Law of Treaties", *Supplement to the American Journal of International Law*, Vol. 29 (1935), p. 940 (이하 "Harvard Research"). Harvard Research에 대해서는 제2장 제2절 2.가. 참조.

아닌 한) 거부될 수 없다는 적나라한 문언주의적 원칙과도 일맥상통하는
것으로 평가된다.29) 그러나 '해석의 유일한 목적은 작성자의 의견(생각)을
발견하는 것'이라는 언설에서 드러나듯, Vattel의 규칙들을 관통하는 또 다
른 핵심 인식은 의도 중심적 접근에 있다.30) 모호한 문구를 해석할 때마다
과연 원래 작성자의 의도나 구상은 무엇인지를 생각하여 그에 따라 해석하
는 것이 모든 해석의 일반규칙(general rule)이라는 것이다.31) 나아가 Vattel
은 실효적 해석론의 개념적 근간을 제공하였으며,32) "조약의 동기(목적)"는
진정한 의미를 확정짓는 가장 확실한 방법으로서 모호하거나 불확실한 문
구가 있는 경우 또는 목적이 확실하게 알려진 경우 그러한 목적에 따라 해
석되어야 한다는 점도 강조하였다.33) 조약의 조항은 전체적인 담론의 맥락
속에서 상호 연계 또는 조화의 관점으로 해석되어야 한다는 규칙도 제시되
고 있다.34)

　Grotius와 마찬가지로 Vattel의 방대한 캐논 목록은 현대적인 조약해석
규칙의 거의 모든 요소들을 경작해낼 수 있는 방대한 농장과도 같았다. 거
기서는 어떠한 '해석학파'든 원하는 것을 찾을 수 있었다.35) Vattel은 자신

---

29) Harvard Research, p. 940. 해석이 필요한지 여부 자체가 해석의 결과이므로 Vattel의 제1일반법언은 선결문제요구 오류(*petitio principii*)에 해당한다고 지적되고 있다. Ian Sinclair, *The Vienna Convention on the Law of Treaties* (Manchester University Press, 1984), p. 116. 그러나 Vattel이 명확한 단어에 대해서는 어떠한 해석도 필요하지 않다고 본 것은 아니기 때문에 Vattel에 대한 이러한 비판이 적절하지 않다는 지적도 있다. Gardiner, *supra* note 6, p. 61.
30) Vattel, *supra* note 26, pp. 411-414.
31) *Ibid.*, p. 411.
32) Vattel은 조약을 무효화하거나 비효과적으로 만드는 해석은 허용되지 않는다는 규칙을 제시하였다. *Ibid.*, p. 419; Fairman, *supra* note 27, p. 130; Alexander Orakhelashvili, *The Interpretation of Acts and Rules in Public International Law* (Oxford Universitty Press, 2008), p. 302.
33) Vattel, *supra* note 26, pp. 422-425. Harvard Research, pp. 947-948.
34) Vattel, *supra* note 26, p. 420.
35) Lauterpacht는 Vattel에게 있어서 텍스트주의 원칙이 결정적인 우위를 갖는 것은 아니

이 제시한 모든 규칙들이 통합적으로 적용되어야 하며 해석은 그러한 모든 규칙에 부합하는 방향으로 이루어져야 한다고 강조하였다.[36] 이러한 면에서 Vattel은 서로 다른 강조점이나 접근법의 선택적 또는 자의적 활용을 차단하는 데 특별한 관심을 기울이지 않은 것으로 평가된다.[37] 즉, 이러한 캐논 중심 서술에서는 해석의 원칙적 방법론에 대한 확고한 일관성보다는 해석 요소들 간의 긴장과 상충이 더 두드러질 수밖에 없다. 이는 현대 국제법 담론에서 조약해석 캐논의 유용성에 대한 강력한 의구심이 존재하는 근본적 이유라고 볼 수도 있다.

Grotius와 Vattel의 해석규칙론은 기본적으로 여러 캐논들을 목록화해서 제시하고 있다. 그러나 이러한 나열적 서술구조에도 불구하고 나름의 상호 연계성을 보여주고 있다는 점도 부인할 수 없다. Grotius와 Vattel의 서술이 단순한 규칙 나열에 그치지 않고 조약해석 구조에 대한 나름의 통찰 또는 전제에 입각하고 있기 때문이다. 양자의 공통적 통찰 또는 전제는 바로 조약해석이란 모호하거나 일견 모순적인 문언에 대한 해결 작업이라는 인식이다. Grotius의 핵심적 규칙들은 복수의 의미 또는 모순적 의미에 직면하는 경우 '추론' 작업이 필요하다는 인식에서 출발하여 여러 유형의 추론 근거를 서술하는 방식으로 구성된다.[38] Vattel의 저작은 Grotius보다 더 진전된 현대적인 구조를 보여준다. Vattel의 조약해석론 서술 구조가 Grotius와 차별성을 갖는 지점은 조약해석 규칙의 필요성에 대한 보다 더 본질적인

었다고 평가한다. Lauterpacht, *supra* note 16, pp. 48, 52.

36) Vattel은 규칙들간의 충돌 발생시 각 사안에 더 부합하는 규칙에 따라, 그리고 규칙의 힘과 중요성에 따라 서로 균형을 맞추어야 한다고 서술하였다. Vattel, *supra* note 26, p. 448.

37) Lauterpacht, *supra* note 16, p. 48.

38) Grotius, *supra* note 16, pp. 239-241. Grotius는 '단어'와 '단어로부터의 추론 (conjectures)'이 해석의 근간이 된다고 보았는데, Popa는 이를 Grotius가 두 종류의 해석을 제시하였다고 설명한다. Popa, *supra* note 17, p. 165.

고찰에서 시작한다는 것이라고 할 수 있다. Vattel은 인간의 언어가 필연적
으로 불명확하고 불확정적일 수밖에 없으며 설사 명확하고 확정적인 언어
가 가능하더라도 입법이나 조약이 발생가능한 모든 상황을 상정하거나 예
측할 수 없다는 점을 지적한다. 따라서 언어적 불완전성의 기만적 악용이
나 의무이행 회피를 위한 고의적인 모호성 부가 등을 억제하기 위해 이성
에 기반한 정의와 형평의 자연법적 해석원칙이 필요해진다.[39] 이러한 맥락
에서 Vattel은 해석이 요구되는 다양한 상황들에 대해 각각 적합한 해석규
칙을 제시한 것이다. 특히 그의 서술에서는 조약문언의 모호성에 대한 접
근법이 다양한 방식으로 변주되고 있음을 알 수 있다.[40] 이러한 과정에서
Vattel이 법언과 규칙들 간의 상호관계를 완전히 무시한 것이 아니다. 예를
들어 목적에 따른 해석 규칙을 제시하면서도 그러한 목적이 매우 명확해야
하며 불확실한 추론에 의해 도출된 목적을 근거로 충분히 명백한 의미를
뒤틀거나 제한·확대하는 것은 "해석할 필요가 없는 것의 해석"에 해당한다
고 주장하였다. 즉, 제1일반법언에 위배된다는 것이다. 이와 같이 Vattel은
충분히 명백한 문언이나 자명한 의도에 위배되는 특정 세부규칙의 적용을
금지하는 조건을 부과하는 모습을 보인다.[41] 비록 상황별 규칙 제시라는
구조가 실용적인 규범체제로서는 명백한 한계를 갖고 있으나 Vattel의 해석
론과 그것이 근거하고 있는 Grotius의 학설이 조약해석 규칙 담론에 대한
이론적 성찰의 토대를 제공하고 있음은 분명하다. 조약 문언이 갖는 거의
필연적인 모호성 등에 착목하고 있다는 점도 현대적 조약해석 규칙 담론의
재검토에 있어서 유용한 시사점을 제시해 준다고 할 수 있다.[42]

---

39) Vattel, *supra* note 26, p. 407.
40) *Ibid.*, pp. 407, 416, 418, 420, 422-423, 425.
41) *Ibid.*, p. 423.
42) 참고로, Grotius나 Vattel의 캐논 목록에 준비문서 또는 조약체결 과정의 문제에 대한
    법언이나 규칙은 없다. 그러나 비엔나 조약법협약의 조약해석규칙에서 준비문서를 위
    치시킨 지점(의미가 모호해지거나 불명확하게 되는 경우, 또는 명백히 부조리하거나

3. 캐논에 대한 20세기 초 서구 국제법학계의 인식

고전주의에서 연원하여 Grotius와 Vattel 등을 거쳐 정립된 조약해석의
캐논들은 19세기말에서 20세기 초반에 형성된 유럽과 미국 중심의 국제법
담론체계에서도 지속 논의되고 원용되었다. 19세기말 주요 서양 국제법 저
작을 보면 여전히 Grotius나 Vattel의 캐논 체제와 여러모로 유사한 조약해
석론이 전개되고 있음을 확인할 수 있다. 조약해석 문제에 대한 종합적인
서술로 Oppenheim에 의해 추천되고 있는[43] Phillimore의 경우, 조약 해석을
크게 세 종류로 나누고 그중 진정한 의미의 해석이라고 할 수 있는 이론적
(doctrinal) 해석을 '문법적 설명'과 '논리적 설명'으로 구분하여 각 범주 하
에서 적용되어야 할 원칙 또는 규칙들을 제시하고 있다.[44] 문법적 해석(설
명) 하에서 제시되는 일반규칙으로는 명백하고 자명한 의미의 원칙, (일부
조항만이 아닌) 문서 전체를 감안한 해석 등이 있다. 그러한 문법적 해석에
도 불구하고 당사자의 '의도'가 무엇인지에 대한 의구심이 드는 불확실성
또는 불합리성의 상황이 발생하는 경우 '논리적' 해석이 요구된다.[45]
Phillimore는 Vattel을 포함한 고전 저작에서 종종 거론되는 '이로운(favorable)
조약에는 확장적 해석, 해로운(odious) 조약에는 제한적 해석' 등의 구분론
에 대해 느슨하고 논란의 여지가 많다고 지적하는 등 어느 정도 과거의 담
론 체계와는 구분을 지으려는 모습을 보이고 있다.[46] 한편, 20세기 들어 급

불합리한 결과가 되는 경우에 준비문서의 참조가 가능하다고 규정한 비엔나 조약법협
약 제32조)과 Grotius 및 Vattel의 해석규칙의 강조점 사이에서 연계성을 발견하는 일
이 그다지 어렵지는 않을 것이다.

43) Oppenheim, *supra* note 18, p. 701.

44) Robert Phillimore, *Commentaries upon International Law, Vol. II* (Butterworth, 1871),
p. 92. 조약해석의 세 종류는 '입법자가 제공하는 해석(authentic interpretation)', '관
행과 선례에 따른 해석(usual interpretation)', 그리고 '이론적 해석(theoretical
interpretation)'이다.

45) *Ibid.*, pp. 94-97.

속도로 발전하기 시작한 중재재판 분야를 보면 다수의 판례들이 조약해석 캐논들을 원용함으로써 그 역할을 인정하고 있었다.[47]

그러나 20세기초 주요 저작들이 조약해석 규칙을 다루는 태도를 조망해 볼 때, 전통적 캐논들의 가치와 역할에 대한 전폭적인 수용 의사를 발견하기는 어렵다. 즉, 적용가능한 캐논의 숫자를 가급적 줄이고 그러한 캐논에 대해 모종의 공식적인 규범적 지위를 부여하는 데 소극적인 모습을 보인다.[48] 이는 조약해석이 과연 객관적 규칙의 적용에 의해 이루어질 수 있는 작업인가에 대한 근원적 의문과도 이어지고 있음을 알 수 있다. 그러나 보다 중요한 것은 규칙 나열식의 전통적 캐논 체제로는 - 그것이 광범위하고 빠짐없는 규칙들의 집합이라 해도 - 유용한 규범을 구성할 수 없다는 인식이 점차 확산되었다는 점이다. 캐논을 비롯한 조약해석 규칙 자체의 유용성에 대한 강력한 비판적 견해 중 하나에 의하면, 그간 국제법 담론은 조약해석 규칙의 작성에 방대한 에너지를 낭비해왔으며 '단어는 통상적 의미에 따라 해석'하되 '기술적 단어는 기술적 의미로 해석'한다는 원칙과 '의심이 있는 경우' 맥락에 따라 조화롭게 모순없이 해석해야한다는 언설 이외에 그 어떠한 규칙도 시도될 수 없다.[49] 캐논류의 규칙이 갖는 효용 자체를 아예 부정하면서 규칙에 얽매이지 않는 태도("liberal spirit")를 강조하는 의견도 있었다.[50] 특정한 공식에 의한 조약해석을 전면 거부하고, 미리 짜여진 규칙이나 가정에 좌우되지 않는 "과학적 방법론"이 주창되기도 하였다. 특정한 규칙에 의해 제한받지 않고 그 어떠한 수단과 증거를 동원해서라도 당사자들이 단어에 부여한 의미를 도출해내야 한다는 것이다.[51] 일부 캐논

---

46) *Ibid.*, pp. 119-120.
47) Harvard Research, pp. 941-943.
48) *Ibid.*, p. 944.
49) T. J. Lawrence, *Principles of International Law* (D. C. Heath and Co., 1923), p. 302 (Harvard Research, *Ibid.*, p. 190에서 재인용).
50) John Westlake, *International Law* (Cambridge University Press, 1910), pp. 293-294.

의 효용성을 소극적으로나마 인정하여 몇 개의 규칙을 제시하면서도 그 법
적 가치에 대해 부정적으로 서술하는 식의 접근도 눈에 띈다. 그러한 규칙
들이 미성숙한 법적 가치를 지니는 데 불과하다는 점을 강조하거나,52) 국
제법 자체의 일부를 구성하지 않는다고 간주하는 것이다.53)

당시 서구 국제법 학계의 가장 대표적인 국제법 저작을 저술한 Oppenheim
은 다른 저자들보다 더 많은 15개의 캐논을 제시하였기 때문에 사실상 고
전적 캐논의 존재를 넓게 수용하는 입장이라고 볼 여지도 있겠으나, '조약
해석에 관한 국제법 규칙은 존재하지 않는다'는 단언으로 조약해석에 관한
서술을 시작하였으며,54) 15개의 규칙(rules)을 제시하면서도 이는 '그 적합
성(suitability)으로 인해 권고되는 것'이라는 다소 모호한 전제까지 달아두
었다.55) 법적 규범으로서의 지위를 갖지는 않으나 상식적 차원의 실용성과

---

51) Charles C. Hyde, "Concerning the Interpretation of Treaties", *American Journal of
International Law*, Vol. 3, No. 1 (Jan., 1909), pp. 46-61. 이와 유사하게 Tsune-Chi
Yü도 일부 학자들이 내세우는 해석규칙의 목록이 과학적 접근법과는 거리가 멀다고
주장하며 정해진 해석규칙을 고안해내려는 시도는 무익하다는 점을 강조한다.
Tsune-Chi Yü, *The Interpretation of Treaties* (Columbia University Press, 1927),
p. 136. 여기서 과학적 접근법이라는 표현은 일반적 규칙의 기계적 적용이 아닌 구체
적 사건과 정황에 맞는 구체적 해석을 지칭하는 것으로 보인다. 결국 Westlake가 말
한 "liberal spirit"과 Hyde 및 Tsune-Chi Yü가 말한 "과학적" 태도가 궁극적으로 동일
한 취지의 입장을 표현하고 있는 것으로 보인다.
52) Charles Fenwick, *International Law* (The Century Co., 1924), p. 331.
53) Amos Hershy, *The Essentials of International Public Law and Organization*
(MacMillan Co., 1927), p. 445 (Bederman, *supra* note 12, p. 187에서 재인용).
54) Oppenheim, *supra* note 18, p. 700.
55) Oppenheim이 선별한 규칙들은 다음과 같이 요약될 수 있다. (1) 문자 그대로의 의미
(literal sense)가 아닌 합리적 의미에 따른 해석; (2) 통상적 의미에 따른 해석; (3) 더
합리적이고 적절한 해석, 국제법상 일반원칙이나 제3국에 대한 기존 의무와 양립하는
해석 우선; (4) 의미에 의심이 있는 경우 조약의 목적, 동기, 당시의 지배적 여건 등을
전체적으로 고려; (5) 모호한 경우, 덜 부담스럽거나 주권을 덜 제약하는 해석 우선;
(6) 당사자간 기존 조약 또는 한 당사자와 제3국간의 기존 조약 참조 가능; (7) 교섭
중 표명된 한 당사자의 의도와 조항의 명확한 의미가 불일치하는 경우 구체 사건의

유용성을 인정받을 수 있는 권고적 규칙이라는 취지인 것으로 보인다. 그는 조약해석을 1차적으로 당사자간 동의(합의)의 문제로 보았으며, 동의가 없는 경우, 즉 해석 분쟁이 발생한 경우에 해석이 요구되는데 그러한 해석에 활용될 과학적 근거로서 법리학(jurisprudence)이 필요하다고 서술한다. 아울러, 조약해석 분쟁에 대한 가장 좋은 해결 방식은 국제법의 일반적 규칙을 적용하는 중재재판이라고 지적하고 있다.56) Oppenheim의 이론체계상 해석의 필요성 자체가 분쟁(조약해석 분쟁)의 존재와 밀착되어있으므로 중재라는 절차적, 제도적 해결방식에 대한 서술로 이어지는 것이다. 그가 선별한 15개 캐논 목록의 핵심적 특성을 살펴보면, 당시 조약해석담론의 전반적인 흐름을 확인할 수 있는 흥미로운 시사점이 도출된다. 그의 캐논 목록에서 확고한 텍스트 우선주의보다는 의도를 상대적으로 중시하는 입장을 보이는듯하다. 목록의 순서가 어떤 가치나 우선순위를 가지는지는 불분명하나 적어도 '통상 의미론' 또는 '텍스트 중심론'이 제1의 캐논은 아니다.57) Oppenheim이 선별한 캐논 목록 중 "준비문서"를 직접 거론하거나 규정하는 것은 없으나, 교섭시의 상황 또는 초안 조항의 제안 상황을 직접 명

내용에 따라 결정; (8) 교섭 중 표명된 모든 당사자의 의도와 조항의 명확한 의미가 불일치하는 경우 당사자들의 진정한 의도에 따라 해석; (9) 복수의 의미가 가능한 경우 그 조항을 제안받은 상대 당사자가 알고 있던 의미로 해석(그 조항을 제안한 당사자가 상대 당사자의 입장을 알고 있어야 한다는 조건); (10) 특정 단어에 대해 통상적 의미와 상이한 의미를 지지하는 국가와 조약 체결시 그 의미에 따라 해석(그러한 상이한 의미를 지지한다는 사실이 알려져 있어야 한다는 조건); (11) 의미가 모호한 경우, 분쟁 발생 전 한 당사자가 그 의미를 분명히 밝히면 타방은 이를 거부 불가; (12) 조항을 무의미하거나 효과없는 것으로 만드는 해석은 불가; (13) 기망이 아닌 신의성실에 따른 해석; (14) 특정 국가의 국내법 규칙에 따른 해석 불가; (15) 두 언어 간의 상이점이 있는 경우, 스스로의 언어에만 구속되며 타당사국 언어 버전의 이익 주장 불가. *Ibid.*, pp. 701-704.

56) *Ibid.* p. 700. 그는 여기서 조약해석 분쟁은 일반적으로 중재회부에 적합하다고 규정한 국제연맹규약 제13조를 원용한다.

57) 제1의 캐논은 '문자 그대로의 의미가 아닌 합리적 의미가 우선한다'는 것이다.

시하고 있는 세 개의 캐논이 있음을 알 수 있다.[58] 용어의 의미에 대한 의구심이나 모호성이 전혀 존재하지 않은 상황에서 '(한 당사자 또는 모든 당사자의) 의도'와 '명확한 의미'가 충돌함을 전제로, 텍스트에 대한 '의도'의 잠재적 우위성을 규정하고 있으며, 복수의 의미가 가능한 모호성의 상황에서도 모든 당사자가 서로 인지하고 있는 상호주관성에 근거한 의미가 우선함을 확인하고 있다. 조항의 제안 역시 교섭의 일부로 볼 수 있을 것이므로 세 가지 모두 조약 체결 이전의 협상 관련 자료, 즉 준비문서를 원용한 해석방식에 해당한다. 말하자면, 일반적 원칙으로서의 통상적 의미론이 제시되고는 있으나,[59] 의미가 명확한 경우에조차 준비문서를 통해 일부 또는 모든 당사자의 의도가 확인되는 경우 그러한 의도가 우선할 수 있다는 입장이다.

전체적으로 보아, 전통적 캐논 체제는 20세기 초반 서구 국제법학계에서도 이미 그 규범적 지위를 의심받고 있었으나, 이후 특히 비엔나 조약법협약의 성안과 함께 그 존재감이 매우 약해졌다. 비엔나 규칙이 주요 캐논의 핵심적 취지 또는 요소를 흡수하여 체계화한 것은 사실이나, 캐논 체제는 현대적 조약해석 규칙 성문화의 과정에서 사실상 배척되었다고 볼 수 있으며, 비엔나 협약은 전통적 캐논 체제와의 결별이라는 언명도 가능할 것이다.[60]

캐논의 영향력 상실은 사실 PCIJ 판례에서부터 확인되기 시작한다. PCIJ는 여러 다양한 캐논들 중 구체 사건에서 적용될 캐논이 무엇인지 선택하는 방식이 아니라 비교적 엄격한 문언주의적 검토를 조약해석 작업의 출발점으로 삼는 경향을 보였다. 국제사회 최초의 상설국제법정에서 라틴 법언들 간의 경쟁이 조약해석 과정을 지배하는 상황은 벌어지지 않은 것이다.[61] PCIJ 판례 분석에 상당부분 의존한 Harvard Research 초안도 캐논에

---

58) 상기 각주 55의 (7), (8), (9)번이 이에 해당한다.
59) 상기 각주 55의 (2)번이 이에 해당한다.
60) Gardiner, *supra* note 6, p. 62.

대한 거리두기는 마찬가지였으며 결국 비엔나 체제에서 긴 목록의 캐논 체
계에 대한 최종 불수용 입장이 확인되었다.62)

캐논은 저마다 진리와 보편성을 주창하는 각종 명제들의 선택적 활용을
가능하게 해주는 체제로서 목록식 서술 외에 별도의 종합적 담론체제가 결
여되어 있었다. 이에 따라 캐논은 결과에 도달하는 접근법 또는 방법론이
아니라 어떤 식으로든 도출된 결과를 설명하거나 정당화하는 방식에 불과
하다는 비판이 제기되기도 하였다.63) 아울러, 이와 유사한 맥락에서, 캐논
이 나름의 통찰과 지혜의 울림을 갖는 잠언에 가까운 경우가 많기 때문에,
해석자는 공정하고 열린 마음으로 관련 자료와 증거를 대하는 것이 아니라
각자의 선호 캐논에 맞게 미리 결론을 도출하고 그것을 캐논으로 정당화하
게 될 우려가 있다는 비판도 제기되었다.64) 고정된 공식의 기계적 적용이
항상 허용될만큼 절대적이고 보편적인 유용성을 갖는 캐논은 없다.65) 그간
원용되어온 모든 캐논들의 장황한 목록 또는 다수의 선구적 학자들이나 고
전적 판례들이 공통적으로 채택한 존재감 높은 캐논들만으로는 실용적이
고 유용한 조약해석론을 구성해내기가 어려웠다고 볼 수 있다.

국내사법(私法)상 인정되고 있는 일부 캐논들은 일응 '법의 일반원
칙'(ICJ 규정 제38조 1항(c))에 해당하는 지위를 갖는 것으로 볼 수 있을 것
이나, Grotius와 Vattel 등의 강력한 전통적 후원에도 불구하고 현대 국제법
에서 보다 중요한 법원(法源)으로 인정받는 '국제관습법(관습국제법)'의 문
틀은 끝내 넘지 못하였다고 평가할 수 있다.66) 결국 합리적 상식 원칙의

---

61) Fairman, *supra* note 27, p. 131.
62) Gardiner, *supra* note 6, p. 64, p. 77.
63) Fairman, *supra* note 27, p. 134.
64) Harvard Research, p. 946.
65) *Ibid.*, p. 938, p. 946. 법격언들은 특정 사안에서 조약 당사자의 의도를 확인하는 데
    도움이 되는 1차적 안내도구 정도의 역할로 보아야 타당하다고 지적되기도 하였다.
    Lord McNair, *Law of Treaties* (Oxford at the Clarendon Press, 1961), p. 366.

범위를 벗어나지 않는 명제들은 어떤 식으로든 국제법 담론의 일부로 편입
되었으며, 일정한 요건 하에 특수한 상황에 맞는 특수한 일부 캐논 역시 여
전히 법의 일반원칙 또는 판례법으로서 유용성을 갖는다고 할 수 있다.[67]
따라서 캐논의 신중한 사용을 항상 시대착오적이라거나 현대 국제법 원칙
에 위배된다고 평가할 수는 없을 것이다. 그러나 캐논 체제와 현대적 조약
해석 규칙이 순조로운 단계적 발전의 관계에 있지 않음은 분명하다. 20세
기 초반에 캐논의 영향력은 쇠락하고 있으면서도 현대적 조약해석 규칙 체
제는 명확히 정립되지 않고 있었다. 두 담론의 관계는 명확한 단절 또는 승
계의 이분법보다는 불균등한 공존과 전환의 부분적 연속성으로 설명될 수
있을 것이다.

---

66) 1964년 ILC에서 조약해석 규칙 초안이 처음 논의되었을 때 미국 출신 ILC 위원
   Herbert Briggs는 고전적 캐논들이 전부 국제법상 규칙인 것은 아니라고 지적하면서
   Charles de Visscher 재판관을 원용하여 그것은 일종의 작업가설(working hypotheses)
   에 불과하다고 하였다. Summary records of the Sixteenth Session, Yearbook of the
   International Law Commission (1964), Volume I (A/CN.4/SER.A/1964) (이하 "ILC
   Yearbook 1964, Vol. I"), p. 275. 참고로, '관습국제법'이 "customary international
   law"라는 영어표현의 더욱 정확한 번역이라고 볼 수도 있으나 이 책에서는 편의상
   기존 실무관행 등에 따라 '국제관습법'이라는 표현을 사용한다.

67) Anzilotti는 캐논이 법규칙이 아니라 논리의 규칙이라고 평가하였다. Fairman, *supra*
   note 27, p. 138. Bederman은 "파도는 많아도 바다는 하나다(*Quam fluctus diversi,*
   quam mare conjuncti)"라는 경구를 인용하며 고전적 캐논이 법학과 수사학이라는 서
   로 다른 분야의 결합에서 기원하여 오랜 시간 학문적 논의경과를 거쳐 오늘날 법학의
   흐름 속에 깊게 남아있다고 결론내렸다. Bederman, supra note 12, p. 332.

제2절 20세기 전반의 조약해석 규칙 정식화 시도

1. PCIJ 조약해석 '규칙'의 형성과정

가. PCIJ 판례 검토의 의의

국가간 분쟁을 재판으로 해결하는 역사상 첫 상설 국제사법기관인 PCIJ
의 등장으로 국제법에는 새로운 생명력이 부여되었다.[68] 따라서 PCIJ의 판
례가 20세기 초반 조약해석규칙 담론의 가장 중요한 원천이 된 것은 그다
지 놀라운 일이 아니다.[69] 국제연맹과 PCIJ는 조약해석이 가장 중요한 국
제법적 분쟁 주제가 될 것임을 명확히 인식하고 있었다. PCIJ 규정의 관할
권 조항(제36조)은 PCIJ 강제관할권 수락선언의 대상이 되는 법적 분쟁의
범주에 드는 첫 번째 항목으로 "조약 해석"을 명기하고 있다.[70] 여기서 언

---

68) Ole Spiermann, "The Legacy of the Permanent Court of International Law - On Judges
   and Scholars, and also on Bishops and Crowns", in Christian Tams and Malgosia
   Fitzmaurice (eds.), *Legacies of the Permanent Court of International Law* (Martinus
   Nijhoff, 2013), p. 400. 참고로, PCIJ 설립 추진시 'court of arbitral justice' 등을 포함
   다양한 명칭이 제안되었으며, 국제(International)라는 수식어가 지금과 같이 사법
   (Justice) 앞이 아니라 재판소(Court)에 붙어야한다는 비판론도 있었으나 결국 PCIJ로
   결정되어버렸다고 한다. Manley Hudson, *The Permanent Court of International
   Justice 1920-1942: A Treatiese* (Macmillan, 1943), pp. 103-104.

69) PCIJ는 24년의 공식 존속기간 중 32개의 계쟁사건 판결과 27개의 권고적 의견을 남겼
   다. Malgosia Fitzmaurice and Christian Tams, "Introduction", in Christian Tams and
   Malgosia Fitzmaurice (eds.), *Legacies of the Permanent Court of International Law*
   (Martinus Nijhoff, 2013), p. 2

70) "The jurisdiction of the Court comprises all cases which the parties refer to it and
   all matters specially provided for in Treaties and Conventions in force. The Members
   of the League of Nations and the States mentioned in the Annex to the Covenant may,
   either when signing or ratifying the protocol to which the present Statute is adjoined,

급된 법적 분쟁의 범주는 사실 국제연맹 규약 제13조 2항의 문안에서 거의 그대로 가져온 것으로서, 그 규정은 "조약해석" 등의 분쟁이 "일반적으로 중재 또는 사법적 해결에 회부하기에 적합"하다고 선언하고 있다.[71] 국제 연맹 규약의 이러한 조항은 그에 앞선 '분쟁의 평화적 해결에 관한 1899년 헤이그협약' 제16조 및 '1907년 협약' 제38조에서 발전된 것으로서 이 협약은 "국제협정의 해석 또는 적용" 문제에 있어서 중재가 가장 효과적이고 형평성있는 해결방법임을 선언하고 있다.[72]

Gardiner는 1969년 채택된 비엔나 규칙이 국제관습법을 반영하고 있는 것으로 확인됨에 따라 조약해석에 있어서 20세기 초반의 PCIJ 판례를 원용

---

or at a later moment, declare that they recognize as compulsory *ipso facto* and without special agreement, in relation to any other Member or State accepting the same obligation, the jurisdiction of the Court in all or any of the classes of legal disputes concerning:

(a) the interpretation of a treaty;

(b) any question of international law;

(c) the existence of any fact which, if established, would constitute a breach of an international obligation;

(d) the nature or extent of the reparation to be made for the breach of an international obligation…." 이 조항은 이후 ICJ 규정의 소위 '선택조항'으로 승계되는 내용이다.

71) 국제연맹 규약 제13조 2항: "… Disputes as to the interpretation of a treaty, as to any question of international law, as to the existence of any fact which if established would constitute a breach of any international obligation, or as to the extent and nature of the reparation to be made for any such breach, are declared to be among those which are generally suitable for submission to arbitration or judicial settlement."

72) 이러한 식의 재판대상 분쟁 범주화는 1890년 미주국가회의(Conference of American States)에서 본격화되었는데 여기서는 외교영사특권, 경계, 영토, 배상, 항해권, 조약의 유효성·해석·집행에 대한 분쟁을 중재재판의 대상으로 제시하였다. 1899년 헤이그 평화회의시 러시아 대표가 제안한 문안은 '불법행위에 대한 금전배상 분쟁'과 '특정 유형 조약의 해석이나 적용'을 언급하고 있는데, 결국 채택되지는 않았으나 이후 논 의에 큰 영향을 미친 것으로 평가된다. 즉, 국제연맹과 PCIJ의 이러한 인식은 새로운 혁신이었다기보다는 당시 축적되어있던 국제적 논의의 연장선상에 있던 것으로 볼 수 있다. Hudson, *supra* note 68, pp. 454-458.

할 필요성이 감소하였다고 지적한바 있다.[73] 그러나 후술하는 바와 같이 ICJ는 설립초기에 PCIJ의 판례법으로 형성된 조약해석 방법론을 그대로 수용하는 태도를 보였고, 비엔나 규칙 형성 이후에는 초기 ICJ 입장에 대한 중대한 변경이나 조정 없이 비엔나 규칙의 국제관습법적 지위를 확인하였다. ILC 역시 비에나조약법협약 초안 논의 과정에서 PCIJ 판례를 원용하였다. 그렇기 때문에 오늘날 비엔나 규칙을 중심으로 하는 조약해석 규칙 담론의 정확한 지위에 대한 종합적인 이해를 위해서는 현대적 조약해석 규칙론의 출발점이라고 할 수 있는 PCIJ의 조약해석 접근법 형성과정을 보다 상세히 살펴볼 필요가 있다. 다른 주요 주제에 대한 ICJ 판례 입장과 마찬가지로, 현대 ICJ 조약해석 규칙 관련 판례의 큰 흐름은 그에 선행하는 PCIJ의 판례와 연계되어야 비로소 온전하게 설명될 수 있다. 또한, 이러한 과정에서 현대적 조약해석 규칙의 새로운 검토에 기여할 수 있는 요소를 찾아볼 수 있다는 점에서 단순히 국제판례법의 역사적 배경에 대한 서술과 이해를 넘어서는 효용이 있을 것으로 본다. 여기서는 PCIJ의 초창기 의견부터 시작하여 PCIJ의 조약해석 '관행' 또는 '규칙'이 형성되기까지의 과정을 검토한다. 특히, 이 과정에서 준비문서의 활용에 대한 규칙 정립 시도가 어떠한 맥락에서 이루어졌는지 확인해볼 수 있다. PCIJ의 판례는 고전적 캐논의 시대와 비엔나 규칙 형성기 사이에 새로운 조약해석 규칙이 형성되는 세부 맥락을 제공함으로써 텍스트와 준비문서의 상호 관계 등에 대한 맹아적 인식을 드러내준다.

---

73) Gardiner, *supra* note 6, p. 65.

나. PCIJ 주요 판례 검토: 해석규칙과 준비문서를 중심으로

(1) 네덜란드 노동자 대표 임명 사건 (1922)

PCIJ의 설립 이래 아직 계쟁사건 분야에서는 판결이 나오지 않고 있던 1922년에 PCIJ는 두 건의 권고적 의견을 한 달 미만의 간격으로 연달아 선고하였다.[74] 이 두 사건 모두 국제노동기구(ILO) 관련 권한과 절차 등을 규정한 베르사이유 조약(Treaty of Versailles)의 해석 문제에 대한 것이었다. 특히, 네덜란드 노동자 대표 임명 사건은 PCIJ 최초의 사건이자 조약 해석 쟁점 관련 흥미로운 쟁점을 다루고 있고 있음에도 그간 PCIJ 조약해석 판례 관련 논의에서 큰 주목을 받지는 못하였다.[75] 이 사건의 발단은 네덜란드 정부와 당시 네덜란드 최대 규모 노조단체인 노조연맹(Confederation of Trades Unions)간의 불화에 있었다. ILO 설립헌장에 해당하는 베르사이유 조약 제13부의 제389조는 회원국이 자국내 노동자 및 사용자를 각각 가장 대표하는[76] 단체들(organisations)과 합의하여 비정부 대표(노동자 및 사용자 대표)를 임명하도록 규정하였다. 네덜란드 정부는 노조연맹과의 합의 도출에 실패한 후 여타 3개 노조단체와의 협의를 거쳐 자국 노동자 대표를 임명하였다. 네덜란드 노조연맹은 이에 반발하여 네덜란드 정부가 최대 노조원을 보유한 자신들을 배제한 채 노동자 대표를 임명한 것은 제389조 위반이라고 ILO에 항의하였고 이 문제는 국제연맹을 통해 PCIJ에 회부되었다.[77]

---

74) 처음 선고된 사건은 1922년 7월 31일의 네덜란드 노동자 대표 임명 사건이다. Designation of the Workers' Delegate for the Netherlands at the Third Session of the International Labour Conference (1922), P.C.I.J. (Advisory Opinion), Series B, No. 1. p. 8. 두 번째로 나온 사건은 8월 12일의 ILO 농업 권한 사건이다(후술 참조).

75) Harvard Research에서도 논의되지 않았다.

76) 불어본은 "les plus représentative", 영어본은 "most representative"라는 용어를 사용하고 있다.

77) *Supra* note 74, pp. 13-17 참조.

PCIJ는 이 문제가 결국 제389조 해석 문제라고 판단하면서 네덜란드 노조연맹이 제시한 해석론을 일일이 검토한다. 우선, 제389조에서 단체 (organizations)가 복수형으로 명기되어있으나 이는 사용자 단체와 노동단체 를 모두 지칭하기 때문에 불가피하게 복수로 되었을 뿐 사실상 각각 "가장 대표적인" 단체 하나씩만을 의미하는 것이라는 주장에 대해, PCIJ는 그러 한 주장이 "조항 문언(text of the Article)"에 의해 충분히 지지받지 못한다 고 지적하면서 이 조항에서 "단체들"은 복수의 노동자 단체를 지칭함이 명 백하다고 판시한다.[78] 노동계급의 입장과 권익을 대변한다는 제389조의 취 지에 비추어 복수의 노조단체가 존재하는 경우 이를 모두 고려할 수 있으 며, 노동연맹의 주장은 제389조의 정신(spirit)에 합치하지 않는다는 것이다. 여기서 PCIJ는 만일 한 단체가 11만명 규모의 최대 단체이고 나머지 5개 단체가 각 10만명의 회원을 보유하는 상황을 가정하면서, 오직 11만명을 보유한 최대단체와의 합의만 요구된다면 이는 11만명이 50만명 보다 우선 한다는 결과를 초래하는데 이러한 해석은 받아들일 수 없으며 진정 그러한 해석이 허용되려면 이를 명백히 표현하는 용어가 있어야 한다고 판시한다. 결국 현재 그 조항의 문구(wording)는 그러한 해석을 허용하지 않는다.[79]

나아가, 노조연맹은 설사 복수 단체와의 합의를 허용한다고 하더라도 국 내 최대규모 조직과의 합의가 없으면 결국 노동자를 "가장 대표하는" 조직 (들)과의 합의가 될 수 없다는 주장도 제기한다. PCIJ는 이러한 주장이 최 대규모 조직에게 언제든 합의도출을 방해할 수 있는 권리를 부여하는 해석 이라고 비판한다. 가장 많은 숫자의 노동자를 대표하는 조직(들)과의 합의 가 이상적 목표라고 할 수는 있으나 이는 매우 실현이 어려워 통상적 상황 (normal case)라고 보기 어려우며 제389조가 그러한 상황을 상정하였다고 볼 수도 없다는 것이다. 정부로서는 노동자 대변에 가장 유리한 합의 확보

---

78) *Ibid.*, pp. 21-23.
79) *Ibid.*, p. 23.

를 위해 최선의 노력을 하면 되는 것이며, 네덜란드 정부가 그러한 합의 확
보에 실패한 후 노조가입 노동자 대다수(majority)를 포함하는 조직들과의
합의를 통해 대표를 임명한 것은 바로 그러한 조약에 부합하는 행위였던
것으로 평가되었다.[80]

PCIJ는 이 첫번째 사건에서 조약해석의 방법론이나 규칙 등을 명시적으
로 언급하지 않았으며, 그 어떠한 고전적 캐논도 원용하지 않았다. 그러나
조약 문언(text, wording, rédaction)에 근거하여 명백한 의미를 도출하고자
하였으며, 조항의 정신(spirit)을 원용하거나 통상적(normal) 상황[81] 등을 기
준으로 제시하기도 하였다. 노조연맹측이 제시한 해석의 채택이 가져올 불
합리한 결과를 강조함으로써 재판부 견해를 강화하는 접근법을 사용한 점
도 주목된다. 돌이켜보면, 재판부가 설명하는 것만큼 "가장 대표적인(대표
하는)"이라는 문구의 의미가 자명해보이지는 않으며, '최선의 노력을 기울
여야 한다'는 취지의 해석에 과연 엄격한 근거가 있는지 등 여러 면에서
토론의 여지가 있을 것으로 보인다.[82] 그러나 PCIJ 최초의 사건이 조약해
석 사건이었다는 점, PCIJ 설립에 선행하여 수많은 고전적 캐논이 광범위
하게 논의되어왔음에도 불구하고 그것이 PCIJ의 첫 조약해석 사건에서 전

---

80) *Ibid.*, pp. 24-25.

81) 물론 비엔나 규칙에 나오는 통상적 의미(meaning)와 통상적 상황(case)은 서로 동일하
다고 보기 어려울 것이다. Waldock은 ILC 특별보고자로서 제출한 보고서에서 이 사
건을 텍스트의 통상적 의미가 불합리한 결과를 도출하는 사례의 하나로 언급하고 있
는데 그것이 정확한 평가인지는 의문이 있다. Third Report on the Law of Treaties,
by Sir Humphrey Waldock, Special Rapporteur (A/CN.4/667 and Add.1-3), Yearbook
of the International Law Commission 1964, Volume II (A/CN.4/SER.A/1964/ADD.1)
(이하 "Waldock 제3차 보고서"), p. 57.

82) 예를 들어, 분명히 최상급 문구를 사용한 조항의 해석에 대해 (준비문서 등을 참조하
지 않은 상황에서) 최대 규모 노조에게 거부권을 부여한 것으로 볼 수는 없다고 단언
할 수 있는지, '최선의 노력'을 기울일 의무를 부과한다기보다는 어떠한 식으로든 상
대적으로 더 많은 노조원을 대변하는 단체들의 합의를 확보함으로써 동 조항상 최상
급 표현의 요건을 충족시켜야 하는 것은 아닌지 등에 대해 검토해볼 수 있을 것이다.

혀 원용되지 않았다는 점, 그리고 고전적 캐논을 대체하는 별도의 야심찬 조약해석 규칙 담론도 시도되지 않았다는 점 등이 주목할 만하다.

(2) ILO 농업 권한 사건 (1922)

PCIJ가 선고한 두 번째 권고적 의견 사건은 앞서 살펴본 사건과 마찬가지로 베르사이유 조약의 ILO 조항과 관련된다.[83]. ILO 규정상 농업이 이 국제기구의 권한 행사 대상인 "산업(industry)"에 포함되는지 여부가 주된 쟁점이었다.[84] 즉, ILO 규정에 "산업"의 종류와 범위에 대한 열거가 없는 상황에서 그 용어에 농업도 포함되는 것으로 해석될 수 있는가라는 문제였다. 1919년 ILO 제1차 총회(General Conference)는 농업노동 문제를 차후 총회의 의제로 채택하였는데 이에 대해 프랑스 정부는 이 의제를 철회해줄 것을 ILO측에 요청하면서 동 기구의 권한을 규정한 베르사이유 조약이 농업 노동(자)에 대해서는 구체적 언급을 하지 않고 있음을 강조하였다. 프랑스는 ILO에서 자국 의견이 관철되지 않자 국제연맹 이사회에서 이 문제에 대한 PCIJ 권고적 의견 회부를 요청하였다.[85]

PCIJ는 주어진 문제를 "(베르사이유) 조약의 언어에 근거하여" 검토함에 있어서 조약을 "전체로서(as a whole) 독해"해야 하며 "문맥(context)"에서 유리된 특정 문구에 근거해서만 해석되어서는 안된다는 견해와 함께,[86] 어찌되었든 문제는 "조약 용어의 실제 의미(what the terms of the Treaty

---

83) Competence of the ILO in regard to International Regulation of the Conditions of the Labour of Persons Employed in Agriculture (1922), P.C.I.J. (Advisory Opinion), Series B, No. 2, p. 8.

84) 이 사건에서 국제연맹 이사회가 PCIJ에 요청한 문제는 "농업에 고용된 사람들의 노동 조건에 대한 국제적 규제에도 ILO의 권한이 미치는가"였다. *Ibid.*, p. 9.

85) *Ibid.*, pp. 13-21.

86) ILC의 조약법 특별보고관 Waldock은 조약해석상 "문맥"은 해당 용어가 포함된 문구나 조항뿐만 아니라 "조약 전체"를 의미한다고 지적하면서 이 판시를 원용하였다. Waldock 제3차 보고서, p. 56.

actually mean)"라고 강조하였다.[87] 이는 PCIJ가 제시한 최초의 조약해석 규칙에 해당하는 판시로 볼 수 있다. PCIJ는 서문 및 관련 여러 조항의 영문본·불어본 용어를 두루 살펴보면서 산업·노동·고용·직업 등의 핵심 용어들이 전반적으로 특별한 제약없이 매우 포괄적으로 사용되고 있음을 지적하고, ILO의 여러 기본원칙들도 농업 노동에 적용될 수 있는 내용임을 논증한다. 특히, 프랑스는 불어본에 자주 나오는 산업(적)(industrie/industrielle)이라는 단어가 주로 제조업을 지칭한다는 주장을 제시하였는데, 재판부는 그 단어가 사전적 의미로는 프랑스측이 제시하는 다소 제한적 의미를 가질 수도 있음을 인정하면서도, 문맥이 최종 기준(final test)이라면서 전체적 문맥에서 보아 ILO에 대해 규정한 베르사이유 조약 제13부의 적용대상에 농업이 포함되어있음에 의심의 여지가 없다고 판단한다.[88]

이 권고적 의견의 마지막 부분에서 다루는 두 가지 쟁점이 특히 주목할 만하다. 우선, PCIJ는 상기의 해석에 모호함(ambiguity)이 없다고 확인하면서, 혹시 모호함이 있다면 실제 이 조약 하에서 당사국들이 취한 추후 행동을 검토함으로써 진정한 의미(true meaning)를 도출할 수 있다고 하였다. 즉, 베르사이유 조약 서명 이후 당사국들이 실제로 농업 문제에 대해 어떤 형태로든 논의하였다는 점에 비추어 텍스트가 다소 불명확하더라도 농업이 적용범위에 해당하는 것으로 보기에 충분하다는 것이다.[89]

아울러, 재판부는 이 사건 서면 및 구두 심리에서 이루어진 베르사이유 조약 제13부의 '준비문서'에 대한 치열한 논의를 상기한다. 특히 프랑스측은 조약의 용어가 명확히 농업을 배제하고 있기 때문에 준비문서와 같은

---

87) *Supra* note 83, p. 23. 여기서 특히 조약 용어의 실제 의미를 따져야 한다는 판시는 '국제기구는 국가주권의 양보를 통해 탄생하였으므로 그러한 국제기구의 권한이 해석을 통해 확대되어서는 아니 된다는 주장'에 대비되는 명제로 제시되었다.
88) *Ibid.*, pp. 27-39.
89) *Ibid.*, pp. 39-41.

외재적 증거(extrinsic evidence)가 이에 상치되는 내용을 담고 있다하더라도 그것을 검토할 수 없다고 강조하는 한편, 준비문서에 참여하지 않은 국가들은 조약을 문안 그대로 받아들인 것이라는 점도 지적한다. 여기서 PCIJ는 텍스트 자체(text itself)에 대한 해석을 통해 농업이 ILO 권한 범위에 속한다는 결론을 이미 내렸기 때문에 프랑스의 그러한 주장을 검토할 필요가 없다고 한다. 이어 재판부는 준비문서에 이러한 권한범위 결론을 변경할 수 있는 내용도 전혀 없다고 선언함으로써 권고적 의견의 모든 논증을 마무리한다.[90] 여기서 보듯, PCIJ는 이 사건에서 텍스트 해석과 준비문서 검토 간의 일반론적 관계에 대한 언급은 회피하였다. 준비문서에 대한 검토를 통해 텍스트 자체에 대한 해석을 재차 확인하거나 프랑스의 변론을 추가적으로 논파하는 수고를 아낀 것이다. 그러나 준비문서에 원 결론을 뒤집을 내용은 전혀 없다는 단언을 통해 재판부가 실제 변론과정에서 제출된 각종 준비문서나 관련 증거를 검토하였음을 간접적으로 시인하였다.[91]

(3) 로잔(Lausanne) 조약 해석 사건 (1925)

제1차 세계대전의 여파 속에 영국 등 서구열강은 튀르키예의 영토를 분할하고 국경을 재조정하였다. 그 결과 로잔 평화조약이 체결되어 1924년에 발효하였다.[92] 이 조약의 해석 및 이행과 관련하여 1925년 국제연맹 이사회는 로잔 조약 제3조 2항상 이사회가 취할 "결정(decision)"의 성격 - 그것이 중재판정인지, 권고인지 혹은 단순한 중개(mediation)인지 - 에 대한 권고적 의견을 요청하였다.[93] 로잔 조약 제3조 2항은 영국이 점령한 이라크

---

90) *Ibid.*, p. 41.
91) Harvard Research, p. 962.
92) 이 사건은 Harvard Research에서는 원용되지 않았다. Interpretation of Article 3, Paragraph 2, of the Treaty of Lausanne (1925), P.C.I.J. (Advisory Opinion), Series B, No.12.
93) *Ibid.*, p. 6.

주요 지역과 튀르키예 사이의 국경이 결정되는(fixée/laid down) 방식을 규정하고 있는데, 우선 튀르키예와 영국 간 조약발효 9개월 내에 우호적 합의(약정)에 따라 결정(déterminée)하고 이 기간내 합의가 이루어지지 않을 경우 국제연맹 이사회에 회부한다는 것이었다. 아울러, 국경문제에 대한 결정이 이루어지기 전까지 군사적 현상변경을 금지하였다. 이 조항의 해석에 있어서 영국은 이 건의 이사회 회부시 이사회가 내리게될 결정이 중재판정에 해당한다는 입장인 반면, 튀르키예는 당사국의 동의에 근거한 주선(good offices)에 불과하다는 입장에 따라 자국 동의없이 이사회가 구속력 있는 결정을 내릴 수 없다고 주장하였다.[94]

재판부는 여기서 간략한 조약해석 방법론을 제시한다. 우선, 조약 문구(wording)로부터 당사자의 의도를 확인해야 하며, 그 이후 문구 이외의 요소를 고려할지 여부 및 고려 정도를 검토한다고 밝힌 것이다. 재판부는 제3조 2항에 담긴 당사자의 국제연맹 회부 의도는 구속력있는 최종적 국경 결정 확보라는 결론을 먼저 제시한다. 이러한 의도를 추출하는 우선적 근거는 사용된 용어(lay down, fixer, déterminer)가 최종적 국경 결정의 의도가 아니라면 설명될 수 없다는 논리에 있다. 또한 국경 또는 국경획정 조약이라는 것이 그 속성상 확정적 경계선의 획정을 내포한다는 점에 있다. 애초 이 권고적 의견이 요청된 근본적 이유는 제3조 2항이 국제연맹 "회부"만 언급하고 있을뿐 국제연맹이 그 사안을 회부받아서 취하게 될 조치의 법적 성격에 대해서는 어떠한 명시적 언급도 하지 않고 있다는 것이다. 여기서 재판부는 제3조 2항에서 상정된 해결은 당사자간 우호적 합의와 그러한 합의 실패시 국제연맹에 의한 결정뿐이기 때문에 국제연맹에 의한 해결은 당연히 구속력을 갖는 확정적 최종 결정을 의미한다는 논리를 전개한다. 아울러, 제3조 2항의 마지막 단락에 담긴 "결정이 이루어지기 전까지"

---

94) *Ibid.*, p. 18.

라는 문구를 보면 여기서 말하는 "결정"이란 최종성과 확정성을 갖는다는 점을 재차 확인할 수 있다고 한다.[95]

이어 텍스트와 준비문서의 관계에 대한 주목할 만한 판시가 나온다. 즉, 재판부가 보기에 제3조는 그 자체로 충분히 명확하기 때문에 로잔 조약의 준비문서에 대한 검토가 상기와 동일한 결론을 도출하는지 여부의 문제가 발생하지 않는다는 것이다. 그럼에도 재판부는 튀르키예 정부가 자국 논변을 뒷받침하기 위해 '로잔 협상 관련 사실관계'를 제기하였다는 점을 들며 그 협상에 비추어 제3조를 검토해보는 것도 좋을 것("it may be well also to consider") 이라고 한다.[96] 특히, 재판부는 튀르키예의 해석론에 일응 유리한 영국 대표의 발언[97] 관련, 당시 영국측의 제안은 이미 튀르키예에 의해 거절되었으며 현재의 제3조 초안이 아직 만들어지기 전 단계였으므로 제3조의 해석에 원용될 수 없다고 판단하고, 기타 재판부에 제출된 그 어떠한 자료나 협상 기록에도 이사회의 국경 결정에 당사자의 동의가 필요하다는 내용은 발견되지 않는다고 지적한다.[98]

이 권고적 의견은 텍스트 해석 과정에서 국경(조약)의 필연적 확정성과 국제연맹 이사회 결정의 구속력을 직접 연계하고 있다는 점에서 다소 의문의 여지가 있다. 국경획정 목적의 조약임에도 불구하고 당사자들이 (국경획정 실패 가능성을 감수하고) 당사자간 동의를 필수적 전제로 상정하였을 가능성을 검토조차 하지 않는 접근법이기 때문이다.[99] 실제 제3조 2항상

---

95) *Ibid.*, pp. 19-21.

96) *Ibid.*, p. 22.

97) 1923년 회의시 튀르키예측이 모술 지역과 같은 중요한 영토에 대한 문제는 중재 등에 의해 해결할 수 없다는 입장을 전달하며 영국측 제안을 거절하자 영국 대표 Lord Cuzon은 튀르키예를 설득하는 과정에서 '국제연맹 이사회는 당사국의 동의없이 결정을 내릴 수 없다'는 취지로 발언하였다. *Ibid.*.

98) *Ibid.*, pp. 22-23. 재판부는 양국이 서로 교환한 초안들의 내용에 비추어 보아도 이사회의 결정이 구속력을 갖지 않는다고 해석할 근거는 찾을 수 없다고 판단한다. *Ibid.*, pp. 23-24.

99) 다만, 현대적인 조약해석 규칙에 있어서도 조약의 '목적'이 주요 요소라는 점을 감안시,

국제연맹 이사회 조치의 법적 효력에 대해 아무런 명시적 언급이 없다는 점은 과연 텍스트가 그 자체로 명확하다는 판시와 양립할 수 있는지에 대한 비판적인 검토가 가능할 것이다.

이러한 문제제기와는 별개로, 이 사건에서 PCIJ가 간략하게나마 조약해석 방법론을 서술하고 있고, 텍스트 자체가 명확히 특정 의미를 도출해주고 있으므로 준비문서의 활용 문제는 발생하지 않는다는 입장을 처음으로 제시하고 있다는 점이 눈에 띈다.[100] 그러나 재판부는 튀르키예 정부의 논변을 검토한다는 명목으로 결과적으로 텍스트의 명확성과는 무관하게 준비문서를 비교적 상세히 검토하였다.

(4) Lotus 사건 (1927)

공해상 선박충돌 사건으로 알려져있는 Lotus 사건의 쟁점에는 로잔 회의에서 채택된 여러 협정 중 하나인 '거주·사업·관할권의 조건에 관한 협정'[101]의 해석이 포함되어있다. 이 협정 제15조는 "튀르키예와 여타 당사국 간 모든 관할권 문제는 국제법의 원칙(principles of international law)에 따라 결정된다"라고 규정하고 있다. 1926년 튀르키예가 선박충돌사건의 책임을 물어 프랑스 국적 가해선박 선원을 기소하자 프랑스는 튀르키예의 이

PCIJ의 태도는 국경획정조약의 목적을 중시하는 것으로 일응 이해될 수는 있을 것이다.

100) 참고로, 이 사건에 앞서 선고된 그리스 - 튀르키예 국민교환 사건(1925년)에서 PCIJ는 1923년 로잔 협정의 준비문서가 국제연맹 및 본 법정에서 많이 논의되었으나, 그러한 준비문서에 대한 개관(general survey)은 불필요하며 반드시 필요한 경우에만 이를 고려할 것이라고 판시하였다. 그러나 이를 텍스트와 준비문서의 관계에 대한 명확한 판시로 보기는 어려울 것이다. Exchange of Greek and Turkish Populations (1925), P.C.I.J. (Advisory Opinion), Series B, No.10, p. 16. 여기서 로잔 협정은 로잔 회의에서 로잔 평화조약과 함께 채택된 16개의 협정·의정서 중 하나인 그리스 - 튀르키예 국민교환 협정을 지칭한다.

101) 이 협정 영어명칭은 "Convention of Lausanne of July 24th, 1923, respecting conditions of residence and business and jurisdiction"이다. Lotus, Judgment of 7 September 1927, PCIJ, Series A, No.10, p. 5.

러한 관할권 행사가 이 협정 제15조에 위배된다고 주장하였다.102)

특히, 프랑스는 이 조항에서 말하는 "국제법의 원칙"이라는 문구가 이 협약의 형성 과정103)에 비추어 해석되어야 한다고 주장한다. 이 협약 교섭 과정에서 튀르키예가 자국의 형사관할권을 확대하기 위해 '튀르키예의 국내법에 근거한 관할권이 제3국 영토내 범죄에까지 미친다'는 취지의 초안을 제시하였으나 이는 다른 당사국들에 의해 거부되었고, 결국 초안작성위원회에서 "국제법의 원칙"에 따른다는 단순한 조항으로 정리된 연혁이 있다. 프랑스는 이를 들어 튀르키예의 관할권 확대 행사는 로잔 협약의 교섭과정에서 드러난 당사자들의 의도와 부합하지 않는다는 점을 지적한 것이다.104) 바로 이 대목에서 준비문서 활용에 대한 PCIJ의 대표적 판시로 자주 원용되는 문장이 나온다. 재판부는 "본 재판소의 몇몇 앞선 판결과 (권고적) 의견(judgments and opinions)에서 밝혔듯이, 조약의 텍스트가 그 자체로 충분히 명확하면 준비문서를 참조할 필요가 없다(there is no occasion to have regard to preparatory work)"라고 한다. 즉, 텍스트로부터 명확한 의미가 도출되면 준비문서를 참조할 필요가 없다는 일종의 조약해석 규칙을 천명한 것이다.

재판부는 우선 "국제법의 원칙"이라는 문구의 통상적 용법에 따른 의미는 '국가공동체에 속한 모든 국가들 사이에 적용되는 국제법'이라는 의미일 수밖에 없다고 일차적으로 판단한 후 이러한 통상적 의미를 조약의 "문맥"을 통해 확인한다.105) 재판부는 여기서 통상적 의미와 문맥을 통해 확

---

102) *Ibid.*, pp. 10-16.

103) *Ibid.*, p. 16. 판결문 원문상 표현은 "genèse"(불어본), "evolution"(영문본)이다.

104) *Ibid.*

105) "국제법의 원칙"이라는 문구 해석을 위해 재판부는 세 가지의 '문맥(맥락)'을 검토한다. 첫째, 그 문구가 담긴 조항 자체의 의미를 풀어본다. 둘째, 협정의 서문이 "현대적 국제법"에 따른 해결(settlement)을 언급하고 있음을 지적한다. 셋째, 동 협정의 모협정이라 할 수 있는 로잔 평화조약의 제28조가 "Capitulations"의 완전한 폐지를

인한 결론에 의구심을 표하지 않는다. 그러나 텍스트가 명확한 경우 준비
문서를 참조할 필요가 없다는 스스로의 선언에도 불구하고 이 협정의 준비
문서106) 참조를 시인하며 그 안에 이러한 용어 해석을 뒤집을 수 있는 그
어떠한 내용도 없다고 확인한다.107) 즉, "국제법의 원칙"이라는 용어 자체
는 프랑스가 주장하듯 튀르키예의 역외 관할권 행사 제한이 포함된 무언가
가 아니라 통상적 의미의 국제법 원칙을 지칭할 뿐이라는 것이다. 이러한
해석론에 입각하여 법원은 당시 적용중인 국제법의 원칙상 튀르키예의 이
충돌사건 관할권 행사와 상충하는 내용이 있는지 살펴보게 된다.

이 사건에서는 PCIJ의 판결문에 담긴 부정확성 또는 정교함의 부재에 주
목할 필요가 있다. 이 사건은 텍스트의 우선성, 달리 말해 텍스트가 명확하
다면 준비문서를 활용할 필요가 없다는 명제의 대표적인 근거 사례라고 할
수 있다. 그렇다면 Lotus 사건에서 처음으로 정식화된 것으로 볼 수 있는
이 명제의 근거는 무엇인가? 앞서 살펴보았듯이 재판부는 복수의 PCIJ 선
례(판결과 권고적 의견)를 그대로 따른다고 할뿐 고전적 캐논이나 여타 논
증을 제시하지는 않았다. 그러나 엄밀히 말하자면 이 사건에 시간적으로

선언하고 있음을 지적한다. *Ibid.*, p. 17. Capitulations는 오스만 제국내 외국인들에게
치외법권 등의 특권을 부여한 불평등한 조약 유사 문서를 지칭한다. James Angell,
"The Turkish Capitulations", *American Historical Review*, Vol. 6, No. 2 (Jan., 1901),
p. 254.

106) 이 판결문 영어본은 "records of the preparations"라는 표현을 쓰고 있다는 점에서
오늘날 통상적 영어 표현과 조금 다르다. 불어본에는 "travaux préparatoires"라고 되
어있다. *Supra* note 101, p. 17.

107) *Ibid.* 재판부는 관할권 관련 튀르키예의 개정안을 영국, 프랑스 등이 거부한 것은 사
실이나 반드시 튀르키예의 관할권 확대 자체를 반대하였기 때문에 그 개정안을 반대
하였다고 볼 근거는 찾을 수 없으며, 초안작성 위원회가 외국인 형사관할권의 범위
에 대해 전혀 명기하지 않고 단순히 국제법 원칙에 따른다는 문안으로 정리한 이유
가 무엇인지도 알려져 있지 않다고 보았다. 아울러, 튀르키예의 관할권을 영토내 범
죄로 한정하려는 제안 역시 기각되었다는 사실에 비추어 협약 제정자들이 튀르키예
의 관할권을 제한하려는 의도가 있었다고 단언하기 어렵다는 점도 지적하였다.

앞서는 PCIJ의 계쟁사건 판결과 권고적 의견 중 '텍스트가 명확하면 준비문서를 살펴볼 필요가 없다'고 명시한 선례는 없다.[108] 일견 이러한 판시에 가까운 표현을 담은 선례로는 우선 PCIJ의 두 번째 권고적 의견인 ILO의 농업 권한 사건(1922년)을 들 수 있다. 그러나 여기서 재판부는 텍스트가 명확할 경우 준비문서를 살펴볼 필요가 없다고 판시한 것이 아니라 텍스트 자체에 근거하여 이미 해석에 대한 결론을 내린 만큼, 조약 용어가 명확하므로 준비문서와 같은 외재적 증거에 그와 상치되는 내용이 있더라도 이를 검토할 수 없다는 취지의 '프랑스측 주장'을 검토할 필요가 없다고 하였을 뿐이다.[109] 아울러, 프랑스의 주장은 준비문서 참조 '불필요'가 아니라 '허용불가'였다는 점에서 Lotus 사건의 판시가 지칭하는 바와 정확히 동일하다고 보기 어렵다. 이에 비해, 로잔 조약 해석 사건(1925년)이 Lotus 사건에서 지칭하는 선례에 더 가까운 것으로 볼 수 있다. 로잔 조약 해석 사건에서 재판부는 해당 조항의 의미가 텍스트 분석상 명확하기 때문에 준비문서 검토에서도 동일한 결론이 도출되는지 여부의 문제가 발생하지 않는다고 하여 비록 표현은 다르나 거의 동일한 취지의 견해를 제시하고 있다.[110]

요약하자면, Lotus 사건은 '앞선 판결과 권고적 의견'의 선례에 따라 '텍스트 의미 명확시 준비문서 활용 불필요' 규칙을 제시한다고 하였으나 실제 이러한 취지를 정확히 담은 선례는 로잔 조약 해석 사건 하나뿐이다. 조금 더 관대한 관점에서 보아 ILO 농업권한 사건까지 그 판시의 선례에 포함된다고 인정하더라도 선례는 모두 권고적 의견일 뿐 "판결" 선례는 없다는 점에서 Lotus 사건의 판시는 일종의 오류라고 할 수 있다.

또 하나 흥미로운 점은 Lotus 사건 및 그에 앞선 선례(라고 볼 수 있는

---

108) "there is no occasion"이라는 특유의 문구가 그대로 사용된 선례도 없고, 이와 완전하게 동일한 취지의 명시적 판시를 포함한 선례도 없다.

109) *Supra* note 83, p. 17.

110) *Supra* note 92, p. 22.

두 개의 권고적 의견) 모두 스스로가 제시한 일종의 해석 규칙에서 이탈하였다는 것이다. Lotus 사건은 특별한 정당화 시도 없이 회담 준비문서와 초안 등을 살펴보며 문언해석 결과를 번복할만한 내용이 없음을 확인한다.111) 준비문서 검토의 필요성을 부정하면서도 결국 텍스트의 모호성을 전제하지 않고 준비문서를 살펴봄으로써 텍스트 자체에 입각한 해석을 수정하거나 번복할 근거가 없다는 점을 굳이 밝힌 것이다.112)

Lotus 사건에서 재판부는 복수의 선례가 있다고만 언급할 뿐 그것을 구체적으로 밝히지 않음으로써 마치 굳이 명시할 필요도 없을 만큼 풍부하고 일관된 판례법이 존재하는 듯한 인상을 주었는데, 이것이 단순한 판결문 서술상의 실수인지 의도적인 정당화인지 확인할 수는 없다. 오류의 사유와 상관없이, Lotus 사건은 다소 미약한 판례법적 근거를 갖고 있던 준비문서 관련 해석규칙(텍스트 명확시 준비문서 활용 불필요)을 일거에 PCIJ 조약해석담론의 주요 명제 중 하나로 부각시켰고, 이는 이후 초기 ICJ 판례에도 이어졌다.113)

(5) 다뉴브강 유럽위원회의 관할권 사건 (1927)

Lotus 사건 판결 선고 3개월 뒤에 나온 이 권고적 의견은 다뉴브강 유럽위원회의 유역별 권한에 대한 영국·프랑스·이태리 3국과 루마니아 간 분쟁에서 비롯한 것으로서 베르사이유 조약 제349조에 따라 체결된 다뉴브

---

111) *Supra* note 101, p. 17.
112) 유일하게 로잔 조약 해석 사건만이 (텍스트의 명확성에도 불구하고) 준비문서를 살펴보는 이유를 제시하고 있다. ILO 농업권한 사건은 심지어 구체 서술이나 논증도 없이 준비문서에 그러한 내용(텍스트 근거한 해석 결론을 뒤집을 내용)이 없다는 한 문장을 제시할 뿐이다. 이와 관련하여, 당시 학설과 판례를 종합적으로 분석하여 나름의 초안을 제시했던 Harvard Research에서는 PCIJ의 판례 검토대상에 로잔 조약 해석 사건은 포함하지 않고 있다. Harvard Research가 Lotus 사건의 사실상 유일한 선례라고 볼 수 있는 이 사건에 대한 검토를 누락한 것은 다소 의아스럽다.
113) 제2장 제2절 3.나 참조.

규정(Statute)의 해석이 문제시되었다.114) 이 사건에서 재판부는 준비문서에 대한 Lotus 사건의 판시를 거의 그대로 반복하고, 텍스트가 그 자체로 충분히 명확할 경우 준비문서(협정 교섭이 이루어진 회의 기록)를 살펴볼 필요가 없다는 입장을 "본 법원의 앞선 결정들에서 적용된 규칙(the rule applied in its previous decisions)"이라고 표현하고 있다.115) 이어 재판부는 Lotus 사건의 규칙에서 약간 더 나아가, 해당 문구의 진정한 의미에 대해 약간의 의구심(some doubts)이 여전히 남아있다 하더라도 준비문서에 대한 검토를 통해 재판부가 이미 도달한 결론을 확인할 수 있다고 하였다.116) Lotus 규칙은 준비문서 활용이 불필요하다는 '선언'과 실제로는 재판부가 준비문서를 검토했다는 '사실' 간의 간극을 전혀 다루지 않았으나, 여기서는 텍스트의 명확성에도 불구하고 의심이 남아있을 수 있다는 가설적 가능성에 근거하여 준비문서에 대한 검토를 정당화한 것이다. 이는 준비문서 활용이 텍스트 근거 해석에 대한 (재)확인 목적을 가질 수 있다는 의미이자, 당사자 간 해석이 엇갈리고 있는 분쟁상황에서 문언의 명확성에 의구심이 생길 수 있다는 거의 필연적인 가능성에 대한 인식을 간접 반영하는 것으로 볼 수도 있다.117)

---

114) Jurisdiction of the European Commission of the Danube between Galatz and Braila (1927), P.C.I.J. (Advisory Opinion), Series B, No.14.

115) *Ibid.*, p. 28. 앞서 살펴본바와 같이 Lotus 사건이 실제로 원용하고 있는 계쟁사건 판결이 존재하지 않는다면 이 사건에서 "앞선 결정들(previous decisions)"이라는 복수형을 쓴 것도 Lotus 판시와 유사한 오류라고 볼 수 있다. 다만, "결정"이라는 단어가 계쟁사건 판결만을 지칭하는 것이 아니라 권고적 의견(로잔 조약 해석 사건)까지 포함하는 것으로 볼 수 있다면 틀린 서술이 아니게 된다. 그러나 아무래도 Lotus 사건이 "판결들과 의견들"이라고 서술하고 있는 것을 그대로 받아들인 결과로 보인다. 이 사건 의견 역시 그러한 "앞선 결정들"이 무엇인지는 언급하지 않고 있다.

116) *Ibid.*

117) 국가간 서로 해석론이 엇갈리는 조약해석 분쟁 자체의 성격에서 텍스트의 명확성에 대한 의구심의 발생은 어떤 면에서 거의 필연적이라고 할 수도 있다. 후술(제4장 제3절 1.나(3)) 참조.

재판부는 다뉴브 규정의 협상과정 및 여러 초안·제안들을 비교적 상세히 살펴보는데, 이 사건이 준비문서 활용에 대한 Lotus 사건 판례입장을 다소 진전시킨 것으로 평가할 수 있게 해주는 또 다른 판시가 여기에서 제시된다. 즉, 텍스트의 명백한 의미(plain meaning)를 변경하기 위한 목적으로 준비문서를 사용해서는 안 된다는 것이다. 루마니아가 여러 협상 관련 경과와 자료, 발언 등을 동원하여 "과거와 동일한 조건들(les mêmes conditions que par le passé)"이라는 문구가 하나의 어떤 특정 조건이나 상황을 지칭한다고 주장하였으나, 재판부는 그것이 너무나 명백히 '과거에 존재했던 조건들'을 지칭하고 있기 때문에 준비문서가 아무리 설득력 있게 의미 재구성을 가능케 해주더라도 그 문구 자체의 명확한 문언적 의미를 넘어설 수는 없다고 지적하였다.118) 결론적으로 재판부는 준비문서 검토 및 교섭상황의 재구성 결과, 제1차대전 이전 상황을 그대로 유지하자는 교섭 당사국들의 공감대를 확인하였으며, 준비문서 그 어디에도 실제 조항의 용어(actual terms)에 근거한 1차적 해석을 뒤집을 수 있는 내용이 발견되지 않는다고 판단한다.

이 사건 재판부는 선례의 "규칙"을 그대로 적용한다는 입장이었으나, 실제 이 권고적 의견이 보여준 규칙은 Lotus 판결의 규칙에서 진전된 형태임에 분명하다. 이 사건은 Lotus 사건 판시 내용을 "규칙"이라고 명명하고 문언 해석시 거의 필연적으로 동반될 수 있는 불확실성(의구심)을 해소하는 확인용 목적으로 준비문서를 참조할 수 있음을 시사하였다. 이를 통해 Lotus 판결의 "규칙"에도 불구하고 준비문서 참조를 정당화한 것이다. 또한, 준비문서의 활용이 그 어떠한 경우에도 텍스트의 명백한 틀을 벗어나는 결론으로 이어져서는 안 된다는 점도 천명함으로써 준비문서 활용의 범위를 정식화하였다.119) 텍스트와 준비문서의 관계에 대한 보다 정리된 PCIJ의 입장

---

118) *Supra* note 114, pp. 30-31.
119) 준비문서가 명백한 의미를 변경하기 위해 활용될 수는 없다는 '규칙'에 대해서 별도

은 다뉴브강 유럽위원회 사건 권고적 의견에서 비로소 등장하였다고 평가
할 수 있다.

(6) 여성 야간고용협약 해석 사건 (1932)

다뉴브강 위원회 사건 이후 텍스트와 준비문서의 관련성에 대한 보다 상
세하고 유의미한 판시가 약 5년 후 여성 야간고용협약 해석에 대한 권고적
의견에서 제시된다.[120] 국제연맹 이사회는 여성의 야간노동을 원칙적으로
금지하는 1919년 ILO 협약이 '감독 또는 관리직에 종사하고 통상적으로 육
체노동을 수행하지 않는 여성'에게도 적용되는지 여부를 PCIJ에 문의하였
다.[121] 이 협약 제3조는 연령에 상관없이 여성(women)은 가족사업을 제외
하고 그 어떠한 공공 또는 민간 산업에 있어서 야간에 고용되어서는 안 된
다고 규정하고 있다. 영국 등이 이 조항으로 인해 여성 엔지니어들의 고용
이나 업무수행에 곤란함이 발생한다는 문제를 제기하였고 육체노동이 아
닌 감독·관리직 여성에게는 적용되지 않는다고 명기하는 개정안도 제시되
었으나, 그 개정안 채택은 불발되었다. 이 과정에서 ILO 회원국들 간에 감
독·관리직 여성에 대한 이 조항 적용여부를 두고 해석론이 엇갈리게 되자
PCIJ에 회부된 것이다.[122]

재판부는 우선 여성/사람과 같은 일반적 단어들이 오직 육체노동자에게

의 원천을 밝히지는 않고 있다. 아울러, 준비문서중 대외비(confidential) 문서로서 권
한있는 당국의 동의를 받아 제출된 것이 아니면 검토대상이 될 수 없다는 판시도
있었다. *Ibid.*, p. 32. 이는 루마니아측이 제기한 베르사이유 조약 관련 조항의 역사에
대한 언급인데, 실제 증거로 제출된 준비문서가 권한있는 당국의 동의가 없이 제출
되었다는 사유로 배척된 것인지, 아니면 루마니아가 그 근거자료를 아예 제출하지
않은 것인지는 다소 불분명하다.

120) Interpretation of the Convention of 1919 Concerning Employment of Women during
the Night (1932), P.C.I.J. (Advisory Opinion), Series A/B, No. 50.

121) *Ibid.*, p. 366.

122) *Ibid.*, pp. 370-371.

만 적용된다는 제한적 해석을 하려면 ILO가 그러한 해석·적용을 의도하였다는 명확한 증거가 있어야 한다고 지적하면서 사용된 용어들을 살펴본다. 즉, 주로 육체노동자를 지칭하는 단어(labourer/ouvrier)가 아니라 포괄적 의미의 노동자/근로자를 지칭하는 단어들(workers, workpeople, wage-earners/travailleurs, employés)이 사용되었다는 점에 주목한 것이다.123) 재판부는 이러한 "그 자체적으로 명백하고 모호함이 없는 용어"의 사전적 의미나 용례에 근거하여 도출한 의미를 "자연스러운(natural) 의미"라고 부르며124) 이를 배제하려는 여러 논증들(예를 들어, 이 협약이 베르사이유 조약상 주로 육체노동자 보호를 위한 제13부에 근거하여 채택되었다는 주장, 협약 채택 당시에는 관리·감독직에 있는 여성들이 거의 없었기 때문에 그러한 여성들에 대한 협약 적용은 아예 고려조차 된 바 없다는 주장)은 모두 근거가 없다고 판단한다.125)

여기서 재판부는 준비문서에 특별한 의미를 부여하는 듯한 모습을 보인다. 협정 개정안이 논의되었던 1930-31년 제네바 회의 시 이 주제에 깊은 전문적 지식을 가진 대표단들이 이 협정은 여성 육체노동자(ouvrières)에게만 적용된다는 확신에 찬 강력한 의견들을 제시하였는데, 재판부는 이러한 의견에 강렬한 인상을 받아 과연 준비문서가 그러한 의견들과 일치하는지 살펴보게 되었다고 서술한다. 여기서 재판부는 준비문서를 살펴보면서도 '텍스트가 그 자체적으로 충분히 명확하면 준비문서를 검토할 필요가 없다'는 "선례(previous occasions)에서 정립된 규칙"으로부터 이탈할 의도는 전혀 없음을 먼저 밝힌다.126) 그러나 이미 텍스트 자체가 명백하다는 점을 논증하고 명백한 텍스트에 대해서는 준비문서를 참조할 필요가 없다는 원

---

123) *Ibid.*, p. 375.
124) *Ibid.*, pp. 373, 378, 380.
125) *Ibid.*, pp. 374-378.
126) *Ibid.*, p. 378. 이 사건에서도 그러한 선례를 열거하지는 않고 있다.

칙까지 재확인한 상황에서 준비문서를 검토하는 것은 재판부의 언명과 달
리 규칙에서 이탈하는 것이다. 제네바 회의 시 확신에 찬 강력한 의견들이
제기되었기 때문에 이를 확인하기 위해 준비문서를 검토하게 되었다는 설
명에 다소 불확실한 측면이 있으나, 추정컨대 다수의 대표단들은 이 협약
이 과거 육체 노동자 보호만을 규정한 1906년 여성 야간노동 금지 베른 협
약(Berne Convention)의 대체 목적으로 성안되었으므로 새로 만들어진 이
협약 역시 그렇게 해석되어야 한다는 점을 실제 성안과정 참여 및 적용 경
험 등을 바탕으로 설득력있게 제시하였을 개연성이 크다.127) 따라서 재판
부의 텍스트 근거 해석론이 정당성을 확인받고 잔존가능한 어떠한 의구심
도 해소하기 위해서는 준비문서 검토가 불가피했을 것이다. 이렇게 본다면,
다소 불분명하기는 하지만 준비문서 검토의 이유를 나름 밝혔다는 점에서
'다뉴브' 규칙을 이어가는 판례로 볼 수 있을 것이다.

　재판부는 협약 성안에 관여한 여러 위원회의 자료 등을 종합적으로 검토
한 결과 원래 협상 초기에는 베른 협약에서 벗어나지 않으려는 의도가 분
명하였으나 시간이 흐르면서 점차 그러한 의도는 퇴조하였다고 보았다. 베
르사이유 체제 하에서 채택되는 여타 조약들과의 통일성을 중시하는 기조
가 부각되면서 현재와 같은 일반적인 모든 여성 노동자 보호로 마무리되었
다는 것이다. 준비문서는 이렇게 용어의 자연적 의미가 올바른 해석임을
확인해준다.128)

　이 판결에 대해 Anzilotti 재판관이 제시한 반대의견은 텍스트의 명확성
또는 용어의 자연적 의미라는 개념에 대한 본질적 문제제기를 담고 있다는
점에서 살펴볼 만한 가치가 있다.129) 그는 협약의 주제와 목적(subject and

---

127) *Ibid.*, p. 379 참조.
128) *Ibid.*, p. 380.
129) Charles C. Hyde, "Judge Anzilotti on the Interpretation of Treaties", *American Journal of International Law*, Vol. 27, No. 3 (Jul. 1933), pp. 502-506 참조.

aim)을 확인한 이후에야 비로소 텍스트의 명확성을 판단할 수 있음을 지적하였다. 즉, 용어의 자연적 의미가 당사자들의 진정한 의도(real intention)와 일치하는지, 또는 용어의 자연적 의미가 '그러한 의도에 못미치거나 그것을 넘어서는지(falls short of or goes further than such intention)' 판단하려면 당사자들의 의도와 목적을 먼저 확인할 필요가 있다는 것이다. Anzilotti는 이 협약이 육체노동 보호라는 명확한 의도와 목적을 갖고 있었음을 설명한 후 "여성"이라는 단어를 "여성 육체노동자"가 아닌 단순히 모든 여성이라고 해석하는 것은 협정의 본질적 성격(nature)을 무시한 것이라고 언급한다. 특히, 어린이와 청소년을 거론하는 다른 노동 관련 협정들은 당연히 어린이와 청소년의 육체 노동을 지칭하며 일반적인 어린이와 청소년을 지칭하는 것이 아니라고 주장한다. 여기서 Anzilotti는 이러한 해석에 의심이 있을 수 있다면 준비문서를 볼 필요가 있다고 지적하고, 준비문서 참조의 목적이 그 자체로 명백한 텍스트의 범위를 확대하거나 제한하려는 것이 아니라 "텍스트에서 필연적으로 드러나지는 않으면서 마찬가지로 그 텍스트에 의해 반드시 배제되지도 않는" 어떤 의도의 존재를 검증(verify)하기 위한 것이라고 서술한다. 그는 준비문서 검토 결과 베른 협약의 주요 기조를 유지하는 것이 당사국의 의도였음이 명확하다고 결론내린다.[130]

Anzilotti의 해석론은 두 가지 측면에서 주목된다. 우선, 텍스트의 자연스럽고 통상적인 의미에 대해 보다 정교한 논리를 제시하였다. 텍스트의 명확성을 판단하는 기준은 특정 용어의 언어적·사전적 의미 자체가 아니라 그러한 용어와 당사자 의도 및 목적과의 일치 여부라는 것이다.[131] 이는

---

130) *Supra* note 120, pp. 384-389 (Dissenting Opinion by M. Anzilotti).

131) Hyde는 Anzilotti의 이러한 입장이 조약해석에서 잊지 말아야할 중대한 사실을 보여준다고 한다. 즉, 당사국들은 (주권국가로서) 언제든 자신들이 보기에 적절한 단어를 사용할 자유와 권리가 있다는 것이다. 따라서 해석자의 역할은 당사자들의 원래 의도 또는 진실에 직접적이고 과학적 방법으로 도달하는 것이다. Hyde, *supra* note 129, p. 504.

조약의 목적 및 맥락 등을 1차적인 판단 요소에 포함키는 현대적인 비엔나 규칙에 근접한 서술임에는 틀림없다.132) 두 번째로, 그는 준비문서를 활용하는 나름의 목적을 명쾌하게 제시하였다. 즉, 명백한 텍스트를 변경하기 위해서가 아니라 텍스트만으로는 분명하게 현출되거나 배제되지 않은 의도의 존재를 검증하는 것이다. 이러한 준비문서 활용 목적은 현대적인 비엔나 규칙과는 상이하다고 할 수 있다.

(7) 단찌히(Danzig) 영토 내 폴란드 국민 대우 사건 (1932)

이 사건도 국제연맹 이사회가 PCIJ에 요청한 권고적 의견 사건으로서 베르사이유 조약 및 1920년 폴란드와 단찌히 자유시 간의 파리협정 해석에 대한 문제를 포함한다.133) 이 사건 재판부는 파리협정의 해당 텍스트가 절대적으로 명백하지는 않기 때문에(not being absolutely clear) 그 정확한 의미를 확인하기 위해 초안들을 상세히 살펴보는 것이 유용할 것(may be useful)이라고 판시한다.134) 이는 텍스트의 (가상적 불명확성이 아닌) 실제적 불명확성을 준비문서 활용의 정당화 사유로 채택한 첫 번째 PCIJ 사건이다. 재판부는 초안의 변화 경과 및 회담시 논의 내용, 관련 외교서한과 보고서 등을 비교적 상세히 검토하였다. 한 가지 흥미로운 점은 해당 조항

---

132) 이와 관련, Anzilotti와 Huber가 제시한 Wimbledon 사건의 반대의견에는 문언주의 해석에 대한 전통적 거부감을 집약해주는 서술이 포함되어있다. 우선 조약의 해석을 위해서는 국가관계의 복잡성과 당사국이 독립된 주권국가라는 점이 감안되어야 하며, 조약의 문안(wording)이 명백하면 그 문안 그대로의 의미(literal meaning)가 그대로 받아들여져야 할 것이나, 모순적이거나 불가능한 결과를 야기한다거나 당사국의 의도를 벗어나는 것을 담는 의미는 받아들여질 수 없다는 것이다. 즉, "순수하게 문법적인 해석은 이 지점에서 멈추어야 한다"라는 것이다. Case of the S.S. "Wimbledon" (1923), P.C.I.J. (Judgment), Series A, No. 1, p. 36 (Dissenting Opinion by MM. Anzilotti and Huber).

133) Treatment of Polish Nationals and Other Persons of Polish Origin or Speech in the Danzig Territory (1932), P.C.I.J. (Advisory Opinion) Series A/B, No. 44, p. 5.

134) *Ibid.*, p. 33.

의 텍스트가 불명확하다는 일차적 결론에 이르기 위해 재판부가 문언해석 노력을 별로 기울이지 않았다는 것이다. 재판부는 문언적 해석을 위한 상세한 시도 없이 폴란드와 단찌히 간 해석 쟁점이 무엇인지를 간략히 설명한 후 텍스트가 명확하지 않기 때문에 준비문서를 보는 것이 유용하다고 하였다.[135] 이 사건에서 폴란드는 파리협정 제33조 1항이 단찌히 내 폴란드 국민들 및 여타 폴란드계 외국시민에게 내국민 대우를 보장하는 조항이라고 주장하였으나, 재판부는 준비문서의 검토와 소수민족(minorities)이라는 단어의 용법에 대한 분석 등을 통해 해당 조항이 완전한 의미의 내국민 대우 체제가 아니라 소수민족 보호 체제를 규정하고 있다고 해석한다.[136]

해당 조항이 비록 두 개의 문안으로 구성된 비교적 긴 조항이기는 하나, 재판부가 왜 이를 명확성을 결여한 문구로 단정하였는지 정확히 파악하기는 어렵다. 추정컨대, 내국민대우 체제와 소수민족보호 체제의 세부적인 뉘앙스 차이가 분명히 드러나지 않은 조항이었다는 점에서 명확성 결여 판단을 받은 것으로 보인다. 그러나 이 조항이 PCIJ의 여타 사건들에서 다루어진 조약 문언에 비해 과연 명확성이 현저하게 떨어지는 텍스트인지에 대해서는 의심의 여지가 있다.

(8) 등대 사건 (1934)

이 사건은 20세기초 발칸지역 무력충돌의 여파로 오스만 제국 일부 영토가 그리스로 할양된 이후 그 영토에서 오래전부터 유지되어온 프랑스 회사와 오스만 제국 정부 간 등대 양허 계약이 여전히 유효한가에 대한 분쟁을 다룬다.[137] 여기서 PCIJ는 조약 용어의 정확한 의미가 텍스트에서 충분히

---

135) Ibid. 여기서 텍스트의 서술 자체가 장황하고 불분명하다는 것인지, 아니면 텍스트에서 나오는 의미가 불분명하다는 것인지 다소 불확실한 측면이 없지 않다.

136) Ibid., pp. 34-40.

137) 1924년에 프랑스 회사의 문제제기를 받아 프랑스 정부가 그리스와 외교적 협의를

드러나지 않기 때문에 준비문서를 참조해야한다고 판시하였다. 여기서 문제가 된 조약은 프랑스와 그리스가 체결한 특별협정(재판 회부합의)이다. 특별협정은 PCIJ가 다룰 분쟁 주제의 하나로 양허 계약이 "정당하게 체결되었는지(duly entered into)"에 대한 문제를 규정하고 있었는데, 프랑스는 계약이 오스만 국내법에 따라 정당하게 체결되었는지에 대해서만 판단해 달라는 입장인 반면, 그리스는 국제법적 측면에서의 정당한 체결 여부도 포함하는 문제로서 그리스에 대한 구속력 여부까지 판단대상에 포함된다는 입장이었다.[138] 여기서 재판부는 일차적으로 "정당하게 체결"되었다는 문구는 그 자체가 불변의 의미를 갖는 기술적 용어로 볼 수 없기 때문에 그 문구의 "문맥/맥락(context)"이 정확한 의미를 보여주기에 충분하지 않다고 판단하였다. 따라서 PCIJ의 "관행(practice)"에 따라 "당사자들의 진정한 의도(true intention)"를 확인하기 위해 특별협정의 준비문서를 "참조해야 한다"라고 하였다.[139]

프랑스의 경우 "정당하게 체결"되었다는 문구는 이 사건의 배경이 되는 로잔 의정서(오스만 제국내 특정 양허에 대한 의정서)의 조항에 있는 표현을 그대로 따온 것으로서 그 의정서의 문구처럼 "오스만 법에 따라" 정당하게 체결되었는지 여부가 분쟁의 주제라는 입장이었다. 그리스에 대한 구속력 여부는 오스만 법률상 유효성 여부에 따라 좌우되는 문제일뿐이라는 것이다.[140] 재판부는 그 문구의 원천이 로잔 의정서라는 점에 대해서는 양국의 의견이 일치하나 프랑스와 달리 그리스는 그 조항이 국제법적 측면도 포

개시하였으며, 이후 양국은 각자가 임명한 법률가들 간의 토론(interchange of arguments)을 통해 문제해결을 시도하였으나 이것도 실패로 돌아가자 PCIJ에 회부하였다. Lighthouses Case between France and Greece (1934), P.C.I.J. (Judgment), Series A/B, No. 62, pp. 11-12.

138) *Ibid.*, p. 13.

139) *Ibid.*

140) *Ibid.*, pp. 14-15.

함한다는 입장이었음을 지적하면서 특별합의 체결의 "역사"를 살펴본다.[141]

이 사건에서 PICJ는 앞선 판례들과 마찬가지로 자신이 원용하는 선례가 무엇인지 밝히지 않는다. 그러면서 "관행"을 따른다고 선언하고 있는데 사실 텍스트 의미의 불명확함을 이유로 준비문서를 원용한 선례는 단찌히 내 폴란드 국민 대우 사건뿐이다.[142] 따라서 이를 관행이라고 표현하는 것이 타당한지 의문을 제기해볼 수 있다. "관행"이라는 표현이 성립하기 위해서는 '텍스트 자체가 명확하면 준비문서를 참조할 필요가 없다'는 이전 판시까지 모두 포함한 PCIJ의 접근법 전체를 지칭한 것으로 이해해야 할 것이다. 사실 단찌히 내 폴란드 국민 대우 사건의 판시는 엄밀히 말하면 '텍스트 불명확시 준비문서 참조 유용' 명제로서 이 사건에서 말한 '텍스트 불명확시 준비문서 참조 필수론'과는 차이가 있다. 결국 조금씩 그 세밀한 취지와 의미가 상이한 세 종류의 명제, 즉 '텍스트 명확시 준비문서 참조 불필요', '텍스트 불명확시 준비문서 참조 유용', '텍스트 불명확시 준비문서 참조 필수'가 모두 묶여 하나의 "관행"으로 명명된 것으로 볼 수 있다. 텍스트가 그 자체로 불명확할 경우, 일응 조약의 목적, 후속 관행이나 후속 합의, 유사조약의 해석관행 등 활용할 수 있는 여러 다른 요소들이 있음에도 불구하고[143] 준비문서가 텍스트에 버금가는 또는 대비되는 대표적 조약해석의 요소라는 인식이 반영된 것으로 볼 수 있다. 이후 살펴보듯 조약해석 담론에 있어서 비엔나 규칙 형성과정에 이르기까지 지속적으로 반복되는 논쟁적 테마인 텍스트와 준비문서의 이항대립은 PCIJ의 판례 속에서 이미

---

141) *Ibid.*, pp. 15-18. 재판부가 말하는 역사는 주로 특별합의의 여러 초안들이다.

142) 앞서 살펴본 바와 같이 단찌히 내 폴란드 국민 대우 사건의 판시는 준비문서를 반드시 참조해야한다는 것이 아니라 그것이 "유용할 것"이라는 취지였다.

143) 현대 국제법상 비엔나 규칙의 "일반규칙"과 달리, PCIJ의 판례법상 "텍스트"와 조약의 목적, 맥락(문맥), 후속 관행, 후속 합의 등은 하나의 일반규칙으로 묶여 있었다고 보기 어렵다. 텍스트의 의미가 불명확하다는 것과 텍스트의 문맥상 도출되는 의미가 불명확하다는 것의 차이 등도 크게 주목받지 않았다.

그 윤곽을 드러낸 것이다. 적어도 PCIJ의 판례법상 준비문서 활용 담론은
이 사건에 이르러 비로소 '텍스트 불명확시 준비문서 참조 필수론'으로 진
화, 정리되었다고 볼 수 있다. 그러나 당시 서구 학계의 PCIJ 판례에 대한
학술적 논평에서는 텍스트와 준비문서의 관계에 대한 서로 다른 명제의 미
묘한 차이점 또는 준비문서 활용 판시의 세부적 변화에 대해 크게 주목하
지 않은 것으로 보인다.[144]

〈표 1〉 PCIJ 주요 사건 조약해석 관련 판시 요지

사건명	조약해석 관련 주요 판시 요소
네덜란드 노동자대표 임명 사건(1922)	텍스트, 문구(wording), 정신(spirit), 통상적 상황(normal case), 조약해석 방법론에 대한 명시적 판시 부재(不在)
ILC 농업권한 사건(1922)	조약 언어, 전체로서(as a whole), 문맥(context), 용어의 실제 의미, 추후행동, 서면·구두 심리에서의 준비문서에 대한 치열한 논의 상기, 프랑스측 주장(준비문서 참조 불가론)에 대한 검토가 불필요하다면서도 준비문서를 검토하였음을 간접 시인
Lausanne 조약해석 사건(1925)	문구로부터 당사국 의도 확인, 텍스트가 명확하므로 준비문서 활용 문제 不발생, 튀르키예측의 협상내용 논변 제기 때문에 협상 경과(준비문서) 검토
Lotus 사건(1927)	PCIJ 선례에 따라 텍스트 명확 시 준비문서 참조 불필요, 준비문서를 검토하였음을 간접 시인

---

144) Fairman은 이전 사건에서 예외적 혹은 부수적 확인 기제에 불과했던 준비문서가 이
사건에 와서 확립된 해석 방식으로 자리 잡았다고 평가할 뿐 그러한 변화의 배경이
나 맥락은 별도로 논평하지 않았다. Fairman, *supra* note 27, p. 132. Lauterpacht는
이 사건이 준비문서에 대한 PCIJ의 진정한 태도에 대한 의구심을 해소시켰다고 평가
한다. 또한, 재판부가 준비문서 참조에 대한 이러한 태도를 PCIJ의 "관행"이라고 표
현한 것에 대해 그간 PCIJ의 신중한 접근법에 전적으로 일치한다고 보기 어려운 측
면이 있어 다소 의아스럽기는 하나 관행이라는 표현이 틀린 것은 아니라고 평가한
다. Lauterpacht, *supra* note 6, pp. 550-551.

사건명	조약해석 관련 주요 판시 요소
다뉴브강 유럽위원회 관할권 사건(1927)	텍스트 명확 시 준비문서 참조 불필요(이는 PCIJ 선례에서 적용된 "규칙"), 텍스트 해석에 의구심이 있더라도 준비문서 검토를 통해 해소 가능, 텍스트의 명백한 의미를 변경하기 위한 준비문서 활용 금지
여성야간고용협약 해석 사건(1932)	용어의 자연스러운 의미, 협약형성과정에 대한 논의에 강렬한 인상을 받았으므로 준비문서 검토, 텍스트 명확 시 준비문서를 참조할 필요가 없다는 PCIJ 선례의 "규칙"으로부터 일탈하려는 의도는 아님을 천명
단찌히 영토내 폴란드 국민 대우 사건(1932)	텍스트가 절대적으로 명확하지는 않으므로 준비문서 참조 유용
등대 사건(1934)	텍스트 의미가 충분히 명확하지 않으므로 PCIJ의 "관행"에 따라 준비문서 참조 필요

다. 규칙의 정립 또는 "해석 전투"의 전조?

PCIJ의 최초 사건에서 별도의 해석 규칙에 대한 정립 시도나 고전적 캐논의 원용 없이 다소 모호한 형태로 제시된 텍스트의 통상적 의미 중심 접근법[145]은 두 번째 사건에서 용어의 실제 의미를 기반으로 조약을 하나의 전체로서 읽어야한다는 지침으로 이어진다.[146] 이 사건은 텍스트의 명확한 의미(또는 명확한 텍스트)와 준비문서의 관계에 대한 "규칙"이 정립되는 과정의 시발점을 구성한다. 우선 텍스트에 입각한 해석 결론이 이미 내려졌기 때문에 '용어가 명확할 경우 외재적 증거(준비문서)를 살펴볼 필요가 없다'는 일방 당사국의 주장은 검토할 필요가 없다고 하면서도 사실상 준비문서를 검토하였음을 인정하였다.[147] 이후 사건에서는 텍스트 자체가 명

---

145) *Supra* note 74, pp. 22-23.
146) *Supra* note 83, p. 23.
147) *Ibid.*, p. 41.

확하면 준비문서 참조 문제는 발생하지 않는다는 명제를 그대로 유지한채 한 당사국이 준비문서를 원용하며 변론을 펼쳤기 때문에 준비문서를 검토 하는 것이 좋을 것이라는 입장을 취하였다.[148] Lotus 사건에서는 선례에 대해 다소 과장된 서술[149]을 통해 텍스트가 그 자체로 충분히 명확하면 준비 문서를 참조할 필요가 없다는 명제를 판례법상 원칙 수준으로 격상시키는 한편, 텍스트의 불명확성을 전제하지 않고 준비문서를 해석과정의 당연한 요소인 듯 검토하여 1차적인 텍스트 해석 결과를 재확인한다.[150] 이어지는 다뉴브강 유럽위원회 권한 사건에서는 Lotus 사건의 명제가 마침내 "규칙" 으로 확인되며 텍스트에 대한 가상적 의구심을 근거로 준비문서 참조의 정 당화를 시도한다.[151] 그러나 여기서도 여전히 스스로 확인한 규칙[152]에 대한 이탈이 이루어진다. 다만, 이 과정에서 준비문서가 용어의 명확한 의미를 변경하기 위해 사용되어서는 안 된다고 확인함으로써 텍스트와 준비문서의 우선순위 관계를 명확히 하려는 시도가 이루어진다.[153] 여성 야간고 용협약 사건에서는 텍스트 명확시 준비문서 검토가 필요없다는 스스로의 규칙에서 이탈할 의도가 없다고 확인하면서도 준비문서를 살펴보는데 나름의 이유는 제시하고 있다는 점에서 다뉴브강 위원회 사건의 규칙을 계승하고 있다고 보여진다.[154] 텍스트의 가상적 불명확성 또는 외생적 사유(한 당사국의 원용, 관련 회의시 제기된 전문적 주장들의 존재)가 아닌 텍스트의 실제적 불명확성을 근거로 준비문서를 참조한 사례들은 준비문서 활용의 유용성[155]과 불가피성[156]을 제시하였다. 특히, 등대 사건은 텍스트나 맥

---

148) *Supra* note 92, p. 22.
149) *Supra* note 101, p. 16.
150) *Ibid.*, p. 17.
151) *Supra* note 114, p. 28.
152) *Ibid.*
153) *Ibid.*, pp. 30-31.
154) *Supra* note 120, pp. 378-380.

락에서 도출되는 의미가 불명확할 경우 당사자들의 진정한 의도 확인을 위해 준비문서를 반드시 참조해야한다는 정당화의 근거를 PCIJ의 "관행"에서 찾는다.

1922년 PCIJ 첫 사건부터 1930년대 중반에 이르기까지 조약해석론의 궤적을 전반적으로 살펴보면, 자연스러운 기본 전제로서 텍스트 중심성 명제에서 출발하여 정합성이나 일관성에 다소 의심의 여지가 있는 과도기적 사례를 거치면서 준비문서 원용의 '불필요성'과 '필연성'의 조건들을 모두 종합하는 '규칙'이자 '관행'으로 진전되어왔다. 이와 같이, 실제 PCIJ 판례법은 텍스트와 준비문서의 관계에 대해 다소 불균등한 변화·발전의 궤적을 보인다.[157] 당시의 서구 학설이나 근래의 조약해석 논의에서 PCIJ의 조약해석 규칙 또는 관행에 대한 이러한 비평은 찾아보기 어려우나, 당시 텍스트와 준비문서 사이의 긴장관계에 주목하고 이것이 조약해석규칙 담론의 중요한 쟁점이 될 것이라는 예견은 이미 존재하고 있었던 것으로 보인다. 즉, 조약 자체의 언어적 표현(내생적 표현)에 드러나는 당사자 의도와 어떤

---

155) *Supra* note 133, p. 33.

156) *Supra* note 137, p. 13.

157) 현대적인 비엔나 규칙에 비교하여 확인할 수 있는 또 하나의 요소는 준비문서 활용의 허용가능 또는 불가피 사유로서 문언적 해석이 불합리한(unreasonable, absurd) 결과를 야기하는 경우가 논의되지 않았다는 점이다. PCIJ는 오히려 엄격해석론(국가주권 침해를 최소화하는 방향으로 해석) 등에 대비되는 문언주의적 해석론을 강조하기 위하여 그러한 개념을 원용하였다. '단찌히 내 폴란드 우편서비스 사건'(1925)에서 단찌히측은 폴란드의 단찌히내 우편서비스 권리가 단찌히의 우편독점권한을 침해하는 예외적 양허를 구성하므로 그 양허는 단찌히에 유리한 방향으로 엄격하게 해석되어야 한다고 주장하였으나 재판부는 단어의 문맥상 통상적 의미에 따른 해석이 불합리한 결과를 야기하지 않는한 그러한 통상적 의미에 따라 해석하는 것이 해석의 핵심원칙(cardinal principle)이라고 선언하면서, 다른 모든 일반적 해석방법이 실패하는 경우에만 그러한 엄격해석론 또는 관대한 해석론과 같은 여타 해석방법이 적용될 수 있다고 하였다. Polish Postal Service in Danzig (1925), P.C.I.J. (Advisory Opinion), Series B, No. 11, p. 39.

외생적 증거(준비문서) 사이에 진정한 해석 전투는 아직 시작되지 않았다
는 주장이 1930년대 초에 제기되었다.[158] 본격적인 "해석 전투"가 언제 시
작되었는지에 대해서는 여러 가지 판단이 가능하겠으나, 여러 상충되는 방
향의 규칙형성 잠재성에 주목하면서 PCIJ의 판례를 중심으로 당시 주요 학
설을 종합하여 새로운 조약해석 규칙을 정립하려는 시도가 1930년대 중반
에 이루어졌다. 이러한 시도를 담은 대표적 사례인 Harvard Research 초안
은 PCIJ 판례에 대한 당대의 평가와 함께 현대적 조약규칙과의 차별성과
연관성을 동시에 보여준다는 점에서 의미가 있다.

2. Harvard Research의 시도

가. 배경과 연혁

Harvard Research는 1920년대 말 국제연맹의 국제법 성문화 회의 준비
차원에서 Manley Hudson 등 Harvard 로스쿨 학자들이 주도한 민간 연구
프로젝트를 지칭한다.[159] 성문화 작업의 첫 번째 난관은 각국의 국제법 실
행과 해석·적용을 일차적으로 책임진 외교부들이 각자의 국익과 성문화의
법적 쟁점을 객관적으로 분리해서 보기 어렵다는 데 있었다. 이에 국제연
맹 총회가 추진하는 국제법 성문화 회의의 기초 작업을 Harvard 학자들이

---

158) 여성 야간고용협약 해석 사건에 첨부된 Anzilotti 재판관의 반대의견은 텍스트 자체
　　의 명확성이라는 개념에 대해 다소 근본적인 문제를 제기하였다는 점에서 이러한
　　해석 전투의 한 축을 구성하게 될 중요한 담론의 원형으로 기대되기도 하였다.
　　Charles C. Hyde, "The Interpretation of Treaties by the Permanent Court of
　　International Justice", *American Journal of International Law*, Vol. 24, No.1 (Jan.
　　1930), pp. 18-19; Hyde, *supra* note 129, p. 506.
159) James Kenny, "Manley O. Hudson and the Harvard Research in International Law
　　1927-1940", *International Lawyer*, Vol. 11 (1977), p. 319.

주도해야겠다는 구상을 갖게된 Hudson 교수는 정부와 Rockefeller 재단 등 외부의 재정지원을 확보하고 40여명의 학자들을 모아 자문위원회를 출범시켰다.160) 1930년 4월에 개최된 국제연맹의 성문화 회의는 기대만큼의 성과를 거두지 못하였으나 Harvard Research 그룹은 꾸준히 작업을 지속하였다. 1940년까지 4차례에 걸쳐 진행된 이 작업의 결과는 국적, 국가책임, 영해, 외교특권면제와 영사기능, 외국에 대한 국내법원의 권한, 해적, 범죄인 인도, 범죄관할권, 조약법, 사법공조, 중립, 침략시 국가의 권리와 의무 등 방대한 주제에 대한 조약초안(draft conventions)과 상세한 주석(commentaries)이었다.161)

나. 목적과 의도, 준비문서, 그리고 텍스트

조약법에 대한 Harvard Research의 결과물은 1935년 미국 국제법학회지에 발표되었다. 이 작업은 국가 간 체결되는 조약의 양이 증가하고 있음에도 불구하고 명확한 조약법이 존재하지 않고 있으며, 여전히 조약법에 대한 당시 학계의 관심도 높지 않다는 인식에서 출발하였다.162) 여기서 제시된 조약법 협약초안(이하 Harvard 초안)은 기존의 법과 바람직한 법을 모두 반영하고자 한다는 목표를 선언한다.163) 현대적 표현으로 하자면 성문화와

---

160) *Ibid.*, p. 321.

161) John Grant and J. Craig Barker, *Parry and Grant Encyclopaedic Dictionary of International Law* (Oxford University Press, 2009), p. 255.

162) 국제연맹의 국제법 성문화 전문가위원회(Committee of Experts)는 1927년 국제연맹 이사회에 보고서를 제출하였으나 이 건의 시급성에 동의하지 않았던 이사회는 사무국에 연구를 맡겼고 결국 이는 아무런 결과없이 끝나버렸다. 한편, Pan American Union의 의뢰에 따라 American Institute of International Law가 성문화 작업을 시작하여 1928년 미주국가회의(International Conference of American States)에서 마침내 "Convention on Treaties"가 채택되었으나 이 역시 조약법의 명확한 발전에 도움이 되지 않았다고 한다. Harvard Research, pp. 666-670.

점진적 발전을 모두 지향한다는 것이다.

조약의 해석은 제19조에서 다루어지고 있는데, (a)항은 조약해석의 기본적 접근법을, (b)항은 서로 다른 언어본의 의미 차이 문제를 다룬다.[164] 두 문장으로 구성된 제19조 (a)항의 전단은 일견 목적론적 학파의 입장을 채택하는 듯한 모습을 보인다.[165] 조약은 그 일반적 목적(general purpose)에 비추어 해석되어야 한다는 것이다. 후단에서는 그 일반적 목적과 연결하여 고려되어야할 요소들을 나열하고 있다. 역사적 배경, 준비문서, 조약 체결당시 당사국의 사정, 이러한 사정에서 변화시키고자 하는 바, 조약 적용에서의 추후 당사국 행동 그리고 해석당시의 조건이 그러한 요소에 해당한다.

저자들은 일단 이 조항이 고전적 캐논의 목록에 또 하나를 추가하려는 것이 아님을 강조하는 것으로 이 조항에 대한 설명을 시작한다.[166] Harvard 초안은 유형화된 고전적 캐논과 같은 일정한 공식의 기계적인 적용으로 해석의 본질적 기능 - 조약의 목적 발견과 이행 - 을 수행할 수 없다고 단언하여 고전적 캐논과는 거리를 둘 뿐만 아니라 전반적으로 해석 "규칙"의 필요성이나 유용성 자체에 대한 부정적 입장을 드러낸다.[167] 캐논과 같은

---

163) *Ibid.*, p. 671.

164) "Article 19. Interpretation of Treaties: (a) A treaty is to be interpreted in the light of the general purpose which it is intended to serve. The historical background of the treaty, travaux préparatoires, the circumstances of the parties at the time the treaty was entered into, the change in these circumstances sought to be effected, the subsequent conduct of the parties in applying the provisions of the treaty, and the conditions prevailing at the time interpretation is being made, are to be considered in connection with the general purpose which the treaty is intended to serve." 이 초안 조항은 비엔나 규칙과 달리 "shall"이 아닌 "is (are) to" 문형을 채택하고 있다.

165) Sinclair, *supra* note 29, p. 185. 조약해석의 "학파"에 대해서는 후술(제3장 제1절 1항) 참조.

166) Harvard Research, p. 937.

167) 예를 들면, 그간 제시된 캐논이 너무나 많아서 원하는 결과를 어떤 식으로든 정당화할 수 있다는 비판을 원용한다. *Ibid.*, p. 940.

해석 규칙의 존재나 유용성을 부인할 수는 없으나 적어도 채택가능한 캐논의 숫자는 제한적이며 국제법적 원칙으로서의 성격도 전면적으로 인정하기 어렵다는 것이다.[168) 조약 해석이란 '단어로부터 필연적 의미를 도출하고 당사자들의 의도를 발견하는' 기계적 과정이 아니라, "텍스트에 의미를 부여하는 것(giving a meaning)"이기 때문이다.[169) Harvard Research가 제시한 이 해석의 정의 또는 기능에 대한 의미심장한 문구는 ILC 초안과 그 이후 학설적 담론에서도 자주 등장한다.[170) 저자들이 텍스트에 의미를 부여하는 것(giving)을 해석의 정의 또는 기능으로 내세웠을 때 이는 단순히 고전적 캐논의 한계 또는 해석 규칙의 존재에 대한 무비판적 수용에 대한 경계 차원을 넘어 궁극적으로 텍스트 중심 접근법을 배제하기 위한 논리적 요소로 기능하였다. 모든 단어가 정확한 단일 의미를 갖거나 모든 발생가능한 상황이 조약 문안 작성시 예상 또는 규정된다면 해석의 필요성이 발생하지 않는다는 서술이 이를 보여준다.[171) 즉, 텍스트 자체의 통상적 의미를 식별하는 일은 본질적 해석 작업 이전의 무언가로 전제되는 것이다. 궁극적으로 해석은 모든 관련 사정을 감안하여 조약의 목적에 맞는 의미를 부여하는 작업이다.[172) 또한, 텍스트에 의미를 준다는 것은 당사자들이 예견하지 않았거나 예견했더라도 미해결로 남겨진 문제에 대한 타당한 접근법으로 이해되기도 한다.[173)

이는 Harvard Research가 비록 캐논의 존재에 대해서는 비판적이나 가장 근본적 캐논으로 꼽은 것이 바로 Vattel의 "해석할 필요가 없는 것은 해석해서는 아니 된다"라는 명제라는 점에서도 드러난다. 그렇기 때문에 Harvard

---

168) *Ibid.*, pp. 944-946.
169) *Ibid.*, p. 946.
170) Waldock 제3차 보고서, p. 53.
171) Harvard Research, p. 946.
172) *Ibid.*
173) *Ibid.*, p. 952.

초안의 제19조(a)항은 "텍스트"라는 단어를 아예 포함하지 않고 있다. 그렇다고 Harvard 초안이 텍스트의 전면적 배제 또는 여타 요소에 의한 텍스트의 변경이나 대체 가능성을 옹호하는 것은 아니다.[174] 다만, 명확한 텍스트는 진정한 해석 작업 이전의 무언가 또는 해석 작업 외부에 있는 어떤 주석에 불과한 요소이므로 조약법협약 초안의 조약해석론 규정에서는 거론되지 않을뿐이다. Harvard 초안 작성자들은 제19조(a)항의 본격적인 주석 부분을 텍스트의 명확성이라는 관념에 대한 Wheaton과 Anzilotti의 신랄한 비판으로 시작함으로써 텍스트라는 단어가 초안에서 왜 누락되어있는지에 대해 간접적으로 설명하고 있다.[175]

이러한 인식 또는 접근법은 PCIJ의 전반적인 판례입장과 분명한 차이가 있다. 앞서 언급하였듯이 Harvard 초안은 목적주의를 채택한 대표적 사례로 평가되는데, Harvard 초안 작성자들은 PCIJ 역시 조약의 일반적 목적을 중요시하였음을 상기함으로써 자신들의 입장을 정당화한다.[176] 여기서의 목적은 결국 당사자들의 "의도"라는 개념과도 긴밀한 연관성을 갖는다.[177]

---

174) *Ibid.*, p. 947.
175) *Ibid.*, pp. 947-948. Wheaton은 모든 인간언어가 갖는 불가피한 불완전성과 모호성을 지적하였으며, Anzilotti는 여성고용협약 사건 반대의견에서 조약의 목적이 확인되기도 전에 조항이 명확한지 여부를 판단할 수 없음을 강조하였다.
176) *Ibid.*, pp. 949-951.
177) Harvard Research 집필진이 조약해석에 있어서 선명한 목적중심성 또는 의도주의를 선택한 배경이나 보다 심층적인 이유는 불명확하나, 20세기초 미국 법학계에서는 법현실주의(American legal realism)의 열풍이 불고 있었고 특히 당시 Harvard 법과대학의 Roscoe Pound 학장이 이러한 학풍을 선도해 나간 학자로서 Hudson에게 큰 영향을 미쳤다는 점에 비추어 Harvard Research의 작업에 법현실주의적 기조가 간접적으로라도 반영되었을 가능성을 배제할 수 없다. 다만, Hudson이나 조약법 분야 보고자 역할을 맡은 James Garner가 평소 다른 국제법 저작에서 특별히 법현실주의적 성향을 명시적으로 주장한 것은 아니다. 미국의 법현실주의에 대해서는 후술(제3장 제3절 3.다) 참조. Hudson은 이상주의적인 국제평화주의 운동 등에 참여하던 중 1916년 Harvard의 법학박사학위(S.J.D) 과정에 진학하였다. 그 과정에서 그는 당시 신임 학장이었던 Pound와의 긴밀한 학문적 교류 하에 국제법 연구를 진행하였고,

조약의 '텍스트'가 아닌 "목적"이 조약해석 관련 조항의 첫 문단에 담기는 내재적 근거는 주로 "외생적" 요소들을 열거하고 있는 두 번째 문단에 대한 설명에서도 드러난다. 즉, 텍스트의 언어적 또는 문법적 해석 자체는 진정한 의미의 해석이 아니기 때문에 외생적 요소들을 조약의 일반적 목적과 연계하여 검토해야 비로소 텍스트에 의미를 부여하는 작업이 가능해진다는 것이다. 여기서 가장 중요한 요소는 역시 준비문서라고 할 수 있다. 20쪽에 못미치는 초안 제19조(a)항 문안 자체에 대한 설명 중 절반 가량이 준비문서에 대한 논의에 할애되어있다.[178]

Harvard 초안은 준비문서의 활용 허용여부(admissibility)에 대한 학설상 찬반 양론을 먼저 검토하고, 국제판례(중재판례와 PCIJ)와 영미 국내법원 판례를 살펴본 후 준비문서의 활용에 대한 국제법적 규칙의 지위에 대해 결론을 내린다.[179]

특히, Pound의 가르침으로 인해 그는 국제법이 19세기적 질서의 현상유지가 아니라 현실적 이해관계의 체계적 조율과 변화를 추구해야 한다는 믿음을 갖게 되었다. Hudson은 국제연맹과 PCIJ에 대한 열렬한 지지자로서 미국의 국제연맹 체제 참여에 대한 적극적인 국내적 아웃리치 활동에 주력하였는데, 이에 대해 국제연맹의 정치외교적 맥락이나 현실적 여건보다는 법실증주의적 측면에만 치중하는 모습을 보였다는 비판도 있다. James Kenny, "The Contributions of Manley O. Hudson to Modern International Law and Organization" (Ph.D. Dissertation, University of Denver, 1976), pp. 43-44, pp. 294-298. 대표적인 법현실주의자인 Pound의 세례를 받아 현실변화 도구로서의 국제기구와 국제재판소에 대한 신념을 갖게 된 학자가 결국 국제법의 작동에 대한 현실적 조건을 외면하였다는 평가를 받게 되는 과정은 아이러니하다고 볼 수도 있을 것이다. 참고로, Pound 학장은 Hudson 교수가 주도한 이 프로젝트에 대해 전반적으로 지지 입장을 보이기는 하였으나, Harvard라는 명칭을 사용하는 것에 대해 불만을 표시하였다고 한다. 당시 Harvard Research에 대해 학술적 활동보다 네트워킹에 주력한다든가 연구자금이 학교에 공유되지 않는다든가 하는 다양한 불만이 교수진으로부터 제기되었다. Kenny, *supra* note 159, pp. 321-322.

178) Harvard Research 초안은 조항 문안에서는 "travaux préparatoires"를 사용하고 주석에서는 이를 "preliminary work"라고 번역하여 사용하였으며, 협약초안, 협상가들의 서한, 발언기록, 협상가나 협상단 대표의 성명 등을 준비문서의 예시로 들고 있다. Harvard Research, p. 956.

Harvard 초안은 사실상 준비문서 참조 허용론이 압도적 통설임을 보여준 다. 준비문서가 조약 최종문안에 병합(merge)되었기 때문에 오로지 최종 조 약 문안만이 참조가능하다는 논리(준비문서 허용 불가론)를 펼친 학자들의 의견은 소수일 뿐이며, 다수의 학자들이 소위 '병합론'에 반대하고 당사자 들의 목적 또는 의도 발견에 도움을 줄 수 있는 그 어떠한 증거도 배제되 어서는 안된다는 입장을 취하고 있다.[180] 그러나 Harvard Research가 취한 학설대립의 프레임 자체가 이미 답을 예견하고 있다고 보아야할 것이다. PCIJ의 판례에서 알 수 있듯이 준비문서의 구체적인 활용 방식이나 조건 또는 텍스트 자체의 문언적 해석과의 관계가 진정한 쟁점이었기 때문에 준 비문서 자체의 허용 가능성은 진정한 의미의 쟁점이라고 보기 어려웠다. Harvard Research는 계약적 조약과 입법적 조약의 구분에 근거한 일종의 타협론도 상세히 다루는데, 이는 국내법원이 계약 해석과 의회제정법령 해 석을 구분하여 전자에서는 계약당사자간 협상 기록을 중시하나 후자에 있 어서는 입법 경과와 의회내 교섭 내용을 극히 예외적인 경우에만 참조하는 경향을 조약해석에 적용하려는 입장이다.[181] 결론적으로 이러한 타협론 역 시 다자적 입법조약에 있어서 준비문서 참조를 배제할 수 있는 타당한 근 거를 제시하지 못한다고 평가한다.[182]

이어 Harvard 초안은 국제판례 역시 준비문서를 자주 활용하고 있음을 확인하는데, 여기서 원용된 각종 중재사건들의 판시는 PCIJ 판례와 함께

---

179) 다만, 여기서 학설과 판례 이외에 국가의 실제 조약 해석·적용 관련 외교적 관행에 대해서는 전혀 다루지 않고 있다.

180) Harvard Research, pp. 956-957.

181) Quincy Wright와 McNair가 이러한 입장을 지지하였다. *Ibid.*, pp. 957-958.

182) *Ibid.*, p. 958. 다자조약이 양자조약에 비해 준비문서의 유용성을 판단하기가 어려운 측면은 있으나, 복잡하고 상충되는 증거들의 상대적 가치를 결정하는 작업은 여전히 전문가들의 임무 영역에 포함된다고 서술한다. 이와 관련해 영미 커먼로에서 준비문 서가 해석 수단으로 인정되지 않는 이유는 전문가가 아닌 배심원들에게 그러한 자료 를 다루도록 허용하는 것은 적절하지 않기 때문이라는 일부 학자의 지적도 원용된다.

당시 국제법 담론에서 준비문서가 어떻게 받아들여졌는지 잘 보여준다.[183] Harvard Research가 원용하거나 인용하는 중재판례를 상세히 살펴보면, 준비문서가 당사자의 의도를 드러내주는 역할을 할 수 있다고 인정하는 공통점이 있으나, 대부분의 경우 준비문서는 텍스트 자체에서 도출된 의미에 대한 보조적 확인의 기능(corroboratory value)을 갖는 제한적 역할을 수행하는 것이며 텍스트가 가장 중요한 지침을 제공해준다는 입장을 보이고 있다.[184] 이렇게 텍스트 우선주의 또는 준비문서의 보충성을 명시한 판례를 인용하고 있음에도 불구하고 여기서 도출되는 결론은 다소 결이 다르다. 중재판례가 준비문서 활용의 신중함을 강조하면서도 당사자 의도와 통상적 의미 간의 간극을 입증하는 증거가 될 수 있다는 점을 강조하고 있기 때문이다.[185]

이렇게 검토대상 판례의 전반적 기조와 다소 다른 뉘앙스의 평가를 내리는 모습은 이어지는 PCIJ 판례 논의에서도 마찬가지다. Harvard Research는 ILO 농업 노동자 권한 사건, Lotus 사건, 다뉴브강 유럽위원회 권한 사건, 여성 야간고용협약 사건, 단찌히 영토내 폴란드 국민 대우 사건, 등대 사건 등을 상세검토한다.[186] 이러한 검토를 바탕으로 PCIJ가 준비문서를 살펴볼 필요가 없다고 판시하는 사례에서조차 실제로는 준비문서를 활용하

---

183) *Ibid.*, pp. 959-961.
184) *Ibid.*, pp. 960-961. 여기서 거론되는 판례는 Chilean-Peruvian Accounts 사건, Roumanian Minister of War v. Turkey 사건 등이다.
185) *Ibid.*, p. 961. 이러한 맥락에서 텍스트 중심성을 명확히 보여준 판례에 대한 비판론이 소개되고 있다. 영독 혼합중재재판소의 Ascherberg Hopwood and Crew, Ltd. v. Quaritch 사건 중재재판부는 베르사이유 조약의 해당 조항 텍스트가 너무나 명확하므로 준비문서를 원용할 수 없다고 판시하였는데 사실 이는 조항의 문언적 의미와 준비문서에 드러난 당사자의 의도 사이에 명백한 충돌이 존재함에도 불구하고 재판부가 준비문서에 착오가 있을 것이라고 의심함으로써 당사자의 실질적 의도를 거부한 잘못된 판결이라는 비판이었다. *Ibid.*, p. 961.
186) *Ibid.*, pp. 962-964.

였다는 점을 강조한다. 아울러, 텍스트가 명백하다는 확신에 도달하는 과
정에 준비문서 검토가 관여되지 않았다고 단언할 수 없음을 지적한다.[187]
그러나 PCIJ 판례법상 해석 "규칙" 또는 "관행"이 형성되는 과정에 대한
미시적 분석은 결여되어있었다. PCIJ 판례의 진화과정이나 접근법을 정면
으로 다루기보다는 그것을 적절히 재량적으로 활용하여 조약 초안의 근거
로 삼고자 한 것으로 볼 수 있다. 마지막으로 Harvard 초안은 명백한 텍스
트와 준비문서의 충돌 문제에 주목하는데 여기서 그러한 태도가 보다 극
적으로 드러난다. 명백한 텍스트의 의미를 변경하기 위해 준비문서를 활용
할 수 없다는 로잔 조약 해석 사건의 판시에 대해 Harvard 초안은 이것이
명백한 텍스트와 준비문서 사이에 충돌이 없는 사안에서 나온 판시이며
본안의 핵심쟁점에 대한 판단도 아니었기 때문에 PCIJ가 양자간 충돌의
경우 준비문서의 허용성 문제에 대해 직접적으로 판단한 것은 아니라는
평가를 제시하였다.[188]

　　Harvard 초안은 영미 법원의 사례까지 살펴본 후 준비문서의 활용을 금
지하는 국제법 규칙은 없다는 결론을 내리는 한편, 준비문서 등의 증거가
텍스트보다 항상 우월하다는 규칙도 채택 불가능함을 인정한다. Harvard
초안의 최종 결론은 "합리성(reasonableness)의 원칙"으로 귀결되며 구체 사
안에서 모든 필요한 수단을 동원하여 당사자들의 진정한 의도를 확인해야
한다고 주장한다.[189]

---

187) *Ibid.*, p. 964.
188) *Ibid.*, p. 965.
189) 여기서 Ehrlich가 원용되는데 그는 조약해석에 있어서 오로지 유일한 결정적 원칙은
　　신의성실의 원칙과 그 결과로서의 진정한 의도의 원칙뿐이라고 단언한다. *Ibid.*, p. 966.

다. Harvard Research의 접근법에 대한 평가

Harvard Research 작업이 진행되는 과정에서 가장 기대가 큰 분야는 조약법이었다고 한다.[190] 비록 현대적 조약규칙과는 여러모로 차이가 있다고 할 수 있으나 Harvard 초안이 당시의 주요 중재판례 및 PCIJ 판례 등에 대해 일정한 거리를 두고 나름의 비판적 종합을 시도한 점에서 현대 조약법 규칙에 대한 일정한 기여를 인정할 수 있을 것이다. 조약해석론에 대한 포괄적인 역사를 서술한 Gardiner 역시 이들의 작업을 국제법 성문화의 진전에 있어서 기념비적인 작업이라고 부른다. 20세기 초반에 이미 조약법에 대한 방대한 논의가 진행되어왔음을 확인해주는 야심적인 이 시도가 비엔나 규칙 형성의 중요한 배경을 제공해 준다는 것이다.[191]

한편, Harvard 초안이 소위 조약해석에 대한 대륙법계와 영미법계의 차이를 별도로 설명하거나 부각시키지 않은 점은 주목할 만하다. 당시 다수의 학자들은 특히 준비문서의 허용성 문제에 있어서 대륙법계와 영미법계의 태도 차이를 강조하는 경향을 보였다.[192] 그러나 Harvard 초안은 미국대법원과 영국법원 등의 준비문서 활용 사례를 들며 이는 준비문서 활용을 금지하는 국제법 규칙의 부재를 입증하는 근거일뿐만 아니라 그러한 금지 규칙이 부적절하다는 점도 보여주는 근거도 될 수 있음을 시사하였다.[193] 당시 대륙법계와 영미법계의 상반된 태도(대륙법계는 준비문서 적극 활용, 영미법계는 준비문서 배제)를 강조하는 학설과는 달리 영미 판례에서 준비문서를 활용한 주요 사례를 찾은 것이다. 이러한 대륙법계와 영미법계의 태도 차이에 대해서는 비슷한 시기에 Lauterpacht가 상세한 비판적 검토를

---

190) Kenny, *supra* note 159, p. 327.
191) Gardiner, *supra* note 6, pp. 62-65.
192) Lauterpacht, *supra* note 6, p. 550.
193) Harvard Research, p. 965.

시도하였다. Lauterpacht는 준비문서의 활용이 이미 국제법의 정착된 규칙 (well-established rule)으로 자리 잡았음에도 불구하고 학계에서 여전히 논 쟁적인 주제로 다루어지고 있다고 지적한다. 그는 특히 준비문서 활용 여 부가 대륙법계와 영미법계의 큰 차이에서 비롯한다는 잘못된 믿음에서 그 러한 비현실적인 논쟁이 지속되고 있다고 비판하였다.[194] 계약해석에 있어 서 준비문서의 검토 허용여부에 대한 실제 국내판례 검토 결과 영국법과 프랑스법의 태도는 매우 비슷하며 어디에서든 당사자들의 진정한 의도를 확인하기 위한 재량의 공간을 남겨두는 경향이 발견된다는 것이다.[195] 이 러한 면에서 Harvard Research는 영미법계와 대륙법계의 차이라는 국내법 적 시각에 사로잡히지 않고 국제법 자체의 담론을 통해 준비문서의 허용성 과 활용 필요성에 대한 나름의 논리를 정립한 시도로 평가할 수 있다.

앞서 언급한 여러 장점 또는 가치에도 불구하고, 이 작업의 전반적 정합 성에 대한 의문을 갖게 하는 점들이 존재한다. 특히, 준비문서와 관련된 세 부 쟁점보다는 준비문서 자체의 허용성이라는 틀에서 학설을 개관한 점, 그리고 중재판례와 PCIJ 판례에서 드러나는 텍스트 중심주의적 경향을 외 면하고 스스로 인용한 판례와도 상충되는 평가를 도출한 점 등이 두드러진 다. 이를 최대한 긍정적인 취지로 이해를 하자면, Harvard 초안 작성자들이 기존 국제법 원칙 또는 판례법의 기계적 정리와 산술적 분석에 근거한 성 문화가 아닌 일정한 학문적 재량의 여지 안에서 새로운 규범화(바람직한

---

194) Lauterpacht, *supra* note 6, p. 550. Lauterpacht에 의하면 PCIJ가 출범하면서 국제재 판소 재판관이 자신의 출신국 법체계의 특정 이론에 따라 국제법적 문제를 다루어서 는 안된다는 취지의 논의가 증가한 것과 관련이 있다.

195) *Ibid.*, pp. 553-557. Lauterpacht는 이러한 측면에서 영미법계와 대륙법계의 차이는 신화에 불과하다고 단언한다. *Ibid.*, p. 570. Spencer는 영국이 프랑스 등 유럽대륙 국가들에 비해 문법적 해석을 중시하는 경향이 강하기는 하나 국내법령이 아닌 조 약해석에 있어서는 그러한 차이가 두드러지지 않는다고 평가한다. Spencer, *supra* note 1, pp. 73-83.

법의 형성)라는 측면을 더욱 강조한 것이라고 생각해볼 수 있을 것이다. 텍스트의 문언적 의미를 문법적, 논리적 규칙에 따라 파악하는 것은 진정한 의미의 해석 또는 실제 국제분쟁시 요구되는 해석의 개념이 아니라는 인식도 어느 정도 작용했을 것으로 추측된다.196) 결국 그들의 강력한 '의도' 중심적 또는 '목적' 중심적 지향을 성문화하기 위해 그러한 입장이 국제법상 금지되거나 정면으로 모순되지는 않는다는 점을 입증하는 데 주력한 것으로 볼 수 있다. 이러한 과정에서 Harvard 초안 작성자들은 자신들의 주관적 경향 또는 강조점을 명확히 밝히지 않은 채 기존 학설과 판례의 종합작업이 귀결하는 자연스러운 결과인 것처럼 초안 제19조에서 텍스트를 배제하고 '목적'을 강조하였다. 이러한 접근법은 다수의 국가들에 의해 검토되어야할 조약 초안의 내용으로서는 분명 한계가 있다고 보아야할 것이다. 초안의 주석에서 배제되거나 간과된 논의는 결국 다시 토론의 장으로 돌아오기 마련이기 때문이다. 따라서 배제와 회피보다는 상이한 견해를 정면으로 다루었어야 했다는 지적도 가능할 것이다. 조약법 분야의 성문화에 대한 낙관적 기대에도 불구하고 Harvard Research가 이후 그 자체로 본격적인 협약화 논의로 이어지지 못한 사실을 단지 국제연맹의 쇠퇴만으로 설명할 수는 없을 것이다.

3. 제2차 세계대전 이후 초기 ICJ 판례

가. PCIJ 해산과 ICJ 출범

1930년대 후반 이후 국제연맹이 형해화되는 과정에서 PCIJ도 그 기능을

---

196) Harvard Research를 주도한 Hudson은 성문화의 목적 중 하나는 국제재판소가 적용할 법을 명확히 하는 것이라고 보았다. Kenny, *supra* note 159, p. 324.

사실상 중단하게 되었다.[197] 조약해석 규칙에 대한 서구학계의 본격적 논의 역시 2차대전 종전 이후 PCIJ의 후신으로 ICJ가 출범한 이후에나 재개되었다. 1948년부터 나오기 시작한 ICJ의 판례는 이후 1960년대 ILC의 조약해석 규칙 논의에 있어서 기본적 토대가 되는 핵심 국제판례법이라는 점에서 의미가 있다. ICJ는 초기부터 PCIJ 판례와의 연속성을 강조하였다. PCIJ와 ICJ의 연속성 문제는 후술하는 비엔나 규칙의 통상적 서사의 형성에 있어 주요 요소가 되기도 한다. 이하에서는 1964년 Waldock의 제3차 보고서 나오기 전까지 초기 ICJ의 판례에서 조약해석 문제가 어떻게 다루어졌는지를 개관하도록 한다. 특히, 텍스트 중심주의 언명과 준비문서 참조의 정당성 또는 필요성 문제 등을 중심으로 살펴본다.

나. ICJ 초기판례 - 텍스트와 준비문서

(1) ICJ의 첫 번째 권고적 의견: 유엔가입 사건 (1948)

ICJ는 첫 사건부터 조약해석에 대한 PCIJ의 "일관된 관행(consistent practice)"에서 '벗어날 필요가 없다'고 밝히면서 텍스트가 명확하면 준비문서를 참조할 필요가 없다는 점을 강조한다.[198] 앞서 살펴본 바와 같이 PCIJ

---

197) PCIJ는 1940년 독일의 네덜란드 침공을 계기로 사실상 활동 중단 상태에 들어갔으며 1940년부터 PCIJ 소장과 사무국은 국제연맹이 소재한 제네바로 옮겨갔다. 전쟁 종료 후 1946년에 PCIJ의 재판관들은 사직서를 정식으로 제출하였으며, PCIJ는 국제연맹 총회 결의에 따라 공식 해산하였고, 그 자산과 문서는 ICJ로 이전되었다. Fitzmaurice and Tams, *supra* note 69, p. 2.

198) 유엔가입 조건에 대한 유엔헌장 제4조의 해석을 다룬 이 권고적 의견 사건에서 재판부는 제4조의 텍스트상 그 조항이 회원가입의 필요충분 조건을 명확히 서술하고 있으며 만일 제4조의 규정 이외에 추가적인 조건의 부과가 가능하다면 분명 다른 문안을 채택하였을 것이라고 지적하면서 이렇게 텍스트가 명확한 이상 유엔헌장의 준비문서를 살펴볼 필요가 없다고 판단하였다. Admission of a State to the United Nations (Charter, Art. 4), Advisory Opinion: I.C.J. Reports 1948, p. 63.

는 프랑스-그리스 간 등대 사건(1934년)에서 텍스트의 명확성 여부와 준비문서 활용 여부의 관계에 대한 "관행"이 존재한다고 처음 선언하였다.[199] 이 사건에서 ICJ는 텍스트가 명확하면 준비문서를 참조할 필요가 없다는 PCIJ의 "일관된 관행"을 충실하게 따라 실제로 유엔헌장 성안과 관련된 준비문서를 전혀 살펴보지 않았다. 그러나 이는 준비문서 참조 불필요 선언에도 불구하고 실제로는 준비문서를 자주 참조한 PCIJ의 관행에서 벗어난 것이다. McNair를 비롯한 4명의 재판관은 공동 반대의견에서 조약문안 작성자들이 특정 조약의 해석을 따로 밝혀둔 경우에는 특히 준비문서 참조가 정당화된다는 견해를 제시하면서 유엔헌장 제4조의 성안과정을 검토한다.[200] Zoričič 재판관의 반대의견 역시 다수의견과 달리 이 조항의 다양한 해석이 가능하므로 "우선" 준비문서를 살펴보아야 한다고 강조한다.[201]

(2) 유엔가입 관련 총회 권한 사건 (1950)

이어 유엔 가입을 둘러싼 또 다른 논쟁적 주제였던 유엔총회의 단독 권한 여부가 ICJ에 회부되었다.[202] 안보리에서 과반수 확보 실패 또는 상임이사국 거부권 행사 등으로 인해 특정 국가의 회원가입에 대한 안보리 권고가 부재하는 경우 총회가 단독으로 회원가입 결정을 시행할 수 있는가라는 문제였다. ICJ는 이와 관련된 유엔헌장 제4조 제2항의 문안이 자명하다고 보았다. ICJ는 PCIJ의 구체 사건을 원용하면서 보다 체계적인 조약해석

---

199) 여기서 PCIJ는 텍스트가 명확하지 않으므로 준비문서를 "참조해야 한다"라고 판시하였다. *Supra* note 137, p. 13.

200) *Supra* note 198, p. 87 (Dissenting Opinion of Judges Basdevant, Winiarski, Sir Arnold McNair and Read).

201) *Ibid.*, p. 98 (Dissenting Opinion by M. Zoričič). Krylov 재판관도 반대의견에서 (다수의견과 다른) 자신의 해석론이 텍스트와 준비문서에 드러난다고 하였다. *Ibid.*, p. 110 (Dissenting Opinion by M. Krylov).

202) Competence of the General Assembly for the Admission of a State to the United Nations, Advisory Opinion: I.C.J. Reports 1950, p. 4.

규칙을 정립하려는 듯한 모습을 보인다. 즉, 조약 조항의 해석과 적용을 요구받은 재판소의 첫 번째 의무(first duty)는 조항의 맥락 속에서 자연스럽고 통상적인 의미에 따라 그 조항에 효력을 부여(give effect)하는 것이라고 판시하고, 자연스러운 통상적인 의미가 모호하거나(ambiguous) 불합리한 (unreasonable) 결과를 야기할 경우에만 당사자들이 원래 의도한 의미의 확인을 위해 다른 해석 수단에 의존할 수 있다고 강조한다. 여기서 재판부가 원용하는 PCIJ 판례는 단찌히내 폴란드 우편서비스 사건 권고적 의견이다.203) 앞서 살펴본 바와 같이 이 단찌히내 폴란드 우편서비스 사건 판시는 (준비문서가 아니라) 엄격 해석론을 배제하는 취지였다.204) ICJ가 이 PCIJ 판례로부터 도출하는 결론은 준비문서 허용 불가론인데, 준비문서 허용 불필요론이 아닌 허용 불가론을 이끌어냈다는 점도 의아스럽다.205) 사실 PCIJ의 준비문서 관련 판례이론에는 텍스트 중심 해석이 불합리한 결과를 도출하는 경우에 준비문서 참조가 허용된다거나 필요하다는 취지의 판시는 없다. 어쨌든 이 사건은 준비문서 허용 사유를 구체적으로 명기하면서 나름 PCIJ 판례법에서 진전을 이룬 것으로 평가할 수 있다.206)

---

203) *Ibid.*, p. 8.

204) *Supra* note 157 참조.

205) *Supra* note 202, p. 8 "… it is not permissible, in this case, to resort to *travaux pr
paratoires*."

206) 이 사건의 서면 및 구두 변론 과정에서 조약해석 규칙 관련 주장을 거론한 국가는 소수에 불과했는데 이는 1950년 당시 국가들이 갖고 있던 조약해석에 대한 입장(또는 입장의 부재)을 엿볼 수 있는 흥미로운 지점이다. 대다수의 국가들은 조약해석 규칙을 일반론적 차원에서 제기하지 않았으며 심지어 자연스러운 통상적 의미에 따른 해석을 내세운 국가들도 없었다. 서면의견을 제출한 국가들 중 유일하게 아르헨티나만 조약해석의 규칙에 대해 언급하였다. 아르헨티나는 준비문서를 원용하여 자국의 해석론을 옹호하였는데, 아르헨티나의 서면의견에는 '해당 조항 텍스트의 문법적 및 사법적 검토(grammatical and juridical examination)가 준비문서에 의해 확인된다'는 언급을 포함하고 있으며, 국제법상 일반론적으로 받아들여지는 해석규칙은 바로 '합리적 해석 규칙'이라고 주장하고 있다. 즉, 복수의 해석이 가능한 경우 부당하

한편, 이 사건에서 Alvarez 재판관은 국제기구 창설 조약의 특수성에 비추어 텍스트 중심 해석을 맹종해서는 안되며 새로운 국제질서의 상황 변화 등에 맞게 ICJ가 적극적으로 문언 자체 해석과는 상이한 결론을 도출해내야 한다는 과감한 반대의견을 제기한다.207) 이러한 논리의 연장선상에서 그는 앞으로 특히 국제기구와 관련된 조약의 해석에 있어서 준비문서의 참조를 배제해나갈 필요가 있다고 주장한다. 유엔헌장은 과거가 아니라 미래의 새로운 여건을 내다보면서 해석해야하며, 조약 작성자의 의도가 아니라 당대의 요구사항이 중요하기 때문이다.208) 또 다른 반대의견을 제시한 Azevedo 재판관은 ICJ의 첫 번째 권고적 의견에 첨부된 4인의 반대의견을

고 불합리한 해석이 아닌 합리적이거나 실용적인 해석을 선택해야한다는 것이다. *Supra* note 202, Written Statements(1950.1.16.) pp. 141, 144. 구두변론에서 프랑스를 대표하여 참가한 Georges Scelle은 아르헨티나의 준비문서에 근거한 해석이 자연스러운 해석이 아닌 텍스트의 개정이나 다름없다고 비판하면서 텍스트가 명백하므로 준비문서를 참조할 필요가 없다는 주장을 제시하였다. *Supra* note 202, Minutes of the Public Sittings (1950.2.16.-3.3), p. 163.

207) *Supra* note 202, pp. 16-18 (Dissenting Opinion of Judge Alvarez). Alvarez 재판관은 구시대적 조약해석이론의 특징으로 (i)조약의 종류를 고려하지 않는 획일적인 해석 규칙의 적용, (ii)해석자가 문언(wording)의 노예로 전락(즉, 문언이 명백하면 그 결과를 고려함없이 무조건 문언적으로 해석), (iii) 텍스트 불명확시 준비문서 참조, (iv) 상황변화와 무관한 조약해석의 변경불가성 등을 제시하면서, 새로운 시대에 걸맞는 해석체제는 이러한 구체제 조약해석론의 단점을 극복해야한다고 주장하였다. 우선, 조약의 종류를 구분하여 특히 평화조약, 국제법원칙 창설 조약, 국제기구 창설조약 등은 특수한 정치적, 심리적 특성을 갖는다는 점을 감안해야한다. 둘째, 텍스트를 무조건적으로 따라서는 안되며 국제사회의 현실에 맞게 생명력을 부여하여 그 적용결과까지 감안하여 (사전적 의미가 아닌) "정상적" 의미에 따라 해석되어야 한다. 셋째, 사정이 바뀌면 명백한 문언도 달라진 사정에 맞게 해석하는 일종의 사정변경의 원칙을 적용해야 한다. 넷째, 극히 예외적인 경우를 제외하면 문언이 불명확한 경우에도 준비문서의 참조는 배제해야한다.

208) *Ibid.*, p. 18. Alvarez 재판관은 문언이 모호한 경우에도 준비문서의 참조를 배제해야한다는 주장을 제기하면서 특히 국제기구 창설 조약의 경우 준비문서의 가치가 점차 감소해왔다고 평가한다.

원용하면서 협상과정에서 채택된 투표규칙에 대한 해석 합의문은 통상적인 준비문서라고 볼 수 없으며 그 이상의 의미를 지닌다고 주장하였다.[209]

(3) 평화조약해석 사건 (1950)

이 사건은 제2차대전 승전연합국과 불가리, 헝가리, 루마니아 3개국 사이에 체결된 평화조약의 해석에 대해 유엔총회가 요청한 권고적 의견사건이다. 유엔총회가 송부한 질의는 두 개의 의견으로 나뉘어 답변되었다. 이 사건은 3개국 내 인권과 자유 문제와 관련하여 일부 승전연합국 당사국이 3개국의 조약위반을 주장한 데서 비롯하였는데, 첫 번째 의견에서 ICJ는 평화조약 당사국들 사이에 분쟁이 존재한다는 점을 확인하고 3개국이 조약상 분쟁해결조항에 따라 분쟁해결을 위한 조약위원회(Treaty Commission)에 자국 위원을 임명할 의무가 있다고 판시하였다.[210] 이어 두 번째 권고적 의견(second phase)에서는 한 당사국이 조약위원회 위원 임명을 거부하고 있는 상황에서 타방 당사국의 요청에 따라 유엔 사무총장이 제3의 위원을 임명할 수 있는가에 대한 문제가 다루어졌다.[211] 원래는 양 당사국이 한명씩의 위원을 임명한 후 상호 합의에 따라 제3국 국적자를 제3의 위원으로 임명하며, 1개월내 제3의 위원 임명 합의에 실패하는 경우 유엔 사무

---

209) *Ibid.*, p. 30-31. 첫 번째 사건의 4인 반대의견과 이 사건 Azevedo의 반대의견은 결국 해석합의가 담긴 문서는 일반적인 준비문서가 아니라 최종채택된 조약 체계의 일부를 구성하는 부속문서 정도로 보아야 한다는 의미다. Gerald Fitzmaurice, "The Law and Procedure of the International Court of Justice: Treaty Interpretation and Certain Other Treaty Points", *British Yearbook of International Law*, Vol. 28 (1951), pp. 12-13. 한편, Azevedo 재판관은 반대의견에서 유엔헌장 자체는 목표가 아니라 수단(a means and not an end)일뿐이라고 강조하면서 국제사회의 발전에 봉사할 수 있는 해석방식의 중요성을 역설하는 일종의 목적론적 해석을 옹호하였다. *Supra* note 202, p. 23 (Dissenting Opinion of M. Azvedo).

210) Interpretation of Peace Treaties, Advisory Opinion: I.C.J. Reports 1950, p. 65, p. 77.

211) Interpretation of Peace Treaties (second phase), Advisory Opinion: I.C.J. Reports 1950, p. 221.

총장이 일방 당사국의 요청에 따라 제3의 위원을 임명할 수 있도록 되어있다.212) 그러나 불가리, 헝가리, 루마니아가 자국측 위원 임명 자체를 거부하고 있는 상황에서, 일부 승전연합국이 유엔 사무총장에 의한 위원 임명이 가능한지 문의한 것이다. 여기서 "제3의 위원"이라는 용어가 각 분쟁당사국이 임명한 위원과 구별되는 "중립적" 위원이라는 의미인지, 또는 두 명의 위원이 분쟁당사국들에 의해 임명된 이후에만 선임가능한 위원인지에 따라 해석 결과가 달라질 수 있었다. 전자에 따를 경우, 어떤 이유로든 상호합의에 의한 위원 임명이 실패하면 유엔 사무총장에게 제3의 위원 임명을 요청할 수 있다는 해석이 가능하다.213) 그러나 ICJ는 조약의 텍스트가 이러한 해석을 허용하지 않는다고 판시하였다. 즉, 문언 그대로의 텍스트만 보면 양 당사국에 의한 각각의 위원 임명 이전에라도 제3의 위원을 임명할 수 있는 가능성을 배제할 수는 없으나, "용어의 자연스럽고 통상적인 의미"에 따르면 각국의 자국 위원 임명이 제3의 위원 임명에 선행되어야 한다. 그 조항에 상정된 절차의 순서상 그것이 자연스러운 흐름이라는 것이며, 통상적인 중재의 관행도 그러하므로 당사국들이 특별히 다른 관행을 채택했다고 볼 이유가 없다는 점도 지적되었다.214) 아울러, 유엔 사무총장의 제3의 위원 임명 권한은 조약상 명시적 조항에 의해서만 인정되므로 엄격하게 해석되어야 하는데, 이 조약에서는 제3의 위원 합의 실패라는 상

---

212) 해당 조항의 원문은 다음과 같다: "Any such dispute not resolved by them within a period of two months shall, unless the parties to the dispute mutually agree upon another means of settlement, be referred at the request of either party to the dispute to a Commission composed of one representative of each party and a third member selected by mutual agreement of the two parties from nationals of a third country. Should the two parties fail to agree within a period of one month upon the appointment of the third member, the Secretary-General of the United Nations may be requested by either party to make the appointment." *Ibid.*, p. 226.

213) *Ibid*, p. 227.

214) *Ibid.*

황에서만 사무총장의 권한이 인정되고 한 당사국이 조약위원회 구성 자체
에 대한 협조를 거부하고 있는 "훨씬 더 심각한 상황"에서는 그러한 권한
이 인정될 근거가 없다는 점도 강조되었다.[215]

Read 재판관의 반대의견은 오히려 조항의 명확한 표현을 강조하면서 유
엔 사무총장이 제3의 위원을 임명할 수 있는 유일한 요건이 제3의 위원에
대한 양 분쟁당사국의 합의 실패뿐이므로 이를 거부하는 것은 사법적 해석
에 의한 부가적 요건의 창출에 불과하다고 비판하였다. 이 과정에서 그는
제3의 위원에서 "제3의(third)"의 의미는 국제법에서 통상적으로 사용하는
'당사자가 아닌 중립적 주체'를 지칭하는 것이며, 여기에 '순서'로서의 제3
이라는 의미를 부여하는 것은 불가능하다고 주장하였다.[216]

(4) 모로코내 미국인 권리 사건 (1952)

다수의견에서 준비문서가 상세하게 검토된 대표적인 ICJ 초기 사건은
1952년 모로코내 미국인 권리 사건이었다.[217] 문제가 된 조약(Act of
Algeciras)에서 관세결정 조항(제95조)은 그 문안 자체가 불분명하여 양측
이 서로 주장하는 관세결정 방식 중 어느 하나를 결정적으로 뒷받침해주는
근거가 되지 못하였다. 이에 따라 재판부는 이 합의문이 성안된 1906년 회
담(Conference of Algeciras)의 준비문서를 상세히 살펴보았다. 이 사건은 조

---

215) *Ibid.* ICJ의 이러한 해석론은 분쟁해결 절차에 대한 주권국가의 동의는 특히 엄격
하게 해석해야한다는 취지로 파악된다.

216) *Ibid.*, p. 246 (Dissenting Opinion of Judge Read). 한편, 3개국이 임명한 위원이 없는
위원회가 분쟁을 해결할 수 있는가라는 질문에 대해 Read 재판관은 중재재판 또는
그와 유사한 분쟁해결 조항의 실효적 해석을 강조하였으며, '불합리한 결과에 이르
는 해석은 거부되어야 한다'라는 Vattel의 원칙을 원용하며 조약위반자가 분쟁해결
조항의 실효성을 파괴하도록 허용하는 해석은 거부해야 한다고 주장하였다. *Ibid.*,
pp. 233-245.

217) Case concerning Rights of Nationals of the United States of America in Morocco,
Judgment of August 27th 1952: I.C.J. Reports 1952, p. 176.

항 문안의 불분명함 때문에 준비문서를 살펴본 ICJ 첫 사례임에도 불구하고 텍스트와 준비문서의 관계 또는 준비문서 활용 허용론에 대한 일반론적 규칙의 서술은 찾아볼 수 없다. 이 사건이 흥미로운 것은 준비문서의 검토에도 불구하고 양측의 엇갈리는 주장들에 대해 명쾌한 해답을 찾지 못하였다는 점이다. 재판부는 결국 양 당사국들의 주장보다도 더 완화된 수준의 해석이 필요하며 과세권한을 가진 세관당국이 합리적인 범위 내에서 재량권을 행사하여 결정해야한다는 결론을 도출하였다.218)

반면, 4인의 공동 반대의견은 제95조의 텍스트가 명확하다는 결론을 내린 후 그럼에도 불구하고 텍스트가 모호하다고 가정한다면 준비문서가 해석에 약간의 도움을 줄 수 있을 것이라는 전제 하에 준비문서를 검토하였다.219) 이 사건은 다수의견과 반대의견이 모두 준비문서를 상세하게 검토한 ICJ 초기의 드문 사건이다.

(5) Ambatielos 사건 (1952)

비슷한 시기에 선고된 Ambatielos 사건(선결적 항변)220)의 재판부는 영국측 논증을 검토하면서 영국측 변호인이 자국 주장을 뒷받침하기 위해 협상기록을 원용하였다는 사실을 상기함으로써 준비문서 검토를 정당화한다.221) 재판부는 영국측이 원용했던 초안내용이 실제로 받아들여지지 않았다는 점을 간략하게 확인하고 따라서 그러한 준비문서들이 실제 영국측 주장의 근거가 될 수 없다고 판시하였다. 이어서 재판부는 본 사안에서처럼 텍스트가 명확하면 준비문서를 참조할 필요가 없다고 첨언한다.222) 여기서

---

218) *Ibid.*, pp. 209-212.
219) *Ibid.*, p. 229 (Dissenting Opinion of Judges Hackworth, Badawi, Levi Carneiro and Sir Benegal Rau).
220) Ambatielos case (jurisdiction), Judgment of July 1st, 1952: I.C.J. Reports 1952, p. 28.
221) *Ibid.*, p. 45.
222) *Ibid.* 준비문서가 필요없다고 하면서도 준비문서를 살펴본 이유는 복수의 재판관들

재판부는 관련 선행 판례를 원용하지 않았다.

(6) 국경지역 영토 사건 (1959)

이 사건은 ICJ가 텍스트(또는 통상의미)와 준비문서의 관계에 대한 일반적 규칙 또는 접근법의 선언에 큰 주의를 기울이지 않았음을 보여주는 사례다. 벨기에와 네덜란드 간의 국경지역 일부 영유권에 대한 분쟁을 다룬 이 사건에서 재판부는 조약해석 규칙이나 방식에 대한 어떠한 일반론적인 선언이나 기존 판례의 원용없이 자연스럽게 관련 합의문의 성안과정과 협상기록을 살펴보았다. 벨기에는 1843년 국경협정(Boundary Convention)이 해당 분쟁지역에 대한 주권을 명확히 결정해주었다고 주장한 반면, 네덜란드는 그 국경협정은 상세 주권결정 없이 단지 "현상유지"만을 확인한 것으로서 당시의 현상은 공동각서에 의해 확인될 수 있다는 입장이었다.[223] 재판부는 국경협정의 취지를 확인하기 위해 설명각서의 채택 근간이 되는 혼합국경위원회(Mixed Boundary Commission)와 산하 소위원회 회의 기록을 상세히 검토한다.[224] 재판부가 별도로 설명하지는 않고 있으나 이는 설명

에 의한 판결문 집단 작성(collective drafting) 때문이라는 지적도 있다. Hersch Lauterpacht, *The Development of International Law by the International Court* (Stevens & Sons, 1958), p. 126.

223) 이 국경협정에는 설명 각서(Descriptive Minute)가 첨부되어있는데 여기에 원용된 문서가 1841년 공동각서(Communal Minute)다. Case concerning Sovereignty over certain Frontier Land, Judgment of 20 June 1959: I.C.J. Reports 1959, p. 209, pp. 213-217. 네덜란드는 설사 국경협정이 분쟁지역의 주권 결정을 의도한다고 하더라도 착오로 인해 당사자들의 의도를 제대로 반영하지 못하였으며, 설사 착오가 아니라고 하더라도 1843년 이후 네덜란드의 주권적 시현을 통해 국경협정에 근거한 권원이 네덜란드의 주권으로 대체되었다고 주장하였다.

224) *Ibid*, pp. 217-220. 이 사건에 대해서는 Martin Ris, "Treaty Interpretation and ICJ Recourse to Travaux Préparatoires: Towards a Proposed Amendment of Articles 31 and 32 of the Vienna Convention on the Law of Treaties", *Boston College International and Comparative Law Review* Vol. 14 (1991), pp. 123-124 참조.

각서에 담긴 상충되는 내용들을 확인하기 위한 것으로 보인다.[225] 이는 텍스트의 불확실성으로 인해 즉각적으로 교섭 또는 회의 기록 형태의 준비문서를 검토한 사례다. 그러나 판결문은 텍스트와 준비문서의 관계에 대한 어떠한 일반론적 서술도 포함하지 않고 있으며 심지어 "준비문서"라는 단어조차 사용하지 않고 있다.

(7) 해사안전위원회 구성 사건 (1960)

유엔총회는 1959년 결의를 통해 정부간 해사자문기구[226]라는 당시 신생 국제기구의 해사안전위원회(Maritime Safety Committee)가 동 자문기구의 헌장 조항에 맞게 구성되었는지 여부를 ICJ에 문의하였다.[227] 이는 광범위한 편의치적 부여를 통해 등록 선박톤수가 다른 나라들보다 많은 라이베리아와 파나마가 위원회에 선출되지 못한 것이 해당 조항에 합치하는지 여부에 대한 문제였는데, 결국 핵심 쟁점은 적어도 8개의 '최대선박보유국(largest ship-owning nations)'이 위원회에 포함될 것을 규정한 헌장 제28조(a)가 자문기구 총회의 위원회 선출 '재량'을 인정하는지 여부 및 "최대선박보유국"의 정의였다.[228]

일부 국가들은 라이베리아와 파나마가 8대 최대선박보유국에 속한다고 하더라도 총회에서 "선출"한다는 표현 등 여러 요소에 비추어 최대선박보유국 중 총회가 재량적으로 평가 및 선정할 수 있다는 주장을 제시하였으며, 제28조(a)에 나온 "해사안전에 중요한 이해관계"를 갖는다는 문안 역시

---

225) Ris, *supra* note 224., p. 124.
226) 정부간 해사자문기구(Inter-Governmental Maritime Consultative Organization)는 오늘날 국제해사기구(IMO)의 전신이다.
227) Constitution of the Maritime Safety Committee of the Inter-Governmental Maritime Consultative Organization, Advisory Opinion of 8 June 1960: I.C.J. Reports 1960, p. 150, p. 151.
228) *Ibid.*, pp. 154-157.

이를 평가할 수 있는 총회의 재량권을 인정한 것이라고 주장도 제기되었
다. 아울러, 최대선박보유국이라는 표현 역시 여러 요소를 포함하므로 총회
가 재량적으로 이를 감안하여 위원회 참여국을 선출할 수 있다는 주장도
있었다.229) 이에 대해 재판부는 해당 조항이 "자연스럽고 통상적인 의미"
와 "문맥"에 입각하여 해석되어야 하며, 그러한 해석의 결과가 모호할
(ambiguous) 경우에만 "다른 해석 방법(other methods of construction)"에 의
존할 수 있다고 선언한다.230) 이어 단어의 통상적 의미와 해당 조항의 맥
락에 비추어 제28조(a)는 8대 최대선박보유국들이 해사안전위원회에서 지
배적 지위를 갖도록 의도된 조항이며 그러한 8개국은 반드시 위원회에 참
가토록 하는 것이 해당 조항의 원칙이자 의미라고 판단한다.231) 재판부는
나아가 "그 조항의 역사"와 "초안에 대해 이루어진 토의"가 그것을 "확인
(confirm)"해준다고 밝힌다.232) 이러한 논의를 바탕으로 ICJ는 "최대선박보
유국"의 의미에 대해 진지하게 고려해볼만한 가치가 있는 해석론은 두 가
지라고 판단하였다. 즉, 자국민이 소유하지는 않더라도 자국에 등록된 선박
의 톤수를 기준으로 할 수도 있고, 등록지 여부에 상관없이 실질적으로 자
국민이 소유한 선박의 톤수를 기준으로 할 수도 있다.233) ICJ는 다른 조항
과의 비교, 후속 관행, 국제관행과 타조약 사례 등 다양한 요소를 검토한
끝에 최대선박보유국은 소유자 국적과 상관없이 등록된 선박 톤수를 기준

---

229) *Ibid.*, pp. 158-159.
230) *Ibid.*, pp. 159-160. 여기서 재판부는 유엔가입 관련 총회 권한 사건(1950년)을 근거
　　로 적시하였다.
231) *Ibid.*, pp. 160-161.
232) *Ibid.*, p. 161. ICJ가 여기서 상세히 검토하는 조항의 역사와 여러 버전의 초안에 대한
　　토의 자료는 결국 '준비문서'에 해당하는 것들인데 권고적 의견 전반에 걸쳐 준비문
　　서라는 단어는 전혀 사용되지 않고 있다. *Ibid.*, pp. 161-165. 한편, 재판부는 이 과정
　　에서 총회의 역할은 최대 선박보유국 8개국의 목록을 확정하는 역할에 불과하며 8
　　대 최대선박보유국을 배제할 재량권은 없다고 결론내린다.
233) *Ibid.*, p. 167. 전자의 기준에 따를 경우 라이베리아와 파나마에 유리해진다.

으로 한다고 보아 라이베리아와 파나마가 해사안전위원회에 선출되지 않은 것은 제28조(a)에 합치하지 않는다고 결론내렸다.[234]

이 사건은 몇 가지 의문점을 야기한다. 우선, 재판부는 통상의미에 따른 해석이 모호한 경우에만 다른 해석방법을 채택할 수 있다고 선언하였다. 이는 재판부가 원용하고 있는 유엔가입 관련 총회 권한 사건의 판시를 거의 비슷하게 차용한 것이다.[235] 그러나 재판부에 따르면 제28조(a)는 자문기구 총회의 권한 및 재량권 여부에 있어서 그 맥락(문맥) 속에서 명확한 의미를 갖는다. 그럼에도 재판부는 조항의 역사와 초안에 대한 토의를 살펴보았다. 결국 재판부 스스로가 선언한 해석규칙을 위반한 것이다. 둘째, "최대선박보유국"이라는 문구는 통상의미와 문맥에 의하여서도 여전히 의미가 불확실한 것으로 선언되었다.[236] 그러나 이를 해결하여 의미를 확정지은 방법은 준비문서가 아닌 다른 조항과의 비교, 후속 관행, 국제관행과 타조약 사례 등이었다. 이 사건은 아직 비엔나 규칙이 형성되기 이전 시기에 국제법상 조약해석 규칙의 비체계성을 보여주는 사례로 평가될 수도 있을 것이다.

이 사건 이후 비엔나 규칙의 초안 또는 원형이라고 할 수 있는 ILC 특별보고자 Waldock의 조약해석 규칙 관련 1964년 보고서(Waldock의 제3차 보고서)가 제출되기까지 ICJ에서는 조약해석과 관련된 사건을 다수 다루었으나, 텍스트와 준비문서의 관계를 다룬 주목할 만한 판례는 나오지 않았다.[237]

---

234) *Ibid.*, pp. 170-171
235) 유엔가입 관련 총회권한 사건에서 ICJ는 만일 해당 단어들의 자연스럽고 통상적인 의미가 그 맥락 속에서 타당하게 의미가 통하면(make sense) 그것으로 끝(end of the matter)이나, 자연스럽고 통상적인 의미가 모호하거나 불합리한 결과를 야기하면, 오로지 그러한 경우에만 다른 해석수단을 참조할 수 있다고 하였다. *Supra* note 202, p. 8.
236) 상기 설명과 같이 재판부는 이 표현에 두 가지 의미가 있을 수 있다고 인정하였다. *Supra* note 227, p. 167.

〈표 2〉 초기 ICJ 주요 사건 조약해석 관련 판시 요지

사건명	조약해석 관련 주요 판시 요소
유엔가입 사건(1948)	텍스트 명확시 준비문서 참조 불필요 (PCIJ의 '일관된 관행')
유엔가입 관련 총회 권한 사건(1950)	조약을 해석하는 재판소의 첫 번째 의무는 자연스러운 통상 의미에 따른 효력 부여, 텍스트 해석이 모호하거나 불합리한 결과 야기시에만 다른 해석수단 의존 가능
모로코내 미국인 권리 사건(1952)	텍스트의 불확실성으로 인해 준비문서 참조, 그러나 준비문서 참조에 대한 일반론적 판시는 없음.
Ambatielos 사건 (1952)	영국측이 협상기록을 원용하였으므로 준비문서 검토, 텍스트 명확시 준비문서 참조 불필요
해사안전위원회 구성 사건(1960)	자연스러운 통상적 의미, 문맥, 텍스트 해석결과가 모호한 경우에만 다른 해석방법 의존 가능, 준비문서가 텍스트 해석을 확인

4. 비엔나 규칙 형성 이전의 20세기 조약해석 담론 평가

20세기 초반 서양 국제법 학술 담론에서 조약해석론은 고전주의 캐논을 중심으로, 또는 적어도 고전주의 캐논 수용 여부 또는 수용 범위 등을 중심으로 논의되어왔다. 결국 다채로운 고전적 캐논들의 집합은 20세기 초반 서양 국제법학계의 논의에서 살아남지 못하고 텍스트 중심주의 등 일부 명제만이 새로운 담론 형성과정에서 주요 요소로 자리잡았다. 그러나 텍스트 중심성이 확고하게 우월한 원칙으로 받아들여졌다고 단언하기는 어려웠다.

---

237) 이 기간에 조약해석을 다룬 판례로는 Certain Expenses 사건(1962년)과 서남아프리카 사건(선결적 항변)(1962년)이 있다. 특히 서남아프리카 사건에서는 준비문서를 직접 다루지는 않았으나, 자연적·통상적 의미를 따른다는 규칙도 절대적 규칙이 아니라면서, 자연적·통상적 의미가 조항이나 조약의 정신, 목적, 맥락에 부합하지 않는 경우 그러한 의미에 의존할 수 없음을 강조하였다. South West Africa Cases (Ethiopia v. South Africa; Liberia v. South Africa), Preliminary Objections, Judgment of 21 December 1962: I.C.J. Report 1962, p. 319. p. 336.

이는 당시 국제판례와 학설을 종합하여 조약규칙의 성문화를 시도한 Harvard Research의 접근법에서 확인할 수 있었다. 텍스트와 용어의 통상적 또는 자연스러운 의미가 너무나도 당연한 조약해석의 기본이나, 여전히 조약의 "목적" 또는 당사자의 "의도"라는 요소가 텍스트 자체에 우선해야한다는 강력한 믿음이 논의의 한 축을 차지하고 있었다. 이러한 믿음 여부는 당사국의 원래 의도 또는 목적을 담지하고 있을 것으로 추정되는 "준비문서"에 대한 태도를 상당부분 결정하였다. 결국 20세기 초반 조약해석 방식에 대한 서양 국제법학계의 담론은 '텍스트 중심성'과 '당사국 의도 또는 목적을 입증하는 외생적 요소' 사이의 스펙트럼 속에 놓여있었다. 그러한 맥락에서 실제 국가간 첨예한 조약해석 논란을 직접 다루어야 했던 PCIJ는 일련의 사건들을 통해 점차 현대적 규칙의 요소들을 식별, 정립해 나가기 시작하였다. 그러나 PCIJ 스스로 명확한 규범화 시도에 전적으로 성공했다고 볼 수는 없었다. PCIJ는 텍스트가 명확하면 준비문서가 필요없다고 선언한 사건에서조차 텍스트의 명확성을 부인하지 않으면서 준비문서를 확인하였고, 연속적인 선례의 자체 원용을 통한 "규칙" 또는 "관행"의 존재 확인에 있어서도 정교하지 못한 양상을 보였다.

국제재판소의 조약해석은 이론적 규칙 정립이 아닌 주권국가간 분쟁의 해결이라는 맥락에서 이루어진다. 텍스트의 해석을 요구받은 사법기관이 일단 텍스트 자체의 언어적 해석에서 출발하는 모습은 판결의 정당성을 높여주는 가장 상식적이고 자연스러운 방식이라고 볼 수 있다. 텍스트는 해석의 정의(定義)상 해석 대상이므로 가장 안전한 출발점이라고 할 수 있기 때문이다. 동시에 당사국들이 치열한 서면 및 구두 심리 과정에서 준비문서를 실제로 제출하고 준비문서에 근거한 강력한 논증을 제기하는 상황에서 재판부가 이러한 "외생적 증거"들을 완전히 무시하기는 어려울 것임을 짐작할 수 있다.

ICJ 역시 ILC의 조약해석 규칙 논의가 본격적으로 이루어진 1960년대에

이르기까지 텍스트와 준비문서의 관계에 대한 구체적인 담론을 정립할 기
회는 많지 않았던 것으로 보인다. 유엔가입과 관련된 초기 두 개의 권고적
의견에서 ICJ는 PCIJ를 원용하며 텍스트가 명확하면 준비문서를 참조할 필
요가 없다거나 준비문서의 참조가 허용되지 않는다는 판시를 남겼다.[238]
특히, 두 번째 사건(유엔가입 관련 총회 권한 사건)에서는 준비문서와 직접
관련이 없는 PCIJ 판례를 원용하기는 하였으나 텍스트 중심 해석이 모호하
거나 불합리한 결과를 야기하는 경우에 준비문서 활용이 허용된다는 점도
제시하였다.[239] 초기 사건 중 준비문서를 가장 상세히 살펴본 사례는 모로
코내 미국인 권리 사건(1952년)이라고 할 수 있다. 이 사건에서 재판부는
관련 조항의 의미가 불확실하여 준비문서를 살펴보았으나 교섭내용마저도
명확한 결론을 도출해주지 않는다는 점을 확인하였다.[240] Ambatielos 사건
(1952년)에서 ICJ는 한 당사국이 준비문서를 원용했다는 이유를 들어 준비
문서를 검토하였으면서도 텍스트가 명확한 경우 준비문서를 참조할 필요
가 없다고 선언하였고,[241] 해사안전위원회 구성 사건(1960년)에서도 텍스
트 중심 해석과 준비문서 활용에 대해 일관성과는 다소 거리가 있는 태도
가 드러났다.[242]

　ICJ는 PCIJ의 전통을 받아들인다고 천명하였으나 PCIJ의 각 사건 판시
들이 갖고 있던 개별적 함의나 상이한 맥락 등은 ICJ의 다소 포괄적인 판
시들 속에서 명확히 조명되지 않았다. 예를 들어, 앞서 살펴본 PCIJ 자체의
규칙 정립 과정에 담긴 불일치에 대해서는 전혀 상세한 주의가 기울여진
바 없었으며, 준비문서 활용의 ('불요'가 아닌) '불허' 사유를 정면으로 다

---

238) *Supra* note 198; *supra* note 202.
239) *Supra* note 202.
240) *Supra* note 217.
241) *Supra* note 220.
242) *Supra* note 227.

룬 PCIJ 선례는 없었음에도 불구하고 PCIJ 판례를 근거로 준비문서 활용 '불허' 판시가 제시되기도 하였다.243) 텍스트와 준비문서의 관계에 대한 PCIJ의 판례법은 이와 같이 초기 ICJ 권고적 의견들에 의한 변형 또는 추상화 과정을 통해 ICJ의 판례법으로 자연스럽게 전환되었다.

당시 ICJ의 판례들을 분석하여 조약해석 규칙의 이론적 정립을 시도한 Fitzmaurice는 ICJ의 중심적 역할로 인해 소위 조약해석 학파 구분은 예전보다 무뎌졌다고 평가하면서, 조약해석 담론의 주요 쟁점을 세 가지로 제시하였다.244) 조약해석 규칙 자체의 존재 여부,245) 당사국 '의도' 문제,246) 그리고 준비문서 활용 문제가 그것이다. Fitzmaurice에 의하면, 첫째 쟁점인 조약해석 규칙 자체의 존재 여부에 대해서는 ICJ가 특별한 입장을 밝히지 않았으나 조약해석 분쟁을 다루는 사법적 기관으로서 일정한 명제 또는 원칙이 없을 수 없다고 평가하였다.247) 두 번째 쟁점인 의도 문제에 있어서

---

243) *Supra* note 202.

244) Fitzmaurice, *supra* note 209, pp. 2-6.

245) Fitzmaurice가 말하는 규칙은 Vattel의 캐논으로 대표되는 상세한 개별적 해석규칙 명제들을 지칭한다. Fitzmaurice에 의하면 Lauterpacht는 그러한 서로 상충되는 수많은 해석규칙의 무용성을 주창하는 대표적 학자로서 이러한 규칙 거부론은 신의성실과 상식에 근거한 해석을 중시한다. 반면, Beckett는 Lauterpacht 식의 규칙 거부론이 국제재판소와 재판관에 너무 많은 재량을 부여하는 것이며 국내법 체제에도 해석규칙은 존재한다고 지적하면서 학계 또는 국제재판소가 서로 상충하는 해석론들에 일정한 체제와 질서를 부여하면 된다고 본다. *Ibid.*, pp. 2-3.

246) Fitzmaurice에 의하면 전통적 견해는 당사자의 의도를 찾아서 효력을 부여하는 것이 조약해석의 주요목적이라고 보았으나 현대적인 다자협약의 도래 이후 이러한 명제는 도전받게 되었다. 따라서 의도를 조약의 (추정된) 목적에서 찾을 것인지, 또는 텍스트에서 찾을 것인지 등에 따라 결론이 달라진다. *Ibid.*, pp. 3-5. 의도 자체를 찾아야 한다는 전통적인 '의도'학파가 아닌 여타 학파(목적주의, 문언주의)는 조약해석이 문제시되는 대부분의 경우 당사국들의 확실한 의도가 확인되지 않는다고 본다. 존재하지 않는 의도라는 것을 조약해석의 최우선 기준으로 제시할 수 없다는 것이다. *Ibid.*, p. 5.

247) Fitzmaurice는 자신의 작업에서 여러 ICJ 판례를 통해 추출해내는 그 원칙 또는 명제들이 바로 ICJ의 해석규칙이라고 설명한다. Ibid., p. 6 Fitzmaurice가 추출해낸 대표

도 ICJ는 명확한 입장을 밝힌 적은 없으나 준비문서에 대한 태도 등에 비
추어 의도 자체를 최우선시하는 경향은 아니라고 평가하였다.[248) 준비문서
와 관련하여, Fitzmaurice는 ICJ가 준비문서에 대해 그다지 큰 적극성을 보
이지 않았다면서, 이는 주요 사건의 반대의견에서도 마찬가지로 드러나는
현상이라고 평가하였다.[249) ICJ는 텍스트 중심주의와 자연스러운 통상의미
를 조약해석의 당연한 1차적 규칙으로 받아들이는 듯한 모습을 보이는 한
편,[250) PCIJ 판례법의 틀에 대한 수용적 태도를 바탕으로 준비문서에 접근
하였다. 그러나 해석규칙 자체를 정식화하려는 시도 또는 텍스트와 여타
요소(준비문서 등)에 대한 관계를 보다 체계적인 규칙 담론으로 구성하려
는 특별한 시도는 이루어지지 않았다. 이러한 시도는 이후 ILC의 몫으로
남겨졌다.[251)

적인 규칙은 텍스트 중심주의 원칙(실제 있는 그대로의 텍스트 해석 원칙, "자연스
러운 의미"의 원칙)이다. *Ibid.*, p. 9.

248) *Ibid.*, p. 6.

249) *Ibid.*, p. 6-7.

250) Waldock 제3차 보고서, 56쪽. 특별보고자는 여기서 ICJ 판례법상 텍스트 접근법은
확립된 법이라고 평가하면서 모로코내 미국인 권리 사건(1952년)을 원용하였다.

251) 1956년 Institute of International Law (Institut de Droit International, 이하 "IDI")에서
는 조약해석을 가이드해줄 수 있는 원칙들을 조항형태로 구성한 '결의'를 채택한바
있다. "Resolutions Adopted by the Institute at its Session at Granada", *Annuaire de
l'Institut de Droit International*, Vol. 46 (1956), p. 364. IDI 결의에 대해서는 이어지
는 제3장 제1절 1항 참조.

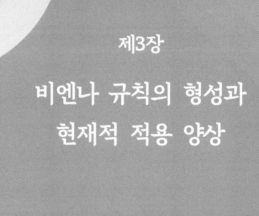

제3장

비엔나 규칙의 형성과
현재적 적용 양상

제1절 비엔나 규칙의 형성

1. 비엔나 규칙의 배경 또는 원천

ILC는 본격적 활동을 개시한 1949년 첫 세션에서부터 조약법의 성문화 작업에 우선순위를 부여하였다. 첫 특별보고자 Brierly의 보고서가 나온 1950년부터 비엔나 조약법협약이 최종 채택된 1969년까지 총 4명의 특별보고자가 임명되었다.[252] 원래 ILC는 조약법에 대한 일반적 지침 성격의 규범(code) 또는 해설 등을 작성하고자 하였으나, 1961년에 방향을 수정하여 '협약'의 성안을 추진키로 하였다. 이는 조약이라는 형식이 훨씬 더 효과적일뿐만 아니라 신생독립국들이 조약법 형성 과정에 참여할 수 있는 기회를 부여해야 한다는 인식 때문이었다.[253] 서구 제국주의의 식민지 상황으로부터 벗어나는 신생독립국가들이 늘어나고 있던 당시의 시대적 상황이 반영된 결정이라 할 수 있을 것이다. ILC의 통상적인 작업 프로세스에 따라, 특별보고자의 초안 보고서 작성 및 이에 대한 ILC 내부 토론과 초안 수정, 그리고 유엔총회 제출 및 총회에서 법적 문제를 소관하는 제6위원회 논의를 통한 유엔회원국들의 피드백 수렴 등을 반복적으로 거치면서 협약 초안 작성 작업이 마무리되었으며, 마침내 조약법협약 채택을 위한 국제회의가 비엔나에서 1968년 및 1969년 두 차례 개최되었다. 이러한 과정을 통해 1969년 5월 총 85개 조항을 담은 비엔나 조약법협약이 마침내 채택되었다.

---

252) 특별보고자(Special Rapporteur)는 특정 검토주제의 논의를 위해 보고서를 작성하고 협약 초안 작업 등을 주도하는 임무를 부여받은 ILC 위원을 일컫는다. 조약법 문제에 대한 특별보고자는 Brierly(1949년 임명), Lauterpacht(1952년 임명), Fitzmaurice(1955년 임명), 그리고 Waldock(1961년 임명)이었다.

253) ILC의 조약법 관련 작업 개요와 비엔나 조약법협약 성안 과정 등에 대해서는 ILC의 웹사이트(legal.un.org/ilc/summaries/1_1.shtml) 참조.

조약법의 여러 쟁점들 중 조약해석 문제는 마지막 특별보고자 Sir Humphrey Waldock의 제3차 보고서(1964년)에서 처음 다루어졌다. 1930년 대 Harvard Research와 1956년 IDI 결의 등 학계의 선례가 있었음에도 불구하고 조약해석 분야 규칙의 성문화에 대해서는 그 성공가능성을 전적으로 낙관하기 어려웠던 듯하다. 조약해석에 대한 논의가 본격적으로 시작되기 전인 1964년 5월 제726차 회의에서 Verdross 위원은 ILC가 조약해석 규칙 작성 작업에 돌입하기에 앞서 조약해석 규칙의 존재 자체를 인정할 것인지 여부부터 결정해야할 것이라고 언급하였으며, 특별보고자는 조약해석 문제에 대한 학자들의 접근법이 서로 너무나 다르기 때문에 이 작업이 ILC를 커다란 곤경에 빠뜨릴 수도 있다고 경고하기도 하였다.[254] 특별보고자는 조약해석 규칙론에 담긴 근원적 난점들로 인해 조약해석이라는 주제를 작업에서 아예 빼든가 혹은 매우 엄격한 법적 근거가 될 수 있는 소수의 규칙들만을 추출해야할 것이라고 판단하였다. 게다가, 기존의 조약해석 원칙 또는 법언들은 대부분 규범적 강제력을 가진 법규칙이 아니며 그 적용 여부나 방식은 해석자의 재량에 달려있었다. 이런 맥락에서 특별보고자는 조약해석 관련 학술담론에서 가장 널리 원용되고 있는 명제 중 하나를 내놓는다. 즉, 문서의 해석이란 정확한 과학(exact science)이 아니라 예술(art)이라는 것이다.[255] 그러나 Waldock의 세 번째 보고서에 대한 첫 토론이 전개

---

254) ILC Yearbook 1964, Vol. I, pp. 21-23.
255) Waldock 제3차 보고서, p. 54. 보고서 맥락에 비추어 특별보고자는 조약의 해석만을 예술이라고 단언한 것이 아니라 국내법을 포함한 모든 '문서'의 해석이라는 행위의 본질에 대해 이야기하고 있다. 조약해석의 '예술'적 성격은 기존 해석규칙의 재량적 성격을 표현하는 비유로서만 이해되어야 하며 그 이상의 의미를 부여하는 것은 적절치 않을 것으로 보인다. ILC 논의과정에서 Ago는 해석은 예술이므로 서로 다른 여러 해석수단들을 명기해놓은 조항이 유용할 것이라고 하였으며, Yasseen은 조약해석 규칙 조항을 '해석이라는 예술의 과학적 기반'이라고 부르기도 했다. 이는 ILC의 조약해석론 맥락에서 예술과 과학이라는 단어가 매우 느슨하게 사용되었음을 보여주는 사례다. Report of the International Law Commission on the Work of its Eighteenth

된 ILC 제16회기에서 여러 위원들이 발언한 내용 등에 비추어보면, 해석규칙 형성의 타당성이나 가능성 자체에 대한 초기 우려에도 불구하고 Waldock의 초안에 대한 만족감으로 인해 성문화의 전망에 대한 긍정적 의견이 확산된 것으로 보인다.[256)]

특별보고자의 초안에 영감을 준 가장 직접적 원천 두 가지는 1956년 IDI 결의[257)]와 Fitzmaurice의 ILC 판례 분석작업이었다.[258)] 따라서 IDI 결의와 Fitzmaurice의 작업을 개관해보면 ILC 또는 적어도 특별보고자가 어떠한 배경에서 어떠한 지향을 갖고 조약해석 규칙 정립을 시도하였는지 가늠해볼 수 있다.

처음 IDI의 결의를 주도한 것은 Lauterpacht였다. 그는 의도중심주의의 관점에서 텍스트를 당사국 의도 규명을 위한 조약해석의 여러 요소들 중

Session (4 May-19 July 1966), Official Records of the General Assembly, Twenty-first Session, Supplement No. 9 (A/6309/Rev.1) (이하 "ILC Report (1966)"), p. 197, p. 202.

256) ILC Yearbook 1964, Vol. I, p. 276(De Luna의 발언, Castrén의 발언), p. 277(Amado 의 발언), p. 278(Tunkin의 발언) 등. Verdross는 신규 해석 규칙이 기존 국가들이 아닌 해석분쟁 해결을 맡은 국제재판소에게만 잠재적 구속력을 갖게 될 것이라고 논평하기도 하였다. ILC Yearbook 1964, Vol. I, p. 279. Gardiner는 다수의 ILC 위원들이 조약해석 규칙 조항을 협약에 포함시키는 방안에 회의적이었으나 특별보고자가 조약해석 규칙 정립 작업의 어려움을 충분히 인정하고 과도한 야심이 아닌 매우 온건한 태도로 접근함에 따라 다른 위원들이 설득된 것으로 보인다고 평가한다. 상세하고 정교한 해석규칙을 조항화하고자 했다면 그것은 실현 난망이었을 것이나 조약해석의 틀을 잡아주는 매우 기본적인 체계(a very basic scheme)를 만들어내는 것은 실현 가능한 것이기에 받아들였다는 것이다. Gardiner, *supra* note 6, p.72.

257) 1873년에 설립된 IDI은 국제법의 성문화 촉진을 위해 보고서를 제출하고 결의를 채택하는 작업을 지속해왔으며 이는 상당한 권위와 영향력을 인정받아왔다. IDI의 조약법 관련 첫 보고자는 Hersch Lauterpacht였다.

258) Waldock 제3차 보고서, p. 55. 특별보고자는 Harvard Research도 원용하면서 그 작업의 일부 통찰을 빌려오기 하였다. 특히, 해석은 어떤 절대적 원칙을 그대로 적용하는 기계적 과정이 아니라 텍스트에 의미를 부여하는(giving a meaning) 과정임을 강조하는 Harvard Research의 언명은 ILC에서도 원용되고 있다. Waldock 제3차 보고서, p. 53. 그러나 앞서 언급하였듯이 그러한 명제에서 도출되는 결론은 다소 상이하다.

하나로 보았다. IDI의 특별보고자였던 Lauterpacht의 입장에 대해 IDI 내부
적으로 치열한 논쟁이 진행되었다.[259] 특히, Lauterpacht와 Beckett 간의 논
쟁이 두드러졌던 것으로 보이는데, Lauterpacht는 텍스트가 명백한 경우까
지 포함하여 준비문서를 항상 참고해야 한다는 취지의 주장을 전개하였고,
Beckett는 그러한 입장이 사실상 조약을 준비문서로 대체하는 것이나 다름
없다고 비판하였다.[260] 이후 1955년에 Lauterpacht가 ICJ 재판관이 되자 보
고자 역할을 이어받은 Fitzmaurice는 강력한 텍스트 중심주의적 입장을 견
지하였는데 1956년 최종 채택된 IDI의 결의는 대체로 이러한 텍스트 중심
적 접근법에 기반하고 있다.[261] 조약 초안 형식으로 구성된 이 결의의 제1
조는 "당사국들이 텍스트에 대해 합의를 이루었으므로 그 텍스트 용어의
자연스럽고 통상적인 의미가 해석의 기반이 되어야 한다"라는 명제로 시작
하여 "문맥", "신의성실", "국제법의 원칙" 등의 고려요소를 제시한다. 제2
조에서는 "국제재판소에 회부된 분쟁의 경우" 제1조에 담기지 않은 여타
해석수단을 고려할지 여부 또는 얼마나 고려할지 등을 그 "재판소"가 결정
해야 하며, 재판소가 고려할 수 있는 "정당한 해석수단"으로 "준비문서의
참조", "조약적용시 관행(practice)", "조약 대상(objects)의 고려" 등 세 가지
가 있다고 서술한다.[262] 제1조에서 거론된 '문맥'은 텍스트 자체의 확대된
개념으로 볼 수 있고, 신의성실과 국제법 원칙은 해석에 있어서 일종의 공
리(axiom)에 해당하는 개념이라고 할 수 있을 것이다. 반면, 제2조는 분쟁
의 존재를 전제로 하는 조항이다. 즉, 준비문서 등의 수단은 재판부가 서로

---

259) IDI에서 전개된 Lauterpacht와 Beckett 간 조약해석론 논쟁에 대해서는 Gerald
Fitzmaurice and Francis Vallat, "Sir (William) Eric Beckett, K.C.M.G., Q.C. (1896-
1966): An Appreciation", *International and Comparative Law Quarterly*, Vol. 17,
No. 2 (Apr., 1968), pp. 267-326 참조.

260) *Ibid.*, pp. 303-304.

261) Waldock 제3차 보고서, p. 56; Gardiner, *supra* note 6, pp. 62-63.

262) *Supra* note 251.

엇갈리는 해석 주장을 평가하기 위하여 재량적으로 고려할 수 있는 추가적 요소로만 제시된다. 이러한 구분은 해석규칙의 체계로서 매우 흥미로운 사례라고 할 수 있는데, Waldock은 국제재판소뿐만 아니라 국가와 국제기구 등 다른 주체도 이러한 추가적 요소를 활용할 수 있다는 점에서 국제재판소만을 주체로 상정한 것은 문제가 있다고 평가한다.263)

한편, Fitzmaurice는 ICJ의 판례를 종합적으로 분석하여 ICJ가 채택한 해석의 주요 원칙을 추출하였다.264) 주요 원칙으로는 "실제 텍스트(Actuality/Textuality)의 원칙", "자연스러운 통상 의미의 원칙", "통합의 원칙"265), "효과성의 원칙"266), "후속 관행의 원칙", "동시대성의 원칙"267)이 있다. Fitzmaurice의 체계 하에서 준비문서는 주로 "실제 텍스트의 원칙"과 "자연스러운 통상 의미의 원칙"의 하부요소로 논의되고 있는데, 특히 유엔 가입 총회권한 사건(1950)에서 Alvarez 재판관의 반대의견이 제시한 준비문서의 문제점들을 상세 원용하고 있다.268) Waldock은 Fitzmaurice의 원칙들을 일일이 열거하면서 실제 자신이 제시한 초안 내용들에 어떻게 반영되

---

263) Waldock 제3차 보고서 p. 55.

264) Fitzmaurice는 1951년과 1957년 두차례에 걸쳐 ICJ 판례 분석 작업을 수행하였는데, 원래 1951년에 제시한 원칙들을 이후 나온 ICJ 판례 등까지 감안하여 1957년 논문에서 일부 수정·변경하였다. Geral Fitzmaurice, "The Law and Procedure of the International Court of Justice 1951-4: Treaty Interpretation and Certain Other Treaty Points", British Yearbook of International Law, Vol. 33 (1957), p. 210-211.

265) 통합(integration)의 원칙은 조약이 "전체로서(as a whole)" 해석되어야 한다는 원칙을 지칭한다.

266) 효과성의 원칙은 앞선 3개의 원칙(실제 텍스트의 원칙, 자연스러운 통상 의미의 원칙, 통합의 원칙)에 종속되는 원칙이다. Fitzmaurice, supra note 264, p. 211.

267) 동시대성(contemporaneity)의 원칙은 조약이 채택 당시의 어법과 의미에 따라 해석되어야 한다는 것이다. Ibid., p. 212

268) 아울러, 교섭과정에서 채택된 해석에 대한 합의는 단순한 준비문서로 볼 수 없으며 조약의 일부를 구성하는 문서로 보아야한다는 견해를 제시하고 있다. Fitzmaurice, supra note 209, pp. 12-17.

고 있는지 설명하고 있다.[269]

　이와 같이 텍스트 중심주의적 접근법을 명확히 드러낸 학술자료를 주요 원천으로 삼고 있는 Waldock의 보고서는 기본적으로 자연스럽게 스스로를 텍스트 중심학설의 맥락에 위치시키고 있다. 특히, Waldock은 조약해석 학파들의 차이로 인해 텍스트의 중요성이 약화되고 있음을 지적하면서 ILC가 조약해석 규칙 성문화를 통하여 텍스트의 역할에 대해 명확한 입장을 견지하는 것이 바람직하다고 단언한다.[270] Waldock은 조약 해석의 학파를 크게 3가지로 분류하는데, 이는 해석의 대표적 요소 3가지 중 어느 요소에 상대적으로 더 큰 비중을 부여하느냐를 기준으로 한다. '텍스트' 학파는 텍스트를 당사국 의도의 진정한 표현으로 간주하고, '의도' 학파는 텍스트와 구별되는 주관적 요소로서 당사자의 의도를 우선시하며, '목적' 학파는 조약의 목적을 중시한다.[271] 그 어느 학파든 그 요소들이 상호 완벽하게 배타적이라고 보는 관점은 거의 없으며, 대부분의 학자들은 텍스트와 함께 의도 및 목적을 파악하게 해주는 요소들도 모두 조약해석의 정당한 수단으로 인정하는 경향을 보인다.[272] 이러한 상이한 해석학파의 존재를 전제해

---

269) Waldock 제3차 보고서, pp. 56-57.

270) *Ibid.*, p. 54.

271) Sinclair, *supra* note 29, p. 114; Fitzmaurice, *supra* note 209, p. 1. Waldock은 이를 정확하게 "학파(school)"이라고 표현하지는 않았고 학자들마다 중시하는 요소가 서로 다르다는 서술로 갈음하였다. Waldock 제3차 보고서, p. 54. Fitzmaurice는 ICJ 판례 이론화 작업에서 명시적으로 세가지 학파(schools of thought)가 존재한다고 서술한다. 표현은 다소 다르나 내용상 Waldock 보고서의 분류방식과 동일하다. Fitzmaurice, *supra* note 209, p. 1. 이러한 3개 학파 구분은 조약해석의 가장 통상적인 학설 구분인 것으로 보인다. Sinclair, *supra* note 29, pp. 114-115. 여기서 언급된 '텍스트' 학파, '의도' 학파, '목적' 학파는 우리나라에서 각각 '문언주의'적 입장, '의사주의'적 입장, '목적주의'적 입장으로 표현되는 것이 일반적이다. 정인섭, 『조약법강의』(박영사, 2016), 162-164쪽 참조.

272) Waldock 제3차 보고서, p. 54; Sinclair, *supra* note 29, p. 114; Fitzmaurice, *supra* note 209, p. 1; Gardiner, *supra* note 6, p. 348.

본다면, 특별보고자는 일견 ILC가 스스로 특정 학파, 즉 텍스트 중심주의 입장을 명확히 견지 또는 확인해야한다고 제언하는 것이나 다름없는 것으로 보인다.[273] 그러나 후술하는 바와 같이 Waldock은 궁극적으로 3가지 학설의 조화와 타협을 도모한 것으로 평가된다.

2. Waldock의 제3차 보고서(1964) 및 ILC 내 논의 전개

Waldock이 1964년 처음 제시한 조약해석 규칙 초안은 제70조부터 제73조까지의 총 4개 조항이었다. 그중 첫 두 개의 조항이 기본적인 텍스트 중심 해석론과 준비문서 등을 다루고 있다.[274] 일반규칙을 규정한 제70조[275]

---

273) 반면, 앞서 언급한바와 같이 Harvard Research는 상이한 학파의 존재에 대해 침묵함으로써 스스로의 입장을 과도하게 보편화하려는 듯한 양상을 보여주었다.

274) 제70조는 "일반규칙(general rules)", 제71조는 "일반규칙의 적용(application)"을 다루고 있으며, 제72조와 제73조는 각각 실효적 해석(*ut res magis valeat quam pereat*) 및 추후(신규) 관습법규칙 또는 합의의 효과에 대한 것이다. 아울러, 이어지는 제74조와 제75조는 복수 언어로 작성된 조약의 정본(authentic text) 문제 및 해석 문제를 다루고 있다.

275) "1. The terms of a treaty shall be interpreted in good faith in accordance with the natural and ordinary meaning to be given to each term —
(a) in its context in the treaty and in the context of the treaty as a whole; and
(b) in the context of the rules of international law in force at the time of the conclusion of the treaty.
2. If the natural and ordinary meaning of a term leads to an interpretation which is manifestly absurd or unreasonable in the context of the treaty as a whole, or if the meaning of a term is not clear owing to its ambiguity or obscurity, the term shall be interpreted by reference to —
(a) its context and the objects and purposes of the treaty; and
(b) the other means of interpretation mentioned in article 71, paragraph 2.
3. Notwithstanding paragraph 1, a meaning other than its natural and ordinary meaning may be given to a term if it is established conclusively that the parties

는 '신의성실', '자연스러운 통상 의미', '문맥', '체결 당시의 국제법 규칙'을 기본적인 해석 요소로 제시하고 있으며, 만일 자연스러운 통상 의미에 따른 해석이 조약 전체 맥락상 '명백히 부조리하거나 불합리한' 해석으로 귀결되거나 용어가 '모호' 또는 '불명확'하여 그 의미가 불확실한 경우, 조약의 '맥락' 및 '목적', 그리고 제71조 2항에 규정된 '다른 해석수단' 등을 원용하여 해석되어야 한다고 규정한다.276)

우선, 제70조는 IDI 결의 제1조 및 Fitzmaurice의 원칙 네 가지에 상응하는 기본적 내용인데, 당사국들의 "의도"를 보여주는 "증거"로서 "텍스트가 갖는 우선성(primacy)"을 전제한 것이다.277) Waldock은 여기서 텍스트는 "당사자 의도의 진정한 표현(authentic expression)"으로 "추정되어야 한다"고 강조한다. 따라서 해석의 출발점이자 목표는 처음부터(*ab initio*) 당사자의 의도를 조사하는 것이 아니라 텍스트의 의미를 밝히는 것이다. 해석의 지배적 요소는 실제 텍스트(actual text)이며,278) 국제재판소의 판례도 텍스트 중심주의 접근법을 "확립된 법"으로 인정하고 있다는 점을 강조한다.279)

---

employed the term in the treaty with that special meaning."

276) 여기 나온 용어들 대부분은 최종 채택된 비엔나 조약법협약에서 살아남았다. 국문번역 관련, "ambiguous", "obscure", "absurd", "unreasonable"을 과거 비엔나 조약법협약 국문본은 각각 모호, 애매, 불투명, 불합리로 번역하였다. 그러나 2023년 외교부가 새로 공지한 국문본 정정본은 모호(ambiguous), 불명확(obscure), 부조리(absurd), 불합리(unreasonable)을 사용하고 있다. 즉, obscure와 absurd의 국문번역이 바뀐 것이다. 관보 제20518호(2023.6.9.) '조약 제697호(조약법에 관한 비엔나 협약 중 정정)' 참조. 특히 "ambiguous"와 "obscure"의 번역에 대해 다소 이론의 여지도 있을 수 있겠으나 이 책에서는 용어상 혼란이 없도록 새로운 국문번역본을 그대로 따르도록 한다.

277) Waldock 제3차 보고서, p. 56. 그러나 초안 제70조 1항에는 "의도"라는 표현이 없다는 점이 주목된다. "의도"라는 단어는 제71조 2항에서 사용된다.

278) *Ibid.* 서명된 조약 텍스트는 당사국 공동의지의 "유일한, 그리고 가장 최신의 표현"이라는 Max Huber의 언급도 인용되고 있다.

특별보고자는 이렇게 텍스트 중심주의를 확고히 제시한 후, 자연스러운 통상적 의미에 근거한 텍스트 해석이 제대로 된 결과를 도출하지 못하는 경우에 한하여 통상적 의미가 아닌 그 외부의 증거에 의하여 의미를 확정하는 것이 가능하다고 선언한다. 여기서 텍스트의 의미가 명확하면 준비문서 등 다른 해석 수단을 참조할 필요가 없다는 ICJ의 초기 판시가 원용된다.[280] 통상적 의미가 부조리하거나 불합리한 결과를 야기하는 경우와 텍스트 의미 자체가 모호 또는 불명확한 경우에 텍스트 중심주의 해석은 배제될 수밖에 없다. Waldock은 이 두 가지의 경우에 대해 매우 제한적 위치만을 부여하고자 하는 모습을 보인다. 우선, 부조리하거나 불합리한 결과의 경우는 "객관적으로, 그리고 명백하게" 부조리 또는 불합리한 경우로 엄격하게 한정되며 국제재판소가 그러한 사례를 거의 인정한 적이 없다는 점도 강조된다.[281] 모호 또는 불명확한 텍스트의 경우, 명확성의 판단 자체에 주관적 요소가 어느 정도 불가피하다는 점을 인정하면서 신의성실한 해석이 진정한 의구심을 남기는 경우에만 통상의미를 배제할 수 있다고 강조한다.[282]

---

279) *Ibid.* 특히 Waldock은 모로코내 미국인 사건을 원용하면서 조약을 개정하는 것은 해석의 기능이 아님을 강조한다.

280) *Ibid.*, p. 57.

281) *Ibid.* Waldock이 원용하는 사례는 South West Africa 사건(1962년)으로서 이 사건에서 ICJ는 통상적 의미에 근거한 해석규칙이 절대적이지 않다면서 조약의 정신, 목적, 맥락 등과 일치하지 않는 경우 그것에 의지할 수 없다고 판시하였다. 아울러, Waldock은 PCIJ의 네덜란드 노동자 대표 임명 사건(1922)의 한 부분을 또 다른 예시라고 명기해놓았는데, 사실 이것은 적확한 사례라고 보기 어렵다. 재판부는 네덜란드 노조측이 주장한 해석론을 따를 경우 객관적으로 명백히 불합리한 결과를 도출하게 된다는 점을 보여주고 있을뿐, 통상적 의미에 따른 해석결과가 불합리한 결과를 도출함에 따라 다른 해석수단을 동원해야했던 사례는 아니기 때문이다. *Supra* note 74, p. 22. 실제 유엔에 제출된 최종 보고서에서 이 사례는 삭제되었다. Report of the International Law Commission on the Work of its Sixteenth Session (11 July 1964), Document A/5809 (A/CN.4/SER.A/1964) (이하 "ILC Yearbook 1964, Vol. I").

이어지는 제71조(일반규칙의 적용)²⁸³)의 해설에서 특별보고자는 외생적 증거를 사용하는 이 조항이 "허용적(permissive)" 성격임을 분명히 한다.²⁸⁴) 즉, 텍스트 중심성을 전제하되 일정한 경우에 준비문서 등을 활용하는 것이 허용되며, 텍스트가 명확한 경우에 준비문서 활용이 금지된다는 주장은 배척된다.²⁸⁵) 특별보고자에 의하면, 이 조항은 준비문서를 부차적 (subsidiary) 수단으로서만 간주하고 있으며 준비문서는 진정한(authentic) 해석수단이 아닌 '증거'의 지위를 갖는다고 한다.²⁸⁶) 따라서 증거에 불과한

---

282) Waldock, 제3차 보고서, p. 57.

283) "1. In the application of article 70 the context of the treaty as a whole shall be understood as comprising in addition to the treaty (including its preamble) —

(a) any agreement arrived at between the parties as a condition of the conclusion of the treaty or as a basis for its interpretation;

(b) any instrument or document annexed to the treaty;

(c) any other instrument related to, and drawn up in connexion with the conclusion of, the treaty.

2. Reference may be made to other evidence or indications of the intentions of the parties and, in particular, to the preparatory work of the treaty, the circumstances surrounding its conclusion and the subsequent practice of parties in relation to the treaty, for the purpose of —

(a) confirming the meaning of a term resulting from the application of paragraph 1 of article 70;

(b) determining the meaning of a term in the application of paragraph 2 of that article;

(c) establishing the special meaning of a term in the application of paragraph 3 of that article."

284) Waldock 제3차 보고서, p. 58.

285) 텍스트 해석에 어떤 식으로든 도움이 되는 준비문서를 참조하는 것은 국가들과 재판 소의 끊임없는 관행이라는 점이 강조된다. 그러나 "국가들"의 관행에 대해서는 별도 의 사례를 직접 명시하지는 않고 있다. *Ibid.* 특별보고자는 ILC 회의에서 국가관행도 참고하고자 노력하였으나 출판된 자료에서 얻을 수 있는 국가관행은 대부분 판례였 으며 국가(정부) 자체의 조약해석 사례를 찾기는 어려웠다고 토로하였다. ILC Yearbook 1964, Vol. I, p. 275.

286) 증거로서의 준비문서는 당사자들의 공동이해(common understanding)를 얼마나 입증

준비문서를 '정의'하려는 시도 역시 무의미한 것으로 평가된다. 무리한 정의는 오히려 가치있는 증거를 의도치않게 배제하는 등의 부작용도 야기할 수 있기 때문이다.[287] 특별보고자는 수단과 증거의 구분에 대해 별도로 설명하지는 않고 있다. 그러나 증거는 재판부가 직권으로 발견해내거나 당연히 알고 있는 것으로 간주되는 것이 아니라 당사자들이 제시해야하는 반면, 해석수단은 재판부가 당연히 채택해야하는 법리에 포함되는 개념으로 볼 수 있을 것이다. 만일 준비문서를 증거로 본다면 이 조항은 당사국들의 (공동) 의도를 보여주는 여타 증거도 활용할 수 있다는 취지의 추상적 조항으로 대체할 수도 있다는 뜻이다. 다만, 텍스트가 아닌 텍스트 외부에 있는 외생적 증거들 중 가장 대표적으로 활용되는 핵심적 요소가 준비문서이기 때문에 준비문서가 명기된 것으로 볼 수 있다.[288]

특별보고자의 조약해석 규정 초안 및 해설 문안에 대해 ILC는 1964년 제16차 회기중 다섯 차례에 걸쳐 논의를 진행하였다. 이때 전개된 ILC 위원들의 논쟁은 텍스트 중심주의와 준비문서의 관계를 포함한 조약해석의 방법론에 대한 거의 모든 중요한 핵심 쟁점들을 짚었다고 해도 과언이 아니다. 전반적으로 텍스트 중심주의 자체에 대한 반대는 강하게 제기되지 않았으나 텍스트의 명확성이라는 개념에 대한 근본적 회의론과 함께 당사자 의도라는 요소를 상대적으로 더 중시하는 입장도 제기되었으며 준비문서의 중요성이나 역할에 대해서는 전면 상충되는 의견대립도 있었다.

우선, 특별보고자가 채택한 텍스트 중심주의에 대한 폭넓은 지지가 있었음은 명확했다. 통상 의미에 입각한 해석론 자체를 비판하는 위원은 없었다. Tunkin이 '신의성실'과 '조약 전체의 맥락' 및 '국제법의 기본원칙'만을 언급하는 다소 즉흥적인 대안 문안을 제시하였을 때 Yasseen은 텍스트가

해줄 수 있느냐에 따라 그 효과가 좌우된다. Waldock 제3차 보고서, p. 58.
287) *Ibid.*, p. 58.
288) 증거, 외생적 요소 등에 대해서는 제4장 제3절 2.나(2) 참조.

모든 해석 검토(inquiry)의 기초가 되어야 한다고 강조하였다.[289] Verdross
는 당사자의 의도가 조약의 텍스트에 표현되어야 한다고 하였다.[290] Bartos
는 비록 논의 초반부에 당사자 의도, 조약의 일반적 정신(spirit), 목적 등을
강조하였으나 이후 텍스트에 표현된 객관적 의도의 파악이 중요하다면서
자신의 이전 입장이 조약상 의무로부터 벗어날 탈출구를 열어주는 위험한
접근이었다는 변화된 입장을 보이기도 하였다.[291] 반면, 텍스트 중심주의
에 대한 부정적인 태도 역시 다양한 형태로 표출되었다. 당사자의 의도가
가장 중요한 해석 요소라는 견해가 표명되었으며,[292] '통상적 의미' 등과
같은 텍스트 중심주의적 문구가 배제되고 당사자의 '의도'를 부각하는 수
정안이 진지하게 제시되기도 하였다.[293]

 이러한 입장 차이는 준비문서 자체에 대한 논의에서 더욱 현저하게 드러
났다. De Luna, Amado, Ruda 위원 등은 제71조 2항에서 준비문서가 지나
치게 강조되고 있음을 비판하였다.[294] 특히, De Luna와 Ruda는 텍스트의

---

289) ILC Yearbook 1964, Vol. I, pp. 278-279. 여기서 Tunkin은 텍스트 중심주의 자체에
   대한 거부감보다는 정부들의 반응을 타진해보기 위한 매우 간단한 초안을 만들어보
   자는 취지에서 이러한 문구를 언급한 것으로 보인다.

290) *Ibid.*, p. 287.

291) *Ibid.*, pp. 279, 287.

292) Tabibi는 의도에 더 큰 비중을 부여해야한다면서 이를 반영한 문안작성을 위해 제70
   조와 제71조의 통합을 제안하였다. *Ibid.*, p. 276.

293) Pessou는 맥락, 목적, 당사자 의도를 해석의 요소로 거론하는 조항을 제시하였다.
   Ibid., p. 278.

294) *Ibid.*, p. 276-277. 또한 Amdado는 일부 ILC 위원들이 준비문서에 과도한 비중을 부
   여하는 점에 대해 불편함을 느낀다고 하면서 협상장에서 국가들의 주된 관심은 자기
   이익일 뿐이므로 그러한 이익을 반영하는 준비문서가 진정한 해석방식들과 동일한
   토대(footing)에 놓여서는 안된다고 지적하였다. *Ibid.*, p. 287. Amado는 이후 서명에
   의한 기속적 동의 표시 관련 조항 논의에서 국가는 교섭시 이익을 최대화하기 위해
   노력하므로 교섭시의 발표나 준비문서에 너무 많은 중요성이 부여되어서는 안된다
   는 언급을 하기도 하였다. Summary Records of the First part of the Seventeenth
   Session, 3 May-9 Jult 1965, Yearbook of the International Law Commission 1965,

의미가 명확할 경우 그러한 의미의 확인을 위해 보조적 수단을 활용할 필요가 없다는 점을 강조하였으며,[295] Bartos는 준비문서의 제한적 효용에 대해 상세 논증하였다.[296]

반면, Yasseen은 텍스트만을 근거로 하는 해석은 사실상 불가능하다는 것이 자명하며 텍스트 작성과정에서 발생한 사건들에 대한 지식은 당사자 의도의 이해에 필수적이라고 강조하였다.[297] 준비문서에 대한 가장 강력한 옹호론을 제기한 위원은 Rosenne이었다. Rosenne은 기본적으로 국제재판에서는 항상 준비문서가 전면적으로 광범위하게 제출되었으므로 재판부가 텍스트의 명확성에 대한 결론을 도출하는 과정에서 준비문서가 아무런 기여를 하지 않았다는 식의 인식은 받아들일 수 없다고 하였다. 즉, 텍스트에 기반하여 이미 도출된 의견을 추후 확인하기 위한 용도로만 준비문서가 활용된다는 서술은 허구(fiction)에 가깝다는 것이다.[298] Rosenne은 해석을 위하여 준비문서를 활용하는 것은 정상적(normal) 행위임을 강조하고, 준비문서의 활용 목적에 일정한 제한을 부과하는 특별보고자의 초안은 수용할 수 없음을 명확히 하였다.[299] Ago는 자신의 경험상 준비문서 등의 중요성을 확신한다면서 준비문서 없이 당사자의 의도를 정확히 파악하기 어렵다고 단언하고, 국제판례 등에 비추어 텍스트의 해석이 처음부터 명백한 경우에

Vol. I (A/CN.4/SER/A/1965), p. 275.

295) ILC Yearbook 1964, Vol. I, p. 283, p. 314.

296) Bartos는 당사자들이 교섭 과정에서 서로 상충하는 입장을 천명하거나 어떠한 해석이 우위를 갖는지 알기 어려운 경우 준비문서의 가치를 인정하기 어려우며, 협상의 막판에 아무런 기록도 없이 그간의 방향과 전혀 다른 내용으로 타결된 경우 등을 고려하면 준비문서 또는 특정 당사국의 주관적 의사표현으로부터 너무 많은 것을 추론해서는 안된다고 지적하였다. *Ibid.*, p. 287.

297) *Ibid.*, p. 286. Yasseen은 텍스트의 명확성이라는 것은 상대적 개념이며 의미의 모호함 여부를 확인하기 위해서는 준비문서와 같은 외생적 요소를 반드시 참조해야한다고 강조하였다.

298) *Ibid.*, pp. 283, 314.

299) *Ibid.*, p. 317.

도 준비문서를 참조하여 확인하는 것이 바람직하다고 지적하였다.[300] 유사한 맥락에서 Ago는 특별보고자의 원래 보고서가 준비문서를 '진정한(authentic) 해석 수단이 아닌 부차적 수단이자 단순한 증거에 불과하다'고 서술한 부분에 이의를 제기하였다. 진정한 해석 수단이 아니라는 서술까지는 인정할 수 있으나 부차적, 보충적 수단으로 묘사하는 것은 적절치 않다는 지적이었다.[301] Ago의 문제제기가 수용됨에 따라 해당 부분은 삭제되었으나 최종 보고서의 다른 부분(제70조에 대한 해설)에서는 여전히 준비문서를 '부차적' 수단으로 묘사하고 있었다.[302]

ILC 내부 논의를 바탕으로 특별보고자가 1차적으로 수정해온 초안은 제70조와 제71조의 제목을 각각 "일반규칙" 및 "조항의 의미가 의심스러운 경우"로 하고 제71조에서 텍스트 해석의 의미를 "확인"하기 위한 목적의 준비문서 활용 허용 부분이 삭제되어 있었다.[303] 그러나 Yasseen 등이 조약의 준비문서를 포함한 전체 관련 문서를 보기 전까지 텍스트의 명확성을 단언할 수 없다는 점을 강력히 주장함에 따라 "검증 또는 확인(verify or confirm)" 목적의 문안이 다시 추가된 새로운 개정초안이 채택되었다.[304]

---

300) *Ibid.*, pp. 282, 288. 특별보고자도 국가나 국제재판소가 실제 검토 과정에서 준비문서를 참조하지 않을 것으로 기대하는 것은 비현실적이라면서 '확인'을 위한 준비문서 참조 허용 조항을 옹호하였다. *Ibid.*, p. 314.

301) *Ibid.*, p. 341.

302) ILC Report (1964), p. 204.

303) ILC Yearbook 1964, Vol. I, p. 309.

304) *Ibid.*, p. 309-317. 앞서 언급한바와 같이 Rosenne은 준비문서 사용에 부과되는 제한을 수용할 수 없다는 이유로 반대하였으며, Ruda는 "텍스트가 그 자체로 충분히 명확하면 준비문서를 참조할 필요가 없다"라는 ICJ 판시를 원용하며 기권하였다. Ruda가 원용한 것은 유엔가입 사건이었다. *Ibid.*, p. 317. 참고로, Ruda는 현행 국제법상 조약해석 규칙이 부재하므로 ILC의 본 작업이 기존 관습법의 성문화가 아니라 '점진적 발전'에 해당한다는 점을 지적하였는데, 그가 유일하게 인정한 국제법상 조약해석 규칙은 '텍스트 명확시 해석이 불필요하다'는 Vattel의 캐논이었다. *Ibid.*, p. 277. 이에 대해 Ago는 사실 그러한 규칙의 취지가 특보자의 제안에 담겨있는 것으로 보

특별보고관은 '확인'과 특히 '검증'이라는 단어에 대해 이것이 텍스트 외적 요소에 의한 해석을 명시적으로 허용하는 것이나 다름없으므로 텍스트를 침해하는 경향이 있다는 우려를 제기하였으나 그것이 실제 관행이라는 점은 인정하였다.305) 이 시점에서 채택된 조항은 최종 채택된 현행 비엔나 조약법협약 제32조와 상당부분 유사한 모습을 보이기 시작했다.306) ILC는 제70조와 제71조의 제목을 각각 "해석의 일반규칙(General rule of interpretation)"과 "추가적 해석수단(Further means of interpretation)"으로 수정하였다.307) 여기서 '추가적'이라는 단어가 의미하는 바는 제71조가 독립적인 별도의 수단을 규정하는 것이 아니라 제70조상 원칙들에 따른 해석을 보충(supplement)하는 수단에 불과하다는 점을 표현하는 것이다.308)

3. Waldock의 제6차 보고서(1966) 및 ILC 내 논의 전개

ILC가 상기와 같은 논의를 거쳐 유엔 총회에 제출한 보고서는 각국 정부의 검토 및 논평의 대상이 되었고, 이후 그러한 정부의 구두 또는 서면 논평을 바탕으로 조약해석 조항이 다시 다루어진 것은 Waldock이 1966년

이나 상식적 해석을 거부하려는 이들에 의해 악용되기 쉬우므로 초안에서 과도하게 부각될 수 없었을 것이라고 평가하였다. *Ibid.*, p. 280.

305) *Ibid.*, p. 314.

306) "Recourse may be had to further means of interpretation, including the preparatory work of the treaty and the circumstances of its conclusion, in order to verify or confirm the meaning resulting from the application of article 70, or to determine the meaning when its interpretation according to article 70 — (a) leaves the meaning ambiguous or obscure; or (b) leads to a result which is manifestly absurd or unreasonable in the light of the objects and purposes of the treaty."

307) *Ibid.*, p. 340.

308) ILC가 실제 유엔에 제출한 최종 보고서에서 이 조항은 각각 제69조 및 제70조로 변경된다. ILC Report 1964, Vol. I, p. 205.

에 작성한 제6차 보고서에서였다.[309] 특별보고자는 1964년 ILC 보고서에
대한 각국 정부의 반응에 비추어 조약해석 규칙의 성문화 시도가 인정을
받았으며, 텍스트를 조약해석의 출발점으로 삼는 접근법에 대한 광범위한
지지가 있었다는 점에 우선적 의의를 부여하였다.[310]

반면, 준비문서의 논쟁적 성격에 비해 이에 대한 정부의 논평은 상대적
으로 적은 것으로 평가되었으나 국가간 현저한 의견대립은 분명하였다.
ILC 초안의 준비문서 조항에 대해 강한 비판적 입장을 보인 대표적인 국가
들은 헝가리, 미국, 그리스 등이었다. 우선, 헝가리는 텍스트 중심주의를 지
지하면서도 준비문서는 후속 관행과 동등한 수준의 일차적 해석 요소라고
주장하였다.[311] 미국은 준비문서의 활용이 지나치게 제약되어있다고 비판
했다. 일반규칙의 적용이 "정확한" 해석을 도출하기 어려우면 소위 '추가
적' 요소들이 자유롭게 허용되어야한다는 취지의 주장이었다.[312] 그리스는
서로 다른 해석수단 간의 위계질서를 받아들일 수 없다는 강한 비판론을
제기하였다. 그리스에 의하면 조약해석의 유일한 기본규칙은 모든 가능한
방법을 동원하여 당사자의 공동의도를 확인하는 것이다.[313] 케냐 역시 당
사자의 의도를 찾기 위해 모든 내생적, 외생적 수단을 동원해야한다고 주
장하였다.[314] 반면, 네덜란드는 문언이 아닌 외생적 요소는 국제법 일반원

---

309) Sixth Report on the Law of the Treaties by Sir Humphrey Waldock, Special Rapporteur
(A/CN.4/186 and Add.1-7), Yearbook of the International Law Commission 1966,
Volume II (A/CN.4/SER.A/1966/Add.1) (이하 "Waldock 제6차 보고서"), p. 51.

310) *Ibid.*, p. 94. 체코, 헝가리, 이스라엘, 네덜란드, 영국, 유고슬라비아, 태국 등이 기본적
으로 텍스트 중심주의 접근법에 명시적 지지 의사를 표명하였다. *Ibid.*, pp. 91-94. 단,
미국은 조약해석의 규칙이 아닌 가이드라인을 만드는 방안을 선호하였다. *Ibid.*, p. 93.

311) *Ibid.*, p. 91. 헝가리 서면의견 원문은 *Ibid.*, p. 293.

312) *Ibid.*, p. 93. 미국 서면의견 원문은 *Ibid.*, p. 359.

313) *Ibid.*, p. 93. 그리스 대표 발언 원문은 Official Records of the General Assembly,
Twentieth Session, Sixth Committee, 845th meeting, para. 42, p. 38.

314) Waldock 제6차 보고서, p. 93. 케냐 대표 발언 원문은 Official Records of the General
Assembly, Twentieth Session, Sixth Committee, 850th meeting, para. 40, p. 70.

칙을 포함하여 모두 부차적 중요성을 가질 뿐이라고 논평하였으며, 유고슬라비아는 텍스트가 명백한 경우에는 협상과정에서 도출된 임시적 성격의 자료를 참조하는 것은 허용될 수 없다고 주장하였다.315)

특별보고자는 여러 정부의 논평에도 불구하고 새로운 수정안을 제시할 필요성은 없다는 결론을 내렸다.316) 준비문서에 대한 찬반론은 이미 1964년 ILC 논의과정에서 충분히 다루어졌으며, ILC의 초안은 광범위한 준비문서 참조 관행을 반영한 것으로서 텍스트 우위의 원칙과 준비문서의 실제 활용 간의 조화와 균형에 충실한 문안이기 때문이다.317) 특별보고자의 이러한 반응은 각국 정부의 의견이 이미 1964년 제16차 회기에서 ILC 위원들에 의해 제기되고 정리된 논점의 틀에서 크게 벗어나지 않는다는 판단과 함께,318) 본질적으로 이 초안상 규칙의 유연성에 대한 확신에서 기인한 것으로 보인다.319) 즉, 텍스트의 명확성 여부 자체가 어느 정도 주관적 질문이기는 하나 텍스트의 중심성을 견지하고 준비문서의 활용도 충분히 보장하고 있는 현재 조항이라면 텍스트의 명확성 여부에 크게 관계없이 준비문서가 유연하게 조약해석에 활용될 수 있다는 확신이다.320) 특별보고자의 이러한 태도는 사실 조약해석 "규칙"과 "가이드라인"의 차이에 대한 개념적 문제점을 야기할 가능성이 있다.321) 그러나 이러한 유연성으로 인해 국

---

315) Waldock 제6차 보고서, pp. 92-93.
316) *Ibid.,* p. 99.
317) *Ibid.* 특히, 특별보고자는 국제판례가 일견 시사하는 바 이상으로 준비문서가 현실에서 활발히 활용·원용되고 있다는 사실을 이미 반영한 조항이라는 입장을 시사하였다.
318) 1966년 제18차 회기에서도 Waldock과 Amado는 각국 정부의 비판적 논평들 중 설득력있는 것은 별로 없었다고 발언하였다. Summary Records of the Eighteenth Session, 4 May–19 July 1966, Yearbook of the International Law Commission 1966, Vol. I, Part II (A/CN.4/SER.A/1966) (이하 "ILC Yearbook 1966, Vol. I"), pp. 184-185.
319) Waldock 제6차 보고서, pp. 99-100.
320) *Ibid.,* p. 100.
321) 실제로 특별보고자는 이러한 문제제기 가능성을 의식한 듯 어떤 의미에서 모든 해석

가들이 이 조항을 결국 수용하게 될 가능성이 높다는 ILC 또는 적어도 특
별보고자의 기대를 보여주는 것이기도 하다.

　사실 제6차 보고서가 제4차 보고서와 가장 큰 차이를 보이는 주목할 만
한 부분은 몇몇 국가들의 논평을 검토하는 과정에서 제시된 조약해석 규칙
체제 자체의 단일성(unity)에 대한 명제들이다. 우선, 특별보고자는 일반규
칙을 다룬 조항(제69조)의 제목이 단수형의 "규칙(rule)"으로 되어있음을 상
기하면서 이 조항에 명기된 해석수단들의 적용이 하나의 통합된 작업(a
combined operation)임을 천명한다. 그러한 모든 요소들이 도가니(crucible)
에 한꺼번에 던져지고 그 도가니 안에서의 상호작용이 일어나 그 결과로서
법적으로 의미있는 해석을 도출하게 된다는 것이다.322) 도가니 비유는 사
실 규칙의 작동 방식 묘사라는 점에서 보면 규칙의 정교함을 돋보이게 할
수 있는 비유는 아닐 것이다. 도가니 안에서 모든 요소들은 서로 구분할 수
없을 만큼 섞여서 녹아버리기 때문이다. 그러나 이는 조약해석의 방법론에
대한 여러 논란 또는 학파간 차이에 실용적으로 대응하기 위해 고안된 이
미지라고 할 수 있다. 1964년 ILC 보고서에서 거의 부각되지 않았던 조약
해석 작업의 통합성 또는 단일성이라는 관념은 특히 현실적인 무게를 갖는
각국 정부의 다양한 논평에 대응하는 과정에서 그 필요성과 중요성이 부각
된 것으로 추측된다.323)

　　"규칙"은 "가이드라인"의 성격을 갖고 있다고 단언한다. 그 적용이 해석대상의 개별
　　사안이 갖는 맥락과 관련 사정에 크게 좌우되기 때문이다. 그럼에도 특별보고자는 국
　　제사회에서 조약해석 규칙이 갖는 중대성으로 인해 법으로 받아들여질 수 있는 기본
　　적 원칙들은 "규칙"의 형태로 성문화하는 것이 바람직하다고 설명한다. *Ibid.*, p. 94.
　　조약해석에 있어서 '규칙'과 '지침'의 문제에 대해서는 후술(제4장 제1절 2.다) 참고.
322) *Ibid.*, p. 95.
323) 준비문서의 자유로운 활용을 가장 강하게 주장했던 Rosenne이 특히 이러한 도가니
　　비유와 해석 프로세스의 단일성 개념을 적극 환영한 데에서 알 수 있듯이 이는 텍스
　　트와 준비문서의 위계 또는 우선순위를 부인하는 비유로도 받아들여졌다. ILC
　　Yearbook 1966, Vol. I, p. 186.

특별보고자의 제6차 보고서를 두고 1966년 ILC 제18차 회기에서 다시 상세한 논의가 전개되었다.[324] 이번 회기에서 특히 논란이 된 것은 일반규칙 조항과 추가적 해석수단의 분리 여부였다. 특별보고자의 최초 초안이 일반규칙 조항에 준비문서와의 연계 문안을 포함하고 있었던 데 반해, 제16차 회기에서 최종적으로 정리된 문안은 일반규칙 조항과 추가적 수단 조항을 외견상 완전히 분리해놓았기 때문이었다.[325] 일부 위원들은 이러한 조항 분리가 조약해석 과정의 단일성과 통합성의 개념에도 위배되며 해석 요소(수단) 간에 부당한 위계질서를 도입하는 것이라는 우려를 표명하였다.[326] 아울러, 엄격한 위계적 구분은 조약해석자(특히, 국제재판소)의 재량을 제약하는 문제점이 있다는 비판도 제시되었다.[327] 특히, 준비문서의

---

324) 1966년 6월과 7월 사이 총 9차례의 회의에서 조약해석 규칙 관련 조항 및 논평 부분에 대한 논의가 이루어졌다. *Ibid.*, pp. 184-347. 여기서 조약해석의 일반규칙과 준비문서는 각각 제69조와 제70조에 있었으며, 이후 최종 정리를 거쳐 1966년 유엔총회에 제출된 ILC 보고서에서는 제27조와 제28조로 변경되어있었다. 이후 비엔나 조약법 회의에서도 ILC 초안에 따라 제27조와 제28조로 논의되었으나 최종 채택과정에서 전반적인 조약문언 수정작성 작업의 결과 제31조와 제32조로 확정되었다.

325) ILC Report (1964), p. 199.

326) Briggs는 우선적(primary) 수단과 추가적 또는 보조적(subsidiary) 수단의 차이는 논리적이지도 않고 국가관행이나 국제판례와도 맞지 않으므로 준비문서도 일반규칙에 포함되어야 한다고 주장하였다. 그러나 Briggs는 구체적인 국가관행이나 국제판례를 언급하지는 않았다. ILC Yearbook 1964, Vol. I, p. 187. 그는 1차적 수단과 2차적 수단의 엄격한 위계적 구분을 비판하는 취지라고 부연하면서 텍스트의 의미를 밝히기 위해 준비문서의 참조는 필수적이라고 강조하였다. ILC Yearbook 1964, Vol. I, p. 203. Rosenne은 준비문서의 활용에 인위적 제약을 두는 별도 조항에 반대하고, 이러한 조항 구분이 해석의 단일성이라는 핵심 원칙을 침해하는 것이라는 우려를 표명하였다. ILC Yearbook 1964, Vol. I, p. 201.

327) Tsuruoka는 조약해석 규칙이 법적 구속력을 갖게 되면 국제재판소의 자유를 제약하게 될 우려가 있다고 언급하였다. 우선순위 없이 일반규칙과 추가적 수단들을 하나의 조항으로 묶어야 국제재판소가 최대한 자유롭게 수단을 선택할 수 있다는 것이다. Tsuruoka는 두 개의 조항으로 나눌 경우 "추가적 수단"이 필요한가의 여부를 둘러싼 '분쟁'이 발생할 수 있다는 지적도 하였다. *Ibid.*, pp. 196-197.

중요성을 강조해온 Rosenne은 ILC가 작업중인 조약법협약 체제 전반에 걸쳐 준비문서의 적극적 활용을 전제하는 많은 조항들이 있음을 지적하면서 조약해석 조항에서 준비문서를 소극적으로 다룬다면 균형을 상실하는 것이라고 비판하였다.[328] Briggs는 텍스트와 문맥 등으로부터 해석을 시작하는 것은 정상적 방법이라고 할 수 있으나 해석자의 재량권을 이렇게 제약해서 얻는 이익은 없다고 주장하면서 ICJ 규정 제38조 1항(d)에서 판례가 보조적(subsidiary) 수단으로 명기되었으나 실제로는 ICJ에서 제한없이 활용되고 있는 현실을 상기하기도 하였다.[329]

반면, 보다 많은 위원들이 두 조항의 구분을 지지하였다.[330] 특별보고자는 양자간의 위계질서에 반대하는 의견은 조항의 세심한 문구를 충분히 고

---

328) 후술(제4장 제3절 2.나(1)) 참조.

329) ILC Yearbook 1966, Vol. I, p. 203. Briggs에 따르면 ICJ는 판례를 자유롭게 원용하고 있으며 조약과 관습, 법의 일반원칙에 의해서도 답을 얻지 못하는 경우에만 판례를 원용하는 관행은 없다고 한다. 준비문서와 같이 국제재판소가 많이 활용하는 해석수단에 이러한 보조적 지위만을 부여할 경우 ICJ 규정 제38조 1항(d)와 마찬가지로 사실상 무시당하는 조항으로 전락할 것이라는 지적이다.

330) Yasseen은 해석의 두 측면을 분리 규정하는 것은 논리적이고 합리적이라면서 준비문서에 더 큰 비중을 부여하는 것에 반대하였다. *Ibid.* Tunkin은 이론적 문제를 떠나 실용적 관점에서 양자간 구분이 필요하다고 언급하였다. *Ibid.*, p. 190. Amado는 준비문서에 대해 부정적인 입장을 보이면서 설사 요소간 위계질서가 중요하지 않다고 하더라도 조항을 구분하지 말아야할 이유가 무엇이냐고 반문하였다. *Ibid.*, p. 207. Castrén과 Jiménez de Aréchaga가 역시 현재의 초안대로 양자를 구분하는 것에 찬성하였다. *Ibid.*, p. 201. De Luna는 준비문서 자체를 무시해야한다는 강경한 입장을 고수하였다. *Ibid.*, p. 194. Ago는 양자의 분리를 지지하면서 이 두 조항은 해석작업에 있어서 2개의 구분되는 논리적이고 연속적인 국면들을 표현하고 있다고 설명하였다. 즉, 우선 텍스트와 그에 부속된 요소들에 따라 당사자의 의도를 확인하고, 여전히 의문이 남으면 준비문서 등에 근거한 새로운 다른 체제가 적용된다는 것이다. *Ibid.*, p. 205. 그러나 특별보고자는 이러한 Ago의 설명에 동의하지 않았다. 특별보고자는 두 조항의 관계는 시간적 연속성의 개념이 아니라 본질적으로 동시적인 과정이며 다만 논리상 일정한 사고의 순서(order of thought)가 있을 뿐이라고 지적하였다. *Ibid.*, p. 206.

려하지 못한 잘못된 비판이라고 강조하였다.[331] 초안은 여러 요소들의 위계질서나 시간적 적용순서를 규정하는 것이 아니라 모든 해석의 요소들이 혼합되는 도가니와 같은 작동기제를 갖게 되므로 특정 요소들에 더 작은 비중을 부여하려는 의도가 아니라는 것이다.[332] 특별보고자는 현재의 초안이 서로 다른 의견들을 융합하려는 의도가 있음을 인정하면서 준비문서 등의 추가적 해석수단이 '일반규칙에 의해 도출된 의미의 확인'에 활용될 수 있다는 문안이 양자간의 강력한 연계를 보여주는 것이라고 설명하였다.[333] 그러나 일반규칙과 추가적 수단 간의 관계에 대한 다소 반복적인 ILC 내부 논쟁 속에서 그다지 명확하게 부각되지 않은 하나의 쟁점이 있다면, 그것은 텍스트상의 명확한 합리적 의미와 준비문서에서 명확하게 드러나는 당사자 공동의도가 상이한 경우 이러한 차이를 어떻게 해소할 것인가의 문제였다. 일응 텍스트 중심성에 근거한 일반규칙에 따라 텍스트상의 명확한 의미가 우선해야 한다고 추론해볼 수 있을 것이나, 이는 결국 일반규칙에 따른 의미를 준비문서가 "확인"이 아니라 뒤집는 상황으로서 이러한 전복의 가능성에 대해서까지 ILC에서 충분히 토의된 것은 아니라고 할 수 있다.[334]

이 회기에서는 준비문서와 관련하여 그 외에도 흥미로운 쟁점이 일부 제

---

331) *Ibid.*, p. 267.
332) *Ibid.*, p. 268.
333) *Ibid.*, p. 270.
334) 텍스트와 준비문서의 충돌에 대해서는 제4장 제3절 1.다(3) 참조. 문안작성 작업 과정 중의 실수와 관련, 그러한 실수가 현저하게 불합리한 결과를 야기할 경우 준비문서 등을 통해 의미를 결정할 수 있을 것이라는 점이 거론되었으나, 진정한 의미의 텍스트와 당사자 의도의 불일치에 대해서는 별다른 논의가 없었다. *Ibid.*, p. 204. Bartos는 조약을 명확히 해주는 정치적 요소가 있을 수 있다면서 현실적인 위험과 위협 또는 열망이 특정 단어의 사용 또는 회피를 강요할 수도 있다고 지적하였다. 그는 2차대전 중 나찌 독일에 대한 공동대응을 약속한 국가들 사이의 조약은 상황상 낙관적이고 이상적인 용어를 사용할 수밖에 없었으나 실제 전후 난민귀환 문제 처리 등에 있어서 이러한 조약들은 보다 현실적인 관점에서 해석될 수밖에 없었다는 사례를 들고 있다. *Ibid.*, p. 202.

기되었다. 일단, 일반규칙에 의해 도출된 의미가 신의성실의 원칙과 조약의 문맥 및 목적까지 모두 고려한 결과라면 추가적 수단 조항에서 언급된 "목적에 비추어 명백히 불합리한" 의미가 도출될 수 없다는 문제가 제기되었다.335) 이에 대해 특별보고자는 그러한 사례가 매우 드물 것으로 보나 문안작성 과정에서의 실수 등 발생가능한 사례가 있으므로 그러한 조항이 필요할 것이라고 답변하였다.336) ILC는 준비문서를 지칭하는 조항의 명칭에 대해서도 고심하였다. 원래 당시 초안은 "추가적 해석수단"이라는 제목을 유지하고 있었으나, El-Erian 위원의 제안에 따라 보충적(supplementary) 수단으로 변경되었다. 그는 1차적 수단과 2차적 수단의 구분 자체에는 찬성하였으나, 프랑스어 버전(complémentaires)과 스페인어 버전(otros)의 표현이 더 나은 표현이라고 제안하였다.337) 결국 최종적으로 제목은 "보충적 수단"으로 결정되었다. 아울러, 이 조항에서 "확인"은 "verify or confirm"에서 "confirm"으로 바뀌었으나, 특별보고관은 조항 내용의 변화를 의도한 것은 아니라고 설명하였다.338)

이러한 논의결과 현재 비엔나 조약법협약 제31조 및 제32조와 거의 동일한 문안이 ILC에서 채택되어 유엔총회에 보고되었다.339) 유엔총회에 제

---

335) Tsuruoka와 Rosenne 등이 이를 제기하였다. *Ibid.*, p. 200, p. 205.

336) *Ibid.*, p. 206. 결국 추가적 해석수단을 규정한 조항에서 "목적에 비추어"라는 표현은 삭제되었다. p. 270.

337) *Ibid.*, p. 195.

338) *Ibid.*, p. 270. "verify"는 "confirm"에 포함되는 개념이며, "supplementary"는 프랑스어본에서 사용된 "complémentaires"에 가장 가까운 영어 단어라고 설명되었다. 그러나 이는 Waldock이 비엔나 회의에서 설명하는 것과 다소 뉘앙스가 다르다. United Nations Conference on the Law of Treaties, First session, Vienna, 26 March - 24 May 1968, Official Records, Summary Records of the Plenary Meetings and of the Meetings of the Committee of the Whole (A/CONF.39/11) (이하 "비엔나조약법회의 회의요록 (1968)"), p. 184. 후술(제3장 제1절 4.나) 참조.

339) 유엔에 제출된 보고서에서는 각각 제27와 제28조였다. 제27조 3항의 일부 문구만 현재 제31조와 약간 다르다. ILC Report (1966), p. 181.

출된 ILC 보고서의 해설부분은 제18차 회기의 논의를 의식하여 해석 요소들간의 관계에 대한 추가적 설명을 제공하고 있다. 특히, 일반규칙 조항에 열거된 해석 요소들은 일정한 순서에 따라 서술되고 구성될 수밖에 없으나 이는 논리상의 문제일뿐 의무적인 성격의 법적 위계질서를 표현하는 것이 아니며 '문맥에 따라 목적에 비추어 용어에 부여되는 통상적 의미'가 첫 번째의 논리적 요소라는 점이 강조되었다.340) 아울러, 일반규칙과 보충수단의 관계에 있어서 현재의 조항체제는 ICJ의 판례법에 부합하므로 일부 국가의 반대의견에도 불구하고 추가적인 수정을 가하지 않았다고 설명하였다. 특히, 일반규칙에 열거된 요소들(후속 합의, 후속 관행, 국제법규칙 등)과 준비문서의 차이점이 부각되었다.341) 전자는 당사자들이 텍스트를 통해 합의를 표현한 시점 또는 그 이후의 시점에 관련되는 반면, 후자는 그러한 합의도달 이전의 상황에 관련되는 요소이므로 그 중요성에도 불구하고 기본규칙에 열거된 요소들과 동등한 수준의 진정한 수단으로서의 성격(authentic character)을 부여할 수 없다는 것이다. 아울러, 협상기록은 많은 경우 불완전하거나 오해를 야기할 수 있다는 점에서 상당히 신중한 접근이 요구된다고 하였다. 따라서 양자의 구분은 유효하다. 특별보고자는 그럼에도 불구하고 두 조항간의 엄격한 선을 그으려는 것은 아니며 "확인"이라는 기제가 전체적인 해석과정의 단일성을 담지한다고 강조하였다.342) 이 보고서는 제18차 회기에서 전개된 준비문서의 가치에 대한 치열한 논쟁에도 불구하고 오히려 1964년 보고서에 비해 준비문서의 한계와 부차적 성격을 더욱 강조하고 있다.

---

340) *Ibid.*, p. 220.
341) *Ibid.*
342) *Ibid.*

4. 비엔나 조약법 회의

가. 개요

1960년대 들어 ILC의 국제법 성문화 작업은 잇달아 현저한 성과로 이어
졌다. 외교관계협약(1961년)과 영사관계협약(1963년)이 채택되어 현재까지
관련 분야의 확고한 규범적 근거가 되고 있다. 외교영사라는 다소 한정적
인 전문분야에 비해 조약법은 훨씬 더 많은 논란과 난관이 예상되는 포괄
적 주제였다. 그럼에도 불구하고 ILC의 초안을 바탕으로 정식 조약의 성안
을 논의하기 위해 개최된 비엔나 조약법 회의는 마침내 조약법협약의 채택
에 성공하였다.

그간 조약해석 규칙에 대한 논의에 있어서 사실 비엔나 회의는 큰 조명
을 받지 않은 것으로 보인다.[343] 실제 대부분의 핵심 쟁점은 ILC 회기에서
이미 논의되었고 그 결과 유엔총회에 보고된 조항이 비엔나 회의에서 큰
변화를 겪지 않았기 때문이다. 소위 '뉴헤이븐 학파'를 대변하던 미국측 수
석대표 McDougal 교수의 준비문서 지위 격상 및 ILC 초안의 전면적 수정
시도가 거의 유일한 거론 대상일 뿐이다. 미측의 수정안은 결국 채택되지
못하였고 ILC 초안 문안의 변경이나 개선 또는 조약법협약의 이론적 탐구
에 그다지 유의미한 기여를 하지 못한 것으로 평가된다. 그럼에도 불구하
고, 그 논의는 세심하게 복기해볼만한 가치가 있는 것으로 생각된다. 미국
대표단이 제기한 특정 방법론적 교훈 때문이 아니라, 조약법 협약의 다수
조항이 그러하듯 조약해석 규칙 자체가 결정화되어가는 과정에서 국가들
이 제시한 공식 견해를 구체적으로 파악하고 잠재적 세부 쟁점들의 논의방
향을 가늠해볼 수 있기 때문이다. 달리 말해, 미국 등 일부 국가들의 ILC
초안 변경 시도 실패 자체보다는 그러한 시도에 대한 여러 국가 및 ILC의

---

343) Gardiner, *supra* note 6, p. 58.

반응을 관찰함으로써 텍스트 중심주의와 준비문서의 상호관계 등 조약해석 규칙의 여러 측면에 내재된 긴장과 불확정성의 단면을 감지할 수 있다.

나. 준비문서 지위 격상 시도와 실패

비엔나 회의 과정에서 ILC 초안의 조약해석 조항 구분(일반규칙과 보충수단의 구분)에 반대한 국가는 전체 참가국의 소수에 불과했다.[344] 두 조항의 결합을 통한 일반규칙과 보충수단의 구별 제거를 주장한 개정안 또는 그와 유사한 개정안은 미국과 베트남에 의해서만 제안되었다.[345] ILC 초안에 대한 다수 국가들의 지지입장에도 불구하고 이 조항에 대한 찬반 양론의 입장을 전반적으로 되짚어보면 이 조항이 기존 국제법의 원칙 또는 국제관습법을 명확히 반영하였다는 취지의 컨센서스가 부각되었다고 보기는 어렵다. 전반적으로 텍스트 중심성 자체에 대한 거부감이 크지 않았고, "규칙"으로서의 체제가 갖는 외관상의 합리성, 그리고 장기간 ILC와 유엔총회 제6위원회의 검토를 거친 작업결과물에 대한 신뢰 등이 중요한 역할을 한 것으로 생각된다.

반면, ILC 초안에 대해 가장 강력한 반대의견을 표명한 미국측의 논리는 다소 현학적이고 관념적인 성격을 보였으며, 실용적인 규칙의 제시보다는 해석 개념 자체에 대한 토론에 치중하는 양상을 보였다.[346] "맥락", "목적"

---

344) 이 조항들의 채택 과정에서 총 8개의 반대표가 나왔으며, 발언을 통해 미국측 제안을 지지한 국가는 6개국이었다.

345) 베트남은 일반규칙 조항 제목을 "General rules"라는 복수형으로 바꾸고 준비문서와 체결당시 사정까지 일반규칙에 포함시켜 단일조항화하자는 수정안을 제시하였다. United Nations Conference on the Law of Treaties, First and second sessions, Vienna, 26 March-24 May 1968 and 9 April-22 May 1969, Official Records, Documents of the Conference (A/CONF.39/11/Add.2), p. 149.

346) Gardiner는 McDougal의 접근법에서 실용적 규칙을 찾아낼 수 없다고 하였다. Gardiner, *supra* note 6, p. 74.

등의 용어에 대한 미측 수석대표의 비판이 이를 상징적으로 보여주는데, McDougal은 비엔나협약에서 "맥락"이 조약체결을 둘러싼 사실적 정황 (factual circumstances)이 아니라 '다른 텍스트'를 지칭하고, "목적"이 당사 자들의 실제 공동의도가 아니라 단순히 텍스트에 내재된 목적에 대한 '단 어들'을 지칭한다고 비판한다. 이는 미측 수석대표 McDougal 교수를 중 심으로 하는 "정책지향" 방법론(소위 뉴헤이븐 학파)의 논증 성향과도 관 련이 있는 것으로 보인다.347) 유엔 사무국이 작성한 회의결과 보고서에는 McDougal의 발언이 매우 짧게 요약되어있어 그 구체적인 논조가 충분히 드러나지 않으나 이후 McDougal, Lasswell, Miller가 공저한 조약해석에 대 한 저서에 첨부된 당시 발언문과 짧은 기고문은 정책지향학파의 입장을 나 름 함축적으로 담아내려는 노력을 보여준다.348) 어쨌든 McDougal의 주장 은 그 정합성이나 타당성 여부를 떠나 ILC가 마련한 비엔나 해석규칙 초안 에 대한 사실상 최후의 수정 시도였다.

미측의 ILC 초안에 대한 비판은 크게 세 가지의 측면으로 재구성해 볼 수 있다. 우선, 텍스트 중심성 또는 그 "쌍둥이" 개념인 통상의미의 자명성 이 갖는 자의성에 대한 비판이다. McDougal은 '텍스트가 당사자 의도의 진 정한 표현'이라는 ILC의 기본 명제를 자의적 추정에 불과하다고 비판하면 서 "통상의미"라는 것은 적용불가능한 개념이라고 주장한다.349) 미리 정해 진 순수한 자연적 통상적 의미라는 것은 찾기 어려우며 모든 단어는 사전 적으로 복수의 의미를 가질 수밖에 없다는 것이다.350) McDougal에 따르면

---

347) 뉴헤이븐 학파의 조약해석론에 대해서는 Myres McDougal, Harold Lasswell and James Miller, *The Interpretation of International Agreements and World Public Order: Principles of Content and Procedure* (New Haven Press, 1994) 참조.

348) 이 책의 부록으로 당시 발언문 및 미 국제법학회지(Vol. 61, 1967)에 실린 기고문 ("The International Law Commission's Draft Articles upon Interpretation: Textuality Redivivus")이 전재되어있다. *Ibid.*, p. 419-442.

349) McDougal et al., *supra* note 347, pp. 420-421.

결국 ILC 초안의 기본 접근법은 해석이 필요없는 명백한 의미의 텍스트가 존재할 수 있다는 Vattel의 명제에 가깝다는 것인데 ILC의 기본 접근법을 Vattel의 명제와 동일시하는 주장은 다소 주목할 만하다.[351] ILC의 초기 초안 중 하나는 두 번째 조항의 제목이 "조항의 의미가 의심스러운 경우"였다.[352] Rosenne은 특별보고자 Waldock이 조약해석을 "의심이 있는 경우에 만(in cases of doubt only)" 이루어지는 과정으로 간주하였던 것 같다고 논평하기도 하였다.[353] 이를 염두에 두고 본다면, 통상의미는 해석 이전의 자명한 공리로서 존재하고, 해석은 통상의미가 존재하지 않은 어떤 예외적이고 비정상적인 경우에 비로소 요구되는 법리적 작업이라는 개념을 지칭하게 된다. 적어도 McDougal이 의도했든 아니든 그의 비판은 Vattel의 명제에 내재된 한계를 ILC 초안에 연결시켰다는 점에서 ILC 작업의 의미를 평가하는 데 있어서 나름 의미가 있을 것으로 사료된다.

둘째, "준비문서"의 지위 격하와 제약에 대한 비판이다. 그는 ILC 초안의 인위적인 위계질서가 해석자의 시야를 가리는 눈가리개와 같은 역할을

---

350) *Ibid.*, p. 437. 또한 McDougal은 Hyde를 길게 인용하며 통상의미 개념의 난점을 강조하고 있는데, Hyde는 통상적 언어학적 의미라는 것을 먼저 파악하고 이를 당사자의 추후행동과 조화시키는 방식의 해석은 당사자들의 진정한 의도를 파악하는 올바른 해석이 될 수 없다는 식의 논리를 펴고 있다. Hyde의 논리가 정확히 무엇을 비판하는 것인지 다소 불분명하다. *Ibid.*, p. 425. Charles C. Hyde, *International Law Chiefly as Interpreted and Applied by the United States* (Little, Brown and Company, 1945), p. 1470.

351) United Nations Conference on the Law of Treaties, First session, Vienna, 26 March–24 May 1968, Official Records, Summary records of the plenary meetings and of the meetings of the Committee of the Whole (A/CONF.39/11), p. 167; McDougal et al., *supra* note 347, pp. 425-426, p. 436.

352) ILC Yearbook 1964, Vol. I, p. 309.

353) Shaptai Rosenne, "Interpretation of Treaties in the Restatement and the International Law Commission's Draft Articles: A Comparison" *Columbia Journal of Transnational Law*, Vol. 5 (1966), p. 221.

한다고 시사하면서 국가간 합의 과정의 잠재적으로 유의미한 모든 요소와 맥락을 포괄적으로 조사하는 방식으로 해석하지 않는 한 당사자들의 진정한 공동 의도에 제대로 접근할 수 없다고 단언하였다.354) 그는 그러한 엄격한 위계적 제한이 과거 국제법에서 인정된바 없으며 설사 채택되더라도 진정한 미래의 국제법이 될 수 없을 것이라고 주장하였다.355) 아울러, 준비문서의 적용 기준이 되는 모호성, 불명확성, 불합리성 등의 정의 또는 기준이 무엇인지에 대한 설명도 없다고 비판한다.356)

셋째, 자의적인 텍스트 중심성과 준비문서에 대한 과도한 격하·제약의 필연적 결과로서 당사국의 자유와 재량에 근거한 해석과 적용 작업을 차단하게 된다는 비판이다.357) 이는 McDougal이 대표하는 소위 정책지향 학파의 다소 장황하고 과도하게 복잡해 보이는 어떤 관념 내지 신념들과 불일치한다는 선언으로 보인다. 즉, 당사자들은 언어의 통상의미가 아닌 다른 방식으로 상호간 의사소통을 할 수 있고 그것은 공동의 기대와 목표를 달성하는 또다른 중요한 방식임에도 불구하고, 이러한 국가들의 다양한 행동방식(합의방식)에 통상의미 중심의 경직된 해석규칙을 강요함으로써 자유세계 질서에 반하는 서투르고 자의적인 기형적 결과를 야기한다는 것이다.358)

---

354) McDougal et al., *supra* note 347, p. 420.
355) 국제법상 그러한 엄격한 제약과 제한이 인정되지 않았다는 근거로 그는 해석원칙은 언제나 허용적 가이드라인으로 존재해왔으며 대부분의 경우 조약체결 정황이라는 더 큰 맥락을 감안하여 해석이 이루어져왔음을 제시한다. 아울러, Vattel의 명제에 근거한 이러한 체제는 선결문제 요구의 오류에 빠져있으며, 무엇보다도 준비문서를 늘 중시하는 국가관행과 맞지 않는다고 주장한다. 아울러, 자명한 하나의 통상의미란 존재할 수 없으므로 실제 적용불가능하기 때문에 설사 채택되더라도 국제법으로 자리잡을 수 없다고 주장한다. *Ibid.*, p. 435-438. 그는 이러한 과정에서 ILC 논의과정에서 초기 초안에 비판적이었던 ILC 위원들의 발언내용을 다수 원용하고 있다.
356) *Ibid.*, p. 424.
357) *Ibid.*, p. 440.
358) *Ibid.* McDougal의 이러한 취지의 발언은 유엔 회의 보고서 발언 요약에는 누락되어 있다.

Gardiner는 현대적 조약해석 규칙의 형성 역사에 있어서 ILC의 접근법과 상이한 유일한 작업으로 McDougal의 접근법을 거론한다.359) 그는 기본적으로 McDougal이 조약 개념 자체를 공동 가치형성을 위한 지속적 의사소통과 공동작업의 과정이라고 보는 것부터 잘못된 정의라고 문제 삼으며 소위 뉴헤이븐 학파의 접근법을 강력하게 비판한다.360) 그는 무엇보다도 비엔나 규칙이 경직된 위계질서에 근거한 제한적 규정이라는 McDougal의 핵심적 평가 자체에 동의하지 않는다.361) McDougal과 소위 뉴헤이븐 학파에 대한 Gardiner의 모든 세세한 비판은 결국 뉴헤이븐 학파의 복잡다기한 이론구조에서 추출해낼 수 있는 실용적인 해석 가이드가 없다는 것으로 요약될 수 있다.362) Gardiner의 비판은 전반적으로 설득력이 있으나, 사실 실용적 해석 가이드를 만들어내지 못한다는 비판은 다소 불공평한 측면이 있는 것으로 판단된다. McDougal은 다양한 맥락과 목적, 의도를 중시하며 일종의 총체적, 통합적 접근법을 지향하려는 모습을 보였고 비엔나 회의에서 미측이 제시한 수정안은 그러한 접근법을 반영하여 해석 시 고려요소를 열거하고 있었다. 그러한 접근법은 사실 이미 Harvard Research 협약 초안에서도 시도된 바 있는데, 미측 수정안은 Harvard Research 초안의 보다 정돈된 또는 개선된 버전이라고 할 수 있다. Harvard Research 초안이나 미국측 수정안이 실용적 해석 가이드가 되지 못한다는 비판은 아마도 그것이 해석의 요소를 모아놓은 리스트에 불과할 뿐 구체적인 방법론을 제시하지 못한다는 취지로 이해될 수 있을 것이다. 바꿔 말하면 비엔나 규칙에 담긴 기본 규칙과 보충수단의 위계적인 구분은 하나의 체계적 방법론을 제시하고 있

---

359) 그러나 ILC의 작업이 기존 PCIJ/ICJ 판례 및 Harvard Research, IDI 결의에 비해 여러 크고 작은 뉘앙스의 차이를 갖는다는 점을 감안한다면 이는 지나치게 포괄적인 평가인 것으로 보인다.

360) Gardiner, *supra* note 6, pp. 65-74.

361) Gardiner, *supra* note 6, p. 74.

362) *Ibid.*

으나 통합적 리스트로 구성된 미국식 방법론(Harvard Research, 미국측 수정안)은 나열된 요소들을 어떻게 활용할 것인지에 대한 분명한 가이드가 없다는 것이다. 그러나 이미 McDougal이 밝힌대로 미국측 수정안은 결국 주요 해석자를 조약당사자인 주권국가로 상정함으로써 그러한 국가의 재량과 자유를 강조하는 접근법이었다. 따라서 분리체계가 없다는 것이 McDougal 방법론의 결정적 약점이라고 하기는 어렵다.

실제 미국 및 베트남의 수정안에 대한 각 참가국의 입장을 살펴보면 해석의 실용적 가이드가 되지 못한다는 이유로 이 수정안을 비판한 의견은 소수에 불과하였으며 대부분의 경우 주로 준비문서 자체가 갖는 한계와 남용 가능성에 대한 우려에서 반대의견을 표명한 것으로 파악된다.363) 우선, 준비문서가 협상 과정에서 특정 당사자의 주관적이고 논란의 여지가 있는 입장을 담고 있다는 점에서 결국 텍스트의 한계를 벗어난 자의적 해석과 의무회피를 가능케 할 것이라는 우려가 제기되었다.364) 그렇기 때문에 준비문서의 가치와 활용에 대해 보다 신중한 접근법을 적용하는 것이 타당하다는 것이다.365) 준비문서 등의 요소를 포함한 종합적인 검토를 통해 당사국

---

363) 이 문제는 1968년 4월의 제31차, 제32차, 제33차 전체위원회 회의에서 주로 논의되었다. 비엔나조약법회의 회의록 (1968), pp. 167-185.

364) 폴란드는 준비문서가 주관적 자료에 불과하다고 비판하였다. Ibid., p. 173-174; 소련은 텍스트를 여러 요소들 중의 하나로 전락시킴으로써 자의적 해석이 이루어질 가능성을 제기하였다. Ibid., p. 174; 브라질은 준비문서가 당사국의 진정한 견해를 반영하지 않을 가능성도 있음을 지적하였다. Ibid., p. 176; 영국은 미국측 수정안에 대한 상세한 분석적 의견을 제시하면서 준비문서는 거의 대부분의 경우 혼란스럽고(confusing), 불평등하며(unequal), 부분적(partial) 성격을 갖는 데 불과하다고 지적하였다. 즉, 준비문서가 당사국 입장이나 발언의 요약에 불과하며 최종 타결 텍스트와 관련이 없을 수도 있으므로 혼란스럽고, 회의장 또는 교섭장에서 발언하지 않은 국가들의 의견은 반영되지 않으므로 불평등하며, 최종적인 타협을 가능케하는 수석대표간의 비공식 협의 기록은 남아있지 않는 경우가 많으므로 부분적이다. Ibid., pp. 177-178. 케냐는 협상기록은 불완전하거나 남아있지 않은 경우도 많으며 명확한 해답을 제공해주기 어려운 경우도 많다고 지적하였다. Ibid., p. 180.

의 의도를 확인하는 것이 해석의 본령이라고 보는 관점에 대한 비판도 제기되었다. 특히, 영국은 해석의 목적이 당사국 "의도" 확인이라는 관념은 이미 1950년대 IDI에서 충분히 비판받고 배척되었으며 실제 해석 분쟁은 대부분 체결 당시 상정하지 못하였던 상황에서 비롯하므로 그러한 상황에 대한 공동의도는 존재하지 않거나 애시당초 서로 상이한 의도가 봉합 또는 은폐되어있다고 볼 수 있다는 취지의 비판이었다.366) 일반규칙과 보충수단의 구분이 실제 각국 외교부의 해석관행 또는 전체적인 국가관행에 부합하다는 견해도 표명되었다.367) 준비문서가 다른 모든 요소들과 동등한 가치를 부여받을 경우 이는 국가의 조약교섭행위에 영향을 미칠 것이라는 통찰도 언급되었다.368) 여러 요소들을 특별한 구분없이 단순히 나열하기만 하는 조항은 유용하지 않다는 주장도 제기되기는 하였으나 이는 분명히 소수의견이었다.369)

---

365) 우루과이는 준비문서가 조약상 명확한 의무회피 수단으로 악용될 가능성을 우려하였다. *Ibid.*, p. 170; 아르헨티나의 Ruda(ILC 위원)는 텍스트 중심 접근법에 광범위한 학설적 지지가 존재한다면서 준비문서에서 당사자의 의도를 확인하는 것은 어렵기 때문에 신중한 접근이 필요하다고 강조하였다. *Ibid.*, p. 180.

366) *Ibid.*, p. 177-178. 영국은 ILC 초안이 해석의 절차를 그대로 기술하는 것이 아니라 그러한 과정에서 필수적인 공동의 규칙을 추출해내는 것에 불과하다고 설명하면서, 준비문서가 텍스트 자체에 비해 상대적으로 증거로서의 가치가 적다는 현실을 반영한 규칙 체제라고 옹호하였다.

367) 불가리아와 영국 등이 이러한 주장을 제기하였다. *Ibid.*, pp. 176-178. 그러나 그 국가들의 발언 과정에서 별도의 근거는 제시되지 않았다.

368) 영국 대표 Sinclair는 준비문서가 텍스트와 동등한 위상을 가질 경우 국제회의에서 토론이 끝없이 이어질 것이라고 하였다. 준비문서의 가치를 의식한 국가들이 교섭과정에서 자신들의 입장을 최대한 기록화할 전략적 유인이 생기기 때문이다. *Ibid.*, p. 178. 마다가스카르도 조약협상과정에서 고의적으로 상대방이 받아들일 수 없는 입장을 강변하는 상황이 발생할 것이라고 지적하였다. *Ibid.*, p. 183.

369) 멕시코는 준비문서의 보조적 성격이 핵심이므로 우선순위를 두지 않고 여러 요소들을 나열하기만 하는 것은 쓸모가 없을 것이라고 비판하며 미국수정안에 반대하였다. *Ibid.*, p. 181.

반면, 미국과 베트남의 수정안을 지지하는 의견은 당사자의 의도를 파악하는 것을 해석의 주요 기능으로 이해하고 그러한 의도 파악에 중요한 준비문서를 부차적 요소로 두는 위계적 규칙 체제에 반대하였다.370) 텍스트의 '명확성'이라는 개념 자체에 대한 회의적 입장을 포함하여 텍스트 중심주의에 대한 반대의견도 표명되었으며,371) 해석 요소들의 위계적 구분보다는 유연한 열거방식을 선호한다는 입장도 있었다.372)

이러한 준비문서 강조론과 위계적 구분 반대론에 대해 특별보고자는 ILC 초안이 특정한 학설적 입장이 아닌 국가관행의 반영임을 강조하면서 자신의 경험상 해석에 특별한 어려움이 없으면 준비문서는 활용되지 않는

---

370) 가나, 스리랑카 등은 해석에서 당사자 의도가 중요하다면서 미국측 수정안을 지지하였다. *Ibid.*, pp. 170-171.

371) 그리스는 해석이란 당사자의 의도를 확인해가는 과정으로서 특정 텍스트에 절대적 해석은 있을 수 없다고 지적하였다. *Ibid.*, p. 172; 오스트리아는 학설상 의도중심주의와 텍스트중심주의를 조화시키는 것은 불가능하므로 (특정 학설의 선택이 아닌) 다수의 지지를 얻는 실행가능한 규칙을 추출하는 것이 중요하다고 지적하면서 조약법 전반에 있어서 준비문서가 중요한 역할을 수행하고 있음을 강조하였다. *Ibid.*, p. 178-179; 포르투갈은 텍스트 중심주의와 '통상의미'론은 결국 조약해석 분쟁의 한 당사국을 불성실한(bad faith) 당사자로 만드는 불쾌한 결과가 불가피하다면서 텍스트의 명확성은 재판부가 스스로의 해석론을 정당화하기 위해 당사국 설득용으로 만든 인위적 개념에 불과하다고 비판하였다. *Ibid.*, pp. 182-183; 트리니다드토바고는 통상의미라는 개념은 허구(fiction)에 불과하다고 주장하였다. *Ibid.*, p. 183.

372) 이태리는 준비문서를 보충수단으로 격하시킨 위계질서를 수용할 수 없다고 하였다. *Ibid.*, p. 177. 스위스는 ILC 초안의 위계적 구분이 적절한지 의구심이 있다면서 위계질서가 없는 미국측 수정안의 유연성을 선호한다고 하였다. 아울러, 스위스는 ICJ 규정 제38조를 거론하며 ILC 초안대로 채택될 경우 충분히 유연하게 잘 적용되고 있는 ICJ 규정 제38조에도 영향을 미치게될 것이라고 우려하였다. *Ibid.*, p. 180. 그리스는 해석 "규칙"의 필요성에 부정적 입장을 표명하였다. 해석규칙들을 담은 조항도 어떤 규칙에 따라 해석의 대상이 되어야하므로 그 해석규칙을 해석할 규칙을 외부에서 찾아야하는 악순환이 발생한다는 것이다. 따라서 그리스는 "규칙"이 아닌 미국 수정안과 같은 다양한 요소의 열거 방식을 지지하였다. *Ibid.*, p. 172. 그리스가 언급한 "악순환"은 실제로 존재한다고 보기는 다소 어려울 것으로 판단된다. '해석규칙에 대한 해석 규칙의 적용 문제'에 대해서는 후술(제4장 제3절 1.다(1)) 참조.

다고 언급하였다. 아울러, 준비문서의 활용 가능성을 지나치게 열어둘 경우 조약해석 작업의 온전성(integrity)에 부정적 영향이 미치게 될 것임을 분명히 하였다. 그는 일반규칙(제27조)이 진정한 해석방법이자 구속력있는 해석방법임을 강조하고 제28조에서 준비문서 활용을 허용하고 있다는 점도 주목해야할 것이라면서 당사국들을 설득하고자 하였다.373) 특히 그는 조약에 대한 일반적 이해를 위해 준비문서를 자동적으로 참조하는 것 자체를 금지하고자 하는 의도는 전혀 없었다고 설명하였다.374)

비엔나회의에서 전개된 논의는 그 내용상 이미 수차례의 ILC 초안 작성 과정에서 진행된 심도있는 토의에서 크게 벗어난다고 보기 어렵다. 미국측의 수정안은 예컨대 미국측 Briggs 위원의 입장이나 Rosenne 위원 등의 초기 주장과 일맥상통한다. 그러나 이는 ILC 위원의 개인적인 학술적 입장이 아니라 직접적인 국가관행과 법적 확신의 담지자로서의 주권국가를 대변하는 입장에 근거한 논의라는 점에서 성격상 차이가 있다. 아울러 ILC 보고서에 대한 국가들의 논평과 의견제기는 유엔총회(제6위원회)에서도 이미 있었으나 그러한 논의보다 한층 더 상세하고 치열한 찬반토론이 이루어졌다는 점에서 비엔나 회의 논의가 나름의 의미를 갖는다. 1960년대 이전의 조약해석 규칙에 대한 논의와 ILC 내 논의 등을 감안해볼 때, 비엔나 회의의 기록에 큰 의미나 가치를 두지 않는 기존 이해와 달리 다음과 같은 점을 확인할 수 있다.

---

373) *Ibid.*, p. 184.
374) *Ibid.* 여기서 그는 보충수단의 활용 계기로 규정된 "확인(confirm)"이라는 단어와 관련하여 ILC에서 "검증(verify)"이라는 단어도 고려되었으나 검증은 일반규칙에 너무 가까워지는 뉘앙스가 있으므로 확인이라는 단어로 결정하였다고 설명한다. 이러한 설명은 실제 ILC 보고서에 나온 내용과는 일치하지 않는다. 원래 ILC 최종 논의 과정에서 '검증'이 삭제된 이유로는 확인이라는 단어에 검증 개념도 포함되어 있기 때문이라고 설명되었다. 추정컨대, 이는 특별보고자의 개인적 의견일 수도 있고 또는 기록에 남아있지 않은 초안작성위원회(drafting committee)에서 거론된 내용일 수도 있을 것이다.

첫째, 조약해석 규칙에 대한 논의 전반에 걸쳐 ILC의 초안은 국가들로부터 해석규칙으로서의 실용성을 충분히 인정받았다. 미국의 수정안은 그 현학적인 이론적 논의에도 불구하고 결국 단순한 요소들의 나열에 불과한 것으로 평가받은 반면 ILC 초안은 어떤 최소한의 지침과 기준을 제공하는 실용적 성격을 갖추고 있다는 점을 인정받은 것으로 볼 수 있다.

둘째, 비엔나 규칙의 잠재적인 쟁점들을 다수 확인해주는 유용한 논의였던 것으로 보인다. 우선, 일반규칙(제31조)은 명확한 의무적 성격으로 규정되었으나 전반적으로 조약해석 규칙의 가이드 또는 지침으로서의 성격이 부인되지 않았다. 의무적 법규칙의 표현(shall)의 사용에 대해 해석규칙 위반이 어떠한 법적 결과를 야기할 것인가에 대한 논의는 부재하였다. 준비문서의 실질적 역할과 가치 등에 대한 실마리를 찾을 수 있는 논의도 주목된다.

마지막으로, 비엔나 규칙이 기존 국제관습법의 반영(성문화)인지 새로운 규칙의 형성인지에 대한 명확한 결론을 도출하기는 어려웠다. 비엔나 규칙이 조약해석에 대한 국가관행을 반영한다는 평가가 일부 드러나기도 하였으나 이 조항 자체가 기존 국제관습법의 확실한 성문화라는 식의 대담한 주장은 제기되지 않았다. 그러나 완전히 새로운 규칙의 창설이라는 명확한 인식도 찾기 어려웠다. 비엔나회의에서 이 문제는 제기되지도 해결되지도 않은 것이다. 이는 비엔나 해석규칙의 채택 자체가 이론적 쟁점들의 전면적인 논리적 해소가 아니라 실질적으로 활용가능한 실용적 선택의 결과라는 점과도 일맥상통한다. 조약해석을 둘러싼 여러 문제와 가설들이 특정한 과학적 방식의 적용을 통한 논리적 판단을 통해 해결된 것이 아니라, 다수의 입법적 조약 사안들이 그러하듯 다소 추상적인 논변에 근거한 논의를 거쳐 다수결로 결정된 것이다.

5. 조약해석 학파들의 타협과 융합으로서의 비엔나 규칙

상기 과정을 거쳐 탄생한 비엔나 조약해석 규칙의 국제관습법적 성격 등을 포함한 현재적 지위에 대한 논의로 나아가기 전에 반드시 짚어보아야 할 비엔나 규칙의 중요한 내재적 특성이 있다. 이는 비엔나 규칙이 전통적인 조약해석 학파들의 상이한 견해와 관점을 타협 또는 융합해낸 결과물이라는 점이다. 학파간 차이는 강조점의 차이일뿐 절대적인 배타성을 갖지는 않는다는 인식이 지배적이기는 하나,375) 그럼에도 불구하고 조약해석 학파의 대립이라는 관념은 직관적인 수용성 및 그 학술적 가치 등으로 인해 조약해석 규칙 담론 안에서 상당기간 존속되어왔다. 비엔나 규칙의 형성은 이러한 학설간의 실제적 또는 가상적 대립을 적어도 조약해석분쟁의 실질적 해결 또는 사법적 해결이라는 관점에서는 종료시키는 계기를 제공하였다. 이제 텍스트중심주의와 의도중심주의 등의 대립은 실무상 큰 의미를 갖기 어렵게 된 것이다.376)

앞서 언급하였듯이 ILC 보고서는 텍스트의 중요성이 약화되는 경향에 대한 우려를 명시적으로 제기하고 ILC의 성문화 작업이 텍스트의 역할에 대한 명확한 입장을 견지해야할 필요성을 역설하였다.377) ILC의 원천이 되었던 IDI 결의 등도 텍스트주의적 접근법에 기반하고 있었다.378) 이로 인

---

375) 예를 들어, Sinclair는 서로 다른 학파간의 차이가 사실은 서로 다른 차원(level)의 논증이라는 점으로 설명한다. 즉, 해석주체가 참고해야할 요소 또는 자료가 무엇인지를 규정하는 논증과 그러한 요소 또는 자료 간의 상대적 가치와 비중에 대한 인식 차이라는 것이다. Sinclair, *supra* note 29, pp. 116-117.

376) Mark Villiger, "The Rules on Interpretation: Misgivings, Misunderstandings, Miscarriage? The 'Crucible' Intended by the International Law Commission", in Enzo Cannizzaro (ed), *The Law of Treaties: Beyond the Vienna Convention* (Oxford University Press, 2011), p. 122.

377) Waldock 제3차 보고서, p. 54.

378) *Supra* note 251.

해 비엔나 규칙 역시 텍스트주의의 관철로 이해될 여지도 없지 않다. 그러
나 비엔나 조약법협약의 많은 조항들이 그러하듯 비엔나 해석규칙은 서로
다른 입장 간 타협의 결과다.379) 특정 학파의 선택 또는 배제가 아니라 모
든 학파들의 핵심을 하나의 규칙 체제로 융화 및 통합한 결과물로 볼 수
있는 것이다.

텍스트 중심주의에서 출발하는 듯했던 Waldock의 초안이 이러한 융화
및 통합으로 귀결하게 된 이유 중 하나로 각 핵심 요소들의 작동이 실제로
는 서로 상충하지 않고 일치된 해석결과를 도출해낸다는 내재적 가정을 들
수 있다. 편의상 이를 '동일성 추정'이라고 부르고자 한다. 각 학파의 논리
와 입장을 핵심단어로 표현하자면 각각 통상적 의미, 목적, 의도라고 할 수
있다. 제31조는 통상의미와 목적을 일반규칙에 함께 포함시킴으로써 통상
적 의미와 목적이 상충하지 않는다는 전제를 반영하고 있다. 만일 목적과
통상적 의미가 상충하는 상황을 가정한다면 그 사이에 우선순위를 정해야
할 필요가 발생한다. 그러나 ILC는 이러한 제31조의 요소들이 상호 위계질
서가 없는 하나의 통합된 체제를 구성한다는 점을 명확히 하였다.380) 비엔
나 일반규칙은 통상적 의미, 목적, 문맥, 후속 관행, 후속 합의를 일반규칙
에 동등하게 포함시킴으로써 이러한 개별 요소들이 각자 도출해내는 해석
결과가 모두 동일한 방향이라는 묵시적 전제를 반영하고 있는 것이다. 후
술하는바와 같이 ICJ의 유형화된 비엔나 규칙 적용은 이러한 전제의 현실
적 증명이 된다.381)

나아가, 비엔나 규칙 체제의 기본적 전제로서 '통상적 의미'와 '의도' 간
동일성의 추정이 제시되었음을 주목할 필요가 있다. Waldock은 "텍스트는

---

379) Anthony Aust, *Modern Treaty Law and Practice* (Cambridge University Press, 2013),
    p. 206.
380) ILC Report (1966), p. 219.
381) 제3장 제2절 2.다 참조.

당사자 의도의 진정한 표현으로 추정되어야 한다'라고 선언하였다.[382] 통상적으로 Waldock의 이 서술은 텍스트 중심주의의 표명으로 이해되고 있다. 그러나 이는 '이제 해석의 대상이나 목적으로서 당사자의 의도는 기각 또는 망각되어야 한다'라든가 '텍스트가 의도에 우선해야한다'라는 식의 명백한 텍스트 우위론 선언과는 확연히 다르다는 점을 외면하기 어렵다. 결국 텍스트와 의도를 등치시킴으로써 의도의 존재를 타협적으로 수용한 것으로 해석해 볼 수 있다. 즉, 이러한 동일성 추정을 통해 "의도"라는 단어를 사용하지 않았음에도 의도주의의 핵심을 기각하지 않고, 동시에 텍스트 검토를 해석의 우선적 작업이자 출발점으로 자리매김시킬 수 있게 된 것이다.[383] 조약해석규칙 담론에서 "의도"라는 개념에 가장 직접적으로 연결된 것은 제32조에 명기된 준비문서라고 할 수 있다.[384] 조약해석의 출발점이자 중심은 텍스트임에도 불구하고, 종국적인 해석의 결과는 진정한 의도에의 도달을 목표로 하는 전통적인 의도주의와 양립불가능하지 않다는

---

382) Waldock 제3차 보고서, p. 56.

383) 원래 Waldock이 제출한 첫 번째 초안의 2항에는 당사자의 "의도"를 보여주는 증거 또는 징표로서 준비문서 등이 명기되었다. 그러나 최종 초안에서는 의도라는 단어 자체가 사라진다. Gardiner는 비엔나 규칙의 근간을 구성하는 세 학파의 상호 관계에 대해 "(1)문언(주의) + (2)목적(주의) = (3)의도(주의)"라는 공식을 제시하며 이것이 ILC의 묵시적인 입장이라고 설명하였다. Gardiner, *supra* note 6, p. 9. 이는 여기서 제시되는 '동일성' 추정과는 다소 다른 이해를 보여준다. Gardiner의 공식보다는 동일성 추정(문언=목적=의도)이 Waldock의 명제와 ILC의 설명 등에 더 가깝다고 본다.

384) Elihu Lauchterpacht, "The Development of the Law of International Organization by the Decisions of International Tribunals", *Collected Courses of the Hague Academy of International Law*, Vol. 152 (1976-IV), p. 439; Gardiner, *supra* note 6, p. 373; Julian Mortenson, "The Travaux of Travaux: Is the Vienna Convention Hostile to Drafting History?", *American Journal of International Law*, Vol. 107 (2013), p. 788. 그러나 준비문서와 "의도"를 별개로 보는 견해도 없지 않았다. 20세기 초 서구의 일부 학자들은 준비문서의 사용이 당사자 "의도"의 발견을 어렵게 만든다는 이유로 그것에 반대하기도 하였다. Eirik Bjorge, *The Evolutionary Interpretation of Treaties* (Oxford University Press, 2014), p. 84.

통합과 융합의 논리구조가 이러한 동일성 추정에 의해 가능해진다. 전통적인 해석학파 간의 대립을 종결시켰다는 관념은 실제 그러한 학파의 핵심 강령들을 유연한 지침의 체계 속에서 타협적으로 존속시켜낸 경과와 결과를 표현하는 것에 다름 아니다. 특히, ILC 특별보고자 Waldock이 논의의 출발점에서 암시한 동일성 추정이 효과적인 학설 융합에 기여하였다.[385] 이것은 비엔나 규칙 초안의 목표가 학설적 대립을 해결하기 위한 것이 아니라는 ILC의 실용주의적 선언에 조약법 성문화 작업의 성공을 기대하는 국가들의 수용적 태도가 반응함으로써 가능한 결과였다.[386]

요약하자면, 조약의 목적에 대해 우선적으로 언급하지 않았던 IDI 결의와 달리 ILC는 조약의 '목적'을 일반규칙 초안에 포함시키고, 초안 해설 부분에서 '텍스트'가 '의도'의 진정한 반영으로 추정으로 되어야 한다는 핵심 명제[387]를 제시함으로써 목적-텍스트-의도라는 3개 조약해석 학파의 핵심 요소들을 통합적으로 규칙화하였다. 동일성 추정에 입각한 학설대립 문제의 해소는 비엔나 규칙의 유연성에 결정적으로 기여한다. 특정 학파를 배제하지 않고 학파간 학설 논쟁을 원초적으로 제거하는 한편, 모든 입장의 핵심을 규범 체제 내에 적절히 배치함으로써 조약의 종류나 특성에 상관없이 유연하고 탄력있는 규칙 적용이 가능해졌다고 볼 수 있다.[388]

---

385) 텍스트와 당사자 의도의 동일성 추정을 상이한 학설 간 융합과 타협의 근거로 보는 관점에 대해, 이것이 여전히 텍스트 중심주의를 표현한 명제라는 비판론이 가능할 것이다. 그러나 텍스트 중심주의로 출발한 이 언명이 ILC 논의의 전체적 맥락과 흐름 속에서 사실상 최종적인 통합의 결과를 설명하는 역할로 전이된 것이라고 볼 수 있다.

386) 비엔나조약법회의 회의요록 (1968), p. 184 참조.

387) Waldock 제3차 보고서, p. 56.

388) 비엔나 규칙의 가장 대표적인 특성으로 그 실용적인 유연성이 제시되어왔다. Waldock 제6차 보고서, pp. 99-100; Gardiner, *supra* note 6, p. 347, p. 377; Mortensen, *supra* note 384, p. 819.

제2절 비엔나 조약해석 규칙의 현재적 적용 양상

1. 비엔나 규칙과 ICJ 판례의 흐름

비엔나 조약법협약은 비엔나 조약법 회의 종료 약 11년 후인 1980년에 발효하였다. 이에 따라 비엔나 조약법협약 당사국간 조약의 해석에는 이 협약 제31조와 제32조를 핵심으로 하는 비엔나 규칙 체제가 적용된다. 나아가 오늘날 비엔나 규칙은 국제관습법의 지위를 갖는 것으로 알려져 있으며 협약의 당사국 여부와 상관없이 국가간 모든 조약 해석에는 이 규칙이 적용될 수 있는 것으로 이해된다.[389] 비엔나 규칙의 국제관습법적 지위를 공식 확인한 것은 ICJ라고 할 수 있다.[390]

비엔나 규칙이 이렇게 학술담론이나 국제판례상 현대적 국제관습법의 지위를 확인받는 과정에서 큰 저항이나 비판은 없었던 것으로 보인다. 현대 국제법 담론상 비엔나 규칙의 국제관습법적 지위 인정 및 자연스러운 적용이 널리 자리잡은 결과, 제31조와 제32조는 적어도 20세기 초 또는 그 이전부터 오랜 시간동안 국제법의 일부로 인정되어오던 규칙들을 보다 정돈된 형태로 반영하고 이후 ICJ 및 여타 국제재판기구들의 꾸준한 적용을 통해 보다 확고한 국제관습법으로 정립되었다고 인식하기 쉽다. 즉, PCIJ 판례와 ICJ 판례가 자연스러운 연속성을 갖고 발전해왔으며 이를 ILC가 비엔나 조약법협약의 해석규칙으로 성문화하였고 이것이 이후 ICJ의 판례에 의해 국제관습법의 반영으로 확인되었다는 비엔나 규칙의 선형적 발전에 관한 서사(narrative)가 형성된다. 편의상 이것을 비엔나 규칙의 '통상적 서사'라고 부르도록 한다. 통상적 서사는 주로 PCIJ 판례와 ICJ의 초기 판례

---

389) Sinclair, *supra* note 29, p. 153; Aust, *supra* note 379, pp. 12-13.
390) 후술(제3장 제2절 2.나) 참조.

및 그러한 판례를 기반으로 하는 ILC 작업, 그리고 이를 수용하는 ICJ의 보다 현대적인 판례를 통해 식별되거나 재구성된다. 현대 조약해석론에 대한 대부분의 학술담론 역시 비엔나 규칙의 일반적 적용가능성과 국제관습법적 성격의 근거를 별도의 규범론적 분석이 아닌 ICJ의 판시에서 자연스럽게 찾고 있다. ICJ 판시의 원용 이외에 비엔나 규칙의 국제관습법화 과정을 별도로 논증한 연구는 거의 찾기 어렵다.[391] 이는 오늘날 비엔나 규칙의 지위에 대한 일반적 인식이나 관념이 거의 절대적으로 ICJ 판례법을 중심으로 형성되었음을 보여주는 한 단면이라고 할 수 있다.

이하에서 살펴보듯 실제 ICJ의 판례 흐름을 살펴보면 1990년대 초반에 이르기까지 비엔나 규칙을 적극 원용한 사례를 찾기 어렵다.[392] 조약해석을 위해 '국제관습법으로서의 비엔나 규칙'을 원용하는 태도는 1990년대 이후에서야 본격화되기 시작한다.[393] ICJ의 비엔나 규칙 수용과정에 대한 대표적인 설명은 1970-80년의 초기 침묵, 이에 이어지는 1980-90년 기간의 주저함, 그리고 이후의 최종적인 수용 등 3단계 시기 구분이라고 할 수 있다.[394] 이러한 다소 기계적 시기 구분은 큰 틀에서 나름의 타당성을 갖는

---

391) Gardiner, *supra* note 6, p. 10 참조.
392) Martin Dawidowicz, "The Effect of the Passage of Time on the Interpretation of Treaties: Some Reflections on Costa Rica v. Nicaragua", Leiden Journal of International Law, Vol. 24 (2011), p. 215.
393) Hugh Thirlway, *The Law and Procedure of the International Court of Justice - Fifty Years of Jurisprudence*, Vol. II (Oxford University Press, 2013), p. 1233.
394) Torres Bernárdez는 ICJ가 비엔나 조약해석 규칙을 최종적으로 수용하기까지 비엔나 조약법협약의 다른 규칙들에 비해 훨씬 더 오랫동안 주저함과 불균등의 기간 거쳤다고 지적하면서 이를 3개의 시기로 나누어 설명하였다. Torres Bernárdez, "Interpretation of Treaties by the International Court of Justice following the Adoption of the 1969 Vienna Convention on the Law of Treaties", in Gehard Hafner et al (eds), *Liber Amicorum*: Professor Iganz Seidl-Hohenveldern in Honour of his 80th Birthday (Springer, 1998), pp. 723-735 (Gardiner, *supra* note 6, pp. 14-16에서 재인용). 여기서 최종적인 수용 단계는 기니비사우와 세네갈 간의 '1989년 중재

다. 그러나 ICJ 판례법의 흐름을 보다 정교하게 살펴보면 미시적으로는 다소 다른 그림이 그려질 수도 있음을 알 수 있다. 여기서는 비엔나 규칙의 명시적 원용 여부와 국제관습법적 지위의 명시적이고 온전한 확인 등을 기준으로 하여, 초기의 외면과 소극적 태도에 이어 1990년대 이후의 다소 혼란스러우면서도 점진적인 수용, 그리고 21세기 이후 유형화된 비엔나 규칙 적용의 안착과 통상적 서사의 확립으로 이어지는 변화를 살펴본다. 이 과정에서 준비문서의 원용 양태에 대해서도 검토해보도록 한다.

2. ICJ의 비엔나 규칙 수용

가. 비엔나 규칙에 대한 초기의 소극적 태도

개별의견과 반대의견까지 포함한 ICJ의 역사를 통틀어 비엔나 조약법협약의 해석 규칙이 거론된 첫 사례는 1970년 바르셀로나트랙션 사건(second phase)의 Ammoun 재판관 개별의견이다.[395] Ammoun 재판관은 외교적 보호권과 주주의 권리 문제에 대한 국제법적 근거의 하나로서 유엔헌장 텍스트를 제시하면서 이는 비엔나 조약법협약 제31조의 문제라고 짧게 언급한다.[396] 그러나 정작 이 사건의 당사국들은 제출서면이나 구두변론에서 비엔나 조약법협약을 전혀 언급하지 않았으며, 다수의견 역시 조약해석의 쟁점을 다루지 않았다.[397]

판정' 사건(1991년) 및 영토·섬·해양경계 분쟁사건(1992년)에서 시작하는 것으로 평가된다.

395) Barcelona Traction, Light and Power Company, Limited, Judgment, I.C.J. Reports 1970, p. 3, p. 303 (Separate Opinion of Judge Ammoun); Thirlway, *supra* note 393, p. 1234.

396) 여기서 Ammoun 재판관이 강조한 것은 조약의 '목적' 및 '후속 관행'이었다.

1971년 나미비아 사건의 경우, ICJ가 다루어야 했던 쟁점 중 하나는 과거 국제연맹 시절 형성된 위임통치령(Mandate) 및 그 위임통치령의 근거가 되는 국제연맹 규약 제22조의 해석 문제였다.398) 그러나 ICJ는 비엔나 조약법협약의 해석 규칙에 대해서는 전혀 언급하지 않은 채 조약해석의 원칙 몇 가지를 자명한 공리처럼 제시하고 있다. 우선, 위임통치령 해석과 관련하여 명백한(explicit) 규정에 대해 그 문서의 목적에 반하는 해석을 부과함으로써 명확한 의미(clear meaning)를 무시할 수는 없다고 판시한다.399) 이는 남아공측의 해석론을 비판하는 과정에서 나온 것으로서, '목적에 반하는 해석'을 '명확한 (텍스트의) 의미'와 대비시켰다는 점이 눈에 띈다. 통상 의미/텍스트 중심주의와 함께 목적주의적 입장도 반영하는 언설로 볼 수 있다. 사실 이 권고적 의견 사건이 종종 거론되는 이유 중 하나는 이른바 "발전적/진화적(evolutionary)" 해석의 기법을 명시적으로 제시한 대표적 사건으로 평가되기 때문이다.400) ICJ는 "체결 당시 당사자들의 의도에 따라 문서를 해석할 우선적 필요성"을 거론하는 한편, 국제연맹 규약과 위임통치령 해석이 특히 유엔헌장과 국제관습법 등을 통한 추후 국제법의 발전에 의해 영향을 받지 않을 수 없다면서 국제문서는 "해석 당시에 지배적인 전체 법체제의 틀 속에서" 해석 및 적용되어야 한다고 선언한다.401) 여기서 ICJ는 이러한 선언을 뒷받침하는 부가적 설명이나 논리, 또는 선례를 제시하지 않고 있으나, '체결 당시의 의도'와 '해석 당시의 지배적인 법체제' 간의 상호관계는 진화적 해석 담론에 있어서 기본적 쟁점이 될 수 있다.402)

---

397) *Supra* note 395.

398) Legal Consequences for States of the Continued Presence of South Africa in Namibia (South West Africa) notwithstanding Security Council Resolution 276 (1970), Advisory Opinion, I.C.J. Reports 1971, p. 16.

399) *Ibid.*, p. 30.

400) Bjorge, *supra* note 384, p. 130.

401) *Supra* note 298, p. 31.

기본적으로 이러한 판시는 비엔나 규칙의 명문에서 직접 도출하기 어려운 내용이다.[403] 따라서 그러한 판시는 비엔나 해석 규칙이 발전적 해석론을 어떻게 설명할 수 있는지에 대해 검토하는 기회가 될 수 있었으나, ICJ는 이러한 해석론을 논의하는 과정에서 비엔나 조약법협약을 전혀 거론하지 않았다.[404]

실제 이 사건 서면의견과 구두 심리과정에서 협약 제31조를 명시적으로 원용한 주장이 다수 제기되었다는 점에 비추어보아도 다수의견의 태도는 의아스러운 점이 있다. 이 사건의 실질적 이해당사자였던 남아공은 서면의 견을 통해 비엔나 회의를 포함한 해석규칙의 성문화 과정을 상세히 논의하면서 텍스트 중심주의가 전폭적인 지지를 받은 국제법상 해석원칙임을 지적하고 특히 목적론적 해석이 전면 기각되었다는 주장을 전개하였다.[405] 구두 심리 과정에서는 비엔나 해석규칙이 훨씬 더 활발하게 논의되었다. 핀란드측 Castrén 헬싱키대 교수는 비엔나 조약법협약 제31조와 제32조의 내용과 구조를 설명하면서 남아공측이 전개한 해석론이 지나치게 문언 자

---

402) 이 사건(나미비아 사건)과 South West Africa 사건(1966)은 동일한 나미비아 문제를 다룬 사건인데, 후자의 사건에서는 위임통치의 의미 해석을 위해 체결 당대의 법적 상황에 근거한 해석(이른바 "동시대적(contemporaneous)" 해석)에 의존한 반면, 전자의 사건에서는 이른바 "진화적" 해석에 근거하였다는 비판이 제기돼바 있다. Dawidowicz, *supra* note 392, p. 214. 나미비아 사건에서 제시된 진화적 해석론은 위임통치에 대한 현대적인 이해와 평가를 소급적용한 것에 불과하다는 비판도 제기되었다. 이에 대해 Bjorge는 진화적 해석론 자체가 당사자 의도주의와 일맥상통하는 것이라는 주장을 제기한다. 즉, ICJ가 이 사건에서 '체결 당시의 당사자 의도'에 따른 해석 필요성을 먼저 언급한 이유는 전통적 의도주의에 대한 립서비스 차원이 아니라, 상황변화와 법 발전에 따른 진화론적 해석의 가능성 자체가 당사자의 의도에 함축되어있음을 보여주기 위한 것이라고 해석하는 것이다. Bjorge, *supra* note 384, p. 130.
403) 참고로, Waldock의 초안에는 시제법 관련 내용이 있었으나 ILC 논의 결과 최종안에서 배제되었다. Bjorge, *supra* note 384, p. 143.
404) 이는 같은 권고적 의견에서 이 협약 제60조를 조약 종료 문제에 대한 "기존 관습법의 성문화"라고 평가하며 직접 원용한 태도와 대비된다. *Supra* note 398, p. 47.
405) *Supra* note 398, Written Statement of South Africa, pp. 381-385.

체에만 편중되어있다는 점을 비판하였다.406) 아프리카단결기구(OAU)측을
대표하여 나선 Elias는 이 사건 관련 안보리의 1970년 결의(제276호)가 상
임이사국의 기권에도 불구하고 안보리 투표(거부권 문제)에 대해 규정한
헌장 제27조 3항에 위배되지 않음을 주장하면서, 안보리에서 기권(불출석)
을 반대 표결로 보지 않는 관행을 비엔나 조약법협약 제31조상 후속 관행
으로 설명하였다.407) 미국 국무부의 Stevenson 역시 안보리의 투표관행을
설명하면서 제31조를 원용하였다.408) 네덜란드 외교부의 Riphagen은 제31
조가 텍스트 중심주의와 함께 목적 및 국제법 원칙도 함께 중시하고 있음
을 강조하였다.409) 이에 반해, 남아공측은 재차 텍스트 중심 해석의 우위성
을 강조하기 위해 제31조의 취지와 ILC 보고서 내용 등을 상세하게 원용하
였다.410) 구두심리에 참가한 국가들은 비엔나 조약법협약이 비록 미발효
상태이기는 하나 당시 현행 국제법의 일부로 간주할 수 있다고 보아 이에
근거한 변론을 제기하였으나 결과적으로 ICJ는 외관상 이 주장들을 전혀
채택하지 않은 것이다.411)

　　1980년의 'WHO와 이집트간 1951년 협정 해석' 사건(권고적 의견)의 경
우, 서면 및 구두 심리과정에 참여한 일부 국가들은 쟁점이 되는 협정 조항
해석 문제를 심층 논의하면서 비엔나 조약법협약의 해석 규칙을 원용하였

---

406) *Supra* note 398, I.C.J. Pleadings, Legal Consequences for States of the Continued
　　Presence of South Africa in Namibia (South West Africa) notwithstanding Security
　　Council Resolution 276 (1970), Vol. II, p. 65.
407) 여기서 Elias는 제31조를 조약법 분야에 있어서 대다수의 국가들이 받아들인 최신
　　발전동향(latest development)을 보여준다고 설명한다. *Ibid.*, pp. 91-92.
408) *Ibid.*, pp. 498-499. Stevenson은 제31조를 "일반적으로 받아들여진 법(generally
　　accepted law)"에 해당한다고 표현한다.
409) *Ibid.*, p. 124.
410) *Ibid.*, pp. 196-200.
411) ICJ의 비엔나 조약법협약에 대한 침묵과 함께, 그 어떠한 국가도 비엔나 조약법협약
　　상 해석규칙을 명시적으로 "국제관습법"이라고 호명하지 않은 점도 특기할만하다.

다.412) 미국은 서면의견에서 비엔나 조약법협약 제31조를 원용하여 목적,
문맥 등의 해석 요소를 제시하였으며,413) 구두심리 과정에서 미 국무부 법
률자문관 Schwebel은 제31조를 거론하면서 이를 "일반국제법의 근본적 원
칙"의 반영이라고 평가하였다.414) 아울러, WHO의 법률국장은 조약해석에

---

412) 1978년 이집트-이스라엘간 캠프 데이비드 합의에 대한 반발로 다수 중동국가들과
이집트 사이에 정치적 불화가 발생한 가운데, 일부 국가들이 이집트 알렉산드리아
소재 WHO 지역사무소를 요르단으로 이전시키고자 하는 과정에서 발생한 사건이다.
Catherine M. Brölmann, "The Significance of the 1980 ICJ Advisory Opinion
"Interpretation of the Agreement of 25 March 1951 between the WHO and Egypt"",
Amsterdam Law School Legal Studies Research Paper; No. 2015-17, (Amsterdam
Center for International Law; No. 2015-08), p. 1. 핵심 쟁점은 WHO가 지역사무소를
본부소재지국인 이집트와의 협의나 합의없이 일방적으로 철수할 수 있는가라는 문
제였다. WHO가 ICJ에 의뢰한 질문은 '이집트-WHO 간 1951년 협정'의 일방 당사국
이 지역사무소 이전을 원하는 경우, 그 협정의 개정 및 폐기 조항(Section 37)이 적용
되는지 여부 등이었다. 이집트를 제외한 다수 중동국가들은 1951년 협정이 '본부협
정'이 아니고 그 협정의 개정 및 폐기조항은 부분개정("revise")의 경우에만 적용되
므로 WHO는 그 조항과 상관없이 지역사무소를 일방적으로 철수, 이전할 권한이 있
다는 입장이었다. 여기에는 1969년 비엔나 조약법협약 및 당시 ILC에서 작성해놓았
던 '국제기구를 당사국으로 하는 조약법협약 초안'의 조약 폐기 관련 조항(제56조)
에 따라 1951년 협정을 자유롭게 폐기할 수 있다는 논리도 포함된다. 반면, 이집트
와 미국 등은 1951년 협정이 본부협정임을 부인할 수 없으며 Section 37의 개정
("revise")이라는 용어에는 전면개정과 종료도 포함되므로 당연히 그 조항상 협상과
사전통지 등의 절차가 적용되어야 한다고 주장하였다. 이집트와 미국의 입장은
Section 37의 모델이 되는 스위스-ILO 본부협정의 준비문서에 의해서도 확인된다는
논리를 포함하고 있다. Interpretation of the Agreement of 25 March 1951 between
the WHO and Egypt, Advisory Opinion, I.C.J. Reports 1980, p. 73, pp. 89-92.

413) *Supra* note 412 (Advisory Opinion), Written Statement of the United States, pp.
190-191. 미국은 Section 37의 역사(history)를 보면 당사자들이 지역사무소 철수에
이 조항의 적용을 의도하였음을 확인할 수 있다고 주장하면서 사실상 준비문서와 교
섭역사를 제시하고 있으나, 비엔나 조약법협약 제32조를 원용하지는 않고 있다. pp.
199-201. 이집트는 비엔나 조약법협약 자체를 거론하지는 않고 있으나 1951년 협정
이 본부협정임을 주장하면서 협정 교섭내용을 담은 "준비문서(travaux préparatoires)"
를 원용하고 있다. pp. 161-162, 164.

414) *Supra* note 412 (Advisory Opinion), Oral Statements, Minutes of the Public Sittings,

대해 언급하면서 비엔나 조약법협약 초안에 대한 ILC 보고서 등을 상세 원
용하였다.415) 그러나 ICJ는 이 사건 자체를 일반국제법상 국제기구와 본부
소재지국 사이의 특정한 법적 관계라는 차원에서 접근한 결과 조약해석 문
제를 다루지 않게 되었다.416) 따라서 권고적 의견에는 비엔나 규칙에 대한
거론없이 양측의 상반되는 해석론만 개략적으로 소개될 뿐 이에 대한 ICJ
의 판단은 담겨있지 않다.417)

온두라스와 니카라과 간 국경·월경 무장행동 사건(1988년)은 ICJ 관할권
존재 여부에 대한 보고타 협약(Pact of Bogotá) 해석과 관련된다. 니카라과
는 보고타 협약 및 이에 따른 양국의 관할권 수락선언을 ICJ 관할권의 근
거로 제시한 반면, 온두라스는 그 협약이 관할권의 근거가 될 수 없다는 해
석론을 전개하였다.418) 재판부는 비엔나 조약법협약상 해석규칙이나 여타
조약해석의 일반론에 대한 서술 없이 온두라스측의 해석이 협약의 "실제
용어"에 부합하지 않는다고 지적하였으며, 이러한 재판부의 해석에 대한
추가적인 확인(further confirmation)이 "준비문서"에서 발견된다고 판시하였
다.419) 재판부는 이 협정의 성안 목표를 확인하는 데 있어서도 "준비문서"
를 원용하였다.420) 재판부는 비엔나 규칙을 거론하지 않은 반면, 구두심리

---

p. 256.

415) *Ibid.*, pp. 286-287.

416) ICJ는 WHO가 제출한 첫 번째 질문(Section 37의 적용 여부)은 진정한 법적 문제를
     왜곡시키고 있다면서 이 사건에서 ICJ가 답해야할 진정한 법적 문제는 WHO 지역사
     무소의 이전 추진의 조건과 양태에 대해 적용될 '법적 원칙과 규칙'의 식별이라고
     보았다. *Supra* note 412, I.C.J. Reports 1980, p. 88.

417) 일부 국가들의 주장을 약술하는 과정에서 '준비문서'라는 단어가 거론되고 있으나
     비엔나 해석규칙과의 연관성은 전혀 언급되지 않았다. *Ibid.*, pp. 91-92.

418) Border and Transborder Armed Actions (Nicaragua v. Honduras), Jurisdiction and
     Admissibility, Judgment, I.C.J. Reports 1988, p. 69, pp. 76-83.

419) *Ibid.*, pp. 84-86. 재판부는 협약 초안의 경우 모든 초안에 대한 기록이 완전한 것은
     아니므로 주의해야 하나 이 협약 성안 회의의 회의록(proceedings) 및 관련 위원회
     논의기록은 출간되어있다고 지적하면서 주로 그 회의록과 논의기록을 원용하였다.

과정에서는 변호인들에 의해 비엔나 조약법협약 제31조가 몇 차례 거론되었다.[421]

비엔나 조약법협약의 조약해석 규칙 조항이 ICJ 다수의견에 의해 직접 명시적으로 언급된 첫 사례는 1989년 Elettronica Sicula(ELSI) 사건이다.[422] 그러나 여기서도 재판부가 제31조나 제32조를 거론하며 조약해석 규칙을 심층 논의한 것이 아니라 이태리측 주장을 소개하는 과정에서 복수의 언어를 정본으로 하는 조약의 해석 문제를 다룬 제33조가 한번 언급되었을 뿐이다.[423] 그러나 실제 이태리는 서면(counter-memorial)에서 제33조뿐만 아니라 제31조 해석규칙에 대해서도 비교적 상세히 다루었다. 이태리는 미주인권재판소의 1983년 권고적 의견과 1985년 기니-기니비사우 간 해양경계 사건 중재판례 등을 원용하면서 비엔나 조약법협약에 담긴 조약해석 규칙들(rules)이 이 사건의 대상인 우호통상항해조약과 그 보충협정의 해석에 적용될 수 있는 원칙 또는 규칙을 제공하고 있다고 서술하였으며, 특히 비엔나 규칙이 준비문서 등에서 드러나는 당사국의 의도보다는 객관적인 텍스트를 중시하는 규칙이라고 평가하였다.[424] 구두변론에서는 양측이 비엔나 규칙의 국제관습법적 지위에 대해서는 거의 비슷한 입장을 제시하였다. 미국측 변론에 나선 전(前) 주이태리 미국대사 Gardner 교수는 제31조와 제32조가 기존 국제관습법을 성문화한 것이라고 평가하면서 양국의 국내적

---

420) *Ibid.*, p. 89.

421) *Ibid.*, I.C.J. Pleadings, Vol. II, pp. 27, 50, 183.

422) Elettronica Sicula S.P.A. (ELSI), Judgment, I.C.J. Reports 1989, p. 15.

423) *Ibid.*, pp. 70-71; Thirlway, *supra* note 393, p. 1234.

424) *Supra* note 422, Counter-memorial, pp. 30-31. 이태리가 원용한 판례들은 비엔나 규칙을 '국제관습법'이라고 규정하지는 않았다. 참고로, 이태리는 1974년에 비엔나협약을 비준하여 이미 당사국이었으나 미국의 경우 1970년에 서명만 하였을 뿐 이후 비준을 하지 않았다. 이런 이유로 인해 이태리는 비록 양국간 비엔나협약 자체가 적용되지는 않으나 비엔나 해석규칙이 국제법상 원칙 또는 규칙을 반영하고 있다고 설명한 것이다.

조약 비준 과정을 제32조의 보충적 해석수단으로 제시하였다.[425] 반면, 이
태리 외교부의 Ferrari Bravo는 제31조가 국제관습을 반영한다면서 준비문
서는 2차적 지위를 갖는다고 언급하였고,[426] Capotorti 로마대 교수는 비엔
나 해석 규칙 성문화 과정을 거론하면서 국제관습법상 비엔나 해석규칙이
이 사건에 적용될 수 있다고 밝혔다.[427]

　이 사건에서 비엔나 규칙을 보다 직접적으로 다룬 것은 Schwebel 재판관
의 반대의견이다.[428] 그는 이태리와 미국 모두 제31조가 국제관습법을 반
영하고 있음에 동의하고 있다고 확인하고 이어 제32조 조문을 인용하면서
흥미로운 논리를 제시한다. 즉, 이 사건에서는 양국의 조약해석 입장이 전
면 상충하고 있는 상황인데, 양측 주장을 나란히 대비해보면 일부 조항의
의미가 모호하거나 불명확하다는 점을 부인할 수 없다. 더욱이, 양국은 모
두 상대방의 해석이 불합리한 결과에 이를 것이라고 주장하고 있다. 따라
서 비엔나 조약법협약 제32조에 따라 이 사건에서는 준비문서와 체결당시
의 사정에 대한 검토가 반드시 필요하게 된다는 것이다.[429]

　비엔나 조약법협약 채택과 발효 이후 비엔나 규칙에 대한 ICJ의 이러한
장기간 침묵 자체가 모든 면에 있어서 이 규칙을 외면하거나 경시하는 태
도를 반영한다고 단언하기는 어렵다. 실제 1970-80년대의 계쟁사건이나 권
고적 의견 사건들을 일별해보면, 조약해석의 규칙이 본격 쟁점화된 사건이
많았다고 보기 어려운 측면이 있으며, 당사국이 조약해석의 규칙을 원용한
사례도 많지는 않았다.[430] 이 시기 ICJ 판례 중 ICJ가 비엔나협약을 의도적

---

425) *Supra* note 422, p. 95. I.C.J. Pleadings, Oral Arguments, Documents (Vol. III), p. 95.
426) *Ibid.*, pp. 148-149. 그는 "international custom"이라고 표현하였는데, 미국측 변호인
　　발언과 동일한 취지라는 그의 언급 등에 비추어 이는 국제관습법을 의미한 것이다.
427) *Ibid.*, pp. 214-215.
428) *Supra* note 422, p. 97 (Dissenting Opinion of Judge Schwebel).
429) *Ibid.*, pp. 97-100. Schwebel 재판관은 주로 우호통상항해조약과 보충협정의 국내적
　　비준 과정과 관련된 자료를 중점적으로 검토한다.

으로 배제했다는 가장 확실한 심증을 가질 수 있는 사례는 위에서 살펴본 1971년 나미비아 사건이라고 할 수 있을 것이다.[431]

나. 1990년대: 비엔나 규칙의 수용

ICJ에서 비엔나 규칙이 본격적으로 적용되기 시작한 것은 1990년대초부터였다. 이하에서는 ICJ가 비엔나 규칙을 국제관습법의 반영으로서 인정하고 수용하는 모습을 보인 1990년대의 주요 판례를 살펴보면서 비엔나 규칙이 국제법 담론에서 자리잡아가는 양상을 보다 미시적으로 검토해보도록 한다.

(1) '1989년 중재판정' 사건 (1991)

ICJ 다수의견이 비엔나 규칙을 명시적으로 그리고 실질적으로 원용한 첫 사례는 1991년의 기니비사우와 세네갈 간 '1989년 중재판정' 사건이다.[432] 이 사건에서 ICJ는 국가간 조약에 적용될 해석 규칙 또는 원칙들이 "비엔나 조약법협약 제31조와 제32조"에 반영되어있으며 이 조항들은 "여러 면

---

430) 예를 들어, 1975년 서부사하라 사건에서는 여러 조약들의 해석 문제가 검토되고 있으나 이는 조약의 의미 자체를 파악하기 위한 것이라기보다는 그 조약들이 서부사하라 지역 등에 있어서 모로코의 주권주장에 대한 국제적 승인을 구성하는가에 대한 문제에 초점이 맞춰져 있었다. Western Sahara, Advisory Opinion, I.C.J. Reports 1975, p. 12, pp. 49-57.

431) 1980년의 WHO-이집트 1951년 협정 사건의 경우, ICJ가 협정 조항의 용어("revise" 등) 해석 문제가 아닌 국제기구와 소재지국의 관계에 대한 일반국제법상 원칙에 대한 문제로 쟁점 자체를 변환(ICJ에 의하면 '진정한 법적 문제의 식별')하게된 결과 해석문제를 다루지 않게 되었는데, 이러한 쟁점전환 및 일반국제법상 원칙 자체의 타당성과는 별개로 이를 비엔나 조약법협약 자체의 의도적 배제라고 볼 수는 없을 것이다. 개별조항 해석 문제가 국제기구와 소재지국 간의 관계에 적용되는 협력 의무와 신의성실 원칙보다 더 우선한다거나 본 사안에 대한 더 올바른 법적 접근이라고 단언하기는 어렵기 때문이다. 이 사건의 신의성실 원칙에 대해서는 Brölmann, *supra* note 412, p. 4. 참조.

432) Thirlway, *supra* note 393, p. 1234.

에서 기존(현행) 국제관습법의 성문화로 간주될 수도 있을 것"이라고 서술한다.433)

이 사건의 배경은 다음과 같다. 기니비사우와 세네갈 간 1989년 해양경계획정 관련 중재판정(Award)의 법적 효력에 대해 기니비사우가 중재판정 선고 당일부터 이의를 제기하기 시작하면서 분쟁이 발생하였다. 기니비사우는 이 중재재판의 근거가 되는 양국간 1985년 중재합의의 핵심 조항(제2조)을 중재재판소가 제대로 따르지 않아 권한위반(excès de pouvoir)이 발생하였고 이로 인해 중재판정은 무효가 된다는 주장을 제기하였다.434) 기니비사우가 제시한 중재재판소의 권한위반 근거 중 하나는 바로 제2조에 명기된 두 번째 문제를 재판부가 다루지 않았다는 점이다. 즉, 중재재판소는 첫 번째 질문에 대해 1960년 협정이 양국간 법적 효력을 갖는다는 긍정적 결론을 내린 결과 두 번째 질문은 아예 검토하지도 않았는데 기니비사우측의 논리에 의하면 이는 제2조에 대한 잘못된 해석의 결과다.435)

---

433) 영어 원문은 "may in many respects be considered as a codification of existing customary international law"라고 되어있다. Arbitral Award of 31 July 1989, Judgment, I.C.J. Reports 1991, p. 53. p. 70.

434) *Ibid.*, p. 65. 원래 1960년에 프랑스와 포르투갈 사이에 해양경계획정 합의가 체결되어 프랑스 공동체(구 프랑스 식민지 아프리카 국가들의 연합체) 소속 세네갈과 포르투갈령 기니 지방간 해양경계를 규정하고 있었다. 세네갈은 이 협정에 따른 해양경계획정이 여전히 유효하다는 입장이었던 반면, 기니비사우는 이 합의가 무효이며 자국에 대항가능성(opposability)을 가질 수 없다는 입장이었다. 이에 따라 양국간 협상 결과 1985년 중재재판 회부 합의가 체결되었고, 이 1985년 중재합의 제2조는 중재재판부에 두 가지 문제를 판단하도록 하였다. 첫째, 1960년 프랑스와 포르투갈 간 1960년 합의가 세네갈과 기니비사우의 관계에서 법적 효력(force of law)를 갖는가? 둘째, 만일 첫 번째 질문에 대한 답변이 부정적인 경우("in the event of a negative answer"), 양국간 해양경계선은 무엇인가? *Ibid.*, pp. 57-58.

435) 기니비사우는 중재합의의 진정한 해석(true construction)에 의하면 중재재판소는 첫 번째 질문에 대한 답이 무엇이든 상관없이 두 번째 질문에 답해야 했으며, 또한 첫 번째 질문에 대한 중재재판소의 답변 사실 긍정 답변이 아니라 "부분적인 부정" 답변이었다고 주장한다. *Ibid.*, p. 68. 중재재판소는 1960년 합의가 영해와 대륙붕 등에

　제2조에 대한 중재재판소의 해석 자체를 다루는 것은 사실상 그 중재재판에 대한 항소심을 하는 것이나 다름없으므로 ICJ는 그에 대한 판단은 자제하였다. 다만 중재재판소가 중재합의에 의해 부여된 자신의 관할권을 초과하거나 불행사함으로써 '명백한 권한 위반'이 발생하였는지 여부만 확인할 뿐이라고 밝혔다. 여기서 ICJ는 그러한 명백한 권한 위반의 예시로서 중재합의 조항에 대해 중재재판소가 적절한 해석규칙(relevant rules of interpretation)을 적용하지 않은 경우를 제시한다.436) ICJ는 중재합의는 국가간 조약이므로 "조약해석을 규율하는 국제법의 일반규칙(general rules of international law)"에 의해 해석되어야 하며, 그러한 맥락에서 자연스럽고 통상적인 의미에 따른 해석을 재판소의 의무로 규정하고 그러한 해석이 모호하거나 불합리한 경우에만 다른 해석수단의 활용이 허용된다는 1950년 유엔가입에 대한 총회 권한 사건 권고적 의견을 인용한다.437) 그러나 이어 서남아프리카 사건(선결적 항변)을 원용하면서 자연스럽고 통상적 의미에 따른 해석이 "절대적 규칙"은 아니므로, 그러한 해석이 조약의 정신(spirit), 목적(purpose), 맥락(context)에 양립하지 않는 경우 그것에 의존할 수는 없다고 판시한다.438) ICJ가 비엔나 조약법협약 제31조와 제32조의 국제관습법적 지위에 대한 판시를 내리는 지점이 바로 여기다. 이 판시는 일견 매우 단순하고 명확해 보이나, 그 단순 명확성에도 불구하고 몇 가지 짚고 넘어갈 점이 있다.

　우선, ICJ가 조약해석론을 다루면서 명시적으로 비엔나 조약법협약 제31조와 제32조를 거론한 것은 분명 과거와는 다른 태도라고 할 수 있다. 그러나 맥락상 두 개의 ICJ 판례를 먼저 제시하고 비엔나 규칙은 단지 그 판례

대해서는 양국간 경계획정의 근거가 되나 1960년 당시에 존재하지 않던 배타적경제수역 등에 대해서는 그러하지 않다는 취지의 결론을 도출하였는데 기니비사우는 이를 "부분적 부정" 답변이라고 규정하는 것이다. *Ibid.*, pp. 72-73.

436) *Ibid.*, p. 69.
437) *Ibid.*
438) *Ibid.*, pp. 69-70.

의 원칙을 확인해주는 부차적 근거인 것처럼 다루었음을 알 수 있다. 이러한 ICJ의 접근은 비엔나 성문화 과정 자체가 해석규칙의 새로운 정립에 미친 영향을 무시하는 것이라는 비판이 제기되기도 하였다.[439] 비엔나 규칙의 의의를 ICJ 판례법의 추종과 확인에 불과한 것으로 치부하는 듯한 판시이기 때문이다. Gardiner가 지적하였듯이 이 판결에서 재판부는 기존 판례에 대한 제대로 된 설명을 전혀 제시하지 않은 채 이러한 중요한 판시를 한 것이다.[440] 또한, ICJ가 원용한 두 개의 판시는 비엔나 규칙의 구체 내용과 완전히 일치한다고 보기 어렵다. 무엇보다도 ICJ가 비엔나 규칙의 국제관습법적 지위에 대해 "간주될 수도 있을 것"이라고 표현하며 다소 모호한 입장을 취하고 있음이 드러난다. ICJ는 비엔나 규칙이 당시 국제관습법의 성문화였는지에 대해서도 단언하지 않았고 비엔나 조약법협약 채택 이후 약 20여년의 기간 동안 새로운 국제관습법으로 정립되었는지에 대해서도 판단하지 않았다. 단지 국제관습법의 성문화일 수 있다는 가능성만을 남겨둔 것이다.[441]

아울러, 이 사건에서 ICJ는 제32조를 직접 원용하지 않으면서도 준비문서에 대해 검토하고 있다. ICJ는 중재합의 제2조가 작성된 경위·정황 (circumstances)을 복기해 보는 것이 기니비사우의 주장을 평가하는데 "유용하다(useful)"라고 하면서 중재합의 교섭 과정에서 양국간 입장의 타협으로 제2조의 문안이 도출되었음을 보여준다.[442] 세네갈은 중재재판을 통해

---

439) Thirlway, *supra* note 393, p. 1234.
440) Gardiner, *supra* note 6, p. 15.
441) 참고로, 당시에도 세네갈은 비엔나 조약법협약 당사국이었으며 기니비사우는 지금도 여전히 비당사국이다. 유엔조약사이트(treaties.un.org) 참조. 따라서 비엔나 조약법협약을 직접 원용할 수는 없었다. 재판부는 비엔나협약 비당사국에 대한 조약해석 규칙 적용을 위해 그 협약의 국제관습법화 확인보다는 상대적으로 손쉬운 기존 판례 원용이라는 작업에 의존한 것으로 볼 수도 있다.
442) *Supra* note 433, pp. 71-72.

1960년 합의의 법적 구속력을 확인하게 될 것으로 기대하였고, 기니비사우는 1960년 합의가 무효로 판명되어 새로운 경계획정이 이루어질 것으로 기대하였기 때문에 그 타협안으로서 제2조의 두 가지 질문이 작성되었다. 즉, 중재재판소가 첫 번째 질문에 대해 '부분적 경계획정만을 인정하는 긍정답변'을 하는 가상적 상황에 대해서는 양국 간에 아무런 합의가 존재하지 않는다는 것이다. 여기서 ICJ는 준비문서도 제2조의 통상적 의미를 확인(confirm)한다고 선언하였다.[443] 그러나 이 판결에서 "준비문서"의 검토에 해당하는 부분은 교섭 경과 또는 교섭당시 당사국의 입장에 대한 개략적 서술에 불과하며 상세 교섭기록의 구체적인 분석과는 거리가 있다.[444] 한편, 다수의견 외에 일부 재판관들의 별도의견과 반대의견에서도 비엔나 조약해석 규칙을 적극 원용하고 있는 모습이 발견된다.[445]

ICJ가 이 사건에 이르러서 비엔나 조약해석 규칙을 비록 부차적 원천으

---

443) *Ibid.*, pp. 71-72.

444) 용어 사용에 있어서 체결에 이르는 "정황(사정)"과 "준비문서"를 명확히 구분하지 않고 있는 점도 눈에 띈다.

445) Oda 재판관은 중재합의 제2조의 문언이 너무나 명확하여 그 해석을 위해 비엔나 조약법협약을 참조할 필요성조차 없다는 의견을 제시하였다. 이는 해석의 필요가 없는 조약은 해석해서는 안된다는 Vattel의 명제를 연상시킨다. *Supra* note 433, p. 85 (Separate Opinion of Judge Oda). Ni 재판관 역시 제31조의 통상적 의미를 원용하여 중재합의를 해석하면서 다수의견에 동조하였다. *Supra* note 433, p. 101 (Separate Opinion of Judge Ni). 반면, Weeramantry 재판관은 반대의견에서 비엔나 해석규칙이 국제관습법임을 확인하는 한편, 조약해석의 세 가지 학파(당사국 의도 중심주의, 텍스트 중심주의, 목적 중심주의)를 나열하고 각각의 방법론에 따라 중재합의 제2조의 해석을 시도한 결과 어느 방법론을 따르든 중재재판소가 두 번째 질문에 답변을 했어야 했다고 결론내린다. *Supra* note 433, pp. 131-151 (Dissenting Opinion of Judge Weeramantry). 이와 같이 세 가지 서로 다른 해석학파별 접근법을 각각 원용한 것은 비엔나 규칙의 틀과는 거리가 먼 방식으로 보이며, 실제 학파별로 다른 결론이 나올 경우에 대한 해결책도 제시되지 않았다는 점에서 타당성에 다소 의문이 있다. Thierry 재판관은 비엔나협약 제31조에서 말하는 조약의 '목적'을 원용하여 반대의견을 전개하였다. *Supra* note 433, p. 184 (Dissenting Opinion of Judge Thierry).

로나마 명시적으로 적용한 배경으로는 비엔나 조약해석 담론에 대한 당사
국들의 서면 및 구두심리 논쟁도 빼놓을 수 없을 것이다. 당사국들이 ICJ
소송과정에서 조약해석 규칙에 대해 토론한 전례는 있었으나 세네갈과 기
니비사우는 과거 그 어느 사건 보다 치열한 논쟁을 전개하였다.

우선, 기니비사우는 첫 번째 서면에서부터 비엔나 조약법협약 제31조를
"국제관습법의 성문화"로 규정하고 제31조와 제32조의 방법론에 따라 중재
합의를 해석하겠다고 선언한다.446) 세네갈의 서면도 '조약해석 일반론'이라는
별도 목차를 통해 중재합의 해석에 제31조와 제32조가 적용됨을 확인하고, 특
히 텍스트 우선원칙이 준비문서 참조 가능성에 의해 상대화된다고 강조한
다. 세네갈은 준비문서의 검토에 상당한 비중을 부여했기 때문이다.447)

구두 변론과정에서 기니비사우측 변호인 Chemillier-Gendreau 교수는 세
네갈이 자신의 취약한 입장을 뒷받침하기 위해 준비문서에 의존하고 있다
고 비판하면서 텍스트 우선원칙이 상대화된다는 세네갈측의 주장은 비엔
나 조약법협약에 대한 무지와 착오를 드러낸다고 주장하였다.448) 세네갈측
변호인 Bowett 교수는 중재재판소의 명백한 권한위반 여부를 판단하기 위

---

446) *Supra* note 433, Memorial of the Government of Guinea-Bissau, 2 May 1990, pp.
51-52. 기니비사우의 서면은 문맥, 준비문서, 후속 관행을 혼합하여 조약해석론을 설
명하는 등 비엔나 규칙의 정교한 적용이라고 보기 어려운 측면들이 보인다.

447) *Supra* note 433, Counter-Memorial of Senegal, pp. 29-31. 세네갈측은 Vattel의 명제
(해석이 불필요한 조약은 해석해서는 안된다), *contra proferentem* 원칙(조약상 모호
한 조항은 그 문안을 제안한 당사자에게 불리한 방법으로 해석되어야 한다) 등도 원
용하고 있다. ICJ 다수의견은 *contra proferentem* 원칙을 채택하고 있지는 않으나,
중재합의 제2조의 타협안을 제시한 것이 기니비사우라고 언급함으로써 간접적으로
이를 수용하는 듯한 모습을 보였다.

448) *Supra* note 433, Oral proceedings 11 April 1991("3 April 1991"의 오기로 추정), pp.
49-50. 준비문서는 제31조의 적용 결과를 확인하는 것이므로 텍스트 중심 해석을 보
다 절대화하는 것이며 오히려 텍스트 중심 해석론이 준비문서를 상대화하는 것이라
는 주장이다. 그러나 제31조와 제32조의 관계를 상대화/절대화의 개념으로 설명하는
것은 엄밀한 논리라기보다는 비유적 표현에 더 가까운 것으로 보인다.

해서는 우선 준비문서의 검토를 통해 당사국들의 의도를 파악해야하며 그 다음 실제 채택된 조항들의 텍스트를 신중하게 검토해야 한다고 언급하였다.[449] Bowett 교수가 제31조와 제32조를 "간단한 명제로 요약"한다면서 언급한 내용은 당시 서구 학자들 사이에서 여전히 비엔나 조약해석 규칙의 작동방식과 체제 및 취지 등에 대한 정확한 이해가 널리 공유된 것은 아니었던 상황이었음을 추론하게 해준다.[450] 기니비사우측 Chemillier-Gendreau 교수는 세네갈측의 조약해석 규칙 요약을 정면 비판하였다.[451]

전체적으로, 이 사건 판결은 비엔나 해석 규칙을 ICJ 다수의견이 명시적으로 원용하고 국제관습법적 지위를 긍정 평가한 최초의 사례라는 점에서 의의가 있으나 여전히 비엔나 규칙의 중심성을 명확히 정립한다기보다는 기존 ICJ 판례와의 우연한 일치를 인지하는 듯한 태도를 취하고 있음을 확인할 수 있다. 특히, 기존 ICJ 판례에서 비엔나 해석 규칙의 국제관습법적 지위에 대한 아무런 판단이 이루어진 바 없음에도 불구하고 최소한의 검토도 없이 이를 비단정적 어조의 수준에서 느슨하게 수용한 태도는 오히려 당시 재판부가 비엔나 해석 규칙에 큰 비중을 부여하지 않고 있었다는 추측을 가능하게 한다. 비엔나 해석 규칙에 대한 상대적 경시는 재판부가 준비문서의 활용 등에 있어 제31조와 제32조의 흐름과 용어법을 그대로 따르

---

449) *Ibid.*, p. 28. Bowett의 주장은 조약체결 과정의 시간적 흐름을 따라가자는 것인데, 결국 텍스트보다 준비문서를 우선 살펴보는 것이라고 할 수 있다.

450) *Ibid.* Bowett 교수는 제31조와 제32조의 해석원칙들을 다음과 같이 요약한다. (i) 모든 해석규칙/원칙들의 목적은 당사자의 공동의도를 밝히는 것이다. (ii) 사용된 단어에는 명백하고 통상적인 의미가 부여되어야 한다. (iii) 해석은 신의성실 해야 하며, 여기서 *contra proferentem* 원칙이 도출된다. (iv) 진정한 모호성이나 불명확성이 있는 경우 준비문서를 통해 해결될 수 있다. 여러모로 이러한 정리는 제31조와 제32조의 간단한 요약이 아니라 조약해석 원칙들의 선택적, 자의적 나열이라고 할 수밖에 없다.

451) *Supra* note 433, Oral proceedings, p. 14. Chemillier-Gendreau 교수는 Bowett 교수가 문맥, 목적, 후속 관행을 은근슬쩍 누락하였으며 일반원칙과 보충적 수단을 자의적으로 뒤섞었다고 비판하는 한편, 제31조와 제32조 사이에는 정확한 위계질서가 존재한다고 주장하였다.

지 않았다는 점에서도 드러난다. 일부 반대의견 및 구두심리에서 표명된 조약해석 접근법과 함께 놓고 보면 이 사건은 여전히 비엔나 조약해석 규칙의 지위가 완전히 공고화되기 이전의 다소 혼란스러운 법적 상황의 한 단면을 보여주는 것으로 평가할 수 있다.

비엔나 해석규칙의 법적 지위 형성과정에 대한 평가와는 별개로, 중재재판소에 의한 조약해석 규칙의 적용 실패가 명백한 조약위반 또는 권한위반으로 이어질 가능성을 제기하고 있다는 점이 눈에 띈다. 재판부는 중재재판소가 중재합의에 규정된 권한 관련 조항에 조약해석 규칙을 적절히 적용하지 못하는 경우 그것은 권한의 심각한 위반을 초래할 수 있다고 명시하였다.452) 이는 특히 주권국가에게 구속력있는 결정을 부과할 수 있는 국제재판소의 권한 관련 문제이기 때문에 해석 규칙의 엄격한 준수가 필요하다는 인식이 반영된 것으로 볼 수 있다. 국제재판소에 의한 조약해석 규칙의 적절한 적용 실패 또는 위반이 어떠한 법적 결과를 야기할 수 있는가의 문제는 그간 충분히 논의되지 않은 주제라고 할 수 있다. 그러나 ILC의 비엔나 조약법협약 제31조 문안 논의 과정에서 이 조항의 의무성/강제성 표현에 대한 논의가 있었음을 상기해보면 과연 조약해석 규칙을 위반한 판결에 대해 어떠한 국제법적 평가를 내릴 수 있는지의 문제는 나름 유의미한 논의대상이 될 수 있을 것이다.453) 이는 조약해석의 주체 문제 또는 국제재판소의 조약해석상 자율 또는 재량 문제와도 연관성을 갖는다.454)

---

452) *Supra* note 433, p. 69.

453) 후술(제4장 제1절 2.다(2)) 참조.

454) 참고로, 1956년 IDI 결의 초안 제2조는 국제재판소에 회부된 분쟁의 경우 제1조(텍스트 중심주의 조항)를 "감안"하여 '기타 해석수단(준비문서, 후속 관행 등)'의 사용 여부 및 얼마나 사용할지 등은 그 국제재판소가 결정할 사항이라고 명기하였다. ILC 논의 과정에서는 (비록 거의 주목받지는 못했으나) 조약해석 규칙에서 해석의 주체에 대한 논의가 필요하다는 의견도 제시된바 있다. ILC Yearbook 1964 Vol. I, p. 280.

(2) 영토·섬·해양 경계분쟁 사건 (1992)

이어 1992년의 '영토·섬·해양 경계분쟁' 사건에서도 분쟁회부합의(특별협정)에 담긴 재판관할권 조항의 해석 문제가 제기되었다.[455] 이 사건은 엘살바도르와 온두라스 간의 국경선, 섬의 영유권, 해역 법적 지위 등에 대한 분쟁을 다루었는데(니카라과는 소송참가), 여러 쟁점들 중 해역의 법적 지위 문제에 대해 특별협정이 ICJ의 관할권을 어디까지 인정하는가를 두고 당사국들 간 근본적인 입장 차이가 있었다.[456] 특별합의 제2조 2항은 ICJ 소재판부에 세 나라의 연안으로 구성된 폰세카 만(Gulf of Fonseca) 주변해역의 "법적 상황을 결정"[457]해 줄 것을 요청하고 있다. 엘살바도르는 이 조항이 해양경계획정을 요청하는 것이 아니라는 입장인 반면, 온두라스는 폰세카 만 안팎의 해양경계획정선을 긋는 것이 소재판부에게 부여된 임무라고 주장하였다.[458]

이 조항 해석 문제에 있어서 ICJ 소재판부는 비엔나 조약법협약을 명시적으로 원용하고는 있으나 그 구체적 접근법은 다소 혼란스러운 측면이 있는 것으로 보인다. 소재판부의 논리 전개는 다음과 같다. 우선, 소재판부는 비엔나 조약법협약 제31조의 "통상적 의미"를 감안 시 텍스트 자체에서 해양경계획정을 허용 또는 요구한다는 의도를 확인하기 어렵다고 판단

---

455) Land, Island and Maritime Frontier Dispute (El Salvador/Honduras: Nicaragua intervening), Judgment, ICJ Reports 1992.

456) *Ibid.*, p. 582.

457) 특별합의는 '소송의 주제(Subject of the Litigation)'라는 제목의 제2조에서 소재판부(Chamber)에게 다음과 같은 두 가지 사항의 재판을 요구하고 있다: "1. To delimit the boundary line in the zones or sections… 2. To determine the legal situation of the islands and maritime spaces", *Ibid.*, p. 357.

458) 엘살바도르는 폰세카 만이 세 나라의 공동영유 대상(condominium)이므로 당연히 해양경계획정은 부적절하다고 보는 입장이었다. 반면, 온두라스는 폰세카 만 수역에는 공동이익이 존재하는 것일 뿐이므로 경계획정이 가능하고 필요하다는 입장이었다. *Ibid.*, p. 582.

한다.459) 온두라스는 특별합의의 문맥/맥락 및 목적에 비추어 경계획정이 없는 불완전한 절반의 해결이 당사자의 의도라고 볼 수 없다는 주장을 제기하는데, 이 지점에서 소재판부는 이 사건이 기니비사우와 세네갈 간의 '1989년 중재판정' 사건 판례와 매우 유사하다면서 당사국의 동의는 (목적, 취지 등이 아니라) 해당 재판회부합의문의 조항 문언에 의해 주어져있다는 판시를 인용한다.460) 아울러, 소재판부는 온두라스가 문맥/맥락이라고 지칭하는 것이 사실은 체결 당시의 사정이며 이는 텍스트의 의미가 모호 또는 불명확하거나 명백하게 부조리 또는 불합리한 해석이 나오는 경우에만 (only where) 참조하는 보충적 수단에 불과하다는 것이 일반적으로 인정된다(generally recognized)고 지적하였다.461)

이 사건의 서면 및 구두 절차에 있어서도 당사국들은 조약해석 규칙의 적용에 상당한 노력을 할애하였다.462) 특히 구두변론 과정에서 조약 해석

---

459) 이 판시에 이르는 과정에서 소재판부가 채택한 표현이나 접근법에도 다소 특기할 만한 측면이 있다. 소재판부가 해양경계획정의 관할권을 가지려면 특별합의에 그러한 취지가 "명시적 단어"로 또는 "진정한(true) 해석"으로 확인되어야 하므로 "조약 해석의 정상적 규칙(normal rules)"을 통해 그러한 경계획정이 특별합의의 내용에 포함된 것으로 읽히는지 확인해야 한다는 것이다. 여기서 "통상적 의미"에 따른 해석을 규정하고 있는 "비엔나 조약법협약 제31조의 기본적 규칙(basic rule)"을 감안하면 '법적 상황의 결정'을 '경계획정'과 동일시하기는 어렵다고 한다. 따라서 텍스트 자체에서는 소재판부에 경계획정을 요청한다는 공동의도를 추출할 수 없다는 것이다. *Ibid.*, pp. 582-583. 진정한 해석, 정상적 규칙, 기본적 규칙 등은 ICJ 판례에 통상적으로 등장하던 표현은 아니다. 아울러, '명시적 단어'와 '진정한 해석'을 별개의 공동의도 확인 방식인 것처럼 표현한 것은 결국 해석은 명시적 단어가 없는 경우에만 요구된다는 취지로 이해되는데 이는 결국 Vattel의 명제(해석이 필요없는 조약은 해석해서는 안된다)와 연결되는 사고방식으로 볼 수 있다.

460) *Ibid.*, p. 584.

461) *Ibid.* 판결문 원문은 괄호 안에 '비엔나 조약법협약 제32조를 참조하라'고 쓰고 있다. 이 판시는 일단 제32조를 정확하게 옮기지 못했다는 점에서 틀렸다. 제32조는 텍스트의 의미 확인의 경우에도 보충수단의 참조를 허용하고 있기 때문이다. 아울러 '일반적으로 인정된다'는 서술이 국제관습법을 의미하는지 아니면 법의 일반원칙 또는 국제법의 일반원칙을 의미하는지 불분명하다.

규칙의 내용에 대한 보다 상세한 논쟁이 전개되었다. 온두라스측의 De Visscher 교수는 비엔나 규칙상 후속 관행을 포함하는 맥락의 중요성을 상기하면서 제31조는 텍스트와 맥락/후속 관행 등을 결합한 하나의 단수 규칙(rule)으로 표기되었음을 강조한다.463) 이에 대해 엘살바도르측의 Weil 파리대 명예교수는 분쟁회부합의의 특징을 부각시키면서 비엔나 조약법협약에 담긴 관습법적 해석 규칙은 당사자들의 주관적 의도보다는 객관적 분석에 초점을 맞추고 있으며 그 해석 규칙의 핵심본질은 "텍스트, 모든 텍스트, 오직 텍스트"라는 문구로 정리될 수 있다고 단언한다.464) De Visscher 는 이에 반론을 제기하면서 텍스트 자체만을 중시하는 접근법은 비엔나 규칙과 일치하지 않으며, 비엔나 규칙은 오랜 법적 발전/진화의 결과로 만들어진 보다 유연하고 개방적인 해석규칙임을 강조하였다.465)

그러나 이러한 당사국간 열띤 논쟁에도 불구하고 전반적으로 이 사건 소재판부의 비엔나 규칙에 대한 접근법은 이전 기니비사우-세네갈 간 '1989년 중재판정' 사건 판결에 비해 오히려 후퇴한 듯한 모습을 보였다. 우선,

---

462) 온두라스의 답변서(Counter-memorial)은 국제관습법이 반영된 비엔나 조약법협약 제31조의 적용 필요성을 역설하고 있으며, 엘살바도르의 항변서(Reply)는 비엔나협약 제31조와 제32조에 의해 '성문화'된 국제법상 조약해석 규칙이 양국간합의문 해석에 적용됨을 확인한다. *Supra* note 455, Counter-memorial of Honduras (10 February 1989), p. 670; Reply of El Salvador (15 December 1989) p. 156 참조.

463) *Supra* note 455, Oral proceedings, Verbatim Record (15 April 1991), pp. 36-38.

464) Weil은 분쟁회부합의는 재판소 관할권의 근거이자 조약으로서 특히 텍스트로 표현된 당사자들의 명시적 동의가 (다른 어느 조약들보다 더) 중요하다는 점을 강조한다. 텍스트라는 객관적 요소와 주관적 표현이 상충할 가능성에 대해 Weil은 이미 이것이 ILC 등에서 논의되었으며 텍스트가 당사자 의도의 진정한 표현으로 간주되므로 양자간의 연결성이 확보되었다고 주장한다. *Supra* note 455, Oral proceedings, Verbatim Record (18 April 1991), pp. 36-37.

465) *Supra* note 455, Oral proceedings, Verbatim Record (22 April 1991), p. 11 이에 대해 Weil은 De Visscher가 자신의 주장을 잘못 이해하고 있다면서 자신은 텍스트와 다른 요소들 간에 모순이 없다는 점을 강조하였을 뿐이라고 언급하였다. *Supra* note 455, Oral proceedings, Verbatim Record (23 April 1991), p. 11.

비엔나 조약법협약 제31조와 제32조를 명기하기는 하였으나 일방 당사국
이 비엔나 조약법협약의 당사국이 아님에도 불구하고 그 조항들의 국제관
습법적 지위에 대해서는 전혀 관심을 두지 않았다.466) 다만, 후속 관행의
요소를 언급하면서 "(국제)관습법과 비엔나 조약법협약 모두 (후속 관행을
인정한다)"라고 하여 두 가지를 병렬적으로 나열한 판시가 있을 뿐이었
다.467) 아울러, 통상적이지 않은 표현으로 제31조의 규칙을 표현하거나 제
32조의 내용을 지칭하면서 '일반적으로 인정'되는 내용이라는 식의 다소
정교하지 않은 표현을 사용하는 데 그쳤다.468) 제31조의 요소들을 파편적
방식으로 검토하고 제32조의 적용 필요성에 대해서는 검토하지 않았다는
점에서 비엔나 규칙의 온전한 적용으로 보기에는 한계가 있다.

(3) 그린란드-Jan Mayen 사건 (1993)

1990년대의 대표적 해양경계획정 판례 중 하나인 그린란드-Jan Mayen
사건의 판결문에서도 조약해석 문제가 부차적 쟁점으로 다루어졌다.469) 재
판부는 과거 덴마크와 노르웨이가 체결한 1965년 대륙붕경계획정 협정상
중간선 원칙이 이 사건 해역에도 적용되는지 여부에 있어서 그 협정의 용
어, 문맥, 목적, 후속 관행 등의 요소에 비추어 양국의 상충하는 해석론을
검토하였다. 그러나 재판부는 조약을 문맥에 따라 목적에 비추어 해석해야
한다는 일반론을 제시하면서도 비엔나 조약법협약 등은 전혀 언급하지 않
았으며, 후속 관행과 같은 개념의 사용에 있어서도 다소 혼란스러운 모습
을 보였다.470)

---

466) 엘살바도르는 비엔나 조약법협약에 서명만 하였을 뿐 당사국이 아니며 온두라스만
1979년에 비준하였다. 유엔 조약사이트(treaties.un.org) 참조.
467) *Supra* note 455, p. 586.
468) *Supra* note 455, p. 584.
469) Maritime Delimitation in the Area between Greenland and Jan Mayen, Judgment,
I.C.J. Reports 1993, p. 38.

(4) 리비아-차드 간 영토분쟁 사건 (1994)

덴마크와 노르웨이 간 해양경계획정 사건 판결과 달리 리비아와 차드 간의 영토분쟁 사건은 조약해석 문제를 다루는 부분에서 비엔나 조약법협약 제31조를 직접적 출발점으로 삼았다.[471] 이 사건 쟁점 중 하나는 리비아와 프랑스 간에 체결된 1955년 조약이 현재 리비아와 차드 간의 (완전한) 국경선을 구성하느냐 여부였는데, ICJ는 "비엔나 조약법협약 제31조에 반영된 국제관습법"에 따라 해석이 이루어져야 한다면서 제31조의 내용을 요약 서술한다. 이어 조약해석에 있어서 텍스트의 통상적 의미를 강조하고 준비문서와 같은 보충수단에도 의존할 수 있음을 간략히 언급한다.[472] 이 판시

---

470) *Ibid.,* p. 50. 이 판결에 첨부된 선언, 개별의견, 반대의견에서도 비엔나 규칙은 다루어지지 않았다. 당사국들도 비엔나 규칙의 직접적인 원용에는 매우 소극적이었다. 덴마크는 답변서에서 조약은 국제법의 발전과정 및 해석 당시의 법체제에 따라 해석되어야 한다는 ICJ 판례(나미비아 사건) 등을 원용하며 이를 비엔나 조약법협약 제31조의 후속 관행 관련 조항과도 일맥상통하는 것이라고 밝혔으며, 노르웨이가 제31조의 해석규칙에 맞지 않는 해석론을 주장하고 있다고 비판하였다. 노르웨이는 비엔나 조약법협약 규칙을 전혀 원용하지 않았다. 덴마크는 1965년 협정의 후속 합의인 1979년 합의 체결시 노르웨이측이 자국 의회에 보낸 서한에 담긴 내용(1965년 합의가 특정 수역에 적용되지 않는다는 내용)을 "노르웨이측의 1979년 합의에 대한 준비문서"라고 표현하며 원용하였다. *Ibid.,* The Reply of the Government of the Kingdom of Denmark (31 January 1991), pp. 125-128. 국내 비준과정에서 의회에 제출된 문서를 준비문서라고 표현하는 것은 부정확하다. 그러나 어쨌든 재판부는 덴마크측 논증을 상당부분 받아들여 노르웨이 의회 앞 서한을 근거로 노르웨이측의 해석론을 배척하였다. *Supra* note 459, p. 51. 여기서 재판부는 이 서한을 다른 자료들과 함께 1965년 협약의 "후속 관행"이라고 표현하였다. 재판부는 비엔나 규칙을 원용하지도 않았고, 이 후속 관행이 제31조상 당사국간 합의를 구성하는 후속 관행인지 또는 그러한 기준을 충족하지 않는 후속 관행인지에 대해서도 논의하지 않았다. 후속 관행에 대한 ILC 논의는 Draft Conclusions on Subsequent Agreements and Subsequent Practice in relation to the Interpretation of Treaties, with Commentaries, commentary para. (4), Yearbook of the International Law Commission, 2018, Vol. II, Part Two (이하 "ILC Yearbook 2018, Vol. II") 참조.

471) Territorial Dispute (Libyan Arab Jamahiriya/Chad), Judgment, I.C.J. Reports 1994, p. 6, p. 21.

는 이후 ICJ 사건에서 자주 원용되면서 ICJ의 조약해석 입장을 핵심적으로 보여주는 대표적 언설로 자리 잡았다.[473] 여기서 이러한 언설의 근거로 어떠한 판례도 제시되지 않았다. 재판부는 1955년 조약의 내용 확인을 위해 준비문서를 살펴볼 필요는 없으나 "선례(its previous cases)에서와 마찬가지로" 준비문서를 통해 텍스트 해석을 확인하는 것이 가능하다면서 1955년 조약 협상 관련 회의록 등을 검토하기도 하였다.[474]

ICJ가 비엔나 조약법협약 제31조 일반규칙의 국제관습법 반영을 명시적으로 단언한 첫 사례는 리비아-차드 간의 영토분쟁 사건이라고 할 수 있다.[475] 그러나 제32조 자체는 내용상 일부 인정되고 활용되었을 뿐 그 조항 자체가 언급되지는 않았다는 점에서 여전히 비엔나 규칙의 전면적이고 직접적인 원용에는 다소 미치지 못한다.

한편, 앞서 다른 사건들과 마찬가지로 이 사건 서면 및 구두 심리 과정에서도 양측은 비엔나 조약법협약의 해석 규칙을 원용하며 각자의 해석론을 전개하였다.[476] 차드는 제31조와 제32조가 기존 국제관습법의 성문화라고 주장한 반면,[477] 리비아는 그러한 성격 규정없이 단지 그 조항들을 원용하여 해석론을 전개하거나 그 조항들이 "일반 국제법"의 성문화라는 주장을 제시하였다.[478]

---

472) *Ibid.*, pp. 21-22. 그러나 제32조 자체를 명시적으로 원용하지 않았다.
473) 후술(제3장 제2절 2.다(1)) 참조.
474) *Supra* note 471, pp. 27-28. 이 부분에서도 제32조를 원용하지는 않았으며 선례가 무엇인지도 별도로 밝히지 않았다. 아마도 가까운 선례로는 기니비사우와 세네갈 간 '1989년 중재판정' 사건(1991년), 니카라과와 온두라스 간 '국경·월경 무장행동' 사건(1988년) 등을 들 수 있을 것이다.
475) 그러나 이러한 확인의 근거나 논증은 제시되지 않았다.
476) *Supra* note 471, Counter-memorial of Lybian Arab Jamahiriya, p. 118; Reply of Lybian Arab Jamahiriya, pp. 16-28; Reply of Chad, pp. 125-129; Oral proceedings, Verbatim Record 93/15, pp. 31-32; Verbatim Record 93/21, p. 49; Verbatim Record 93/22, p. 26; Verbatim Record 93/24, p. 50; Verbatim Record 93/25, p. 51 등.
477) Counter-Memorial of Chad (27 March 1992), p. 482.

구두 변론 과정에서 리비아측 변론을 맡은 Ian Sinclair는 양측이 모두 제
31조를 원용하고 있음에도 불구하고 양측 해석결과가 서로 극명하게 대비
되므로 제32조의 보충수단에 의존하는 것이 유용하다는 점이 너무나 명확
하다고 주장하기도 하였다.[479]

(5) 카타르-바레인 사건 (1995)

카타르-바레인 간 일부 도서 영유권과 해양경계에 관한 이 사건 판결[480]
에서는 양국간 분쟁해결과 관련된 합의문의 해석이 다루어졌다. 이 사건은
카타르에 의한 일방 회부로 개시되었는데, 바레인은 선결적 항변을 통해
카타르가 근거하고 있는 분쟁해결 합의조항이 양국간 공동제소만 가능하
도록 규정한 것이라고 주장하였다. 특히, 해당 문구에서 제소 주체를 지칭
하는 아랍어(al-tarafan)에 대해 카타르는 이를 "당사국들"이라고 보아 당사
자 중 한쪽에게 ICJ 일방 회부의 권한이 있다고 주장하였고, 바레인은 이
를 "두 당사국"이라고 보아 양국간 특별합의에 의한 공동회부만이 가능
하다고 해석하였다.[481] ICJ는 리비아-차드 사건에서 언급한 해석규칙
을 원용해야 한다면서,[482] 이 단어를 포함하여 해당 협정(Doha Minutes)

---

478) Counter-Memorial of Lybian Arab Jamahiriya (27 March 1992), p. 88, p. 118. Reply
of Lybian Arab Jamahiriya (14 September 1992), p. 16.
479) Oral Proceedings, Verbatim Record (15 June 1993), p. 32. Sinclair의 이러한 언급은
사실상 조약해석상 분쟁이 발생하면 제32조의 참조가 필수적이라는 언명으로 보이
기도 한다. 후술(제4장 제3절 1.나(3)) 참조. 그는 리비아측 해석이 모호 또는 불명확
하거나 불합리하기 때문이 아니라 제31조에 근거한 해석을 '확인'하기 위한 것이라
고 첨언하기는 하였다.
480) Maritime Delimitation and Territorial Questions between Qatar and Bahrain,
Jurisdiction and Admissibility, Judgment, I.C.J. Reports 1995, p. 6.
481) Ibid., p. 16.
482) Ibid., p. 18. 이 사건에서 재판부는 비엔나 규칙의 별도 원용 없이 리비아-차드 사건
의 비엔나 규칙 서술부분과 거의 동일한 판시를 제시하고 있다.

의 여러 관련 문구를 통상적 의미와 목적·대상에 따라 해석하였으며, 그 결과 일방 당사국에 의한 일방적 제소가 허용된다는 결론을 도출하였다. 이어, ICJ는 해당 조항의 의미를 결정하기(determine) 위하여 보충수단을 활용할 필요는 없으나 리비아-차드 사건에서와 마찬가지로 텍스트 해석의 확인 차원에서 보충수단을 볼 수 있을 것이라고 하였다. 당사국들이 각자 준비문서를 상세히 원용하였다는 점도 준비문서 검토의 사유로 제시되었다.483) 그러나 준비문서의 검토를 통해 ICJ가 도출한 결론은 이 사건 준비문서가 결정적인 해석 증거가 되지 못한다는 것이었으며, ICJ는 "당사자 공동의도의 표현"으로서 합의문의 "실제 용어(actual terms)"에 의존할 수밖에 없다고 판시하였다.484)

(6) 오일 플랫폼 사건 (1996)

ICJ에 의한 비엔나 규칙의 거의 전면적이고 직접적인 원용은 1996년 이란-미국 간 오일 플랫폼 사건의 선결적 항변 판결485)에서 처음으로 등장한다. 이 사건의 배경은 1987년과 1988년에 발생한 미국 해군전함의 이란 오일 플랫폼 공격이었는데, 이란은 1955년 양국간 우호·경제관계·영사권 조약의 제1조, 제4조, 제10조 1항의 위반여부에 대한 분쟁이 존재하므로 ICJ가 관할권을 갖는다고 주장한 반면, 미국은 이란측이 주장하는 미국의 행위는 이 조약과 무관하다는 입장에 근거하여 선결적 항변을 제기하였다.486) 결국 이 조항들의 1차적인 해석을 통해 1955년 조약의 관련성(적용

---

483) Ibid., p. 21.
484) ICJ는 카타르측의 해석에 부합하는 초안이 기각되었다는 점을 상기하면서도 그러한 사실이 바레인측의 해석을 지지하는 이유가 되기는 어렵다고 하였으며, 더욱이 모든 초안이 아닌 일부 초안만이 제한적으로 제시되었다는 점도 지적하였다. Ibid., p. 20.
485) Oil Platforms (Islamic Republic of Iran v. United States of America), Preliminary Objection, Judgment, I.C.J. Reports 1996, p. 803.
486) Ibid., pp. 812-819. 제1조는 평화적 우호관계에 관한 일반적 원칙에 대한 내용, 제4조

가능성) 여부 자체를 우선 판단해야 했다. 이란과 미국은 모두 비엔나 조약
법협약 비당사국이므로 이 협약 자체가 직접 적용될 수 없었다. 따라서 재
판부는 "제31조에 표현된 국제관습법"으로서 제31조 1항의 내용을 언급하
면서 비엔나 규칙의 적용 가능성을 확인하고 이어 제32조의 핵심 내용도
직접 거론한다.487) 우선, 제1조의 해석에 있어서 재판부는 제1조의 문맥,
준비문서, 적용 관행을 순차적으로 검토한다.488) 특히, 준비문서와 관련하
여 만일 제1조가 이란측 주장과 같이 실체적인 내용을 담은 조항이라면 교
섭 과정 또는 국내적 비준 과정에서 당사자들이 그 중요성에 주목하였을
것이나 그러한 점을 보여주는 이란측 문서는 없었으며 미 국무부측의 교섭
관련 자료는 미국이 그 조항에 특별한 관심을 보여주지 않았다는 점을 드
러낸다고 평가한다.489) 제10조 1항에 대한 재판부의 해석은 조약 용어의
통상적 의미 파악의 전형적 사례를 보여준다고 할 수 있다. 쟁점은 "통상
(commerce)"의 의미 또는 범위였다. 이란은 이 용어가 해상 통상(maritime
commerce)뿐만 아니라 일반적 의미의 통상을 지칭하며 단순히 물품의 구
매와 판매 뿐만 아니라 그에 선행하는 모든 준비적 거래행위까지 포함하는
개념이라고 해석한 반면, 미국은 이 용어가 해상 통상을 의미하며 물품 자
체의 구매와 판매에만 국한된다고 주장하였다.490) 재판부는 여타 조항 및

는 국민과 회사의 형평대우와 차별금지 빛 계약상 권리 집행보장, 제10조 1항은 통
상과 항행의 자유(freedom of commerce and navigation)에 대한 것이었다.

487) *Ibid.*, p. 812. 그러나 여기서 제32조의 내용 중 보충수단의 참조 목적 또는 사유 부분
은 언급되지 않고 있다.

488) *Ibid.*, pp. 812-815. 그 결과 제1조는 양국간 일반적 관계를 총체적으로 규율하고자
하는 의도를 담은 조항이 아니라 1955년 조약의 다른 조항을 해석하는 데 참고가
될 수 있는 목적 조항이라는 결론을 도출한다.

489) *Ibid.*, pp. 814-815. 명확히 "준비문서"라고 지칭한 것은 아니며 양측이 제출한 문서
(documents)를 살펴본다는 언급에 그친다.

490) *Ibid.*, pp. 817-818. 이란의 해석을 채택할 경우 오일 플랫폼의 파괴로 인해 이란 최
대 수출상품인 석유의 생산과 거래 준비 등에 대한 침해 문제가 발생하여 1955년
조약 제10조 1항상 통상자유의 침해 여부에 대한 분쟁이 존재한다고 볼 수 있으며

선행 조약과의 관계 등을 통해 비교적 손쉽게 이 조약상 "통상"이 해상 통상에만 적용되는 것이 아니라 통상 일반을 의미한다고 결론 내린다.491) 이어 재판부는 용어의 "통상적 용법(ordinary usage)"과 "법적 어법(legal language)"을 구분하고, 각각 말 그대로 사전의 참조를 통한 사전적 정의를 확인한다.492) 사전적 정의 외에 재판부는 국제통상에 대한 유엔 자료, 1955년 조약 제목의 함의, 과거 PCIJ 사건의 무역(trade) 개념 정의 사례 등도 원용하고 있으나, 기본적으로 제10조 1항상 '통상'이라는 용어의 해석 결론은 사전적 정의를 중심적 근거로 하고 있다.493)

이 사건은 비엔나 조약법협약 제31조가 국제관습법의 표현임을 재차 확인하고 제32조의 내용도 명시적으로 원용한다는 점에서 리비아-차드 간 영토분쟁 사건의 판시보다 비엔나 규칙의 온전한 수용에 더 가까워진 모습을 보였다. 그러나 준비문서의 검토가 텍스트 중심 해석의 '확인'이나 모호하거나 불명확한 또는 부조리하거나 불합리한 결과에 따른 의미의 '결정'과 같은 이유 제시 없이 이루어졌으며, 사전적 정의가 다른 일반규칙 요소들과의 종합적인 검토 작업 없이 거의 유일한 실질적인 근거로 활용되기도 하였다는 점에서 비엔나 규칙의 구조와는 다소 차이가 있다. 아울러, 이 사건 역시

ICJ가 재판관할권을 갖게 되나, 미국의 해석을 채택할 경우 오일 플랫폼의 파괴는 석유의 생산에만 영향을 미치는 문제이므로 통상자유 침해 여부 판단과는 무관한 사건이 된다.

491) *Ibid.,* p. 817.

492) *Ibid.,* p. 818. 재판부가 여기서 각각 참조하는 사전은 옥스퍼드 영어 사전(Oxford English Dictionary)과 블랙 법률 사전(Black's Law Dictionary)이다. 이어 재판부는 '국제통상'의 의미도 확인하기 위해 국제법 용어사전(Dictionnaire de la terminologie du droit international)도 참조하고 있다.

493) *Ibid.,* pp. 818-819. 참고로, 이란이 제출한 서면(Memorial)은 블랙 법률 사전의 정의를 원용하고 있다. Memorial of the Islamic Republic of Iran, p. 89. 이 사건 선결적 항변 서면 및 구두 심리에서는 주로 이란측이 비엔나 조약법협약을 적극 원용하였다. Memorial of the Islamic Republic of Iran, p. 64, p. 70, p. 72. Observation on the preliminary objections, p. 2, p. 24, p. 35, p. 39, p. 55.

리비아-차드 간 영토분쟁 사건과 마찬가지로 비엔나 규칙 중 제31조에 대해서만 국제관습법의 반영 또는 표현으로 평가하고 제32조의 지위에 대해 별도로 언급하지 않고 있다.[494] 한편, 이 사건에 대한 개별의견에서 Rigaux 재판관은 다수의견이 원용한 준비문서가 해당 조약의 초안 작성 및 채택시의 상황에 대한 정보를 담고 있는 것이 아니므로 준비문서로 간주될 수 없다고 비판하였다.[495]

(7) 핵무기 사건 (1996), 어업관할권 사건 (1998)

이후 1996년의 핵무기 위협과 사용의 합법성에 대한 권고적 의견에서도 조약해석 문제가 간략하게 다루어졌으나 비엔나 조약법협약 자체 또는 그 전반적인 내용은 원용되지 않았다.[496] 1998년 스페인과 캐나다 간의 어업관할권 사건에서 ICJ 규정 제36조 2항(ICJ 규정 당사국의 일방수락으로 일정 조건 하에 ICJ의 강제관할권을 인정하는 이른바 "선택조항")에 첨부된 유보의 해석과 관련하여 스페인은 유효성의 원칙과 함께 비엔나 규칙을 적

---

494) 이는 '1989년 중재판정 사건' 판결이 제31조와 제32조를 공히 국제관습법의 성문화로 간주될 수도 있다고 언급한 것과 대비된다. *Supra* note 433, p. 70.

495) *Supra* note 485, Separte Opinion of Judge Rigaux, pp. 864-865. 그러나 Rigaux 재판관의 비판은 준비문서에 대해 지나치게 협소한 정의에 의존하는 것으로 생각된다. 준비문서의 정의와 범위에 대해서는 제4장 제3절 2.가(1) 참조.

496) Legality of the Threat or Use of Nuclear Weapons, Advisory Opinion, I.C.J. Reports 1996, p. 226, p. 248. ICJ는 현행 조약상 핵무기 사용이 금지되어있는지 여부를 살피는 과정에서 1899년 헤이그 육전 규칙(헤이그 제4협약 부속 규칙) 등에 의해 금지된 독성 무기의 개념이 핵무기를 포함한다는 주장을 검토하였다. ICJ는 "국가 관행" 속에서 "통상적 의미"에 비추어 독성 무기 등의 정의를 해석해야 한다고 서술하고, 국가 관행상 그 개념은 핵무기를 포함하지 않는 것이 명확하다고 판시하였다. 이 사건 구두 심리에서 Samoa와 미국은 각각 핵무기 사용 금지 규범의 존재와 부존재를 주장하기 위해 관련 조약의 해석론을 제시하면서 비엔나 조약법협약을 원용하였다. Oral Proceedings, Verbatim Record, CR 95/31(13 November 1996), p. 45 및 CR 95/34(15 November 1995), p. 74.

용해야한다고 주장한 반면 캐나다는 유보국의 의도에 비추어 자연스럽게
해석되어야 한다고 주장하였다. ICJ는 선택조항에 첨부된 유보의 해석체제
는 비엔나 조약법협약의 조약해석 체제와 동일하지 않으며, 이 협약은 ICJ
관할권 일방수락의 독특한(*sui generis*) 성격에 양립하는 한도 내에서 유추
적인 적용만 가능할 뿐이라고 판시하였다.497)

(8) Kasikili/Sedudu 섬 사건 (1999)

ICJ는 1990년대의 마지막 선고 판결인 Kasikili/Sedudu 섬 사건498)에서
비엔나 조약해석 규칙을 보다 적극적으로 적용하였다. 과거 영국-독일 간
1890년 조약499)의 해석 문제를 다룬 이 사건에서 ICJ는 보츠나와와 나미비
아가 비엔나 조약법협약의 당사국은 아니지만 두 국가 모두 이 협약 제31
조가 국제관습법의 반영임을 인정하고 있음을 지적하고, 리비아-차드 간
영토분쟁사건과 오일 플랫폼 사건의 판시를 원용하여 이를 확인하고 있
다.500) 재판부는 제31조 전체를 그대로 직접 인용하고 준비문서 등을 포함
하는 비엔나 조약법협약상 해석 규칙들(rules)을 적용하여 1890년 조약을
해석할 것임을 선언한다.501) 실제 재판부는 통상의미, 목적, 후속 관행, 준

---

497) Fisheries Jurisdiction (Spain v. Canada), Jurisdiction of the Court, Judgment, I.C.J.
    Reports 1998, p. 432, pp. 452-453.
498) Kasikili/Sedudu Island (Botswana/Namibia), Judgment, I.C.J. Reports 1999, p. 1045.
499) 1890년 영국과 독일은 아프리카내 각자의 세력권(sphere of influence)에 관한 조약을
    체결하였는데 보츠와나와 나미비아는 이 조약을 국경획정합의로 받아들여 구속력을
    인정하고 이에 근거하여 Kasikili/Sedudu 섬 주변의 경계와 섬의 지위 결정토록 ICJ
    에 요청하였다. *Ibid.*, p. 1049.
500) *Ibid.*, p. 1059. 보츠와나와 나미비아는 실제 제31조뿐만 아니라 제32조 모두 국제관
    습법의 반영임을 명확히 주장하였음에도 ICJ는 제32조에 대해서는 여전히 국제관습
    법으로서의 성격에 대해 침묵하고 있는 점이 특기할 만하다. 반면, 보츠와나와 나미
    비아는 제31조와 제32조의 국제관습법적 성격의 근거로서 주로 ICJ 판례를 제시하
    고 있다. Memorial of Botswana, pp. 52-56, Memorial of Namibia, paras. 49-51.
501) *Supra* note 498, pp. 1059-1060, 1075.

비문서 등의 범주에 따라 1890년 조약의 쟁점이 되는 용어를 상세히 해석
한다.502) 준비문서의 경우 영국과 독일 간의 교섭과정에서 작성된 초안들
을 간략히 검토하면서 준비문서가 통상의미와 목적 등에 근거한 해석논리
를 뒷받침하고 있음을 입증한다.503) 이 사건은 분쟁당사국들의 비엔나 조
약법협약 비당사국 지위에도 불구하고 비엔나 해석규칙을 적용하는 이유
를 명기하고 특히 제31조의 요소들을 매우 충실하게 적용하고 있다. 다만,
제32조의 국제관습법적 지위나 조항 문구를 직접 거론하지는 않고 있다는
점에서는 앞선 판례와 유사한 태도를 보이고 있다.

(9) LaGrand 사건 (2001)

LaGrand 사건은 ICJ 잠정조치의 구속력 문제에 대한 중요 판례로 자주
원용된다.504) 잠정조치는 PCIJ 시절부터 존재해오던 제도였으나 PCIJ나
ICJ는 이 사건 이전까지 잠정조치의 구속력 여부에 대해 판시한 적이 없었
으며, 오히려 학계 다수설은 잠정조치의 구속력을 부인하는 입장이었
다.505) 그러나 이 사건에서 ICJ는 잠정조치를 다룬 ICJ 규정 제41조를 "비
엔나 조약법협약 제31조에 반영된 국제관습법에 따라" 해석한 결과 ICJ
의 잠정조치 명령은 구속력을 갖는다고 결론내린다.506) 재판부는 맥락
(context)507) 및 목적에 비추어 규정 제41조를 해석한 후, 그 조항의 의미

---

502) *Ibid.*, p. 1061, pp. 1072-1074, pp. 1074-1075. 실제 이 사건에서 ICJ가 가장 중점적으
   로 다루는 것은 후속 관행이다. *Ibid.*, pp. 1075-1096.
503) *Ibid.*, pp. 1074-1075.
504) LaGrand (Germany v. United States of America), Judgment, I.C.J. Reports 2001, p.
   466. 이는 2001년 선고된 사건이나, 조약해석 형식 및 시기상 앞선 1990년대 판례와
   가깝다는 점에서 본 항에 서술하도록 한다.
505) Lawrence Collins, "Provisional and Protective Measures in International Litigation",
   Collected Courses of the Hague Academy of International Law, Vol. 234 (1993), p. 219.
506) *Supra* note 504, p. 501.
507) 재판부는 ICJ 규정 제41조가 작동하는 '맥락'이 권리보존 실패로 인한 ICJ의 기능수

"결정"을 위해 준비문서를 참조할 필요는 없다고 단언한다. 그럼에도 불구
하고 준비문서가 상기 해석 결론을 "배제(preclude)"하지 않는다고 선언하
며 과거 국제연맹 시절 PCIJ 규정의 여러 초안들과 그 초안들을 작성한 국
제연맹 산하 위원회의 논의 과정을 검토한다.508) 재판부가 "배제"하지 않
는다는 독특한 표현을 선택한 이유는 사실 준비문서 검토가 일견 잠정조치
의 구속력을 부인하는 것으로 보일 수 있는 내용을 일부 포함하고 있기 때
문인 것으로 판단된다. PCIJ 규정 논의 과정에서 잠정조치를 "명령한다
(ordonner)"라는 표현을 채택하자는 의견이 배제되고 결국 명령적, 강제적
부과와는 뉘앙스가 분명히 다른 "제시하다(indiquer)"가 채택되었는데, 그
핵심적 이유는 재판소가 잠정조치를 스스로 집행할 수단이 부재하다는 것
이었다. 이러한 사실은 그 자체로 잠정조치의 구속력 긍정론을 강화해 준
다고 보기 어렵다. 그러나 재판부는 집행수단 부재와 법적 구속력 부재는
별개의 사안이므로 전자가 후자를 입증하는 논증이 될 수 없음을 강조하였
다.509) 재판부는 이러한 해석 판단을 거쳐 준비문서를 포함한 비엔나 조약
법협약의 관련 조항에 나온 그 어떠한 해석 근거(sources)도 맥락 및 목적·
대상에 따른 제41조 용어의 해석 결론과 상충되지 않는다고 결론내린다.510)

행 장애를 막는 것이라고 평가하고 있다. *Ibid.*, pp. 502-503. 여기서 재판부가 말하는
"context"는 비엔나 규칙 제31조의 "context(문맥)"에 전적으로 충실한 개념이라기보
다는 오히려 목적의 개념과 유사한 기능적인 '맥락'을 의미하는 것으로 보인다.

508) 이 조항을 처음 제안한 브라질의 Raul Fernandes는 1914년 미국-스웨덴 조약의 유사
조항을 모델로 하였다고 한다. *Ibid.*, pp. 503-504.

509) *Ibid.*, p. 505 Orakhelashvili는 이 사건 재판부가 준비문서를 배제한 것이나 다름없으
며 결국 텍스트와 목적에 근거한 해석론에 부합하지 않는 준비문서는 무의미하다는
점을 간접적으로 인정한 것이라고 평가한다. Orakhelashvili, *supra* note 32, p. 389.
그러나 이러한 평가가 옳은지 의문이다. ICJ는 준비문서가 텍스트 중심 결론을 배제
하지 않는다는 명확한 판시를 제시하였기 때문이다.

510) *Supra* note 504, p. 506. 여기서 상충(contradict)되지 않는다는 판시 역시 '배제'하지
않는다는 언급과 정확히 같은 취지인 것으로 보인다. Thirlway는 규정 제41조에 대
한 이러한 ICJ의 해석결론이 사실상 비엔나 규칙에 없는 공공정책 이익(public

이 사건의 경우 특히 독일측은 비엔나 조약법협약에 따른 ICJ 규정 제41
조 해석론을 충실히 전개하였으며, 재판부도 독일측 주장을 상당 부분 받
아들인 것으로 보인다.[511] 그러나 비엔나 조약법협약 제32조의 직접 적용
에 있어서는 재판부가 여전히 상대적으로 소극적인 모습을 보이고 있는 점
이 눈에 띈다. 제32조 자체를 언급하지 않았고 당연히 그 조항의 국제관습
법적 지위에 대해서도 거론하지 않았으며,[512] 준비문서의 참조는 비엔나
규칙의 구조화된 틀을 따르지 않았다. 이러한 점은 특히 준비문서를 용어
의미의 "결정"을 위해 살펴볼 필요가 없다는 언급, 준비문서가 텍스트 해
석을 "배제"하거나 그것에 "상충"되지 않는다는 판시 등에서 드러난다.[513]

다. 2000년대: 국제관습법 반영으로서의 제31조와 제32조

(1) 전면적인 국제관습법 반영 확인

ICJ 판례법상 비엔나 조약법협약의 제31조와 제32조가 모두 국제관습법

---

policy interest)를 감안한 매우 넓은(far-reaching) 해석이라고 평가하였다. Thirlway,
supra note 393, p. 1234.

511) *Supra* note 504, Memorial of Germany, para. 4.19, paras. 4.137-4.153. 독일은 잠정조
치 명령의 "제시"에 대해 통상적 의미, 맥락, 목적, 그리고 준비문서에 근거하여 적
극적인 논증을 제시하였다.

512) 참고로, 독일측 서면은 비엔나 조약법협약 제32조가 국제관습법의 반영이라는 주장
을 제시하면서 그 근거로 리비아-차드 영토분쟁사건(1994년) 및 그 사건의 판시를
인용한 카타르-바레인 사건(1995년)을 인용하고 있으며, Sinclair의 저서도 원용하고
있다. 그러나 1984년에 출간된 Sinclair 저서의 그 언급은 ICJ 판례를 근거로 제시하
지 못하고 있다. 위에서 살펴본 바와 같이 1980년대에는 ICJ가 비엔나 규칙 자체의
존재에 주목하지 않고 있었기 때문이다. Sinclair, *supra* note 29, p. 19.

513) 배제/상충이 아니라는 것은 제32조에서 말하는 "확인"에 포함되는 것으로 평가될 수
있을 것이다. Gardiner, *supra* note 6, p. 366. 이 판시를 근거로 '배제하지 않음'을
준비문서의 별도 기능으로 보자는 주장도 제시된바 있다. Sienho Yee, "The Fourth
Use of Travaux Préparatoires in the LaGrand Case: To Prove the Non-preclusion of
an Interpretation", *Chinese Journal of International Law*, Vol. 16 (2017), p. 351 참조.

의 반영으로 판시된 첫 사례는 2002년의 Ligitan/Sipadan 섬 사건이다.514) 2002년이 되어서야 ICJ가 최초로 비엔나 규칙 2개 조항 전체의 법적 지위를 명확하게 선언한 것이다. 이러한 지위는 Avena 사건(2004년)에서도 재차 확인되었다.515) 그 직후의 팔레스타인 장벽 사건(2004년)516)과 무력사용 합법성 사건(2004년)517)은 다시 제32조의 국제관습법적 지위에 대해 침묵하는 과거 판시로 되돌아가기도 하였으나, 제노사이드협약 적용 사건(2007년)이 다시 2개 조항의 국제관습법 지위를 확인하면서 이후 비엔나 규칙의 전면적인 국제관습법적 지위 확인이 점차 자리잡아가는 경향을 보인다. 이 사건은 제31조와 제32조에 반영된 규정들이 국제관습법의 일부

---

514) Sovereignty over Pulau Ligitan and Pulau Sipadan (Indonesia/Malaysia), Judgment, I.C.J. Reports 2002, p. 625.

515) Avena and Other Mexican Nationals (Mexico v. United States of America), Judgment, I.C.J. Reports 2004, p. 12.

516) 이스라엘이 팔레스타인 점령지역에 건설한 장벽의 합법성 여부를 다룬 권고적 의견에서 여러 쟁점들 중 하나는 팔레스타인 지역에 대한 제네바협정(제4협정, 전시 민간인 보호)의 적용 가능성이었다. ICJ는 "제31조에 반영된 국제관습법"에 따른 조약해석 규칙을 서술하고 제32조는 그대로 직접 인용하면서 오일 플랫폼 사건(1996년), Kasikili/Sedudu 섬 사건(1999년), Ligitan/Sipadan 섬 사건(2002년)을 근거로 원용하였다. ICJ는 제네바협정 관련 조항의 문안과 협정의 목적에 근거한 해석이 준비문서에 의해서도 확인된다고 판시하였다. Legal Consequences of the Construction of a Wall in the Occupied Palestinian Territory, Advisory Opinion, I.C.J. Reports 2004, p. 136, pp. 173-175.

517) 1999년 유고슬라비아(후에 세르비아 몬테네그로가 소송 수계)가 벨기에, 영국, 스페인, 미국 등 10개국을 대상으로 코소보 문제 등과 관련된 NATO 공습이 불법임을 주장하며 제기한 사건은 미국과 스페인에 대한 제소가 관할권의 명백한 부재로 사건목록에서 제외되면서 8개의 사건에 대한 선결적 항변 판결로 이어졌다. 재판부는 별도 출처제시 없이 리비아-차드 사건의 비엔나 규칙 관련 판시를 거의 그대로 반복하였다. 재판부는 텍스트 자체의 해석이 명확한 결론을 내려주지 못한 문구에 대해 해당 조항의 목적·대상을 검토하여 결론을 내린 후 준비문서가 이러한 해석을 "강화"해준다고 판시하였다. Legality of Use of Force (Serbia and Montenegro v. Belgium), Preliminary Objections, Judgment, I.C.J. Reports 2004, p. 279, pp. 318-324.

로서 충분히 인정되고 있다고 언급하는 한편,518) 팔레스타인 장벽사건,
Avena 사건, LaGrand 사건, Ligitan/Sipadan 사건 등을 인용하고 있다. 아
울러, 제31조의 적용에 의해 도출되는 해석결론을 제노사이드협약의 성안
역사(drafting history) 검토가 뒷받침해준다고 판시한다.519) 지부티와 프랑
스 간 형사공조 문제 사건(2008)에서 ICJ는 제31조와 제32조가 국제관습법
의 반영 또는 성문화라고 판시한다.520) 반면, 2009년 흑해 해양경계획정 사
건은 유엔해양법협약 제11조(항구)에 따른 영해의 경계획정 문제와 관련하
여, 제11조의 문구인 "해안의 일부를 구성하는 영구적 항만시설(harbour
works)"의 의미, 방파제 등과의 개념구분 등에 있어서 제11조의 텍스트와
준비문서가 "항만시설"이라는 용어의 제한적 해석 가능성을 배제(preclude)
하지 않는다고 판시하였는데, 이 과정에서 비엔나 규칙을 전혀 언급하지
않았다.521) 그러나 코스타리카와 니카라과 간 항행권리 사건(2009년)522)의
재판부는 1858년 경계조약 문구의 해석 문제에 있어서 니카라과가 비엔나
조약법협약 비당사국이며 경계조약이 비엔나협약 성안보다 시간상 앞선
조약임에도 불구하고 비엔나협약 제31조와 제32조에 반영된 국제관습법을
적용할 수 있다고 확인하였다.523) 한편, 이 사건은 "commerce"라는 용어의
해석 문제와 관련하여 이른바 진화적 해석을 시도한 사례로 평가된다.524)

---

518) Application of the Convention on the Prevention and Punishment of the Crime of
Genocide (Bosnia and Herzegovina v. Serbia and Montenegro), Judgment, I.C.J.
Reports 2007, p. 43, p. 110.

519) Ibid., pp. 111, 118.

520) Certain Questions of Mutual Assistance in Criminal Matters (Djibouti v. France),
Judgment, I.C.J. Reports 2008, p. 177, pp. 219, 222, 232.

521) Maritime Delimitation in the Black Sea (Romania v. Ukraine), Judgment, I.C.J.
Reports 2009, p. 61, p. 107.

522) Dispute regarding Navigational and Related Rights (Costa Rica v. Nicaragua),
Judgment, I.C.J. Reports 2009, p. 213.

523) Ibid., p. 237. 여기서 제31조와 제32조의 국제관습법 반영의 근거로서 리비아-차드
사건(1994년)과 제노사이드협약 적용 사건(2007년)이 인용되었다.

펄프 공장 사건(2010년)에서도 비엔나 조약법협약 이전의 조약에 대해 이 협약 해석규칙이 적용될 수 있음을 확인하면서, "제31조에 반영된 조약해석의 관습법적 규칙"을 활용할 것임을 언급하였다.[525] 코소보 독립선언 관련 권고적 의견(2010년)의 경우, 조약해석의 문제가 다루어지지는 않았으나 비엔나 조약법협약 제31조와 제32조가 유엔안보리 결의의 해석에 있어서 안내(guidance) 역할을 할 수 있다고 밝힌 점이 특기할 만하다.[526]

조지아와 러시아 간 인종차별철폐협약 사건(2011년)[527]에서는 인종차별철폐협약상 ICJ의 관할권을 인정하고 있는 분쟁해결 조항(제22조) 해석에 있어서 두 소송당사국이 모두 비엔나 조약법협약 당사국임에도 불구하고 이 협약이 전혀 거론되지 않았다. 재판부는 당사국들이 "목적에 따른 문맥상 통상의미"와 "준비문서"에 근거한 주장을 제기하고 있으므로 이에 대해 검토한다고만 밝혔을 뿐이다.[528] 아울러, 통상의미에 따른 검토 결과에 비추어 제22조의 의미를 "결정"하기 위해 준비문서 등과 같은 보충적 해석수

---

524) James Crawford는 이 사건의 경우 문언적 해석만으로도 충분히 동일한 해석을 도출할 수 있었다면서 Whaling 사건과 비교하여 ICJ가 문언적 해석이 필요한 경우에 진화적 해석을 시도하고 진화적 해석이 필요한 경우에 문언적 해석을 시도한다고 비판하였다. Bjorge, *supra* note 384, Foreword by James Crawford.

525) Pulp Mills on the River Uruguay (Argentina v. Uruguay), Judgment, I.C.J. Reports 2010, p. 14, p. 46. 제32조나 준비문서 등은 전혀 언급되거나 적용되지 않았다.

526) Accordance with International Law of the Unilateral Declaration of Independence in Respect of Kosovo, Advisory Opinion, I.C.J. Reports 2010, p. 403, p. 442. 그러나 조약 해석과 유엔안보리 결의 해석에는 차이가 있다면서, 안보리 회원국 발언, 동일 주제에 대한 다른 결의, 후속 관행 등이 중요하다고 하였다. 참고로, 스페인-캐나다 어업관할권 사건(1998년)에서는 선택조항 선언 해석에도 비엔나 규칙을 준용할 수 있다고 판시되었다. *Supra* note 497, para 46. 이는 비엔나 규칙이 상식적 논리의 반영임을 보여주는 사례라고 평가된다. Thirlway, *supra* note 393, p. 1241.

527) Application of the International Convention on the Elimination of All Forms of Racial Discrimination (Georgia v. Russian Federation), Preliminary Objections, Judgment, I.C.J. Reports 2011, p. 70.

528) *Ibid.*, pp. 121-130.

단을 참조할 필요가 없으나, 당사자들이 핵심 문구("해결되지 않은 분쟁")
의 해석을 위해 준비문서에 근거한 상세한 논증을 제시하였고, ICJ의 선례
도 있음을 감안하여 준비문서를 검토하겠다고 밝힌다.[529] 재판부는 준비문
서 검토가 통상의미에 따른 해석과 "상이한 결론을 제시하지 않는다"라고
판시하였다.[530] 페루와 칠레간 해양분쟁 사건(2014년)에서 재판부는 제31
조와 제32조에 반영된 국제관습법에 따라 조약을 해석할 것임을 천명하고,
비엔나 조약법협약 성안 이전의 조약에 비엔나 규칙이 적용된 사례를 명기
하였다.[531] 이 사건에서 재판부는 비엔나 조약법협약 제31조의 요소인 텍
스트와 문맥, 목적, 그리고 조약체결과 관련하여 이루어진 합의까지 순차적
으로 검토하여 해석 결론을 내린 후, 이 사건 해당 합의문의 의미를 결정하
기 위해 원칙적으로는 준비문서와 같은 보충적 해석수단을 참조할 필요가
없으나 "(ICJ의) 다른 사건들"에서와 마찬가지로 준비문서를 검토한다.[532]

---

529) *Ibid.*, p. 128. 여기서 재판부가 명기한 선례는 Ligitan/Sipadan 섬 사건(2002년), 카타
르-바레인 사건(1995년), 리비아-차드 사건(1994년) 등이다.

530) *Ibid.*, p. 130. 이에 대해 Owada, Simma, Abraham, Donoghue, Gaja 공동 반대의견은
다수의견의 접근방식이 비엔나 조약법협약 제31조와 제32조를 따르는 것이라고 평
가하면서도 다수의견이 적용한 것은 통상적 의미 기반 해석이 아니라 사실상 효과주
의(effectiveness) 원칙이라고 비판하였다. 아울러, 준비문서 검토가 "상이한 결론을
제시하지 않는다"라고 결론 내린 것은 사실상 준비문서를 통해 텍스트 해석 결과를
'확인'한 것이 아니라 결정적 내용을 아무것도 발견하지 못한 것에 불과하다고 지적
하면서 그만큼 다수의견의 텍스트 해석논증은 약하고 문제가 많다고 하였다. *Ibid.*,
pp. 146-147 (Joint Dissenting Opinion of President Owada, Judges Simma, Abraham
and Donoghue and Judge ad hoc Gaja).

531) Maritime Dispute (Peru v. Chile), Judgment, I.C.J. Reports 2014, p. 3, p. 28. 제31조
와 제32조의 국제관습법 반영의 근거로서 오일 플랫폼사건(1996년)과 리비아-차드
사건(1994년)이 원용되었다.

532) *Ibid.*, pp. 28-30. 여기서 재판부가 인용한 다른 사건들은 리비아-차드 사건(1994년),
카타르-바레인 사건(1995년), Ligitan/Sipadan 섬 사건(2002년)이다. 참고로, 칠레측
은 1952년 산티아고 선언 채택까지의 논의를 요약한 1952년 회담기록을 제31조에서
말하는 '조약체결과 관련하여 만들어진 합의'로서 제시하였는데, 재판부는 이것이
제32조상 준비문서에 해당한다고 평가하였다.

크로아티아-세르비아 간 제노사이드협약 적용 사건(2015년)의 재판부는 제
노사이드협약 제2조의 문구("파괴할 의도로 자행된")를 비엔나 조약법협약
제31조에 반영된 관습법에 따라 해석해야한다고 밝혔으며,[533] 또 다른 문
구("중대한" 육체적, 정신적 위해)의 해석을 위해 비엔나 조약법협약 제32
조에 대한 별도 언급없이 통상적 의미, 문맥, 목적 등과 함께 제노사이드협
약 준비문서를 검토하였다.[534] 니카라과-콜롬비아 간 대륙붕경계획정 사건
(2016년)에서는 비엔나 조약법협약 제31조-제33조가 모두 국제관습법을 반
영하므로 그 협약 자체는 양 당사국 사이에 적용되지 않는 상태이고 이 사
건 해석대상인 보고타 협약이 비엔나협약보다 먼저 체결되었음에도 불구
하고 그 해석규칙이 적용된다고 확인한다. 이 사건에서 재판부는 콜롬비아
의 반대해석론과 실효적 해석론 등을 논박하면서 통상의미, 문맥, 목적, 준
비문서에 대해 순차적으로 검토한다.[535] 소말리아-케냐 인도양해양경계사
건(2017년)에서 재판부는 "(본 재판소가) 일관되게 국제관습법의 반영으로
간주해온" 비엔나 조약법협약 제31조와 제32조의 해석규칙을 적용할 것임
을 선언한다.[536] 적도기니와 프랑스 간 면제 및 형사절차 사건(2018년)도

---

533) Application of the Convention on the Prevention and Punishment of the Crime of
    Genocide (Croatia v. Serbia), Judgment, I.C.J. Reports 2015, p. 3, p. 64.
534) *Ibid.*, p. 69. 한편, "예방" 의무는 과거에 이미 발생한 사건에 대해서는 적용되지 않
    는다는 당연한 상식적 결론을 언급하면서 "제노사이드협약의 텍스트나 준비문서"에
    도 이와 상이한 결론을 제시하는 것은 전혀 없다고 판시하기도 하였다. *Ibid.*, p. 49.
535) Question of the Delimitation of the Continental Shelf between Nicaragua and
    Colombia beyond 200 Nautical Miles from the Nicaraguan Coast (Nicaragua v.
    Colombia), Preliminary Objections, Judgment, I.C.J. Reports 2016, p. 100, p. 116-123.
    비엔나 규칙의 국제관습법적 지위 확인 근거로는 Avena 사건(2004년), LaGrand 사
    건(2001년), 오일 플랫폼 사건(1996년), 리비아-차드 사건(1994년), 기니비사우-세네
    갈 간 '1989년 중재판정' 사건(1991년)을 나열한다.
536) 여기서 근거로 제시되는 선례는 리비아-차드 사건(1994년)과 오일 플랫폼 사건(1996
    년) 및 2000년대 이후의 주요 판결들이다. 재판부는 다소 복잡한 논증을 통해 관련
    합의문(MOU)의 통상의미와 문맥, 목적을 검토하여 해석을 도출한 후, "제32조에 따라"

비엔나 조약법협약 제31조와 제32조 모두를 국제관습법의 반영으로 확인하고 팔레르모 협정의 조항을 이에 따라 해석해야한다고 밝혔다. 재판부는 통상의미, 문맥, 목적을 순차적으로 검토한 후 공식 출간된 이 협정 협상기록도 이를 확인해준다고 하였다.537) Jadhav 사건(2019년)은 영사관계협약 관련 사건으로서 스파이가 이 협약 보호대상에서 제외되는지 여부 등에 대해 "비엔나 조약법협약 제31조와 제32조에 반영된 조약해석의 관습법적 규칙"에 따라 해석해야한다고 밝히는 한편,538) 통상적 의미와 문맥, 목적에 따른 해석상 간첩용의자를 비엔나영사관계협약의 보호 대상에서 제외할 수 없다고 판단하면서, 원칙적으로 영사관계협약 제36조의 의미 결정을 위해 보충수단을 활용할 필요는 없으나 '다른 사건'에서와 마찬가지로 그 조항 해석을 확인하기 위해 준비문서에 의존할 수 있다고 판시한다.539)

우크라이나와 러시아 간 테러재정지원억제협약 및 인종차별철폐협약 적용 사건(2019)은 두 분쟁 당사국이 모두 비엔나 조약법협약 당사국이므로 이를 자연스럽게 적용하는데,540) 재판부는 여기서 더 나아가 인종차별철폐

준비문서를 검토한 결과 그 해석이 확인된다고 판시하였다. Maritime Delimitation in the Indian Ocean (Somalia v. Kenya), Preliminary Objections, Judgment, I.C.J. Reports 2017, p. 3, pp. 29-42. Popa는 이 사건을 ICJ가 제31조와 제32조에 동등한 해석적 가치를 부여한 사례 중 하나로 평가하였다. Liliana Popa, "The Holistic Interpretation of Treaties at the International Court of Justice", *Nordic Journal of International Law,* Vol. 87 (2018), p. 249. pp. 332-338.

537) Immunities and Criminal Proceedings (Equatorial Guinea v. France), Preliminary Objections, Judgment, I.C.J. Reports 2018, p. 292, pp. 320-322. "준비문서(Travaux Préparatoires)"라는 제목으로 공식출간된 회의기록 등의 자료가 유엔마약범죄국 웹사이트에 게재되어있다(www.unodc.org/unodc/en/treaties/CTOC/travaux-preparatoires.html).

538) Jadhav (India v. Pakistan), Judgment, I.C.J. Reports 2019, p. 418, p. 437-438. 그러한 판시의 근거로서 Avena 사건(2004년)과 형사공조 문제 사건(2008년)이 원용되었다.

539) *Ibid.*, p. 439. 여기서 원용되는 선례는 면제 및 형사절차 사건(2018년)과 Ligitan/Sipadan 사건(2002년)인데 실제 면제 및 형사절차 사건은 '준비문서를 참조할 필요는 없으나 확인을 위해 살펴볼 수 있다'는 취지의 판시를 포함하지 않고 있다.

540) Application of the International Convention for the Suppression of the Financing of

협약이라는 다자조약의 분쟁해결절차 조항 해석과 관련하여 2011년 조지아-러시아 간 인종차별철폐협약 적용 사건에서 결정하지 않았던 쟁점을 이번 사건에서 판단하고자 한다면서 "비엔나 조약법협약 제31조-제33조에 반영된 국제관습법적 조약 해석규칙"을 적용한다.541) 그러나 이 사건에서는 양 당사국이 모두 준비문서에 근거한 주장을 제기하였음에도 불구하고 재판부는 준비문서를 검토하지 않았다. 통상적 의미 등에 근거한 해석이 충분히 명확하므로 준비문서를 검토할 필요가 없다고 보았기 때문이다.542) 준비문서 검토의 불필요성을 언명하고도 실제 준비문서를 살펴본 다수의 다른 ICJ 판례와는 다른 태도를 보인 것이다. 같은 협약의 다른 조항(제1조)을 다룬 카타르-UAE 간 인종차별철폐협약 적용 사건(2021년) 판시에서 ICJ는 통상적 의미 등에 근거한 해석에 이어 보충수단에 의존할 필요는 없다고 하면서도 소송당사국들이 준비문서에 대한 상세한 분석을 제시하였다는 사실과 ICJ 선례 등에 비추어 인종차별철폐협약의 준비문서를 검토하겠다고 밝힌다.543) 이 사건 재판부는 양 분쟁당사국 사이에 비엔나 조약법협약이 적용되지도 않고 인종차별철폐협약이 비엔나 조약법협약에 선행 체결된 조약임에도 불구하고 비엔나 조약법협약 제31조와 제32조가 국제관습법 규칙(rules)을 반영하고 있음이 충분히 확립되어있으므로 이를 적용

Terrorism and of the International Convention on the Elimination of All Forms of Racial Discrimination (Ukraine v. Russian Federation), Preliminary Objections, Judgment, I.C.J. Reports 2019, p. 558.

541) *Ibid.*, pp. 599-600. 두 소송당사국이 비엔나 조약법협약 당사국임에도 굳이 비엔나 규칙에 반영된 국제관습법을 적용한다고 밝히는 이유는 다자조약의 해석이라는 점 등을 감안한 것으로 보인다.

542) *Ibid.*, p. 600.

543) Application of the International Convention on the Elimination of All Forms of Racial Discrimination (Qatar v. United Arab Emirates), Preliminary Objections, Judgment, I.C.J. Reports 2021, p. 71, pp. 24-25, p. 28. 여기서 예시된 선례는 조지아-러시아 간 인종차별철폐협약 사건(2011년)이다.

해야한다고 판시하였다.544)

(2) 상세 사례 분석

최근 ICJ의 조약해석 접근법에 대한 보다 이론적인 검토와 평가로 나아
가기 전에 우선 비엔나 규칙의 국제관습법적 성격을 온전히 선언한 2002년
이후 일부 조약해석 사건들을 구체적으로 살펴보는 것이 유용할 것이다.
여기서는 ICJ가 마침내 비엔나 조약법협약 제31조와 제32조를 모두 국제관
습법의 반영이라고 확정짓고 비엔나 규칙의 충실한 유형적 적용의 기틀을
잡은 Ligitan/Sipadan 섬 사건(2002년)545)과 Avena 사건(2004년)546), 그리고
보다 최근 들어 인종차별금지협약이라는 동일한 협약을 다루는 데 있어서
준비문서에 대한 접근법의 차이를 보인 카타르-UAE 사건547)과 우크라이
나-러시아 사건548)을 살펴보도록 한다.

　Ligitan/Sipadan 섬 사건은 인도네시아와 말레이시아 간 영유권 분쟁을
다룬 사건으로서549) 인도네시아는 해당 섬에 대한 자국 영유권 근거들 중
하나로 1891년 영국과 네덜란드 간 북부보르네오 경계획정 협정(1891년 협
정) 제4조를 제시하였는데, 인도네시아와 말레이시아는 이 조항의 해석을
달리하였다.550) ICJ는 인도네시아가 비엔나 조약법협약 비당사국임에도 불

544) 여기서 원용된 판례는 우크라이나-러시아 간 테러재정지원억제협약 및 인종차별철
　　폐협약 적용 사건(2019년), 면제 및 형사절차 사건(2018년), 니카라과-콜롬비아 간
　　대륙붕경계획정 사건(2016년)이다.
545) *Supra* note 514.
546) *Supra* note 515.
547) *Supra* note 543.
548) *Supra* note 540.
549) *Supra* note 514.
550) *Ibid.*, p. 643, p. 645. 이 협정 제4조는 "동쪽 해안 북위 4도 10분부터, 경계선은 그
　　위도선을 따라 세바틱 섬을 지나 동쪽으로 계속된다. 그 섬에서 그 북위의 북쪽에
　　위치한 부분은 북부보르네오회사에 속하며 남쪽은 네덜란드에 속한다"라고 규정하
　　고 있었다. "세바틱 섬을 지나"의 영어본 표현은 "across the Island of Sebatik"이었

구하고 "제31조와 제32조에 반영된 국제관습법"을 적용할 수 있음을 밝힌다. 여기서 ICJ가 제시하는 조약해석 규칙은 리비아-차드 간 영토분쟁 사건(1994년)의 해당 판시 부분이다.[551] 재판부는 조항 용어의 통상적 의미,[552] 문맥,[553] 목적[554]의 병렬적인 순서로 제4조의 의미를 해석하고, 인도네시아측의 주장을 받아들일 수 없다고 결론내린다. 즉, 제4조는 이 사건 섬의 영유권을 결정하지 않는다고 본 것이다. 이어 ICJ는 이러한 결론에 비추어 준비문서와 체결당시 사정 등 보충수단을 참조할 필요가 없으나 "다른 사건들에서와 마찬가지로" 텍스트 해석을 확인해볼 수도 있으므로 보충수단을 검토할 수 있다고 판시한다.[555] ICJ의 보충수단에 대한 검토 역시 마찬가지의 결론을 확인시켜주고 있다.[556]

으나, 네덜란드어본에서는 across 대신 over에 해당하는 표현이 사용되었다. *Ibid.*, pp. 646-647. 인도네시아는 이 조항을 근거로 세바틱 섬을 나눈 경계선이 세바틱 섬 동쪽 해안에서 해양까지 계속 뻗어나가 Ligitan과 Sipadan의 영유권까지 결정한다고 주장하였다.

551) *Ibid.*, p. 645. 아울러, 리비아-차드 사건을 그대로 인용한 카타르-바레인 사건(1995년), 이란-미국 오일 플랫폼 사건(1996년), Kasikili/Sedudu 섬 사건(1999년)을 함께 근거로 제시한다. 재판부는 비엔나 조약법협약 제31조 3항(후속 관행과 후속 합의)도 ICJ에 의해 국제관습법으로 확인된 선례(핵무기 합법성에 대한 권고적 의견, Kasikili/Sedudu 섬 사건)를 함께 원용하면서, 이 모든 해석 규칙들(rules)에 따라 1891년 협정 제4조를 해석하겠다고 밝힌다.

552) 재판부는 "(세바틱 섬을) 지나", "계속된다" 등의 용어가 모호성이 없지 않다고 지적한다. 그러나 만일 인도네시아가 주장하는 방식의 경계획정을 의도했다면 명확히 그러한 취지를 문안으로 밝혔을 것이나 그렇게 하지 않았음을 무시할 수 없다고 한다. 따라서 ICJ는 말레이시아의 해석을 지지한다고 선언한다. *Ibid.*, pp. 647-648. 아울러, 경계선이라는 용어의 통상적 의미에 비추어 인도네시아가 주장하는 그러한 체제를 의미한다고 보기 어렵다고 판단한다. *Ibid.*, p. 648.

553) *Ibid.*, pp. 648-651.

554) *Ibid.*, pp. 651-652.

555) *Ibid.*, p. 653. 여기서 제시한 다른 선례는 리비아-차드 사건(1994년)과 카타르-바레인 사건(1995년)이다.

556) *Ibid.*, pp. 653-656.

이미 언급하였듯이 이 사건은 앞선 판례들과 달리 제31조와 제32조 모두 국제관습법의 반영이라고 명시적으로 선언하고 있다는 점이 눈에 띈다. 그러나 그러한 입장의 핵심적 근거로 제시된 사례는 제31조만 국제관습법으로 확인한 리비아-차드 영토분쟁 사건 판시로서 여기서 제32조까지 국제관습법으로 추가 선언된 차별성의 근거나 논리는 찾을 수 없다. 아울러, 준비문서 등 보충수단 활용의 정당화에 있어서도 제32조의 명시적 원용이 아닌 자체 선례를 근거로 제시하고 있음을 확인할 수 있다.

Avena 사건에서 분쟁 당사국인 멕시코와 미국 그리고 재판부 모두 영사관계협약상 용어인 "지체없이(without delay)"의 해석을 위해 특히 준비문서에 크게 의존하였다. 재판부는 이 문구의 적절한 해석을 위해 "비엔나 조약법협약 제31조와 제32조에 반영된 조약해석의 관습법적 규칙"을 적용한다고 선언하면서 별도의 근거를 제시하지는 않았다.[557] 재판부는 먼저 영사관계협약 정본을 구성하는 각 언어마다 사전적 정의(dictionary definitions)가 다르므로 '다른 곳'을 찾아봐야 한다면서 협약의 목적을 살핀 후, 영사관계협약을 성안한 비엔나 외교회의 자료를 중심으로 한 준비문서를 검토한다. 그 결과 '지체없이'가 '체포 즉시, 수사개시 이전'이라는 의미로 해석될 수 없다는 결론에 도달한다.[558] 즉, 재판부는 텍스트 중심의 해석 도출 및 준비문서의 참조를 통한 확인 과정을 거쳐 특정한 해석론을 확정하는 것이 아니라, 텍스트, 목적, 준비문서 모두 특정 해석론을 뒷받침하지 않는다는 점을 확인하는 접근법을 취한다. 이러한 상황에서 재판부가 결국 이 문구의 의미를 확정하는 논리는 명확하게 드러나지 않는다. 재판부는 "통상적(usual) 해석규칙"에 따라 문제의 문구를 반드시 '체포 즉시'라고 해석할 수는 없겠으나, '체포된 사람이 외국인임을 알게 되는 즉시 또는 그 사람이 아마도 외국인이라고 생각할 근거가 있는 이상' 수사당국에게는 영사관계

---

557) *Supra* note 515, p. 48.
558) *Ibid.*, pp. 48-49.

협약상 해당 정보를 그 사람에게 제공해 주어야할 의무가 있다고 판시하였다.559) 이 사건은 조약해석 방법론에 큰 비중을 부여하지 않은 사례라고 할 수 있다. Ligitan/Sipadan 사건 판시와 같이 비엔나 조약법협약 제31조와 제32조의 국제관습법 반영을 천명하기는 하였으나 그에 대한 어떠한 근거도 제시하지 않았다. 이를 두고 비엔나 해석규칙을 사실상 하나의 자명한 공리처럼 적용하였다는 평가도 있으나,560) 텍스트 해석의 확인 등을 위해 준비문서를 참조한 것이 아니라 특정 해석론이 지지될 수 없다는 점을 보여주기 위한 복수의 근거들 중 하나로 영사관계협약 성안과정의 상세 논의를 원용하는 등 비엔나해석 규칙을 그대로 따랐다고 보기 어려운 측면이 존재한다.561) 아울러, 실제 재판부가 채택한 영사관계협약 제36조 "지체없이"라는 문구의 해석 결론은 상식론적 차원에서 충분히 수긍할 수 있는 내용이기는 하나 체계화된 조약해석 방법론이 적용된 결과라고 보기는 어렵다.562) 한편, 이 사건에 대해서는 "지체없이"의 의미가 협약 성안자들에 의해 일부러 모호하게 남겨졌다고 보아 공동의도 확인이 어려운 상황임을 시사하면서 그 최종의미가 그 협약상 규정된 분쟁해결기관(즉, ICJ)에 맡겨진 것으로 이해할 수도 있다고 보는 견해도 있다.563)

카타르-UAE 사건과 우크라이나-러시아 사건은 (서로 다른 의미로) ICJ

---

559) *Ibid.*, p. 49. 이러한 의무를 도출하는 별도의 해석 근거나 논리가 제시되지 않는다.

560) Gardiner, *supra* note 6, p. 362.

561) Gardiner는 이 사건 판결이 준비문서를 자연스럽게 원용하였으며, 비엔나 조약법협약 제32조의 '확인'인지 또는 '결정'인지 여부에 대한 판단없이 누적적인 분석의 일환으로 준비문서를 활용한 것이라고 평가한다. 아울러, 그는 이것이 비엔나 조약법협약 성안 당시 제31조와 제32조의 위계적 구분 및 준비문서 활용의 제약 가능성에 대한 McDougal 등의 우려가 실제로는 문제가 되지 않음을 보여주는 사례라고 주장한다. Gardiner, *supra* note 6, p. 362, p. 378. 이러한 평가에 대해서는 후술(제4장 제2절 2.나) 참조.

562) Gardiner, *supra* note 6, pp. 377-378.

563) Thirlway, *supra* note 393, p. 1237.

의 현대적인 조약해석 기법의 윤곽을 드러내준다는 점에서 조금 더 상세히 들여다보며 비교해볼 필요가 있다.

카타르-UAE 사건의 주요쟁점 중 하나는 인종차별금지협약 제1조 1항의 "national origin"[564]의 의미였다. 카타르와 주변 국가들 간 정치적 분쟁을 배경으로 전개된 이 사건에서 카타르는 이 협약이 금지하고 있는 "national origin"에 따른 차별에 "현행 국적"도 포함된다고 주장한 반면, UAE는 시민권과 같은 법적 연계를 의미하는 국적 개념은 포함되지 않으며 인종, 피부색과 같은 태생적 또는 영속적 연계성을 지칭하는 것이라고 해석하였다. 이 사건 판결의 해석론을 보다 상세히 살펴보면, 재판부는 단어의 통상적 의미→문맥→목적의 순서로 해석을 진행한다. 먼저, 통상적 의미를 통해 "origin"이라는 단어의 의미가 출생과 함께(at birth) 특정집단에 대해 갖게 되는 유대관계로서 변경가능한 법적 속성인 국적과 대비된다고 파악한다. 협약의 다른 금지대상 역시 인종이나 피부색과 같은 출생 시 타고나는 속성이라는 점도 지적된다. 즉, 텍스트/용어의 통상적 의미에 의해 1차적으로 "national origin"에는 '현 국적'이라는 개념이 포함되지 않는다는 결론이 도출되었다. 이어 재판부는 문맥을 살펴보겠다면서 같은 제1조의 2항과 3항이 시민권자와 비시민권자의 차등적 대우 및 국적·귀화와 무관하다는 점을 규정하고 있으므로 이러한 문맥 역시 통상적 의미에 의한 1차적 결론을 확인해준다고 판단한다.[565]

다음으로 재판부는 목적을 검토하는데, 1960년대 이후 탈식민주의의 흐름을 배경으로 형성된 이 협약은 과학적으로 근거가 없고 도덕적으로 지탄받아 마땅한 인종적 우월주의와 차별에 입각한 관행의 종식을 그 목표로

---

564) 국문본에는 "national or ethnic origin"이 "민족이나 종족의 기원"이라는 용어로 번역되어 있다. 모든 형태의 인종차별 철폐에 관한 협약 (1979.1.4. 발효, 조약 제667호), 외교부 홈페이지(www.mofa.go.kr) 조약정보 참조.

565) *Supra* note 543, pp. 25-27.

하며 국적에 따른 차등적 대우를 문제삼기 위한 협약이 아닌 것으로 이해
된다.566) 이렇게 통상적 의미, 문맥, 목적에 대한 각각의 검토는 동일한 결
론을 순차적으로 도출해내며 상호확인의 역할을 수행한다. 여기서 재판부
는 보충수단에 의지할 필요가 없음을 선언하면서도 실제로는 양 당사국의
준비문서 상세 원용 사실 및 재판소의 자체 관행 등을 들며 준비문서를 검
토한다.567) 이 협약의 초안 작성 과정은 소수민족차별금지 및 보호 소위원
회, 인권위원회(Commission on Human Rights), 유엔총회 제3위원회 등을
순차적으로 거쳤는데, 재판부가 각 계기별 초안과 논의 내용을 조망한 결
과 "national origin"에는 국적-시민권에 근거한 차등적 정책조치는 포함되
지 않는다는 점이 비교적 확연히 드러난다.568) 결론적으로 이 사건 재판부
는 통상적 의미, 문맥, 목적, 준비문서를 순차적으로 살펴봄으로써 각각의
요소들이 동일한 결론을 도출하고 있음을 확인하였다. 전반적으로 인종차
별협약에 대한 일반적 이해나 국적 기반 차등조치에 대한 국가관행 등을
감안시 이 사건에서 "national origin"이 현재의 국적 문제까지 포함한다는
카타르의 주장은 직관적으로도 무리가 있었던 것으로 보이며, 각 요소별
순차적인 해석이 모두 동일한 결과를 도출해내리라 기대하기 어렵지 않았

---

566) *Ibid.,* pp. 27-28.
567) *Ibid.,* p. 28.
568) *Ibid.,* pp. 29-30. 예를 들어, 소위원회에서는 국적별 차별 금지 문제가 유의미하게
      주장된 것은 여러 국적을 가진 국민들로 이루어진 국가의 사례에 한정되었으며 대부
      분 외국인에 대한 차등적 조치는 인정하는 입장을 보였다. 인권위원회의 논의를 보
      면 "national origin"은 국적이 아니라 출신 국가(country of origin)를 의미하는 내용
      으로 논의되었으며 그 논의 결과 만들어진 초안에는 이 용어가 개인의 특정 국가
      시민권적 지위를 포함하지 않는다는 점이 명확히 부기되어있다. 제3위원회에서도
      이 용어는 상주국에서 인종차별을 받는 외국출신 개인의 문제만을 지칭하는 것으로
      이해되었으며 다수의 대표단이 이는 국적과는 다른 문제임을 명확히 표명하였다. 미
      국과 프랑스 역시 이 용어에 국적이나 시민권은 포함되지 않는다는 개정안을 제시하
      였다가 철회하였는데 그것은 2항과 3항이 추가됨으로써 미·불 양국의 우려가 해소
      되었기 때문이었다.

던 것으로 생각된다. 카타르-UAE 사건은 ICJ가 비엔나 규칙의 해석 요소
들을 병렬적·순차적 중복 확인의 방식으로 접근하고 있음을 보여주는 최근
의 대표적 판례라고 할 수 있다.

우크라이나와 러시아 간의 사건에서는 인종차별금지협약 제22조 분쟁해
결조항(ICJ 회부 요건)의 해석이 문제시되었다.569) 이 조항은 "교섭이나 또
는 이 협약에 명시적으로 규정된 절차에 의하여 해결되지 않은(which is
not settled by negotiation or by the procedures expressly provided for in this
Convention)" 분쟁은 ICJ에 일방 회부가능토록 규정되어있는데, ICJ는 이미
기존 사건에서 이 조항이 ICJ 회부의 선결요건임을 확인한바 있다.570) 이
사건에서는 "교섭"이나 "협약상 절차"571)라는 두 가지 요소가 선택적인지
또는 누적적인지의 해석이 대립하고 있었다. 러시아는 두 조건이 누적적
(cumulative) 관계로서 그것이 모두 충족되어야 한다고 해석하였다. 즉, 교
섭에 의해서도 해결되지 않고 협약상 절차에 의해서도 해결되지 않은 분쟁
만이 ICJ에 회부될 수 있다는 것이다. 반면, 우크라이나는 "또는(or)"이라는
단어가 보여주듯 양자는 선택적(alternative) 관계로서 둘 중 하나만 충족되
면 ICJ에 회부될 수 있다고 보았다.572) 재판부는 우선 "or"라는 영어 단어
가 부정문("not"의 문장)에서 사용되는 경우 두 가지 의미를 다 가질 수 있
음을 인정한다. 따라서 아직 잠정적 결론이 도출되지 않았다. 따라서 맥락
을 보아야 한다는 것이다. 그런데 "협약상 절차"에 의한 해결방법은 결국
법적 구속력이 없는 조정(conciliation)으로서 조정위원회의 권고를 받아든
양 당사국이 협상을 통해 합의된 해결책을 도출하는 것이다. 즉, 결국 협약

---

569) *Supra* note 540.
570) *Ibid.*, p. 598. 조지아-러시아 간 사건(2011년)을 지칭한다. *Supra* note 527 참조.
571) 이 협약상 절차의 핵심은 조정위원회의 구성 및 조정위원회의 권고에 따른 당사자간
　　합의의 도출이다. 모든 형태의 인종차별철폐에 관한 국제협약 제11조-제13조 참조.
572) *Supra* note 540, pp. 596-598.

상 절차 역시 협상이 필요한 절차에 다름이 아니므로 문맥상 교섭에 실패한 국가들에게 다시 또 다른 협상을 실시토록 요구하는 해석은 합리적이지 않다고 본다.573) 이어 재판부는 협약의 목적을 살펴보며, 협정이 이러한 문제를 지체없이(without delay) 해결하는 것을 주요한 목적으로 삼고 있으므로 제22조의 두 가지 선결요건을 누적적인 것으로 볼 경우 신속한 해결이라는 목적 달성이 더 어려워질 것이라고 판단한다.574) 문맥에 의해 확인된 "or"의 '선택적 관계'는 이렇게 목적을 통해 재차 확인된다. 이 사건 재판부의 과감성은 준비문서 검토 거부에서 확연히 드러난다. 통상적 의미, 문맥, 목적·대상에 근거한 해석이 충분히 명백하므로 준비문서를 볼 필요가 없다는 것으로서 이는 카타르-UAE 사건 등 최근 일련의 판례들과는 확연히 다른 태도라고 할 수 있다.

재판부 다수의견의 결론에 대해 별도의견을 제시한 Tomka 재판관은 비록 현실적인 이유로 반대표를 던지지는 않았으나 여전히 제22조의 두 가지 선결요건은 누적적인 관계로 해석해야한다는 입장을 개진하였다.575) 그는 다수의견의 입장이 여타 분쟁해결수단의 유용성을 침해하는 것이며 마치 ICJ는 신속한 해결이 가능하다는 듯한 비현실적 사고를 드러내는 것이라고 지적한다.576) 그는 드모르간(De Morgan)의 논리법칙을 인용하면서 "or"의 통상적 의미가 아니라 그 단어가 포함된 문구 전체("not settled by…")를 해석해 볼때 결국 두 요건을 모두 충족하지 못한 분쟁만이 ICJ 회부 가능하다고 해석한다.577) 특히 그는 다수의견의 준비문서 검토 거부가 ICJ 최

---

573) *Ibid.*, pp. 598-600.

574) *Ibid.*, p. 600.

575) *Ibid.*, pp. 623-624 (Separate opinion of Judge Tomka). Tomka는 분쟁발생 당시나 현시점의 현실적 상황에 비추어 우크라이나에게 다시 인종차별협약상 절차를 거치라고 판시하는 것은 무의미하고 불합리하다는 이유로 다수의견의 결론에만 동의하였다.

576) *Ibid.*, p. 620.

577) *Ibid.*, pp. 620-621.

근 관행에서 이탈하는 것이라고 지적하고, 사법적 논리의 일관성이 중요하
다는 점에서 다수의견의 태도는 이해할 수 없다고 비판하였다. 실질적으로
유엔총회 제3위원회 교섭 과정에서 이 문구의 뜻이 깊이있게 논의되었다고
보기는 어려우나, 그가 주목한 것은 "협약상 절차에 의한 해결"이라는 문
구의 추가를 제안한 가나 대표가 이에 대해 'ICJ 회부 전에 거쳐야할 절차
로서 협약상 절차를 그대로 언급하는 것일뿐'이라고 설명한 부분이다. 이
문안은 추가 논의없이 채택되었다.[578]

최근 ICJ의 비엔나 규칙 적용 사례에 있어서 준비문서 검토 거부라는 예
외적인 태도를 보인 이 사건은 여러모로 의구심을 남긴다. 우선, Tomka의
지적이 시사하듯 비사법적 분쟁해결 수단에 대한 기본적 이해의 문제가 있
다. 조정은 국제법상 분명히 양자간 교섭과 다른 제3자의 개입을 전제로 하
는 정치적 분쟁해결방식이다. 나아가, 조정은 사실심사와 법리적 판단까지
포함할 수 있는 혼합적 방식으로서 법적 구속력만 없을 뿐, 고난도의 정치
적 난관에 얽혀 교섭에 진전을 보지 못하는 국가들이 의존할 수 있는 유의
미한 해결책이다.[579] 따라서 협약상 절차가 단지 법적 구속력이 없는 절차
라는 이유만으로 이를 교섭과 사실상 동일한 또는 교섭이 실패하면 당연히
실패할 수밖에 없는 것으로 간주하는 재판부의 인식은 문제가 있다. 둘째,
통상적 의미가 명확하지 않아 그것만으로 1차적 의미를 도출하지도 못한 사
건에서 준비문서의 확인적 기능을 거부한 것은 이해하기 어려운 접근법이
다. 러시아가 준비문서를 적극 원용하였고 우크라이나는 준비문서가 러시아
의 주장을 지지하지 않는다는 방어적 태도를 견지한 점도 준비문서로부터
원하는 결과를 얻지 못할 것이라는 다수의견의 판단이 반영된 것은 아닌지

---

578) *Ibid.*, p. 623.
579) 최근 조정의 성공적 사례로는 동티모르-호주 대륙붕 사건을 들 수 있다. Conciliation
 Commission, Report and Recommendations of the Compulsory Conciliation Commission
 Between Timor-Leste and Australia on the Timor Sea (9 May 2018).

의심해보지 않을 수 없다.[580] 다수의견의 설득력과 정당성을 높이기 위해서
는 적어도 재판부가 제31조에 근거한 해석 결론이 준비문서 검토에 의해 흔
들리거나 뒤집히지 않는다는 점은 논증했었어야 했다고 본다.[581]

(3) 비엔나 규칙의 유형화된 적용

비엔나 규칙의 구조는 조약해석의 필요불가결한 기본 틀이 되었다.[582]
2002년 이후 ICJ의 조약해석 관련 판례는 이러한 비엔나 규칙 적용이 상당
부분 '유형화'되었음을 보여준다.[583]

우선, 그 앞선 시기의 불분명한 태도와 달리 조약해석 작업은 비엔나 조
약법협약 제31조와 제32조가 모두 국제관습법의 반영임을 확인하는 데서
출발한다.[584] 제31조의 일부 내용만 또는 제31조만 국제관습법의 반영으로

---

580) *Supra* note 540, p. 598.
581) 조약해석에 있어서 준비문서 참조가 불필요하다며 이를 명시적으로 거부한 최근 ICJ
사례는 매우 드물다. 최근 감비아가 미얀마를 상대로 제기한 제노사이드협약 사건의
선결적 항변 사건에서 ICJ는 이 협약 제8조 문언의 통상적 의미를 문맥 속에서 파악
한 결과 그 조항이 ICJ의 관할권 문제와는 관련이 없다는 결론을 내리면서 준비문서
와 같은 보충수단에는 의존할 필요가 없다고 판시하였다. 이 언급에 대한 선례는 원
용되어있지 않다. Application of the Convention on the Prevention and Punishment of
the Crime of Genocide (The Gambia v. Myanmar), Preliminary Objections, Judgment,
22 July 2022, para. 90, p. 32.
582) Thirlwy, *supra* note 393, p. 1234.
583) Ligitan/Sipadan 섬 사건(2002년)에서부터 비엔나 규칙의 2개 조항을 모두 국제관습
법 반영이라고 명시적으로 확인한다는 점에서 이를 본격적인 유형화된 적용의 출발
점으로 볼 수 있으나. 그 직전의 Kasikili/Sedudu 섬 사건(1999년)과 LaGrand 사건
(2001년) 역시 2002년 이후 정착된 유형화된 비엔나 규칙 적용과 유사한 양태를 보
이고 있기는 하다.
584) Ligitan/Sipadan 섬 사건(2002년), Avena 사건(2004년), 제노사이드협약 적용 사건
(2007년), 형사공조 사건(2008년), 항행권리 사건(2009년), 해양분쟁 사건(20014년),
대륙붕경계획정 사건(2016년), 면제 및 형사절차 사건(2018년), Jadhave 사건(2019
년), 테러재정지원금지협약 및 인종차별철폐협약 사건(2019년), 인종차별철폐협약
사건(2021년) 참조. 테러재정지원억제협약 및 인종차별철폐협약 사건(2019년) 등 일

선언되고 제32조의 성격이나 지위에 대해서는 침묵하는 부분적 승인이 아닌 온전한 전면적 수용이다. 따라서 당사국간 그 협약의 발효여부 또는 해석대상 조약의 발효 시점과 무관하게 비엔나 규칙이 적용될 수 있다는 점도 2009년 항행권리 사건부터 명시되고 있다.[585]

또한, 준비문서를 포함한 비엔나 규칙의 주요 요소들이 병렬적·순차적 과정 속에 배치되어 일관된 해석결과를 반복적으로 확인하는 접근법이 사실상 정착되었다. ICJ는 종종 보충수단의 검토 불필요성에 대한 립서비스 성격의 언급을 하기도 하나, 통상적으로 제31조와 제32조의 위계적 관계 여부에 대한 별다른 확인없이 '선례를 감안'하거나 '당사국들이 준비문서에 근거한 주장을 제기하였음을 감안'한다면서 준비문서를 자연스러운 해석과정의 온전한 일부로 편입하였다.[586] ICJ가 준비문서를 검토한 이러한 사례들 중 텍스트 중심 해석 결론과 상이하거나 상충되는 결론이 도출된 사례는 없다.[587] 비엔나 규칙의 성안 과정에서 도가니(crucible)의 비유를 통해 전체 해석과정이 하나의 단일한 작업 과정이 되어야 한다는 점을 제안하였으나 그것이 새롭게 성문화될 조약해석규칙 하에서 구체적으로 어떻게 전개될 것인지에 대해서는 예단하기 어려웠다. 이제 ICJ는 비엔나 규

부 판례에서는 제33조까지 포함하여 국제관습법으로 확인되고 있다.

585) 항행권리 사건(2009년), 펄프공장 사건(2010년), 해양분쟁 사건(2014년), 대륙붕경계획정 사건(2016년), 인종차별철폐협약 사건(2021년) 참조.

586) LaGrand 사건(2001년), Ligitan/Sipadan 사건(2002년), 인종차별철폐협약 사건(2011년), 해양분쟁 사건(2014년), Jadhav 사건(2019년), 테러재정지원억제협약 및 인종차별철폐협약 사건(2019년), 인종차별철폐협약 사건(2021년) 등 참조. 보충수단 검토 불필요성에 대한 별도 언급 없이 제31조 일반규칙의 요소들과 병렬적으로 검토한 사례들은 제노사이드협약 적용 사건(2007년), 흑해 해양경계획정 사건(2009년), 제노사이드협약 적용 사건(2015년), 면제 및 형사절차 사건(2018년) 등이 있다.

587) 다만, 준비문서 검토가 텍스트 중심 해석결론을 적극적으로 확인하는 대신 '상이한 결과를 보여주지 않는다'거나 '배제하지 않는다'는 취지의 결론을 도출하는 사례는 있다. 인종차별철폐협약 사건(2011년), 흑해 경계획정 사건(2009년), LaGrand 사건(2001년) 등 참조.

칙의 온전한 수용과 함께 통상적 의미, 문맥, 목적, 후속 관행 그리고 준비 문서 등 주요 해석 요소들을 병렬적·순차적인 과정 속에 배치함으로써 각 각의 해석 요소에 의해 도출되는 동일한 해석 결론이 누적적으로 중복 확 인되는 해석방식을 비엔나 규칙의 구체적인 적용방식으로 유형화하였다.

3. ICJ 이외의 주요 국제재판기구와 비엔나 규칙

가. ICJ 중심성과 선별성 문제

지금까지 ICJ 판례법상 비엔나 규칙의 수용 과정을 검토하였다. ICJ 판례 를 중심으로 비엔나 규칙의 현재적 적용 과정을 파악하는 것은 몇 가지 실 용적인 이유에 기인한다. 우선, 일반 국제법의 규범 형성과 적용·발전에 있 어서 ICJ 자체가 갖는 고유의 중심적 역할 때문이다. ICJ는 유엔이라는 가장 핵심적이고 상징적인 현대 국제기구의 주요 사법기관(principal judicial organ)으로서, 일반 국제법상 현저한 권위를 인정받고 있음은 자명하다.[588] ICJ의 규정(Statute)은 유엔헌장의 일부이고 ICJ 재판관은 유엔 총회와 안전 보장이사회에서 선출된다. 이는 일반적 관할권(general jurisdiction)을 갖는 유일한 상설 국제재판소로서 ICJ의 특수한 지위와 그 판례법의 중요성을 시사하는 것이라고도 할 수 있다.[589] ICJ 판례법의 동향은 그 자체로 국제

---

588) Sir Nigel Rodley, "The International Court of Justice and Human Rights Treaty Bodies", in Mads Andenas and Eirik Bjorge (eds), *A Farewell to Fragmentation: Reassertion and Convergence in International Law* (Cambridge University Press, 2015), p. 87.

589) Identification of Customary International Law, Report of the International Law Commission, Seventieth session, 30 April - 1 June and 2 July - 10 August 2018 (A/73/10), p. 150.

법 주요 쟁점에 대한 논의에 있어서 결정적인 또는 적어도 가장 중요한 검토대상이 될 수 있다. ICJ 판례의 상세 분석은 정부의 조약해석 사례도 간접적으로 파악할 수 있게 해준다. 국가들의 조약 '적용'은 대외적으로 드러나는 경우가 많은 반면 조약의 '해석' 관행 또는 '해석규칙의 적용'은 대부분 내부적 검토의 차원으로만 이루어지기 때문에 공개되는 경우가 많지 않다. 그러나 ICJ의 소송 당사국이 서면 또는 구두심리를 통해 공개적으로 제시하는 논리는 주권국가들이 법적 분쟁에 있어서 자국의 입장을 효과적으로 전달하기 위해 조약해석 문제를 어떻게 다루는지 보여준다. 아울러, 조약해석 담론에 있어서 비엔나 규칙의 국제관습법적 성격을 선도적으로 그리고 반복적으로 확고히 천명하면서 그 적용을 유형화한 것은 ICJ 판례이며,590) 비엔나 규칙의 일반적 성격에 대한 주요 학술담론 역시 ICJ 판례에 대한 연구를 중심으로 이루어졌다. 국제재판소 간 규범적 위계질서가 있는 것은 아니나 여타 국제재판기구들도 ICJ의 판례법에 크게 영향을 받고 그 것을 권위있는 주요 가이드로 삼는다는 점 역시 염두에 둘 필요가 있다.591) 따라서 비엔나 규칙의 현재적 양상을 ICJ 판례 중심으로 파악하는 것은 일응 어느 정도 정당화될 수 있다.

그러나 국제사회와 국제규범의 다변화 및 조직화 증대와 함께 특수 분야의 국제사법기구 또는 유권적인 조약해석 작업을 수행하는 여타 국제기구와 기관들이 대폭 늘어났고, 이는 이른바 국제법의 "분절화(fragmentation)"

---

590) 비엔나 조약해석 규칙상 후속 합의와 후속 관행 문제에 대한 ILC 보고서는 ICJ를 비롯한 다양한 국제재판소들이 비엔나 규칙의 국제관습법적 성격을 인정하고 있다고 서술하면서 그 사례를 열거하고 있는데, ICJ가 당연히 압도적으로 많이 원용되고 있다. 그 보고서에서 다른 국제사법기구(예를 들어, 유럽인권재판소, 미주인권재판소)의 일부 판례는 마치 ICJ 보다도 앞서 비엔나 규칙의 국제관습법적 성격을 판시한 것처럼 원용되어있다. 그러나 실제 그 판례들에는 비엔나 규칙의 그러한 성격에 대한 언급은 없다. ILC Yearbook 2018, Vol. II. (Conclusion 2.1에 대한 논평 참조).
591) *Supra* note 589, p. 150.

논의를 야기하기도 하였다.592) 원칙적으로 특정 국제법 논의동향을 전면적
으로 파악하기 위해서는 그렇게 증가한 모든 국제법 관련 기구 또는 적어
도 모든 국제재판소의 판례와 법규범 적용 실태를 전면 검토해야한다고 볼
수 있다. 다만, 여기서 모든 국제사법기구의 주요 판례를 모두 분석하는 것
은 현실적으로 거의 불가능하며 본 연구의 범위를 한참 넘어서는 특수분야
의 주제를 다수 포함할 수밖에 없다는 점도 감안해야 한다.

따라서 위와 같이 일반 국제법 담론의 가장 중심적인 원천이라고 할 수
있는 ICJ를 중심으로 비엔나 규칙의 현재적 적용과 준비문서의 지위에 대해
살펴보되, 학계에서 가장 빈번한 연구와 논의의 대상이 되고 있는 주요 판
례·사례로서 유엔해양법협약 체제, WTO, 유럽인권재판소 등의 조약해석
동향과 관련 학술적 논의도 검토하도록 한다. 여기서 도출되는 관찰을 비엔
나 규칙의 현재적 적용양상에 대한 ICJ 판례 중심의 결론적 명제와 연계하
여 보다 균형잡힌 방향으로 미세 조정하는 문제에 대해서는 후술한다.593)

나. 여타 주요 국제재판기구와 비엔나 규칙

(1) 유엔해양법협약 체제

유엔해양법협약에 의해 설치된 국제해양법재판소(International Tribunal
for the Law of the Sea, 이하 ITLOS)는 그 협약의 발효(1994년) 이후 1996
년에 정식 출범하였으며 1997년에 첫 사건이 회부되었다.594) 따라서

---

592) 국제법의 분절화에 대해서는 Fragmentation of International Law: Difficulties Arising
from the Diversification and Expansion of International Law: Report of the Study
Group of the International Law Commission, 13 April 2006 (A/CN.4/L.682) (이하
"ILC Report of the Study Group (2006)") 참조. 여기서 ILC는 비엔나 조약법협약이
분절화에 대응하는 유용한 수단(tool-box)이 될 수 있다고 제언한다. p. 250.

593) 제4장 제3절 3.가 참조.

594) ITLOS/Press 8, 13 November 1997.

ITLOS의 판례는 ICJ에 의한 비엔나 규칙의 공식적 수용이 개시된 이후에 축적되기 시작하였다고 볼 수 있다. ITLOS가 비엔나 규칙을 명시적으로 원용하여 그 국제관습법적 지위를 언급한 첫 사례는 2011년 권고적 의견인 것으로 파악된다.595) 심해저 활동에 대한 국가의 책임과 의무를 검토한 이 사건에서 재판부는 비엔나 조약법협약 제31조-제33조가 국제관습법의 반영으로 간주된다고 판시하면서 ICJ 및 여타 국제재판소의 사례를 원용하고 있다.596) 사실 ITLOS는 그에 앞서 2002년 Volga 사건(신속석방)에서 조약해석론에 대해 언급하였으나 비엔나 규칙을 원용하지 않고 조약 문구가 문맥 및 목적에 비추어 해석되어야 한다고 판시한바 있다.597) 이것은 비엔나 규칙의 부분적인 채택에 불과한 것으로 볼 수 있으나, 2011년 권고적 의견은 Volga 사건 판시가 비엔나 조약해석 조항의 문구와 접근법을 차용한 것이라고 평가하였다.598)

비엔나 규칙과 준비문서 활용에 대한 보다 흥미로운 접근법은 ITLOS 보다 유엔해양법협약 제15부에 의해 설치된 중재재판소의 판정례에서 드러난다. 특히, 유엔해양법협약 제15부상 강제적 분쟁해결절차의 예외를 규

---

595) Responsibilities and Obligations of States with respect to Activities in the Area, Advisory Opinion, 1 February 2011, ITLOS Reports 2011, p. 10, p. 28.

596) *Ibid.*, p. 28. 여기서 인용되는 사건은 ICJ의 리비아-차드 국경분쟁 사건, 오일 플랫폼 사건, Avena 사건, 펄프 공장 사건, 기니-기니비사우간 해양경계획정 중재사건, WTO 의 US-Standards for Reformulated and Conventional Gasoline (1996) 사건 등이다.

597) "Volga" (Russian Federation v. Australia), Prompt Release, Judgment, ITLOS Reports 2002, p. 10, pp. 34-35.

598) *Supra* note 595, p. 28. 직접적인 조약해석 사건은 아니나 비엔나 규칙 주요 요소들의 병렬적·순차적 배치 관계를 상징적으로 보여주는 판시가 ITLOS의 널리 알려진 사건 중 하나인 Mox Plant 사건 잠정조치 명령에서 발견된다. 여기서 재판부는 서로 다른 조약이 동일한 또는 유사한 문구의 조항을 갖고 있더라도 각각의 "문맥, 목적, 당사자 후속 관행, 그리고 준비문서"의 차이로 인해 조약해석규칙의 적용 결과는 상이할 수 있다고 지적하였다. MOX Plant (Ireland v. United Kingdom), Provisional Measures, Order of 3 December 2001, ITLOS Reports 2001, p. 95, para. 51, p. 106.

정한 제297조에 대해 서로 상충되는 해석론을 제시한 두 개의 중재판정을 비교해보면 준비문서의 가치와 역할에 대한 유의미한 시사점을 찾을 수 있다.

강제적 분쟁해결절차의 도입은 제3차 유엔해양법회의를 통해 도출된 유엔해양법협약의 가장 중요한 특징이자 성과 중의 하나로 널리 인정되고 있는데,599) 강제절차가 강력한 만큼 유엔해양법회의 과정에서 일종의 정치적 타협으로서 그 절차의 적용범위에 대한 제한 역시 불가피했다.600) 그중 제297조는 강제절차의 적용을 자동적으로 배제하는 예외조항인데, 일견 그 해석이 쉽지 않은 복잡다기한 구조를 갖고 있다.601) 우선, 제297조의 각 항은 공해자유, 해양환경, 해양과학조사, 어업 등에 대한 분쟁을 제2절의 강제절차에 따라 해결해야 한다고 규정하는 한편, 해양과학조사와 어업 분쟁에 대해서는 강제절차 회부에서 제외되는 분쟁유형들이 각각 상세 명기되어있다.602) 이에 대해 남방참다랑어 사건(2000년)의 중재재판부는 유엔해양법협약의 분쟁해결체제가 진정한 의미의 포괄적인 강제적 관할권 체제에 미치지 못한다는 판단을 내리면서 그 중요한 근거 중 하나로 제297조의 해석을 제시한다.603) 즉, 제297조 1항은 그 조항에 명기된 특정 분쟁에 한

---

599) 유엔해양법협약 제15부 분쟁해결제도에 대한 개관은 김민철, "경계미획정 수역에서 연안국의 권리행사와 분쟁해결" (서울대학교 법학박사논문, 2019), 158-167쪽; 조훈, "UN해양법협약 강제적 관할권 조항 해석 및 적용의 변천" (서울대학교 법학석사논문, 2018), 7-34쪽 참조.

600) 유엔해양법협약 제15부의 제2절은 "구속력있는 결정을 수반하는 강제절차"이며 제3절은 "제2절 적용의 제한과 예외"이다. 제3절은 제297조(제2절 적용의 제한), 제298조(제2절 적용의 선택적 예외), 제299조(분쟁해결절차에 관하여 합의할 수 있는 당사국의 권리)로 구성되어있다.

601) 제297조의 형식에 대해 "원칙과 예외가 상당히 불명확하게 규정"되어있다는 평가도 있다. 김민철, 전게논문 (각주 599), 171쪽.

602) 제297조 1항은 일정한 공해자유, 해양환경 관련 분쟁에 대해 강제절차가 적용된다는 규정만 두고 있으며 2항(해양과학조사 관련 분쟁)과 3항(어업 관련 분쟁)은 원칙적인 강제절차 적용 규정에 이어 그 예외를 함께 규정하고 있다.

해서만 강제절차의 적용을 인정하고 있고, 2항과 3항은 강제절차의 적용을
먼저 제시하고는 있으나 곧이어 상세하고 중요한 예외를 규정하고 있다는
것이다. 원칙과 예외를 각각 한정적으로 열거하고 있는 것으로 보이는 조
항은 필연적으로 그 어느 규정에도 해당하지 않는 분쟁에 대한 강제절차
적용 가능 여부의 문제를 발생시킨다. 남방참다랑어 사건 재판부는 규정상
명기된 분쟁에 대해서만 강제절차가 적용될 수 있으므로 이에 해당하지 않
는 분쟁에 대해서는 재판관할권이 존재하지 않는다고 보았다.[604]

이러한 해석론은 차고스 군도 중재사건(2015년)[605]에서 전면 부인되었
다. 영국의 차고스 군도 주변 해양보호구역 설정에 대해 모리셔스가 이의
를 제기하면서 촉발된 이 사건에 있어서 당사국인 모리셔스와 영국은 분쟁
의 성격규정 및 제297조의 해석에 대한 상이한 입장을 견지하였다.[606] 양
국은 각자 제297조의 문안에 대한 상세하고 다각적인 논변을 전개하였는
데, 핵심 요지만 보자면 모리셔스는 양국간 분쟁이 제297조 1항상 해양환
경 분쟁에 해당하므로 중재재판소가 관할권을 갖는다고 주장한 반면, 영국

---

603) Southern Bluefin Tuna case between Australia and Japan and between New Zealand and Japan, Award on Jurisdiction and Admissibility, Decision of 4 August 2000, paras. 61-62.

604) 김민철, 전게논문 (각주 599), 171쪽.

605) In the Matter of the Chagos Marine Protected Area Arbitration between the Republic of Mauritius and the United Kingdom of Great Britain and Northern Ireland, Award of the Arbitral Tribunal (18 March 2015).

606) 모리셔스 독립시 모리셔스에서 분리되어 영국령으로 유지되고 있는 차고스 군도의 반환을 둘러싸고 양국간 분쟁이 지속되어왔다. 차고스 군도 관련 분쟁의 배경과 경과 등에 대해서는 박현석, "차고스 군도의 분리와 후속 상황에 관한 국제법원들의 결정 비교", 홍익법학, 제21권 제1호 (2020), 121쪽; 정경수, "미완의 비식민화 잔여물의 탈식민적 청산-차고스 군도에 관한 권고적 의견을 중심으로", 국제법평론, 제54권 제1호 (2019), 101쪽; 황준식, "국제사법재판소(ICJ)의 권고적 의견과 동의(consent) 원칙-차고스(Chagos) 군도 사건에서 제출된 서면의견을 중심으로", 국제법논총, 제63권 제4호 (2018), 309쪽 참조.

은 EEZ 어업 권리행사에 관련된 분쟁이므로 제297조 3항상 강제절차가 배제되어 중재재판소가 관할권을 갖지 못하는 사안이라고 주장하였다.607) 이에 대해 재판부는 영국의 해양보호구역 설정이나 이에 대한 모리셔스의 권리 주장이 단지 EEZ 생물자원 문제에만 국한되지 않으며 더 큰 틀에서 해양환경보호와 관련되는 사안이므로 어업 관련 분쟁이라는 이유만으로 강제절차가 배제되지 않는다고 보았다.608) 이제 남은 문제는 '해양환경 보호 및 보전을 위한 특정의 국제적 규칙과 기준에 위반되는 행위'라는 문구를 중심으로 하는 제297조 1항(c)의 해석이었다. 재판부는 제297조 1항의 문언상 이것이 원칙적인 강제절차를 '제한'하는 것이 아니라 '재확인'해주는 것이라고 본다.609) 여기서 재판부는 "이 조항의 역사"를 보다 깊이 파고드는 것이 "유용(useful)"할 것이라면서 1976년부터 시작되는 초안 변경의 역사를 상세히 검토하는데, 그 이유는 강제적 절차의 제한을 다루는 조항에 관할권 확인 조항이 포함되어있다는 "모호함(ambiguity)" 때문이다.610) 이렇게 준비문서 검토의 정당성을 제시한 재판부는 EEZ 관련 분쟁의 강제적 해결 절차 범위에 대한 국가간 이견과 상충하는 이해관계의 조정을 위해 제297조 문안에 일련의 극적인 변화가 있었음을 보여준다.611) 재판부는 초안 변화과정에 대한 꽤 긴 서술을 마무리하면서 명확성이 결여된 조항의 의도를 밝히는 데 도움이 되기 때문에 그러한 조항 형성 역사의 상세한 검토가 정당화된다고 재차 강조한다.612) 그러한 검토 결과 제297조 1항은 유

---

607) *Supra* note 605, paras. 234-252.

608) *Ibid.*, para. 304.

609) *Ibid.*, paras. 307-308. 제297조 1항은 2항, 3항과 달리 예외가 규정되지 않은 긍정문 형태의 조항이고 그 적용대상으로 규정된 분쟁들이 한정적 열거대상이라고 해석할 경우 같은 조 2항, 3항과 일치하지 않는다는 해석이다.

610) *Ibid.*, para. 308.

611) *Ibid.*, paras. 309-313. 재판소는 준비문서 검토 결과 1항과 같은 확인적 조항이 제297조 "제한" 조항에 남게 된 이유는 중 하나는 최종적으로 제294조가 된 절차적 보호 규정과 관련되어있다고 본다.

엔해양법협약상 분쟁해결 체제에서 제한적 의미를 갖지 않으며, 오히려 협약을 넘어선 '여타 규칙이나 기준'과 같은 법원(法源)을 언급함으로써 분쟁해결 적용범위를 확대하게 된다고 판단한다.[613] 즉, 해당 분쟁이 제297조의 각 대상요건을 추가적으로 충족할 필요는 없다는 것이다.

결론적으로 재판부는 제297조의 문언적 해석이 조항 초안 변천사 검토에 의해서도 재차 확인된다고 본다.[614] 이 판례는 조약해석과 준비문서 활용에 관한 흥미로운 시사점을 몇 가지 포함하고 있다. 우선, 이 사건에서 재판부는 1958년 영해협약 해석을 다루는 부분에서는 비엔나 조약법협약 제31조를 일부 원용하였으나,[615] 가장 논란의 여지가 큰 유엔해양법협약 제297조 1항의 해석에 있어서는 비엔나 규칙을 직접 원용하지 않았다. 더욱이, 이 사건 판시는 텍스트적 해석이 준비문서에 의해 확인된다는 점을 분명히 하고는 있으나 재판부가 준비문서의 원용을 정당화하는 논리는 비엔나 규칙의 언어나 접근법과 정확히 일치한다고 보기 어렵다. 준비문서의 "확인" 기능과 텍스트의 "모호함"에 대한 암시가 뒤섞여 있기 때문이다. 재판부가 지적한 제297조 1항의 모호함은 문안 자체의 불확실성이 아니다. 제297조의 제목("제한")과 1항 내용(강제절차를 제한하는 내용의 부재)의 불일치를 모호함으로 규정하였다.[616] 동시에 명확하지 않은 조항의 의도를 파악한다는 점에서 준비문서의 원용을 정당화하고 있다.[617] 이는 텍스트에

---

612) *Ibid.*, para. 314.
613) 재판부는 이를 "*renvoi*"라고 표현한다. *Ibid.*, para. 316.
614) *Ibid.*, para. 317. 참고로, 후술하는 필리핀-중국 간 남중국해 중재사건에서 필리핀은 관할권 관련 심리 진행기간 중 차고스 군도 중재판정이 선고되자 이 중재판정에 근거하여 제297조 1항에 대한 기존 서면을 수정하기도 하였다. In the Matter of an Arbitration between the Republic of the Philippines and the People's Republic of China, Award on Jurisdiction and Admissibility, 29 October 2015, para. 361.
615) *Supra* note 605., para. 514.
616) *Ibid.*, para. 308.
617) *Ibid.*, para. 314.

내재된 특정한 구조적 불확실성을 드러내고 진정한 의도와 의미를 규명하기 위해 텍스트와 준비문서를 통합적으로 분석하는 접근법에 가까운 것으로 보인다.

차고스 군도 중재사건의 제297조 1항 해석은 남방참다랑어 중재사건의 결론과 정면으로 상충한다는 점에 주목할 필요가 있다. 중재재판소는 상설적인 국제재판소에 비해 선례 존중에 대한 요구 또는 기대가 덜하다고 볼 수도 있겠으나, 동일한 법적 근거(유엔해양법협약 제7부속서)에 의해 설치되는 중재재판소가 특정 조항에 대한 기존 판례의 해석을 변경하는 것은 결코 흔하게 발생하는 일도 아니고 대수롭지 않게 여길 수 있는 일도 아닐 것이다.[618] 남방참다랑어 사건의 경우 제297조 1항이 핵심 쟁점은 아니었기 때문에 비교적 원론적이고 간단한 해석논리만 제시된 반면, 이러한 해석과 다른 결론을 도출하기 위해 차고스 군도 사건 재판부는 준비문서의 검토에 크게 의존하였다. 서로 다른 사건을 위해 설치된 중재재판소들의 판례가 일관성이나 선례구속성을 존중해야하는 것은 아님에도 불구하고, 기존 판례 논리의 전면적 변경은 그 정당성 확보라는 차원에서 보다 철저한 논증이 요구된다고 할 수 있다. 제297조 성안과정에 대한 차고스 중재재판부 분석의 정확성이나 타당성과는 별개로[619] 기존 중재판례의 해석입

---

618) 제297조에 대한 두 판례의 상충되는 해석 문제는 유엔해양법협약 텍스트나 준비문서(초안)의 평가와 같은 조약해석 규칙만으로 해결될 수 없으며, 결국 국제재판소의 역할과 권위에 대한 법이론적 접근을 통해 해결되어야 한다는 주장도 존재한다. Stephen Allen, "Article 297 of the United Nations Convention on the Law of the Sea and the Scope of Mandatory Jurisdiction", *Ocean Development and International Law*, Vol. 48 (Oct., 2017), pp. 324-326. 이 맥락에서 Allen은 Ingo Venzke의 논리를 원용하고 있다. Ingo Venzke, *How Interpretation Makes International Law: On Semantic Change and Normative Twists* (Oxford University Press, 2012), pp. 63-64 참조.

619) 제297조 1항 형성 과정 관련 차고스 군도 사건 판정의 오류에 대해서는 김민철, 전게논문 (각주 599), 178-180쪽 참조.

장을 변경하기 위해 준비문서의 상세한 검토가 필연적이었다고 할 수 있을 것이다.

기존 판례의 변경이 아니더라도 민감한 주제에 대한 새로운 해석론의 제기에 있어서 준비문서의 적극적인 활용이 두드러진 사례를 유엔해양법협약 제7부속서에 근거한 또 다른 중재판정인 남중국해 사건(2016년)[620]에서 찾을 수 있다. 이는 중국과 주변 동남아시아 국가들 사이에서 민감한 영토 및 해양경계 분쟁의 대상이 되고 있는 남중국해 문제를 배경으로 2013년 필리핀이 자국과 중국 간의 분쟁을 중재재판에 일방 회부한 사건이다. 중국은 이 문제가 본질적으로 영토분쟁이라는 입장 하에 유엔해양법협약상 분쟁해결절차에 따른 중재재판 관할권의 부존재 등을 주장하며 모든 소송 절차에 대한 출석 또는 참가를 거부하였다.[621] 중국의 불참에도 불구하고 중재재판소는 재판관할권 보유 결정을 내리고 본안 판단까지 나아갔다. 이 사건에서 논란을 야기한 쟁점 중 하나는 섬(island)과 암석(rock)의 개념을 구분하고 있는 유엔해양법협약 제121조 3항의 해석 문제였다.[622] 이 사건 재판부는 이 조항의 해석을 위해 비엔나 조약법협약 제31조와 제32조를 적용해야한다고 판시하고, 텍스트, 맥락, 목적, 그리고 준비문서를 각각 살펴보겠다고 선언한다.[623] 실제로 재판부는 텍스트의 개별 문구와 단어 해석을 통해 몇가지 결론 명제를 도출하고 여전히 인간거주와 독자적 경제활동

---

620) In the Matter of the South China Sea Arbitration between the Republic of the Philippines and the People's Republic of China, Award of the Arbitral Tribunal (The Hague, 12 July 2016).

621) 남중국해 사건의 개요에 대해서는 조훈, 전게논문 (각주 599), 41-44쪽; 김원희, "국제법상 해양에 대한 역사적 권리의 성격과 범위", 영토해양연구 제13권 (2017), 110-129쪽 참조.

622) 유엔해양법협약 제121조 3항은 "인간이 거주할 수 없거나 독자적인 경제활동을 유지할 수 없는 암석(rocks)은 배타적 경제수역이나 대륙붕을 가지지 아니한다"라고 규정하고 있다.

623) *Supra* note 620, paras. 476-477.

의 구체 기준이 드러나지 않는다는 점을 지적한다.624) 이어 맥락 및 목적
에 대한 검토를 통해 인간거주의 개념을 EEZ 개념 도입과의 연관성 속에
서 보다 구체화한 후,625) 준비문서에 대한 검토로 넘어간다. 재판부는 준비
문서의 활용에 대해 매우 짤막한 정당화를 시도하는데, 그것은 준비문서의
검토가 조항 자체의 목적(purpose)을 밝히는 데 의미가 있기 때문이라는 것
이다.626) 재판부는 20세기 초 섬의 개념 정의 시도에서 출발하여 1950년대
ILC의 논의, 1970년대 유엔해양법회의 논의 및 초안에 대한 분석을 거쳐
1982년 최종 채택시기의 논의까지 추적한다.627) 이러한 검토를 바탕으로
재판부는 비록 제121조의 준비문서가 해석에 대한 불완전한 자료에 불과하
고 실제 최종 문안타결은 기록이 남아있지 않은 비공식 협의를 통해 이루
어졌다는 점을 인정하면서도, 조약 교섭사(negotiating history)로부터 제121
조의 구체적 해석에 직결되는 몇 가지 중요한 관찰사항을 이끌어 낸다.628)
재판부는 이와 같은 텍스트, 맥락, 목적, 준비문서의 분석을 바탕으로 제
121조 3항 해석에 대한 "결론"을 도출한 후,629) "후속 관행"으로 넘어가 별
도의 상세한 분석 없이 상기 해석 결론과 상충되는 '국가 관행에 근거한
합의'의 존재를 찾을 수 없다고 간단히 결론내린다.630)

이 사건은 일응 비엔나 규칙을 충실하게 적용하는 외관을 보여주고 있

---

624) *Ibid.*, paras. 478-505.
625) *Ibid.*, paras. 507-520. 재판부는 맥락에 대한 검토의 마지막 부분에서 제3차 유엔해양
  법회의시 싱가포르 대표 및 콜롬비아 대표의 발언을 원용하고 있는데, 이는 명백히
  준비문서의 범주에 해당하는 내용이라고 할 수 있을 것이다. para. 519.
626) *Ibid.*, para. 521. 여기서 재판부는 "제121조의 채택에 이르는 상황(circumstances)"이
  라는 표현을 사용하고 있어 다소 혼란을 주고 있으나 '체결당시의 상황'이라기 보다
  는 준비문서를 지칭하고 있음이 명백하다.
627) *Ibid.*, paras. 522-533.
628) *Ibid.*, paras. 534-538.
629) *Ibid.*, paras. 539-551.
630) *Ibid.*, paras. 552-553.

다. 다만, 이 사건의 접근법은 비엔나 규칙이 상정한 제31조와 제32조의 관계에 정확히 일치하지 않는 측면도 있다. 준비문서 원용이 정당화되는 이유에 대해 "확인" 또는 "결정"의 도식적 선택 구조를 그대로 차용했다기보다는 텍스트·문맥·목적에 준비문서까지 통합적으로 연계된 논리구조를 드러내고 있다. 즉, 제121조 3항상 섬과 암석의 구분이 가진 표면적인 추상성이 텍스트에서 준비문서에 이르는 순차적 과정을 통해 하나의 구체적인 기준으로 전환되는 전개를 보여주는 것이며, 텍스트 중심의 결론을 준비문서가 확인 또는 결정하는 구조가 아니다. 실제 비엔나 규칙 제31조에 속하는 후속 관행 분석은 준비문서에 대한 검토까지 모두 완료된 이후 보충적 설명에 해당하는 듯한 인상을 주고 있으며, 실제 준비문서에 할애된 분량이 다른 여타 해석 요소보다도 더 많다는 점을 확인할 수 있다. 제121조 3항의 해석은 이 사건 분쟁당사국을 넘어 섬과 암석을 가진 모든 국가들에게 직간접적으로 영향을 미치는 중요하고 민감한 사안이 아닐 수 없다. 실제 다수 연안국들은 제121조 3항의 추상적 기준을 재량적으로 넓게 해석하려는 경향이 있기 때문에 이 사건 중재재판소가 채택한 상당히 제한적인 해석론은 국가들의 민감한 반응을 야기할 수 있다. 외견상 구체적 판단 기준이 결여된 조항으로부터 국가 해양영역의 범위를 축소하게 될 가능성이 높은 새로운 해석론의 도출이 정당화되기 위해서 준비문서를 부차적인 요소 또는 간단한 확인을 위한 요소 정도만으로 다루기는 어려웠을 것이다. 이러한 맥락에서, 제121조 관련 준비문서의 불완전성에 대한 재판부의 지적[631]은 오히려 재판부가 준비문서 원용의 정당성에 대해 스스로 상당한 주의를 기울이고 있음을 보여준다고 할 수 있다.

---

631) *Ibid.*, para. 534.

(2) 세계무역기구(WTO)

WTO 체제는 분쟁해결 측면에서 내부의 자체적인 규칙과 절차를 보유한 독자적 법체계를 이루고 있다.[632] 즉, 상품, 서비스, 무역관련 지적재산권 등 세분화된 개별 협정을 바탕으로 이에 대한 당사국간 분쟁을 오로지 WTO내의 자체적인 분쟁해결절차와 기관을 통해 처리한다.[633] 이를 자기완결적(self-contained) 체제라고 부르기도 하며, 매우 통합적이면서도 독특한 법질서로 평가된다.[634] 원래 WTO는 각료회의와 일반이사회가 관련 협정의 해석 채택에 대한 배타적 권한을 갖는다는 점에서 일종의 '입법자 제공 해석(authentic interpretation)'의 원칙을 두고 있으나 실제 그러한 해석관행은 형성되지 못하였으며 결국 분쟁해결기구로서의 패널과 상소기구가 WTO 협정체제의 해석을 수행해오고 있다.[635] WTO 협정체제상 분쟁해결 규칙 및 절차에 관한 양해(DSU: Dispute Settlement Understanding)는 조약의 해석에 있어서 "국제공법의 관습적 해석 규칙"을 따를 것을 규정하고 있는데, 상소기구는 첫 번째 사건에서 비엔나 조약법협약 제31조가 그러한 관습법적 지위를 갖는다고 판시하였다.[636] 여기서 상소기구는 ICJ의 1994년 영토분쟁 사건과 함께 유럽인권재판소(European Court of Human Rights,

---

632) 이재민, "최근 WTO 분쟁해결절차에서 확인된 국제법 기본원칙 및 법리", 국제법학회논총, 제55권 제4호 (2010), 183쪽.

633) 상게논문 184쪽.

634) 서은아, "WTO 분쟁해결절차에서 적용가능한 법 간 충돌의 해결-비WTO규범과의 충돌논의를 중심으로", 국제법학회논총, 제61권 제2호 (2016), 55-58쪽; 김현정, "WTO 분쟁해결절차에서의 규범 충돌의 해결-WTO 협정과 非 통상 조약과의 관계를 중심으로", 통상법률, 제109호 (2013), 88쪽; 자기완결적 체제의 개념에 대한 비판론으로는 ILC Report of the Study Group (2006), pp. 99-100 참조.

635) Isabelle Van Damme, *Treaty Interpretation by the WTO Appellate Body* (Oxford University Press, 2009), pp. 26-27.

636) US-Standards for Reformulated and Conventional Gasoline(1996), WT/DS2/AB/R, pp. 16-17.

이하 ECHR)의 Golder 사건과 미주인권재판소(Inter-American Court of Human Rights)의 사형제도 사건 및 일부 학자들의 저서를 근거로 열거하고 있다.[637] 그러나 Golder 사건은 제31조를 "일반적으로 받아들여진 국제법원칙"이라고 표현하였으며, 사형제도 사건 역시 제31조를 "국제관습법"이 아니라 "이 주제에 적용될 수 있는 관련 국제법원칙"이라는 표현을 사용했을 뿐이다. 따라서 WTO가 원용한 다른 국제재판기구의 판례 중 원용 목적에 정확하게 부합하는 사건은 ICJ의 영토분쟁 사건뿐이다.

WTO 상소기구의 조약해석 접근법에 대해서는 다양한 평가가 존재한다. 우선 ICJ처럼 WTO 상소기구도 명시적이든 묵시적이든 일반적으로 비엔나 규칙의 모든 요소들을 중시하는 경향을 보이는 것으로 평가된다. 즉, 텍스트를 출발점으로 삼을 뿐 텍스트의 지배적 영향력을 인정하기 보다는 ICJ와 유사한 방식으로 텍스트의 명확성 여부와 상관없이 제31조와 제32조의 모든 요소들을 다 적용하는 양상을 보인다.[638] Georges Abi-Saab는 WTO 상소기구의 비엔나 규칙 적용에 대해 각 해석 요소들을 상호 단절된 개별적이고 독자적 요소들로 취급하여 기계적인 방식으로 순차적 적용을 하고 있다고 비판하였다. 그가 보기에 조약해석은 모름지기 하나의 통합된 작업으로서 여러 도구들을 "동시에" 활용하여 서로 다른 각도에서 텍스트를 조망하며 서로를 강화해주고 서로 연계·중복된 과정이어야 하기 때문이다.[639] 어떤 면에서 Abi-Saab의 비판은 오히려 WTO가 ICJ의 유형화된 비

---

637) Golder v. United Kingom, ECHR (Judgment of 21 February 1975), para.29; Restrictions to the Death Penalty (Articles 4(2) and 4(4) American Convention on Human Rights), Advisory Opinion (1983), para. 48. 한편, 이 사건에서는 Oppenheimer의 국제법 저서 (Jennings 및 Watts 편집본)와 Jiménez de Aréchaga, Dominique Carreau 등의 저서와 같은 학술서적도 근거로 원용되었다.

638) Popa, *supra* note 536, p. 513, pp. 520-523. 여기서 EC-Poultry (Brazil v. EC) (1998) 사건 등이 사례로 제시되고 있다.

639) Georges Abi-Saab, "The Appellate Body and Trreaty Interpretation", in Malgosia Fitzmaurice, Olufemi Elias, and Panos Merkouris (eds), *Treaty Interpretation and the*

엔나 규칙 적용을 충실하게 따르고 있음을 보여준다. 그는 또한 WTO 상소기구가 비엔나 조약법협약을 마치 WTO의 실체적 대상협정(covered agreements)처럼 해석적용한다는 비판도 제시하였는데,[640] 이는 WTO가 독자적인 자기완결적 체제의 성격에 집착하지 않고 일반국제법의 흐름에 충분히 통합되어있다는 평가의 근거가 될 수도 있다.[641] 그러나 WTO 상소기구 사례가 ICJ와 다른 특성을 전혀 보이지 않는 것은 아니다. Popa는 모든 해석 요소에 대한 중시 경향에도 불구하고 준비문서 의존에 대한 적극성은 ICJ에 비해 상대적으로 약하다는 점을 지적하는데, 이는 통상규범 자체의 적응적 발전을 중시하는 발전적(evolutive) 해석 또는 특수 규범체제의 내재적인 목적주의적 해석 성향과 관련이 있는 것으로 평가된다.[642]

한편, WTO 상소기구의 해석에 대한 접근법을 통해 비엔나 규칙 자체의 성격에 대한 평가를 도출하는 견해도 제시된바 있다. 즉, WTO 상소기구가 비엔나 규칙을 활용해 자신의 해석론을 정당화하면서도, 비엔나 규칙을 엄격한 구속력 있는 법적 "규칙" 체제가 아닌 '원칙' 체제로 파악하고 있다는 것이다.[643] 전반적으로, WTO 체제의 사례와 관행은 비엔나 규칙의 보편적 지위를 반영하면서도, WTO 협정 체제가 특수 분야 규범체제로서 갖는 고유의 해석적 성향이나 특성이 비엔나 규칙의 적용으로 인해 전면 배제되지 않는다는 점을 보여주는 것으로 평가할 수 있다. WTO 분쟁해결사례는 그 실체법적 내용의 세부 기술적 속성에도 불구하고 오늘날 조약해석에 대한 학설적 논의에서 다른 국제사법기관의 판례법에 못지않게 자주 원용되고

Vienna Convention on the Law of Treaties: 30 Years On (Martinus Nijhoff, 2010), ,pp. 104-105.

640) *Ibid.*, pp. 103-104.

641) Popa는 적어도 조약해석에 있어서 WTO 체제는 자기완결적 체제가 아니며 ICJ의 판례에 영향을 받고 있다는 점을 지적한다. Popa, *supra* note 17, p. 526.

642) *Ibid.*, p. 524.

643) Van Damme, *supra* note 635, p. 56. 이 문제에 대해서는 후술(제3절 2.나) 참조.

있다. 이는 WTO가 큰 틀에서 일반국제법상 조약해석 규칙 적용의 경향에
서 크게 벗어나지 않으면서도 그 고유의 속성을 다각적으로 보여주는 사례
를 제공해주기 때문일 것이다.

(3) 유럽인권재판소(ECHR)

ECHR은 1959년 유럽이사회에 의해 설립된 재판기구로서 1998년 이후
개인들이 직접 회원국의 인권침해에 대해 제소할 수 있는 전면적인 사법기
구로 자리잡았으며, 유럽인권협약(European Convention on Human Rights)
의 이행감독기능을 수행하는 대표적인 지역인권보장기구라고 할 수 있다.
이러한 차원에서 ECHR은 ICJ와 같은 일반국제법상 보편적 성격의 국제재
판소와 구분된다. 일반국제법상 국가간 법적 분쟁을 잠재적 대상으로 하는
ICJ와 달리, ECHR은 개인의 당사자성이 인정되고 인권보호와 유럽인권협
약의 이행감독이라는 구체적이고 특수한 목적 하에 그 특정 협약의 해석과
적용을 주요 임무로 하며, 유엔체제와 같은 보편적 공동체가 아니라 유럽
통합으로 대변되는 특정한 지역공동체에 국한된 관할권을 갖는다.644)

ECHR은 국가간 일반국제법상 분쟁이 아니라 개인의 제소를 직접 처리
하기 때문에 그 어떠한 국제재판소보다도 많은 판례를 생산해왔다.645)
ECHR이 인권보호라는 강력하고 특수한 목적에 맞춰 유럽인권협약을 해석
하는 현저한 경향을 보인다는 점은 널리 인정되고 있는 것으로 보인다.646)

---

644) Dean Spielmann, "Fragmentation or Partnership? The Reception of ICJ Case-law by
the European Court of Human Rights", in Mads Andenas and Eirik Bjorge (eds), *A
Farewell to Fragmentation : Reassertion and Convergence in International Law*
(Cambridge University Press, 2015), pp. 173-174.
645) Popa에 의하면 지난 반세기동안 1만여건 이상의 사건을 처리해왔다. Popa, *supra*
note 17, pp. 352-353.
646) Robert Kolb, "Is There a Subject-matter Ontology in Interpretation of International
Legal Norms?", in Mads Andenas and Eirik Bjorge (eds), *A Farewell to Fragmentation:
Reassertion and Convergence in International Law* (Cambridge University Press, 2015),

인권조약 자체의 헌법적 성격과 비상호주의적(non-reciprocal) 성격, 즉 국가간 타협과 거래가 아니라 공동체적 질서유지를 위한 기본적 가치로서의 인권보장 의무를 국가들에게 일률적으로 부과하는 협정의 특성으로 인해 목적주의적 성향을 갖게 된다고 설명될 수도 있다.647) 인권보호를 주요 사명으로 하는 재판소는 내용상 일반적인 성격의 권리 규정을 구체 사건의 맥락에서 적용하면서 세밀한 수준의 보호를 도출하기 위해 목적주의에 의존하는 것이 어느 정도 필연적이라고 할 수 있다. 이런 면에서 인권조약의 해석을 위해서는 '목적'이라는 요소에 더 많은 비중을 부여하는 것이 정당하다는 당위론적 주장도 꾸준히 제시되어왔다.648) 조약의 종류에 따라 해석론을 달리 해야한다는 주장이 종종 제시되어온 것이 사실인데, 인권조약이나 국제기구 헌장과 같은 다자조약에 대해 그러한 주장이 두드러졌다고 볼 수 있다.649)

ECHR의 협정해석 방법이나 접근법에 대해서는 많은 논란이 있었다. ECHR의 판례에서는 유럽인권협약 체제의 특수성650)에 대한 강조와 함께 그러한 특수성에 상응하는 독자적인 해석기법이나 개념들이 활용되어왔으

---

pp. 479-484.

647) Popa, *supra* note 17, pp. 357-358.

648) Eirik Bjorge, "The Convergence of the Methods of Treaty Interpretation: Different Regimes, Different Methods of Interpretation?", in Mads Andenas and Eirik Bjorge (eds), *A Farewell to Fragmentation: Reassertion and Convergence in International Law* (Cambridge University Press, 2015), p. 513. 여기서 Bjorge는 목적론적 해석의 당위론에 대해 인간의 존엄이라는 목적이 너무나 중요하기 때문에 목적주의를 채택해야한다는 주장은 타당하지 않으며 기본적으로 모든 조약이 당사자의 공동의도가 반영된 목적이라는 요소를 중시하게 된다고 평가한다. 그러나 당사자 의도라는 요소가 조약의 목적과 동일시될 수 있는 요소인지에 대해서는 이론의 여지가 있을 것이다.

649) *Ibid.*, pp. 508-511.

650) ECHR이 조약 해석 방법론에 있어서 유럽인권협약의 특수성을 강조한 대표적인 사례로는 Mamatkulov and Askarov v. Turkey, ECHR (Judgment of 4 February 2005). *Ibid.*, p. 506.

며, 특히 살아있는 문서(living instrument)로서의 성격을 강조하고 목적 달성에 부합하는 발전적 해석이 선호되어왔다.651) 따라서 ECHR의 조약해석 방법은 스스로 비엔나 규칙을 따른다는 외면적 언명에도 불구하고 실제로는 비엔나 규칙에 부합하지 않는다고 볼 수 있는 측면도 많이 있었으나, 오늘날에는 전반적으로 비엔나 규칙의 일반적 틀에 순응하고 있는 것으로 평가된다.652) 인권법 체제 또는 인권재판소와 같은 독자적인 특수 규범 체제의 확대가 국제법의 분절화를 야기할 수도 있다는 우려는 오늘날 상당부분 해소된 것으로 보이며 ECHR의 조약해석에 있어서도 자기완결적 체제라는 관념을 벗어나 일반 국제법적 방법론이 관철되고 있는 것으로 이해된다.653)

ECHR에 의한 비엔나 규칙 적용과 관련하여 가장 자주 논의되는 사례는 Golder 사건이다.654) 여기서 재판부는 비엔나 조약법협약 제31조를 국제관습법이라고 표현하지는 않았으나 이 원칙에 따라 인권협약을 해석해야한다고 하면서 비엔나 조약법협약 제5조를 거론하였다. 제5조는 비엔나 협약이 '국제기구 헌장조약'과 '국제기구에서 채택된 조약'에 적용됨에 있어서 해당 국제기구의 관련 규칙을 침해하지 않는다는 점을 강조하는 조항이다. 즉, 비엔나 규칙을 적용하면서도 유럽인권협약 체제의 특수한 해석규칙 적용이 비엔나협약에 의해 허용된다는 입장을 제시한 것이다.655)

---

651) "살아있는 문서"로서의 협정에 대해서는 Soering v. United Kingdom, ECHR (Judgment of 7 July 1989), para. 102 참조. ECHR의 독자적인 해석 기법의 예시로는 역동적이고 발전적인(dynamic, evolutive) 해석, 재량영역(margin of appreciation) 등이 있다. Popa, *supra* note 17, pp. 358-360. 이러한 인권협약 체제의 과도한 자기완결성 인식에 대한 비판이 제기되기도 하였다. Christopher Greenwood, "Using Human Rights Law in English Courts", *Law Quarterly Review*, Vol. 114 (1998), p. 525.

652) Popa, *supra* note 17, p. 361.

653) Bjorge, *supra* note 648, pp. 533-535; Martti Koskenniemi, "The Case for Comparative International Law", *Finnish Yearbook of International Law*, Vol. 20 (2009), p. 5.

654) *Supra* note 637.

655) *Ibid.,* para.29. Bjorge는 이것을 ECHR의 조약해석이 비엔나 규칙 체제에서 벗어나지

Popa는 ECHR이 목적주의적 성향에도 불구하고 제31조와 제32조의 모든 해석 요소들을 전체적으로 적용하는 양상을 보인다는 점에서는 ICJ 판례의 접근법과 일맥상통한다고 평가한다. 명시적으로 비엔나 규칙을 원용하지 않는 경우도 있으나 실제로는 텍스트 중심 해석의 모호성이나 불합리성 여부와 상관없이 준비문서를 살펴보는 경우도 많다는 것이다. 이러한 접근법을 보여준 대표사례로 Golder 사건과 Witold Litwa 사건 등이 제시된다.656) 준비문서가 중요한 역할을 수행한 사례로는 Bankovic 사건을 들 수 있다. 여기서 재판부는 준비문서가 해석을 위한 무시할 수 없는 분명한 지표를 보여주고 있으며 해당 통상의미의 명백한 확인적 증거를 구성한다고 판시하였다.657)

다만, 이러한 관점에서 보더라도 ICJ 판례와 비교하면 준비문서 활용은 상대적으로 간접적 또는 소극적이며 예측불가능성의 성향을 보이고 있다. 역동적이고 발전적인 해석 경향으로 인해 준비문서에 대해서는 외관상 조심스러운 접근을 하는 것이다.658) Sigurður Sigurjónsson 사건(1993년)은 준비문서에 대한 신중한 접근을 보여주는 사례다.659) 당시 아이슬란드 정부는 법령을 통해 특정 조합가입을 택시운수허가의 조건으로 부과하였는데 이에 대해 신청인은 결사의 자유에 포함된 부정적 권리로서의 '가입하지 않을 자유'가 침해되었음을 주장하였다. 반면, 아이슬란드 정부는 결사의 자유에 대해 다룬 선례인 Young, James and Webster 사건을 인용하였는데 그 사건에서 검토된 협약 준비문서를 살펴보면 초안에서 단체가입 강요 금

않는다는 평가의 근거 중 하나로 제시한다. Bjorge, *supra* note 648, p. 507.

656) Witold Litwa v. Poland, ECHR (Judgment of 4 April 2000); Popa, *supra* note 17, pp. 380-383, pp. 386-388.

657) Bankovic and others v. Belgium and others, ECHR (Decision on Admissibility) (2001); Gardiner, *supra* note 6, pp. 365-366.

658) Popa, *supra* note 17, p. 419, p. 524.

659) Sigurður A. Sigurjónsson v. Iceland, ECHR (Judgment of 30 June 1993).

지 조항이 의도적으로 삭제되었음을 알 수 있다면서 아이슬란드의 법령이
그 선례와 준비문서에 비추어 협약 위반이 아니라고 주장하였다.660) 과거
재판소의 전심에 해당하는 역할을 수행하던 인권위원회(Commission)는 이
사건에서 해당 준비문서가 아이슬란드의 입장을 뒷받침하지 않으며, 준비
문서를 보면 그러한 부정적 권리는 협약체제에 의해 결정되어야한다는 취
지가 드러난다고 하였다.661) 재판소는 Young, James and Webster 사건 판
결이 해당 준비문서에 결정적(decisive) 역할을 부여한 것이 아니라 하나의
작업가설(working hypothesis)로서만 다루었다고 평가하고, 그간 신청인이
주장한 권리를 인정하는 다양한 규범이 성안되어왔음을 지적하였다. 이 맥
락에서 재판부는 협약이 살아있는 문서로서 현재적 여건에 비추어 해석되
어야 한다고 판시한다.662)

앞서 언급한와 같이 ECHR은 개인의 당사자성이 인정되는 지역 인권보
장 체제의 대표적인 사법기관으로서 ICJ를 위시한 일반국제법상 국가간 분
쟁 해결체제와는 여러 면에서 차별성을 갖는 맥락에서 작동해왔다. 이는
현저한 목적주의적 경향을 촉진하였으며 살아있는 문서로서의 유럽인권협
약 개념 등 ECHR의 특수한 해석기법 활용으로 이어졌다. ECHR은 경제
적·사회적·기술적 환경 변화 속에서 협약이 계속 적실성을 갖도록 해석해
야할 필요성과 사법적 입법 금지의 요구 사이에서 균형을 잡아야 하는 과
제에 직면할 수밖에 없었으며 이에 대한 ECHR의 해답이 바로 '살아있는
문서' 개념이었던 것이다.663) 비엔나 조약해석 규칙의 적용 양상에 있어서
의 ECHR이 ICJ와 차이를 보이는 지점들은 이와 같은 ECHR의 특수성으로

---

660) *Ibid.*, para.33.
661) *Ibid.*, para.34.
662) *Ibid.*, para.35.
663) Alan Boyle and Christine Chinkin, *The Making of International Law* (Oxford University Press, 2007), p. 276.

어느 정도 설명될 수 있다. 그러나 ECHR의 판례 역시 해석의 모든 요소 또는 수단을 전체적으로 그리고 순차적으로 동원하여 조약해석 결과를 설명하는 경향이 있으며, ICJ의 유형화된 적용과 어느 정도 유사한 측면도 있는 것으로 평가할 수 있다.664) 그럼에도 불구하고, 전체적인 맥락에서 ECHR의 판례가 상징하는 지역인권보장체제의 조약해석 방법론과 ICJ 해석론 사이에 가시적인 차이점이 존재한다는 것은 분명하다.

다. 평가

주요 국제재판기구들을 문언주의, 목적주의, 의도주의 등 전통적 학파 또는 해석성향별로 구분하려는 시도가 완전히 불가능하지는 않을 것이다. 일부 학자들은 문언주의를 주로 따르는 국제재판기구로 ICJ, WTO 상소기구, ICC(국제형사재판소)를, 목적주의를 선호하는 재판소로는 유럽사법재판소, 유럽 및 미주인권재판소, 유고 및 르완다 국제형사재판소, 그리고 투자자-국가간 중재재판소를 지적하였다.665) ICJ, WTO 상소기구, ITLOS 등을 ECHR와 비교하여 ECHR이 상대적으로 목적주의적 경향이 현저하다는 점을 지적하는 경우도 있다.666) 대략적으로 보아 인권협약의 유권적 전담

---

664) Popa, *supra* note 17, pp. 380-383, pp. 386-388.

665) Joost Pauwelyn and Manfred Elsig, "The Politics of Treaty Interpretation: Variations and Explanations Across International Tribunals", in Jeffrey Dunoff and Mark Pollack (eds), *Interdisciplinary Perspectives on International Law and International Relations: The State of the Art* (Cambridge University Press, 2013), p. 452. Pauwelyn 과 Elsig는 의도주의를 따르는 국제사법기관은 찾기 어렵다면서 과거 GATT 패널이 GATT의 형성 논의에 익숙한 소규모의 해석 공동체에 의해 주로 운영되어 준비문서를 특히 자주 확인하는 주관주의적 해석 경향을 보였다고 평가한다. 그러나 특정 국제재판소와 특정 "학파"를 연결하는 이러한 시도가 얼마나 타당성을 가질 수 있는지에 대해서는 의문이 있다.

666) Popa, *supra* note 17, pp. 415-417.

해석 기능 여부, 개인의 당사자성 여부, 해당 공동체 또는 기구의 통합성 등이 조약해석 경향에 영향을 미치는 것으로 추정해볼 수는 있으나 이러한 가설의 검토를 위해서는 보다 실증적인 연구가 필요할 것이다. 그러한 가설과 무관하게 비엔나 규칙의 적용 자체는 부인할 수 없는 경향으로 평가할 수 있다. 비엔나 규칙이 조약해석의 일반적 틀을 제시해주고 있기 때문에 그러한 광범위한 적용이 가능할 것이다. 아울러, 비엔나 규칙이 전술한 바와 같이 서로 다른 학설적 입장들의 타협과 융합의 결과라는 점도 관련이 있음에 틀림없다.667) 비엔나 규칙의 모든 요소들이 전체적으로 적용되는 경향이 분명하며 준비문서 역시 전체적인 통합된 해석 작업 속에서 재판기구 판단의 정당성을 강화해주는 요소로서 텍스트 중심적 해석의 모호성이나 불합리성에 구애받지 않고 활용되는 경향이 있다. 그럼에도 인권협약체제의 특수성과 같은 요소들은 후술하는 바와 같이 준비문서의 실질적 지위와 가치를 설명하는 일반국제법상의 담론을 보다 정교하게 묘사하기 위한 고려요소로 균형있게 감안될 필요가 있을 것이다.668)

---

667) 제3장 제1절 5항 참조.
668) 제4장 제3절 2.다(1) 참조.

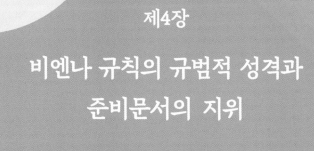

제4장

비엔나 규칙의 규범적 성격과
준비문서의 지위

제1절 비엔나 규칙의 규범적 성격 문제

1. 통상적 서사의 중심명제에 대한 재검토

ICJ의 판례 흐름을 종합적으로 살펴보면, 현재 비엔나 조약법협약 제31조와 제32조는 국제관습법의 반영으로서 그간 PCIJ와 ICJ에 의해 항상 적용되어온 조약해석의 규칙을 보다 정돈된 형태로 성문화한 것이라는 일관성과 연속성의 인식이 담겨있다고 평가할 수 있다. 즉, PCIJ의 판례법에서 텍스트 중심 해석과 준비문서의 관계 등에 대한 일관된 "관행"과 "규칙"이 형성되어있고,[669] ICJ가 초기 판례부터 PCIJ의 판례 원칙을 변경(이탈)없이 승계하였으며,[670] ILC는 PCIJ와 ICJ의 판례로부터 조약해석 규칙을 추출함으로써 PCIJ와 ICJ의 연속성을 성문화된 비엔나 규칙 체제로 연결시킨 것이다.[671] 이후 ICJ는 특정 시점 이후부터 비엔나 규칙을 국제관습법으로 확인하고 이에 대한 유형화된 적용을 정착시킴으로써 PCIJ → ICJ → ILC → ICJ의 순차적이고 연속적인 승계 및 수용·확인의 서사가 완성된다.[672] 이러한 서사에 있어서 실제 출발점에 놓여있는 PCIJ 초기 판례들과 완성지점을 구성하는 21세기 ICJ 판례들의 상세 내용이 완전히 동일하지는 않으나 이러한 판례상 연속성과 일관성은 조약법상 해석규칙의 매끄러운 선형적 발전을 표상하게 된다. 통상적 서사는 이러한 일관성·연속성의 관념, 그리고 비엔나 규칙이 국제관습법의 반영이라는 관념으로 이루어진다고

---

669) *Supra* note 114, *supra* note 137 등 참조.

670) *Supra* note 198, *supra* note 202 등 참조.

671) Waldock 제3차 보고서, p. 57 참조.

672) 비엔나 규칙 태동 이전과 이후에 ICJ 판례의 해석규칙이 일관성을 갖는다는 평가에 대해서는 Popa, *supra* note 17, p. 293. 참조.

할 수 있다. 일관된 선형적 발전을 통해 국제관습법이 형성 또는 확인되었
다는 인식이 구성된다는 점에서 통상적 서사를 이루는 두 관념은 상호 연
계되어있다고 말할 수도 있다.673)

　그러나 앞에서 20세기 전반의 조약해석 규칙 정식화 시도와 비엔나 규칙
의 태동 및 ICJ의 비엔나 규칙 수용 등 일련의 전개를 계기별로 보다 상세
히 살펴보는 과정에서, 통상적 서사가 시사하는 바와 달리 현대적 조약해석
규칙의 형성 경과에는 불연속성 또는 서사와 실체 간의 괴리가 발견된다.

　우선, PCIJ는 텍스트의 명백한 통상적 의미와 준비문서 활용 관계에 대
해 세부적 의미와 취지가 동일하지 않은 명제들을 연이어 제시하는 과정을
거치면서 때로는 부정확하고 불완전한 논증에 기반한 자기 판례의 원용을
통해 자체적인 "규칙"과 "관행"의 관념을 만들어내었다.674) PCIJ가 텍스트
와 준비문서의 관계에 대해 내린 판시는 명확한 세부적 일관성을 갖고 있
다고 평가하기 어려운 측면이 있다. 앞서 살펴본 바와 같이 ILO 농업권한
사건,675) Lausanne 조약 해석 사건,676) Lotus 사건,677) 다뉴브강 유럽위원
회의 관할권 사건,678) 여성 야간고용협약 해석 사건,679) 등대 사건680) 등에

---

673) Popa는 현대적 조약해석 규칙의 국제관습법적 성격이 PCIJ와 ICJ의 일관성있는 장
　　기간 적용에 의해 설명된다고 한다. 이는 통상적 서사의 전형적 인식을 보여준다.
　　Ibid., pp. 321-322.

674) 제2장 제2절 1.나 참조.

675) PCIJ는 '텍스트 명확시 준비문서 검토 불가론'이라는 주장을 검토할 필요가 없다면
　　서도 준비문서를 검토하였다고 밝힌다. *Supra* note 83, p. 41.

676) PCIJ는 준비문서를 검토할 필요가 없다고 하고는 이를 검토하였다. *Supra* note 92,
　　p. 22.

677) 여기서도 PCIJ는 준비문서를 검토할 필요가 없다고 하면서도 이를 살펴보았는데, 앞선
　　판례를 근거로 한다고 하였으나 이는 틀린 서술에 불과했다. *Supra* note 101 p. 16.

678) PCIJ는 Lotus 사건의 판시를 "규칙"이라고 칭하면서도 실제로는 준비문서를 살펴보
　　았다. *Supra* note 114, p. 28.

679) 여기서도 PCIJ는 "규칙"을 따르겠다고 하고는 준비문서를 검토하였다. *Supra* note
　　120, p. 378.

서 PCIJ는 텍스트와 준비문서의 관계에 대한 세부적 일관성이 부족한 판시를 내려왔다.

초기 ICJ 판례는 PCIJ의 판시를 자주 원용하였다. ICJ는 첫 번째 사건인 유엔가입 사건에서 조약해석에 대한 PCIJ의 "일관된 관행"에서 벗어날 필요가 없다고 선언하면서 준비문서를 전혀 살펴보지 않았다.681) 그러나 앞서 살펴보았듯이 PCIJ는 준비문서 참조가 불필요하다는 선언에도 불구하고 실제 준비문서를 검토하였으므로 ICJ의 판시가 실제로 일관된 관행을 정확히 반영한 것이라고 보기 어렵다. 이어 유엔 가입 관련 총회 권한 사건에서는 통상적 의미에 기반한 해석이 '모호하거나 불합리한(ambiguous or unreasonable) 결과를 야기할 경우에만' 준비문서 참조가 허용된다는 입장을 밝혔는데 이는 PCIJ/ICJ 판례법상 '모호/불합리'를 준비문서 허용 사유로 제시한 최초 사례라고 할 수 있다. 그러나 여기서 ICJ가 그 근거로 원용한 사건(단찌히내 폴란드 우편서비스 사건)은 준비문서와 무관하였으며, PCIJ의 "규칙"과 "관행"은 이 사건 ICJ 판시와 취지나 방향이 동일하지 않았다.682) 오히려 PCIJ 판례를 전혀 원용하지 않은 사건이 '텍스트 명확시 준비문서 참조 불필요' 명제를 제시하면서도 결국 준비문서를 살펴보았다.683) 텍스트 해석 결과가 모호한 경우에만 다른 해석방법에 대한 의존이 허용된다는 스스로의 선언과 달리, 텍스트의 명확한 의미 도출 이후 준비문서의 참조를 통해 그러한 명확한 의미를 재확인한 사건도 있었다.684)

---

680) 여기서 PCIJ는 텍스트의 불명확성으로 인해 준비문서를 검토한다면서 이를 PCIJ의 "관행"으로 불렀으나 실제 그러한 유사 선례는 하나뿐이었으며, 그 유사 선례의 판시 역시 이 사건의 판시와는 미묘한 차이를 보인다. *Supra* note 137, p. 13.

681) *Supra* note 198, p. 63.

682) PCIJ의 판례 입장은 텍스트가 충분히 명확하면 준비문서를 참조할 필요가 없다는 "준비문서 참조 불필요" 명제로서 이 사건의 ICJ 재판부가 제시한 "(통상적 의미 해석이 모호하거나 불합리한 결과를 초래하지 않는한) 준비문서 참조 불가" 명제와는 분명히 다르다. 제2장 제2절 3.나(2) 참조.

683) *Supra* note 220, p. 45.

ILC 특별보고자의 1964년 보고서에서 조약해석 규칙 초안의 첫 번째 조항에 대한 설명은 텍스트 중심주의 학설에 대한 명시적 추종으로 시작하였으며, PCIJ와 ICJ의 연속성이 강조되면서 별다른 논평이나 세부적인 오류 지적 없이 ICJ의 초기 판례가 인용되기도 하였다.685) 그러나 결국 ILC는 텍스트 중심주의에 머무르지 않고 상이한 조약해석학파의 핵심적 요소들을 통합·융합하는 결론을 도출하였다.686)

ICJ에 의한 비엔나 규칙 수용 과정을 다룬 부분에서 이미 언급되었듯이, 비엔나 조약법협약이 채택된 1969년 또는 발효조건이 충족된 1980년 중 그 어느 시점을 기준으로 하더라도 ICJ는 비엔나 규칙의 존재를 상당기간 외면하였다. 국제재판소가 조약해석 규칙을 직권으로 파악해야하는지 여부는 차치하더라도, 다수의 분쟁당사국들이 일찌감치 협약 제31조와 제32조에 근거한 서면 또는 구두 논변을 ICJ에 지속 제시해왔다는 사실에 비추어보면 이러한 장기간의 침묵 또는 배제를 설명하기가 쉽지 않다.687) 특히,

---

684) *Supra* note 227.

685) Mortenson은 비엔나 조약법협약 초안 작성자가 준비문서에 대한 PCIJ와 ICJ의 선례를 명백히 거부하였다고 평가하였다. 즉, 텍스트 중심 해석의 "확인"을 위해 준비문서 참조가 허용된다는 문안이 ILC 특별보고자의 초안에서 삭제되었다가 다시 포함되는 과정은 PCIJ·ICJ 관행의 반영이 아니라 이 재판소들의 준비문서에 대한 의심스러운 비선호 경향을 배척한 결과라는 것이다. Mortenson, *supra* note 384, pp. 803-804, pp. 821-822. 그러나 준비문서를 참조할 필요가 없다고 하면서도 실제 준비문서를 통해 텍스트 중심 해석을 재차 확인하였거나 다른 사유(특정 당사국의 준비문서 원용이나 관련 협약에 대한 정부대표들의 준비문서 논의의 의의)를 감안하여 준비문서를 참조한 PCIJ 사례와 텍스트의 모호성이나 불합리성이 없는 경우에도 자연스럽게 준비문서를 검토한 초기 ICJ 사례에 비추어 Mortenson의 설명은 정확하다고 보기 어렵다. 제2장 제2절의 1.다. 및 3항 참조.

686) 제3장 제1절 2항 및 5항 참조.

687) 1971년 나미비아 사건(권고적 의견)의 경우, 남아공, 핀란드, 나이지리아, 미국, 네덜란드 등이 제31조 또는 제32조의 내용을 원용하였는데, 비엔나 규칙이 국제관습법이라는 명시적 주장은 없었으나 적어도 국제법의 일반원칙에 해당하는 것으로 간주되고 있었음을 알 수 있다. 1980년 WHO-이집트 1951년협정해석 사건(권

1971년 나미비아 사건의 경우 재판부는 비엔나 규칙의 구조와는 상이한 접근법을 보여줌으로써 비엔나 규칙이 제시한 해석의 틀을 의도적으로 배제한 것일 수도 있다는 의구심을 갖게 한다.[688]

　1990년대가 되어서야 ICJ 다수의견은 비엔나 규칙을 정식으로 원용하기 시작하였다. 1991년 기니비사우-세네갈 간 '1989년 중재판정' 사건은 처음으로 비엔나 조약법협약 제31조와 제32조가 기존(현행) 국제관습법의 성문화로 간주될 수도 있다는 가능성 또는 추측을 제시하였다.[689] 그러나 여기

고적 의견)에서 서면 및 구두 심리 과정에 참여한 일부 국가들이 비엔나 조약법협약 제31조를 '일반국제법의 근본적 원칙' 등으로 지칭하며 이를 원용하였다. 1989년 ELSI 사건에서 미국과 이태리는 모두 비엔나 규칙이 국제관습법의 성문화 또는 반영이라고 하면서 이를 상세 원용하였다. 그러나 1990년대 이전에 조약해석이 실질적 또는 잠재적 쟁점이었던 모든 사건에서 당사국들이 비엔나 조약법협약을 항상 원용했던 것은 아니다. 제3장 제2절 2.가 참조. 참고로, 비엔나 조약법협약 발효 직전인 1980년 1월에 한국 외무부가 발간한 "條約實務便覽"은 당시 한국정부의 조약해석에 대한 입장과 비엔나 규칙에 대한 인식을 보여주고 있어 흥미롭다. 이 편람은 조약해석원칙(Rules)으로 "國際法上 確立된 規則은 없으나" 일반적으로 세 가지 "方法"이 인정되고 있다면서, 용어의 자연적·문리적 의미를 기준으로 하는 방법("Textual approach"), 당사국의 "意思內容(Intention)"에 역점을 두는 방법("Intentional approach"), 그리고 조약목적의 효율적 시행에 역점을 두는 방법("Teleological approach")을 제시한다. 이어 한국전쟁 휴전협상 과정에서 포로 석방(자유송환) 문제와 관련된 제네바협정 해석 논쟁을 소개하는데, 미국측의 목적론적 접근과 소련측의 문언적 접근 간 대립으로 휴전협정 체결이 지연되었으나 결국 미측의 목적론적 접근이 관철되었다고 설명한다. 이 편람은 세 가지 방법론에 덧붙여 비엔나 협약 제31조와 제32조를 간략하게만 소개하고 있다. 外務部, 『條約實務便覽』(1980.1.1.), (2024.1월 재발간), 128-130쪽.

688) 위임통치령의 해석에 있어서 '명백한 규정의 명확한 의미'와 '목적에 반하는 해석'을 대비시켰으며, "체결 당시 당사자들의 의도에 따라 문서를 해석할 우선적 필요성", "해석 당시에 지배적인 전체 법체제의 틀 속에서 해석"할 필요성을 중요한 해석의 원칙으로 제시하였다. ICJ는 이러한 원칙이 비엔나 규칙과 갖는 연관성에 대해 아무런 시사점을 제시하지 않았다. *Supra note 399.*

689) 이 사건에서 중재재판소가 적절한 조약해석 규칙을 적용하지 않는다면 이는 재판소의 명백한 권한 위반을 구성할 것이라고 지적한 점이 흥미롭다. 이에 대해서는 후술(제4장 제3절 1.다(2)) 참조.

서도 비엔나 규칙은 마치 ICJ 판례 원칙과의 우연한 일치성 때문에 다루어
지는 듯한 인상을 주었다.[690] 이는 비엔나 해석 규칙에 대한 경시 태도를
드러낸 것으로 볼 수 있다.[691] 조약해석 문제를 다룬 1990년대 초반의 다른
사건들 역시 비엔나 규칙의 내용이나 지위에 큰 관심을 보여주지 않았다.[692]

ICJ가 누적적 판례 원용을 통해 비엔나 규칙의 통상적 서사를 주도적으
로 강화하는 데 있어서 원천이 되는 판례는 1994년 리비아-차드 간 영토분
쟁 사건이라고 할 수 있다.[693] 여기서 재판부는 제31조의 국제관습법 지위
확인에 있어서 어떠한 논거도 제시하지 않았다. 앞선 판례도 원용하지 않
았다는 점에서 이 판결은 ICJ 판례법상 비엔나 규칙이 (부분적인) 국제관습
법의 반영이라는 선언의 원점이라고 할 수 있다. 비엔나 규칙의 보다 전면
적이고 직접적인 원용은 1996년 오일 플랫폼 사건(선결적 항변)과 1999년
Kasikili/Sedudu 섬 사건에서 나타나는데 이 경우에도 제32조의 국제관습법적
지위에 대해서는 여전히 침묵하고 있다.[694] ICJ는 2002년 Ligitan/Sipadan
사건부터 제31조와 제32조를 모두 국제관습법의 반영으로 확정짓고 비엔
나 규칙의 구조를 충실히 적용하는 모습을 보이기 시작한다. 여기서 제31
조와 제32조가 국제관습법의 반영이라는 판시의 근거로는 앞선 ICJ의 판결
들이 제시되고 있으나, 그 판결들은 이미 살펴본 바와 같이 제31조와 제32
조의 국제관습법적 지위에 대한 별다른 논증을 포함하고 있지 않다.[695] 이
후 ICJ는 다시 제32조의 법적 지위에 대해 침묵하는 판시로 되돌아 가기도

---

690) 제3장 제2절 2.나(1) 참조. 여기서 원용된 ICJ 판례는 1950년 유엔 가입 관련 총회
　　권한 사건과 서남아프리카 사건이다.
691) 제3장 제2절 2.나(1) 참조.
692) *Supra* note 455 (영토·섬·해양 경계분쟁 사건); *Supra* note 469 (그린란드-Jan Mayen
　　사건).
693) *Supra* note 471 (리비아-차드 간 영토분쟁 사건).
694) 제3장 제2절 2.나(8) 참조.
695) 제3장 제2절 2.다(2) 참조.

하였다.696) 2007년 제노사이드 협약 적용사건 이후 제31조와 제32조를 모두 국제관습법의 반영으로 인정하고 비엔나 규칙의 유형화된 적용을 받아들이는 경향이 안정화되어가기 시작한 것으로 보인다.697) 이와 같이 ICJ는 1994년의 갑작스러운 국제관습법 반영 선언 및 그 이후 자기 판례의 누적 반복과 유형화된 비엔나 규칙 적용 등을 통해 일관성에 근거한 통상적 서사를 형성해왔다.

이러한 평가는 ICJ 판례가 구축해온 통상적 서사를 부인 또는 해체하는 것이 아니다. ICJ가 비엔나 규칙을 공식적으로 수용하기 이전부터 국가들은 ICJ의 법정에서 비엔나 규칙의 국제관습법적 지위를 주장해왔다. ILC의 초안에 반대입장을 적극 표명하였던 미국도 ICJ 변론에서 비엔나 규칙에 대한 수용적 입장을 제시하였다.698) 현대 국제법에서 비엔나 해석 규칙의 규범성 자체에 대한 실증적 반박은 거의 불가능하며 그러한 시도는 무의미하다. 그럼에도 비엔나 규칙의 통상적 서사에 담긴 어떤 불연속성이나 공백을 살펴보는 것은 단순한 현학적 이론이나 개념사의 문제가 아니라 여전히 상이한 관점들이 존속할 수밖에 없는 현대 조약해석의 다양한 양태 또는 현재적 본질을 보다 명확히 평가하고 분석할 수 있게 해주는 실용적인 출발점이라고 할 수 있다. 통상적 서사의 맞고 틀림 또는 옳고 그름이 중요한 것이 아니다. 여기서 초점은 비엔나 규칙의 형성과 실체적 적용양상이나 존재양상을 확인하여 준비문서를 포함한 다양한 해석 요소들의 관계 및 현대 국제법상 조약해석 방식에 대한 보다 입체적이고 현실적인 이해를 도모하는 것이다.

---

696) *Supra* note 516 (팔레스타인 장벽 사건), *Supra* note 517 (무력사용 합법성 사건).
697) 제3장 제2절 2.다(3) 참조.
698) 예를 들어, 나미비아 사건(1971)에서의 변론 참조. *Supra* note 408.

2. 비엔나 규칙의 규범적 성격에 대한 논의

가. 배경

위에서 살펴보았듯이 ICJ 판례에 의해 주도적으로 형성된 비엔나 규칙의 통상적 서사는 일관성·연속성의 관념과 국제관습법의 반영이라는 핵심적 요소로 구성되어 있다. 특히, 현대 국제법 담론에서 비엔나 규칙의 위치를 명확하게 표현해주는 것이 바로 '국제관습법의 반영'이라는 명명인데 이는 ICJ에 의해 별다른 논증이나 논거 제시 없이 선언되었다. 통상적 서사의 전체적인 일관성과 연속성에도 불구하고, 국제관습법 선언이라는 지점만 들여다보면 1990년대의 갑작스러운 국제관습법 선언은 그에 앞선 시기의 침묵과 외면에 확연히 대비된다. 여기서 예컨대 시간의 경과에 따른 비엔나 조약법협약 당사국 숫자의 점진적 증가 등과 같이 즉자적으로 원용될만한 그 어떠한 최소한의 사실관계 논증도 없었다.[699] 그러나 이후 자기판례의 반복적인 원용을 통해 제31조가 국제관습법 반영으로 자리잡았고 수년 후 이는 제32조에까지 확대되었다. 일관성과 연속성의 서사 내부에 담긴 국제관습법 명명의 미세한 공백과 불연속성은 그러한 국제관습법 명명 자체에 대한 비판적 검토의 필요성을 보여준다. 국제관습법 반영이라는 지위 또는 성격에 대한 비판적 질문은 최소 두 가지의 상호 연계된 쟁점을 포함한다. 하나는 ICJ가 확인하는 비엔나 규칙의 국제관습법 반영이라는 속성이 비엔나 규칙 자체의 기존 관습법 성문화를 지칭하는지 또는 1969년 이후 새로운 현대적 조약해석 규칙의 국제관습법으로의 결정화를 의미하는지의 문제다. 다른 하나는 조약해석 규칙의 보다 본질적인 내용적 특성상 비엔나 규칙에 대해 의무적 구속력을 가진 국제관습법적 규칙의 여부를 논하는 것

---

699) 이와 관련, 비엔나 조약법협약 당사국 확대와의 관련성은 후술(제4장 제1절 2.마) 참조.

이 타당한가의 문제다. 이는 달리 표현하면 비엔나 규칙은 진정한 의미의 법규칙인가라는 쟁점이다. 후술하는 바와 같이 이러한 쟁점은 준비문서의 정확한 위치와 역할, 또는 가치에 대한 검토와도 연관된다.

나. ICJ의 국제관습법 반영 선언에 대한 비판적 검토

(1) 비엔나 규칙의 국제관습법적 지위에 대한 학설

비엔나 규칙의 국제관습법적 성격에 대한 ICJ의 명확한 판례에도 불구하고 그것이 1969년 당시 기존 국제관습법의 성문화인지 혹은 비엔나 조약법협약 채택의 결과로서 새로운 국제관습법이 1990년대 중반 또는 그 이전의 어떤 시점에서 형성된 것인지에 대해서는 일치된 해답이 존재하지 않는 것으로 보인다. 일단 ILC는 조약법협약 초안 전반에 걸쳐 조항별로 국제관습법의 반영인지 새로운 법규칙의 형성인지 구분하는 것은 실질적으로 불가능한 것이나 다름없다는 점을 분명히 하였으며[700] 조약해석 규칙 조항에 대해서도 어떠한 범주에 속하는지에 대해 침묵하고 있다. 특별보고자는 여러 학설과 판례를 원용하여 초안을 정당화하였으나 이러한 선별적 적용이 반드시 광범위한 일관된 관행과 법적 확신의 존재를 확인한다고 단언하기는 어렵다. ICJ 판례법은 이에 대해 구체적인 입장을 드러내지 않고 있다. ICJ 판례보다 먼저 비엔나 규칙의 국제관습법적 지위에 대해 언급한 Sinclair 같은 저자의 학설에서도 아무런 논증 제시가 없기는 마찬가지다. 그는 유럽인권재판소와 몇 개의 중재재판소 등 일부 판례를 근거로 비엔나 규칙이 국제관습법의 선언이라는 점에 대한 강력한 사법적 지지(judicial support)가 존재한다고 하였다. 그러나 여기에 별도의 논증이나 분석은 찾기 어려우며 그가 원용한 판례들이 모두 국제관습법의 선언을 지지했다고

---

700) ILC Report (1966), p. 177.

볼 수 있는지도 의문이다.701) 일응 1969년 이후 또는 1980년 이후 장기간
의 외면과 1990년대의 다소 갑작스러운 국제관습법 반영 확인 사이의 간극
은 새로운 국제관습법의 형성 기간을 보여주는 시차로 해석될 수 있다. 즉,
ICJ의 입장 추이를 최대한 합리적으로 선해할 경우, 비엔나 조약법협약의
채택과 발효 이후 상당기간 조약해석에 대한 국제관습법의 완전한 존재를
인정할 수 없었으나 일정 시점 이후 비엔나 규칙이 국제관습법으로 결정화
되었다고 생각해볼 수는 있다. 반면, ICJ의 판례에서 반복적으로 나타난
"제31조에 반영된 국제관습법" 등의 문구는 이미 1969년 채택당시 국제관
습법을 반영했다는 취지로 읽힐 여지도 충분하다. 비엔나 규칙의 통상적
서사가 전제하고 있는 일관성과 연속성에 비추어보면, ICJ는 이러한 일관
성과 연속성의 맥락에서 국제관습법의 존재를 파악하였을 수도 있다.

　학설상으로도 일치된 견해는 찾기 어렵다. 그러나 적어도 비엔나 조약법
협약 체결 당시에는 널리 인정받는 국제관습법 규칙이 존재했다고 보기 어
렵다는 입장이 상대적으로 유력한 것으로 보인다.702) 비엔나 조약해석 규칙
이 기존 관습법을 넘어서는 새로운 혁신적 규칙이라고 평가하는 입장703)은
기존 국제관습법의 성문화 명제와 양립하기 어려울 것이다. 1969년 이전까
지 조약해석 방법론에 대한 다양한 학설대립이 존재하였다는 사실도 조약해

---

701) 앞서 살펴보았듯이 유럽인권재판소 판례(Golder case)는 "일반적으로 수락된 국제법
　　원칙"이라고 하였으며, Beagle Channel 중재재판소는 "지금은 비엔나 조약법협약에
　　새겨진 조약해석의 전통적 캐논들"이라고 하였다. Young Loan 사건만 "관습법의 성
　　문화"라고 하였다. 그럼에도 불구하고 Sinclair는 이러한 사례 모두가 국제관습법의
　　성문화에 대한 강력한 사법적 지지를 보여준다고 해석한 것이다. Sinclair, *supra* note
　　29, p. 19.

702) Yves le Bouthiller, "Article 32", in Olivier Corten and Pierre Klein (eds), *The Vienna
　　Convention on the Law of Treaties: A Commentary* (Oxford University Press, 2006),
　　p. 843.

703) Enzo Cannizzaro, "Preface", in Enzo Cannizzaro (ed), *The Law of Treaties: Beyond
　　the Vienna Convention* (Oxford University Press, 2011), p. v.

석에 관한 국제관습법적 규칙의 존재를 추정하기 어렵게 만들어준다.704)

반면, 비엔나 규칙이 기존 국제관습법의 반영이라고 단언하는 학설도 다
수 존재한다.705) 그러나 비엔나 규칙 그 자체가 기존 국제관습법의 성문화
라는 단선적 주장은 여러모로 받아들이기 어려운 것으로 보인다.706) 20세
기 초까지 나타나는 조약해석 학설상 대립은 국제관습법의 명확한 존재와
양립하기 어려우며, 무엇보다도 ILC에서 특별보고자와 여러 위원들이 조약
해석 규칙화 작업 초창기에 드러낸 심각한 우려와 소극적 태도는 의미심장
하다.707) 비엔나 규칙을 국제관습법의 성문화로 보는 입장은 사실 문제에

---

704) Villiger, *supra* note 376, p. 117; Georg Schwarzenberger, "Myths and Realities
of Treaty Interpretation: Articles 27 - 29 of the Vienna Draft Convention on the
Law of Treaties", *Virginia Journal of International Law*, Vol. 9 (1968) p. 10.
Schwarzenberger는 1960년대 말 시점에서 국제관습법상 조약해석 규칙은 '형평'
또는 '신의성실' 원칙뿐이었다고 평가한다.

705) Paul Reuter, *La Convention de Vienne du 29 Mai 1969 sur le Droit des Traités*
(Colin, 1970), p. 7; Sinclair, *supra* note 29, p. 153; Luigi Sbolci, "Supplementary
Means of Interpretation", in Enzo Cannizzaro (ed), *The Law of Treaties: Beyond the
Vienna Convention* (Oxford University Press, 2011), p. 148.

706) Jean-Marc Sorel and Valérie Boré-Eveno, "Article 31 (1969)", in Olivier Corten and
Pierre Klein (eds), *The Vienna Conventions on the Law of Treaties: A Commentary*
(Oxford University Press, 2006) p. 812; Jan Klabbers, "Virtuous Interpretation", in
Malgosia Fitzmaurice, Olufemi Elias, and Panos Merkouris (eds), *Treaty
Interpretation and the Vienna Convention on the Law of Treaties: 30 Years On*
(Martinus Nijhoff, 2010), p. 27. Yasseen은 비엔나 규칙 조항이 서로 상이한 세 가지
접근법의 행복한 결합이며 학설·판례·국가관행 등으로부터 도출된 국제법의 성문화
라고 할 수 있으나, 그 규칙의 구체 제시방식이나 요소의 배치, 위계적 관계 등은
의심의 여지없이 법의 점진적 발전을 표상한다고 평가하였다. Mustafa Yasseen,
"L'Interprétation des Traités d'après la Convention de Vienne sur le Droit des
Traités", *Collected Courses of the Hague Academy of International Law*, Vol. 151
(1976 III), p. 16.

707) Panos Merkouris, "Introduction: Intepretation is a Science, is an Art, is a Science",
in Malgosia Fitzmaurice, Olufemi Elias, and Panos Merkouris (eds), *Treaty
Interpretation and the Vienna Convention on the Law of Treaties: 30 Years On*

접근하는 추상수준의 차이를 드러내는 것일 수도 있다고 본다. 제31조와 제32조의 요소, 문안, 체제가 전적으로 과거의 어떤 국제관습법에 상응한다고 보기는 어렵다. 그러나 일반론적으로 비엔나 규칙의 특성을 텍스트 중심주의와 준비문서 등 보충수단에 대한 광범위한 허용으로 보면 이러한 흐름이 1969년 이전 PCIJ/ICJ 판례와 학설에서 이미 충분히 확인되는 공통적 관행과 일치한다고 보는 관점이 완전히 불가능하지는 않을 것이다. 규칙의 추상수준을 높일수록 동일성을 찾기는 쉬워진다. 그럼에도 불구하고 제31조와 제32조가 그 자체로 기존 국제관습법의 반영으로 기획되었으며 비엔나 규칙 전체 문안과 구조가 그대로 국제관습법에 상응한다고 단언하는 서사는 정당화되기 어려울 것이다. 그렇다면 비엔나 규칙은 탄생 이후 국제관습법으로 성숙 또는 결정화된 것으로 보는 것이 자연스러운 결론일 것이다.[708] 정답은 둘 중 하나여야 하기 때문이다. 그러나 비엔나 규칙의 통상적 서사 정립과정과 규칙의 실체적 존재양상 등에 대해 숙고해볼 때 이 규칙이 20세기 중반 이후 국제관습법화되었다는 명제, 또는 비엔나 규칙이 국제관습법의 반영이라는 현재의 전제 자체가 과연 온전히 타당한가에 대해 보다 근본적으로 의문을 제기하지 않을 수 없다.

비엔나 규칙의 통상적 서사 정립과정과 실체적 존재 양상 등에 비추어 ICJ의 권위에 기댄 단언 외에 국제관습법 반영 명제의 근거에 대한 다른 논거나 연구 등 규범적·이론적 기반이 없다면 국제관습법의 형성 또는 확인 방법론의 관점이라는 조금 더 큰 맥락의 문제부터 살펴보아야 한다. 국제관습법의 형성 또는 확인 방법론의 문제는 매우 방대한 이론적 논쟁의 영역이라고 할 수 있는데, 여기서는 ICJ의 국제관습법 확인 양태에 대한 비판적 고

(Martinus Nijhoff, 2010), p. 9.

708) Villiger, *supra* note 376, p. 118; Sbolci, *supra* note 705, p. 162; Sorel and Boré-Eveno, *supra* note 706, p. 812. Sorel과 Boré-Eveno는 비엔나협약 자체가 해석 원칙들을 마치 언제나 관습법이었던 것처럼 미래로 투사하였다고 설명한다.

찰이 적실성을 갖는다. 따라서 비엔나 규칙의 규범으로서의 진정한 성격 문제에 대한 논의로 넘어가기에 앞서 짚고 넘어가야할 이론적 징검다리의 하나로 ICJ의 국제관습법 확인 방법론에 대한 논의를 살펴보도록 한다.

(2) ICJ의 국제관습법 확인·식별에 대한 비판적 논의

국제관습법은 국가들의 일반적 관행과 법적 확신으로 구성된다.[709] 이러한 2개 요건론의 통설적 지위에 대해서는 의문의 여지가 없으나, 이러한 통설과는 다른 새로운 "현대적" 접근법 또는 이해방식이 제안되기도 하였다.[710] Schachter는 대다수의 일반적인 국제관습법은 일관된 국가행동이 필수적 요건으로 확인되어야 하나, 국제사회의 규범적 질서에서 핵심 가치를 구성하는 특정 금지규범에 대해서 그러한 요건이 요구될 수 없다고 주장하였다. 즉, 침략·제노사이드·고문·인종차별 등을 금지하는 규범은 일부 국가의 위반이 존재한다는 이유로 국제관습법 형성을 부정해서는 안되며 따라서 위반의 존재에도 불구하고 국제관습법의 존재를 확인해야 한다는 것이다.[711] Henkin은 인권에 대한 국제관습법은 아예 국가관행이나 국가의 동의와 무관한 규범이라고 주장하기도 하였다.[712] Roberts는 전통적 관습

---

709) *Supra* note 589, p. 119. 국제관습법(관습국제법)의 성립요건에 대한 상세 설명은 정인섭, 『신국제법강의』(박영사, 2022), 40-55쪽 참조. 19세기 말에 국내법 차원에서 "*opinio juris*"라는 관습법의 주관적 요소(법적 확신)를 처음 제안한 학자는 François Gény였으며, 국제관습법의 개념 정의에 주관적 요소를 처음 도입한 학자는 Alphonse Rivier였다. Jun-shik Hwang, "A Sense and Sensibility of Legal Obligation: Customary International Law and Game Theory", *Temple International and Comparative Law Journal*, Vol. 20 (2006), pp. 117-118.

710) Ryan Scoville, "Finding Customary International Law", *Iowa Law Review*, Vol. 101 (July 2016), p. 1893.

711) Oscar Schachter, "New Custom: Power, *Opinio Juris* and Contrary Practice", in Jerzy Makarczyk (ed), *Theory of International Law at the Threshold of the 21st Century: Essays in Honour of Krzysztof Skubiszewski* (Kluwer, 1996), p. 538.

712) Louis Henkin, "Human Rights and State 'Sovereignty'", *Georgia Journal of International*

은 구체적 국가관행들의 사례에서 도출되는 귀납적(inductive) 절차에 의해
식별되는 반면, 이와 구분되는 현대적 관습은 규칙의 일반적 선언으로
시작하는 연역적(deductive) 절차에서 도출된다는 주장을 제기하였다.713)
Bodansky는 이미 1990년대에 전통적 국제관습법 요건과 실제 국제관습법
으로 옹호되는 규범 사이의 간극을 지적하는 학자들이 늘어나고 있다고 관
찰한바 있다.714) 국제관습법으로 인정되는 대부분의 규칙들은 사실 게임이
론의 여러 구조들에 의해 모두 설명될 수 있다는 주장도 제기되었다. 국제
관습법 규칙에 부합하는 것처럼 보이는 국가관행은 법적 확신이 아니라 이
익극대화라는 국가의 합리적 동기에 의해 설명되며 따라서 법적 확신이라
는 요건은 사실상 무의미하다는 논리인데, 이는 사실상 국제관습법의 규범
적 성격을 근본적으로 부정하는 주장으로 읽혀질 수 있다.715) 기존 2개 요
건론을 "rule-book" 접근법이라고 규정하면서, 국제관습법의 실체적 존재

---

and Comparative Law, Vol. 25 (1995), p. 31. 이에 대해 Boyle과 Chinkin은 Schachter
나 Henkin의 접근법이 국제관습법의 형성과 내용이라는 서로 다른 측면을 뒤섞어
놓은 것이며 국제관습법 형성론의 객관성과 확실성을 약화시키는 결과를 낳게 된다
고 비판하였다. Boyle and Chinkin, *supra* note 663, p. 281.

713) Anthea Roberts, "Traditional and Modern Approaches to Customary International
Law: A Reconciliation", *American Journal of International Law*, Vol. 95, No. 4
(2001), pp. 757-758. "현대적" 관습론 주장자들은 내용상 주로 인권, 환경 등의 새로
운 규범분야에서 이러한 경향이 두드러진다고 한다. 그러나 후술하는바와 같이
Talmon에 의하면 이른바 "현대적" 접근법은 이미 ICJ의 과거 판례에서 혼용되어온
방식일뿐이다. Stefan Talmon, "Determining Customary International Law: The ICJ's
Methodology between Induction, Deduction and Assertion", *European Journal of
Internationial Law*, Vol.26, No.2 (2015), pp. 429-431.

714) Daniel Bodansky, "Customary (and Not So Customary) International Environmental
Law", *Indiana Journal of Global Legal Studies*, Vol. 3, No. 1 (1995), p. 111.

715) Jack Goldsmith and Eric Posner, "A Theory of Customary International Law",
University of Chicago Law Review, Vol. 66, No. 4 (1999), pp. 1113-1177. Goldsmith
와 Posner의 이론에 대한 비판론으로는 George Norman and Joel Trachtman,
"The Customary International Law Game", *American Journal of International Law*,
Vol. 99 (2005), p. 541 및 Hwang, *supra* note 709 등 참조.

양상을 보면 어느 상황에서나 공통적으로 적용가능한 규칙들의 집합체가 아니라 영미법의 커먼로를 연상시키는 유동적인 규칙들의 구체적인 적용 체제에 가깝다는 주장도 있다.716) 이러한 여러 학설적 주장에도 불구하고 ILC는 2018년 보고서를 통해 2개 요건론이 여전히 현대 국제법 담론의 통설적 지위에 있음을 확인하였다.717) 특별보고자 Michael Wood가 주도한 국제관습법의 식별에 대한 결론(Conclusions)에 의하면, 그 두 가지 구성요소(constituent elements)는 각각 별도로 확인되어야 하며 각 요건의 확인을 위한 증거의 평가에 있어서 전체적 맥락, 해당 규칙의 성격, 그리고 증거가 발견되는 특정 상황 등을 감안해야 한다.718) 여기서 ILC는 국제관습법의 확인에 있어서 ICJ 등 국제재판소의 역할을 별도 항목으로 제시하였는데, 이에 의하면 국제관습법의 존재와 내용에 대한 국제재판소의 판결은 보조적(subsidiary) 수단이다.719) 그러나 ILC가 지적하였듯이 여기서 보조적 수단이라는 표현은 국제관습법 확인에 있어서 ICJ와 같은 국제재판소의 중요성 자체를 부인하는 것이 아니다.720) 이러한 중요성은 ICJ의 국제관습법 확인 방법 또는 양태에 대한 비판적 검토가 지속 이루어져왔다는 사실에 의해 역설적으로 뒷받침된다.

    Talmon은 ICJ의 국제관습법 발견 혹은 확인 양태를 귀납적 방법과 연역

---

716) Monica Hakimi, "Making Sense of Customary International Law", *Michigan Law Review* Vol. 118 (June 2020), pp. 1490-1491, pp. 1517-1518. 여기서 "rule-book"은 규정집, 규칙을 기록한 매뉴얼, 모범규정 세트 등을 의미하는 것으로 이해된다. 그러나 이는 결국 국제관습법의 독자성을 부인하고 국내법(커먼로)의 관념을 과도하게 유추적용한 논리라는 의구심을 갖게 한다.

717) *Supra* note 589, p. 119.

718) *Ibid.*, p. 119.

719) *Ibid.*, p. 121. 여기서 보조적 수단이라는 표현은 ICJ 규정 제38조 1항(d)의 표현을 그대로 따온 것이다. 제38조는 ICJ가 재판에서 적용해야할 준거법에 대한 것으로서 1항(d)는 법규칙 결정의 "보조적 수단"으로서 판례와 학설을 제시하고 있다. *Ibid.*, p. 149.

720) *Ibid.*, p. 149.

적 방법의 구분이라는 관점에서 평가하면서 ICJ의 방법이 사실 연역도 귀납
도 아닌 일방적 선언에 의해 이루어져왔다고 평가하였다. 귀납적(inductive)
방법은 경험적으로 관찰가능한 국가관행과 법적 확신의 개별 사례들의 유
형으로부터 일반규칙을 도출하는 것이며, 연역적(deductive) 방법은 일반적
으로 승인된 기존의 규칙으로부터 법적 추론을 통해 구체적인 특정 규칙을
도출하는 것이다.721) 통설적인 국제관습법의 개념에 비추어보면 원칙적으
로 국제관습법은 귀납적 방법에 의해 확인될 수밖에 없다. 국제관습법의 2
개 요건은 결국 실증적인 방식으로 실제 관행과 사례에서 발견되어야 하기
때문이다.722) 그러나 ICJ가 실증적인 귀납적 방법으로 국제관습법의 존재
를 확인하지 못하는 상황에서는 연역적 방법이 필연적으로 요구된다. 연역
적 방법이 아니라면 결국 ICJ는 재판불가(*non liquet*)를 선언할 수밖에 없으
나 재판불가는 ICJ에게 허용된 선택지가 아니기 때문이다.723) 그러나
Talmon은 실제 ICJ의 판례는 귀납과 연역의 이분법적 관념으로는 제대로
파악할 수 없으며, 이러한 이분법은 ICJ의 실질적인 국제관습법 확인 양상
에 대한 불완전한 또는 왜곡된 인식만을 제공할 뿐이라고 본다. 대부분의
경우에 있어서 ICJ는 그 어떠한 근거논리 제시도 없이 단지 법을 단언
(assertion)할 뿐이기 때문이다.724) ICJ가 아무런 논증없이 국제관습법의 존

---

721) Talmon은 ICJ가 귀납적 방법을 사용하면서 연역론을 시사하는 표현(infer, deduce)을
    사용하는 등 기본적으로 연역과 귀납이라는 용어를 일관성 없이 뒤섞어 사용한 측면
    이 있으며, 따라서 ICJ 판시의 문구가 아니라 실제 판단 내용을 봐야 한다고 지적한
    다. Talmon, *supra* note 713, pp. 420-421.
722) *Ibid.*, p. 421.
723) Talmon은 ICJ 판례에서 귀납적 방법론이 적용될 수 없었던 4가지 유형의 상황을 식별
    한다. 즉, 쟁점이 너무 최근에 발생한 문제이기 때문에 국가관행이 존재하지 않는 경
    우, 국가관행이 서로 상충하거나 불일치하여 확정적으로 평가할 수 없는 경우, 법적
    확신을 실증적으로 확인하는 것이 불가능한 경우(금지규범에 대한 국제관습법을 포
    함), 그리고 국가관행과 법적 확신의 불일치가 있는 경우 등이다. *Ibid.*, pp. 422-423.
724) *Ibid.*, p. 434. 유사한 맥락에서, Benvenisti는 ICJ가 관행 및 법적 확신의 불충분성에
    도 불구하고 국제관습법을 창설해왔다면서 ICJ에게 사실상 관습(법)의 발명 권한

재를 단언함으로써 국제관습법을 탄생시킨 사례는 ICJ의 첫 본안 계쟁 사
건인 Corfu 해협 사건(1949년)부터 Nicaragua 사건(1986년), Arrest Warrant
사건(2002년) 등 ICJ의 역사를 관통하여 꾸준히 발견된다.725) 특히, Arrest
Warrant 사건은 국제관습법 확인·도출의 논증 부재 또는 부실함을 보여주
는 사례로 자주 비판적 검토의 대상이 되었다. 이 사건에서 재판부는 외교
장관의 형사관할권 면제에 대한 국제관습법적 규칙의 존부를 판단하면서
국제관습법 확인을 위한 방법론에 대해 아무런 언급도 하지 않았고 국가관
행이나 법적 확신의 증거도 전혀 원용하지 않았다. 유일한 근거는 외교장
관의 기능뿐이었다.726)

　Talmon은 ICJ가 국제관습법을 일방적으로 '단언'하는 기법(techniques)으
로 ILC의 원용, 조약 조항의 국제관습법 반영 확인, UN 결의의 국제관습법
반영 확인, 자체적인 단언에 근거한 (점진적) 확대 등이 있다고 평가하였
다.727) 여기서 조약 조항의 국제관습법 반영 확인이라는 기법의 대표적인
예로서 비엔나 조약법협약의 국제관습법 반영이 제시된다.728) 다소 다른

(authority)이 있는 것이나 다름없다고 평가하였다. Eyal Benvenisti, "Customary
International Law as a Judicial Tool for Promoting Efficiency", in Eyal Benvenisti and
Mosche Hirsch (eds), *The Impact of International Law on International Cooperation:
Theoretical Perspectives* (Cambridge University Press, 2004), p. 86.

725) *Ibid.*, pp. 434-436.

726) Oda 재판관과 Van den Wyngaert 재판관은 반대의견에서 이 사건 다수의견의 국제
　　관습법 도출에 대해 강하게 비판하였다. Arrest Warrant of 11 April 2000, ICJ
　　Reports (2002), p. 52 (Dissenting Opinion of Judge Oda), p. 147 (Dissenting Opinion
　　of Judge Van den Wyngaert); Boyle and Chinkin, *supra* note 663, pp. 281-282;
　　Hwang, *supra* note 709, p. 130.

727) Talmon, *supra* note 713, pp. 437-440.

728) 그는 비엔나 협약의 특정 조항들을 국제관습법의 반영으로 확인한 판례들을 나열하
　　였는데, 여기에는 제31조와 제32조를 확인한 Ligitan/Sipadan 사건이 포함되어있다.
　　Ibid. p. 437. 그가 사례로 제시한 판례들은 그 외에도 제28조, 제48조, 제33조, 제
　　65-67조, 그리고 서명비준 관련 절차 조항들에 대한 것이다. 한편, Talmon에 의하면
　　ICJ가 ILC를 원용하여 국제관습법을 확인하는 "연역절차의 아웃소싱" 사례에서 ICJ

각도의 논지이기는 하나 ICJ 판례의 국제관습법 확인 양상을 조사한 다른 연구는 ICJ 판례법에 있어서 국제관습법 결정의 가장 중요한 증거 유형은 조약이라고 결론을 내렸다.[729]

Talmon은 ICJ의 이러한 국제관습법 단언이 사법적 입법(judicial legislation)의 통로가 될 것이며 ICJ 재판관들조차도 이를 종종 비판했다는 사실을 상기하면서도, ICJ가 재판불능에 빠지지 않도록 하기 위해 국가들이 어쩔수 없이 치러야하는 대가와 같은 것이라고 평가한다.[730] 즉, 국제관습법의 단언을 ICJ의 국제관습법 식별 방법 또는 그 결과 식별된 법규칙들에 대한 전면적 가치절하라는 차원에서 접근하기 보다는 현실적으로 ICJ가 재판불능을 회피함으로써 본연의 사법적 기능을 유지하기 위한 필연적 전략이자 적응적 행동양태로 이해하는 것이다. 이는 ICJ와 같이 국제사회의 특수한 질서 속에서 주권국가간 분쟁해결을 위해 존재하는 국제재판소는 불가피하게 재판불능 회피라는 기능적 요건이 요구되며, 그러한 불가피한 기능의 행사가 단언에 의한 국제관습법 확인이라는 양태로 귀결된다는 관점이다. ICJ에 의해 비엔나 조약해석 규칙이 국제관습법으로 선언되고 이것이 비엔나 규칙의 통상적 서사의 필수적 구성요소가 된 것은 바로 이러한 ICJ의 필연적인 전략적 적응이라는 더 큰 맥락에서 파악될 수 있을 것이다.

다만, 여기서 짚어보아야 할 문제가 있다. Talmon의 지적대로 ICJ가 거의 모든 경우에 있어서 귀납적 방법이 아닌 단언을 통해 국제관습법의 존

가 ILC의 해당 작업이 국제관습법의 성문화인지 국제법의 점진적 발전인지를 조사한 적은 한번도 없다. *Ibid.* p. 437. 비엔나 조약해석 규칙의 국제관습법 반영 단언은 ILC의 원용이 아니라 ILC가 초안을 작성한 조약 조항에 대한 국제관습법 반영 단언 사례이지만, 이 경우도 마찬가지로 그러한 조사는 없었다.

729) Stephen Choi and Mitu Gulati, "Customary International Law: How Do Courts Do it?", in Curtis Bradley (ed), *Custom's Future: International Law in a Changing World* (Cambridge University Press, 2016), p. 117.

730) Talmon, *supra* note, p. 442-443.

재를 식별했다면, 그 수많은 모든 사례에 있어서 ICJ가 항상 재판불능의 존
재론적 또는 기능적 위기에 직면하였다고 보아야 할 것이다. 그러나 과연
그것이 균형있는 평가인지, 혹은 ICJ의 어떤 과도한 경향을 보여주는 것은
아닌지 생각해보아야 한다. 국제관습법의 단언이 이루어진 모든 ICJ의 사
례를 재평가하는 것은 이 연구의 범위를 벗어나는 것이나 적어도 조약해석
규칙의 문제에 있어서는 그 규칙을 국제관습법으로 식별하지 않으면 재판
불능이 발생한다고 볼 수 있었는지 의문이다. 조약해석 규칙은 자체가 국
가행동의 허용이나 금지를 규정한 실체적 또는 1차적 규칙이라기 보다는
일종의 방법론 또는 2차적 규칙이라고 부를 수 있는 것에 가깝다. 따라서
이것이 국제관습법으로 선언되지 않고 하나의 일반적인 원칙이나 지침 또
는 재판소 자체의 관행적 방법론 차원에서 다루어지더라도 조약해석이 불
가능하거나 해석분쟁의 해결이 불가능해진다고 보기 어렵다.731)

한편, ILC가 밝혔듯이 국제관습법을 확인하는 국제판례의 가치는 증거
의 철저한 검토 등을 포함한 논증의 우수성, 그리고 국가와 추후 판례에 의
한 수용 여부 등 여러 요소에 달려있다.732) 이러한 기준에서 보면, 비엔나
규칙의 국제관습법 반영이라는 ICJ의 단언은 이중적 의미를 갖는다. 일단
'단언'이라는 방법에 의거하였기 때문에 어떠한 증거 검토도 없다는 점에
서 국제관습법 확인 명제의 가치에 의문을 제기할 수밖에 없다. 반면, 이후
다수의 타재판소 판례와 학설들이 바로 이 ICJ의 판결을 원용하여 비엔나
규칙의 국제관습법 반영 명제를 반복적으로 확인하였다는 점에서는 일정
한 가치를 갖는다고 볼 수도 있다. 그러나 ICJ 판결이 국제관습법 규칙 존

---

731) 만일 ICJ가 단순 단언이 아닌 연역적 방법론(예컨대, '신의성실' 원칙이나 '조약은
준수되어야 한다' 원칙 등에서 조약해석의 관습법적 규칙을 도출)을 채택하였다고
하더라도, 연역적인 국제관습법 도출이 아니면 재판불능을 피할 수 없었는지에 대
한 문제는 여전히 남으며, 연역적 도출이 실제 가능한지 역시 별개의 문제라고 할
수 있다.

732) *Supra* note 589, p. 149.

재를 확인한다고 해서 그것이 바로 관행이나 법적 확신의 증거가 될 수 있
는지에 대해서는 의문을 제기할 수 있다. 국제관습법 식별에 대한 ILC의
결론에서는 국내법원과 국제재판소에 대한 중요한 구분이 드러난다. 국가
관행으로서의 국내법원 판결은 국가관행의 형태(forms of practice) 중 하나
일 뿐만 아니라 법적 확신의 증거 형태(forms of evidence)로도 열거되어있
으나 국제재판소 판결은 두 항목에서 모두 누락되어있다.733) 국제재판소의
판결은 그 자체가 증거가 될 수 없으며, 그것은 국제관습법 결정의 보충적
수단이다.734) 국제재판소의 판결이 국제관습법의 증거로서 갖는 제한적 가
치는 무엇보다도 국제관습법이 '주권국가'의 일반적 관행과 법적 확신으로
구성된다는 원론적 개념 자체에서 비롯한다고 볼 수 있다. ICJ의 판례가 국
제법 담론상 중요한 권위와 영향력을 인정받는다고 하더라도 Boyle과
Chinkin의 지적처럼 국제관습법의 확인 또는 식별에 있어서 기본적 요소
또는 요건의 개념에서 지나치게 벗어난 판시나 선언은 결국 그것에 근거한
판례법의 정당성을 훼손할 수 있음을 상기할 필요가 있다.735)

---

733) *Ibid.*, p. 120 (Conclusion 6, Conclusion 10).

734) *Ibid.*, p. 149.

735) Boyle and Chinkin, *supra* note 663, p. 280. Boyle과 Chinkin은 국제관습법의 전통
적 요건을 무시하는 판례는 결국 "새로운 법규칙을 성급하게 옹호하려는 성향(rush
to champion new rules of law)"을 간접적으로 인정하는 것이나 다름없다고 지적한
다. p. 285. 여기서 인용된 문구는 Fidler의 논문에서 거론된 것인데 Fidler는 새로운
법규칙의 성급한 옹호를 위해 국제관습법의 전통적 요건을 무시하는 판례와 학설
을 비판하였다. David Fidler, "Challenging the Classical Concept of Custom:
Perspectives on the Future of Customary International Law", *German Yearbook of
International Law*, Vol. 39 (1996), p. 224. Dunbar는 이미 1980년대초에 국제기구
와 국제재판소가 전통적 국제관습법 요건론을 회피하고 학자들은 아무런 증거제시
없이 자신의 신념을 국제관습법이라고 표현하면서 만족하고 있다고 비판한바 있다.
Norman C. H. Dunbar, "The Myth of Customary International Law", *Australian
Yearbook of International Law*, Vol. 8 (1983), p. 18. 참고로, ICJ가 2023년에 선고
한 니카라과-콜롬비아 200해리 이원 대륙붕 경계획정 판결은 국제관습법 확인이라
는 점에서 설득력을 갖기 어려운 매우 부실하고 부적합한 논증의 대표적 사례를

비엔나 조약해석규칙을 국제관습법의 반영으로 선언한 ICJ의 집적된 판례는 오늘날 비엔나 규칙의 성격을 규정하는 거의 유일한 핵심적 근거로서 널리 원용되고 있다는 점에서 그 실질적 유용성이나 실용성을 부인할 수 없을 것이다. 그러나 그 어떠한 논거나 증거 검토 없는 전형적인 '단언'의 형태로 제시되었고 그러한 단언이 ICJ의 불가피한 규범적 기능수행을 위해 요구되는 필수적인 전략적 반응으로서 받아들여질 수 있는지도 의문이 있다. 따라서 비엔나 규칙의 규범으로서의 성격 규명 문제는 ICJ의 단언만으로 완전 종결된다고 보기 어려울 것이다. 비엔나 규칙의 현재적 양상은 더 많은 검토와 논의를 필요로 한다. 이러한 맥락에서, 이하에서는 비엔나 규칙의 법규칙으로서의 성격과 실질적 존재 또는 적용 양상에 대해 검토하고 그 결론을 이론적 관점에서 조망해보도록 한다.

다. "규칙"이 아닌 "지침"으로서의 비엔나 규칙

(1) 지침으로서의 해석원칙에 대한 인식

국제관습법 형성의 형식적 요건 충족 문제와는 별개로 비엔나 조약법협약 제31조는 법적 구속력을 표상하는 "shall"이라는 문구를 사용하고 있다는 점에서 그 자체로 의무적인 법적 규칙의 지위에 의심의 여지가 없다는 논리도 가능할 것이다. 특히, 비당사국들을 포함한 많은 국가들이 조약해석에 있어서 제31조를 그대로 원용하고 있음을 보여줄 수 있다면 (또는 제31조를 명시적으로 거부하는 국가가 없었다는 점을 감안해보면) 제31조의 내용과 문구가 법적 구속력있는 "shall" 형식의 조항이므로 일응 법적 확신의

보여준다. Question of the Delimitation of the Continental Shelf between Nicaragua and Colombia beyond 200 Nautical Miles from the Nicaragua Coast (Nicaragua v. Colombia), 13 July 2023. 이에 대한 상세분석은 김민철, "관습국제법의 확인 측면에서 살핀 니카라과-콜롬비아 200해리 이원 대륙붕 경계획정 판결: Jura Novit Curia?", 서울국제법연구 제30권 2호(2023), 71쪽 참조.

문제까지 해결한다고 볼 여지가 있는 것이다. 그러나 일단 제31조와 달리
제32조는 의무적 조항 형식이 아님에도 불구하고 통상적 서사에서 제32조
까지 국제관습법으로 인정되고 있다는 점은 일관성있는 설명을 다소 어렵
게 한다. 아울러 국제관습법을 반영한다는 언명과 달리 실제 작동 과정이
나 법적 담론과 인식의 지평에 있어서 법규칙이 아닌 지침으로 존재한다는
평가가 가능하다면, 그리고 이와 유사한 관점에서 조약해석이라는 행위범
주 자체가 과연 "법적 규칙"에 종속될 수 있는지에 대한 근본적 문제가 제
기될 수 있다면, 비엔나 규칙의 진정한 성격에 대해 신중하게 되돌아보지
않을 수 없다.

20세기 초반 이후 조약해석 담론에서 반복적으로 드러나는 관념 중 하나
는 국가/재판부의 필연적인 해석재량과 이를 돕는 지침(guide)으로서의 해
석 원칙이다. 서구 학계는 일찌감치 규칙으로서의 고전주의적 캐논들에 대
해 회의적 입장을 표명하였다.[736) 당사자들의 진정한 의도에 도달하기 위
한 자유롭고 재량적인 해석 정신이 필요하며[737) 미리 정해진 특정 규칙이
나 가정에 의해 방해 받지 않는 해석이 과학적인 해석이라는 믿음이 존재
하였다.[738) Harvard Research는 경직된 해석규칙의 창설은 모든 증거에 대
한 열린 마음이 아닌 선입견을 조장하며 해석의 과정은 규칙을 통해 미리
존재하는 결과를 발견하는 기계적 과정이 될 수 없다고 보았다. 해석은 의
미를 주는(giving) 과정이며, 필요한 것은 해석의 주체들을 안내할 이정표
(guidepost)라는 것이다.[739) Lauterpacht는 유사한 맥락에서 해석 '규칙'이
갖는 가치에 회의적 입장이었다.[740) ILC 특별보고자 Waldock은 법적 규범

---

736) 제2장 제1절 3. 참조
737) Westlake, *supra* note 50, pp. 293-294.
738) Hyde, *supra* note 51, p. 61.
739) 조약해석과정은 강철의 규칙에 갇힌 활동이 아니며 해석원칙과 규칙들은 개별사건
    의 구체 상황에 맞는 결론으로 이어주는 가이드의 역할을 해야 한다는 것이다.
    Harvard Research, pp. 946-947.

(조약) 형태의 비엔나 규칙 작성 작업에 임하면서도 본질적으로 모든 해석 규칙은 가이드라인의 성격을 갖고 있다고 인정하였다.[741] 비엔나 규칙 초 안 논의 초기 Verdross의 발언 등도 이러한 인식을 대변한다.[742] 비엔나 규 칙은 조약해석의 출발점이자 지침으로 이해되었다.[743] Gardiner가 지적하 였듯이 ILC는 엄격한 법적 규칙의 체제를 추구한 것이 아니라 소수의 근본 적 원칙을 담은 조항 산출에 집중하여, 세부적인 규범이나 캐논식의 규칙 체가 아닌 단지 조약해석을 위한 기반시설(infrastructure) 또는 기본적 체제 (basic scheme)만을 만들어 내고자 하였다.[744] Gardiner는 ILC가 엄격한 규 칙의 틀에 조약해석을 묶어두는 것은 바람직하지 않다는 점을 인식하고 있 었으며 이에 따라 ILC가 도출해낸 비엔나 규칙은 가이드라인의 성격을 갖 는다고 강조하였다. 반드시 적용해야 한다는 점에서는 규칙이라고 볼 수 있으나, 실제로는 원칙과 지침의 성격을 모두 반영하여 적용해야 한다는 것이다.[745] 무엇보다도 ILC 논의과정의 기조를 처음부터 규정한 "해석은 정확한 과학이 아니라 어느 정도는 예술"이라는 언명은 '규칙'이 될 수 없 는 조약해석 규칙 조항의 성격을 상징적으로 보여준다.[746] ILC 초안에 대

---

740) Gardiner, *supra* note 6, p. 66.

741) Waldock 제6차 보고서, p. 94.

742) ILC Yearbook 1964, Vol. I, p. 279. Verdross는 조약 당사국들 간에는 자신들이 합의 한 별도의 해석 규칙을 적용할 수 있으므로 새로 만들게 될 규칙은 국가들에게 규칙 으로서가 아니라 가이드로서 받아들여질 것이라고 평가했다.

743) Gardiner, *supra* note 6, p. xvii(Preface).

744) *Ibid.*, p. 77.

745) *Ibid.*, p. 40. Gardiner는 수학공식을 따르듯 비엔나 규칙의 적용을 보여주어야 하는 것이 아니라 실질적으로 이러한 틀을 잘 적용하여 올바르게 해석하는 것이 중요하다 고 설명한다.

746) Waldock 제3차 보고서, p. 54; Klabbers, *supra* note 706, p. 25; Merkouris, *supra* note 707, pp. 8-10. ILC 내부 논의과정에서 Reuter 위원은 조약해석은 과학이 아니 라 예술이므로 조약해석에 대한 조항을 협약 규칙으로 만드는 것에 대한 주저함을 충분히 이해할 수 있다고 언급한바 있다. ILC Yearbook 1966, Vol. I, p. 188.

한 막판 내부 논의에서 Tsuruoka 위원은 조약해석 규칙에 엄격한 법적 구속력을 인정하려는 일부 견해에 대해 우려를 표명하면서 국제재판소가 재량적으로 조약을 해석할 수 있는 자유가 보호될 필요가 있으며 ILC의 초안은 국제재판소 재판관들을 엄격하게 구속하지 않을 것이라는 점에 만족한다고 평가하였다.747) ILC 초안에 대한 국가들의 반응 중에도 규칙으로서의 존재에 대한 의문은 지속적으로 발견된다. 미국은 ILC의 첫 초안에 대한 서면 논평에서 새로운 협약이 추구해야하는 것은 해석 규칙이 아닌 해석을 위한 가이드라인이어야 한다는 의견을 제시한바 있다.748) 비엔나 회의에서 그리스는 해석규칙의 불가능성을 강력하게 주장하였다. 해석에 대한 "규칙"을 협약에 담는 것은 무의미하며 해석에 도움을 주는 여러 요소들을 기술하는 가이드라인이 적절하고 필요하다는 것이었다.749)

  비엔나 규칙의 국제관습법적 성격을 선도적으로 수용한 저자 중 하나인 Sinclair의 설명은 시사하는 바가 크다. 그는 비엔나 조약법협약 제31조-제33조 전체가 국제관습법적 원칙의 "일반적" 표현이라고 주장하였다. 비엔나 규칙만이 유일한 해석규칙이 아니며 여전히 다른 캐논식의 명제들도 존재하기 때문이다.750) 이는 다른 캐논들의 성격 역시 국제관습법을 구성한다는 저자의 인식을 드러낸다. 그는 조약해석이란 분석적 기술을 적용하는

---

747) Tsuruoka는 이 발언에 대한 별도의 상세한 설명을 제시하지는 않았다. 그는 유사한 맥락에서 국가와 국제재판소의 해석수단 선택의 자유를 최대한 보장하기 위해 두 개 조항을 단일조항으로 합쳐야한다는 견해를 표명하기도 하였다. ILC Yearbook 1966, Vol, I, pp. 196-197.

748) Waldock 제6차 보고서, p. 93.

749) 그리스의 논거는 해석은 필연적으로 복수의 결과가 가능한 지적 프로세스로서 하나의 정해진 규칙에 따를 수 없고, 조약법협약에 해석규칙이 담기면 그 규칙을 해석하기 위한 별도의 규칙이 요구되는 논리적 악순환에 빠질 수 밖에 없다는 것이었다. 비엔나조약법회의 회의요록 (1968), p. 172.

750) 예컨대, *ejusdem generis, expressio unius est exclusio alterius* 등이 협약에서 다루지 않은 다른 해석규칙이라고 하였다. Sinclair, *supra* note 29, p. 153.

절차이기 때문에 몇 개의 보편적이고 자동적인 규칙으로 환원될 수 없음을 인정하면서도, 비엔나 규칙이 여전히 가치를 갖는 이유는 핵심요소들 간의 관계를 강조함으로써 선례와 관행에 근거한 가이드라인을 제공해줄 수 있기 때문이라고 평가한다. 반면, 조약해석은 여전히 해석 과제를 부여받은 재판부의 재량적 평가에 달려 있으며, 협약에 "립 서비스"만 제공할 뿐 실제 그것을 그대로 적용하지 않는 사례도 많다는 점을 인정한다.751) 국제관습법적 규칙으로서의 규범성에 대한 앞선 확언에 비추어 보면 Sinclair의 이러한 궁극적 평가는 다소 혼란스러운 측면이 있다. 의무적 법규칙이 아닌 지침 또는 권고적 규정에 대해 적용될 평가와 유사하기 때문이다. 캐논식 명제들과의 법적 차별성을 인정하지 않는 태도 역시 이를 뒷받침한다. Rosenne은 비엔나 해석 규칙은 엄밀한 의미에서 규칙이 아니며, 그런 규칙으로 의도되지도 않았다고 단언하였다.752)

한편, El-Erian은 ICJ 규정 제36조 2항에 나열된 사항에 조약해석이 있음에 비추어 ILC가 지침이 아닌 법규칙을 추구한 것은 옳은 결정이었다고 언급한바 있다.753) 그러나 이러한 입장은 의문을 야기한다. 규칙이 아닌 지침 성격의 조항이라고 해서 ICJ가 이를 적용하지 못하거나 적용을 거부할 것이라고 보기 어렵기 때문이다. 1990년대 이전 아무런 공식 법규칙의 존재를 전제하지 않고 조약해석을 수행한 ICJ의 판례 태도를 보면 이를 쉽게 확인할 수 있다.

WTO의 조약해석 접근법과 관행에 대한 논의에 있어서 비엔나 규칙은 규칙이 아니라 원칙이라는 단언과 함께 그간 WTO 분쟁해결체제의 항소기구가 비엔나 조약법협약을 엄격한 구속력있는 법규칙 체제로 취급하지 않

---

751) *Ibid.* pp. 153-154.
752) Shabtai Rosenne, *An International Law Miscellany* (Martinus Nijhoff 1993), pp. 441, 444.
753) ILC Yearbook 1966, Vol. I, p. 195.

으면서도 자신의 해석논리를 비엔나 규칙 체제를 통해 정당화해왔다는 평가도 있다는 점은 앞서 언급한바 있다.754)

(2) 해석 "규칙"의 위반불가능론

비엔나 규칙이 의무적·강제적 법적 규칙인지에 대해 ILC의 근본적 의도와 학술적 평가를 넘어 이 지점에서 실제적으로 제기해 볼 수 있는 문제는 바로 비엔나 규칙의 위반이 어떠한 결과를 가져올 것인가라는 쟁점이다. ICJ나 중재재판의 그 어떠한 해석분쟁 판례에 비추어 보아도 제31조 위반 또는 비엔나 규칙의 위반이 분쟁의 쟁점으로 제기된 사례를 찾기 어렵다.

이러한 맥락에서, 조약해석은 본질적으로 규칙의 성격을 가질 수 없다는 비판론이 가능해진다. 특히 기술적인 관점에서 조약해석과 같은 고도로 '유동적인(fluid)' 행위가 과연 관습의 관념으로 파악될 수 있는가에 대한 의구심은 지속적으로 제기되어왔다.755) 최근에도 해석규칙은 본질적으로 국제관습법의 성격을 가질 수 없다는 주장이 제기된바 있다.756) 이러한 주

---

754) Van Damme, *supra* note 635, p. 56. 참고로, '규칙'과 '원칙'의 구분과 관련하여 Koskenniemi는 Hart와 Dworkin 등을 원용하여 서로 상이한 정당화 권능(justifying power)을 가진 두 가지 유형의 법적 기준으로서 '규칙'과 '원칙'의 차이를 설명하고 있다. 즉, 특정 규범적 문제에 '규칙'이 적용가능한 경우 그것은 반드시 적용되어야 하고 그 규칙의 적용만으로 문제를 온전히 배타적으로 해결한다. 반면, '원칙'은 그 적용 자체만으로 문제를 온전히 해결하는 것이 아니라 특정 해결책을 옹호하는 논증을 끌어내는 기준이 될 뿐이다. Martti Koskenniemi, *From Apology to Utopia: The Structure of International Legal Argument* (Cambridge University Press, 2009), p. 37.

755) Jan Klabbers, "International Legal Histories: The Declining Importance of the Travaux Préparatoires in Treaty Interpretation", *Netherlands International Law Review* (2003), p. 272. Cannizzaro는 비엔나 규칙이 무언가 신비한 효과에 의해 조약과 관습의 경계를 넘어 일반 국제법의 일부로 전해졌다고 언급하였다. Cannizzaro, *supra* note 703 (Preface); Hakimi는 국제관습법 같은 유동적 개념은 그 형성을 위한 2차규칙 적용의 어려움으로 인해 제대로된 규칙으로 기능할 수 없다고 비판한다. Hakimi, *supra* note 716, pp. 1502-1506.

756) Klabbers, *supra* note 706, p. 17.

장을 상세하게 제기한 Klabbers는 수세기 동안 국가 등의 행위자들이 텍스트를 유사한 방식으로 읽었고 이것이 일반적 관행과 법적 확신을 형성하여 국제관습법이 되었다는 서사에 의문을 제기하면서 조약해석이 규칙에 의해 규율되는 행위가 아님을 역설한다. 우선, 수많은 학자들이 반복적으로 언급한 '조약해석은 과학이 아닌 예술'이라는 아포리즘은 해석이 의미있는 방식으로 규칙에 포섭될 수 없다는 뜻이라고 주장한다.757) 둘째, 조약해석에 대한 규칙 적용 가능성의 인정은 마치 조약에 숨겨진 단일한 의미가 존재하고 이를 규칙 적용으로 발굴해낼 수 있다는 인식을 반영하고 있으나, "조약은 서면으로 환원된 의견 불일치(disagreement reduced to writing)"라는 문구가 보여주듯 국가간 합의는 서로 다른 의견, 이해관계, 욕망 등의 타협을 표상한다.758) 여기서 제기되는 핵심 문제제기는 만일 해석규칙이 어떤 식으로든 국제관습법으로 성숙되었다면 그 위반은 국제법상 국가책임을 유발하는 위법행위(wrongful act)로 간주되어야 한다는 점이다. 그러나 조약의 적용이 아닌 그 전제가 되는 해석 자체가 위법행위로서 국가책임을

---

757) *Ibid.*, p. 25. 여기서 조약해석과 예술의 유사성에 대한 비유적 근거가 제시된다. 조약해석 규칙을 배운다고 해서 그 자체로 예컨대 생물다양성협약이나 유럽인권협약을 자유롭게 해석할 능력이 생기지 않는다. 또한 예술과 마찬가지로 동일한 교육을 받는다고 해도 사람마다 서로 다른 결과를 낼 수밖에 없다. 저자가 동원한 비유의 타당성에 대해서는 논쟁의 여지가 있으나 일단 조약해석의 내재적 재량성을 주장하려는 것으로 이해되며, 이는 과거 학술담론에서부터 꾸준히 존재해온 인식이라고 할 수 있을 것이다.

758) *Ibid.*, p. 26. 이는 Philp Allott가 사용한 표현이다 Philip Allott. "The Concept of International Law", *European Journal of International Law*, Vol. 10, No. 1 (1999), p. 43. 그러나 여기서 ILC 역시 해석은 텍스트 안에 이미 존재하는 특정한 의미나 의도를 발견하는 것이 아니라는 점을 인식하고 있었다는 점은 지적해 두어야 할 것이다. 해석은 텍스트에 의미를 주는 것(giving)으로 이해되어왔다. Waldock 제3차 보고서 p. 53. 의미를 주는 것으로서의 해석 개념은 Harvard Research에서 이미 제시된 바 있다. 조약 용어가 항상 단일한 의미를 갖는 것도 아니고 모든 가능한 상황이 조약에 예견되어있는 것도 아니기 때문에 해석의 필요성이 발생하며 따라서 해석은 대부분의 경우 텍스트에 의미를 부여하는 것이다. Harvard Research, pp. 946, 953.

유발할 수 있는가? 그는 해석규칙은 행동을 규율하는 규칙이 아니라 행정부나 재판부에게 조약 텍스트를 어떻게 독해하는지 알려주는 규범이므로 국제관습법이 될 수 없다고 단언한다.[759] 아울러, 그는 실질적 내용상 해석규칙은 가이드라인으로서 의미가 있을 뿐 구체적인 해석에는 도움이 되지 않는다는 점을 지적한다. 해석자의 배경지식과 관점이 상이하고 세부 국제법 영역별로 관련 지식이나 체계가 다양하므로 단일한 해석규칙의 적용이 실제 해석에서 큰 의미를 갖지 못하며 따라서 서로 다른 영역에서 비엔나 해석규칙이 항상 동일하게 적용되어야 한다는 관념 자체가 잘못된 가정에 입각해 있다는 주장이다.[760]

조약해석은 그 특성상 규칙에 포섭될 수 없으며 규칙을 유의미한 방식으로 위반하는 것이 불가능하므로 국제관습법이라는 실체적 법규칙으로 볼

---

759) Klabbers는 미국의 영사관계협약 위반 시 독일이 영사관계협약 위반을 이유로 제소한 것이지 영사관계협약 해석 오류가 표상하는 조약해석의 국제관습법 규칙 위반을 제소하지 않았다고 지적한다. *Supra* note 706, p. 30 일반적인 행동 규칙의 패턴에 부합하지 않는 것이므로 국가가 이를 위반하고자 하여도 유의미한 방식으로 위반할 수가 없다는 것이다. Klabbers, *supra* note 706, p. 30-31. 한편, Klabbers는 조약해석 규칙을 Hart가 말한 2차 규칙에 해당하는 것으로 볼 경우 2차 규칙이 국제관습법적 성격을 갖고 있는가의 문제로 전환된다고 주장한다. Hart가 제시한 2차 규칙의 개념에 대해서는 H. L. A. Hart, *The Concept of Law* (Oxford University Press, 2012), pp. 79-99 참조. 2차 규칙이 국제관습법(화)에 친한가라는 이론적 문제를 별도로 생각해볼 수도 있겠으나, 일응 2차 규칙이라는 이유만으로 국제관습법화 자체가 불가능하다고 보기는 어려울 것이다. 이와 관련, 국가책임법리의 2차 규칙 분류에 대한 비판으로는 Ulf Linderfalk, "State Responsibility and the Primary-Secondary Rules Terminology - The Role of Language for an Understanding of the International Legal System", *Nordic Journal of International Law*, Vol. 78, No. 1 (2009), p. 53, p. 72 참조. Linderfalk는 국가책임법리 전체로 보아 실체법적 측면과 방법론적 측면이 모두 존재하기 때문에 이를 일괄적으로 2차 규칙이라고 규정하는 것은 타당하지 않으며 더 나아가 1차 규칙과 2차 규칙의 구분 자체에 대해 의구심을 표명한다.

760) 아울러, 비엔나 규칙 자체가 열린(open-ended) 구조로서 서로 다른 학설이나 접근법의 타협에 불과하므로 규칙의 작동에 큰 기대를 걸어서는 안 된다고 지적한다. Klabbers, *supra* note 706, pp. 32-33.

수 없다는 주장에 대해서는 우선 중재재판소가 중재합의문에 대해 적절한
해석규칙을 적용하지 않는 경우 권한위반이 될 수 있다는 ICJ의 판시를 바
탕으로 일응 비판이 가능할 것이다.[761] 실제 조약 적용행위 이전의 상세한
해석 과정을 외부에 공표하지 않는 행정부의 관행과 달리, 국제재판소 또
는 국내법원은 판결문을 통해 해석과정을 제시하고 이것이 사법부의 행동
으로서 외적 평가의 대상이 될 수 있다. 1989년 중재판정 사건에서 ICJ는
중재재판소의 권한을 규정한 중재합의문을 해당 중재재판소가 위반하였는
지 여부("명백한 권한 위반 여부")를 다루었는데, 그러한 권한 위반의 예시
로서 '적절한 해석규칙(rules)'을 적용하지 않은 경우를 제시하고 있다.[762]
ICJ는 이에 대한 상세한 분석으로 나아가지 않았으나, 비엔나 규칙도 그러
한 적절한 해석규칙에 해당한다고 일응 추정해볼 수 있다.[763] 만일 조약해
석 규칙의 심각한 위반이 중재재판의 판정을 무효화할 수 있는 근거가 될
수 있다면 이는 규칙으로서의 성격을 분명히 하는 논리라고 할 수 있다. 그
러나 여전히 재판부의 해석재량을 생각해 보면 해석규칙의 적용 문제로 권
한위반을 논하는 것은 실제로 매우 어려울 것이다. 실제 관행상 이러한 논
변이 적용된 사례도 찾기 어렵다. 아울러, 이 사건 ICJ 판시는 좁은 의미로
이해되어야 한다. 이는 일반적인 국가책임법이라는 관점에서 국제기구나
중재재판소 같은 국제적 행위주체의 조약해석 규칙 위반 여부를 판단할 수
있다는 뜻이 아니라 중재재판소가 자신의 권한을 규정한 중재회부 합의문
을 적절하게 해석하지 않는 경우 필연적으로 권한위반이 발생한다는 중재
재판 관할권 위반 여부의 문제로 보는 것이 타당할 것이다. 따라서 국제법

---

761) *Supra* note 432, p. 69.

762) *Ibid.*

763) 그러나 실제로는 이 판례에서 제시된 조약해석 원칙에 대한 서술이 비엔나 규칙과
　　　정확히 일치한다고 단언하기 어렵다. ICJ는 "통상적 의미"에 따른 해석이 절대적 규
　　　칙은 아니며 조약의 정신과 목적, 맥락에 맞지 않는 통상적 의미는 받아들일 수 없다
　　　면서 서남아프리카 사건(선결적 항변)의 판시를 인용하였다. *Ibid.*, pp. 69-70.

상 불법행위를 만들어낼 수 있는 규칙으로서의 성격 문제와는 별개라고 보아야 한다. 비엔나 규칙 형성 이전 '규칙 부재'의 시기에 중재재판소가 중재합의문 해석의 명백하고 중대한 오류 등으로 관할권을 위반한 상황을 가정해본다면 "규칙"의 부재에도 불구하고 여전히 그 중재재판소의 권한위반이 발생하였다고 판단할 수 있었을 것이다.

지금까지의 논의에서 주목해야할 것은 ICJ 판례에 의해 별다른 논증없이 부여된 국제관습법 반영이라는 명명과 그 실체적 존재 및 적용 방식 간의 괴리라고 할 수 있다. 비엔나 규칙은 사실상 엄격한 법규칙이 아닌 가이드라인으로 인식되고 적용되어 왔다.764) 조약해석 또는 조약해석 분쟁의 해결에 있어서 비엔나 규칙의 적용 또는 그 규칙을 적용한다는 언명이 하나의 관행이자 표준으로 자리잡았으나 그것이 통상적 의미의 국제관습법적 의무로 받아들여졌는지에 대해서는 본질적 의문이 남아있다. 이러한 평가가 비엔나 규칙의 규범적 성격을 정면 부인하는 것이 아님은 자명하다. 비엔나 규칙은 기본적으로 비엔나 조약법협약이라는 20세기의 가장 성공적인 국제법 성문화 작업 결과에 포함된 실정법 규범이자 협약비당사국 또는 협약 발효 이전의 조약에 대해서도 적어도 국제법의 일반원칙이나 지침으로서 정당하게 적용가능하다. 다만, 국제관습법이라는 언명은 비엔나 규칙의 실제적 존재 양상과 일치하지 않는다. 이는 준비문서의 지위와 역할에 대한 분석에서도 상당한 함의를 갖는다.

(3) 비엔나 규칙의 의무성 표현("shall")의 문제

여기서 ILC 스스로 조약해석 조항이 엄밀한 규칙이 되어서는 안 된다는 인식이 있었음에도 불구하고 제31조가 강제적 의무적 표현인 "shall"을 사용한 이유에 대해 생각해 볼 필요가 있다. 이 문제는 1966년 ILC의 제18차

---

764) Popa는 비엔나 규칙이 전통적 의미의 규칙은 분명히 아니라는 점이 통설적 견해라고 지적하였다. Popa, *supra* note 17, p. 210.

회기 중 Rosenne 위원에 의해 제기되었다. 그는 특별보고자가 이미 1964년에 해석절차를 엄격한 규칙에 묶어두는 것이 부적절하고 불가능함을 언급하였음에도 불구하고 해당 조항이 "A treaty shall be interpreted"라는 지나치게 강한 표현으로 시작되는 점을 지적하였다. 그는 이 문구를 보다 덜 단언적인 형식(less categorical formulation)으로 바꿔야한다고 언급하였는데, 이에 대해 의장 역할을 맡고 있던 Yasseen 위원이 핵심을 짚는 답변을 제공하였다. 즉, 조약해석 규칙 전체 내용이 의무적인 것이 아니라 조약을 "신의성실(good faith)"하게 해석해야한다는 명확한 의무를 부과하는 취지라는 것이다. 특별보고자는 Yasseen의 답변에 동의하면서 "shall"을 제거하자는 의견에도 공감하였다. 즉, 영어에서 "shall"은 의무적 규칙을 표현하는 제정법에서 사용되는 것이므로 이러한 표현 대신 "A treaty is to be interpreted"로 바꾸면 Rosenne 위원의 지적을 해소할 수 있다고 제안하였다.[765] 이후 이 조항은 문안작성 위원회로 회부되었는데 그 위원회에서의 논의는 확인하기 어려우나 궁극적으로 "shall"이라는 표현이 그대로 남았다. ILC 논의의 전반적인 흐름 및 문안작성 위원회 개최에 바로 앞선 토의 내용 등을 감안시, "shall"이라는 의무 표현은 신의성실이라는 조약법의 대원칙에 따라 해석되어야 함을 강조하기 위한 의도로 남겨졌다고 추정하는 데 무리가 없을 것이다. 따라서 "shall" 표현이 법규칙적 성격의 결정적 지표라고 결론내리는 것은 어떤 면에서 논리의 비약이라고 볼 수도 있다. 제31조의 의무적 구속력 표현은 신의성실 원칙을 재확인하고 강조하기 위해 의도되었으며, 비엔나 규칙 자체가 일관된 국제법 원칙의 형성을 가로막은 서로 다른 학설적 입장의 타협으로서 특정 입장의 관철과 여타 입장의 배제가 아닌 유연한 적용이 가능한 이정표로 기획되었다.

---

765) ILC Yearbook 1966, Vol, I, pp. 198-200. 참고로 1935년 Harvard 초안은 "A treaty is to be interpreted"로 시작한다. Harvard Research, Article 19. 1956년 IDI 결의 초안은 "shall"이 아닌 "should"를 사용하고 있다. *Supra* note 262.

한편, 제32조는 "may"라는 비의무적 표현으로 규정되어 있으나 제31조에 의한 해석이 여전히 모호하거나 불합리한 경우에는 제32조 의존 외에 달리 선택의 여지가 없다는 점이 지적되기도 하였다.[766] 이 조항은 모호하거나 불합리한 해석 자체를 금지하는 조항이 아니다.[767] 모호하거나 불합리한 경우 준비문서 등과 같은 보충수단에 '의존해야한다'가 아니라 '의존할 수 있다(may)'고 표현한 이유나 그 함의에 대한 논의는 ILC 기록에서 찾기 어렵다.[768]

라. 규칙과 실체 - 법현실주의적 접근

ICJ의 국제관습법 확인 방식 또는 양태를 비판적으로 고찰한 기존 연구를 통해 아무런 논증이나 논거 제시 없이 이루어지는 ICJ의 국제관습법 '단언'이 국제사법기관의 불가피한 규범적 기능수행와 관련된 전략적 반응의 일환으로 이루어지는 현상 또는 경향일 수 있다는 점을 앞서 확인하였다. 그에 따라 ICJ의 국제관습법 반영 선언이 비엔나 규칙의 규범적 성격 문제를 종결시켜주지 않는다는 전제 하에, 비엔나 규칙이 국제관습법으로 대변되는 법규칙이라기보다는 유연한 해석의 지침으로 존재한다는 점을 살펴보았다. 그러나 여전히 남는 의문이 있다. 비엔나 조약해석규칙의 경우 그것이 반드시 법규칙 또는 국제관습법으로 단언되지 않더라도 ICJ의 필연적인 기능행사에 장애를 초래하지 않으며 재판불능의 가능성을 높이지도 않는다. 비엔나 규칙이라는 "국제관습법적 규칙"이 존재하지 않던 시절에

---

766) Bouthiller, *supra* note 702, p. 849.
767) UNCITRAL 중재사건(BG Group Plc v. Argentina, 2007년)에서 제32조의 취지를 잘못 이해한 판시가 제시된바 있다. Gardiner, *supra* note 6, p. 360. 그러나 물론 신의 성실한 해석과 불합리한 해석이 양립하는 경우는 많지 않을 것이다.
768) 전반적인 논의의 흐름으로 보아 일단 일반규칙은 "shall" 조항으로 하고 준비문서는 허용성을 표현하기 위해 "may"로 표현한 것으로 추정된다.

도 PCIJ와 ICJ는 조약해석론으로 인해 존재론적 위기를 겪지 않았다. 그렇다면 ICJ가 일견 과도한 단언 또는 필연적으로 요구되지 않는 것으로 보이는 단언을 통해 비엔나 규칙을 국제관습법적 규칙으로 제시한 이유에 대해서 생각해보지 않을 수 없다. 이는 단지 논리적 정합성 부족의 문제가 아니라 규범의 존재와 실체 간의 간극에 대한 이론적 설명이 가능한 문제로 볼 수 있다. 즉, ICJ의 누적적 판례가 비엔나 규칙을 국제관습법적 규칙으로 정립시키는 과정을 법적용에 있어서의 실수나 착오 또는 '단언'의 관행적인 과도한 사용이라는 관점에서만 비판하는 것이 완전히 불가능하지는 않겠으나, 여기에는 국제법 체제의 핵심적 사법기관으로서 ICJ가 갖는 기능과 역할을 보다 입체적인 관점에서 분석해볼 수 있는 계기가 분명히 존재하는 것이다.

현대적인 국제법의 이론 또는 방법론은 ICJ의 특정 판례법칙 형성과정에 대한 다양한 관점을 제시해줄 수 있다.[769] 예를 들어, 제3세계 접근법에서는 국제관계의 모순적 역학관계 또는 합리적이고 동등한 당사자로서의 주권국가를 전제하는 법리적 외관에 은폐된 차별적·배제적 구조와 글로벌 자본주의 및 서구중심주의적 패권적 질서의 확대·영속화 장치에 대한 비판적 고찰을 제시해줄 수 있을 것이다.[770] 법경제학적 접근법은 국제법의 주체

---

769) 국제법의 이론적 접근법 또는 방법론의 개괄적 설명으로는 Andrea Bianchi, *International Law Theories: An Inquiry into Different Ways of Thinking* (Oxford University Press, 2016) 및 Steven Ratner and Anne-Marie Slaughter (eds.), *The Methods of International Law* (American Society of International Law, 2006) 참조.

770) 박배근, "국제법학 방법으로서의 '국제법에 대한 제3세계의 접근'", 국제법평론 제42호 (2015), 45쪽; B.S. Chimni, "Third World Approaches to International Law: A Manifesto", in Antony Anghie, et al. (eds), *The Third World and International Order: Law, Politics and Globalization* (Martinus Jijhoff, 2003), pp. 47-73 등 참조. Chimni는 국제관습법의 발전이 19세기 이후 유럽 자본주의의 형성·공고화·확산과 밀접하게 연동되어있으며 전통적 또는 현대적 국제관습법 개념은 모두 글로벌 자본주의의 단기적 및 체계적 이익 유지에 복무한다고 평가한다. B. S. Chimni, "Customary International Law: A Third World Perspective", *American Journal of International Law*, Vol. 112,

가 구조화된 전략적 상호관계에서 보여주는 이익 극대화의 합리적 행동양
태를 게임이론 등을 통해 묘사하거나 설명할 수도 있을 것이다.[771] 그러나
무엇보다도 비엔나 규칙의 형성과 적용에 대한 지금까지의 관찰은 ICJ가
법원리와 규범의 세계에서 순수한 논리와 이론적 판단만으로 대응하는 것
이 아니라 자신의 정당성과 영향력, 권위, 설득력 등에 대한 인식을 바탕으
로 이러한 유인 또는 제약에 현실적으로 반응하고 있다는 직관적인 문제제
기를 가능케 한다. 따라서 이러한 측면의 설명에 가장 가까운 법현실주의
적 관점에 대해 생각해볼 수 있다. ICJ의 구조적 여건과 행동 등에 대한 포
괄적인 이론적 검토는 이 논문의 범위를 훨씬 초과하는 작업이 될 것이다.
여기서는 법현실주의적 관점이 제공하는 기본적 통찰을 식별하여 비엔나
규칙의 규범적 특성과 ICJ의 판례 양상에 대한 이론적 설명 가능성을 살펴
본다.

원래 법현실주의는 20세기초 미국에서 발현된 법이론적 흐름 또는 운동
으로서 기존의 법형식주의에 대한 전면적 비판에서 출발하였다.[772] Roscoe
Pound는 주어진 규칙의 단순한 논리적, 이론적 연역에 함몰된 기계적 법학
(mechanical jurisprudence)을 전복의 대상으로 삼았다.[773] 재판관의 진정한

No. 1 (2018), pp. 1-46 참조.

771) 김성원, "법경제학 국제법 방법론에 관한 연구", 한양법학 제22권 제1호 (2011), 65
쪽; Andreas Paulus, "Potential and Limits of the Economic Analysis of International
Law: A View from Public International Law," *Journal of Institutions and Theoretical
Economics*, Vol. 165 (2009), p. 170; Jeffrey Dunoff and Joel Trachtman, "Economic
Analysis of International Law," *Yale Journal of International Law*, Vol. 24, No. 1
(1999), p. 1 등 참조.

772) Daniel Bodansky, "Legal Realism and its Discontents", *Leiden Journal of
International Law*, Vol. 28 (2015), p. 272; Brian Tamanaha, *Beyond the Formalist-Realist
Divide: the Role of Politics in Judging* (Princeton University Press, 2010), p. 67; Jean
D'Aspremont, *Formalism and the Sources of International Law: A Theory of the
Ascertainment of Legal Rules* (Oxford University Press, 2011), p. 86; 최봉철, "법현실주
의", 미국학 제20집(1997), 1쪽.

존재가치 또는 과제는 순수한 규범의 세계에서 연역적 결론을 통해서 법규칙에 영원불멸의 가치를 부여하는 데 있는 것이 아니라, 구체적인 사건에서 개별 원칙을 합리적으로 적용하여 실행가능하고 타당한 결론을 이끌어내는 데 있다는 것이다.[774] 미국 법현실주의(American Legal Realism)는 Oliver Wendell Holmes, Roscoe Pound, Benjamin Cardozo 등과 같은 저명 법률가들의 통찰을 바탕으로 형식주의적 법철학과 달리 법체계의 공백과 모순을 직시하면서 미국 법학계의 주류담론으로 자리잡았으며, 이후 다양한 이론적 명제와 경험적 연구로 확대되었다.[775] 대륙법계 전통에 영향을 받은 법형식주의에 대한 나름의 혁명적 전환으로 출발한 법현실주의는 법이 중립적이고 자연적이며 빈틈없다는 명제를 거부하고, 법적 규칙과 체제의 정치적 성격과 불확정성을 강조한다.[776] 법의 정치적 성격과 불확정성은 필연적으로 법원이나 판사의 재량적 판단이 갖는 현실적 중요성을 증대시키며 이에 따라 특히 커먼로(common law) 체제는 법원칙의 발전에 있어서 법원에 더욱 의존하게 됨을 인정한다.[777] 분석적 방법론으로서의 법현실주의는 현실과 유리된 형식주의적 접근법을 떠나 법 외부에 있는 정치사

---

773) Roscoe Pound, "Mechanical Jurisprudence", *Columbia Law Review*, Vol. 8, No. 8 (1908), pp. 606-607; Tamanaha, *supra* note 772, p. 27.

774) Pound는 커먼로의 법정이 그러한 과제를 수행할 수 있을 것임을 확신하는 듯한 모습을 보였다. Pound, *supra* note 773, pp. 622-623.

775) 최봉철, 전게논문(각주 772), 19-37쪽; Llewellyn은 현실주의자의 실명 목록을 정리한 논문을 발표하기도 하였다. Karl Llewellyn, "Some Realism About Realism – Responding to Dean Pound", *Harvard Law Review*, Vol. 44, No. 8 (1931), p. 1222; William Twining, *Karl Llewellyn and the Realist Movement* (Cambridge University Press, 2012), pp. 70-83.

776) Tamanaha, *supra* note 772, p. 1; E. W. Thomas, *The Judicial Process: Realism, Pragmatism, Practical Reasoning and Principles* (Cambridge University Press, 2005), p. 305; Ryan Mitchell, "International Legal Realism as a Theory of Uncertainty", *Harvard International Law Journal*, Vol. 58, No. 2 (2017), p. 426.

777) Pound, *supra* note 773, p. 623.

회적 요건이 법체계와 재판에 미치는 실질적 영향에 주목하며, 반대로 그
러한 정치사회적 요건에 영향을 미치는 도구 또는 수단으로서 법의 가치에
주목하게 된다.[778]

아울러, 이러한 법 외부의 존재와 영향력에 대한 관심은 명목상 규범과
현실적 작동 체제의 괴리에 관한 원초적인 통찰과도 일맥상통한다. Pound는
책속의 법(law in books)과 실제 작동중인 법(law in action)의 구분을 언급하
였으며, Reisman은 신화적 시스템(myth system)과 작동 규범(operational
code)의 구분을 제시하기도 하였다.[779] 판사들이 개인적인 선호나 정치사회
적 성향에 비추어 바람직하다고 보는 결론을 미리 정한 후 이러한 결론을
정당화하기 위해 기존 법규칙이나 선례를 역순으로 적용한다는 인식 역시
법현실주의 담론의 일부를 구성하고 있다.[780] 그러나 법현실주의의 모든
주장과 학설들을 관통하는 일관된 핵심이 없다는 평가도 제기되어왔다. 즉,
분명 단순한 실정법 논리와 규범만으로 법을 설명할 수 없으며 그 이상의
무엇이 필요하다는 공유된 이해는 존재하나 그 '무엇'이 무엇인지에 대한
일치된 견해는 없다.[781] 극단적 현실주의에 경도된 이론은 법과 규범에 대
한 비현실적인 회의주의적 주장을 파생시키기도 하였다.[782]

---

778) Gregory Shaffer, "Legal Realism and International Law", Legal Studies Research
    Paper Series No.2018-55 (https://ssrn.com/abstract=3230401), pp. 4-5.

779) Danel Bodansky, *supra* note 772, p. 281; Michael Reisman, *Folded Lies: Bribery,
    Crusades, and Reforms* (Free Press, 1979), pp. 15-36.

780) Mitchell, *supra* note 776, p. 426; Tamanaha, *supra* note 772, p. 1.

781) Brian Leiter, *Naturalizing Jurisprudence: Essays on American Legal Realism and
    Naturalism in Legal Philosophy* (Oxford University Press, 2007), p. 16; Frederick
    Schauer, "Legal Realism Untamed", *Texas Law Review*, Vol. 91, No. 4 (2013), p.
    756; D. A. Jeremy Telman, "International Legal Positivism and Legal Realism", in
    Jörg Kammerhofer and Jean D'Aspremont (eds), *International Legal Positivism in a
    Post Modern World* (Cambridge University Press, 2014), p. 243.

782) Victoria Nourse and Gregory Shaffer, "Empiricism, Experimentalism, and Conditional
    Theory", *SMU Law Review*, Vol. 67, No. 1(2014), pp. 147-148.

20세기 중반들어 미국내 현실주의 국제관계 이론의 직간접적인 영향을
받은 법현실주의는 국제법 담론에서 정책지향의 학설로 이어지기도 하였
다. McDougal 등으로 대표되는 소위 예일 학파는 규칙에 대한 회의주의
(rule-skepticism)를 바탕으로 형식주의적 접근법에 반대하는 정책분석 개념
중심의 이론체계를 구성하였다.[783] 법현실주의는 오늘날 국제법의 주류 이
론이나 방법론에서 흔히 언급되거나 논의되는 대상은 아니다.[784] 그럼에도
불구하고, 법과 사법작용의 이해에 있어서 규범의 실체적 논리를 넘어 현
실적으로 작동하는 법 외부의 요인과 정치사회적 맥락에 주목하는 법현실
주의는 일응 국제법의 작동방식에 대한 직관적 이해에 부합하는 측면이 크
다는 점에 주목할 필요는 있다. 특히, 냉전 종식 이후 세계화 현상 확대와
국제사회의 상호의존성 강화라는 맥락에서 법현실주의를 국제법에 적용하
려는 이론적 시도도 다양화되었다.[785] 국제법에 대한 법현실주의적 관점은
법실증주의에 대한 다수의 비판적 관점과 구분하기 어려운 측면이 있는 것
도 사실이다. 최근 국제법의 현실주의적 이해를 시도하는 관점에서 중요한
변별점은 국제법이 실제 어떻게 작동되고 변화하는지에 대한 실용적이고
경험주의적인 연구라는 주장도 제기되고 있다.[786]

비엔나 규칙의 통상적 서사를 정립해온 ICJ의 판례법 형성과 관련하여
법현실주의가 제공해주는 기본적 통찰은 다음과 같이 정리해볼 수 있다.
우선, 명목상의 규범과 현실의 규범적 실체는 반드시 일치하지 않을 수 있

---

783) D'Aspremont, *supra* note 772, p. 87; Martti Koskenniemi, *The Gentle Civilizer of Nations: The Rise and Fall of International Law 1870-1960* (Cambridge University Press, 2002), pp. 475-476.

784) Steinberg는 국제법 이론가들이 국제법 작동의 권력관계에 유념하고는 있으나 미국 내 국제법 담론의 중심에서 현실주의적 접근법을 찾기 어렵다고 지적하였다. Richard Steinberg, "Overview: Realism in International Law", *Proceedings of the 96th Annual Meeting of the American Society of International Law* (2002), p. 260.

785) Shaffer, *supra* note 778, p. 2.

786) *Ibid.*, p. 9.

다. 비엔나 규칙에 대한 ICJ의 접근법은 양자간 괴리의 한 사례를 보여준
다. ICJ는 반복적인 '단언'의 축적을 통해 비엔나 규칙을 국제관습법의 반
영으로 정립하였다. 그러나 실제 비엔나 규칙은 그 속성상 국제관습법의
전형을 가진 법규칙이라기 보다는 조약해석의 방향성을 제시해주는 이정
표이자 지침으로서 존재한다. 앞서 살펴보았듯이 ICJ는 비엔나 규칙이 국
제관습법적 규칙에 해당한다는 언명에 대해 실증적으로든 법이론적으로든
조사나 검토 없이 그것을 단언하였을 뿐이다. 그것이 논리필연적인 ICJ의
본질적 기능이나 재판불능을 회피하기 위한 전략적 반응으로 정당화되지
않는 한 그 가치는 의심의 대상이 될 수밖에 없다.

　여기서 법현실주의적 관점은 이러한 언명이 갖는 외생적 요인을 추정하
게 해준다. 즉, ICJ가 이와 같이 특정 규범의 실체적 존재와 반드시 일치하
지 않는 규범적 선언을 제시하는 것은 국제재판소의 자체적인 정당성과 권
위의 확보에 관련되어있다는 분석을 제기할 수 있는 것이다. 주권국가 중
심의 국제사회에서 그 주권국가들의 분쟁을 객관적으로 공정하게 해결하
는 임무를 부여받은 ICJ를 비롯한 국제사법기관은 그 정당성과 권위 확보
에 사활적 이해관계가 걸려있음을 부인할 수 없다. 이는 다소 전형적인 현
실주의적 설명으로 이어질 수 있다. 국제재판소의 권위와 지속 가능성은
설립조약이나 분쟁회부 합의문의 문언적 규범에서만 비롯하는 것이 아니
라 규범적인 설득력 및 당사국들의 수용 여부와 정도 등에도 달려있다. 국
제사회에서 국제재판 결과의 수용은 당연하게 주어지는 것으로 볼 수 없으
며 국제법의 이행과 집행에 관한 복잡한 함수의 결과라고 할 수 있다. 국제
재판소는 객관적이고 공평한 법규칙 적용의 외관을 통해 그 일차적 정당성
을 확보해야 한다.787) 이에 대해 Schwarzenberger는 기술적 조약해석 규칙

---

787) 이러한 측면에서 국제사법기관으로서는 객관적 결정의 외양을 확보하기 위해 매우
　　강한 문언주의(literalism)에 의존하는 성향을 갖게 된다는 설명도 가능하다. James
　　Hathaway, *The Rights of Refugees Under International Law* (Cambridge University

들의 사용이 국제사법기관의 재량적 해석행위에 대한 정당화나 은폐 또는
그러한 재량에 대한 자기기만에 있다고 지적한바도 있다.[788] Venzke는 국
가간 분쟁에 있어서 조약해석을 순수하게 객관적인 규칙기반의 행위로 보
여주어야 할 상당한 이유를 가진 국제재판소가 비엔나 규칙을 받아들였다
고 평가하였다.[789] 조약해석이 대다수 국가간 분쟁의 핵심적 쟁점이라고
할 수 있다면, 그것을 다루는 재판소는 조약해석 행위의 기준점을 구성하
는 비엔나 규칙을 객관적이고 공평하면서도 확고한 구속력을 갖는 국제관
습법상 법규칙으로서 상정할 근원적 유인을 갖는다. 비엔나 조약법협약 비
준국이 어느 정도 확대된 시점 이후 비엔나 해석규칙의 지위를 사법적으로
확고히 고정함으로써 구체 사건에서 해석의 결론이 무엇이든 상관없이 국
제재판소는 구속력있는 하나의 일관된 규범에 따른 재판의 결과임을 보여
줄 수 있는 위치를 확보하게 된다.[790]

 말하자면, 비엔나 규칙은 국가간 조약해석분쟁을 다루는 국제사법기관의
결론을 정당화해주는 강력한 도구로서 기능할 수 있다. 서로 다른 조약해
석 학파의 타협적 융합으로 구성된 비엔나 규칙은 첨예하게 대립되는 조약
문안의 해석에 있어서 재판부가 판단하기에 가장 유용한 지침을 제시해주
는 요소 - 그것이 텍스트와 문맥이든 목적이든 준비문서든 - 를 재량적으로
배합할 수 있게 해주면서도 이러한 조약해석행위를 충분히 정당화해줄 수
있는 원천이 된다. 국내법적 관점에서도 제정법 해석의 규범이 재판관에게

Press, 2005), p. 51.

788) Schwarzenberger, *supra* note 704, pp. 11-12. 해석규칙이 은폐를 위한 가림막(fig leaf)으로 쓰인다는 지적도 가능하다. Villiger, *supra* note 376, p. 121.

789) Venzke는 여기서 비엔나 규칙의 텍스트를 그러한 정당성의 핵심으로 제시하였다. Venzke, *supra* note 618, p. 50.

790) 이와 관련하여, ICJ 조약해석 사건들의 정치사회적 맥락에 대한 보다 경험적이고 실증주의적인 연구도 가능할 것이다. ICJ와 관련된 경험주의적 연구의 현황과 한계에 대해서는 김성원, "국제법 분석 도구로서의 경험주의 법학 방법론에 관한 연구", 국제법학회 논총 제57권 제4호, (2012), 97-100쪽 참조.

방대한 재량권을 부여한다는 것은 전통적인 미국 법현실주의의 핵심 주장
중 하나였음을 상기해볼 수 있다.[791]

이것이 ICJ의 '과잉단언'을 남김없이 설명하거나 법현실주의적 분석의 모
든 측면을 포섭할 수 있는 결론이라고 보기는 어렵겠으나, 법현실주의의 기
본적 통찰을 통해 제시할 수 있는 유용한 논증의 하나임에는 틀림없다. 이
러한 설명이 ICJ가 사실상 지침으로서 존재하는 비엔나 규칙의 법규칙적 성
격을 필연적으로 선언할 수 밖에 없었다는 '예측'이 되기는 어렵다는 점에
서 그 한계는 분명하나 적어도 현상의 설명과 이해로서는 의미를 갖는다.

사실 보다 큰 맥락에서 보면, 조약해석 규칙의 문제를 넘어 ICJ가 법규
칙 또는 원칙이나 방법론의 정립에 있어서 규범과 실체의 간극을 회피함으
로써 그 외면적 규범성을 정립해나가는 다른 유형들을 다수 찾아볼 수 있
다. 예컨대, 선례구속성(*stare decisis*) 불인정이라는 명확한 ICJ 규정 조항에
도 불구하고 판례가 거의 항상 중요한 논거로 제시되고 있다는 점이 가장
대표적인 사례라고 할 수 있다. ICJ를 비롯한 국제사법기관의 선례에 대한
습관적 원용은 연속성과 안정성의 지표로서 국가들에게 예측가능성과 신
뢰를 부여하는 현실적 유인이 될 수 있다.[792] 또 다른 사례로 국제해양법
상 EEZ와 대륙붕의 경계획정 원칙에 대한 판례법의 태도에서 이른바 "3단

---

791) amanaha, *supra* note 772, p. 74; 최봉철, 전게논문(각주 772), 24-27쪽. 규정해석에
   있어서 법원이 광범위한 재량을 향유하며 원하는 결론을 정당화하기 위해 해석 규칙
   을 무시할 수 있는 방법이 항상 존재한다는 주장도 제기되었다. Ernst Freund,
   "Interpretation of Statutes", *University of Pennsylvania Law Review*, Vol. 65, No. 3
   (1917), pp. 215-231.

792) Gleider Hernández, *The International Court of Justice and the Judicial Function*
   (Oxford University Press, 2014), pp. 156-158; Rosalyn Higgins, *Problems and
   Process: International Law and How We Use It* (Oxford University Press, 1994), pp.
   202-3; 최지현, "국제사법재판소와 선례", 외법논집 제45권 제1호 (2021), 161-165
   쪽; Pelc Krzysztof, "The Politics of Precedent in International Law: A Social
   Network Application", *American Political Science Review*, Vol. 18, No. 3 (Aug.,
   2014), p. 547.

계의 원칙(방법)"은 그것이 예외없는 일관된 법칙인지, 또는 법칙 내부적으로도 모든 세 단계의 적용이 항상 실질적으로 견지되고 있는지 등 여러 의문이 제기될 수 있다. 특히, 마지막 단계(제3단계)는 그 존재 의의에 심각한 이의를 제기할 수 있는 상황으로 평가됨에도 불구하고 ICJ의 판례는 이러한 논증 없이 "3단계" 방법론 언명을 유지하고 있다.[793] 최근 유사한 맥락에서 ICJ가 통상적 의미를 객관적인 문언적 맥락에서 파악하는 듯한 레토릭을 계속 구사하고 있으나 실제로는 관련 상황과 당사자의 공동의도 등 언어적 문맥 이상의 것을 항상 반영해왔다면서, '통상의미'론의 관점에서 ICJ의 레토릭과 실질적 적용양상의 괴리를 비판하는 주장이 제기되기도 하였다.[794] 이는 ICJ 판례가 자기정당성 및 규범적 근거 강화라는 현실적 유인에 대한 필연적 반응이라는 더 큰 맥락의 행동양식 차원에서 평가될 수 있음을 보여준다고 할 수 있다.

ICJ의 외재적 동기에 대한 법현실주의적 평가는 비엔나 규칙의 가치와 역할에 대한 규범적 의미의 부인이 아니다. 법현실주의적 관점 또는 다른 이론적 관점은 특정 규칙의 실정법적 적용과는 다른 맥락에서 다른 종류의 질문을 던지고 그러한 질문을 통해 자칫 간과되거나 은폐될 수 있는 쟁점을 파악함으로써 보다 균형잡힌 종합적 관점에서 규칙의 존재 또는 규칙 적용의 양태를 이해하기 위한 것이다. 비엔나 규칙의 통상적 서사에 대한 재검토는 ICJ 판례상 논리적 공백에 대한 실증주의적 평가를 벗어나 이와 같이 ICJ로 대변되는 국제사법기관이 외생적 요건 또는 비법적 자극 (stimuli)에 대응하는 방식에 문제제기하는 이론적 관점과 결합될 때 더욱 온전한 함의를 제시해줄 수 있다.

---

793) 3단계 방법론의 비판에 대해서는 이기범, "해양경계획정에 적용할 수 있는 '3단계 방법론'에 대한 비판적 소고", 국제법학회 논총, 제65권 제2호 (2020), 166-187쪽 참조.
794) Katayoun Hosseinnejad, "Rethinking the Meaning of Ordinary Meaning in Light of the ICJ's Jurisprudence", *Law and Practice of International Courts and Tribunals*, Vol. 20 (2021), pp. 267-288.

마. 평가

지금까지 ICJ 판례를 중심으로 형성된 비엔나 규칙의 통상적 서사에 대한 재검토를 통해 비엔나 규칙의 규범적 성격 문제에 대해 살펴보았다. ICJ는 1990년대 판례 이후 비엔나 조약법협약 제31조와 제32조를 국제관습법의 반영이라고 선언하였으나 이는 별다른 논거나 증거 제시 없이 연역이나 귀납의 논리적 절차가 아닌 단언의 방식으로 이루어졌으며 따라서 비엔나 규칙이 기존 국제관습법의 성문화인지 또는 새로운 국제관습법 규칙의 형성인지에 대해서도 아무런 입장을 시사하지 않았다. ICJ가 이러한 단언의 방식으로 국제관습법의 존재를 확인한 것은 비엔나 규칙이 유일한 사례는 아니며 ICJ의 대다수 사례가 그러한 유형의 단언에 기반해있다는 지적도 있음을 확인하였다. 비엔나 규칙에 대한 단언의 경우 그것이 ICJ 본연의 기능수행을 위한 불가피한 전략적 반응의 범위를 넘어서는 것으로 판단할 소지가 있다. 이러한 전제에서 비엔나 규칙에 대한 ILC의 논의와 학설적 지평의 인식을 되돌아보면 조약해석이라는 (본질적으로 규칙에 종속되기 어려운) 분야에서 비엔나 규칙이 실용적이고 유연한 지침으로서의 실질적 성격을 갖는다는 점을 확인할 수 있다. 통상적 서사와 실질적 존재 사이의 간극은 법현실주의적 관점에서 ICJ와 같은 국제재판소의 자기정당성과 권위 확보라는 현실적 유인이 작동한 결과라는 평가가 가능하다.

비엔나 규칙에 대한 통상적 서사의 비판적 검토 차원에서 피할 수 없는 의문 중 하나는 1990년대 이후에야 비로소 ICJ가 자기정당성 및 규범적 근거 강화 차원의 국제관습법 단언을 실시한 구체적인 이유는 무엇인가라는 점이다. 이는 실증적으로 입증하기 매우 어려운 문제라고 생각된다. 다만, 비엔나 협약 채택과 발효 이후 ICJ가 비엔나 규칙을 온전히 명시적으로 인정하기까지 상당시간이 소요된 이유를 일응 설명해줄 수 있는 가설을 생각해볼 수는 있다. 즉, 시간의 경과에 따른 비엔나 협약 당사국 확대가 국제관습법의 형식적 요건 충족 여부의 잠재적 지표로 기능하였을 가능성이다.
1969년 협약채택 이후 가입·비준 국가는 꾸준한 증가 추세를 보였고 1990
년대 이후에도 상당수의 국가들이 가입하였다. 1980년 이전에 비준한 국가
는 34개국, 1980-1989년 사이에 비준한 국가는 22개국, 1990년대에 비준한
국가는 34개국이다. 이 34개국 중 18개국이 1993년 이전에 협약을 비준하
였다.795) ICJ의 입장에서는 이러한 90년대 이후 당사국 확대로 인해 비엔
나 규칙을 규범성 여부에 대한 논란 없이 수용하고 국제관습법의 반영으로
"단언"할 시점이 도래하였다고 평가하였을 수 있다. 즉, 당사국에만 적용되
는 '조약법'을 모든 국가에 원칙적으로 적용되는 '관습법'으로 전환함으로
써 보다 확고한 규범적 기반 위에서 조약해석 작업을 수행하고 판결을 정
당화할 여건이 형성되었다는 것이다. 다만, 이는 가설 또는 추정일뿐 실증
적으로 확인하기는 어려울 것으로 보이며 ICJ도 이 문제에 대해서는 그 어
떠한 간접적 입장조차도 시사한바 없다.

제2절 비엔나 규칙의 위계적 구조 문제

1. 위계적 구조 문제의 제기 배경

앞의 절에서 비엔나 규칙의 규범적 지위에 대한 ICJ 중심의 통상적 서사
를 재검토하고 비엔나 규칙이 국제관습법상 법규칙이라기보다는 사실상
실용적이고 유연한 지침으로 존재한다고 평가하였다. 이것은 비엔나 규칙
의 가치를 격하하거나 그 중요성을 부인하는 것이 아니다. 그러나 비엔나

---

795) 비엔나 조약법협약 비준 관련 현황 등 조약 지위(status)에 대해서는 유엔의 조약 정
    보 페이지(treaties.un.org) 참조.

규칙 체제상 주요 해석 요소들의 적용과 상호관계에 대한 생각에는 영향을 미치지 않을 수 없을 것이다. 무엇보다도 구속력있는 법규칙이라는 관념은 규칙의 준수-위반 문제를 중심으로 사고하지 않을 수 없게 만든다. 실제 규범의 적용에서 발생하는 여러 실증적 현상들을 준수-위반의 다소 경직된 법적 개념으로 설명해야할 필요성에서 벗어나기 어렵기 때문이다. 지침으로서의 규범이라는 관념은 준수-위반의 관점을 완전히 피할 수는 없겠으나 훨씬 더 유연한 관점에서 이를 바라볼 수 있다.

이러한 배경에서 이제 한걸음 더 나아가 비엔나 규칙의 위계적 구조 문제를 들여다볼 수 있다. 즉, 준비문서를 보충적, 보조적, 부수적 지위에 한정하는 듯한 비엔나 규칙의 위계적 체제가 실질적인 조약해석 절차에서는 어떻게 구현되는지의 문제다. 예를 들어, 비엔나 규칙을 엄격한 법규칙으로만 본다면 법규칙의 체계를 벗어난 보충적, 보조적, 부수적 요소의 과도한 사용은 필연적으로 법규칙의 위반 문제를 야기한다. 그러나 여기서는 비엔나 규칙의 지침으로서의 성격을 전제로 그러한 법적 위반 문제의 발생보다는 위계적 구조를 규정하는 실체적 배경과 맥락, 또는 비엔나 규칙의 실질적 적용에 대한 입체적 이해를 시도하고자 한다.796) 이러한 비엔나 규칙의 위계적 구조에 대한 이해는 준비문서의 실질적 지위를 파악하기 위한 선결적 쟁점이라고 할 수 있을 것이다.

---

796) 그러나 이러한 전제에도 불구하고 비엔나 규칙의 "위반"에 대한 문제제기 자체가 소거되는 것은 아니므로 이 문제는 별도로 후술한다. 제4장 제3절 1.다(2) 참조.

2. 비엔나 규칙 2개 조항의 관계에 대한 학술적 담론

가. 비엔나 규칙의 위계구조에 대한 상이한 이해

(1) 비엔나 규칙 2개 조항 관계에 대한 학설 분류

비엔나 조약법협약 제31조 일반규칙과 제32조 보충수단 간의 관계는 직관적으로 자명해 보인다. 제31조는 우선적으로 적용할 해석의 일반적 규칙 또는 수단을 제시하고 있다. 제32조는 제31조의 적용 결과를 "확인"하거나, 의미가 모호 또는 불명확해지는 경우 또는 명백히 부조리하거나 불합리한 결과를 초래하는 경우에 의미를 "결정"하기 위해 참고할 수 있는 준비문서와 같은 보충수단을 규정한다. 비엔나 규칙 2개 조항의 관계가 위계적 구조라는 인식이 통설적 입장이라고 할 수 있다. Mortenson은 비엔나 규칙의 위계구조에 대한 여러 학설을 나름의 방식으로 정리하였는데 다소 혼란스러운 측면이 없지 않으나 대체적으로 유용한 분류로 보인다.[797] 그러한 학설 분류를 일부 보완·재조정하면 대략 다음과 같이 나누어볼 수 있다.

우선, 비엔나 규칙 2개 조항이 엄격한 위계적 관계이며 이러한 설정을 통해 준비문서는 확고한 종속적 지위로 격하되었다는 입장으로서 Mortenson이 현대적 견해(modern view) 또는 통념(conventional wisdom)이라고 부른 학설이 여기에 포함된다.[798] 그의 주장에 의하면 원래 비엔나 협약이 채택

---

797) Mortenson, *supra* note 384, pp. 781-784.

798) Alexander Orakhelashvili, "The Recent Practice on the Principles of Treaty Interpretation", in Alexander Orakhelashvili and Sarah Williams (eds), *40 Years of the Vienna Convention on the Law of Treaties* (British Institute of International and Comparative Law, 2010), p. 118; Sbolci, *supra* note 705, p. 147; Richard Kearney and Robert Dalton, "The Treaty on Treaties", *American Journal of International Law*, Vol. 64, No. 3 (1970), p. 518; Schwarzenberger, *supra* note 704, p. 4; Abi-Saab, *supra* note 639, pp. 104-105; Kenneth Vandevelde, "Treaty Interpretation from a Negotiator's Perspective", *Vanderbilt Journal of Transnational Law*, Vol. 21

된 직후에 나온 평가는 비엔나 규칙을 그러한 위계구조로 파악하지 않았으나 McDougal의 비엔나 규칙 비판에 영향을 받은 다수의 후속 세대 학자들이 비엔나 규칙을 경직된 위계질서로 파악하였다고 한다.[799] 이러한 학설에는 국가와 국제재판소에 의한 준비문서의 빈번한 활용이 비엔나 규칙의 위계적 틀을 벗어나는 잘못된 관행이라고 비판하는 입장과 빈번하게 활용되어야 할 준비문서의 지위를 격하시킨 비엔나 규칙의 위계적 구조 자체를 비판하는 입장이 모두 포함된다. 비엔나 규칙 체제의 위계적 구조와 준비문서의 가치에 대한 평가는 다르나 비엔나 규칙의 구조 자체에 대한 평가는 동일하기 때문이다.

또 다른 학설로는 비엔나 규칙의 위계적 질서가 엄격하다는 평가를 부인하고 준비문서 활용의 유연성을 충분히 인정한 체제라고 보는 입장이다. Gardiner는 이러한 입장을 보여주는 대표적인 저자라고 할 수 있다.[800]

마지막으로, Mortenson은 ILC 논의 등에 대한 상세한 검토를 바탕으로 비엔나 규칙이 위계적 구조로 되어있다는 평가 자체에 동의하지 않고 준비문서의 현실적 지위를 가감 없이 있는 그대로 표현한 것이라고 본다. 즉, 비엔나 규칙의 설계 자체에서 위계적 질서를 찾을 수 없으며 따라서 준비문서의 빈번한 활용과 비엔나 규칙의 불일치에 대해 각기 다른 반응을 보

(1988), p. 296; Bouthillier, *supra* note 702, p. 843; Sorel and Boré-Eveno, *supra* note 706, p. 817; Oliver Dörr, "Article 32: Supplementary Means of Interpretation", in Oliver Dörr and Kirsten Schmalenbach (eds), *Vienna Convention on the Law of Treaties: A Commentary* (Springer, 2012), pp. 571-572.

799) 그러나 미 국무부 출신 ILC 위원과 미 국무부 법률자문관실 담당자가 비엔나 조약법회의 미측 대표단으로 직접 참석한 후 공저로 작성한 논문은 비엔나 규칙이 엄격한 위계질서로 구성되어있다고 평가하고 있다. Kearney and Dalton, *supra* note 798, pp. 518-520. 이러한 면에서 Mortenson의 서술은 다소 의문이 있다.

800) Gardiner, *supra* note 6, pp. 349-350, pp. 354-355. ILC 위원 Briggs도 유사한 입장을 표명한바 있다. Herbert Briggs, "The Travaux Préparatoires of the Vienna Convention on the Law of Treaties", *American Journal of International Law*, Vol. 65, No. 5 (1971), p. 705 참조.

이는 여타 학설들은 비엔나 규칙에 대한 잘못된 이해에 기반하고 있다고
주장한다.[801]

(2) 외관상 위계구조의 명확성

제31조와 제32조의 형식적 체제와 문언상 명확하고 엄격한 위계적 구조
와 우선순위의 질서가 구축되어 있는 것으로 보이는 점은 부인할 수 없다.
심지어 2개 조항의 위계적 구조로 구성된 ILC의 초안에 반대하고 준비문
서 포함 주요 해석 요소들을 단일 조항으로 열거하자는 제안에 대해, 이는
조약해석 국제법의 규범성 자체를 부정한 것이나 다름없다고 비판하는 의
견도 제기된바 있다. 조약해석 요소간 차별화와 위계화를 규범성의 징표로
보는 것이다.[802] Harvard Research 초안처럼 단일조항내 해석 요소 열거형
문언과 비교해보면 비엔나 규칙의 위계적 외관은 더욱 자명해진다. 비엔나
조약법 회의에서 미국, 베트남 등이 제출한 수정안 역시 단일조항으로 구
성된 문안이었다. 여기서 각 해석 요소들은 특정 요소의 우위나 우선성에
대한 어떠한 표시도 없이 해석자에게 이용가능한 다양한 수단들로 제시되
고 있다. 이러한 수정안을 뒷받침하는 것은 당사자의 의도를 재구성해내기
위해서든 조약이 추구하는 바를 실효적으로 달성할 수 있는 해석을 도출하
기 위해서든 모든 가용한 해석 요소들이 재량적으로 자유롭게 동원되어야
한다는 관념이다. 반면, 일반규칙과 보충수단의 분리는 그 자체로 자명한
위계질서의 구축이다. 따라서 비엔나 규정의 위계적인 형식 외관 자체를
부인하는 학설은 출발점부터 틀린 면이 있다.[803]

이러한 관점에서 보면, 준비문서의 가치와 역할에 대한 그 어떠한 (재)평
가도 결국 위계적인 비엔나 규칙 체계 하에서 준비문서가 갖는 보충적·보

---

801) Mortenson, *supra* note 384, pp. 821-822.
802) Orakhelashvili, *supra* note 798, p. 125. 여기서 비판 대상은 1968년 비엔나 조약법
    회의 시 미국대표단이 제시한 초안이다.
803) 제2장 제2절 2.나 및 제3장 제1절 4.나 참조

조적·부수적·종속적 지위에는 영향을 미치지 않는다는 주장도 가능할 것이다.804) 따라서 형식적 외관상 위계적 관계의 하위 요소로 자리잡은 준비문서의 실질적 지위 판단은 그러한 위계적 관계의 형식적 외관이 담론상 어떻게 평가되고 적용상 어떻게 구체화되고 있는지 살펴보는 데서 출발해야 한다. 바꿔 말하면, 준비문서에 대한 온전한 이해와 평가를 위해서는 준비문서를 보충적·보조적·부수적·종속적 지위로 설정한 비엔나 규칙의 위계적 외관이 규범적 실체 및 현실의 관행 등에 부합하는가라는 질문을 던져보아야 하는 것이다.

나. 위계적 구조론의 동요: '바람직한' 해석론으로의 귀결

우선, ILC의 내부 검토과정에서 이루어진 2개 조항의 위계적 구조를 둘러싼 논의, 그리고 McDougal 류의 위계적 구조 비판론에 대한 통설적 반박에서 두드러지는 논리에 주목할 필요가 있다. 명백하게 위계적 우선순위 구조로 의도되고 설정된 것으로 보이는 제31조와 제32조의 관계를 정당화하는 가장 강력한 옹호론은 이것이 그 외관과 달리 엄격한 위계적 질서를 반영하거나 의도하지 않는다는 것이다. 이러한 옹호론은 준비문서를 부차적 요소로 확정지으려는 의도와 준비문서를 전면적으로 허용하려는 의도 사이에서 지속적인 동요와 불확정성을 드러낸다. ILC 논의 전반에 있어서 준비문서는 결코 우선적 지위를 부여받을 수 없으나 절대 부차적인 것은 아니라는 인식이 일관되게 드러났다. ILC 특별보고자가 조약해석론에 대해

---

804) ILC 특별보고자의 제3차 보고서는 준비문서를 보조적(subsidiary) 수단으로 지칭하였으나 ILC 논의과정에서 이에 대한 이의가 제기되자 그 부분이 삭제되었다. Waldock 제3차 보고서, p. 58. Mortenson은 ILC 보고서 초안에 있던 그 표현이 이후 완전히 사라졌다고 설명하였다. Mortenson, *supra* note 384 p. 792. 그러나 실제로 완전히 사라진 것은 아니다. 핵심적 설명 부분에서는 삭제되었으나 여전히 준비문서를 "보조적" 수단으로 지칭하는 서술이 남아있다. 제3장 제1절 2항 참조; ILC Report (1964), p. 204; Waldock 제6차 보고서, p. 223.

제출한 첫 번째 보고서(제3차 보고서)는 텍스트가 당사자 의도의 증거로서 우위성(primacy)을 갖는다는 선언으로 제31조(첫 초안에서의 제70조)의 해설을 시작한다.805) 특별보고자는 비록 준비문서가 텍스트 최종 형성 이전 시점에 형성되는 요소이므로 텍스트 자체 또는 텍스트 채택 이후 시점의 외생적 요소(후속 관행, 후속 합의 등)와 같은 수준의 진정한(authentic) 해석 요소로서의 성격을 인정할 수 없다고 보면서도,806) 기본적으로 텍스트의 우위성과 준비문서의 빈번한 정상적 활용(frequent and quite normal recourse) 간의 조화를 핵심으로 하는 체제를 마련한 것이라고 강조해야 했다.807) 이는 텍스트와 준비문서 중 어느 한쪽에 대한 선호가 아니며 준비문서 활용의 불승인도 아니라고 평가된다.808) ILC 논의 초기부터 두 개 조항의 구분을 옹호한 Jiménez de Aréchaga 위원은 더 나아가 비엔나 규칙은 두 조항의 통합적 관계를 구축하며 상호간 위계적 질서를 창출하지 않는다고 설명하면서 두 조항은 단계적 해석이 아닌 유연한 동시적 적용을 표상한다고 평가하였다.809) 이 발언은 위계적 구분의 필요성을 제시하면서도 위계적 질서라는 평가를 거부하려는 다소 모순적인 인식의 단면을 그대로 보여준다. 비엔나 조약법 회의에서 Waldock은 비엔나 규칙 체제에 준비문서의 남용가능성에 대한 우려가 반영되어 있음을 시사하면서도 전반적으로 양 조항간 철저한 위계적 질서를 강조하기보다는 준비문서의 실질적 지

---

805) 흥미롭게도 ILC의 접근과 달리 목적주의/의도주의 우선 입장을 명확히 한 Harvard Research 역시 해설의 도입부는 텍스트는 존중받아야 한다는 선언으로 시작한다. Harvard Research, p. 947.

806) Waldock 제3차 보고서, p. 58. 그러나 ILC 논의 이후 유엔총회에 제출된 ILC 보고서에서는 진정한 해석 요소가 아니라는 서술은 삭제되었다. 제3장 제1절 2항 참조. 그러나 텍스트, 문맥 등이 진정한 해석 요소라는 관점을 완전히 폐기한 것은 아니다. 비엔나조약법회의 회의요록 (1968), p. 167.

807) Waldock 제6차 보고서, p. 99.

808) Mortenson, *supra* note 384, p. 802.

809) ILC Yearbook 1966, Vol. I, p. 201; 비엔나조약법회의 회의요록 (1968), p. 170.

위가 보장되어 있음을 강조하는 모습을 보였다.[810] Waldock의 초안 자체는
위계적 외관으로 구성되어 있으나 그의 유연하고 타협적 태도는 모든 위원
들을 만족시킬 수 있었다. 초안의 내용과 별개로 그가 주석(commentary) 차
원에서 제시한 조약해석에 대한 설명(단일 작업으로서의 조약해석 개념
등)은 균형잡힌 바람직한 해석론의 지향으로서 다른 위원들의 지지를 확보
하는 데 도움이 되었을 것이다.[811]

　2개 조항 체제의 우선순위와 위계적 관계에 대한 양가적 태도는 서구학
계의 대표적인 비엔나 조약법협약 관련 논평에서도 드러난다. Sinclair는 준
비문서가 이차적 또는 보충적 지위를 부여받았다고 서술하면서도, 종속적
지위로 격하된 것이 아니라는 점을 강조한다. 비엔나 해석 규칙은 양 조항
간 엄격하고 양보 없는 위계질서의 수립이 아닌 훨씬 더 미묘한 관계를 반
영하였다는 것이다.[812]

　Gardiner는 McDougal이 제기한 비엔나 규칙 반대론의 이론적 기반이나
실용성에 대해 대체적으로 핵심을 찌르는 비판론을 전개하였는데, 준비문
서 활용 문제라는 측면에서 그의 비판은 결국 준비문서에 대한 McDougal
의 평가에 수렴하는 양상을 보인다는 점이 주목할 만하다. 즉, McDougal의
준비문서 중시론이 틀렸다는 비판이 아니라, 비엔나 규칙이 McDougal의
(타당한) 구상이나 지향을 이미 충분히 담지하고 있음에도 McDougal이 그
것을 제대로 파악하지 못하거나 왜곡하고 있다는 식의 비판인 것이다.[813]

---

810) Waldock은 조약의 일반적 이해를 위해 준비문서의 자동적 활용을 저해하려는 의도
　　는 없다고 강조하면서 일반규칙과 보조적 수단의 법적 기반이 상이하므로 다른 조항
　　으로 구분하고 있을 뿐이라는 취지로 설명한다. 여기서 Waldock은 자신의 국제법
　　실행 경험상 조약해석에서 특별한 문제가 없는 한 준비문서는 별로 활용되지 않는다
　　고 발언하였는데, 이는 지금이든 당시로든 보편적으로 통용되기 어려운 발언으로 생
　　각된다. 비엔나조약법회의 회의요록 (1968), p. 184.

811) ILC Yearbook 1966, Vol. I, p. 186.

812) Sinclair, *supra* note 29, pp. 115-117, 141.

813) Gardiner, *supra* note 6, pp. 349-350, 그는 ICJ의 Avena 사건이 준비문서를 포함한

제32조의 "확인" 기능에 대한 그의 접근에서도 이러한 점을 엿볼 수 있다. Gardiner에 의하면 준비문서의 "확인" 기능은 두 조항의 일반적 연계성을 표상하는 고리가 된다. 여기서 문제는 '불합리하지 않은 명확한 텍스트'가 '준비문서상 명백히 확인되는 당사자 공동의도'와 상충하는 경우다. 그는 준비문서의 위계적 종속성으로 인해 텍스트의 명확한 우선성이 관철된다고 주장하기보다는, 준비문서의 검토가 기존에 인지하지 못했던 텍스트의 모호성 또는 새로운 의미의 현출을 가능케 할 수 있다고 설명한다.814) 이를 통해 비엔나 규칙이 기계적인 텍스트 우위성의 함정에 빠질 위험이 없다는 점을 강조한 것으로 보이는데, 사실상 이러한 논리는 비엔나 규칙의 성격에 대한 옹호를 벗어나 일종의 바람직한 조약해석 원칙이나 방식을 제시한 것이며 결과론적으로 양자간 위계적 체제에 대한 옹호를 적어도 일부는 포기하는 것이나 다름없는 결과로 판단된다. 비엔나 조약법 회의에서 위계적 2개 조항이 아닌 열거형 단일 조항이 채택되었더라도 명백한 텍스트와 명백한 준비문서 간 상충에 대한 Gardiner의 설명은 달라지지 않았을 것이라고 볼 수 있기 때문이다. 그의 설명은 말하자면 건전하고 균형있는 해석론을 지향한 것으로 볼 수도 있다. 그는 명확한 텍스트와 명확한 준비문서의 상충관계에 대해서도 당연한 텍스트 우선론을 주장하기보다는 "확인" 기능의 개념을 확대하여 텍스트의 명확성을 재검토(체크)하는 것도 "확인"에 포함된다고 설명할 정도였다.815) 한편, Bederman은 비엔나 규칙이 실제로는 양자간 위계 관계의 문제를 일부러 미해결 상태로 둔 것이나 다름없다고 보았다.816) 이와 같이 전체적으로 보아 학설적 인식의 지평에

모든 요소들을 누적적 분석의 대상으로 삼은 예시를 들며 McDougal이 우려한 준비문서 배제의 상황은 발생하지 않았다고 평가한다. p. 362.

814) *Ibid*., pp. 354-355.

815) *Ibid*., p. 371.

816) Bederman, *supra* note 12, p. 213.

서 비엔나 위계구조가 부인 또는 해체되는 경향을 발견할 수 있다. 달리 말
하면, 통설이 비엔나 규칙의 위계적 외관을 이론적으로 끝까지 관철하기
어려웠다고 볼 수도 있다.

이런 면에서 Mortenson의 비엔나 규칙 평가는 여러모로 타당성을 지닌
다. 그러나 그는 비엔나 규칙의 너무나 자명한 외면적, 형식적 위계질서를
마치 존재하지 않는 듯 전제하였다. 준비문서를 제31조의 통합적 요소에서
분리시키고 제32조상 보충수단으로 명기하였다는 점에서 외관상 위계질서
의 존재를 부인할 수 없다. Mortenson이 현대적 견해라고 부른 학설들은 틀
린 것이 아니라 비엔나 규칙의 형식적 외관을 정확하게 묘사한 것으로 볼
수 있다.[817] 그의 주장과 달리, 외관상 위계질서가 실체적 또는 실질적으로
적용·관철되지 못한 것으로 보는 것이 더욱 타당하다. 그러나 비엔나 규칙
이 준비문서의 활용에 결코 적대적이지 않으며 준비문서 본연의 위치를 찾
아주는 것이라는 그의 주장은 결론적으로는 비엔나 규칙의 실질적 적용양
상에 부합하는 측면이 있다고 본다. 문제는 그러한 실질적 적용양상을 통해
준비문서의 지위와 가치에 대해 어떠한 결론적 명제를 도출할 것인가이다.

---

817) 그는 엄격한 위계적 질서에 대한 통념적 인식이 비엔나 조약법 회의 계기 미국 대표
단의 McDougal이 제기한 주장에서 비롯한다고 서술한다. Mortenson, *supra* note
384, p. 821. 그러나 이는 McDougal의 영향력을 다소 과대평가하는 것으로 생각된
다. 참고로, Mortenson은 비엔나회의에서 다수 대표단이 미국의 개정안을 배척한 이
유는 준비문서의 가치나 역할과 관련된 것이 아니라 McDougal의 정책지향학파 입
장을 반대한 것이라는 식으로 설명하고 있는데 이 역시 전적으로 동의하기 어렵다.
p. 788. 예컨대, 미국측 입장을 가장 통렬히 비판한 영국측 발언을 보면 이는 텍스트
와 준비문서의 관계에 대한 문제였음을 알 수 있다. 제3장 제1절 4.나. 참조. 한편,
그는 ICJ가 비엔나 규칙의 취지를 잘못 이해하여 텍스트 우위의 구시대적 관행을
계속함으로써 국제사회의 이해를 왜곡시켰다고 비판한다. pp. 821-822. 그러나 이는
ICJ의 관행과 비엔나 규칙의 관계에 대한 지나치게 평면적인 이해로 생각된다. ICJ
의 현대적 판례에 대한 앞선 검토에서 살펴보았듯이 ICJ에 의한 비엔나 규칙의 유형
화된 적용은 비엔나 규칙의 실체적인 구체화 과정으로 이해될 수 있다. 제3장 제2절
2.다 참조.

3. 현실적 관행 차원의 접근

경험적으로 말하자면 모든 (조약을 해석하는) 사람은 준비문서를 본다. 어떤 식으로든 조약의 해석이라는 문제를 진지하게 고민해본 경험이 있다면 이러한 관찰은 호소력을 갖는다. Klabbers는 진지한 법률가 중에 비엔나 규칙의 요건에 따라 준비문서를 제한적으로 살펴보는 사람은 없을 것이라고 했다. 그러나 이는 그 직관적 설명력과 무관하게 주관이 담긴 평가일뿐 실증적 입증은 어렵다. Vandevelde는 법원이 텍스트와 준비문서를 모두 살펴본 후 양자가 일치된 결론을 제시하면 텍스트의 의미가 명백하다고 결론내리고 양자가 불일치하면 반대로 불명확하다는 결론을 내리기 마련이라고 주장한다. 즉, 텍스트가 아니라 준비문서가 실질적으로 결론을 좌우한다는 것이다. 그는 이것이 비엔나 규칙에 위배되는 행동이라고 지적한다. 그러나 그러한 분석 역시 일부 직관적 호소력을 갖기는 하나 그것을 실증하기는 어렵고 근거도 의심스럽다.[818] 이러한 직관적인 또는 주관적인 평가보다는 실제 관찰가능한 행동에서 비엔나 규칙의 적용양태를 확인할 수 있어야 할 것이다.

그것을 보여주는 대표적인 사례는 ICJ의 현대적인 비엔나 규칙 적용 양상이다. 비엔나 규칙의 수용 과정에서 살펴보았듯이 2000년대 이후 ICJ의 판례에서 비엔나 규칙의 유형화된 적용이 자리잡으면서 준비문서의 현실적 지위에 대한 보다 구체적인 근거를 확인할 수 있다. 이러한 유형화된 적용은 ILC가 비엔나 초안 작성 과정에서 도가니(crucible)의 비유로 설명했던 통합적인 조약해석 과정이 실제의 관행에서 구체화된 사례라는 점도 이

---

818) Vandevelde, *supra* note 798, pp. 296-297. 준비문서와 텍스트가 일치하면 텍스트의 명확성을 인정한다는 주장을 뒷받침하기 위해 Vandevelde는 McNair의 저서를 인용하였는데 거기서 McNair가 언급한 것은 PCIJ의 사례, 즉 텍스트가 명백하므로 준비문서를 볼 필요가 없다면서 실제로는 준비문서를 언급한 판례들이다. 따라서 정확한 근거라고 보기는 어렵다.

254 조약법상 준비문서(*Travaux Préparatoires*)의 지위

미 살펴보았다.[819] ICJ의 현대적 판례에서 비엔나 규칙은 그 위계적 외관에도 불구하고 준비문서의 활용을 억제하거나 감소시키지 못하며 사실상 순차적이고 병렬적인 방식으로 모든 요소들을 배치, 동원하는 체제로 적용되고 있다. ICJ는 군이 "확인"이라는 명분을 명시적으로 거론하지 않고도 준비문서를 당연히 적용해야할 요소로 취급하는 모습을 보였다. 이는 사실 모든 요소들이 서로를 중복적으로 확인해주는 유형화된 적용양상 자체가 갖는 특성이라고 할 수도 있을 것이다. ICJ가 비엔나 규칙의 유형화된 적용 구조를 보여주는 일련의 사례들은 거의 대부분 준비문서를 사실상의 동등한 해석의 체크리스트로 간주하고 있다.[820] 비엔나 규칙은 그 문언적 또는 형식적 외관과 달리 제32조의 핵심요소인 준비문서를 엄격한 위계적 구조 하에서 종속적 지위로 고착시킬 의도가 부재했거나 적어도 현실적 적용의 범주에서 그러한 의도를 관철하지 못하였다.

　유형화된 적용을 보여주는 ICJ의 다수 판례에서 실체적으로 조약을 해석하는 방식이나 논리 등 구체 판시 자체에만 근거하여 ICJ가 채택하고 있는 조약해석 규칙을 귀납적으로 추출해본다고 가정한다면 이러한 점이 더욱 분명해진다. 비엔나 규칙 문언에 대한 무지(ignorance)를 가정하고 ICJ의 그러한 조약해석 접근법을 추론해본다면 반드시 비엔나 규칙 제31조와 제32조의 핵심 내용이 복원되지 않을 수도 있기 때문이다. 즉, 비엔나 규칙이 없다는 가정 하에 ICJ의 21세기 판례들이 보여주는 조약해석 방식을 일반

---

819) 제3장 제2절 2.다(3) 참조.

820) 제3장 제2절 2.다(2),(3) 참조. 조약해석에 있어서 제31조만 원용하고 그 결과가 명확하다는 이유로 준비문서를 참조하지 않는 것은 비엔나 규칙 적용의 주류적 양태가 아니라 극히 예외적인 경우에 해당한다고 할 수 있다. Orakhelashvili는 ILC의 초안 작업에서부터 준비문서의 2차적 지위가 반복적으로 강조되어왔다면서 준비문서의 그러한 지위는 ICJ 판례에서도 명확히 드러난다고 주장하고 있으나, ICJ가 준비문서를 포함한 모든 요소들을 순차적, 병렬적 검토의 과정에서 배치하고 있는 사례에 대해서는 언급하지 않는다. Orakhelashvili, *supra* note 32, pp. 383-389.

화하여 묘사해본다면 예를 들어 '텍스트, 문맥, 목적, 후속 관행, 준비문서 등을 각각 검토하여 일관성있는 해석 결과가 반복적으로 도출되어야 조약의 의미가 확인된다'는 규칙이 도출될 수 있다. 결국 주요 해석 요소들의 순차적, 병렬적 배치에 상응하는 단일하고 총체적인 규칙을 상정해볼 수 있으며, 이는 제31조와 제32조의 현재적 모습과는 다를 수밖에 없다.

ICJ를 비롯한 주요 국제재판소의 조약해석 방법론을 총체적(holistic) 접근법으로 규정하는 입장에서도 이와 유사한 결론을 제시할 수 있을 것이다. Popa는 PCIJ와 ICJ뿐만 아니라 WTO, ECHR 등 여타 사법기구까지 포괄하는 다양한 판례에 대한 분석을 통해 오늘날 모든 국제재판소의 조약해석 방법을 총체적 접근법이라고 보고 그 구체적 방법론을 "다양한 해석 방법의 중측적 사용(overbuilding)"이라고 명명한다. 이는 하나의 해석 방법 또는 규칙을 통해서 해석결론을 도출하였음에도 불구하고 다른 방법 또는 규칙의 적용을 추가적으로 진행하여 동일한 결론에 도달하는 양태를 지칭한다.821) 이러한 맥락에서 Popa는 ICJ가 모든 해석 수단에 동등한 해석적 가치를 부여한다고 평가하며 특히 준비문서에 특별한 가치를 부여함을 알 수 있다고 강조한다.822) 이러한 견해는 준비문서의 순차적·병렬적 적용을 종합적 또는 총체적 접근법이라는 틀로 이해한다는 점에서 비엔나 규칙의 현대적 적용 양상을 효과적으로 설명해주는 것으로 보인다. ICJ 판례의 구체적 분석에 근거하여 주요 해석 요소들의 순차적, 병렬적 배치를 보여주는 해석규칙을 읽어내고 있기 때문이다.823)

---

821) Popa, *supra* note 17, p. 253.
822) *Ibid.*, pp. 321-322.
823) Popa는 PCIJ와 ICJ의 접근법을 총체적 해석이라는 연속성의 관점에서 파악하고 이것이 현대적 조약해석 규칙의 국제관습법적 성격을 설명한다고 보고 있다. *Ibid.*, p. 292. 이에 따라 PCIJ와 ICJ 판례의 내재적 불연속성이나 ICJ의 국제관습법 지위 규정 문제 또는 비엔나 규정 체제의 내재적 구조 및 규범적 성격과 준비문서 자체의 실질적 지위에 대한 논의까지는 나아가지 않고 있다.

제3절 준비문서의 실질적 지위

1. 준비문서의 사실상 동등성

가. 비엔나 규칙 체제와 준비문서의 사실상 동등성

지금까지 살펴본 비엔나 조약해석 규칙의 형성과 지위 및 그 형식적 외관과 실체적 존재의 간극에 대한 모든 논의는 비엔나 규칙 체계 내 해석 요소로서의 준비문서의 '사실상 동등성'에 대한 결론적 명제로 이어진다. 이는 규범적 또는 당위적 동등성이 아니라 실질적이고 현실적인 존재양상으로서의 사실상의 동등성을 의미한다.

비엔나 조약해석 규칙의 형성 과정과 그 규칙 체계가 ICJ 판례법을 중심으로 국제법적 지위를 정립해가는 과정의 상세 검토를 통해, 비엔나 규칙이 텍스트 중심주의에 기반한 국제관습법의 매끄러운 선형적 발전 경로를 따른 것이 아니며 국제관습법 반영이라는 ICJ 판례에 의한 공식적 명명과는 다소 상이한 유연한 지침으로서 실질적 지위를 갖게 되었다는 점을 파악하였다.[824] 비엔나 규칙 체제가 엄격한 법규칙의 틀이 아닌 유연성과 실용성에 기반한 해석의 기본적 지침이자 인식틀로 존재하는 가운데, 준비문서는 그것을 종속적 지위에 고정시키는 것으로 보이는 비엔나 규칙 체계의 외관에 의해서도 그 본질적 속성을 침해받지 않는다. 비엔나 규칙은 개별 해석 요소들의 지위, 특히 준비문서의 가치를 명확한 우선순위나 엄격한 위계질서 속에 묶어 둔 확정적 법규칙으로 보기 어렵다.[825]

제31조와 제32조의 국제관습법 명명에 있어서 존재하는 시차는 제32조

---

824) 제4장 제1절 2.다 참조.
825) 제4장 제2절 1항 참조.

에 대한 명백한 차별적 접근을 보여주었다.826) 그러나 제31조와 제32조가
공히 국제관습법의 반영으로 선언된 이후 비엔나 규칙의 수용이 유형화되
면서 준비문서는 병렬적이고 순차적인 적용 또는 검토의 대상으로 제시되
기 시작하였다.827) 제32조는 제31조 해석결과가 모호하거나 불합리한 경
우에조차 반드시 적용해야 할 의무조항이 아님에도 불구하고 (즉, "shall"
이 아닌 "may") 사실상 거의 필수적인 요소로 동원되고 있다. 텍스트 해석
의 명확하고 합리적인 결과가 준비문서 검토의 필요성을 제거한다는 전제
에 입각한 과거의 접근법은 이제 더 이상 ICJ 판례법상 주류적 태도라고
보기 어렵다.828) ICJ는 준비문서의 검토를 사실상 정규적인 관행으로 이행
해가고 있다. 단일한 조약해석 과정의 전체 패키지 차원에서 준비문서가
다루어지는 것이며 이는 종합적 또는 총체적 해석방식이라는 관점으로 설
명될 수도 있다.829) ICJ의 유형화된 비엔나 규칙 적용이 실제로는 준비문
서를 거의 동일한 병렬적·순차적 요소로 취급하고 있다는 점은 준비문서
의 한계와 단점을 지적하는 학술담론조차 비엔나 규칙 내에서 준비문서의
명확한 종속적 지위를 확정짓지 못하고 동요하는 상황에 상응한다.830) ICJ
가 거의 모든 경우에 준비문서를 참조하는 양태는 사실상 제32조의 '조건'
을 사문화시키는 것이며, 통상적 의미에 근거한 해석이 명백하다는 이유로

---

826) 제3장 제2절 2.가 및 나 참조.

827) 제3장 제2절 2.다 참조.

828) Thirlway, *supra* note 393, p. 1235, p. 1255. 2007년 이후 제31조와 제32조의 관계를
언급한 판례들 중 통상적 의미가 명확하다는 이유로 준비문서에 대한 검토가 생략된
사례는 극히 드물다. 제3장 제2절 2.다 참조.

829) Popa, *supra* note 17, p. 253.

830) 제4장 제2절 2.나 참조. 우리나라 기존 연구에서도 준비문서가 실제 조약해석에 있어
서는 기존에 여겨진 것보다 더 강조되고 있으며 비엔나 조약법협약 제32조상 보충수
단을 예외적인 것으로 치부할 수 없다는 평가가 제시된바 있다. 오시진, "대일강화조
약(1951년)과 조약해석의 보충적 수단-역사학적 연구의 중요성", 영토해양연구 제20
권 (2020.12), 95쪽, 109쪽.

준비문서에 대한 검토를 생략하는 것은 그 판결의 정당성이나 신뢰성에 대한 의심을 야기할 수 있다는 점도 지적되었다.831) 이러한 맥락에서 현실의 국제재판이 비엔나 규칙을 따르지 않는다는 단면적 평가가 아니라 비엔나 규칙의 규범적 실체와 존재양상에 대한 보다 근원적인 평가, 그리고 그에 근거한 준비문서의 진정한 지위와 역할에 대한 결론의 도출이 필요하다. 준비문서의 사실상 동등성은 이러한 관찰에 부합하는 결론이라고 할 수 있다.

제31조와 제32조의 문언적 핵심은 통상의미·문맥·목적·후속 합의와 후속 관행에 따른 신의성실한 해석의 의무적 적용에 이어 일정하게 규정된 목적 또는 조건 하에서 보충적 또는 부수적으로 준비문서의 원용이 허용된다는 것이다. 그러나 비엔나 규칙은 엄격한 법규칙의 외관이나 위계질서의 외관과 달리 실질적으로는 위계성이 소거된 하나의 유연한 지침으로서 존재하고 있다. ICJ의 유형화된 비엔나 규칙 적용은 비엔나 규칙이 의도한 통합적 작업으로서의 조약해석을 구체화하고 있는데 여기서 준비문서는 통상의미, 문맥, 목적, 후속 합의와 후속 관행 등과 사실상의 동등한 가치를 갖는 순차적 요소로서 활용되고 있다. 조약해석의 본질적 재량성이 비엔나 규칙이라는 유연한 지침 하에서 준비문서의 배제나 격하가 아닌 사실상의 동등성으로 귀결된다고 말할 수도 있을 것이다.832)

---

831) Thirlway는 준비문서를 볼 필요가 없음에도 관행상 준비문서를 검토하였던 ICJ 판례 (리비아-차드 사건, Ligitan/Sipadan 사건)에 대해 비엔나 규칙과 부합하지 않는다고 평가하였다. Thirlway, *supra* note 393, pp. 1235-1255; Vandevelde, *supra* note 798, pp. 296-297.

832) 이렇게 본다면, Harvard Research 초안 또는 비엔나 조약법 회의시 미국이나 베트남이 제안한 수정안이 어떤 면에서는 비엔나 규칙의 현실적 존재양상과 크게 다르지 않다고 평가해 볼 수도 있다. 즉, 주요 해석 요소들의 단일 조항내 통합 열거식 규정으로도 현재 비엔나 규칙의 실질적 적용 상황을 어느 정도 설명할 수 있기 때문이다. 물론 이 연구에서 다루지 않은 목적, 문맥, 후속 관행과 후속 합의 등 여타 요소의 배치와 활용에 대한 문제는 별도의 검토가 필요할 것이다.

앞선 논의에서 학술적 담론과 관행의 검토 차원에서 준비문서의 사실상 동등성 명제를 식별·도출하였다면 이제 이하에서는 그러한 결론을 설명해 줄 수 있는 보다 현실적인 여건, 즉 그러한 동등성 명제를 실질적으로 가능하게 하는 배경 또는 원인을 생각해보도록 한다.

나. 실체적 배경 또는 원인

준비문서의 사실상 동일성이 실질적으로 구현되는 원인 또는 배경은 여러 가지가 있을 수 있다. 여기서는 국제재판 결과에 대한 설득력과 수용성 제고, 국가의 선호 및 그러한 선호에 대한 규범적 허용성, 그리고 조약 해석분쟁의 본질적 속성 등을 생각해볼 수 있다.

(1) 국제재판의 설득력과 수용성

Rosenne이 언급하였듯이 준비문서 자료는 소송의 맥락에서 분쟁 당사국들에 의해 완전하고 방대한 형태로 재판부에 제출되어 왔다.[833] 오늘날 조약해석이 걸려있는 주권국가간 국제재판에서 소송서류의 일부로 준비문서가 제출되지 않는 경우는 거의 찾기 어려울 것이다. 최근 ICJ의 사례로서 카타르-UAE 간 인종차별철폐협약 적용 사건(2021년)에서는 재판부가 밝혔듯이 양국 모두 준비문서에 근거한 상세한 분석을 제시하였다.[834] 카타르의 서면에는 20개의 인종차별철폐협약 관련 준비문서가 첨부되었으며, UAE의 선결적 항변에는 28개의 관련 문서가 첨부되었다.[835] 우크라이나와 러시아 간 테러재정지원억제협약 및 인종차별철폐협약 적용 사건(2019년)

---

833) Rosenne은 조약해석을 수행하는 재판부가 텍스트를 먼저 본 후 필요한 경우에만 준비문서를 본다는 관념이 허구라고 비판하였다. ILC Yearbook 1964, Vol. I, p. 283.

834) *Supra* note 543. p. 28.

835) *Ibid.*, Memorial of the State of Qatar, 25 April 2019, pp. 383-386; Preliminary Objections of the United Arab Emirates, 29 April 2019, pp. 126-129.

의 경우 러시아의 선결적 항변에 서류상 첨부된 준비문서는 4개이며,836) 우크라이나는 이에 대응하는 서면에서 15개의 준비문서를 첨부하였다.837) 이와 같은 양상을 고려하면 국제재판 결과에 대한 설득력과 수용성 제고를 위해 준비문서의 검토는 필수적인 과정이 된다고 볼 수 있다.838) 특히, 분쟁상황에서 본질적으로 어느 정도 재량적이고 주관적일 수밖에 없는 조약해석이라는 행위를 통해 조약주체의 본래 의도에 가장 근접한 결과를 도출하고 당사국들을 설득시켜야 하는 국제분쟁해결기구의 입장에서 준비문서는 자연스럽게 여타 요소들과 마찬가지로 적극 검토되고 원용되어야할 요소로 간주될 수밖에 없을 것이다. Lauterpacht는 국내법 체계상 확고한 위치를 보장받는 국내법원과 달리 국제재판소는 재판관의 주관적 논리에 치우칠 수 있는 문언적 해석에만 의존하기 어려우며 최대한 많은 요소에 근거한 해석론을 제시해야한다고 주장하였다. 주권국가들의 분쟁에서 순전히 논리적 작업(mental operation)만으로 재판하는 것은 바람직하지 않으므로 준비문서와 같은 외생적 증거가 그만큼 중요해진다는 것이다. 같은 맥락에서 재판부가 당사자의 의도를 밝혀줄 모든 증거를 충분히 다루지 않을 경우 정당성의 외관이 손상될 수 있다는 점도 강조되었다.839) 이는 20세기 초 PCIJ 시절을 배경으로 제시된 관찰인데 국제사회와 국제법의 현격한 변화에도 불구하고 오늘날 여전히 적실성을 갖는 언급이라 하지 않을 수 없다. 국제재판소의 관행과는 별개로, 조약해석이나 국제법적 분쟁 대응을 일상적으로 수행하는 각국 외교부도 준비문서라는 풍부한 조약해석 원천의

---

836) 그러나 러시아의 선결적 항변 서면 본문에는 첨부물로 목록화된 자료 외에 해당 조약의 교섭 및 평가 관련 토의 내용이 다수 인용되어있다. *Supra* note 540, Preliminary Objections submitted by the Russian Federation, 12 September 2018.

837) *Ibid.*, Written Statement of Observations and Submissions on the Preliminary Objections of the Russian Federation submitted by Ukraine, 14 January 2019.

838) Sbolci, *supra* note 705, p. 162.

839) Lauchterpacht, *supra* note 6, pp. 574-575.

참조를 그러한 과제 수행의 중요하고 필수적인 일부로 삼고 있음은 상상하기 어렵지 않다. 이러한 면에서 국제재판의 설득력과 수용성은 국가의 선호 문제와도 연결된다.

(2) 준비문서의 부정적 속성과 국가의 선호

준비문서에 대한 국가의 선호는 준비문서의 부정적 속성에 대한 학설적 비평이 역설적으로 설명해 줄 수 있다. 그간 조약해석 담론에서는 준비문서의 과도한 원용에 대해 경고하는 차원에서 준비문서가 그 본질적 한계로 인해 결코 해석의 진정한 요소 또는 수단으로 신뢰될 수 없다는 점이 끊임없이 상기되었다. ILC 보고서는 이러한 태도의 집약적 표현이다. 협약 초안의 위계적 2개 조항구조가 정당화되는 이유로 준비문서의 불완전성과 오도 가능성이 명기되었으며, 이로 인한 신중한 접근의 필요성이 적시되었다.840) ILC 위원들의 발언에서도 이러한 입장이 드러났다. De Luna는 외교적 협상 기록과 같은 준비문서는 특정 합의의 배경과 동기를 기록하지 않을 수 있으므로 당사자의 의도에 대한 충분한 해설이 되지 못한다고 하였다.841) Amado는 조약체결 협상 과정에서 국가들이 자국의 이익 확보에 집중하기 때문에 그러한 이기적 의사의 표현에 너무 많은 비중을 부여하고 진정한 의도와 동일하게 취급하는 것은 곤란하다고 지적하였다.842) 비엔나 회의에서 McDougal 주도의 미국측 개정안에 대한 가장 적극적이고 상세한 반대의견은 영국측 대표인 Sinclair에 의해 제기되었다. 그는 준비문서의 문제점을 혼란 야기 가능성, 불균등성, 불완전성의 3가지 특성으로 요약하였다.843) 국가에게 어떻게든 조약상 의무 회피의 근거를 제공해 줄 수 있는

---

840) Waldock 제6차 보고서, p. 220.
841) ILC Yearbook 1964, Vol. I, p. 285.
842) *Ibid.*, p. 287.
843) 비엔나조약법회의 회의요록 (1968), p. 178.

무기가 될 것이라는 비판도 제기되었다. 의무를 회피하려는 국가가 준비문
서를 남용하여 불확실성의 요소를 침투시키는 것이 쉬워진다는 것이다.[844]
Beckett는 준비문서에서는 그 무엇이든 국가가 원하는 해석을 뒷받침하는
내용을 찾아낼 수 있으며, 준비문서를 참조하는 것은 선박 난파시 (모든 것
이 다 실패한 후 마지막으로) 빠져죽지 않으려고 붙잡는 판자조각(*tabula in
naufragio*) 같은 것이라고 비판하였다.[845] 특별보고자 Waldock은 준비문서
사용을 너무 널리 허용하면 조약 의미의 온전성(integrity)에 실질적 위험이
발생할 것이라고 주장하기도 하였다.[846] 제시되는 준비문서마다 서로 다른
해석결론을 지지하는 모순을 보일 수 있다는 지적도 가능할 것이다.[847]

준비문서는 대외적으로 공개되지 않으므로 해석의 우선적 수단으로 간
주될 수 없다는 점도 제기되었으며,[848] 준비문서의 강조는 조약체결 당시
의 상황에 집중하는 과거지향적인 해석을 초래할 것이라는 비판도 있었
다.[849] 준비문서가 텍스트와 동등한 지위에 놓인다면 국제회의에서 추후

---

844) 1968년 비엔나조약법 회의시 우루과이측 Jiménez de Aréchaga 발언 및 아르헨티나
측 Ruda 발언, 비엔나조약법회의 회의요록 (1968), pp. 170, 179; Merkouris, *supra*
note, p. 75; Erick Beckett, "Observations des membres de la Commission sur le
rapport de M. Lauterpacht - Comments by Sir Eric Beckett", *Anuaire de l'Institut
de Droit International*, Vol. 43 (1950-I), pp. 438-440.

845) Fitzmaurice and Vallat, *supra* note 259, p. 307. "*Tabula in naufragio*"는 영국 민법에
서 후순위 저당권자가 차순위 저당권자보다 우선 변제받을 수 있게 만드는 권리라는
개념으로 사용된다고 한다. 여기서는 모든 해석시도가 다 실패한 후 마지막으로 한
번 시도해보는 수단에 불과하다는 식의 폄훼로 이해된다.

846) 비엔나조약법회의 회의요록 (1968), p. 184.

847) 예를 들어, 리비아-차드 영토분쟁 사건에서 Ajibola 재판관은 재판부에 제출된 방대한
준비문서들(서한, 협상기록, 보고서 등)이 서로 상충되는 해석에 종속된다고 비판하면
서 준비문서의 가치 자체에 대해 부정적 입장을 드러냈다. *Supra* note 471, p. 74.

848) Klabbers, *supra* note 755, p. 280. 그러나 특별보고자 Waldock은 ILC 보고서에서
다자조약의 후발적 가입국 등의 문제 관련하여 준비문서의 공개여부를 준비문서 참
조의 공식적 제약의 근거로 삼는 것은 바람직하지 않다는 견해를 밝혔다. Waldock
제3차 보고서, p. 58.

해석에 대비하여 준비문서에 기록을 남기기 위한 참석국가들의 끝도 없는 발언과 토론이 지속되고 결국 국가들은 텍스트뿐만 아니라 준비문서 자체를 협상하느라 시간을 허비할 것이라고 예상되기도 했다.[850]

앞서 살펴보았던 ICJ의 유엔가입 관련 총회 권한 사건(1950년)에서 Alvarez 재판관은 기존 조약해석 이론에 대한 과감하고 혁신적인 비판론에 입각하여 심지어 텍스트가 불명확한 경우에조차 준비문서의 활용을 전면 반대하는 한편, 특히 국제기구 설립헌장과 관련하여서는 준비문서의 가치가 실제 점차 하락해왔다고 역설하였다. 이러한 비판론에 의하면, 교섭과정에서 국가들은 다양한 입장을 제기해 보기 마련이며 최종적으로 그러한 입장들이 모두 견지되지도 않는다. 무엇보다도 국제관계의 점증하는 역동성에 비추어 텍스트는 과거를 표상하는 준비문서가 아닌 새로운 사회적 요건과의 조화 속에서 해석되어야 한다.[851] 준비문서에 대한 강조는 모든 협상장에 대표단을 파견하여 목소리를 낼 수 있고 방대한 협상기록을 작성, 수집, 유지관리 할 수 있는 부유한 국가들에 상대적으로 유리할 수도 있다는 지적도 있다.[852]

---

849) Beckett, *supra* note 844, p. 444. 여기서 Beckett는 준비문서의 활용을 '성인에게 유아기의 제약을 적용하는 것'이라고 비유하였다.

850) *Ibid.*; Klabbers, *supra* note 55, p. 281; 비엔나조약법회의 회의요록 (1968), p. 178.

851) *Supra* note 202, p. 18.

852) Alvarez, *International Organizations as Law-makers* (Oxford University Press, 2006), p. 99; Peter Quayle, "Treaties of a Particular Type: the ICJ's Interpretative Approach to the Constituent Instruments of International Organizations, *Leiden Journal of International Law*, Vol.29 (2016), p. 860. 이러한 비판론은 경험주의적 검증을 요구한다. 예컨대, 한국의 경우 전쟁과 빈곤의 극한 상황에서 한일회담을 진행하면서도 상당수의 교섭기록(한일회담 외교문서)을 남겼다. 한일회담 기록에 대해서는 후술 (제5장) 참조. 물론 이는 양자조약의 문제이고, 적어도 과거에 체결된 다자조약 해석에서 준비문서 활용은 강대국이나 선진국에 유리하다는 주장이 일면 타당할 수 있을 것이다. 다만, 오늘날 유엔 등 다자외교 무대의 규범형성 논의 관행상 개발도상국 중심의 지역그룹이나 비동맹 그룹 등이 적극적으로 활동하고 있으므로 그러한 무대

이러한 모든 비판론이 전적으로 타당하다고 보기는 어렵겠으나 어쨌든
이는 준비문서 활용에 대한 신중한 접근의 필요성을 뒷받침한다.853) 그러
나 역설적으로 이러한 준비문서의 부정적 속성들 다수는 국가의 준비문서
에 대한 선호를 현실적으로 설명해준다. 즉, 준비문서는 그 생산, 보유, 관
리, 선별에 있어서 국가가 자유롭게 다룰 수 있는 문서에서 비롯하는 경우
가 많으며, 국가 스스로의 과거 조약체결 시 의도를 가장 직접적으로 그리
고 재량적으로 뒷받침해줄 수 있는 자료가 될 수 있다. 국익을 추구하는 국
가의 이기적 동기가 준비문서에 대한 부정적 평가론의 근거가 되고 있다
면, 거꾸로 국가는 국익 확대를 추구하는 그 동일한 이기적 동기에 따라 준
비문서에 대한 의존을 지속하려는 경향을 갖게 된다고 추정할 수도 있다.
준비문서가 당사국에게 불리하지 않은 방식으로 국가의 의도를 보다 직접
적으로 밝히는 역할을 수행할 수 있다는 점은 준비문서에 대한 국가의 지
속적 선호를 설명해줄 수 있다. 국가의 지속적 선호는 현실의 관행을 형성
한다. 조약해석이 체결 이후 의미를 전유하려는 국가의 전투 또는 또 다른
수단에 의한 정치라는 다소 과도한 주장854)까지 원용하지 않더라도, 조약
해석 분쟁에 있어서 준비문서에 대한 국가의 강력하고 일관된 선호를 상정
하는 것은 어렵지 않다.855) 준비문서에 대한 부정적 평가론은 사실상 준비

에서 형성되는 다자조약의 준비문서에 특정 선진국 그룹의 입장만 반영된다고 보기
는 어려울 것이다.

853) 이러한 부정적 속성에 대한 반론 또는 준비문서의 가치와 장점 등에 대해서는 제4장
제3절 2.나(1) 참조.

854) Jan Klabbers, "Interpretation as the Continuation of Politics by Other Means", (March
2, 2009)(opiniojuris.org/2009/03/02/continuation)

855) McNair, *supra* note 65, p. 413. 비엔나 규칙의 형성 이전 또는 비엔나 규칙의 유형화
된 적용이 자리잡기 이전 시기 ICJ 판례의 경우에는 당사국들의 준비문서 원용에도
불구하고 재판부가 이를 판결문에서 다루지 않은 사례도 있다. 유엔가입 관련 총회
권한 사건(1950), 그린란드-Jan Mayen 사건(1993년) 등 참조. 소송의 맥락에서 재판
부의 채택 여부와 관계없이 준비문서 제출의 국가관행이 지속 존재해왔다고 할 수
있는 것이다.

문서가 현실적 국가관행에서 끊임없이 사실상의 동등한 가치를 부여받는 내재적 이유를 설명해준다. McNair는 분쟁당사국이 소송에서 준비문서를 원용하지 않으려면 상당한 용기가 필요할 것이라고 갈파하였는데, 그러한 언급은 바로 이 맥락에서 보다 분명하게 이해될 수 있다.[856]

국가의 준비문서 선호 경향 문제에 대해서는 보다 엄밀한 검증이나 여타 방법론의 원용이 요구될 수도 있으며, 국가가 자신에게 상대적으로 유리한 준비문서의 속성상 이를 지속 원용할 것이라는 주장은 어떤 면에서 다소 일반화된 추정적 서술에 불과하다고 볼 수도 있다. 실증적 또는 경험주의적 연구가 가능하다면 그러한 연구로 검증되어야 한다. 그러나 현재로서 준비문서에 대한 광범위한 부정적 담론에도 불구하고, 국가가 해석과정 일반에 있어서 준비문서의 원용을 고수하고 국제재판소가 준비문서를 배제하지 못하는 일관된 현상에 대한 기본적 설명은 제공할 수 있다고 본다. 국가간 분쟁과 소송에서 당사국은 승리를 위해 또는 패배의 결과를 최소화하기 위해 최대한의 노력을 기울이는 과정에서 자신에게 원용가능한 방대한 준비문서를 정리, 편집, 선별, 분석하여 소송을 준비할 것이다. ICJ와 중재재판에서는 영어 또는 불어로 번역된 각국의 역사적 교섭자료와 서한, 회의록 등을 근거로 변론을 제기한다. 판례가 축적되고 소송 기술이 고도화될수록 앞서 언급하였듯이 준비문서에 대한 심층적 검토가 배제된 국제재판의 결과가 오롯이 정당성을 확보하기가 어려워질 것이라고 예상해볼 수 있다.

국가의 이기적 또는 합리적 동기에서 비롯하는 준비문서에 대한 선호 경향은 비엔나 규칙에 의해 금지되지 않는다. 현대 국제법상 실질적 중요성과 존재감을 갖는 준비문서의 자유롭고 광범위한 활용을 막을 수는 없으며

---

856) McNair *supra* note 65, p. 413; Evan Criddle, "The Vienna Convention on the Law of Treaties in US Treaty Interpretation", *Virginia Journal of International Law*, Vol. 44 (2004), p. 431.

비엔나 규칙 체제에서는 준비문서에 폭넓게 의존하려는 국가의 유인에 대한 규범적 차단이나 억제가 의도되지도 않았다.

(3) 조약해석 분쟁의 속성

조약해석 분쟁의 속성이라는 관점에서 준비문서 활용의 사실상 필연성에 대해 생각해볼 수 있다. 양 분쟁당사국의 신의성실한 또는 치밀한 해석 논변이 전면 상충하는 분쟁의 맥락에서 문언적 해석 또는 제31조의 일반규칙만으로 명확하고 설득력있는 결론을 도출하는 데에는 한계가 있을 것이라는 관념이 가능하다. ELSI 사건에서 반대의견을 제출한 Schwebel 재판관은 이 사건 양국의 조약해석 입장이 전면 상충하고 있는 상황 자체가 텍스트 의미의 모호성이나 불명확성을 보여주는 것이며 나아가 서로 상대방의 해석이 불합리한 결과에 이를 것이라고 주장하고 있는 사실까지 감안하면 비엔나 조약법협약 제32조에 따른 검토가 필연적으로 요구된다고 하였다.[857] Sinclair는 리비아-차드 영토분쟁 사건의 구두변론에 나서서 양 분쟁당사국들의 해석 입장이 확연하게 갈리고 있기 때문에 제32조상 보충수단 활용의 유용성이 자명하다고 주장하기도 하였다.[858] 이는 비엔나 규칙의 전형적 옹호론을 저술한 학자가 실제 국제재판 현장에서 준비문서의 가치에 대해 드러낸 매우 현실적이고 실용적인 견해라는 점에서 주목할 만하다.

한편, Shereshevsky와 Noah는 준비문서가 실제 광범위하게 쓰이는 이유로 비엔나 규칙 자체가 원래부터 위계적 구조가 아니라는 Mortenson의 설명, 텍스트의 본질적 불확정성으로 인해 준비문서의 참조가 필연적이라는 해석학적 설명, 국제재판기관의 정당성과 해석재량 추구 경향때문이라는 "정치적" 설명 등을 제시하고 있다. 이러한 설명론들은 준비문서의 사실상 동등성 명제를 제시하는 것은 아니나 비엔나 규칙이 준비문서를 위계적 질

---

857) *Supra* note 422, pp. 97-100 (Dissenting Opinion of Judge Schwebel).
858) *Supra* note 471, CR 93/15, Verbatim Record, 15 June 1993, p. 32.

서 내에 고착시키지 못하는 이유를 나름 제시하고 있다는 점에서는 의미가 있는 것으로 본다.[859]

(4) 보론: 국내법 해석에 있어서 준비문서 또는 입법사

지금까지의 논의와 약간 다른 맥락에서, 국내법상 법해석론에 대해서 생각해보면 준비문서의 동등성이 어느 정도 직관적 설득력을 가질 수 있는 이유를 추측해 볼 수 있다. 통상적으로 법해석론은 법학방법론과의 밀접한 관계 속에서 논의되고 있으며 양자를 동일한 개념으로 다루기도 한다.[860] 서양법철학 전통과 현대적인 법해석론의 다양한 학설이나 접근법을 분류하는 방법은 여러 가지가 있겠으나, 제정법령의 해석론에 대한 학술담론에 비추어 주관주의와 객관주의라는 관점으로 설명이 가능하다.[861] 주관주의는 역사적인 입법의도를 중시하는 관점으로서, 모든 접근가능한 원천을 활용하여 "입법자의 영혼"을 최대한 파악하는 것을 해석의 목적으로 간주한다.[862] 역사적 해석 또는 입법자의 의도를 중시하는 해석론으로서 독일근대법학의 창설자로 불리는 Savigny의 역사법학파가 자주 거론되나, 실제 Savigny를 주관주의의 범주로 분류할 수 있는지에 대해서는 다양한 견해가 있다.[863] 반면, 객관주의는 입법자의 의도나 입법사를 신뢰할 수 없는 불확

---

859) Yahli Shereshevsky and Tom Noah, "Does Exposure to Preparatory Work Affect Treaty Interpretation? An Experimental Study on International Law Students and Experts", *European Journal of International Law*, Vol. 28, No. 4 (2017), pp. 1289-1290, fn 7.

860) 김학태, 『법의 해석과 적용』(한국외대지식출판원, 2017), 13쪽.

861) 주관주의-객관주의라는 명칭 자체가 이론의 실체적 내용을 정확히 반영하지 못하는 측면이 많다는 점도 인정되고 있다. Holger Fleischer, "Comparaive Approaches to the Use of Legislative History in Statutory Interpretation", *American Journal of Comparative Law*, Vol. 6, No. 2 (2012), p. 404.

862) *Ibid.*

863) 주관주의적 역사적 의도론은 Savigny의 해석론에 있어서 작은 일부에 불과하다는 평가가 제기되어왔다. *Ibid.*, p. 405. Savigny는 기본적으로 개개 법률해석론을 문법

실한 요소로 간주하고 객관적으로 채택된 문언의 해석을 중시하며, 따라서
시대의 변화와 함께 해석이 변화될 수 있음을 인정한다.[864]

이러한 큰 틀의 학설대립 맥락에서 오늘날 전세계 어느 법체계에서나 보
편적으로 통용되는 하나의 통설적 입장이 있다고 말하기는 어려울 것이다.
비엔나 조약법협약의 조약해석 규칙에 상응하는 법해석 규칙의 체계적 성
문화 사례도 국내법에서는 찾기 어렵다. 그러나 입법자료 또는 준비문서라
는 보다 구체적인 해석 요소라는 관점에서 들여다보면 어느 정도 일반론적
인 관찰이 가능할 것으로 생각된다. 과거 영미법과 대륙법의 차이로서 입
법사(legislative history) 또는 준비문서의 해석 요소 또는 증거로서의 허용
가능성 여부가 논의되었다. 즉, 대륙법계는 계약, 제정법, 조약 등 모든 법
해석에 있어서 당사자의 의도, 입법사, 준비문서 등의 검토를 자유롭게 허
용하는 반면, 영미법은 전반적으로 입법사나 준비문서의 참고에 소극적이
며 특히 영국은 의회제정법률 해석에 있어서 법채택 이전의 의회내 논의나
발언 등을 참고하는 것이 엄격하게 금지된다는 것이다. 영국의 경우 1796
년에 확립된 엄격한 입법사 배제규칙(exclusionary rule)이 지속 준수되었으
나 1992년 사건에서 이 규칙이 완화되면서 영국 판례법의 패러다임 변화로
기록되었다.[865] 미국의 경우 19세기 후반 이후 영국식의 배제규칙이 폐기

적, 논리적, 역사적, 체계적 요소 등 4가지 요소로 분류하여 설명하고 이러한 요소들
이 통합적으로 작용한다고 본다. 이동희, "사비니(F. C. v. Savigny)와 역사법학", 단
국대학교 법학논총, 제33권 제1호 (2009), 72-73쪽.

864) Fleischer, *supra* note 861, p. 405. Fleischer는 '법이 입법자보다 스마트할 수 있으며
스마트해야한다'라는 Radbruch의 언급을 주관주의에 대비되는 객관주의의 요체로
제시한다.

865) *Ibid.*, pp. 416-418. 영국이 엄격한 배제원칙을 채택한 이유는 의회의 발언자유와 우
위성(법원이 의원들의 발언을 검토하거나 비판하는 것은 허용되지 않는다는 것), 법
령은 공개적 접근가능한 텍스트 그 자체로 이해되어야 한다는 당위성, 그리고 입법
사에서 해석에 유의미한 자료를 찾기 어렵다는 인식 등으로 설명된다. 그러나 1977
년 사건에서 Denning 대법관이 '어둠 속을 헤매면서 전등불을 켜지 않을 이유가 없
다'는 표현으로 입법사 참조를 긍정한 이후 1992년 Pepper v. Hart 사건에서 일정한

되고 의도주의가 법해석론의 주류로 부상하였으며, 이후 현대에 이르기까지 텍스트주의와 의도주의의 학설대립과 함께 다양한 판례와 학설에서 입법사·의도의 역할, 텍스트와 입법사의 관계 등이 토론되어왔다.[866] 이러한 관점에서 미국은 각급 법원이 공통적으로 채택하는 일관된 해석론이 존재하지 않는 것으로 평가된다.[867] 그러나 전반적으로 보아 입법사와 입법자료를 해석 요소 또는 증거로서 채택할 수 없다는 입장을 취하는 법원이나 학설은 없다고 할 수 있으며, 사법부가 법적으로 논란이 되는 쟁점의 충실한 해결을 위해 모든 가용한 정보를 끌어모아 판결을 하는 경향이 어느 나라에서나 발견된다는 관찰이 제시된다.[868]

참고로, 국내법원에 의한 조약해석의 경우 20세기초 준비문서를 배제하는 영미법과 준비문서를 중시하는 대륙법계의 차이가 논의되기도 하였으나 Lauterpacht나 Harvard Research가 지적하였듯이 양측 국내법원의 조약해석론에 있어서 준비문서 활용이나 허용에 큰 차이가 있다고 보기 어려웠다.[869]

우리나라 법원의 국내법 해석론은 전체적으로 보아 문리적, 논리적, 역사적, 목적론적 해석을 종합 활용하는 경향을 보이며 입법취지와 경과를 중시하는 판례도 자주 발견할 수 있는 것으로 평가된다.[870] 다만, 과거에는

요건 하에 입법사의 참조가 허용되었다. 여기서 제시된 요건은 법령의 해당 조항이 불분명하거나 불합리할 것, 의회에서 장관급 또는 입법제안자의 발언만 참조할 것, 그리고 그 발언의 내용이 명확할 것 등이었다. *Ibid.*, pp. 417-418.

866) *Ibid.*, pp. 421-428; 금태환, "행정법의 해석과 문언·입법취지 - 미국과 한국의 판례 분석을 중심으로", 법조, 제56권 제4호 (2007), 212-213쪽.

867) Sidney Foster, "Should Courts Give Stare Decisis Effect to Statutory Interpretation Methodology?" *Georgetown Law Journal*, Vol. 96, No. 6 (2008), p. 1866.

868) Fleischer는 독일, 영국, 미국 3개국의 판례와 학설을 검토하여 그러한 결론을 내린다. 과거와 달리 입법사와 관련된 의회내 논의 자료들이 오늘날 정보기술의 발전과 확대에 힘입어 손쉽게 접근가능해진 점도 이러한 현상에 관련이 있다고 한다. Fleischer, *supra* note 861, pp. 429-430.

869) Lauterpacht, *supra* note 6, p. 570; Harvard Research, p. 965.

입법 준비자료가 부실하거나 적절히 관리되지 못하여 입법자의 의도 파악
이 어려운 경우가 많았으며 입법사를 충실하게 복원하여 해석하는 판례도
많다고 보기는 어려웠다. 그럼에도 그러한 자료가 비교적 분명할 경우 복
합적인 논거의 하나로 별다른 제약 없이 원용되어왔다.[871] 우리나라에서
입법사나 입법 준비문서를 선험적으로 금지하거나 제약하는 원칙이나 판례
법이 존재한다고 보기는 어렵다. 다수의 판례가 입법취지에 비추어 법령의
어려운 해석 논점들을 해결해오고 있다.[872] 오늘날 국회 입법 관련 자료나
입법 논의가 더욱 투명하게 기록, 정리되고 있으며 과거보다 손쉽게 접근
가능하기 때문에 이러한 자료에 대한 활용도는 더욱 높아질 수도 있다.

다. 잠재적 쟁점들

(1) 2개 조항 관계의 "해석" 문제

비엔나 규칙의 실질적 존재·적용 양상에 대한 검토에 있어서 필연적으
로 제기될 수밖에 없는 문제 중 하나는 조약 조항으로서의 비엔나 규칙의
해석에 바로 그 해석 규칙을 적용하는 자기적용 문제다. Kearney와 Dalton
이 비엔나 조약법협약을 '조약에 대한 조약(treaty on treaties)'이라고 불렀
듯이,[873] 이 협약은 조약법을 조약 형태로 성문화한 결과물이다. 이론상 조
약법은 조약 운영·관리의 절차적 측면을 다루는 내용이 많이 있기 때문에
조약이 아닌 다른 형태의 규범이나 강령, 지침 등으로 구성하고 유엔결의

---

870) 오세혁, "한국에서의 법령해석 - 우리나라 법원의 해석방법론에 대한 비판적 분석",
    법철학연구 제6권 제2호 (2003), 128쪽.
871) 헌법재판소의 경우에도 법률 제정경위나 입법 관련 논의를 명확히 확인할 수 있는
    경우 이를 원용하고 있다. 상게논문, 133-134쪽.
872) 금태환, 전게논문(각주 866), 212쪽. 우리나라에서는 "별 이의없이 '입법취지'가 행정
    법해석의 중요한 근거가 되고 있다"라고 평가된다. '입법취지'라는 표현은 미국법학
    에서의 입법자 의도나 입법사에 상응하는 개념으로 본다.
873) Kearney and Dalton, *supra* note 798, p. 495.

등을 통해 이를 승인하는 방법도 불가능하지는 않았다. 특히 해석 규칙의 경우 조약이 아닌 다른 형태의 규정이었다면 조약해석 규칙의 자기 적용 문제를 비교적 손쉽게 피해갈 수 있었을 것이다. 원칙적으로 조약이 아닌 다른 형태의 규정을 조약해석 규칙으로 해석할 필요는 없기 때문이다. 조약 조항으로 구성된 조약해석 규칙은 스스로 해석의 대상이 된다는 점에서 일종의 순환론이 발생할 가능성도 배제할 수는 없을 것이다. 1968년 비엔나 회의에서 그리스 대표단이 이러한 자기적용의 문제를 제기하였다.874) 해석 규칙을 담은 조항을 해석하려면 외부에서 그 해석규칙을 해석할 규칙을 찾아야하는 악순환이 발생할 것이므로 미국측 수정안과 같이 해석에 참고할 요소들을 나열하는 방식에 그쳐야 한다는 취지였다. 그러나 그리스가 언급한 "악순환"이 실제로 존재한다고 말하기는 어려울 것이다. 비엔나 규칙의 즉각적 적용을 불가능하게 할 정도로 불가해한 문구나 단어가 제31조 및 제32조에 담겨있다고 보기도 어렵고, 반드시 외부의 별도 해석론이 필요한 것도 아니기 때문이다. 실제로도 해석규칙 조항을 해석할 외부규칙의 (부)존재가 문제가 된 적은 없다.

Gardiner는 비엔나 규칙을 엄격한 위계구조로 평가하는 것이 일종의 역설(paradox)이라면서 이와 유사한 문제를 거론하였다.875) 비엔나 조약법협약의 준비문서(ILC 논의와 비엔나회의 논의)를 감안하여 두 조항을 해석하면 준비문서의 역할이 엄격하게 제약되지 않음을 알 수 있다는 지적이다. 비엔나 규칙의 엄격한 위계구조를 부인하는 Gardiner의 입장에서 비엔나 규칙의 자기적용 결과는 그러한 입장의 타당성을 확인해준다. Briggs는 비

---

874) 비엔나조약법회의 회의요록 (1968), p. 172. 제4장 제1절 2.다(1) 참조.
875) Gardiner, *supra* note 6, pp. 348-349. 아울러, 그는 제32조상 해석수단을 수식하는 "보충적(supplementary)"이라는 단어의 해석을 시도하는데 사전적 의미가 '결핍의 보충'이라는 뜻과 결핍을 전제하지 않는 '강화'라는 뜻을 모두 갖고 있으므로 이 표현의 의미를 확인하기 위해서는 실제 적용되는 관행을 보아야 한다고 결론내린다. p. 357.

엔나 규칙이 준비문서를 얼마나 허용하고 있는가라는 질문은 필연적으로
순환론적 문제라고 하였다. 비엔나 규칙의 준비문서 허용 문제를 알기 위
해서는 준비문서를 봐야하기 때문이다.[876] 그는 준비문서가 보충적 역할로
규정되어있고 일반규칙과 분리된 별도 조항에 배치되어있기 때문에 준비
문서를 경시하는 부차적(minor) 역할만 인정하는 것으로 이해될 수 있으나
이는 좁은 텍스트적 해석이므로 주의해야한다고 하였다. 그는 순환론의 문
제는 차치하고 ILC와 비엔나 회의의 기록을 살펴보면 준비문서를 엄격한
제한적 위치에 두려는 의도가 아님을 알 수 있다고 강조하였다.[877]

여기서 Gardiner와 Briggs의 주장은 모두 McDougal의 비엔나 규칙 비판
론에 대한 반박 차원에서 제기되었다. 즉, McDougal은 비엔나 규칙이 엄격
한 위계질서를 구축하여 준비문서의 활용을 부당하게 제약한다는 비판론
을 전개하였는데, 실제 비엔나 규칙의 준비문서를 유심히 살펴보면 비엔나
규칙상 준비문서가 제약되지 않는 것으로 해석될 수 있으므로 McDougal이
틀렸다는 주장이다. 그러나 앞서 언급하였듯이 이는 비엔나 규칙 옹호론의
동요를 보여주는 담론 사례로서, McDougal류의 주장을 일견 비판하는 듯
하나 핵심 결론에 있어서는 그 주장에 결국 수렴하는 양상을 드러낸다.[878]
Gardiner와 Briggs의 반박논리는 몇가지 의문을 자아낸다. 제31조와 제32조
의 위계구조가 문언상으로 또는 형식상·외관상 명확히 보이도록 설정된 구
조에서 군이 문언상 명확한 특성을 옆으로 미뤄두고 준비문서에 크게 의존
하는 해석을 통해 위계적 성격을 부인하는 것은 결국 텍스트의 내용과 준
비문서의 내용 간 차이를 인정하는 것으로 볼 수도 있다. 그러한 맥락에서

---

876) Briggs, *supra* note 800, p. 708.

877) *Ibid.*, p. 709.

878) 제4장 제2절 2.나 참조. 다소 단순화해서 표현하자면, McDougal은 자신이 알고있는
국제법상 조약해석 규칙과 당시 새로 만들어진 비엔나 규칙이 상이하다고 주장하는
데 반해, Gardiner와 Briggs는 양자가 동일하며 McDougal이 알고 있는 그것이 바로
비엔나 규칙의 내용이라고 보는 것이다.

Gardiner와 Briggs는 자신들의 의도와 달리 준비문서의 해석결정 능력을 인정한 것이나 다름없다.[879] 아울러, McDougal의 주장은 해석론이 아니라 적절한 규칙 제정론(입법론) 차원의 문제제기라는 점을 상기해야 한다. 비엔나 회의에서 그는 위계적인 2개 조항보다는 위계성을 소거한 단일 조항이 더욱 적절하다는 수정안을 제시하는 과정에서 2개 조항 비판론을 제기하였다.[880] 따라서 McDougal의 주장은 비엔나 규칙의 해석이나 자기적용 문제로 볼 것이 아니라 타당한 규칙 구조를 찾는 입법적 탐색의 관점에서 보아야 할 것이다.

이와 유사한 맥락에서, 제31조와 제32조의 관계를 문언 '해석'의 문제로 보는 것은 적절하지 않을 것으로 생각된다. 하나의 조약에 담긴 서로 다른 조항간의 '관계'는 그러한 해석보다는 실체적인 적용과 상호작용 등의 종합적인 연관성 파악을 통해 이해되어야 하기 때문이다. 예컨대 비엔나 조약법협약 제26조(약속은 준수되어야 한다)와 제62조(사정의 근본적 변경)의 '관계'를 묻는다면, 해당 조항들의 실체적 내용과 그 적용, 각 개념이 갖는 고유 법리와 학설 등의 관점에 초점을 맞추어 설명하는 것이 더욱 적절하다. 제26조와 제62조의 '해석'을 따지는 것이 불가능하지는 않겠으나 적절한 해답을 제공해줄 수 있는지는 의문이다. 제31조와 제32조의 관계도 마찬가지라고 할 수 있다.

(2) 비엔나 규칙과의 불일치 문제

앞서 살펴본 비엔나 규칙 2개 조항의 위계적 구조에 대한 평가와 이에

---

879) 만일 ILC와 비엔나 회의에서 준비문서의 지위를 격하하고 엄격하게 제한하는 것으로 의견이 모아졌다고 가정한다면 Gardiner의 설명을 그대로 따를 경우 제31조와 제32조의 관계는 엄격한 위계질서로 해석되어야 한다. 이는 제31조와 제32조의 문언은 변화없이 오로지 준비문서에 의해 해석론이 좌우된다는 주장이 될 수도 있다.

880) 제3장 제1절 4.나 참조.

기반한 준비문서의 사실상 동등성 명제는 결국 비엔나 규칙과의 불일치 또
는 위반을 구성하는 것 아닌가라는 질문을 피하기 어렵다. 이러한 질문에
대해서는 비엔나 규칙을 바라보는 상이한 관점에 따라 답이 달라질 수 있
다. 비엔나 규칙이 엄격한 위계적 구조로 구성되었다는 입장에서 보면 이
는 비엔나 규칙의 위반이나 다름없다. 준비문서를 활용할 필요가 없음에도
불구하고 준비문서를 정규적으로 원용하는 관행은 비엔나 규칙에 어긋나
는 것이며 결국 이를 사문화시키는 것이라는 견해가 이미 제시된바 있
다.881) 또는 국제재판소가 텍스트의 명확성과 상관없이 준비문서를 우선
검토한다면서 이는 비엔나 규칙을 따르지 않는 것이라는 지적도 있었
다.882) 이는 사실상 비엔나 규칙의 현실적 저촉 또는 위반을 인정하는 관
점이다.

반면 비엔나 규칙의 본질적 속성상 위계구조 자체를 부인하거나 실질적
으로 엄격한 위계구조가 아니라는 관점883)에서 보면 준비문서의 사실상 동
등성은 비엔나 규칙의 취지와 완전히 부합하는가에 대한 이견은 있을 수
있겠으나, 전반적으로 비엔나 규칙의 실제 적용 과정에서 충분히 허용되는
범위에 있는 현상이라고 말할 수 있을 것이다.

해석규칙의 본질적 속성상 국가가 비엔나 규칙을 유의미하게 위반하기
는 어렵다는 논증도 제시된바 있음을 앞서 살펴보았다.884) 이와 유사한 맥
락에서, 준비문서의 사실상 동등성 명제는 기본적으로 비엔나 규칙이 법위
반의 문제를 수반하는 법규칙이라기 보다는 실용적이고 유연한 지침으로
서 존재한다는 점을 전제로 하고 있다.885) 따라서 실질적으로 법적 위반의

---

881) Thirlway, *supra* note 393, pp. 1235-1255.
882) Vandevelde, *supra* note 798, pp. 296-297.
883) 예를 들어, Mortenson, *supra* note 384, p. 781; Gardiner, *supra* note 6, pp. 348-349.
884) Klabbers, *supra* note 706, pp. 30-31. 참조. 제4장 제1절 2.다 참조.
885) 제4장 제1절 2.나 및 다 참조.

문제를 따지기에는 본질적인 한계가 있다. 아울러, 조약해석이라는 재량적인 규범적 행위를 통해 비엔나 규칙이 구체화되는 과정에서 그 실질적 존재양상 또는 적용양상으로서 준비문서의 사실상 동등성이 드러난다고 본다. 이는 현실적으로 조약을 해석하는 주체의 입장에서 2개 조항 구조가 외관상 위계질서와 달리 준비문서의 실질적 가치와 역할을 제약하지 못하는 것으로 인식되고 적용된다는 의미다.

또한, 준비문서의 빈번하고 정규적인 활용 또는 사실상의 동등성을 엄격한 조항문언 위반 여부라는 관점에서만 본다면 비엔나 규칙(제32조)의 문언상 "확인"이라는 광범위한 개념의 적용으로 거의 해소될 수 있다. 국제판례에서 "확인"이라는 정확한 명시적 표현없이 다양한 사유로(예를 들어, 당사국이 변론시 준비문서를 제시하였으므로 또는 서로 상이한 해석론이 첨예하게 맞서고 있으므로) 준비문서를 거론하는 경우에도 사실상 '확인'의 기능에 해당하는 경우로 해석해볼 수 있다. 따라서 이것을 비엔나 규칙 위반이라고 평가하기는 어렵다. 무엇보다도, 비엔나 조약해석 규칙의 법적 위반 문제를 가르는 핵심은 신의성실 원칙의 준수라고 할 수 있다. 비엔나 규칙이 의무적 조항으로 서술된 핵심 사유는 바로 이 신의성실 원칙이기 때문이다. 구체적인 조약해석 요소들의 병렬적, 순차적 배치와 적용 문제는 위반이나 준수의 문제로 평가하기보다는 비엔나 규칙의 실질적 구체화라는 규범적 행동 차원에서 접근하는 것이 적절할 것이다.

(3) 텍스트와 준비문서의 충돌 문제

'텍스트 중심 해석'과 '준비문서에 근거한 해석'이 서로 상충하는 명확하고 합리적인 결론을 각각 제시하는 가상적 사례의 경우, 준비문서의 동등성이라는 명제는 양자 중 어떤 결론을 지지하는가라는 질문이 제기될 수 있다. 실제 이러한 질문이 비엔나 규칙의 이해에 대한 입장을 가르는 핵심적 질문인 것으로 이해하는 관점도 있다.[886) 지금까지 논의한 준비문서의

사실상 동등성은 비엔나 규칙이 실제 적용 양상에 있어서 준비문서를 외관
상 위계구조 하의 보충적·보조적·부수적·종속적 지위로 고착시키지 못한
다는 점을 지적하는 명제로서 제31조와 제32조가 상충되는 상황에서 특정
해석론의 우선적 당위성을 논증하기 위한 주장이 아니다. 이것은 ICJ 판례
법을 중심으로 형성된 현행 국제법 조약해석담론상 비엔나 규칙의 실질적
적용양태에 비추어 준비문서가 사실상 동등한 요소로 간주되어 적용되고
있다는 실체적 경향과 현상을 식별하는 것이며 이를 통해 현대 조약해석규
칙의 적용 속성을 관찰하고 이해하는 논리로 보아야 한다. 사실 비엔나 규
칙은 이른바 '동일성 추정'을 통해 그러한 질문 자체를 회피한 것으로 볼
수 있다.[887] 나아가 어떤 면에서는 명확한 텍스트와 명확한 준비문서의 충
돌을 가정한 질문 자체가 해석의 재량성과 주관성 그리고 구체 상황의 복
잡한 맥락을 제거한 일종의 함정 질문이라고 할 수도 있다. 대부분의 경우
조약해석은 일반규칙과 보충수단이 제기하는 서로 상충되는 선다형 결론들
로부터 특정 입장과 관점에 따라 단일 해답을 선택하는 우아하고 깔끔한 과
정이 아니며, 텍스트와 준비문서 등 조약해석 요소들은 상호 연계된 검토과
정에서 그 명확성과 합리성에 대한 지속적인 재검토의 과정을 겪게 될 것이
다.[888] 따라서 그 질문은 조약해석론의 이해를 가르는 핵심적 질문이라고

---

886) Shereshevsky와 Noah는 제31조 일반규칙이 텍스트의 명확하고 합리적인 의미를 도
출할 때 제32조 보충수단이 상이한 의미를 지지하는 경우 조약해석을 어떻게 할 것
인가라는 문제가 '전통적 위계질서론'과 비엔나 규칙의 위계질서를 부인하는 '수정
주의적 접근법'을 가르는 쟁점이라고 서술한다. Shereshevsky and Noah, *supra* note
859, p. 1289.

887) 동일성 추정에 대해서는 제3장 제1절 5항 참조.

888) ILC는 해석이 통상적 의미에서 출발하여 순차적으로 문맥, 목적, 후속 관행, 준비문
서 등으로 이어지는 과정으로 묘사될 수 있으나 실제 해석의 실행은 그렇게 산뜻한
합리적 방식으로 파악될 수 없다고 서술하였다. ILC Report of the Study Group
(2006), pp. 233-234. Mortenson은 비엔나 규칙이 위계적 구조로 되어있다는 통설이
틀린 이해라고 주장하면서 조약해석의 과정은 선형적 알고리즘이 아니라 우아하지
않은(inelegant) 재귀적(recursive) 과정에 가깝다고 평가하였다. Mortenson, *supra*

보기 어렵다.[889] 텍스트와 목적·대상이 상충하는 경우, 텍스트와 문맥 또는
텍스트와 후속 관행[890] 등이 서로 상충하는 경우에 대한 질문이 조약해석에
대한 접근법을 가르는 핵심적 질문이 될 수 없는 것과 마찬가지다.

---

note 384, p. 781. Gardiner는 명확한 텍스트와 명확한 준비문서가 상충하는 경우를
실제로는 찾기 힘들며, ILC와 비엔나 조약법 회의가 그러한 질문에 대한 명확한 답
을 제시한 것도 아니라고 평가하면서, 중요한 것은 비엔나 규칙의 통합적 적용과 각
증거에 부여할 적절한 비중의 문제라고 하였다. 이 역시 명확한 텍스트와 명확한 준
비문서의 상충이 조약해석 규칙에 대한 접근법을 규정하는 핵심질문이 아니라는 취
지로 이해될 수 있다. Gardiner, *supra* note 6, pp. 372-373.

889) 이러한 관점과 별개로 Schwebel은 이 문제를 정면으로 다루면서 신의성실한 해석
및 제32조의 실효적 해석 필요성 등에 비추어 실제 텍스트의 명확한 의미에 상충하
는 방식으로 준비문서가 사용될 수 있어야 한다고 지적하였다. Stephen Schwebel,
Justice in International Law: Further Selected Writings (Cambridge University Press,
2011), pp. 294-295.

890) 거부권 규정으로 알려진 유엔헌장 제27조 3항의 텍스트는 비절차적 사안에 대한 안
보리의 의사결정에 있어서 모든 상임이사국의 "동의투표(concurring votes)"가 필요하
다고 명시하고 있으나 안보리의 후속 관행을 통해 기권(불참)은 거부권행사로 간주되
지 않는 것으로 확립되었다. 이것은 구체적인 일련의 조약 적용과 이행 과정에서 준
비문서나 목적, 문맥 등 여타 요소보다는 후속 관행이라는 요소가 결정적 영향력을
발휘한 사례이며, 텍스트나 준비문서에 대한 후속 관행 우위론에 대한 증거가 아니라
개별 사안별로 상황에 따라 각각의 해석 요소 자체가 갖는 구체적 영향력이나 가치는
달라질 수 있음을 보여주는 것이다. Gardiner, *supra* note 6, pp. 277-278 참조. 참고로
ILC는 후속 관행의 가치는 명확성, 구체성, 반복여부 및 반복방식 등에 좌우된다고
규정하였다. ILC Yearbook 2018, Vol. II (Conclusion 9). 후속 관행이라는 요소는 텍
스트뿐만 아니라 텍스트보다 시간적으로 앞서는 준비문서와도 충돌할 가능성이 있다.
ICJ의 나미비아 사건(1971년)은 안보리 거부권 관련 유엔헌장 제27조 3항 해석에 있
어서 후속 관행이 텍스트와 준비문서에 대해 우위성을 인정받은 사례로 볼 수 있다.
Gardiner, *supra* note 6, p. 278. ILC는 비엔나 조약법협약 제31조상 명시된 후속 관행
과 제32조에 속하는 후속 관행을 구분하였다. 제31조상 명시된 후속 관행은 조약적용
에 있어서 해석에 대한 당사국의 '합의'를 구성하는 관행을 의미하는 반면, 제32조에
속하는 후속 관행은 모든 당사국이 아닌 한 당사국 또는 복수의 당사국들에 의한 실행
이다. ILC Yearbook 2018, Vol. II (Conclusion 1, Conclusion 4).

2. 준비문서의 내재적 한계 문제

비엔나 규칙의 위계적 구조에 대한 평가와 준비문서의 사실상 동등성 명제는 당위적 가치론이 아니라 관련 학설·판례 흐름의 관찰과 비엔나 규칙의 실질적 적용·존재 양상에 대한 파악에 근거하고 있다. 그러나 이와 관련하여 준비문서의 내재적 한계 또는 단점이 거론되지 않을 수 없을 것이다. 준비문서의 다양한 부정적 속성에 대한 그간의 논의가 준비문서의 사실성 동등성이라는 명제에 대한 당위적 반대론을 구성할 수도 있다. 준비문서의 문제점이 치유불가능할 정도로 심각하고 자명하다면 준비문서를 사실상의 동등한 요소로 간주하는 판례법 등에 대한 당위적 비판으로 이어져야 할 수도 있고, 비엔나 규칙 적용방식을 재검토해야 한다는 주장이 제기될 수도 있기 때문이다. 이하에서는 이러한 잠재적 비판론을 염두에 두고 준비문서의 형식적 측면과 내용적 측면에서의 장단점 또는 필요성과 한계 등에 대해서 생각해보도록 한다.

가. 형식적 측면의 한계

(1) '정의'와 '증거로서의 가치'의 구분

ILC의 준비문서에 대한 정의규정 거부는 준비문서에 대한 이중적 태도를 집약적으로 보여준다. ILC는 준비문서가 진정한(authentic) 해석수단이 아니라 단지 증거(evidence)에 불과하므로 준비문서의 정의 시도는 실익이 없고, 특정한 정의가 자칫 실제로 유의미한 증거를 배제할 가능성도 있다고 지적하였다.[891] 준비문서를 부수적·보조적 수단이자 여러 형태의 증거 중 하나로 취급하는 인식과 함께, 어떠한 명시적인 제한도 두지 않고 비교적 자유로운 원용을 허용하는 태도도 드러난다.[892] 준비문서의 구체 종류

---

891) Waldock 제3차 보고서, p.58.

나 범주는 매우 다양하다.[893] 따라서 준비문서는 포괄적으로 정의될 수밖에 없다. 조약의 협상 및 문안작성 과정에서 생산되는 관련 자료의 총체를 지칭하는 다소 느슨한 총괄적인 표현으로 이해해야 한다.[894] 준비문서의 유형적 예시로는 협상 기록, 다자협상의 전체회의나 소위원회 회의록, 외교 공한, 각서, 협상 중 제시 또는 작성된 초안(drafts) 등을 들 수 있다.[895] 오늘날 다자회의의 경향에 비추어 정부대표단 사이에 회람되는 전자적 문서(이메일 포함)나 회의 동영상 역시 준비문서에 포함될 수 있다. 준비문서가 반드시 '문서' 형태일 필요는 없으며, 교섭기록 또는 조약성안 준비를 위한 작업의 결과물은 모두 준비문서가 될 수 있다.[896]

준비문서 개념의 유동성은 준비문서에 해당하는 자료를 국가간 합의에 의해 얼마든지 조약 텍스트의 일부로 만들 수 있다는 점에서도 드러난다. 기니-기니비사우간 해양경계획정 중재재판(1985년)에서는 과거 1886년 해당지역의 식민통치국가였던 프랑스와 포르투갈 간 협정에 첨부된 의정서와 부속서가 준비문서로서 다투어졌다.[897] 그 의정서와 부속서는 지도 2장,

---

892) 예를 들어, 준비문서의 활용을 최대한 억제하고자 했다면 '당사국의 공동 작성 문서' 라든가 '당사국이 협상 중 해석에 대해 합의한 증거로서의 준비문서' 등과 같은 제한 도 시도해 볼 수 있었을 것이다. Ris, *supra* note 224 참조.

893) Ulf Linderfalk, *On the Interpretation of Treaties - The Modern International Law as Expressed in the 1969 Vienna Convention on the Law of Treaties* (Springer, 2007), p. 241.

894) *Ibid.*; McNair, *supra* note 65, p. 411. 준비문서의 개념정의는 열린(open-ended) 문제 이므로 따라서 필연적으로 정치적이라는 평가도 있다. Klabbers, *supra* note 755, p. 278. 열린 개념이라는 이유로 바로 정치적 문제라고 단언할 수 있는지에 대해서는 의문이 있다.

895) McNair, *supra* note 65, p. 411. 이중 각서(memoranda)는 외교적 서한, 의견서, 메모, 간단한 합의문 등을 포괄적으로 지칭하는 표현으로 보아야 할 것이다.

896) 이러한 이메일이나 여타 전자적 자료의 경우 사이버 보안에 관련된 증거능력 문제 등 새로운 유형의 쟁점을 상정해 볼 수도 있을 것이다.

897) Affaire de la Délimitation de la Frontière Maritime entre la Guinée et la Guinée-Bissau, Sentence du 14 février 1985 (legal.un.org/riaa/states/guinea_bissau.shtml).

그 조약의 협상 내용과 체결 경과를 기록한 문서, 그리고 프랑스와 포르투
갈이 조약의 비준동의를 위해 각각의 의회에 제출한 문서들로 구성되어 있
었다. 기니비사우는 1886년 협정에 부속된 문서들이 준비문서로서 협정본
문의 의미가 불확실하거나 모호한 경우 또는 달리 당사국 공동의도를 보여
주는 경우에만 활용할 수 있으므로 그러한 요건을 충족하지 않는 이 부속
문서의 검토를 배제하여줄 것을 재판부에 요청하였다. 협정 본문이 완벽하
게 명확하므로 준비문서가 아무런 유용성이 없다는 주장이었다. 반면, 기니
는 부속문서들이 협정 본문의 의미를 확인해 준다는 입장이었다. 재판부는
이 조약 의정서와 부속서가 해석에 있어서 "중요한 역할(un rôle important)"
을 갖는다고 판시하면서, 지도와 의회 제출문서를 제외한 나머지 부속문서
들은 준비문서에 해당한다고 평가하였다.898) 조약문에 정식 첨부된 문서도
준비문서가 될 수 있음을 인정한 것이다.

준비문서에 대해 형식, 생산과정·방식·시점, 텍스트와의 특정 연관성, 주
체 등 일정한 제한을 두어 규정하려는 시도가 다양하게 있다.899) 준비문서

---

898) *Ibid.*, pp. 156-157, 176, 181. 첨부된 지도는 준비문서가 아닌 문맥(context)으로 평가
되었다.

899) Linderfalk는 준비문서에 대한 다섯 종류의 제한을 즉각 거부하고 있는데 일응 직관
적으로 수긍할 만하다. 그는 (1) 서면자료, (2) 교섭국이 함께 생산한 문서, (3) 최종
타결문안에 연관되는 준비문서, (4) 조약해석에 대한 합치된 의사를 보여주는 자료,
(5) 모든 당사자가 참여하여 생산하였거나 비준 이전에 공개된 자료 등으로 준비문
서를 한정하는 시도를 거부하고 있다. Linderfalk, *supra* note 893, p. 273. 이 범주들
에 대해 생각해보면 우선 (1) 준비문서의 절대다수가 서면자료의 형식을 갖고 있을
것이나 구두진술이나 녹음·영상 등이 있다면 이를 그 자체로 배제할 이유는 없을
것이며, (2) 한 당사국이 교섭과 관련하여 독자적으로 생산한 문서도 해석에 중요한
역할을 할 수 있을 것이다. (3) 최종 타결에 반영되지 않은 문안이나 자료도 해석에
도움을 줄 수 있고, (4) 조약해석에 대한 합치된 의사가 아닌 일방의 의사나 의도,
관심사 등을 보여주는 자료라든가 해석이 아닌 그 조약교섭의 다른 상황을 보여주는
자료를 준비문서에서 배제할 이유가 없으며, (5) 한 당사국 또는 복수의 당사국이
작성한 자료도 충분히 의미가 있을 수 있고, 비준 이전 시점의 공개 여부가 절대적
기준이 될 이유가 없다. 한편, Linderfalk는 당사국 스스로부터 직접 산출되는 자료만

의 개념을 제약하려는 각각의 입장은 그러한 제약된 범위 내의 준비문서만
이 해석에 유의미한 수단이 될 수 있다는 인식을 반영한다. 그러나 제한론
중 상당수는 준비문서의 정의 문제와 준비문서의 가치 문제를 혼동한 것으
로 생각된다. Iron Rhine 중재사건에서 보듯이, 실제 준비문서의 정의와 별
개로 해석 주체는 개별 사안별로 해석에 도움이 되는 준비문서가 무엇인지
를 식별하고자 할 것이다.[900] 특정 제약의 범위 내에 속한다고 하여 반드
시 당사자의 공동의도를 밝혀주는 것도 아니며 특정 제약의 범위 안에 들
지 않는다는 이유만으로 해석 작업에 무관하다고 선험적으로 단언할 수도
없을 것이다. ILC도 이러한 점을 명확히 인식하고 있었던 것으로 보인
다.[901] 해석수단으로서의 가치가 떨어지는 준비문서는 준비문서의 개념에
포함되지 않는 것이 아니라 신의성실한 조약해석을 수행하는 주체에 의해
서 채택될 가능성이 떨어지는 준비문서가 될 뿐이다. 다만, 협상 내용을 취
재한 언론기사나 개인 회고록의 경우 준비문서로 보기 어렵다고 할 수 있
다. 기본적으로 준비문서는 조약체결 협상의 주체인 정부에 의해 조약을
준비하는 과정에서 생산된 문서로 보는 것이 합리적일 것이다.[902]

준비문서로 인정된다는 주장, 채택 이후 국내적으로 작성한 비준용 문서 등도 준비
문서에 포함되어야 한다는 주장 등에 대한 비판론도 전개한다. Linderfalk, *supra*
note 893, pp. 241-245.

900) Iron Rhine 중재사건 재판부는 당사국이 제출한 준비문서에 대해 당사국의 공동의도
를 밝히는 데 가치가 없는 자료라는 이유로 준비문서의 검토를 배제하였다. 이 사건
판시는 준비문서의 가치를 평가하는 기준으로서 공동의도를 제시한 사례로 자주 원
용되고 있다. Arbitration Regarding the Iron Rhine(IJzeren Rijn) Railway between the
Kingdom of Belgium and the Kingdom of the Netherlands, Award of 24 May 2005,
para.48.

901) 예컨대, 한 당사국의 교섭중 일방적인 선언은 타 당사국의 동의가 없는 한 큰 가치를
갖지 못할 것이라고 적시한 후 준비문서의 정의 시도는 실익이 없을 것이라고 설명
하였다. Waldock 제3차 보고서, p. 58.

902) 준비문서라는 개념 자체가 기본적으로 조약을 준비하는 과정에서 나온 문서 또는
작업을 지칭하므로 정부 외부의 관찰자 또는 협상 담당자의 개인적 회고는 이에 해

비엔나 규칙상 준비문서의 정의와 범주에 대한 별도의 언급이 없음에도 불구하고, 이 문제에 대한 쟁점이 전혀 없었던 것은 아니다. ILC의 논의기록 자체가 ILC 작업 결과물의 해석에 있어서 준비문서로 간주될 수 있는지 여부는 비엔나 규칙 성안 당시 ILC 내부적으로도 논의가 있었다.903) ILC 위원들이 국가를 대표하는 자격은 아니나 ILC의 논의기록이 해석의 중요한 안내서가 될 수 있다는 점에 대해서는 의문의 여지가 없다.904)

보다 논쟁적인 문제는 협상과정에서 채택된 특정 조항의 해석 합의가 일반적인 준비문서와 구분되는 지위를 갖는가에 대한 것이다. 협상과정에서 채택된 특정 조항의 해석 합의는 준비문서가 아니라 최종 채택된 조약체계의 일부를 구성하는 부속문서로 보아야 한다는 견해가 있다. ICJ의 첫 번째 권고적 의견(1948년 유엔가입 사건)에서 다수의견은 준비문서를 참조하지 않았으나, 4인 공동 반대의견은 조약제정자들이 특정 조항에 대해 별도로 작성한 해석 문서가 있는 경우에는 준비문서 참조가 정당화된다는 견해를 밝히면서 유엔헌장의 성안과정을 상세하게 검토하였다.905) 유엔 가입 관련 총회 권한 사건(1950년)에서 Azevedo 재판관은 그 4인 공동 반대의견을 원용하며 협상과정에서 채택된 해석 합의문은 통상적 준비문서가 아니라는 입장을 표명하였고,906) Fitzmaurice는 이러한 의견들을 바탕으로 그러한 합의가 담긴 문서는 조약체계의 일부를 구성하는 부속문서로 보아야 한다고

당한다고 보기 어려울 것이다. Gardiner는 개인 회고록이 준비문서로서 간주될 자격이 없다고 단언하면서 Marcel Proust와 Harold Nicolson의 조우를 예시로 거론한다. Gardiner, *supra* note 6, p. 112. 실체적인 내용을 담은 회고록은 조약의 역사적 이해를 돕는 간접 증거로서 그 자체로 가치가 있을 것이나 법정에서 준비문서로 원용될 경우 재판부에 의해 인정받기 어려울 것으로 예상된다.

903) ILC Yearbook 1966, Vol. I, p. 201, p. 205.
904) Gardiner, *supra* note 6, p. 115; Briggs, *supra* note 800, pp. 711-712.
905) *Supra* note 198, p. 87 (Dissenting Opinion of Judges Basdevant, Winiarski, Sir Arnold McNair and Read).
906) *Supra* note 202, pp. 30-31.

평가하였다. 이러한 문서가 단순한 준비문서로만 평가된다면 재판부가 텍
스트의 명확성에 대해 확신하는 경우 아예 검토대상조차 되지 못하기 때문
이라는 것이다.[907] 그러나 최종 채택된 조약에서 공식적으로 첨부되거나
조약 문안에서 별도로 명기되어 공개된 문서가 아니라면 여전히 이러한 문
서들도 교섭과정에서 생산된 준비문서로 봐야할 것이다.[908] Lauterpacht와
논쟁하며 준비문서의 단점에 대해 강력한 비판론을 전개한 Beckett도 교섭
과정에서 서명된 모든 서한과 가서명된 해석 관련 의사록 등은 조약의 일
부를 구성한다고 주장하였는데 사실 이는 준비문서로 보는 것이 타당할 것
이다.[909] 비엔나 규칙 체제는 준비문서 활용의 경로로서 "확인"을 두고 있
는데, 통상적으로 이러한 확인의 경로를 통해 정당한 가치를 갖는 준비문
서가 배제되지 않는다고 설명된다.[910] 교섭 중 이루어진 중요한 해석 합의
가 텍스트에 포함되거나 첨부되지 않음으로써 검토대상이 되지 못한다는
아쉬움 때문에 명확히 준비문서에 해당하는 것을 준비문서가 아닌 것으로
취급하는 것은 개념적 정합성이 떨어진다. 이는 오히려 준비문서가 텍스트
와 거의 동등한 가치와 의미를 가질 수 있다는 점을 보여주는 사례로 간주
되어야 한다.

한편, 협상의 실질적 완료와 문안의 확정적 채택 이후 최종 비준·발효의

---

907) Fitzmaurice, *supra* note 209, pp. 12-13.

908) Gardiner는 교섭중 달성된 해석합의가 최종의정서에 포함되지 않은 경우 그 합의의
가치와 효력은 명확성 및 포괄성 등에 좌우될 것이라고 평가하였다. Gardiner, *supra*
note 6, p. 396. Ambatielos 사건(선결적 항변, 1952년)에서는 조약에 첨부된 선언문
(Declaration)의 지위에 대한 명시적 규정은 없으나 내용상 해석합의로서 해당 조약
의 불가분의 일체로 간주되어야 한다고 판시되었다. 그러나 이 사건 합의(선언문)는
조약체계에 명시적으로 첨부되어 비준까지 받았으므로 원칙적으로 준비문서라고 보
기는 어려울 것이다. *Supra* note 220, p. 44.

909) Beckett, *supra* note, 844, p. 442; Bjorge는 이러한 점에서 Beckett의 준비문서 비판론
은 약화될 수밖에 없다고 평가한다. 실제 중요한 준비문서를 배제한 비판론이 되기
때문이다. Bjorge, *supra* note 384, p. 97.

910) Gardiner, *supra* note 6, pp.

시점 사이에 생산되는 여러 협의기록이나 해설자료는 준비문서 개념 정의의 시간적 데드라인 문제를 야기한다. 통상적으로 조약문안이 실질적으로 확정되는 가서명이나 서명 시점까지의 협의 기록은 준비문서로 보는 것이 타당할 것이다. 아울러, 서명 이후 협약의 체결 관련 별도의 '합의'가 성립되는 경우 이는 제31조 2항의 문맥에 포함될 것이다.[911] 협상이 끝나고 각자 국내절차에서의 정치적 또는 법적 필요를 위해 조약에 대한 해설자료가 만들어지는 경우가 많다. 이러한 국내적 설명 자료 역시 준비문서가 될 수 있다는 견해도 있으나,[912] 준비문서의 개념에 부합하는지 의문이 있다. 협상이 끝나고 비준이 완료되기 이전의 시점에서 당사국간 조약의 내용에 대해 외교적 협의를 하는 과정에서 당사자들의 조약해석에 대한 인식이 드러나는 경우도 상정해볼 수 있을 것이다. 이는 특정한 합의를 구성하지 않는 한 제31조상 "문맥"에 해당하지는 않으나, 협상과정에서 문안작성을 위해 교섭한 내용이 담긴 준비문서라고 보기도 어렵다. 그러나 조약문 채택 종료 이후 별로 시간이 경과하지 않은 시점에서 조약의 내용에 대한 평가나 해석에 대한 공식발언을 실무 편의상 '준비문서'로 분류한 사례도 있다.[913]

---

911) 제31조 2항 (a),(b).

912) Lauchterpart, *supra* note 6, p. 552. 국내적 설명자료에 대한 논의는 Vid Prislan, "Domestic Explanatory Documents and Treaty Interpretation", *International and Comparative Law Quarterly*, Vol. 66, No. 4 (2017), p. 923 참조. Prislan은 국내적 설명자료가 보충수단으로 간주될 수 있다고 결론내린다.

913) 우크라이나와 러시아 간 테러재정지원억제협약 및 인종차별철폐협약 적용 사건 (2019년)에서 ICJ에 제출된 선결적 항변 관련 양국의 서면 내용 참조. *Supra* note 540, Preliminary Objections submitted by the Russian Federation, 12 September 2018; *Supra* note 540, Written Statement of Observations and Submissions on the Preliminary Objections of the Russian Federation submitted by Ukraine, 14 January 2019. 우크라이나가 자국 서면의 첨부물 목록상 테러재정지원억제협약의 "준비문서"로 분류하여 제출한 문서 중 3개는 이 협약의 채택(1999년) 이후 유엔 제6위원회 논의내용에 대한 것이다. 이는 수단, 쿠바, 우크라이나의 협약 내용에 대한 평가 발언으로서, 러시아가 먼저 선결적 항변에서 이 협약의 다소 제한적인 해석론을 뒷받

국내적 설명자료 또는 채택 이후의 협의 자료는 통상적 의미의 준비문서는
아니나 당사자들의 의도를 추가적으로 확인하거나 재구성하는 데 도움을
줄 수 있는 잠재력을 가진다는 점에서 기타의 보충적 해석수단으로 볼 수
있을 것이며, 실제 그 가치는 개별 사안별로 다를 것이다.[914] 준비문서의
실질적 중요성에 비추어 정식으로 일정한 범위 내에서 준비문서의 기탁(등
록)을 제도화하자는 비엔나 규칙 개정 제안도 있었으나[915] 이는 준비문서
활용의 실제 관행상 절실하게 요구되지도 않고 준비문서 범위의 인위적 축
소가 국가들의 이해관계와 일치한다고 보기도 어렵기 때문에 현실적 타당
성이 크지 않다고 본다.

준비문서의 개념이나 그 한계는 명확히 규정지어 밝히기 어려운 것임에
틀림없다.[916] 그러나 중요한 것은 텍스트에 담긴 의미를 밝히고 당사자의
의도를 재구성하는 유의미한 자료라면 비교적 널리 수용되고 검토될 수 있

침하기 위해 원용하였고, 우크라이나는 러시아의 협약 해석 및 3개국의 평가발언 해
석을 반박하기 위해 원용하였다. *Supra* note 540, Written Statement of Observations
and Submissions on the Preliminary Objections of the Russian Federation submitted
by Ukraine, 14 January 2019, p. 82, p. 89. 한편, 우크라이나가 테러재정지원억제협
약의 "준비문서"로 분류한 첨부물 목록에는 1983년 대한민국 정부가 아웅산 폭발
테러 사건에 대해 유엔총회에 송부한 서한도 포함(Annex 10)되어 있다. 그런데 이
는 테러재정지원억제협약의 교섭과 직접 관련된 준비문서가 아니다. 당시 한국정
부는 북한 당국의 지시에 따라 자행된 남측 정부인사 대상 테러행위가 '국제적 보
호인물에 대한 범죄의 예방과 처벌에 관한 협약(Convention on the Prevention and
Punishment of Crimes against Internationally Protected Persons)'상 규정된 범죄행위
를 구성한다는 입장을 제시하였는데, 우크라이나는 이 협정과 유사성을 갖는 테러
재정지원억제협정의 해석 근거로 이를 원용하였다. *Supra* note 540, Written Statement
of Observations and Submissions on the Preliminary Objections of the Russian
Federation submitted by Ukraine, 14 January 2019, p. 69. 그러나 유사협정의 해석
및 적용 관행이나 사례까지 준비문서로 간주하기는 어려울 것으로 보인다.

914) Prislan, *supra* note 912, p. 962.
915) Ris, *supra* note 224, pp. 134-136.
916) Klabbers, *supra* note 755, pp. 276-280.

으며 그 가치는 결국 구체 사안별 조약해석의 전체 과정에 비추어 평가되어야 한다는 점이다. 결론적으로, 준비문서의 정의 개념이나 범위 문제가 준비문서의 치명적 하자를 구성하거나 준비문서의 동등성 명제에 대한 당위적 반대론을 정당화하기는 어려울 것이다.

(2) 접근성 문제: 다자조약 준비문서, 대외비 준비문서

다자조약의 원서명국(협상국)과 후발가입국 간의 관계 등에 있어서 준비문서의 원용 가능성 문제는 PCIJ 시절부터 논란의 대상이 되어왔다.[917] PCIJ는 Oder 강 국제위원회 사건에서 베르사이유 조약 해석과 관련하여 소송당사국 일부가 참여하지 않은 파리 평화회의의 위원회 회의 기록은 소송상 증거로 허용할 수 없다고 판시한바 있다.[918] 그러나 이러한 접근법은 원협상국과 후발 가입국이 뒤섞여 있는 다자조약의 해석상 분절화를 야기할 우려가 있다는 비판이 제기되었다. 지나치게 원론적인 PCIJ의 접근법은 더 이상 지지받지 못하고 있는 것으로 보인다.[919] ILC도 다자조약의 특성을 거론하면서 후발 참여국에 대한 준비문서 원용의 제한에 대해 부정적인 입장을 피력하였다.[920] 다자조약의 준비문서를 전체교섭국 참석 여부, 공개여부, 후발국의 접근가능성 등으로 나누어 범주화하는 것이 타당하거나

---

917) Territorial Jurisdiction of the International Commission of the River Oder (1929), P.C.I.J. (Judgment), Series A, No. 23, pp. 39-42.

918) *Ibid.*, p. 42. 중재판례인 Young Loan case에서도 상대방에게 접근가능하고 알려진 준비문서만 원용가능하다고 인정하였다. Arbitral Tribunal for the Agreement on Germna External Debt (Belgium, France, Switzerland, UK and USA v Federal Republic of Germany) (1980) 59 ILR 495. 이 중재판정의 준비문서 활용 제한에 대한 평가로는 Merkouris, *supra* note 6, pp. 78-79; Sinclair, *supra* note 29, pp. 143-144 등 참조.

919) Gardiner, *supra* note 6, pp. 117-118; Shabtai Rosenne, "Travaux Préparatoires", *International and Comparative Law Quarterly*, Vol. 12 (1963), p. 1380; Merkouris, *supra* note 6, pp. 80-81.

920) ILC Report (1964), p. 205.

가능한지의 여부는 개별 사건별로 따져야할 문제이겠으나 준비문서 생산
에 직접 관여하지 않은 제3자에 대해서도 일정한 합리적 요건 하에 그 준
비문서가 대항가능성(opposability)을 갖는다는 점이 부인되기는 어려울 것
이다.[921]

　사실 양자조약의 경우에도 유사한 이론적 쟁점이 존재할 수는 있다. 양자
간 교섭내용을 기록한 자료라 하더라도 그것이 항상 공동작성 문서는 아니
며 각자의 외교교섭 기록 또는 내부 보고서에 담긴 문서가 준비문서로서 해
석을 위해 원용될 수 있다. 그러나 단지 한 당사자가 작성한 문서라는 이유
만으로 준비문서가 거부되어야 한다고 보기는 어렵다.[922] 조약해석 분쟁에
서 자국이 작성한 문서가 아니라는 이유만으로는 상대방의 준비문서를 배
척하는 주장이 제기될 수는 있을 것이나 그러한 주장이 타당한지는 의문이
다.[923] 개별 사건에서 각각 제출되는 준비문서의 가치는 공동작성이나 승인
여부에 달린 것이 아니라 공동의도 규명과의 연관성에 있기 때문이다.[924]

　위에서 살펴본 쟁점과 유사하면서도 다소 성격이 다른 쟁점으로서 특히
국내법적 맥락에서 정부가 비공개 대외비로 보유하고 있는 외교문서를 조
약해석의 요소로 인정할 수 있는지 여부의 문제가 있다. 준비문서의 상당
수는 정부의 협상 기록으로서 관행상 상당기간 공개되지 않는 외교문서의

---

921) Merkouris는 준비문서의 제3자 대항성 문제가 준비문서 개념의 극단(outer limit)을
　　구성한다고 한다. 그는 분쟁당사자가 참여하지 않았다는 이유만으로 준비문서를 배
　　척하는 것은 무모하고 과도한 제약인 반면, 참여주체에 대한 아무런 제약 없이 준비
　　문서를 허용하는 것은 신의성실에 위배된다고 평가한다. Merkouris, *supra* note 6,
　　pp. 77-80.
922) 특히 양자조약의 경우, 공동으로 작성된 준비문서는 오히려 소수에 가까울 것이다.
　　조약초안의 경우에도 상황에 따라 공동초안이 아닌 일방 당사자가 제시한 초안이
　　준비문서로 원용될 수 있다.
923) 동일한 양자교섭을 기록한 각 당사국의 외교문서에 내용상 차이가 난다면 이는 그만
　　큼 그 가치가 상쇄될 것이며, 후술하는 바와 같이 준비문서는 전체적인 조약해석의
　　맥락에서 신의성실한 방법으로 독해되어야 할 것이다.
924) Gardiner, *supra* note 6, pp. 119-121.

형태로 존재한다.925) 이는 준비문서의 가용성과 관련된 문제를 제기할 수 있다. 국가간 국제소송의 맥락에서는 이것이 쟁점화될 가능성이 높지 않다. 준비문서의 선별과 제출은 전적으로 그것을 원용하는 당사국에 달려있고 이미 제출된 준비문서를 바탕으로 심리가 이루어지기 때문에 문서의 추가적인 공개 여부가 문제시될 가능성은 크지 않다.926) 그러나 조약해석과 연관된 국내법적 분쟁이 발생하는 경우 이러한 준비문서 공개 문제가 쟁점화될 수 있다. 이러한 쟁점이 개인 또는 법인 간 민사소송에서 제기되는 경우는 찾기 어려우나, 우리나라의 경우 한일회담 문서공개 사례에서 보듯이 정보공개 청구라는 국민의 헌법적 알권리의 맥락에서 이와 유사한 쟁점이 논의된바 있다.927) 통상적으로 정부는 일정기간이 경과하지 않은 외교문서

---

925) 참고로, 우리나라의 관련 규정으로 '외교문서 공개에 관한 규칙(외교부령 제80호)'이 있다. 이 규칙 제4조(30년이 지난 외교문서의 공개)는 "① 외교부장관은 생산되거나 접수된 후 30년이 지난 외교문서를 … 30년이 지난 해의 다음 해 3월 중에 일반에 공개한다. 다만, … 외교문서공개심의회가 「공공기관의 정보공개에 관한 법률」 … 제9조제1항 각 호의 어느 하나에 해당되는 것으로 결정하는 경우에는 그 기간이 지난 후에도 공개하지 아니한다"라고 규정하고 있다. '외교문서 공개에 관한 규칙'은 30년 지난 외교문서의 공개 관련 규정으로서 「공공기관의 정보공개에 관한 법률」 (정보공개법)에 근거하고 있다.

926) 준비문서와 직접 관련은 없으나 국제법정에서 특정 국가행위의 위법성 판단 여부에 필요한 것으로 간주되는 자료를 재판부가 요청하였음에도 당사국이 거부한 사례가 있다. 예를 들어, ICJ의 Corfu 해협사건(1950년)에서 재판부는 알바니아측의 요청에 따라 ICJ 규정 제49조 및 규칙 제54조에 근거하여 영국측 서면자료에 언급된 XCU 라는 문서의 제출을 요청하였으나 영국은 해군의 군사기밀이라는 이유로 이를 제출하지 않았다. 수십년 후 영국정부가 이 문서를 비밀해제하고 국립문서보관소로 이관하였는데 이 문서를 검토한 Anthony Carty는 소송당시 영국측이 이 문서를 불리한 것으로 판단하여 공개를 거부한 것이라고 평가하였다. 그는 구두변론에서 이 문서 내용을 재판부에 설명한 영국측 대리인 Beckett가 재판부를 오도하였으며 국제법 전문가로서의 직업적 윤리(ethos) 보다는 국가에 대한 충성심이나 변호사로서의 승부욕을 앞세운 것이라고 비판하였다. Anthony Carty, "The Corfu Channel Case and the Missing Admiralty Orders", *Law and Practice of International Courts and Tribunals*, Vol. 3 (2004), pp. 1-2, 35.

를 공개할 수 없다는 원칙과 관행에 따라 이에 대한 정보공개요청에 대해 대부분 비공개처분을 선택한다.[928] 그런데 이러한 외교문서의 공개가 조약 해석에 필요하다는 이유로 제기되는 경우에도 유사한 판단을 내릴 수 있는지 생각해볼 수 있을 것이다. 비엔나 규칙 제31조에 따른 해석이 모호하거나 불명확한 결과 또는 명백히 불합리한 결과를 도출하는 것으로 입증되는 경우 조약의 해석을 위해 국내법상 준비문서로서의 외교문서 공개가 요구되는지 여부에 대한 흥미로운 쟁점이 발생한다. 일반론적으로 말하자면 재판부가 조약해석의 필요성만을 위해 "국가안전보장·국방·통일·외교관계 등에 관한 사항으로서 공개될 경우 국가의 중대한 이익을 현저히 해칠 우려가 있다고 인정되는 정보"[929]에 해당하는 것으로 보이는 타국과의 최근 외교협상 기록을 공개해야한다고 결정하기는 어려울 것으로 보이나, 이는 개별 사건의 구체 상황에 따라 달라질 것이다.[930] 여기서 정보공개 관련 행정소송을 맡은 재판부는 정보공개법 제20조 등에 따라 해당문서를 비공개 열람 심사할 수도 있다. 이는 물론 조약해석 자체를 목적으로 하는 열람

---

927) 한일회담 문서공개 경과에 대해서는 국무총리실, 『국무총리실 한일수교회담문서공개등대책기획단 활동 백서』 (2007.10) (이하 "국무총리실 백서"), 7-9쪽 참조.

928) 참고로, 2015년 한일 위안부합의 협상내용의 정보공개 청구 관련 외교부의 비공개 처분에 대한 소송이 제기되었으나, 원고가 최종 패소하였다. 이용경, "대법 "2015년 한·일 위안부 합의 협상내용 비공개 정당"" (법률신문 기사, 2023.6.1.) (www.lawtimes.co.kr/news/188047).

929) 이는 정보공개법 제9조에서 인정되는 비공개 사유 중 하나다.

930) 국내법원이 조약 해석상 필요성을 이유로 정부에 대한 외교문서 공개청구 주장을 인용한 사례(서울행정법원 2004.2.13. 선고, 2002구합33943)가 있다. 이는 30년이 경과한 역사적 문서인 한일회담 기록에 대한 것으로서 우리 정부의 한일회담 문서 전면공개의 계기가 된 사건이었다. 이 판결은 한일청구권·경제협력협정에 대해 "개인적 손해배상청구권의 소멸 여부에 관한 합치된 해석이 어려워 많은 논란이 있"으며 "조약 문언의 해석이 의심스러운 경우"로 보는 관점을 전제로 하였다. 한편, 이 사건 법원은 "조약의 해석에 관하여는 조약의 목적과 의도에 따라 그 문언의 의미를 밝힘으로써 당사국의 의사를 확인하여야 하고 여기에 조약 체결시의 역사적 상황이 고려되어야" 한다면서 외교문서 공개의 필요성을 뒷받침하였다.

과는 상이하나, 국내법 체제상 준비문서가 대외비로서 민간영역에 공개되지 않을 수도 있다는 점 역시 국제법상 준비문서의 치명적 단점 또는 준비문서의 사실상 동등성 명제에 대한 당위적 반대론을 구성하기는 어려울 것으로 본다.

나. 내용적 측면의 한계

(1) 준비문서의 가치: 해석 요소로서의 한계에 대한 검토

앞서 준비문서의 단점 또는 부정적 측면에 대해 살펴보면서 역설적으로 그러한 속성이 국가의 이기적이고 합리적인 이익추구 동기와 연계될 수 있음을 제시하였다931). 그러나 준비문서의 그러한 부정적 속성에 대응하는 준비문서의 가치 또는 필요성에 대한 논리도 꾸준히 논의되어왔다. Lauterpacht는 준비문서에 대한 고전적인 비판론에 대해 이미 효과적인 반론을 제시한 바 있다. 특히, 그는 준비문서에 대해 거론되는 부정적 특성(남용 가능성, 인위성, 회피성, 불확실성 등)이 나름 일리가 없지는 않으나 절대적인 반대의 이유가 될 수 없다면서, 이는 철저하고 유능한 국제재판소의 존재를 배제한 주장이라고 지적하였다.932) 개별 국가는 자신의 일방적 주장을 뒷받침하기 위해 준비문서를 오남용할 가능성이 없지 않으나 타당사국의 반론까지 모두 청취한 객관적인 재판부가 그러한 오남용 가능성을 최대한 방지할 수 있음을 시사한 것이다. 이 맥락에서 그는 준비문서 검토가 종종 텍스트의 모호함을 증폭시킬 수도 있으나 전체 준비문서에 대한 성실하고 양심적인 분석으로 그러한 문제점을 극복할 수 있다고 밝힌다.933) 과거지향적

---

931) 제4장 제3절 1.나(2) 참조.
932) 그는 "*Ab abusu ad usum non valet consequentia*(오용이 올바른 사용을 배제하지 않는다)"라는 격언을 인용한다. Lauterpacht, *supra* note 6, p. 579.
933) *Ibid.*, pp. 579-582. 여기서 PCIJ의 Lotus 사건, Lausanne 조약 해석사건, 여성야간고용 사건, 등대 사건 등이 일방 당사국의 준비문서 주장에 대해 재판부가 비판적으로

해석 편향 가능성에 대해서는 일부 수긍하면서도 오히려 텍스트 기반 해석
만으로는 불가능한 새로운 창의적 법 발전의 가능성을 준비문서에서 찾을
수 있다고 지적하였다.934)

ILC 논의에서는 준비문서의 결정적 중요성을 강조하는 의견이 꾸준히
제기되었다. 앞서 이미 살펴보았듯이 Ago와 Yaseen은 준비문서의 활용과
참조는 필수적이고 바람직하다는 점을 강조하면서 텍스트에만 의존한 해
석은 불가능함을 지적하였다.935) 준비문서에 대한 가장 강력하고 지속적인
옹호론을 제기한 Rosenne은 국제재판에서 소송당사자들이 제출한 준비문
서가 재판부의 조약 분석 과정에 이미 포섭될 수밖에 없다는 전제 위에서
준비문서가 이미 도출된 텍스트 중심 해석을 확인하기 위한 용도로만 사용
된다는 관념은 허구에 가깝다고 지적하였다.936) 2년후 특별보고자의 제6차
보고서에서 전체 조약해석 과정의 단일성(unity)이 강조되자 Rosenne이 이
를 적극 환영한다는 의견을 밝힌 점은 의미심장한 장면이다.937) 아울러, 앞
서 살펴본바와 같이, 비엔나 회의에서는 초안의 전면 개정을 주장한 미국
외에 다른 국가들도 준비문서의 중요성에 대해 상당히 강력한 견해를 피력
한바 있다.938)

준비문서에 대한 신중한 검토를 요구하는 부정적 입장은 상식적 차원에
서 충분히 타당성을 지닌다.939) 그러나 Lauterpacht가 이미 지적하였듯이
그것이 절대적으로 준비문서를 거부해야할 이유는 되지 못한다. 준비문서
의 단점과 한계에 대한 주장은 체계적인 실증적 논증이라기 보다는 관념적

검토하고 오남용의 가능성을 차단한 사례로 제시된다.

934) *Ibid.*, p. 578.
935) ILC Yearbook 1964, Vol. I, pp. 282, 286, 288.
936) *Ibid.*, pp. 283, 314.
937) ILC Yearbook 1966, Vol. I, p. 186.
938) 제3장 제1절 4항 참조.
939) Aust, *supra* note 379, p. 219.

이고 추상적인 인상 비평에 가까운 측면도 있다.[940] 말하자면, 그것은 준비
문서를 신중하게 다루어야 한다는 상식적 결론을 내리고 있으나 생각해보면
조약해석에서 신중하게 다루지 않아도 되는 것은 아무 것도 없다. 텍스트라
는 내생적 요소가 준비문서와 같은 외생적 요소와 동등하게 다루어질 수 없
다는 주장도 일견 일리가 없지 않으나 그 역시 어찌보면 그동안 전개되어온
학설적 관점의 차이를 드러낼 뿐이라는 점도 생각해볼 수 있다. 게다가, 모든
외생적 요소가 필연적으로 부차적 요소로 간주되는 것도 아니다.[941]

사실 준비문서는 조약해석 분야를 넘어 조약법 전반에 걸쳐 그 존재감을
드러내고 있다. 비엔나 조약법협약의 다수 조항들이 조약체결 이전의 교섭
경과 확인을 전제로 하는 규정을 도입하였다. 예를 들어, 조약의 종료에 있
어서 종료조항이 없는 조약은 당사자들이 종료의 가능성을 인정하기로 의
도하였음이 입증되지 않는 한 종료될 수 없다는 조항(제56조 1항)에서 이
러한 의도의 입증은 협상 당시의 기록 또는 체결당시의 사정 등을 통해 확
인하는 것으로 이해된다.[942] 기속적 동의, 가분성, 불소급 원칙, 영토적 적
용범위 등에서 당사국의 특정 '의도' 등이 '달리 입증되는 경우'에 대해 규
정하고 있는데 이러한 유형의 규정은 해석 이외에도 조약의 다양한 적용과
운영에 있어서 준비문서의 필요성을 보여준다.[943]

사실 McDougal의 지적처럼 ILC는 조약해석의 요소로서 "맥락(context)"
을 매우 좁은 의미의 '문맥'으로 규정하여 해당 단어/텍스트를 포함하거나

---

940) 사실 이는 준비문서 옹호론을 포함한 조약해석론의 일부 다른 측면에 대해서도 마찬
가지로 적용될 수 있는 지적일 것이다.

941) 외생적-내생적 요소의 구분에 대해서는 다음 항에서 후술.

942) Rosenne, *supra* note 919, pp. 1381-1382 참조.

943) 비엔나 조약법협약 제12조, 제14조, 제28조, 제29조, 제44조 등. 예를 들어, 조약의
영토적 범위에 대한 초안을 설명하면서 특별 보고자는 특정 영토를 조약의 적용범위
에서 배제하려는 의도는 조약에 명시될 필요가 없으며, 많은 경우 그러한 의도가 준
비문서에서 드러날 수 있고 따라서 조약해석의 문제로 해결될 수 있다고 설명한다.
ILC Yearbook 1964, Vol. I, p. 168, p. 235.

텍스트에 연관된 텍스트(co-text, inter-related text)로만 한정하였다.[944] 그러나 통상적인 의미의 맥락은 조약해석의 체결정황을 포함하여 그 조약이 존재하는 보다 큰 틀의 관계적 상황이나 배경, 취지를 모두 포함할 수 있는 표현이다. 그리고 그러한 큰 의미의 맥락을 규명하는 데 있어서 준비문서가 중요한 역할을 할 수 있다는 점은 자명하다.

준비문서의 불확실성과 자의성, 혼돈가능성 등은 텍스트라는 것이 갖는 명확성과의 대비 속에서 더욱 부각되는 관념임에 틀림없다. 그러나 텍스트의 일응 명확성에 대해서는 본질적인 문제제기가 가능하다. 조약의 특성상 당사자의 공동의도가 명확히 담기기 어려울 수 있다거나 때때로 조약체결 과정의 기술적 착오 등으로 인해 모호한 또는 불합리한 텍스트가 존재할 수 있다는 차원을 넘어 텍스트의 명확성에 대한 본질적 의구심을 담은 견해가 표명되어왔다.[945] 원래 이러한 언어 또는 텍스트의 불완전한 속성에

---

944) 제3장 제1절 4.나 참조. context, co-text와 법적 해석 문제에 대해서는 Izabela Skoczeń, "Minimal Semantics and Legal Interpretation", *International Journal for the Semiotics of Law*, Vol. 29 (2016), p. 615 참조.

945) 조약은 서로 다른 입장을 갖는 국가들간의 타협으로 탄생하는 경우가 많기 때문에 일정한 불확실성은 불가피하다고 인정된다. Aust, *supra* note 379, p. 205; De Visscher 는 준비문서의 필요성에 대한 논의가 텍스트를 너무 쉽게 '명확'하다고 보는 경향에 대한 경고를 함의한다고 본다. Charles de Visscher, *Problèmes d'Interprétation Judiciaire en Droit International Public* (A. Pedone, 1963), p. 42.; Hathaway는 러셀 과 비트겐슈타인의 언어철학적 관점을 원용하여 텍스트 중심주의를 비판한다. The Rights of Refugees, *supra* note 787, p. 6; 텍스트 중심주의의 핵심개념인 통상의미 (ordinary meaning)와 문맥(context)이 비정치적이고 객관적인 기준을 제공해주지 않 으며 항상 해석자들의 관점에 입각한 선택이 통상의미에 의해 위장된다는 비판론이 제기되었다. Hosseinnejad, *supra* note 794, p. 270; 조약 문안의 내재적 모호성은 국 제재판소에 의한 입법적 행위를 불가피하게 만든다는 지적도 있다. Popa, *supra* note 17, p. 43. 참고로, Lauterpacht와 Beckett 간에 이루어진 IDI 내 논쟁에서도 이미 텍 스트의 명확성이라는 관념의 상대성 문제가 다루어진바 있다. Lauterpacht는 국가간 조약해석 분쟁이 발생한다는 사실 자체가 문언이 명확하지 않음을 보여주는 징표라 고 주장한 반면, Beckett는 조약 텍스트의 불명확성이 문제가 아니라 한 당사자가 명확한 텍스트를 불편하게 여기거나 거부하기 때문에 분쟁이 발생할 수 있음을 지적

대한 인식은 20세기 초 조약해석 규칙의 설정 자체에 대한 의구심의 근간
이 되기도 하였다.946) Lauterpacht는 조약 문언이 자체로 명확하다는 이유
로 준비문서가 배제되어서는 안 된다는 것이 조약해석의 관행에서 도출되
는 제1의 교훈이라고 역설하였다. 절대적인 명확성은 없기 때문이다.947) 비
판적 법학론 또는 해체주의적 방법론이나 현대 언어학의 텍스트 읽기에 대
한 복잡다기한 학설을 빌리지 않더라도 텍스트의 명확성은 상대적인 개념
이다.948) 특히, 분쟁을 야기하는 거의 대부분의 텍스트는 본질적으로 복수
의 의미 또는 복수의 해석이 가능하기 때문에 합리적인 행위자들 사이에
분쟁을 야기한다고 볼 수 있다.949) 텍스트의 명백성에 대한 절대적 관념은
Vattel이 제1의 일반법언으로 제시한 "해석할 필요가 없는 것은 해석되어서
는 안된다"로 표상된다.950) 그러나 텍스트의 명확성 여부는 해석의 결과로
서 나와야 한다는 입장이 타당할 것이다.951) 즉, 텍스트의 명확성이 아닌
일반규칙에 따른 해석의 결과에 대한 명확성을 지칭한다는 것이다.952) 제

하였다. Fitzmaurice and Vallat, *supra* note 259, p. 306.

946) Harvard Research, pp. 945-946.

947) Lauterpacht, *supra* note 6, p. 571.

948) 참고로, 국내법체계에서 텍스트의 '통상의미'에 대한 '법과 언어학' 차원의 논의로는
Brian Slocum, *Ordinary Meaning: A Theory of the Most Fundamental Principle of
Legal Interpretation* (The University of Chicago Press, 2015); Lawrence M. Solan,
"Corpus Linguistics as a Method of Legal Interpretation: Some Progress, Some
Questions", *International Journal for the Semiotics of Law*, Vol. 33 (2020), pp.
283-298 등 참조.

949) 비엔나 조약법 회의에서 포르투갈 대표는 텍스트의 명확성에 대한 강조는 필연적으
로 분쟁의 한 당사국을 신의성실하지 않은 당사자로 만드는 불쾌하면서도 불가피한
결론에 도달하게 된다고 강조하면서 실제로는 국제재판소가 스스로 채택한 결론을
정당화하고 소송당사자들에게 재판 결과에 대해 확신을 제공하기 위한 인위적 방식
에 불과하다고 비판한바 있다. 비엔나조약법회의 회의록 (1968), pp. 182-183.

950) Vattel, *supra* note 26, p. 408; Harvard Research, p. 940.

951) McNair, *supra* note 65, p. 372; Merkouris, *supra* note 6, p. 93.

952) McNair는 텍스트가 명확하면 그 텍스트는 해석되는 것이 아니라 바로 적용되는 것

31조와 제32조의 연결고리 중 하나인 모호성, 불명확성, 부조리성, 불합리성 등은 텍스트 자체의 그러한 성격이 아니라 제31조 해석의 결과를 지칭하는 점을 상기할 필요가 있다. 이러한 점에 비추어 텍스트 자체의 명확성은 상대적이라는 점이 더욱 분명해지며, 현대 주류 해석규칙 담론 역시 그러한 관념을 전적으로 지지하지 않는다. 준비문서의 불확실성에 대비되는 텍스트의 명확성이라는 관념 역시 상대적이다. 준비문서의 단점이나 부정적 속성에 대한 논의는 준비문서의 동등성 명제를 당위적으로 반대할 근거를 제공하지 않는다.

(2) 단순한 증거 또는 외생적 요소로서의 준비문서

조약해석 담론에서 종종 준비문서는 단지 증거에 불과한 것으로 서술된다.[953] ILC가 준비문서에 대한 개념정의 도입 포기를 정당화한 이유 중 하나는 그것이 "진정한" 해석 수단이 아니라 단지 증거에 불과하다는 성격규정 때문이다.[954] 이러한 평가를 논리적으로 끝까지 관철한다면 준비문서는 사실상 별도의 조항으로 명기될 필요성조차 없다는 결론도 도출될 수 있다. 현재와 같은 제32조를 '조약해석의 공동의도를 밝히는 여러 다양한 증거를 검토할 수 있다'는 간단한 증거활용의 원칙 선언으로 대체해도 무방하

이라고 평가하였으나, Gardiner는 이를 비판하였다. McNair, *supra* note 65, p. 365; Gardiner, *supra* note 6, pp. 28-29.

953) McNair는 준비문서의 문제는 증거의 허용성 문제이지 법적 문제가 아니며 준비문서를 어떤 요건 하에서 어떤 방식으로 참조가능한지에 대해서는 법규칙으로서 논할 수 없다고 하였다. McNair, *supra* note 65, p. 411.

954) Waldock 제3차 보고서 p. 58. 제3차 보고서에서는 '단순한 증거'로서의 준비문서와 대비되는 개념으로 예컨대 "(단순한 증거가 아닌) 문맥"이 제시되었다. 특별보고자의 제3차 보고서에 담긴 준비문서의 지위에 대한 서술은 제16회기 논의 이후 다소 완화되었는데, 준비문서가 진정한 해석수단이 아니라는 서술이 사라졌으며, 단지 증거로서 다른 증거와 대조 평가될 뿐이라는 서술, 공동의도의 증거를 제공해주는 정도에 따라 그 비중이 좌우된다는 서술 등도 삭제되었다. ILC Report (1964) 참조.

며, 법적 분석에서 관련 증거의 검토라는 행위는 너무나 내재적이고 본질적인 것이므로 굳이 해석규칙에 명기할 필요가 없다는 논리도 가능해진다.

그럼에도 불구하고 준비문서는 20세기 서구학계의 대표적인 조약해석 규칙 정식화 시도에서 배제된 적이 없으며,955) 비엔나 규칙 형성 과정에서도 가장 열띤 논쟁의 대상이 되어 별도 조항(제32조)에 명기되었다. 준비문서는 여러 범주의 해석 증거들 중 무작위 선별에 따라 비엔나 규칙의 문안 속에 예시적으로 열거되는 우연한 행운을 부여받은 것이 아니라 20세기 초반부터 광범위한 국제관행과 학설적 인정956)에 근거하여 현대적 해석 규칙 체제에 어떤 식으로든 하나의 자리를 요구할 자격이 있는 요소였다. 따라서 준비문서가 제31조에 열거된 다른 해석 요소들과 달리 단순한 증거에 불과하다는 평가는 전적으로 타당하다고 보기 어려우며, 준비문서 원용이 이미 체계적인 조약해석 규칙 체제의 필수적 일부가 된 현실을 제대로 설명하지 못하는 개념이라고 할 수 있다.

준비문서를 외생적 요소로 평가하여 진정한 내생적 요소와 구분하려는 접근법에 대해서도 의문을 제기해볼 수 있다. 20세기 초반 서구학계에서는 준비문서와 같은 "외생적 요소"의 허용성 여부가 논쟁의 대상이 되기도 하였다.957) 그러나 비엔나 규칙의 형성 과정에서 내생적 요소와 외생적 요소 간의 구분이 흐려졌다. 제31조의 일반규칙은 용어의 통상적 의미, 문맥, 목적 등을 제시하고, 이와 함께 고려해야할 해석의 원천으로서 후속 관행과

---

955) 제2장 제2절 2.나 및 제3장 제1절 1항 참조.

956) Quincy Wright은 1929년에 법원, 중재재판관, 외교관들이 조약해석에 있어서 준비문서에 큰 비중을 부여해왔다고 관찰하였다. Quincy Wright, "The Interpretation of Multilateral Treaties", *American Journal of International Law*, Vol. 23 (1929), p. 102. Lauchterpacht는 PCIJ 등의 국제재판에서 준비문서의 문제는 조약해석 과정의 가장 끈질기게 부각되는 특성이라고 평가하였다. Lauchterpacht, *supra* note 6, p. 549.

957) Alexander Fachiri, "Interpretation of Treaties", *American Journal of International Law*, Vol.23 (1929), pp. 745-747.

후속 합의를 포함하고 있다. 내생적 요소의 정확한 의미가 논의된 적은 거의 없지만 채택·서명된 서면으로서의 조약 문안, 그리고 체결과 관련하여 채택된 합의까지 포함한다고 본다면, 엄밀히 말해 제31조는 내생적 요소만이 아니라 후속 관행과 같은 외생적 요소도 포함하고 있다.958) 즉, 내생적-외생적 구분은 적어도 비엔나 규칙 체계 하에서는 조약해석의 차별적 요소를 규정하는 정확한 기준은 아닌 것이다.959)

3. 사실상 동등성 명제의 한계 또는 제한적 성격

준비문서의 형식적 또는 내용적 측면의 단점이나 한계가 준비문서의 사실상 동등성 명제를 근본적으로 훼손하거나 그것에 대한 당위적 반대의 근거가 될 수 없다. 그러나 이 명제는 그 나름의 한계와 제한적 성격을 갖고 있다. 이 명제를 보다 균형잡힌 관점에서 파악하기 위해서는 그러한 한계 또는 제한적 성격을 되새겨 볼 필요가 있다.

가. ICJ 판례 중심성

앞서 언급하였듯이 지금까지의 논의는 국제법 담론상 ICJ 판례의 중심성에 근거한 측면이 크다.960) 그러나 ICJ 이외의 국제사법기관의 중요성도 결코 무시할 수 없기 때문에 비엔나 규칙의 현재적 적용양상에 대한 평가에 있어서 그러한 여타 기관의 관행이나 판례가 갖는 함의도 감안해야 한

---

958) Villiger, *supra* note 376, p. 114.
959) 비엔나 규칙의 구분은 최종적 합의 시점을 기준으로 한다. 텍스트에 대한 최종합의가 이루어진 이후 그 텍스트 및 텍스트와 관련되어 형성된 합의는 일반규칙에 포함되며, 최종합의가 도달되기 이전의 준비문서 등은 보충수단으로 분류된다.
960) 제3장 제2절 3.가 참조.

다. 유엔해양법협약 체제의 주요 판례는 준비문서가 중요한 국면에서 활용
되고 있음을 확인할 수 있었다. 텍스트와 준비문서를 통합적으로 분석하는
접근법을 보이거나 앞선 중재판례의 유엔해양법협약 동일조항 해석을 변
경하기 위해 준비문서에 크게 의존하기도 하였으며 국제관계에서 민감한
파급력을 가질 수 있는 판정에서 준비문서를 여타 요소들과 통합적으로 연
계된 해석논리로 포섭하는 사례도 있었다.961) 전반적으로 유엔해양법협약
체제상 중재판례는 ICJ 판례에 대한 분석결과와 유사한 양상을 보인다고
평가할 수 있다. WTO 역시 비엔나 규칙의 모든 요소들을 중시하는 충실한
총체적 접근법을 보이는 것으로 평가된다. 통상분야의 전문적 체제라는 점
에서 목적론적 성향이 어느 정도 드러나는 것으로 볼 수는 있으나, 준비문
서에 대한 소극적 태도나 거부감이 특별히 두드러진다고 보기는 어렵
다.962) ECHR은 비엔나 규칙과 다른 별개의 독자적인 접근법을 가진다는
평가가 논의될 정도로 고유의 기법을 활용해왔다. 인권보호의 확대라는 특
수한 목적론적 성향이 현저한 것으로 볼 수 있으며 준비문서 자체에 적대
적인 것은 아니나 살아있는 문서로서의 협약 개념이나 발전적(진화적) 해
석방법에 대한 성향은 상대적으로 준비문서에 대한 소극적 태도로 이어지
는 것으로 관찰되었다. 그러나 ECHR이 비엔나 규칙의 적용을 완전히 거부
하거나 전적으로 다른 적용양상을 보이는 것으로 평가되지는 않는다.963)

이미 살펴본대로 ICJ와 유엔해양법협약 체제, WTO 체제, 지역인권협약
체제의 해석 접근법의 차이는 그 체제들의 구조와 목적, 당사자, 관할권의
범위와 강제성 여부, 일반국제법상 역할 등의 차이에 의해 어느 정도 설명
될 수 있으며, 비엔나 규칙의 주요한 현재적 양상을 ICJ 판례 중심으로 파
악하는 것은 충분히 가능하고 정당하다.964) 그러나 ICJ 이외의 국제사법기

---

961) 제3장 제2절 3.나(1) 참조.
962) 제3장 제2절 3.나(2) 참조.
963) 제3장 제2절 3.나(3) 참조.

관 판례나 관행에서 드러나는 차이점은 준비문서의 사실상 동등성이라는 명제의 한계를 설정해주는 제한적 요소로 함께 설명되어야 할 것이다. 즉, 비엔나 규칙의 현대적 적용양상에 대한 검토 결과로서 준비문서의 사실상 동등성은 주로 ICJ 판례의 흐름에 근거한 일반국제법상의 명제로 제시되는 것이며, 인권보호 확대라는 목적주의적 접근법이 현저하고 개인을 직접 당사자로 하는 지역적 협약체제의 사법적 관행 등에 있어서는 (준비문서의 배척이나 경시가 드러나는 것은 아니나) 적어도 사실상 동등성의 경향이 현저하다고 말하기 어려울 수 있다. 따라서 비엔나 규칙의 현실적이고 실질적인 적용 문제는 개별 분야의 세부 관행을 통한 조정이나 적응의 범위도 감안하여 설명되고 검토될 필요가 있다.

나. 잠재적 가변성

당연한 말이지만 ICJ 판례의 경향이나 조약해석 방법론은 여건과 상황의 변화에 따라 달라질 수 있다. 비엔나 규칙이 성문화된 지침으로 존재하더라도 그 구체적 적용양상이나 이해방식은 변화할 수 있다. 준비문서의 실질적 동등성을 현실적으로 가능하게 해주는 요인[965]에 변화가 발생하면 이 명제도 변화해갈 것이다. 국제사회에서 국제재판이나 국제재판소가 갖는 의미나 역할이 달라지면 조약해석 규칙의 적용양상도 달라질 수 있고 그 과정에서 준비문서의 중요성이나 활용도 역시 영향을 받을 수 있을 것이다. 국제사회가 국제법을 받아들이고 이해하는 방식의 변화 또는 조약체결의 양태나 실체적 내용의 변화가 영향을 줄 수도 있다. 앞선 논의에서 준비문서의 중요성과 필요성을 설명하는 본질적인 요소들이 다수 제시되기는 하였으나 이러한 여러 요소들의 변화와 함께 비엔나 규칙의 위계적 질서에

---

964) 제3장 제2절 3.다 참조.
965) 제4장 제3절 1.나 참조.

대한 인식과 준비문서의 지위 역시 바뀔 수 있다. 준비문서 동등성 명제는 불변의 법적 당위론으로 제시되는 것이 아니다. 이것은 현 시점에서 주요 판례와 학설의 실질적 발전과 변화 경로를 추적한 분석 결과라고 할 수 있다. 법현실주의적 설명으로 일부 이론적 이해를 제시하였으나 국제법의 모든 적용가능한 이론이나 방법론을 종합적으로 활용한 것은 아니었다.966) 그러나 이 명제는 여전히 현 시점에서의 조약해석규칙 적용 양상에 대한 실질적이고 실용적인 이해를 도모할 수 있는 설명의 틀에 바탕하고 있다는 점에서 향후 국제법 담론 변화의 장기적 양상을 감지하는 후속연구에 있어서도 유용한 준거점이 될 수 있을 것으로 본다.

다. 당위성의 문제, 또는 '검토'와 '정당화'의 구분 문제

준비문서의 사실상 동등성 명제는 준비문서의 가치에 대한 당위적 주장이 아니라 비엔나 규칙의 현실적 적용·존재 양상의 관찰에 더 가깝다. 당위적 이론이 아닌 현실적 적용·존재 양상의 평가라는 점에 대해 제기될 수 있는 잠재적 비판론이 있다. 비엔나 규칙 체제 내에서 준비문서의 지위에 대한 논의와 관련하여 사실적 행위로서의 준비문서의 검토(준비문서를 보는 행위)와 규범적 조약해석 행위로서의 준비문서의 원용(준비문서를 판결 등의 해석논리에 반영·서술하는 행위)의 구분을 강조하는 견해가 제시된바 있기 때문이다. Gardiner는 McDougal의 논리에 대한 반박 차원에서 비엔나 규칙이 준비문서를 "보는 것"을 금지하지 않으며 이는 준비문서를 실제 사용하는 것과는 다른 문제라고 지적한다. 그는 ILC 특별보고자 Waldock의 언급을 인용하면서 "준비문서를 검토하는 것(examining)"와 "준비문서를 결론의 근거로 삼는 것(basing a finding)"은 다르다고 한다.967) 그에 의하면

---

966) 제4장 제1절 2.라 참조.
967) Gardiner, *supra* note 6, pp. 352-353; Waldock 제3차 보고서, p. 58.

비엔나 규칙은 준비문서의 자유로운 검토를 금지하는 것은 아니며 다만 준
비문서를 실제 사용할 때에는 보다 통제된 조건 하에 사용하도록 규정하고
있는 것이다. 한편, Linderfalk는 Mortenson의 비엔나 규칙에 대한 설명을
비판하면서 비엔나 규칙은 조약해석의 증거를 제시하고 조사하는 디스커
버리(discovery)[968]에 대한 규칙이 아니라 정당화(justification)에 대한 것이
라고 지적한다. 따라서 디스커버리 절차와 유사한 증거제시 순서를 정한
것이 아니므로 비엔나 규칙은 준비문서를 먼저 보는 것을 금지하지 않으며
정당화 차원에서의 우위관계 서열을 정한 것으로 보아야 한다는 것이
다.[969] Linderfalk가 말하는 디스커버리와 정당화의 구분이 다소 애매하기
는 하나 Mortenson이 비엔나 규칙을 디스커버리 규칙으로 혼동하고 있다는
비판인 것으로 이해된다. Gardiner는 준비문서의 엄격한 종속적 지위를 부
인하기 위해 이러한 논리를 제기한 반면, Linderfalk는 비엔나 규칙의 위계
질서 부인론을 비판하는 차원에서 이를 제기하였다. 그러나 두 입장의 공
통점은 비엔나 규칙이 해석론의 정당화와 규범적 활용에 초점을 맞춘 것이
므로 준비문서를 자유롭게 찾아보는 것은 가로막지 않는다는 것이다. 말하
자면, Gardiner와 Linderfalk에 의하면, 비엔나 규칙 그 어디에도 해석자 또
는 국제재판소의 준비문서에 대한 열광적 탐독을 금지하거나 해석자 또는
국제재판소가 텍스트 분석에 앞서 준비문서부터 챙겨 읽는 것을 금지하는
내용은 없다. 다만, 해석자 또는 국제재판소가 그러한 검토와 숙고의 시간
을 가진 후 실제 해석논리를 서면(판결문)으로 쓸 때에는 준비문서를 더 중

---

968) 미국법상 디스커버리는 소제기 전 증거조사절차 또는 증거개시절차 등을 지칭하는
　　데, 미국법 특유의 절차로서 우리나라 소송법상 증거개시절차와는 구분되는 개념이
　　므로 디스커버리라는 단어를 그대로 쓰기도 한다. 한애라, "미국 연방 민형사소송절
　　차에서의 E-discovery와 국내적 시사점", 성균관법학 제32권 제2호(2020.6), 183쪽.
969) Ulf Linderfalk, "Is the Vienna Convention Hostile to Drafting History? A Response
　　to Julian Davis Mortenson, Part 2", (opiniojuris.org/2014/02/05/ajil-symposium-
　　vienna-convention-hostile-drafting-history-response-julian-davis-mortenson-part-2/)

시하거나 우선시해서는 안된다는 것이다. Gardiner에 의하면 McDougal은 이러한 차이를 이해하지 못한 채 비엔나 규칙이 '준비문서의 열광적 탐독' 과 '준비문서부터 먼저 챙겨 읽기'를 금지하고 있다고 비판한 것이다. Linderfalk에 의하면 Mortenson은 이러한 차이를 이해하지 못한 채 비엔나 규칙이 실제 해석논리의 서면 작성 과정에서 준비문서를 엄격히 제약하지 않는다고 잘못 알고 있는 것이다.

이러한 관점에서 보면 준비문서의 사실상 동등성 명제는 조약해석의 사실행위 측면에 더욱 초점을 맞춘 관찰이며 규범적 측면에서는 이와 다른 평가가 가능하다는 주장이 제기될 수도 있을 것이다. 즉, 준비문서의 사실상 동등성 명제는 그러한 차이를 이해하지 못한 채 준비문서의 열광적 탐독이나 우선 챙겨 읽기 허용 자체가 금지되지 않는다는 '사실'에만 근거하고 있다는 비판론이다. 그러나 준비문서의 사실상 동등성 명제가 당위론적 차원의 가치론에 초점을 맞춘 것은 아니라고 해서 단순히 규범적 측면과 상관없는 사실행위로서 준비문서를 자유롭게 보는 것은 그 누구도 막을 수 없다는 취지의 명제가 아님은 자명하다. 이 명제는 실제 조약해석논리 구축에 있어서 준비문서가 여타 해석 요소들과 함께 사실상 동등한 병렬적, 순차적 요소로 활용되며, 비엔나 규칙의 형식적 외관과 달리 부차적·보조적·보충적·종속적 지위의 요소로 고정되지 않는다는 취지이다. 아울러, 비엔나 규칙을 '검토(디스커버리)'와 '근거로 삼기(정당화)'의 구분 관점에서 평가하는 것 자체가 다소 자의적인 측면이 있으며 그러한 구분의 근거도 의심스럽다.970) Gardiner나 Linderfalk의 논리를 그대로 따르면 비엔나 규칙이 설사 준비문서의 참조를 전면 금지하는 내용이라고 가정하더라도 여전히 동일하게 준비문서를 단순히 "보는 것"은 금지되어있지 않다고 말할 수

---

970) '검토'와 '근거로 삼기'에 대한 Waldock의 언급은 비엔나 규칙의 핵심적 설명도 아니었으며, 1964년 제시한 첫 초안이 준비문서의 가치를 폄훼할 것으로 우려하는 일부 ILC 위원들에게 그러한 의도가 없음을 설명하려는 취지로 볼 수 있다.

있는 것이다. 준비문서의 지위 문제에 대한 핵심은 해석논리 구축에 있어서 준비문서를 거의 필수적인 (사실상 동등한) 요소로 간주하느냐 아니면 비엔나 규칙의 외관에 충실한 부차적 요소로 보느냐의 문제다. Gardiner나 Linderfalk의 상기 견해들은 준비문서의 실질적 지위에 대한 상이한 의견이 있음을 보여주는 또 하나의 사례일 뿐이다.

4. 사실상 동등성 명제의 함의

가. 조약해석론에 있어서의 실천적 함의

지금까지 ICJ 판례를 중심으로 하는 비엔나 규칙의 통상적 서사에서 출발하여 그 규칙체제의 위계적 구조와 준비문서의 실질적 지위로 이어지는 일련의 검토 과정에서 준비문서와 관련된 조약해석론의 주요 측면에 대한 이론과 관행 등을 새롭게 파악하거나 기존의 접근법 또는 인식을 재확인하기도 하였다. 준비문서의 사실상 동등성에 대한 논의는 준비문서라는 해석요소의 가치에 대한 이론적 옹호나 극단적인 의도주의/주관주의 학설의 추종이 아니라 준비문서의 통설적 담론에 대한 현실적인 관찰과 평가로 의도되었다. 이러한 논의는 조약해석의 이론적 또는 규범적 측면에 대한 이해나 조약해석 주체의 행동 차원에서 몇 가지 함의를 가질 수 있다.

첫째, ICJ를 위시한 국제사법기구의 속성에 대한 일반론 차원의 관찰을 조약해석 규칙의 맥락에서도 확인할 수 있었다. ICJ 판례에 근거한 비엔나 규칙의 통상적 서사와 특히 비엔나 규칙의 규범적 성격 확인 등에서 드러나듯, 선언된 규범의 지위와 그 규범의 실질적 적용·존재 양태 사이의 간극은 국제재판소의 정당성과 권위 확보를 위한 현실주의적 유인을 보여준다. 이는 조약해석 규칙이라는 개별적 영역에서 조약해석 담론 자체의 특성에서 비롯하는 측면도 있으나, ICJ의 본질적인 자기 정당화 맥락에서 반복적으로 빈번하게 발생하는 유형적 행동 양상이라는 관점으로도 파악할 수 있다. 국제재판소의 관행과 판례를 관찰하는 입장에서는 이러한 복합적 유인을 가진 재판소가 선언하는 규범의 외면적 지위와 실체적 존재의 괴리 가능성을 주목할 필요가 있다.

둘째, 조약문언 해석이라는 보다 좁은 맥락에서, 텍스트에 대한 일차적 해석이 잠재적으로 다양한 방향성을 가질 수 있는 경우, 적어도 ICJ 또는 ICJ와 유사한 국가간 일반국제법상 분쟁을 다루는 관할권을 갖는 재판소라면 준비문서를 포함한 모든 해석 요소들이 동일한 결론을 중복 확인하는 논증이 우세할 가능성이 높다. 이는 비엔나 조약법협약 제31조 일반규칙에 따른 해석이 모호하거나 불명확한 경우를 지칭하는 것이 아니라 텍스트의 속성상 일차적으로 다의적 해석이 가능한 대부분의 일반적 조약해석 분쟁 상황에 대한 관찰이다.

셋째, 조약 협상의 실천적 관점에서, 준비문서의 실질적 가치와 역할에 대한 논의는 모든 준비문서가 언제나 채택되고 활용되는 것이 아니라 공동 의사를 보여주는 데 도움이 되는 준비문서만이 가치를 갖는다는 점을 확인해주었다. 조약 협상자는 준비문서의 진정한 함의에 착목하여 신의성실한 공동의사 창출을 보여주는 준비문서의 형성과 확보에 노력해야 한다. 공동 의사 확인과 무관한 일방적 발언이나 서면의 반복적인 제출과 같은 지연 전략은 큰 의미를 가지기 어렵다. 구체상황과 맥락에 따라 다를 수 있겠으나 그러한 부정적 방향의 일방행위는 국제재판소같은 신중하고 유능한 제3자에게 공동의사의 부재를 부각시켜주는 효과가 더 클 수 있으며 증거로서 채택될 가능성도 크지 않다. 협상의 공간에서 대립적 전술이나 모호한 태도보다는 적극적인 협의와 유연한 타협적 태도가 오히려 최종 채택 텍스트 해석에 큰 의미를 갖는 준비문서로 이어질 가능성이 높다는 점을 협상자들이 상기해야 할 것이다.

나. 준비문서의 신의성실한 독해

준비문서의 실질적 지위와 가치에 대한 논의는 준비문서의 '독해' 방식에 대해 그동안 다소 간과되어온 개념적 측면을 상기시켜 준다. 대부분의 준비문서는 교섭내용을 기록하거나 정부대표에게 시달된 지침을 편철한 외교문서, 당사국간 교환된 외교공한, 또는 협상을 위한 조약초안 등 텍스트의 형태로 존재한다.[971] 이렇게 문서의 형태로 존재하고 소송서면의 첨부물로 제출되는 준비문서는 일종의 상호 연계된 텍스트로서 독해의 대상이 된다. 준비문서를 독해하는 별도의 방법론적 규칙을 상정하기는 어렵겠으나, 조약해석 일반규칙의 지배적 원칙인 신의성실 원칙이 하나의 통합적이고 의무적인 해석원칙이자 비엔나 조약법협약 전체 체제의 근간을 구성한다는 점에서 준비문서의 원용에도 적용되어야 한다는 점에는 의문이 없을 것이다.[972] 신의성실한 해석의 원칙은 일반규칙이든 보충수단이든, 후속 합의든 사전(교섭중) 합의든, 내생적 요소든 외생적 요소든, "진정한" 요소든 단순한 증거든 상관없이 적용될 수 있다. 제31조와 제32조의 관계는 단절과 분리가 아니라 통합과 연계성으로 설명된다.[973] 제32조에 보충수단의 참조 방식이나 독해원칙이 별도로 규정되어있지 않으나, 조약해석의 제1원칙인 신의성실 원칙이 통합적인 해석작용 전체에 적용된다고 볼 수 있는 것이다.

준비문서를 창출하는 가장 직접적인 원천이라고 할 수 있는 협상의 공간

---

971) Sbolci, *supra* note 705, p. 153. 물론 앞서 논의하였듯이 비문서적 자료가 준비문서로 간주되지 못할 이유는 없다.

972) 신의성실(good faith) 원칙은 "약속은 준수되어야 한다(*pacta sunt servanda*)"라는 원칙과 연계되어 조약법 체제의 근본적 규범을 구성한다. 비엔나 조약법협약 서문 및 제26조 참조. 조약해석에 있어서 신의성실 원칙에 대해서는 김현주, "조약 관계에서의 신의성실원칙 - 조약해석을 중심으로", 연세대학교 법학연구, 제25권 제2호 (2015.6), 1-20쪽 참조.

973) Gardiner, *supra* note 6, p. 359.

에서 신의성실한 태도로 협상에 임하는 것이 오히려 유리한 준비문서를 생산하는 데 도움이 될 수 있다는 점은 앞서 언급하였다. 준비문서를 작성·관리·활용하는 국가의 입장에서는 국가 문서관리의 내부적 규범과 전문성의 윤리에 따라 모든 유의미한 준비문서를 찾고 제출할 신의성실의 의무를 진다. 이러한 신의성실 원칙에 부합하지 않는 준비문서는 대부분의 경우 합리적이고 객관적인 재판부의 조사와 검증을 이겨내지 못할 것이며, 재판부는 제출된 준비문서가 텍스트와 양립하는지 여부에 따라 그 채택 여부를 결정하는 것이 아니라, 준비문서에 대한 신의성실한 독해를 통해 합리적인 해석의 요소로서의 비중을 부여할 것으로 기대된다.[974]

앞서 논의한 준비문서의 단점과 제한은 어떤 면에서 신의성실 원칙 적용의 필요성을 더욱 적극적으로 보여준다. 철저하고 유능한 재판부의 성실하고 양심적인 판단이 준비문서에 대해 제기된 대부분의 부정적 우려를 해소할 수 있음은 앞서 지적되었다.[975] 이는 준비문서에 대한 신의성실 원칙의 적용 필요성과 일맥상통하는 언급으로 이해될 수 있다. 준비문서의 가치와 역할에 대해 제시된 다수의 비관적 의견은 신의성실의 원칙이 현실적으로 적용되기 어렵다거나, 상대방 국가 또는 국제재판소가 특정 국가의 신의성실에 반하는 전략에 압도당하기 쉽다는 전제에 입각한 측면도 있는 것으로 생각된다. 그러한 맥락에서 그간 준비문서 활용의 가장 중요한 또는 유일한 덕목으로 신중함(caution)이 제시되어왔다.[976] 신중함의 덕목은 규범적 차원

---

974) 유사한 맥락에서, 비엔나 규칙의 문언상 제31조에 따른 해석이 "명백히(manifestly)" 불합리한 결과가 아니라 일정한 한도 내의 불합리한 결과만을 야기한 가상적 상황을 생각해볼 수 있다. 이 경우 제32조상 보충수단에 의한 "결정"이 반드시 요구되지는 않는다. 그러나 신의성실 원칙을 충실히 적용한다면 명백한 텍스트가 도출하는 다소 불합리한 결론의 즉자적 채택에서 해석이 끝나지 않는다. 준비문서의 원용을 통한 불합리성의 제거 가능성을 탐색해야 한다고 볼 수 있기 때문이다.

975) Lauterpacht, *supra* note 6, p. 579.

976) Gardiner, *supra* note 6, p. 384, p. 397; Harvard Research, p. 960-961 (Roumanian Minister of War v. Turkey 사건 판시 인용); Waldock 제3차 보고서, p. 58; 비엔나조

에서 신의성실의 원칙으로 대체되거나 보다 완전하게 설명될 수 있다.977)

다. 비엔나 규칙의 가치

비엔나 규칙 체제의 형식적 외관 속에 담겨있는 실체적 지위와 내용에 대한 분석이 도출하는 결론을 요약하자면 다음과 같다. 엄격한 의무적 법규칙의 외관에도 불구하고 유연성과 실용성에 근거한 지침으로서 존재하는 비엔나 규칙은 그 외관상 위계적 구조와 달리 준비문서를 엄격한 보충적·보조적·부수적·종속적 지위로 고착시키지 못한다. 현대 국제법의 조약해석 담론에 있어서 준비문서는 병렬적·순차적 조약해석의 요소로서 여타주요 해석 요소들과 사실상 동등한 중요성을 갖는다. 비엔나 규칙이 엄격한 법규칙으로서 그 구속력있는 규범의 구조에 의해 준비문서를 부동의 종속적 지위로 묶어두고 제약한다는 평가는 오늘날 조약해석이라는 규범적 행위에 대한 여러 층위의 분석에서 확인되는 준비문서의 실질적 가치와 역할에 부합하지 않는다. 준비문서는 신의성실의 대원칙 하에 조약해석 과정의 주요 부분을 구성할 수 있다. 다만, 지역인권규범체제와 같은 특수분야에서는 준비문서의 중요성이나 비중이 상대적으로 높지 않다는 점은 그러한 명제의 한계로서 유념해야 한다.

준비문서의 사실상 동등성에 대한 서술은 비엔나 규칙의 규범성에 대한 부인이나 이론적 형해화 시도가 아니라는 점도 분명히 할 필요가 있다. 비엔나 규칙의 덕목은 국제재판소와 같은 해석주체의 재량과 주관을 합리적 정당성의 범위 내에서 통제할 수 있는 기본적 틀을 제공한다는 데 있다. 조약해석이라는 작업에 있어서 분쟁당사자들과 재판부가 서로를 평가할 수

약법회의 회의요록 (1968), p. 178; Sinclair, *supra* note 29, p. 142.

977) Klabbers는 신의성실의 원칙을 전제로 해석자(재판관 개인)의 겸허함, 정직성, 솔직함 등과 같은 개인적 양식과 덕목을 강조하였다. Klabbers, *supra* note 706, p. 37.

있는 공통의 언어이자 소통의 수단이 된다는 점도 현실적 지침으로서의 국
제규범이 갖는 결코 무시할 수 없는 장점이다. 그 어떠한 위대한 조약해석
의 예술도 비엔나 규칙의 틀로 설명되지 못한다면 정당화될 수 없다. 비엔
나 규칙이 지침으로서 조약해석의 필연적 재량성과 주관성을 전면 차단하
지 못한다거나 외면적 위계질서를 실질적으로 관철하지 못한다는 것이 국
제규범으로서 비엔나 규칙이 갖는 기본적 가치까지 소멸시키는 것은 아니
다. 준비문서의 사실상 동등성은 어떤 의미에서든 비엔나 규칙의 실패나
흠결을 지적하는 것으로 간주될 수 없다. 결국, 비엔나 규칙은 현대국제법
상 조약해석에 있어서 어떤 식으로든 예외없이 적용되고 검토되고 다루어
져야 하는 엄연한 규범적 실체이기 때문이다.

제5장

준비문서 사례분석:
청구권·경제협력협정

지금까지 살펴본 비엔나 규칙의 실질적 성격과 그러한 비엔나 규칙 체제 내에서 준비문서가 갖는 실질적 지위에 대한 논의를 예시적으로 입증해주는 주된 근거 중 하나는 ICJ로 대표되는 판례법이었다. 준비문서의 사실상 동등성은 국제재판소 판결문에 포함된 구체적이고 공식적인 조약해석 논중에서 두드러지기 때문이다. 앞서 ICJ 판례 흐름에 대한 검토는 이를 확인하는 과정이었다. 이제 이 문제를 우리나라 관련 구체 사례에 비추어 생각해보고자 한다. 여기서는 한국에서 비교적 활발한 연구와 관심의 대상이 되어온 한일간 "재산 및 청구권에 관한 문제의 해결과 경제협력에 관한 협정"(이하 "청구권·경제협력협정")978)의 준비문서를 집중적으로 살펴본다.

한일간 현재의 법적관계는 1965년 한일회담 타결로 체결된 여러 조약들에 기반하고 있는데, 그중 청구권·경제협력협정은 체결 당시부터 국내적으로 커다란 정치사회적 논란을 야기하였다. 이하 살펴보는 바와 같이 청구권·경제협력협정의 적용범위는 우리나라 대법원 판결을 포함 다양한 법리적 검토의 대상이 되어왔다. 아울러, 역사 및 문헌 연구자들은 한일 양국 정부가 작성·보관해온 다양한 한일회담기록을 바탕으로 협정의 역사적·정치적 맥락과 교섭경과를 상세히 밝혔다. 한국의 과거사 피해자들이 제기한 정보공개 청구소송 등을 계기로 2005년 한국정부는 그간 대외비공개로 보관하던 한일회담 관련 외교문서를 전격 공개하였는데, 이것은 청구권·경제협력협정의 준비문서를 구성하는 방대한 문서와 자료를 포함하고 있다.979)

---

978) 통상적으로 "청구권협정"이라는 약칭이 널리 쓰이고 있다. 다만, 후술하듯 실제 이 협정에서 다루고 있는 '경제협력'과 '재산 및 청구권 문제의 해결'이라는 두 가지 항목의 관계에 대해 상반되는 견해가 있다. 이를 감안하여 본 연구에서는 '청구권·경제협력협정'이라는 명칭을 사용하도록 한다.

979) 2005년 1월 17일 청구권·경제협력협정 관련 문서 57권 중 5권, 1,200여쪽이 우선

여기서는 한일회담 문서에 대한 다양한 기존 연구성과를 바탕으로 이를 국제법상 조약해석 요소의 하나인 준비문서라는 관점에서 고찰해보기로 한다.[980] 이 협정을 직접 다룬 국제재판은 없었다. 따라서 특정 국제판례의 해석론을 논할 수는 없으나 앞서 살펴본 준비문서의 사실상 동등성 명제가 이 협정 준비문서의 분석과 활용, 그리고 이 협정의 의의에 대한 전반적 논의에 어떠한 함의를 갖는지 검토해볼 수 있다.

먼저 한일회담 교섭의 시간적 경과에 따라 일응 준비문서를 구성할 수 있는 잠재성을 가진 문서들을 일부 선별하여 양국간 강제징용[981] 문제 포함 청구권 관련 핵심 쟁점에 대한 협상의 흐름을 재구성하고, 청구권·경제협력협정 준비문서의 범주에 대해 논의한 후 특히 이른바 '8개 항목'의 문제를 준비문서의 관점에서 검토하도록 한다. 아울러, 이러한 검토의 연장선상에서 청구권·경제협력협정 및 강제징용 관련 대법원 판결과 학계 논의를 간략하게 살펴본다. 특히, 강제징용 관련 대법원 판결은 이 협정 해석 논의에서 중요한 지표가 되고 있으므로 대법원 판결을 준비문서 논의의 관점에서 이해해보는 것도 학술적으로 유의미할 것이다. 마지막으로, 앞서 살펴본 준비문서의 가치와 역할이라는 관점에서 청구권·경제협력협정 준비문서의 활용 문제를 어떻게 평가할 수 있는지에 대해 생각해보도록 한다.

공개되었다. 이후 정부의 대책기획단과 민관공동위원회가 구성되었으며, 외교부에 문서공개전담심사반을 구성하여 심사한 결과 한일수교회담 외교문서를 전부 공개하였다. 국무총리실 백서, 7-9쪽. 한일회담 외교문서에 대한 검토 등을 바탕으로 여러 한일 과거사 쟁점들의 배경과 경과, 현재 상황 등을 총체적으로 조망한 연구서로는 유의상, 『한일 과거사 문제의 어제와 오늘 – 식민 지배와 전쟁 동원에 대한 일본의 책임』(동북아역사재단, 2022) 등을 참고.

980) 여기서 청구권·경제협력협정이나 강제징용 문제에 직간접적으로 관련되는 모든 문서를 식별, 정리하는 것은 어렵기 때문에 그간 한일회담 문서 전문연구자들의 연구에서 원용된 문서를 중심으로 원문을 재확인하고 일부 추가 보완하는 과정을 통해 검토대상 문서들을 선별하였다.

981) "강제징용"이라는 표현의 적절성에 대한 여러 견해가 있으나, 편의상 여기서는 일반적으로 우리나라 정부 자료나 언론에서 흔히 쓰이는 "강제징용"이라는 용어를 일률적으로 사용하도록 한다.

한일관계와 한일회담의 역사·문헌 연구 차원에서 회담 관련 외교문서들은 상당부분 식별·정리·분석되었다고 볼 수 있으나 조약해석이라는 국제법적 작업의 차원에서 이를 재조명하고 심층 평가하는 과제는 아직 완성된 단계라고 보기는 어렵다. 여기서는 한일회담 문서를 비롯한 청구권·경제협력협정 준비문서를 그러한 과제에 본격적으로 활용할 수 있는 기초적 작업의 일환으로서 앞선 준비문서 논의와 연계된 평가를 제시해보도록 한다.

제1절 기본적 배경과 교섭 과정

1. 기본적 배경

1945년 일본의 무조건적인 항복과 함께 한국이 일제강점으로부터 해방된 이후 신생 대한민국 정부는 식민지배국이었던 일본과의 새로운 관계 설정이라는 외교적 도전과제에 직면하게 되었다. 원래 이승만 대통령은 1948년 정부수립 직후 시정연설에서 "일본 제국주의 정책으로 인한 모든 해악을 회복하고 또한 장래 인접국가로서의 정상한 외교관계를 보존"하는 차원에서 '대일강화회의'에 참가하는 것을 신생 정부의 주요 당면 외교과제로 천명하였다.[982] 그러나 한국정부의 노력에도 불구하고 한국의 샌프란시스코 대일평화조약[983] 당사국 참가는 좌절되었고,[984] 이 조약 제4조[985]를 배

982) 1948.9.30. 제1회 78차 국회본회의 시정방침 연설(시정월보 창간호, 1949.1.5).

983) Treaty of Peace with Japan, signed at San Francisco, on 8 September 1951.

984) 정병준, 『샌프란시스코평화조약의 한반도관련 조항과 한국정부의 대응』(국립외교원 외교안보연구소 외교사연구센터, 2019)(이하 "한반도관련 조항"), 19쪽. 이 외에도 한국정부의 샌프란시스코 평화조약 당사국 참가 노력에 대해서는 정병준, 『독도 1947』(돌베개, 2010); 박진희, 『한일회담: 제1공화국의 대일정책과 한일회담 전개과정』(선

경으로 1951년 한국전쟁 중 미국의 개입 및 주선 하에 한일 양자협상이 개
시되었다.[986] 한국 정부의 입장에서 한일 회담은 "과거관계에 연유하는 제
문제를 해결하여 국가이익을 도모하자는 데에 제1차적인 의의"가 있었다
고 볼 수 있다.[987] 한일 양국은 예비회담과 제7차례의 본회담 등 약 14년의
회담을 거쳐 1965년에 "기본관계에 관한 조약"과 청구권·경제협력협정을
포함한 제반 조약들을 체결하고 정식 외교관계를 수립하였다.[988]

인, 2008)(이하 "제1공화국"); 유의상, "샌프란시스코 대일강화회의와 한국의 참가문
제", 사림 제53호(2015) 등 참조. 아울러, 한국사데이터베이스(db.history.go.kr), 미국외
교관계문서(FRUS) 웹사이트(www.history.state.gov/historicaldocuments) 및 관련 미국
외교문서 사본을 정리한 『독도자료:미국편』 (국사편찬위원회, 2008) 등 참조.

985) 샌프란시스코 평화조약 제21조는 한국이 (비록 동 조약에 서명한 승전연합국은 아님
에도 불구하고) 동 조약 제2조, 제4조, 제9조 및 제12조의 혜택(benefits)을 향유할
자격을 갖는다고 규정하고 있다. 그 중 제4조(a)항은 한국과 같은 지역의 재산 처리
및 청구권(채무 포함) 문제가 일본과의 특별 약정(special arrangements)의 대상이 되
어야한다고 규정하고 있으며, (b)항은 미군정청의 일본 정부 및 국민의 재산에 대한
귀속(몰수) 조치를 일본이 인정한다고 규정하고 있다. 샌프란시스코 평화조약에 제4
조가 포함된 것은 나름 한국의 외교적 성과라고 할 수 있다. 정병준, 한반도관련 조
항, 118-130쪽. 동 조약 제14조는 승전연합국에 대한 배상(reparations) 및 배상의 포
기("the Allied Powers waive all reparations claims") 문제를 규정하고 있으나, 한국
은 제14조의 적용을 받지 않는다.

986) 미국의 역할에 대해서는 유의상, 『대일외교의 명분과 실리: 대일청구권 교섭과정의
복원』 (역사공간, 2016)(이하 "명분과 실리"), 116-117쪽 참조.

987) 대한민국 정부, 『한일회담백서』 (1965.3.20.)(이하 "백서"), 2쪽.

988) 1965년 기본관계에 관한 조약 제1조("양 체약당사국 간에 외교 및 영사 관계를
수립한다"). 이 기본관계에 관한 조약과 4개의 관련 협정, 그리고 각종 합의의사
록 및 의정서 등 총 30개의 합의문이 체결되었다(외교부 홈페이지 조약정보
(www.mofa.go.kr/www/wpge/m_3834/contents.do) 검색). 4개의 관련 협정은 청구
권·경제협력협정과 "일본국에 거주하는 대한민국 국민의 법적 지위 및 대우에
관한 협정", "어업에 관한 협정", "문화재 및 문화협력에 관한 협정"이다. 이러한
한·일 간 1965년 조약 체제를 언론 등에서는 "한일 기본조약"으로 통칭하기도
한다. 이중 21개의 합의문이 국회의 비준동의(1965.8.14.)를 거쳤다. 일본국에 거
주하는 대한민국 국민의 법적 지위 및 대우에 관한 협정 및 합의의사록
(1966.1.17. 발효)을 제외하고는 모두 1965년 12월에 발효하였다. 국회 비준동의

한일회담에서는 청구권 문제뿐만 아니라 재일한국인 지위, 문화재 반환, 어업 및 선박 문제 등 다양한 의제가 다루어졌다.[989] 그 결과 체결된 각종 협정 중 현재까지 현안 쟁점으로 논의되어 온 것은 청구권·경제협력협정이라고 할 수 있다. 특히, 1990년대 이후 위안부 피해자 문제를 포함한 과거사 문제가 사회적 주요 현안으로 다시 부각되면서 정치적 성토나 요구의 차원을 넘어 일본 및 한국 국내법원의 본격적 소송으로 변모되었으며,[990] 궁극적으로 위안부 피해자 관련 2011년 헌재 결정[991]과 강제징용 피해자 관련 2012년 대법원 판결[992] 및 2018년 대법원 재상고심 확정판결[993] 등으로 이어졌다. 이제 이 문제에 대한 양국의 초기 협상입장과 한일회담 전개과정 및 최종타결 경과를 확인할 수 있는 주요 준비문서를 예시적으로 선별하여 시간경과 순으로 살펴본다.

를 거친 합의문은 "대한민국과 일본국간의 기본관계에 관한 조약", "청구권·경제협력협정", 청구권·경제협력협정의 합의의사록 2개, 청구권·경제협력협정의 의정서 2개 및 관련 교환공문·교환각서 4개, "대한민국과 일본국간의 일본에 거주하는 대한민국 국민의 법적지위와 대우에 관한 협정" 및 동 협정 합의의사록, "대한민국과 일본국간의 어업에 관한 협정" 및 동 협정의 부속합의(합의의사록, 직선기선·어업협력·제주도 수역 등에 대한 교환공문 등) 5개, "대한민국과 일본국간의 문화재 및 문화협력에 관한 협정" 및 동 협정 합의의사록, 그리고 "분쟁의 해결에 관한 교환공문" 등이다.

989) 1951년 10월 개시된 한일예비회담에서 본 회담의 5개 의제로서 국교문제, 재일한인 법적 지위 문제, 청구권 문제, 어업문제 및 기타 해저전선, 통상 항해문제가 합의되었다. 유의상, 명분과 실리, 124쪽; 한국외교문서철 77, 한일회의 제9회 경과보고(11월 28일), 315쪽-323쪽. 이하 한국외교문서철의 각 번호는 2005년 공개된 각 문서철의 첫 표지에 적힌 "등록번호"를 지칭한다.

990) 정인섭, "1965년 한일 청구권협정 대상범위에 관한 연구", 성곡논총, 제25권 1호(이하 "대상범위 연구"), 509쪽

991) 대한민국과 일본국 간의 재산 및 청구권에 관한 문제의 해결과 경제협력에 관한 협정 제3조 부작위 위헌확인(2006헌마788, 2011, 전원재판부)

992) 손해배상(기)등(대법원 2012.5.24. 선고, 2009다22549, 판결) 등(이하 "2012년 판결").

993) 손해배상(기)등(대법원 2018.10.30. 선고, 2013다61381, 판결) 등(이하 "2018년 판결"). 강제징용 피해자들의 일본기업 대상 소송 관련, 2023년 2월 현재 신일철주금과 미쓰비시를 피고로 하는 총 3건의 대법원 확정판결이 선고되어 있다.

2. 교섭 과정[994]

가. 배상 문제에 대한 한일 양국의 초기 협상 입장

해방 직후 한국측 대일관계 정책의 주안점은 대일배상 요구안의 준비에 있었다.[995] 1948년 공식적인 정부수립 이전부터 이미 남조선과도정부측은 대일배상요구조건에 관한 조사를 시작하여 부족하나마 나름의 논리와 금액을 마련해두기도 하였다.[996] 한국은 정부 수립 이후 대일배상요구를 위한 공식적인 체제를 갖추어 1949년 3월 이른바 "대일배상요구조서"를 마련하였으며, 같은해 4월 이를 연합군최고사령부(SCAP)에 전달하기도 하였다.[997] 대일배상요구조서는 총 4부로 구성되어있는데 그중 3부는 "중일전쟁 및 태평양전쟁에 기인한 인적·물적 피해"를 다루고 있다.[998] 대일배상요구조서 서문은 3부의 내용에 대해 우리 정부가 "을사조약의 무효성을 국제법적으로 변명(辯明)"하거나 "과거 36년간의 지배를 비합법적통치로 낙인"하여 그 방대한 피해·손실에 대해 "배상을 요구"할 수도 있으나, 우리

---

994) 이하 한일회담 청구권 문제 논의의 전체적 흐름을 재구성하는 데 있어 여러 자료를 참조하였으나 한일회담문서 원문의 독해와 상호 연계성 파악 등은 특히 유의상, 장박진의 연구에 주로 의존하였음을 밝힌다.

995) 박진희, 제1공화국, 47쪽.

996) 太田修(오오타 오사무), (송병권 외 옮김), 『한일교섭: 청구권 문제 연구』 (선인, 2008) (이하 "한일교섭"), 54쪽.

997) 박진희, 제1공화국, 53쪽. SCAP에 전달한 버전은 아마도 영어번역본일 것으로 추정되나 아직까지 우리나라가 SCAP에 전달한 대일배상요구조서는 발견되지 않은 것으로 보인다. 대일배상요구조서는 SCAP에 전달된 제1권과 1949년 9월에 작성된 제2권으로 구성되며 1954년(단기 4287년) 합본되어 재발행되었다. 유의상, 명분과 실리, 274-276쪽.

998) 1부는 현물반환 요구, 2부는 확정채권, 4부는 일본정부의 저가수탈에 의한 피해라는 제목으로 되어있다. 대한민국정부, 대일배상요구조서(단기4287년 8월 15일 발간본) (이하 "요구조서").

정부의 "대일배상요구 기본정신"[999])에 비추어 이를 "전연불문(全然不問)"
에 부친다고 선언하고, 다만 전쟁(중일전쟁, 태평양전쟁) 기간 중 "직접 전
쟁으로 인하여 우리가 받은 인적·물적 피해만을 조사"하여 "그 배상을 강
력히 요구"하는 것이라고 설명하였다.[1000]) 3부에서 다루는 '인적피해'에는
"피동원한국인 제(諸)미수금"이 포함되어있는데 이 항목에는 사망자 조위
금, 장례료, 유가족 위자료, 상이자(傷痍者)와 일반노무자 위자료, 부상자
상이 수당, 퇴직수당총액, 상여금총액, 미수임금, 징용기간연장수당액 등
다양한 항목을 배상요구의 근거로 명기하고 있다.[1001]) 이 대일배상요구조
서는 이후 한국이 일본에 제기하게 되는 청구권 요구의 근간이 되었다고
평가된다.[1002]) 임송본 식산은행장이 작성한 "대일회담 재산권 및 청구권문
제"라는 내부 보고서[1003])는 1949년 대일배상요구조서 중 재검토할 사항과
선후를 구별하여 제시할 사항이 있다고 지적하면서 우선 일측에 제출할 사
항으로서 2부(확정채권요구) 및 3부(중일전쟁 및 태평양전쟁에 기인한 인
적·물적피해요구)를 지목하였다.[1004])

---

999) 여기서 대일배상의 기본정신이라 함은 "일본을 징벌하기 위한 보복의 부과가 아니
고 희생과 회복을 위한 공정한 권리의 이성적 요구"를 말한다. 요구조서, 2쪽.

1000) 상게서, 3쪽.

1001) 상게서, 323-324쪽. 대일배상요구조서는 이 3부의 항목에 대해 "일본정부의 관계법규
와 각사업장의 제급여 규정에 의한 諸미수취금품과 동원으로 인하여 〔받은〕 당사자
〔및〕〔그〕 유족의 피해에 대한 배상 등을 요구한 것임"이라고 설명하고 있다. 329쪽.

1002) 유의상, 명분과 실리, 74쪽.

1003) 한국외교문서철 87, 716쪽. 동 문서에 작성 일자는 표기되어있지 않으나 "한국이
청구권문제 교섭에 대비하여 준비한 자료"로 보인다. 유의상, 명분과 실리, 137쪽.
이 보고서는 샌프란시스코 평화조약 제4조 A항에 의해 한일간 "재산권 및 청구권
(Property and claims)"이 논의주제가 되었고, B항에 의해서는 미군정청의 일본재산
귀속 및 대한민국에의 이양이 이루어졌다는 취지로 설명한 후 일본재산의 귀속과
이양에 대해 여러 견해가 있으나 우리로서는 샌프란시스코 평화조약 제4조B항을
원용하여 한국내 일본의 재산권 및 청구권은 한일간 협정의 대상이 아니며 오직
"한국의 재산 및 청구권의 resumption(回復)"만을 협정의 대상으로 하여야 한다고
제언한다.

1952년 2월 15일 동경 일본 외무성에서 제1차 한일회담(본회담)이 개최
되었다. 여기서 한국측은 일본에 의한 한국경제 파괴와 한국민 희생에 대
한 보상으로서 배상을 요구할 수 있겠으나 한국은 그것을 요구하는 것이
아니라 원래 한국에 속한 재산을 반환받고자 하는 것임을 천명하였다.[1005]
이어 2월 20일 재산 및 청구권문제위원회 첫번째 회의에서 한국측 대표는
"재산 및 청구권의 문제라면 일견 대단히 복잡한 것 같으나 실은 지극히
분명"하다면서 그 이유는 이 문제 해결의 기본원칙이 샌프란시스코 평화조
약 제4조에 의해 "이미 천명되었기 때문"이라고 설명하였다.[1006] 그는 미
군정청의 한국내 일본 재산 귀속조치가 제4조에 의하여 승인되었고[1007] 제
14조에서 승전연합국내 일본 재산도 유사하게 처리되었는데, 청구권문제
회담의 성패("成不成")는 일본이 이러한 일본재산을 귀속한 조치가 무슨 이
유인가를 인식하는 데 걸려있다고 지적하고, 한국측은 "일본이 한국을 지
배했던 36년간 한국에서 [저지른] 과거의 추억에서 나오는 요구보다는 한
국이 앞으로 살[아]나가기 위하여 절대로 필요한 것만을 명백한 법적 근거
에서 청구할 것"이라고 밝혔다.[1008]

1004) 한국외교문서철 87, 717쪽.
1005) 日本外交文書綴 180, 日韓會談第1回正式會議議事要錄, 1952.2.15. 이러한 내용이 담
      긴 우리측 김용식 교체수석대표의 인사말은 한국문서 중에는 찾을 수 없으며 일본
      외교문서철에서만 찾을 수 있다. 유의상, 명분과 실리, 142쪽.
1006) 한국외교문서철 86, 제1차 한일회담 청구권분과위원회 회의록, 한일회담 재산 및
      청구권문제 위원회의 경과보고, 276쪽.
1007) 미군정은 군정법령 제33호(USAMGIK Ordinance No.33)를 통해 한반도내에서 일
      본의 정부, 기관, 국민, 회사, 단체, 조합 등이 소유 또는 관리하는 각종 자산을 미
      군정("조선군정청")이 취득소유하는 조치를 취하였다. 조선내소재일본인재산취득
      권에관한건(군정법령 제33호, 1945. 12. 6) (국가법령정보센터(law.go.kr) 검색). 미
      군정에 의한 일본재산 귀속과정에 대한 개괄적 설명으로는 김성욱, "재조선 미국
      육군사령부 군정청 법령 제33호에 의한 소유권의 강제적 귀속", 한국법학회 법학연
      구 42집(2011.5.25.), 95-97쪽 참조.
1008) 한국외교문서철 86, 제1차 한일회담 청구권분과위원회 회의록, 한일회담 재산 및

여기서 한국은 이른바 8개 항목 또는 8개 요강으로 불리우는 대일청구권 요강안을 일측에 처음으로 제시하였다.1009) 한국이 일본측에 제시한 8개 항목은 다음과 같다.1010)

1009) 청구권문제 위원회의 경과보고, 277-278쪽. 당시 한일 양측은 회의록을 한국어, 일본어, 영어로 작성키로 하였는데, 영문회의록에 별첨1로 붙어있는 한국측 대표의 모두발언 영문번역본에서 해당부분은 다음과 같이 적혀있다. "The Republic of Korea have no intention to request Japan for the fulfilment of all her claims which may be urged by our unpleasant past memories arising form 36 years of Japanese occupation, but will request claims only for the properties which legally belong to Korea and which must be filfilled for the sake of Korea's existance in the future." (오타 또는 문법오류는 수정없이 원문 그대로 옮김), 한국외교문서철 86, 288쪽.

1009) 한국외교문서철 86, 제1회 재산 및 청구권 분과위원회 경과보고. 281-290쪽. 일본은 제1회 재산 및 청구권 분과위원회에서 먼저 한국측이 안을 제시할 것을 요청하였고 한국은 양측이 모두 동시에 제시하자고 하였으나, 일본이 이 경우 혼란이 야기될 수 있으니 한국측이 준비되었으면 먼저 제시할 것을 재차 요청한다. 한국은 한국측 안이 분과위 회의의 기초가 된다는 전제 하에 문구수정이 있을 수 있으며 "추가하여 案을 제출할 수 있다는 권리를 留保"한 후 8개 항목을 제시하게 되었다. 동 문서철 283-285쪽. 영문회의록에 의하면 2월 20일에 제1차 청구권분과위 (Claims Committee)가 열려 한국 대표단이 한일간 재산청구권의 처리에 대한 합의 초안의 원칙들을 정식 제시하였으며(The Korean Delegation formally presented the Principles of the Draft Agreement on the Disposition of Property Claims) 그 원칙에 대해서는 차기 회의에서 설명될 것이라고 되어있다. 샌프란시스코 평화조약이나 당시 한일회담 과정에서는 재산과 청구권이라는 표현을 분리하여 사용하였음에도 이 영문본에서는 "Property Claims"라고 하여 재산(적) 청구권이라는 하나의 표현으로 사용한 점이 눈에 띈다. 영문회의록상 한국측 대표의 모두발언 영어번역본은 "properties and claims"와 같이 양자를 구분하여 쓰고 있다. 한국외교문서철 86, 287쪽.

1010) 한국외교문서철 87, 713-714쪽 "한국의 대일청구요강안". 원문에는 조사와 어미 등 순우리말을 제외하고 모두 한자로 적혀있다. 위 각주 영어회의록은 한국이 8개항을 2월 20일에 제출한 것으로 기록하고 있으나, 이 대일청구요강안의 날짜는 2월 21일로 되어있다. 제출일은 2월 21일이 맞는 것으로 보인다. 유의상, 명분과 실리, 144쪽.

〈한국의 대일청구 요강안〉(一九五二年 二月二十一日 提供)

一. 한국으로부터 가져온 고서적, 미술품, 골동품, 기타 국보, 지도원
판 및 지금(地金)과 지은(地銀)을 반환할 것

二. 1945년 8월 9일 현재 일본정부의 대 조선총독부 채무를 변제할 것

三. 1945년 8월 9일 이후 한국으로부터 이체 또는 송금된 금원(金員)
을 반환할 것

四. 1945년 8월 9일 현재 한국에 본사(점) 또는 주사무소가 있는 법
인의 재일(在日)재산을 반환할 것

五. 한국법인 또는 한국자연인의 일본국 또는 일본국민에 대한 일본
국채, 공채, 일본은행권, 피징용한인 미수금 기타 청구권[1011]을
변제할 것

六. 한국법인 또는 한국자연인 소유의 일본법인의 주식 또는 기타
증권을 법적으로 증정(證定)할 것

七. 전기(前記) 제(諸)재산 또는 청구권에서 생(生)한 제(諸)과실을
반환할 것

八. 전기 반환 및 결제는 협정성립후 즉시 개시하여 늦어도 6개월
이내에 종료할 것[1012]

1011) 일측에 처음 제시된 이 8개 항목에는 피징용한인의 "보상금"이라는 표현은 없다.
한편, 한국측 외교문서상 5항 "피징용한인미수금기타청구권"의 단어 띄어쓰기가
분명하지 않다. 언뜻 13개의 글자가 한 개의 항목인 듯 붙여쓰기된 것으로 보이나,
영문본에 비추어 피징용 한인 미수금과 기타 청구권은 별개 사항인 것으로 생각된
다. 유의상, 명분과 실리, 145쪽도 참조. 일본측 외교문서의 한글 손글씨 버전 5항
에는 "피징용한인미수금"과 "기타청구권" 사이에 쉼표가 있는 것이 분명하며, 일본
어 버전에는 "피징용한인미수금 및 그 외의 청구권"이라고 쓰여있다.

1012) 최종 타결된 청구권·경제협력협정 합의의사록에는 8개 항목이 실제 무엇인지 명기
되어있지 않은채 8개 항목을 포함한다고만 서술하고 있으며, 한국측이 제시한 8개
항목의 구체 내용이나 표현은 회담 진행에 따라 조금씩 변경되어 간다. 정인섭, 대
상범위 연구, 519쪽. 상세 사항은 제5장 제2절 2.가 참조.

이 회담에서 제시된 8개 항목의 영문번역본은 영문회의록 별첨으로 다음과 같이 기록되어있다.1013)

Annex II

Principles of the Draft Agreement on the Disposition of Property Claims between the Republic of Korea and Japan

Proposed by the Korean side on Feb.21,1952

The Government of the Republic hereby requests the Government of Japan

1. to return the classical books and documents, art objects, curios, other national treasures, map negatives and gold and silver bullions taken away from Korea,

2. to repay the obligations and debts of the Government of Japan to the Government-General of Chosun as of August 9, 1945,

3. to return the monetary accounts transferred or remitted from Korea or and/or since August 9, 1945,

4. to return the properties in Japan of the juridical persons with head offices in Korea as of August 9, 1945,

5. to repay the national/or public bonds and the Bank of Japan notes, issued by the Japanese authorities, in possession of Korean nationals and/or juridical persons, the Japanese obligations to the conscripted Korean laborers and other claims of Korean nationals or its juridical persons to the Government of Japan and/or her nationals,

6. to recognize the legality of the Korean natural and/or juridical

---

1013) 한국외교문서철 86, 289-290쪽. 이 영문본의 작성 주체는 확실하지 않다.

persons' ownership of the shares or other securities issued by Japanese juridical persons,

7. to return all the interests as have been or will have been yielded by the afore-mentioned properties and/or claims and

8. to put into execution all these above-mentioned returns and repayments of accounts relating to obligations within six months at latest after the conclusion of this Agreement.

제5항에는 강제징용 피해자 관련 사항이 있는데, 영문본의 "repay ⋯ the Japanese obligations to the conscripted Korean laborers and other claims"에 해당한다고 볼 수 있다. 이에 대해 2월 23일 개최된 제2차 청구권위원회 회의시 한국측은 이러한 제5항의 근거로서 (제4항과 마찬가지로) "군정법령 33호" 및 한미간 이전협정[1014]에 근거한 것이라고 하면서 상세 법리설명은 차후에 이야기하겠다고만 하였다.[1015] 한국이 정부출범 직후 대일배상요구

1014) 한미간 권한과 책임 이전에 대한 諸조약에 대해서는 김민철, "미군정의 권한과 책임 이양의 諸조약에 대한 국제법적 재조명: 대미 청구권 청산과 정부수립 초기 조약실행을 중심으로", 대한국제법학회논총, 제64권 제1호(2019), 65-107쪽 참조.

1015) 한국외교문서철 86, 제2차 청구권위원회 경과보고, 295-296쪽. 2월 27일에 개최된 제3차 회의에서 한국은 8개항의 세목을 일본측에 "참고로" 전달하였다고 하는데 한국외교문서에는 세목 자체는 첨부되어있지 않으며, 일본측 외교문서에는 첨부되어있는데, 일부 미공개라고 한다. 유의상, 명분과 실리, 145-146쪽. 이 일본측 외교문서에 의하면 "한국측으로부터 참고를 위해 '한일간 청구권·경제협력협정요강 한국측제안의 세목'이 제출"되었으며 이중 제5항 내역으로 "태평양전쟁중의 한인 전몰자 조위금 및 유족위자료, 태평양전쟁중의 한인 상병자 위자료 및 원호금, 태평양전쟁중의 한인피징용자 미수금, 태평양전쟁 중의 한인피징용자 위자료"가 명기되어있다. 日本外交文書綴 1177, 日韓會談 第三回請求權委員會 議事要錄, 1952.2.27. 및 유의상, 명분과 실리, 146쪽. 일본측 외교문서에는 영문회의록이 첨부되어있으나 제1항을 위주로 간략하게 기록되어 있을 뿐 제5항을 포함 여타 항목에 대한 논의는 없었던 것으로 보인다. 1952년 3월 3일 제4차 회의(제4회청구권위원회)에서는 제5항상 한국 국민의 소재(주소) 문제에 대한 간략한 대화가 있었을 뿐이고, '조위금'이나 '기타 청구권' 등의 단어가 거론되었으나 그 함의에 대한 유의미한

에 대한 기본정신과 항목을 처음으로 정리한 대일배상요구조서와 한일회
담 초기 일본에 전달된 8개 항목 사이에 일정한 연속성이 있다는 평가도
존재한다.[1016]

한편, 일본은 회담 초기부터 관계부처 대책회의를 통해 내부 의견을 조
율하면서 청구권 처리에 있어서는 미군정이 귀속시킨 일본재산을 한국이
이미 이전받았다는 점을 특히 강조하는 배상불가 입장을 마련하였다.[1017]
일본은 1952년 3월 6일 개최된 청구권위원회 제5차 회의에서 "재산 및 청
구권의 처리에 관한 한일간 협정의 기본요강"을 제시하였는데 기본적으로
한국내 일본의 국·공유 재산은 미군의 귀속조치에 따라 한국으로의 이양을
인정하되 일본국민의 개인 재산은 그러한 귀속을 인정하지 않고 회복조치
를 취해야한다는 것이었다.[1018] 한국이 일방적으로 일본에 청구할 권리만
있는 것이 아니라 일본 역시 한국에 대해 청구할 사항이 많이 있다는 소위
역청구권 주장에 대해 한국은 미군정의 일본재산 귀속조치 및 샌프란시스
코 평화조약 제4조(b)항으로 인해 이미 정리된 사안이라며 이를 인정하지
않았으나, 이후 상당기간 이 문제는 한미일간 외교적 신경전의 대상이 되
었다.[1019]

대화는 없었던 것으로 보인다. 日本外交文書綴 1180, 日韓會談第4回請求權問題委員
會議事錄; 장박진, "한일회담 청구권 교섭에서의 세부 항목 변천의 실증분석: 대일
8항목 요구 제5항의 해부", 정신문화연구 제34권 제1호(2011)(이하 "실증분석")
92쪽 참조.
1016) 장박진은 8개 항목 제5항이 기본적으로 배상조서를 기반으로 하고 있다고 평가한
다. 장박진, 실증분석, 86쪽 및 115쪽.
1017) 유의상, 명분과 실리, 139-141쪽.
1018) 특히 일본은 한국전쟁으로 인한 일본재산 손실에 대해 배상과 원상회복 등까지 요
구하여 한국측으로부터 강력한 반발을 야기하였다. 상게서, 147-149쪽.
1019) 상게서, 151-154쪽 및 206-221쪽. 일본은 (미국의 한반도내 일본인 사유재산 박탈
은 적법하지 않으며 그러한 귀속을 통해 한국이 이미 상당한 금액을 배상받은 것이
나 다름없다는 입장에 근거하여) 한국에 대한 소위 '역청구권'을 주장하였다. 이 문
제는 한국이 일본으로부터 받아야할 금액 규모의 산정과 관련되었다. 일본인 사유

나. 청구권 문제 협의의 전개

제1차 회담이 특별한 성과없이 끝난 이후 1953년 제2차 회담은 각 세부
항목에 대한 사실관계 조회 등의 실무적 접근법을 중심으로 진행되었다.
한국은 8개 항목에 대해 일본측에 사실관계 조회를 요청하였다.[1020] 당시

재산 문제에 대한 일본과의 이견을 해결하고자 1952년 한국측은 미 국무부에 이
문제에 대한 의견을 문의하였고 미측은 한국내 일본과 일본국민의 모든 재산권은
한국에 귀속되었으므로 일본이 그러한 자산에 대해 유효한 주장(valid claim)을 할
수 없다고 회신하였다. 그러나 미측은 샌프란시스코 대일평화조약 제4조(b)에 의한
자산 처분은 한일 양자간 해결(arrangements)에 있어서 연관성을 갖는다(relevant)라
고 첨언하였다. 한국외교문서철 86, 451-452쪽. 이 문서철에 담긴 국무부 John
Allison 차관보 명의의 양유찬 주미대사 앞 회신공한(April 29, 1952)에는 "구일본
및 일본 재산처분에 관한 군정법령 및 대일 강화조약 中 의의 해명에 관한 건,
1952.5.6. (청구권 조항 해석에 관한 1952.4.29.자 미국무성 회한 송부건임)"이라는
표제가 붙어있다. 이후 후술하는 '구보타 망언'(1953년 10월)으로 한일간 회담이 상
당기간 결렬상태에 놓이자 미국이 한일 양국간 조정자로 나서면서 미국의 샌프란
시스코 대일평화조약 제4조(b) 해석론이 다시 쟁점화되었다. 1955년 미국무부가 일
본측에 입장타진 차원에서 송부한 해석입장은 큰 틀에서 1952년 미측이 한국에 송
부한 내용과 유사하나 보다 상세한 내용을 담고 있다. 우여곡절 끝에 한일 양국이
회담 재개에 합의(1957.12.31.)하면서 미국은 한일 양국의 요청에 따라 1957년 12
월 31자 공한으로 샌프란시스코 강화조약 제4조에 대한 미국측 해석입장을 양국에
비공개 대외비 문서로 공식 전달하였다. 한국외교문서철 100, "미·일 평화조약 제4
조의 해석에 관한 주한 미대사관 각서, 1957.12.31." 1883-1887쪽. 여기서 미국은
1952년 공한 내용이 여전히 미국의 입장임을 확인하면서 그 이유를 상세 설명한다.
즉, 한반도 내 일본재산 귀속 및 한국 이양은 한국 독립국가 수립이 일본과의 전면
적이고 절대적인(clean and absolute) 단절을 필요로 했기 때문이었으며, 일본이 이
에 대해 배상을 요구하는 것은 샌프란시스코 평화조약 제4조(b) 및 관련 군정법령
등과 양립할 수 없다는 것이다. 한편, 한국의 일본에 대한 청구(claims)는 일본재산
의 귀속 및 이양으로 어느 정도(to some degree) 충족된 것이 분명한바, 양자간 협
정에서 이러한 귀속 및 이양을 감안하여 한국의 요구가 이에 의해 얼마나 소멸 또
는 충족된 것인지를 결정해야할 것이다. 미 국무부는 구체적으로 얼마나 감안되어
야 하는지는 한일 양자간에 "사실관계와 적용가능한 법이론"을 충분히 검토하여
결정할 문제라고 하였다.

1020) 장박진, 실증분석, 96-97쪽. 유의상은 일본이 역청구권 주장의 협상 전략으로서의

한국측이 조회한 사항에는 피징용 노무자 미불금 공탁분, 태평양전쟁 중 전상자 및 전몰자에 대한 조위금, 태평양전쟁 중 피징용 노무자 중 사망자와 부상자에 대한 미불금 및 조위금 등에 대한 자료 조회 또는 일본의 대책 및 의견 문의가 포함되어있다.[1021] 한국은 5월중 세 차례에 걸쳐 총 25개 항목을 조회하였는데, 이는 대일배상요구조서의 내용을 기초로 하여 제1차 회담에서 제시된 8개 항목을 일부 보완 또는 수정한 것으로 볼 수 있다.[1022] 일본은 6월 11일에 개최된 제3차 청구권위원회 회의에서 태평양전

이점 및 대장성의 일본인 보상문제 관련 강한 입장 등을 감안하여 한국에 대한 역청구권 주장을 유지하였으며 사실조회 등으로 시간을 끄는 접근법을 취한 것이라고 평가한다. 유의상, 명분과 실리, 172쪽.

1021) 장박진, 실증분석, 97쪽. 장박진은 제3차 회담시 한국이 조회한 8개 항목 제5항 관련 사항을 배상조서 내용과 비교해보면 이 역시 배상조서에서 크게 벗어나지 않았음을 알 수 있다고 한다. 한국측이 조회한 항목 가운데 태평양전쟁 전상자와 전몰자를 별도 항목으로 따로 제시하여 피징용 노무자와 구분한 부분이 있다. 장박진은 이 전상자·전몰자는 징용 노무자가 아닌 군인과 군속을 뜻하는 것으로 볼 수 있는데, 여기서 일측에 조회를 요청한 피징용 노무자와 사망자의 숫자가 배상조서와 완전히 일치하는 것으로 보아 배상조서에는 군인·군속이 포함되지 않았었음을 의미한다고 본다. 장박진은 한국이 원래의 대일배상 요구 입장에서 청구권 요구 입장으로 전환되었다고 설명하는 입장을 취하고 있는데 이러한 관점에서 보면 군인·군속에 대한 조위금이 배상이 아니라 청구권으로 제기되었다는 것이 주목할만한 점이라고 한다. 장박진, 실증분석 97-98쪽. 그러나 여기서 "배상"과 "청구권"을 대비하여 설명한 것은 법리적으로는 다소 정확하지 않은 측면이 있는 것으로 생각된다.

1022) 유의상, 명분과 실리, 173쪽. 1953년 5월 14일 한국이 조회 요청한 4건의 사항이 일측 외교문서에 "AIDE-MEMOIRE on talking of the 14th May, 1953"이라는 영문 제목의 일본어 문서로 남아있는데, 여기서 4항은 "한국인 피징용노무자에 대한 諸미불금 공탁분에 대한 자료협의 건"이라고 되어있다. 이어 각각 5월 23일 및 5월 28일에도 "AIDE-MEMOIRE on talking of (날짜)"라는 형식의 제목으로 한국측이 조회한 사항을 기록한 일측 문서가 발견되는데, 5월 23일 AIDE-MEMOIRE는 3항에서 "태평양전쟁 중 한국인 전상병자, 전몰자 7만4,800명(미확정 수, 추후 명부 제출 가능)에 대한 조의금 등 조치에 관한 일본측 대책 및 의견", 4항에서 "태평양전쟁 중 한국인 피징용노무자(1946.9.30. 신고자 수 10만5,151명중 징용 중의 사망자 1만2,603명, 동 부상자 약 7천명. 단 이상은 미확정 수치이며 추후

쟁 중 피동원자의 미청산 계정 관련 전체 숫자는 아직 확인되지 않았다고 하면서 그간 공탁된 액수를 통보하고 1인당 계산 기준은 일본인과 동일하게 취급할 것이라는 점을 언급하였다.[1023]

결국 제2차 회담은 한국전쟁 전후 복잡한 국내적 상황 등으로 인해 특별한 진전없이 종료되었으며, 1953년 10월 개최된 제3차 회담에서는 이른바 구보타 망언[1024]으로 인하여 강제동원 관련 청구권 문제 등이 제대로 논의되지 않았다. 다만, 제3차 회담 제1차 청구권위원회 회의에서 양측간 청구권의 근거와 원칙 등에 대한 설전이 있었다. 구보타가 한국측 양유찬 대사가 일전에 양측의 청구권을 상호 포기하는 협정을 만들자고 언급한바 있다고 주장하면서, 한국측만 대일청구권을 갖고 일본측은 대한청구권을 갖지 못한다는 논리는 거부한다는 식의 의사를 계속 표명하였다. 이에 우리측 대표로 나선 홍진기 국장은 구보타가 주장한 양유찬 대사 발언에 대해서는 아는 바 없고 한국의 입장과도 무관하다는 점을 지적한 후, 한국이 "배상 기타 그와 성격이 비슷한 청구권"을 가질 수 있겠으나 한국측 요구는 (하나의) 국가가 "분리(分離)"된 것에 따라 발생하는 "최소한의 청산적 의미의 청구권"을 정리하여 제시한 것으로서 한국인 징용자, 군인에 대해서 일본 국내적으로 자국민들에게 진행되는 것과 같은 것을 해달라는 요구라고 하였다. 따라서 한국측 청구는 "법률적 성질"인데 반해 일본의 요구는 "정치적 성질"이므로 한국이 제시하는 최소한의 법률적 요구와 일본

명부 제출 가능)에 대한 諸미불금 및 조위금 등 조치에 관한 일본측 대책 및 의견"을 명기하고 있다. 5월 28일 AIDE-MEMOIREE에는 태평양전쟁이나 피징용자에 대한 항목이 보이지 않는다. 단, 5월 28일자는 諸미수금항목별 구체사항 부분이 일부 가려져있다. 일본외교문서철 693, AIDE-MEMOIR on talking of the 14th May, 1953, AIDE-MEMOIR on talking of the 23rd May, 1953, AIDE-MEMOIR on talking of the 28th May, 1953. 유의상, 명분과 실리 172-173쪽 참조.

1023) 유의상, 명분과 실리, 178쪽. 한국외교문서철 92, 제3차 한일 재산 및 청구권분과 회의 경과보고서, 1953.6.15., 1155쪽.

1024) 구보타 망언에 대해서는 유의상, 명분과 실리, 183-199쪽 참조.

이 제시하는 최대치의 정치적 요구가 "give and take"의 대상이 될 수 없다
는 반박이었다.[1025)

구보타 망언으로 한일회담이 중단된 상황에서 1954년 일본 요시다 총리
가 퇴진하고 민주당 하토야마 이치로가 총리로 취임하면서 일본은 역청구
권 주장을 철회하고 한일회담을 적극 전개해나간다는 내부 입장을 검토하
기 시작하였다.[1026) 일본은 1955년경 한일 양국이 청구권을 상호포기하되,
일본이 군인·군속·징용노무자의 미불급여, 전상병과 전몰 군인·군속에 대
한 조위금, 일반 징용노무자 중 부상자·사망자에 대한 조위금을 지불가능
하다는 내부 검토를 하기도 하였다.[1027)

한편, 한국측이 1957년경 작성한 영문 자료[1028)는 한일회담이 재개되는
경우 한국측이 일본측에 원상회복으로서("as restitution")으로서 요청할 수
있는 것으로서 8개 항목을 나열하고 있다.[1029) 이는 1952년 2월 21일자 영
문회의록에 첨부된 8개 항목과 전반적으로 유사하나, 몇가지 눈에 띄는 차

1025) 日本外交文書綴 173, 再開日韓交涉議事要錄 請求權部會 第1回議事要錄(1953.10.9.), pp.
      12-14; 한국외교문서철 97, 재산 및 청구권분과위원회 제1차회의보고서 (1953.10.9.),
      1382-1383쪽; 유의상, 명분과 실리, 185쪽.
1026) 유의상, 명분과 실리, 206쪽.
1027) 日本外交文書綴 660, 請求權問題處理要領案(1955.2.24.); 유의상, 명분과 실리, 208쪽.
1028) 한국외교문서철 99, 1627-1628쪽. 정황상 1957년 10월 외무부가 뉴욕타임즈 발행
      인을 위해 작성한 현황자료의 부속문서로 추정된다. 유의상, 명분과 실리, 233쪽.
1029) 제5항 등 원문 일부를 인용하면 다음과 같다.
      In the event the Korea-Japan conference is to be resumed the Korean side has the
      following to request the Japanese side as restitution:
      …
      Item V. to repay the national or public bonds and the Bank of Japan notes, issued
      by the Japanese authorities, in possession of Korean nationals and or juridical
      persons, the Japanese obligations to the conscripted Korean laborers including the
      Japanese compensations for damage occurred to the military personnels and other
      claims of Korean nationals or its juridical persons to the Government of Japan and
      or her nationals, (Estimated amount: more than Y14,618,820,025.23)…

이점도 있다. 우선 각 항목별로 숫자(금액 또는 개수)가 기입되어있다는 점
이 결정적으로 다르고,[1030] 5항(Item V)의 '징용된 한국 노동자 보상'(the
Japanese obligations to the conscripted Korean laborers)에 "military
personnels"(군인·군속을 지칭하는 것으로 추정)의 피해보상("compensations
for damage")이 포함되어있다는 점이 특기할 만하다. 아울러 1952년 원래의
7항은 8항으로 옮겨지고, 7항에 선박 반환이 새로 포함되었으며, 원래의 8
항은 이 문서에 나타나지 않는다. 다만, 이는 일본에 정식 제출되거나 대외
공표된 자료는 아닌 것으로 보인다.

이후 한일간 교섭 및 미국의 중재노력 등을 거쳐 1958년 4월 제4차 회담
이 열리게 되었으나, 결국 이 제4차 회담에서도 구체적인 토의가 이루어지
지는 않았다.[1031] 일본은 제4차 회담 훈령에서 한일 양국 국민감정의 완화
를 위해 한국의 대일청구권 항목 중 일부 항목에 대해서는 자진 지불하되,
한국이 재한 일본재산을 취득함으로써 어느 정도까지 한국의 청구권이 소
멸 또는 충족되는지 결정되어야 한다는 태도를 견지할 것을 수석대표에게
지시하였던 것으로 확인된다.[1032]

4.19 혁명을 통해 이승만 대통령이 물러난 후 장면 정부가 들어서면서
1960년 10월 제5차 회담이 열렸다. 이 제5차 회담은 8개 항목의 청구권 문

1030) Item IV 및 Item V의 경우 타이프된 금액을 지우고 수기로 정정하여 적어 넣었다.
1031) 장박진, 실증분석, 100쪽.
1032) 유의상, 명분과 실리, 237쪽. 참고로, 일본정부는 "재산권문제에 관한 기본방침"
    (1958.3.31.)이라는 내부문서에서 "재산권문제의 교섭토의는 평화조약 제4조의 범
    위에 한정한다. 따라서 그 외의 상호(彼此) 채권채무(우리의 여러가지 무역상의 焦
    付(초부)채권(미회수불량채권을 의미하는 것으로 추정), 나포선박의 보상) 등은 논
    의의 대상으로 하지 않는다"라는 원칙을 제시하면서 한국측이 1952년 2월 21일 제
    시한 8개 항목을 용인할 수 있는 것, 용인할 수 없는 것, 연구를 요하는 것으로 구분
    하였다. 용인할 수 있는 것은 지워져있으며, 나머지 부분에서 피징용한국인 관련 사
    항은 발견되지 않는다. 日本外交文書綴 1598財産權問題に關する基本方針案, 1958.3.31.;
    유의상, 명분과 실리, 238-239쪽.

제가 비교적 자세히 토의된 회담으로서[1033] 한국은 청구권과 관련하여 근거가 박약한 부분은 제외하고 "(근거가) 확실한 항목을 제시하여 이에 대한 일본측의 원칙적인 채무(債務)승인을 강력히 요구"한다는 방침을 세우고 회담에 임하였다.[1034] 한국은 11월 10일 일반청구권소위원회 제1차 회의에서 "한국의 청구 요강은 이미 1952년에 설명한바 있으므로 다 알고 계실 것이나 … 동 청구 8개 항목을 다시 제시"하겠다고 하였다.[1035] 우리측 외교문서의 회의록상 일측에 설명된 것으로 기록된 8개 항목은 1952년 문서에 나온 것과 유사하나 표현상 일부 차이점이 보인다. 특히, 1952년 제시항목에 없던 "보상금"이라는 표현이 추가되었다.[1036]

"1. 조선은행을 통하여 반출된 지금과 지은의 반환을 청구함.
2. 1945년 8월 9일 현재 일본정부의 대 조선총독부 채무의 변제를 청구함.
3. 1945년 8월 9일 이후 한국으로부터 이체 또는 송금된 금원의 반환을 청구함.
4. 1945년 8월 9일 현재 한국에 본사(점) 또는 주사무소가 있는 법인의 재일재산의 반환을 청구함.
5. 한국법인 또는 한국 자연인의 일본국 또는 일본국민에 대한 일본 국채, 공채, 일본은행권, 피징용한인의 미수금 보상금 및 기타 청구권의 변제를 청구함.
6. 한국법인 또는 한국 자유인 소유의 일본법인의 주식 또는 기타

1033) 후술하듯 대법원 2018년 판결에서도 제5차 회담의 협의 내용이 일부 거론되고 있다.
1034) 한국외교문서철 716, 한일예비회담진행요강 제1호, 1432쪽-1443쪽; 유의상, 명분과 실리, 256쪽.
1035) 한국외교문서철 718, 제5차 한일회담 예비회담 제1차 일반청구권 소위원회 회의록, 865쪽
1036) 새로운 항목의 추가 또는 보충이라고 보기는 어려우며 이미 대일배상요구조서에 조위금과 같은 보상 개념에 해당하는 항목이 존재하였기 때문에 그러한 점을 반영하여 표현을 수정한 것이라는 평가도 있다. 장박진, 실증분석, 100쪽.

증권을 법적으로 인정할 것을 청구함.[1037]

7. 전기 제재산 또는 청구권에서 생한 제과실의 반환을 청구함.

8. 전기 반환 및 결제는 협정성립후 즉시 개시하여 늦어도 6개월 이내에 종료할 것"

이어 11월 18일 개최된 일반청구권소위원회 제2차 회의에서 우리측 전문위원이 8개 항목에 대해 "대체적인 설명"을 하였으며, 이 내용이 우리측 외교문서의 동 회의 회의록에 별첨되어있다.[1038] 여기에 별첨된 상세사항은 제5항과 관련하여 "본 항의 일부는 좌기사항을 포괄한다"면서 "3) 피징용인 미수금, 4) 전쟁으로 인한 피징용자의 피해에 대한 보상, 5) 한국인의 대일본정부 청구, 은급 관계 및 기타, 6) 한국인의 대일본인 또는 법인 청구, 7) 기타"라고 설명하고 있다.[1039] 즉, 1952년 회담에서 8개 항목의 상세사항으로 설명되었던 내용과 비교해보면, 조위금·위자료·원호금 등의 표현이 모두 "보상"으로 전환된 것으로 보인다.

한편, 1960년 한국 외무부 정무국이 내부 참고용으로 작성한 자료에 의하면 "피징용인미수금"은 "한인 피징용자들에게 지급될 俸給 賃金 年金 수당 등의 미수금"을 의미하며 "전쟁으로 인한 인적 피해에 대한 補償" 항목은 "태평양전쟁으로 말미암아 한인징용자가 입은 인적피해에 대하여는 승전국으로서의 賠償청구를 하는 것이 아니고 당시 일본국민과 동일하게 취급 징용된 점에 비추어 최소한 전후일본이 자국민의 전쟁 피해인에게 補償

1037) 자유인은 자연인의 오타로 보이며, 1952년에 사용되었던 "증정"이라는 단어를 "인정"으로 바꾸었다.

1038) 일본측 대표는 한국측 전문위원의 설명을 듣고 한국이 11월 10일 회의시 제시한 8개 항목이 1952년 당시의 8개 항목과 "대체로 같은 것 같으나 약간의 Nuance가 있는 것 같다"라고 반응하였고, 이에 대해 우리측은 "대체로 같은 것"이라고 응답하였다. 한국외교문서철 718, 제5차 한일회담 예비회담 제2차 일반청구권 소위원회 회의록, 875쪽.

1039) 한국외교문서철 718, 878-879쪽.

한 정도의 보상을 요구함은 당연"하다고 명시하고 있다.[1040]

실제 제5차회담에서는 배상·보상 또는 청구권 등의 개념이나 맥락에 대해 살펴볼 수 있는 협의가 다수 진행되었다. 예를 들어, 1961년 3월 15일 제6차 소위원회 회의에서는 우리측 유창순 수석위원(수석대표)이 행한 발언 요지가 영문으로 기록되고 일측에 영문 메모 형식으로 수교되었는데, 이는 일본이 한국내 일본재산의 귀속처리를 승인하였다는 사실을 감안하면 한국의 청구권이 영향을 받게 될 것이라는 일본 당국자의 발언 보도에 대한 항의 차원이었다. 여기서 우리측은 한국의 원래 대일청구(original Korean claims against Japan)는 대일평화조약 초안 공개 이전에 작성된 것으로서 막대한 액수였으며 이는 장기간 일제 지배 하에서 한국인들이 겪은 손해와 고통(damage and sufferings)의 당연한 결과였으나, 일본이 대일평화조약 제4조를 수락함으로써 한국내 구 일본소유 재산에 대해 유효한 청구를 갖지 않음(no valid claims)을 인정하였다는 것을 감안하여 한국 정부는 원래 대일청구의 대부분을 포기(waive most of her original claims against Japan)하기로 결정하였다고 밝히고 있다.[1041]

1961년 3월 일반청구권소위원회에서 귀속재산 문제에 대한 한일간 논란이 이어지는 가운데 외무부가 우리측 대표단에 대해 훈령한 문서를 보면 "당초 한국이 일본에게 재산청구권을 행사할 때 평화조약 제4조에 의하여 일본의 대한 재산청구권이 없어졌다는 사실을 충분히 고려하여 방대한 각종 청구권 중에서 극히 중요한 것 내지 사법상의 채무변[제]의 성질을 가진 것만을 택하여 8개 항목으로 추려 제출하였던 것"이라고 언급하는 한편, "한국이 일본의 대한청구권이 없어졌다는 사실을 고려했다는 것은 한국의 8개 항목 청구가 Restitution에 속하는 것이고 Reparation에 속하는 것은 포함되어 있지 않은 것을 보더라도 분명"하다고 지적한다.[1042]

1040) 韓日會談의 諸問題(外務部 政務局, 1960), 100-101쪽.
1041) 한국외교문서철 718, Gist of a remark made by Mr. Chang Soon Yoo, 999-1001쪽.

한편, 4월 6일 제9차 소위원회 회의에서 일본은 한국이 애시당초 일본에 대한 교전국도 평화조약 서명국도 아니므로 "원래부터 일본에 대한 reparation을 청구할 권리가 없는 것"이라고 주장하였다.[1043] 이에 대해 한국 대표단은 제10차 회의에서 대응할 반론 초안을 작성하여 본부에 검토, 회시하여줄 것을 요청하면서 "한국이 상항 평화조약 제14조에 규정된 전쟁배상 청구를 주장하고 있는 것이 아님은 명백"하나 한국이 재한 일본인 재산을 취득한 것은 카이로 선언과 포스담 선언 등에서 지적된 바와 같이 "일본의 다년간의 한국지배로써 한국인의 노예화된 사실에 대한 정신적 고통과 경제적 착취의 대가를 지불하는 의의"가 있으며, 이것이 엄밀한 국제법 용어로서 "배상의 개념이든 보상의 개념이든 또는 비일본화의 개념이든 간에 실질적 의미에서 일본의 한국 지배에 대한 보상이라는 것은 분명"하다고 강조한다.[1044] 4월 28일 제12차 회의에서는 배상 개념 관련 등에 대

1042) 재산 청구권 문제에 관한 미 국무성 각서에 관한 정부의 입장 훈령의 건, 한국외교문서철 718, 1059-1060쪽. 우리측은 3월 29일 제8차 회의에서 그러한 훈령에 따라 발언하였다. "3월29일 제8차 일반청구권 소위원회에서 행한 한국측의 발언요지", 1075-1076쪽. 한국의 발언에 대해 일본은 한국측이 "Reparation이라는 말"이 언급된 것 자체도 문제가 많다는 1차적 반응을 보이기도 하였다. 1079쪽. 참고로, 제8차 회의에서 한국측이 한국이 일본인 재산을 인수하였으나 그 부채는 인수하지 않았으므로 이 문제에 대해 더 이야기할 필요가 없다고 하자 일본은 "채권 채무가 서로 연결되어 있음으로 채권은 없어지고 채무만 남게되어있어 양분하여 생각하는 것은 상식적으로 이해하기 곤란"하다는 반응을 보이며 "채권 채무는 서로 분리할 수 없는 것"이라고 언급한다. 한국외교문서철 718, 제5차 한일회담 예비회담 일반청구권 소위원회 제8차 회의 회의록, 1081쪽.

1043) 제9차 일반청구권소위원회(1961.4.6.)에서 일본측이 낭독한 발언문 참조. 한국외교 문철 718, 일반청구권소위원회 관계문서 송부의 건(1961.4.7.), 1117쪽.

1044) 한국외교문서철 718, 일반 청구권 소위원회 관계 청훈에 관한 건, 1098-1099쪽. 우리측 외교문서철 718호의 다른 문서들은 한국어 번역없이 그대로 Reparation과 Restitution이라는 단어를 사용하는데 이 청훈 문서에서는 "배상(REPARATION)", "반환(RESTITUTION)"이라는 한글번역을 병기하고 있다. 이 청훈에서도 역시 한국이 "방대한 대일 청구권을 준비"하였으나 일본재산 귀속을 고려하여 대부분은 "제안을 보류하고 다만 엄격한 반환(RESTITUTION)의 성질을 가진 것 및 중요한

한 우리측의 이론적 입장 낭독[1045] 이후 일본측이 피징용자의 미수금과 보
상금에 대한 질문을 하자 우리측이 이에 대해 설명하면서 대화가 이루어졌
다. 우리측은 피징용자를 "실제에 있어서 징용과 같은 방법으로 동원된자
를 포함"하며 "국민 징용령에 의하여 온 자 또는 관의 알선으로 징용에 준
하여 온 자"까지 포함된다고 설명한다. 일본이 피징용자 "보상금"의 성격
을 묻자 우리측은 "받을 것을 받지 못한 것"이며 "보상금은 생존자, 부상
자, 사망자를 포함하여 피징용자에 대한 보상 즉 정신적 고통에 대한 보상
을 말하는 것"이라고 답변하며 이 피징용자에는 "군인군속"이 포함된다고
언급한다. 한편, 이들의 보상금을 국교회복 후 일본의 법률에 대해 개별적
으로 사권(私權)으로 해결하는 방안에 대해 한국은 "국교 회복에 선행"해서
"나라가 대신하여 해결" 하고자 한다고 답변한다.[1046] 5월 10일 제13차 회

채무변제를 추려 8개 항목만을 청구하게 된 것"이라고 쓰고 있다. 1099쪽. 앞서
waive가 '보류'로, 앞서 '중요한 것'이 '중요한 채무변제'로 쓰인 점이 주목된다. 한
국측은 4월 13일 제10차 회의에서 이 청훈대로 우리측 입장을 낭독하였다. 한국외
교문서철 718, 제5차 한일회담 예비회담 제10차 일반청구권 소위원회 회의록, 1128쪽.

1045) 당시 이 배상 개념 문제는 샌프란시스코 평화조약 제4조에 대한 미국의 해석론을
담은 외교공한(US memorandum)을 둘러싼 한일 양국간 논쟁의 맥락에서 제시되고
있었다. 기본적으로 한국은 한반도내 일본재산의 귀속으로 인해 한국의 일본에 대
한 청구권이 해소 또는 충족되었다는 듯한 일본의 관념을 논파하고 일본이 우리측
에 지불해야할 액수가 여전히 크다는 점을 논증하고 있다. 제12차 회의에서 우리측
은 지난 제10차 회의 등에서 누차 밝혔듯이 "평화조약 제14조에 의한 전쟁배상을
청구하고 있는 것이 아니며, … 제4조에 의한 claim을 요구"하는 것이라고 강조하
고 이는 "카이로 포스담 선언 그리고 1945년 9월 7일자 태평양 미국육군 최고사령
부의 포고 제1호에 지적된바와 같이 일본의 다년간의 한국지배로서 한국민의 노예
화된 사실에 대한 정신적 고통과 경제적 착취 등 광범한 내용의 claim이 포함"된
것이라고 언급한다.

1046) 한국외교문서철 718, 제5차 한일회담 예비회담 일반 청구권 소위원회 제12차 회의
회의록, 1205-1207쪽. 동일한 회의에 대한 일본외교문서 회의록도 이와 유사하게
기록하고 있다. 즉, 보상금이란 어떤 성격인지 일본측이 묻자 한국측이 "피징용자
의 생존해 있는 자에 대한 "정신적 고통"과 부상, 사망한 자에 대한 "보상조치"를
요구하는 의미"라고 답변하였다. 일본외교문서철 94, 第5次日韓全面會談予備會談の

의에서는 피징용자 보상 문제에 대해 가장 상세한 의견교환이 이루어졌
다.1047) 한국 문서의 회의록 요지는 이 회의의 핵심요지를 다음과 같이 설
명한다. 즉, 일본측이 "요구의 근거가 그 당시의 징용령 기타에 근거한 것
이냐'라고 묻자 한국측은 "당시의 징용 및 동원의 실정을 설명하고 새로운
기초 위에서 사망자 부상자는 물론이고 생존자에 대하여도 정신적 및 육체
적 고통"에 대하여 청구하는 것이라고 답변하였으며, 다시 일본이 "한국측
주장의 취지는 이해하겠으나 그러한 보상을 위해서는 … 자세한 내용을 일
본이 알아야 되겠다고 주장'하자 한국은 "한국내 국내조치 문제로서 일본
측은 보상금을 한국측에 지불하면 된다'라고 대응하였다.1048)

　　一般請求權小委員會の第12回會合」(1961), 장박진, 실증분석, 100-101쪽.

1047) 대법원은 2018년 판결에서 이날 회담시 "대한민국측이 '다른 국민을 강제적으로
동원함으로써 입힌 피징용자의 정신적, 육체적 고통에 대한 보상'을 언급한 사실"
을 알 수는 있다고 언급한다. 일본 외무성은 2019년 7월말 이 회의문서 등을 "공
개"하며 강제징용 문제에 대한 한국 입장이 잘못되었다는 주장을 반복하였다. 이
에 대해 한국 외교부는 대법원 판결 취지는 "일본의 불법적 식민지배 및 침략전
쟁의 수행과 직결된 일본 기업의 반인도적 불법행위에 따른 위자료가 청구권협정
의 적용대상에 포함되지 않는다는 것"이라고 지적하면서 일본 외무성이 "공개"한
그 자료는 "이미 공개된 자료"로서 대법원 심리 과정에 이미 반영되어있는 것이
라고 대응하였다. 최승욱, 손재호, 日, 1960년대 기록 공개하며 '징용배상 해결'
주장 … "일부 기록만으로 본질 흐리려는 것", 국민일보, 2019.7.30.일자 기사
(news.naver.com/main/read.naver?mode=LSD&mid=sec&sid1=104&oid=005&aid
=0001223780)

1048) 한국외교문서철 718, 제13차 일반 청구권 소위원회 회의 경과 보고의 건, 1212-
1213쪽. 이 회의에서 한국측은 "평화조약 제14조에 의한 전쟁 배상을 요구하는 것
이 아니고 제4조에 의한 claim을 주장"하는 것이며 이러한 "제4조의 claim은 한일
간의 다년간의 지배관계로 여러가지 내용과 넓은 의미를 갖게 되는 것은 당연"하
다고 지적한다. 제5차 한일회담 예비회담 제13차 일반 청구권 소위원회 회의록,
1226쪽. 일본측 외교문서에 의하면 일본측이 '보상의 의미에 대해 예를 들어 국민
징용령에는 유족부조료 등의 규정이 있고, 공장법·공업법 등에도 동일 규정이 있는
데 이는 미불금으로 계상하고 있으나, 한국측이 이를 의미하는 것인지' 묻는다. 일
본측 질문은 일본측 외교문서에만 기록되어있다. 이에 한국은 생존자, 부상자, 사망
자, 행불자, 그리고 군인군속을 포함한 피징용자 전반에 대해 일본 국민징용령이나

이후 5월 17일 개최예정이었던 제14차 회의 대비 우리측 수석대표 발언
문 초안 요지에는 "한국의 8항목 청구는 … 다년간의 일본 지배에서 입은
경제적 손실과 고통에 대한 방대한 보상을 청구할 예정이었던 것을 … 최
초 예정했던 청구권의 대부분을 보류하고 일부의 채권과 재산반환을 요구
한 것"이며, 샌프란시스코 평화조약 제14조의 규정이 한국에 적용되지 않
는다는 점에는 이론이 없으나 "한국을 위하여서는 단일적으로 제4조가 설
정되어있고 그 가운데 CLAIMS가 RESTITUTION이든 COMPENSATION이
든 다년간의 일본의 힘에 의한 한국지배로 인한 피해에 대한 구제
(REDRESS OR REPAIR)를 포함한 것이라는 것"은 일본인 재산이 한국에
귀속된 사실에 비추어 보아도 자명하다고 쓰여 있다.[1049]

공장법 등의 원호 규정이 아닌 "새로운 기초 하에 상당한 보상"을 요구하는 것으로
서 "다른 국민을 강제적으로 동원하므로서 입힌 피징용자의 정신적, 육체적 고통에
대한 보상"을 의미하며, "그 당시 일본인으로서 징용되었다고 하지마는 … 우리들
은 강제적으로 동원되었다"라고 지적한다. (일본측이 '새로운 기초'가 어떤 의미인
지 문의하자) 한국측은 '강제적으로 동원하여 정신적, 육체적 고통을 준 것에 대해
상당한 보상을 요구하는 것은 당연하다'고 답변하였으며, 아울러 '(일본인이 일본
인으로서 징용되는 것은 다른 이야기이고) 한국인은 완전히 강제적으로 동원되어,
또는 비정상적으로 학대를 받은 것'이라고도 언급하였다. "피해자 개인에 대하여
보상해달라는 말인가"라는 질문에 한국측은 "나라로서 청구"하는 것이며 "개인에
대하여는 국내에서 조치"할 것이라면서, "보상금에 있어서는 일본인 [사]망자 부
상자에 대하여서도 상당히 보상하고 있는데 다른 국민을 강제로 징용하고 정신적
육체적으로 고통을 준 데 대하여 상당한 보상을 하여야 하지 않는가" 라는 답변
등으로 대응하였다. 1233-1237쪽. 일본측 외교문서도 이 주제에 대해서는 대체적으
로 비슷하게 기록하고 있는 것으로 보인다. 일본외교문서철 95, 第5次日韓全面會談
予備會談の一般請求權小委員會の第13回會合(1961). 이 외에도 제5차 회담에서는 보상
문제 관련 여러 측면에 대한 논의가 전개되었다. 동일한 일본측 외교문서에 의하면
제13차 회의에서 일본측은 "본 위원회가 대상으로 하는 청구권의 검토는, 평화조
약의 실정적 규정에 따라서만 이루어져야 하는 것이며, 평화조약상 근거를 갖지 않
는 주장이 인정될 수 없는 것은 너무나도 명백"하다면서 평화조약 제4조(a)항의 특
별약정의 대상이 되는 청구권은 "법률상 유효하게 성립되어있는 것에 한정되는 것
은 말할 것도 없음"이라고 발언하기도 하였다.

한편, 1961년 3월 31일로 표기된 우리측 영문 자료에 의하면 그간의 협
상경과를 설명하면서 한국의 청구권(claims)은 일본으로 하여금 막대한 양
의 채무를 지불하게 만들 것(oblige Japan to repay a tremendous amount of
debt)인데 이러한 한국의 청구권을 덮고자(overshadow) 일본이 역청구권을
제시하는 것이라는 설명이 포함되어있다.[1050]

다. 최종 타결: 제6차 및 제7차 한일회담

1961년 5.16 쿠데타로 인해 박정희 정권이 들어서자 외무부는 향후 한일
회담 재개에 대비한 정부방침을 작성하였는데 여기에 3가지 기본방침 안이
기재되어있다. 각 방안은 항목별 요구액수와 요구여부가 상이한데, 제1안
의 액수 및 항목을 정한 근거로서 우리의 청구권이 미군정령, 한미간이전
협정, 대일평화조약 제4조b항 등에 근거하는 것이므로 "따라서 배상적인
성격의 것은 포함되어 있지 않고 주로 *私法*상의 채무 변제적인 성격을 가
진 청구권"으로 구성되는 것이라는 설명이 제시되었다.[1051] 여기에 첨부된
항목별 청구액 표를 보면 8개 항목과 유사하면서도 5개 항목만 담겨있는데
제5항 "기타 각종 청구권" 제하에 "전쟁으로 인한 피해보상"이라는 항목은
'피징용자'와 '군인및군속'이라는 세부항목으로 나뉘어 각각 액수가 산정
되어있다.[1052] 제6차회담에 대한 훈령은 한국의 청구권 종합청구액이 첨부

1049) 한국외교문서철 718, 1251-1253쪽 (1252쪽 없음). 제14차 회의는 개최되지 않았다.
1050) 한국외교문서철 716, Facts about the Korea-Japan relations, 1961.3.31., 1705-1706
쪽. 이 영문 자료의 용도나 작성 배경은 불분명하다.
1051) 유의상, 명분과 실리, 302-303쪽. 한국외교문서철 720, 일반재산청구권위원회 - 각
항에 관한 개괄적인 설명, 69쪽. 제2안은 재한일본재산 귀속을 감안하여 토의하되,
법률적 근거나 증빙자료가 미약한 것은 삭제하는 것이고 제3안은 최종단계에서 객
관적인 타당성있는 청구권을 종합하고 일정한 절대 청구액수를 확정하여 끝까지
고수하는 것이다.
1052) 한국외교문서철 720, 일반재산청구권위원회, 77쪽. 제1안은 피징용자와 군인및군속

되어있는데 여기서 제5항은 징용자보상금(한국내에서 동원된 자 제외)으로 서 생존자와 사망, 부상, 행불자를 포함하여 금액을 산정하고 있다.[1053]

제6차 회담의 청구권위원회는 1961년 10월 27일부터 1962년 3월 6일까 지 소위원회, 체신부 관계 전문위원회, 소위원회 비공식회의, 피징용자관계 전문위원회 등 다수의 회의를 개최하였다.[1054] 이후 제6차회담은 결국 1962 년 하반기 김종필-오히라 간 정치회담의 결과로 마무리되었다. 그러나 그러 한 정치회담의 흐름이 전개되기 이전 양측은 소위원회, 전문위원회 등 청 구권위원회의 실무적 과정을 통해 청구권의 내역과 금액에 대한 다양한 협 의를 전개하였다. 특히 한국은 전쟁으로 인한 피징용자 피해 보상 항목에

에 각각 액수를 표기하여 전쟁으로 인한 피해보상 항목에 총4억불을 책정하고 있 으나 제2안은 각각의 액수 없이 전쟁으로 인한 피해보상 항목 자체에만 2억5천만 불이라고 표기하고 있다. 유의상, 명분과 실리, 304쪽.

1053) 이 훈령상 금액 산정은 다음 8개 항목으로 구성되어있다. 제1항 지금과 지은, 제2항 체신부 관계, 제3항 재산 반출(조선은행, 개인송금), 제4항 재일본 지점 재산(빈칸, GHQ-SCAPIN1965에 기한 것), 제5항 이체 일본국채 (한국내유가증권·일본지점소 유본, 일본은행권, 징용자미수금, 징용자보상금(한국내에서 동원된 자 제외: 생존자, 사망, 부상, 행방불명), 연금기타, 요조정액), 제6항 한국법인 또는 민국 자연인 소 유의 일본 법인의 주 또는 기타 증권을 법적으로 인정할 것을 청구함, 제7항 전기 제 재산 또는 청구권에서 생긴 제 과실의 반환을 청구함, 제8항 전기 반환 및 결제 는 협정 성립후 즉시 개시하여 늦어도 6개월이내에 종료할 것. 한국외교문서철 726, 외정(아)제118호, 제6차 한일회담 진행방법, 1961.10.16. 381-382쪽. 유의상, 명분과 실리, 316-317쪽.

1054) 이 1961-1962년 회의시 근거로 삼고있는 8개 항목이 무엇인지 보다 정확히 확인할 필요가 있을 것으로 생각되나 명확히 이에 관련된 문서를 찾기 어려운 것으로 보인 다. 여기서 한국은 '전쟁으로 인한 피징용자 피해에 대한 보상'으로서 총 3억6천4 백만 미불을 제시하고 있는데, 장박진은 이렇게 1인당 지급액이 미 달러 단위로 제 시된 것은 엔화로 이루어진 다른 확정채권과 달리 피해보상이라는 추상적 개념이 므로 엔 단위에 얽매이지 않고 국제유동성이 높은 미 달러화 수취를 원했기 때문이 라고 추정하고 있다. 장박진, 실증분석, 109쪽. 장박진은 같은 논문에서 한국이 불 가피하게 일본의 국내적 보상을 위한 원호법에 근거하여 보상을 요구하였다고 설 명하고 있는데 달러 표기에 대한 추정 사유와 얼마나 일치하는지 의문이 남는다. 장박진, 실증분석, 110-111쪽.

있어서 생존자에 대해서도 1인당 200불을 요구하였다.[1055] 그러나 일본은 한국측 생존자의 정신적 고통에 대한 보상은 받아들일 수 없다는 입장이었던 것으로 보인다.[1056]

한편, 제6차회담 일반 청구권 소위원회 8차 회의에서는 한국측이 제6항(한국측 소유 일본법인 주식·증권의 법적 인정) 청구를 "한국인(자연인, 법인을 포함함)의 일본인(자연인, 법인을 포함함) 또는 일본정부에 대한 권리행사에 관한 원측"으로 변경하겠다고 통보하면서 "요강 제1항내지 제5항에 포함되지 않은 것은 한일회담 성립후라 할지라도 이것을 개별적으로 행사할 수 있는 것"으로 하겠다고 하였다.[1057] 이에 대해 일본측이 부정적인 반응을 보이면서 "우리로서는 … 청구권일체가 이회담에서 해결되었으면 하는 희망"이며 "일본에서는 개인관계의 사유재산권은 보호한다는 입장을 취하고 있음으로 이러한 항목을 넣지 않는다 하더라도 그 권리는

1055) 일본 원호법이 일본인 중 사망자와 부상자에 대한 보상만 하고 있다는 점에 비추어 생존자에 대한 한국의 보상요구는 일본 원호법의 틀을 넘어 식민지배와 관련된 한국인의 피해를 부각시킨 것이라는 평가도 있다. 상게논문, 111쪽.

1056) 1962년 2월 일반청구권 소위원회 제10차회의에서 일본측 대표는 "한국측은 생존자에 대하여 정신적 고통에 대한 보상을 청구하고 있으나 그 당시의 한국인의 법적 지위가 일본인이었다는 점에 비추어 일본인은 지불된 바 없는 보상금은 지불할 수 없다고 생각한다"면서 "피징용자 보상금이라는 독립된 항목으로서는 응하기 어렵다"라고 발언하였다. 한국외교문서철 750, 제6차 한일회담 일반청구권 소위원회 제10차 회의 회의록, 1962.2.8., 1581쪽, 1585-1589쪽.

1057) 한국외교문서철 750, 제6차한일회담 청구권위원회회의록, 1-11차, 1961.10.27.-62.3.6, 소위원회 제8차 1961.12.21., 409쪽. 참고로, 여기서는 "原則"을 '원측'으로 표기하였다. 일본측 요청에 따라 한국은 메모를 서면으로 전달하는데 그 내용은 다음과 같다. "청구권 요강 제6항을 아래와 같이 수정합니다. 제목: "한국인 (자연인 및 법인)의 일본정부 또는 일본인(자연인 및 법인)에 대한 권리 행사에 관한 원칙", 내용: 한국인(자연인 및 법인)의 일본정부 또는 일본인(자연인 및 법인)에 대한 권리로서 이상 요강 제1항 내지 제5항에 포함되지 않은 것은 한일회담 성립후일지라도 개별적으로 행사할 수 있음을 인정할 것. 이 경우에는 국교정상화될때까지 시효는 진행되지 않는 것으로 할 것." 한국외교문서철 750, 417쪽.

남게될 것"이라고 하자, 우리측은 "지금까지의 항목에 나온 것이나 안나온 것이나 모두 회담성립이라는 이유로서 소멸된 것이라고 하면 소송이 있을 때 재판소에서 판단하는데 오히려 곤란할 것"이라고 답변한다.[1058] 일본측은 이어 1962년 3월 6일 제11차 청구권소위원회 회의에서도 "(일본측) 개인의 사유재산이 몰수되어 한국측에 넘어갔는데 회담 성립 후에도 한국측의 청구권만이 그대로 남는다고 하면 이것은 대단히 곤란한 문제"라는 반응을 보였다.[1059]

1058) 한국외교문서철 750, 412쪽. 이에 대해 일본측이 "그러한 경우에는 회담에서 체결한 협정해석에 관하여 행정권과 사법권이 대립하는 결과가 되지 않는가"라고 반문하자, 우리측은 "별로 자장(지장)이 없을 것으로 본다"고 하였고 이어서 "8개 항목에 들어있지 않은 개인청구는 주장할 수 있게 하고 재판소에서 주장할 수 없는 것이라고 하면 몰라도 주장조차 할 수 없게 한다면 그것도 곤란"하다고 하였다. 한국이 이러한 항목 변경을 제안하게 된 것은 싱가포르 고려인 소각 군표, 월남거주 교포의 대일본정부 청구 등 그간 교섭되지 않은 제3국 거주 한국인들의 청구문제가 제기되었기 때문이라고 한다. 유의상, 명분과 실리, 328쪽. 이러한 한국측 주장에 대해 일본 외무성 조약국이 1962년 2월 26일 내부 토의용으로 작성한 자료에는 '한국인의 개인청구권이 모두 해결된 것으로 하는 방안'과 '개인청구권은 영향을 받지 않으나 시효정지에 대한 규정없이 재판소에 맡기는 방안' 등 여러 방안을 상정하고 그중 첫 번째 방안(모두 해결된 것으로 하는 방안)이 최선이라고 결론내리고 있다. 이후 한국측이 이 문제를 다시 제기하였으나 일본은 토의 자체를 거부하였다. 유의상, 명분과 실리, 328-329쪽.

1059) 한국외교문서철 750, 제11차 청구권소위원회 회의 결과 보고, 590쪽. 이후 1962년 우리측은 김-오히라 합의 등으로 인해 협상 타결이 가시화되었다는 인식을 하고 있던 상황에서 "과거 대일청구에 포함되지 아니한 개인의 대일청구까지 포함하여 해결"되는 것은 정부입장을 곤란하게 만들 것이므로 일본측이 난색을 표할 것으로 예상되기는 하나 합의의사록 등의 방식에 의하여 제6항은 해결대상에서 제외되는 것으로 규정하도록 협의하라는 교섭 지시를 대표단에 하달하였다. 한국외교문서철 737, WF12210(1962.12.20.), 445쪽. 이에 우리측이 1962년 12월 21일 회의에서 "제6항, 즉, 종전 당시 한국 법인 또는 개인이 가지고 있었던 일본 법인의 주를 계속 인정하려는 것은 포함시켜서는 안된다는 의견이 상당히 강하다"라고 언급하며 합의의사록 등에서 별도로 규정하는 방안에 대한 검토를 요구하자, 일본측은 "6항의 내용은 잘 모르나 내용 여하를 불문하고 별도 처리는 있을 수 없으며 고려해볼 여지가 없다"라면서 아예 논의를 거부하였다. 한국외교문서철 737, 제6차한일회담 제2차

1961년 말이 되면서 한국은 일본측에 대해 고위급 정치회담을 통한 타결을 촉구하기 시작하였다.[1060] 당시 국가재건최고회의의장이던 박정희는 1961년 11월 회담 조기타결 돌파구 모색차원에서 일본을 방문하여 이케다 수상과 면담하였는데, 이 회담의 내용에 대해서는 한일 양국간 기록에 다소 차이가 있다.[1061] 한국측 기록에 의하면 박정희는 한국측 청구는 징용자 미수금, 전사자 보상금 등과 같이 '배상적 성질의 것이 아니라 충분한 법적 근거가 있는 청구권'이라고 언급하였는데, 일본측 기록에는 이케다가 '청구권이라고 하면 상쇄라는 생각이 떠오른다'면서 재한일본재산의 귀속 문제와의 연관성을 시사하자 박정희는 청구권이라 부르지 말고 무언가 적당한 명의라도 괜찮다고 하였다.[1062] 이 시점을 전후로 청구권 개념의 사용 자체에 대한 입장대립이 표면화되기 시작한 것이다. 청구권의 실체적 내용에 있어서도 제6차 회담의 청구권소위원회와 산하 전문위원회 전반에 걸쳐 일본은 법이론이나 사실관계 근거 등을 들이대며 한국측의 8개 항목 상당부분을 수용할 수 없다는 입장을 극명하게 드러내었다.[1063]

정치회담 예비절충 제20회 회의 회의록, 461쪽. 이에 우리측 대표단은 이 문제에 대한 일본측의 양해를 받을 가능성이 전혀 없을 것이라는 의견을 보고하였다. 한국 외교문서철 737, JW-12393(1962.12.22.), 451쪽. 이러한 일련의 과정에서 제6항의 내용에 대해 다소 혼란스러운 측면이 있는 것으로 보인다. 이에 대해서는 후술 참조.

1060) 유의상, 명분과 실리, 335쪽.

1061) 상게서, 333쪽.

1062) 상게서, 332-333쪽. 아울러, 한국측 기록에 의하면 이케다가 청구권만으로는 과대한 금액을 지불하기 곤란하니 법적 근거가 확실한 것만 청구권으로 하고 나머지는 경제협조 등의 명목으로 할 수도 있음을 시사하였다고 하는데, 일본 기록에 의하면 박정희가 장기저리의 경제원조는 괜찮으나 자본재를 희망한다는 취지의 발언을 하였다고 한다. 당시 일본 언론은 회담 결과를 보도하면서 양국간 법적 근거가 확실한 개인청구권만 청구하기로 양측간 양해되었으며 경제협력문제도 청구권문제와 관련시켜 논의하기로 하였고 박정희의 요청으로 무상원조 대신 차관제공으로 합의되었다고 보도하였다. 한국은 특히 개인청구권만 청구하기로 하였다는 보도에 대해 일본에 강력히 문제제기를 하였고 결국 이케다가 국회에서 이를 오보라고 해명하였다. 상게서, 333쪽.

이후 1962년 2월 김종필과 이케다의 면담에서 3월에 양국간 고위급(외교장관급) 정치회담을 개시하기로 합의하였다.[1064] 이 정치회담은 별다른 성과없이 종료되었다. 이후 8월 제2차 정치회담 예비절충회의에서 우리측은 한국의 대일청구권 해결·변제는 한국인의 마음에 있어서는 한일간 불행한 과거를 청산하는 상징이며 따라서 청구권의 명목으로 해결되지 않으면 안된다는 점을 강조하였으나,[1065] 일본은 이러한 청구권 문제 해결의 명목을 국교정상화 등으로 하여야 하며 청구권이라는 표현의 사용을 거부한다는 입장을 표명하였다.[1066] 이러한 정치회담 과정을 통해서도 청구권 금액과 명목에 대한 합의에 이르지 못하자 결국 양국은 김종필과 오히라 간의 회담을 통해 최종 타결을 도모하기로 하였다.[1067] 박정희 의장 명의의 김종필 부장 앞 훈령에서 박정희는 "청구권 명목을 독립 축하금 또는 경제협력으로 하는 것은 용납할 수 없으며, 우리 국민으로 하여금 청구권에 대한 변제 또는 보상으로서 지불될 것임을 납득시킬 수 있는 표현"이어야 한다는 점을 강조할 것을 지시하였다.[1068] 김종필이 이러한 훈령을 받고 들어간 1962년 11월 김종필-오히라 회담에서 소위 김-오히라 메모로 알려진 합

1063) 일본은 한국의 청구권 요구 개별 항목별 토의를 거부하다가 박정희-이케다 정상회담 이후 회담을 신속히 마무리해야하겠다며 본격적으로 항목별로 우리측 요구에 반박하는 모습을 보였다. 상게서, 318-321쪽.

1064) 상게서, 343쪽.

1065) 한국외교문서철 736, 제6차 한일회담 제2차 정치회담 예비절충 회의록(1962.8.24.) 첨부(우리측 수석대표 배의환 대사가 낭독한 발언문), 732쪽.

1066) 이 회의에서 일본측은 청구권의 항목별 증거를 제시하지 못하고 있다는 점, 인도와 버마(미얀마) 독립시에도 청구권을 받아낸 사례가 없다는 점을 주장하였다. 한국외교문서철 736, 제6차 한일회담 제2차 정치회담 예비절충 회의록(1962.8.24.) 1424-1427. 독립시 청구권 제공 사례가 없다는 주장에 대해 우리측은 인도의 독립경위와 한국이 독립경위는 전혀 다르지 않느냐고 반박하였다.

1067) 유의상, 명분과 실리, 364쪽.

1068) 이는 김종필과 오히라의 두 번째 회담(1962.11.12.)에 앞서 지시된 것이다. 한국외교문서철 796, 대일절충에 관한 훈령, 1962.11.8., 2114-2116쪽.

의가 도출되었다.[1069] 이 시점부터 청구권·경제협력협정의 대략적인 윤곽
이 만들어지기 시작한다.[1070] 그러나 김-오히라 합의 이후에도 구체적인 교
섭에 진전이 없었고, 한국에서는 1963년부터 한일회담 반대 움직임이 본격
화되어 1964년 6.3 사태 등 거센 반정부 운동이 전개되었다.[1071]

　제6차 회담에서는 청구권위원회 차원에서 "피징용자관계 전문위원회"
회의가 네 차례에 걸쳐 개최된바 있다.[1072] 이 회의 전반에 걸쳐 주로 피징
용자의 규모(숫자)와 그러한 숫자의 통계나 확인 방법에 대한 논의에 초점
이 맞춰졌다. 한국이 제시한 피징용자 숫자에 대해 일본은 그 근거를 계속
요구한 반면, 한국은 피징용자의 명부, 근무 실태, 부상이나 사망 관련 구
체 사항 등에 대해 일본 정부와 기업이 갖고 있는 정보를 내놓으라는 요구
를 지속하였으며, 피징용자들의 연금이나 폐업한 일본기업에 대한 한국인
주주들의 권리 문제 등도 논의되었다. 즉, 당시 피징용자 관련 주요 쟁점은
한국인 피징용 규모 및 미수금과 연금 처리를 위한 증거와 자료에 관한 것
이었으며 피해자들의 정신적 고통이나 불법행위 손해배상 문제는 거의 논

1069) 김-오히라 메모에 대해서는 유의상, 명분과 실리, 370-377쪽 참조.
1070) 1962년 12월 오노 반보쿠 자민당 부총재가 방한하여 김-오히라 메모 내용을 반영한
　　　협정요강안을 한국측에 전달하였는데 여기에는 "제3. 일본국 및 대한민국은, 본 협
　　　정의 체결에 의해 샌프란시스코에서 서명된 일본국과의 평화조약 제4조의 문제가
　　　최종적으로 해결되었음을 인정한다"라는 조항이 포함되어있다. 한국외교문서철
　　　737, 377쪽. 이후 한국측은 12월 21일 제20회 예비교섭에서 "제2차 세계대전 종결
　　　에 따라 발생된 양국 또는 양국 국민 간의 청구권 문제가 최종적으로 해결된 것을
　　　인정한다"라는 조항을 제시하였다. 한국외교문서철 737, 제20차 회의록, 463-465
　　　쪽. 김-오히라 합의에 대한 비판적 평가로는 장박진, 『미완의 청산』 (역사공간,
　　　2014), 819쪽 및 유의상, 명분과 실리, 387쪽.
1071) 太田修, 한일교섭, 354-406쪽; 장박진, "한일 청구권협정 제2조의 형성 과정(1965.3-6)
　　　분석: 개인청구권 문제를 중심으로", 동북아역사논총 48호 (2015)(이하 "형성과정"),
　　　300-301쪽. 장박진은 이 논문에서 한일 양측의 외교문서를 통해 1965년 3월부터 6월
　　　까지 청구권 조항 관련 최종타결과정을 상세하게 분석, 정리하고 있다.
1072) 한국외교문서철 750, 1596-1646쪽. 4차례의 피징용자관계 전문위원회는 모두 1962
　　　년 2월에 개최되었다.

의되지 않은 것으로 보인다.

다만, 이러한 문제에 대해 양국이 갖고 있던 인식의 차이를 보여주는 협의 내용이 일부 보이는데, 예를 들어 전문위원회 제3차회의에서 우리측 대표가 "일본측은 전시중 동원된 한국인 노무자를 관알선, 징용 등으로 구분하고 있으나 관알선이건 징용이건 당시 한국인 노무자를 일본으로 끌고간 방법은 대단히 혹독하였었다는 것을 알아주기 바란다"라고 지적한 데 대해, 일본측은 "지나친 점이 있었을지 모르나 한국인 노무자라고 해서 그 당시 특별히 차별대우하였다고는 생각하지 않는다"라고 반응하였다.[1073] 제4차 회의에서는 일본이 한국측이 청구하는 피징용 노무자 개인별 보상금 액수(생존자 200불, 사망자 1650불, 부상자 2,000불)의 산출근거를 문의하였다. 이에 대해 한국측은 생존자는 "징용으로 말미암아 입은 피해에 대한 최소한의 보상액"이고, 부상자는 일본 원호법을 참고하여 부상정도 평균, 연금수령기간 등의 개념을 적용한 것이며, 사망자는 유족 평균, 연금수령기간 등의 개념을 적용한 것이라고 설명하였다. 이어 일본측이 보상금액 산출시 일본법을 참고한 것인지 묻자 한국측은 "일본법에도 여러 가지가 있으며 또 일본법에 의하여 계산할 성질의 것도 아니라고 생각하므로 참고로 한 데 불과하다"라고 답변하였다.[1074]

한편, 제6차 회담이 끝나기 전인 1964년 2월 3일 경제기획원(경제기획국장)은 국교정상화 및 자금 사용 문제 검토·준비 차원에서 몇몇 사항에 대한 외무부의 "공식견해"를 문의하였다. 그중 협정이 체결되면 "개인의 청구권은 소멸되어 정부가 이를 보상하여야 합니까"라는 질의가 있었다. 이에 대한 1964년 2월 5일자 회신에서 외무부(아주국장)는 대일청구권 금액

1073) 한국외교문서철 750, 일반청구권 소위원회 제3차 전문위원회의 회의록(1962.2.22.), 1632쪽.

1074) 한국외교문서철 750, 일반청구권 소위원회 제4차 전문위원회의 회의록(1962.2.27.), 1644-1645쪽.

은 "김-오히라 합의에 의해 정치적으로 일괄 타결"되었으나 "이것은 개인
청구권이 소멸된 것은 아니며, 정부는 개인청구권을 각 항목별로 이에 대
한 가부, 기준 및 방법을 강구하여야 할 입장"에 있다는 의견을 전달하였
다.[1075] 아울러, 1964년 5월 경제기획원이 청구권 교섭 타결시 민간인 보유
대일재산청구권 삭감 여부와 개별보상 여부 등에 대해 질의하자 외무부는
"청구권 문제는 아측의 각 청구항목을 일일이 따져서 해결하는 방식이 불
가능"하였기 때문에 "일괄하여 해결"한 것인바, 우리측 청구권에는 우리
국민의 "개인 청구권도 포함"되어 있으므로 정부는 "개인청구권 보유자에
게 보상의무를 지게 되는 것"이라는 의견을 발송한바 있다.[1076]

　1964년경 한국측 내부 검토문서를 보면 당시 정부가 기본관계조약과 청
구권의 관계에 대해 정립한 논리를 확인할 수 있다. 즉, 기본관계조약에 의
해 한일간 병합조약 포함 과거 양자간 체결된 조약은 모두 무효로 확인되므
로 "일제의 36년간의 사실상의 한국지배"도 원초적으로 ("Ab initio") 성립
하지 않는다. 따라서 강점기 동안 일본이 끼친 "모든 재산적 손실에 대한 보
상(補償)의 의무"가 일본에 부과되며 "이것이 일본국에 대한 아국의 청구권
으로 나타나는 것"이다. 이런 논리적 연장선상에서 "청구권의 성격"도 규정
되는데, "일본의 한국에 대한 사실상의 지배"가 "법률적으로 전혀 무효"가
되었으므로 한국의 대일청구권은 "민사상의 청구권적 성격"의 것이며 "전승
국이 패전국에 요구하는 배상권"과는 그 성격이 다르다고 한다.[1077]

1075) 한국외교문서철 762, "한일회담에 관한 건", 1595-1596쪽 및 1597-1598쪽.
1076) 한국외교문서철 762, "민간인 보유 대일 재산청구권에 대한 보상조치", 1667-1668쪽.
1077) 한국외교문서철 756, 기본조약 제2조(1910년 8월 22일 이전에 체결된 모든 조약과
　　　협정의 무효화 조항)와 청구권과의 관계에 대한 고찰, 877-882쪽. 해당문서철 내용
　　　상 이 문서(수기 작성)는 1964년 5월경 작성된 것으로 추정된다. 이 문서 작성의
　　　주체, 배경, 목표나 배포 여부 등은 확인하기 어렵다. 이 문서의 논리는 우리측 구
　　　상대로 기본관계조약이 타결됨을 전제로 하고 있는데, 당시는 일본이 아직 기본관
　　　계 조약 체결 자체에 대해 확정적으로 동의하기 이전이었다. 1964년 5월 제6차 한
　　　일회담 기본관계위원회 회의록을 보면 일본이 조약이 아닌 공동선언 형식을 선호

1964년 12월 제7차 회담이 개시되고 1965년 2월 일본 시나 외상 방한을 계기로 다시 교섭에 동력이 생겨난 가운데, 3월 이동원 장관 방일과 함께 실무교섭도 진행되었다. 당시 한일간에는 청구권 관련 해결 문안[1078] 뿐만 아니라 나포 선박 문제와 구체적인 차관제공 방식이나 기간 문제 등도 함께 쟁점이 되고 있었다.[1079] 1965년 3월 25일 이동원-시나 외교장관간 제2회 회담에서 한국측은 "청구권문제 해결에 관한 합의사항(안)"을 제출하였는데 여기에는 "대한민국과 일본국간의 청구권은 완전히 그리고 최종적으로 해결된 것으로 한다"라고 명시되어있다.[1080]

일본은 3월 26일 새벽까지 개최된 제4회 회담에서 양국 및 양국 국민간 재산 및 청구권 문제는 일본측이 제시한 문안("양국 및 양국민 간의 재산 및 청구권문제는 상항평화조약 제4조에 규정된 것을 포함하여 완전 또한 최종적으로 해결된 것으로 한다")으로 일단 합의되었다.[1081] 여기서 "포함하여"라는 문안은 당시 맥락으로 보아 선박 및 문화재 문제까지 포함하여 해결된 것으로 한다는 취지로 이해된다.[1082]

이후 한일 양측은 계속된 협상을 거쳐 1965년 4월 3일 이른바 이동원과 시나 간 4.3. 합의의 가서명에 이른다. 이중 "한일간의 청구권문제해결 및 경제협력에 관한 합의사항"은 "양국 및 양 국민의 재산과 양국 및 양 국민

하는 입장을 견지하고 있음을 알 수 있다. 한국외교문서철 756, 속개 제6차 한일회담 기본관계위원회 제2차 회의 회의록(1964.5.8.), 872-875쪽.

1078) 1965년 1월 일본 내부문서에 의하면 당시 대장성은 청구권 문제의 완전하고 최종적인 해결을 위해 경제협력을 실시하는 것이므로 한국측 대일청구권을 전면 소멸시킬 필요가 있다고 지적하면서 한국이 자국민 개별권리 행사 포기에 대해서는 견해가 분명하지 않다는 점을 우려하고 있었다. 장박진, 형성과정, 303쪽.

1079) 상게논문, 301쪽.

1080) 상게논문, 304쪽; 한국외교문서철 1486, 이동원 외무부장관 일본 방문, JAW-03535 (1965.3.25.), 102-103쪽.

1081) 한국외교문서철 1486, 이동원 외무부장관 일본 방문, JAW-03614 (1965.3.27.), 113쪽.

1082) 장박진, 형성과정, 306쪽.

간의 청구권에 관한 문제는 상항 평화 조약 제4조에 규정된 것을 포함하여 완전히 그리고 최종적으로 해결"된 것으로 하였다. 대외 공표하지 않기로 한 '합의의사록'에서는 완전히 그리고 최종적으로 해결된 것으로 되는 재산과 청구권에 관한 문제에 "한일회담에 있어서 한국측으로부터 제출된 '한국의 대일청구요강'(소위 8항목)의 범위에 속하는 모든 청구권이 포함"되어 있으며, 따라서 이에 대해서는 "여하한 주장도 할 수 없게 된다는 것이 확인"된다고 하였다.[1083]

4.3. 합의가 성립된 이후 협정의 구체적인 조문 작업이 가속화되었다. 4월 16일에 개최된 협의에서 일본측이 개인청구권에 관하여 어떠한 문제가 있는지 신중히 검토중이라고 하자 우리측은 4.3. 합의에 의하여 "일단 개인관계 청구권이 소멸되었다라는 것이 확인"되었으며 앞으로 양국이 "각각 국내적으로 어떻게 소화시킬 것인가가 남는 것"으로 생각한다고 언급하였

1083) 상게논문, 306-307쪽. 한국외교문서철 1486, 이동원 외무부장관 일본 방문, 한일회담 – 청구권, 법적지위, 어업문제에 관하여 1965.4.3.에 이니시알된 합의사항(1965.4.10.), 267-269쪽. 장박진은 평화조약 제4조 이외에 포함되는 범위에 대한 분명한 규정이 없어서 이 합의에 개인청구권 문제가 포함되는지 여부에 대한 명확한 확인이 불가능해졌다고 평가한다. 우리측 대표단은 본국에 "이외무장관과 시나 외상간의 청구권에 관한 합의사항문안 제5항하에서는 한일간의 청구권이 전반적으로 완전히 소멸하고 해결된다는 일반적인 원칙에 합의"하였다고 보고한다. 한국외교문서철 1467, 청구권 관계회의 보고 및 훈령 V.1, JAW-03723 (1965.3.31.). 장박진은 합의의사록에 8개 항목이 포함된다고만 규정했을 뿐 무엇이 더 추가되는지 불명확하고 8개 항목중 우리측이 변경을 요구했던 제6항에는 개인청구권 문제가 포함되지 않는다는 양해가 있는 것도 아니었다는 점들을 고려할 때, 개인청구권이 해결 범위에서 명시적으로 제외되었다고 해석하는 것 역시 쉽지는 않다고 평가한다. 장박진, 형성과정 309쪽. 이러한 장박진의 평가와 관련하여 제6항에 대해서는 후술 참조. 한편, 한국측은 합의의사록 합의를 계속 거부하다가 결국 마지막 순간 귀국 직전 일본 공항에서 한국어본없이 일본어본에만 가서명을 하게 되었는데 이 과정에 대해 2011년 일본에서 출간된 〈일한국교정상화교섭의 기록〉에서 당시 일본 외무성 조약과장은 공항에서 한국측이 도망가는 듯하였으나 겨우 붙들어 가서명을 할 수 있었다는 식으로 회고하고 있다. 유의상, 명분과 실리, 420-427쪽.

다.1084) 일본 내부 동향을 살펴보면, 대장성은 4월 13일 외무성에 대해 "8개 항목에 형식적으로 포함된 모든 대일청구권이 소멸되도록 협정의 표현을 정확히 할 것"을 요망하였으며, 외무성이 이후 작성한 여러 개의 향후 방침 문서 중 4월 19일 문서는 협정으로 해결되는 권리를 "처리 소멸시킬 것"이라고 지적하고 있다.1085) 4월 20일에 열린 제7차 한일회담 청구권 및 경제협력위원회 제1차 회의에서 한국은 4.3. 합의에 의해 모든 청구권이 해결되었으므로 이에 대해서는 향후 각국 국내문제로 처리할 사항이라고 밝혔으나 일본은 매우 어려운 문제라고 느낀다면서 청구권 문제가 국민의 권리 취득이나 상실의 문제이므로 충분히 씻어서 완전히 지울(없앨) 필요가 있으며, 명확히 해두지 않으면 훗날 분규가 생긴다는 점 등을 언급하였다.1086) 당시 진행된 회의 내용을 보면 청구권과 경제협력 문제의 관계에 대해 양국간 이견이 여전히 존재하였음을 확인할 수 있다. 청구권 및 경제협력위원회 제6차 회의에서 일본이 무상자금 등의 제공이 "어디까지나 배상과 같이 의무적으로 주는 것이 아니라 그것보다는 경제협력이라는 기본적인 사고"를 갖고 있다면서 이를 별개의 것으로 다루어야 한다는 입장을

1084) 유의상, 명분과 실리, 429쪽; 장박진, 형성과정, 311쪽. 한국외교문서철 1468, 제7차 한일회담청구권관계회의보고 및 훈령, 1965, 전3권, Vol.2, JAW-04315 (1965.4.16.), 836-837쪽. 우리측(이규성 공사)은 이어 우리측이 개인 청구권을 개별적으로 "따로 따로 검토하는 경우 일측의 처리 여하는 반사적으로 아측에게도 영향이 있을 수" 있으므로 일측의 구상을 조속히 알려줄 것을 요청하기도 하였다.

1085) 장박진, 형성과정, 312쪽.

1086) 유의상, 명분과 실리, 430-431쪽. 한국외교문서철 1468, 제7차 한일회담청구권관계회의보고 및 훈령, 1965, 전3권, Vol.2, JAW-04381, 청구권 및 경제협력위원회 제1차회의보고, 1965.4.20. 839-841쪽. 같은 문서철 JAW-04382, 842쪽. 일본외교문서철 79, 「第7次日韓全面會談請求權及び經濟協力委員會第1回會合」, 1-6쪽. 장박진은 여기서 한일 양측 모두 폭력적인 피해에 따른 개인청구권 문제에 대한 인식을 드러내지는 않았던 것으로 평가한다. 장박진, 형성과정, 313-314쪽. 참고로, '청구권 소멸은 권리의 취득 상실 문제이므로 충분히 씻어서 지울 필요가 있다'는 언급은 한국측 외교문서에는 나와있지 않다.

밝히자, 한국측 수석대표는 이미 4.3. 합의에 두 가지 표현이 병행되어있음을 지적하고, "우리도 일본의 한국에 대한 제공이 배상이 아니라 특수한 것이라는 생각이나 그 표현은 청구권 및 경제협력이라는 표현으로 되어야 할 것"이라고 대응한다. 일본측은 경제협력 자금 문제를 다루는 회의가 되어야 하며 청구권 개념의 원칙적 문제는 별개의 장에서 논의하여야한다는 취지를 밝히면서 "여기서 지금 하고 있는 것은 경제협력에 관한 것"이라는 점을 계속 강조하는 등 의제의 실질적 논의와 겉도는 듯한 발언을 지속하는데 아마도 무상자금이 "청구권의 대가"라는 한국측 관념을 "시정, 조정" 해야 한다는 점을 강조하기 위한 전술로 보인다. 일본측은 "경제협력" 자금이 "배상과 같지 않으며 일종의 정치적인 협력"으로 제공하는 것이자 "일본의 일방적인 의무에 입각해서 제공하는 것"이 아님을 단언하는데, 이는 식민지배에 대한 배상 불가라는 근원적 입장과 함께 청구권 자금을 한국측이 "우리가 받아야 하는 것이니 마음대로 하여야하겠다고 하면 곤란" 하다는 생각을 반영하는 것으로도 볼 수 있다.[1087]

이즈음 한국은 내부적으로 대일청구권과 개인청구권의 관계에 대해 계속 고심하고 있었던 것으로 보이며,[1088] 일본 외무성은 구체적인 협정초안

1087) 한국측은 일본이 자금제공의 의무가 전혀 없다고 하는 것은 타당하지 않다고 반박하면서, "청구권 해결에 경제협력이라는 생각이 가미되어서 결국 청구권 및 경제협력"이라는 것이 된다고 지적하고, 한국 "일반 국민의 감정"상 청구권이라는 표현이 사용되지 않는다면 "중대한 문제가 야기될 것"이라고 언급한다. 한국외교문서철 1468, 청구권 및 경제협력 위원회 제6차 회의 회의록 (1965.5.14.), 983-989쪽.

1088) 한국외교문서철 1474, 한일회담에서 논의되는 대일청구권 중 민간인이 보유하는 개인관계 청구권의 보상 문제 (아주국, 1965.3.18.), 439-450쪽. 여기서 우리측은 기존 합의된 한일간 대일청구권 해결원칙(무상 3억불, 재정차관 2억불, 상업차관 1억불)에 따라 "8개 항목은 모두 합의된 총액 속에 투입된 것"으로서 이러한 합의 내용이 협정화되면 "8개 항목에 관련된 개인의 대일청구권은 소멸될 것이며 이에 대한 반환 또는 변제의 의무가 일단 한국 정부로 넘어오게 되는 것"이라고 전제하고, 개인청구권을 정부가 보상하는 방안과 보상하지 않는 방안에 대해 각각 검토하고 있다. "정부의 보상책임 시인의 이론"을 보면 대일청구권은 "확실한 법률적 근거와

검토작업에 돌입하고 있었다.[1089] 일본 외무성이 4월에 내부적으로 작성한 초안을 보면 '소멸'이라는 단어가 수기로 지워지는 등 소멸을 통한 문제해결 방식을 접고 있었다는 정황이 발견된다.[1090] 일본 외무성은 4월말부터 협정 초안을 관계부처에 회람하고 의견을 조회하였는데 5월 1일 작성된 초안(양국은 재산, 권리 및 이익에 대한 모든 청구권을 포기한다는 문안 포함)에 대한 관계부처 회의에서 외무성 조약과는 실제 소멸은 불가능하며

사실증거에 기초를 둔 재정상 및 민사상의 채권상환요구"로서 패전국으로부터 받아내는 "배상"과 다르다. 이러한 "배상"은 유무형의 전쟁 손해 및 고통에 대한 대가로서 전 국민에게 공통된 것이므로 국민에게 상환될 필요가 없으나, "청구권"은 국가가 개인의 청구권을 대행하여 받아내는 경우에는 이를 이양하여야 하며 민주주의와 법치주의에 비추어도 이것이 타당하다고 한다. "정부의 보상책임 부인의 이론"은 피징용자 중 사망자도 있고 피징용 사실에 대한 증거가 없는 자도 있으며 항일투사들은 그러한 보상요구도 없는 반면 일제강점기를 "가장 기회주의적으로 이용한 어떤 공무원은 우연히 일 정부에 대한" 연금청구권을 가진다는 사실 등에서 비롯한다. 즉, 청구권은 사실상 36년간의 압박에서 비롯하는 "배상과 상통"하므로 (특정 개인이 아닌) "국민 일반에게 시혜하고 국가건설에 협조"하도록 쓰여야 하며 "우연히 근거를 보유한 일부 국민에 대한 보상"은 부인되어야 하며 이것이 "대정의에 부합"하는 것이다. 이는 정식 문서라기 보다는 수기로 작성된 검토 보고서 형식인데 구체 작성 맥락이나 용도는 확인하기 어려우며, 여기서 청구권의 소멸이나 보상, 배상 등의 단어가 엄밀한 법리적 개념과 동등한 차원에서 쓰였다고 보기도 어려울 것으로 생각된다.

1089) 장박진, 형성과정, 314쪽. 일본은 4월 24일 작성한 초안에서 과거 평화조약 사례에 따라 '재산'을 '재산, 권리 및 이익'이라는 표현으로 수정하는 등 협정안을 가다듬어 나가기 시작한다. 여기서 재산, 권리 및 이익은 압류, 유치, 청산 등으로 처분하는 권리를 보유한다고 하여 그것을 해결하는 방법을 상세 명시하였으며 청구권에 대해서는 포기한다고만 규정하였다. 이는 청구권이 재산권과 달리 실체적인 권리가 아니라는 인식을 보여주는 것으로 평가된다. 일본이 한일협정 체결 이후 청구권을 처리하는 별도 국내법을 제정하지 않은 이유에 대해 1991년 외무성 야나이 조약국장은 참의원 예산위원회에서 '청구권은 실체적인 권리가 아닌 것으로 협정 당시 국내법에서 특히 처리하는 문제가 없었으며 따라서 국내법을 제정하지 않기로했다' 고 답변하였다. 장박진, 형성과정, 315쪽.

1090) 장박진, 형성과정, 315-316쪽. 장박진은 일본측 1965년 외교문서(문서번호 1314-1) 에 수록된 초안들을 원용하고 있다.

선례도 없어서 "포기"라고 규정하였으며 그 대상도 외교보호권을 뜻한다고
설명하였다.[1091) 아울러, 조약과는 포기되는 대상에 불법행위배상에 관한
청구권도 포함된다고 설명하였는데 그 사례로 나포어선을 제시하였다.[1092)
이후 일본은 지속적으로 다양한 초안을 만들어 내부적으로 검토하였는
데,[1093) 5월 24일 초안은 한국에 실제 제시할 것을 염두에 두고 작성되었
다.[1094) 이 협정안은 기본적으로 청구권을 "포기"한다고 규정하고 있으며
이는 샌프란시스코 평화조약상의 "포기"라는 표현을 빌려온 것이었다.[1095)
일본 관계부처 회의에서 수산청이 개인청구권이 여전히 남는 것인지 질의
하자 외무성은 적어도 없다고 말할 수는 없으며 국제법상 개인의 권리를
없앨 수는 없다는 취지로 답변하였다.[1096)

일본이 청구권 및 경제협력위원회 제7회 회의에서 한국에 실제로 제시
한 5월 31일자 협정초안 중 보다 상세한 사항을 명기한 '교환공문' 초안에
는 "한국 측으로부터 1952년 2월 21일에 제출된 '한국의 대일청구요강'(그
후의 수정 및 보족(보충)을 포함)의 범위에 속하는 모든 재산, 권리 및 이익
과 청구권에 관해서는 여하한 주장도 할 수 없게 된다"라는 문안이 포함되
어있었다.[1097) 한편, 이 초안의 제2조는 "재산, 권리 및 이익이며 … 이미

1091) 장박진, 형성과정, 317쪽. 5월 1일 초안은 포기의 주체로 국가만 규정하고 있다.
1092) 장박진, 형성과정, 317-318쪽. 이는 한국정부에 '불법나포'된 일본 어선 관련 일본인
     의 청구권을 시사한 것이다. 이후 5월 4일 관계부처 회의에서는 '포기'를 해도 재판
     소가 사인(私人)의 권리를 인정할 가능성이 높아 장래 한일간 분쟁거리가 될 수 있
     다는 점도 지적되었다. 장박진, 형성과정, 318쪽; 유의상, 명분과 실리, 442-443쪽.
1093) 5월 6일 초안, 5월 24일 초안 등을 거쳐 5월 31일 초안으로 진행되었다. 유의상,
     명분과 실리, 443쪽.
1094) 장박진, 형성과정, 320쪽.
1095) 장박진, 형성과정, 321쪽.
1096) 장박진, 형성과정, 321-322쪽, 여기서 직접적인 논의대상은 나포어선 문제였다.
1097) 한국외교문서철 1468, JAW-05563, 1008-1025쪽. 유의상은 "그 후의 수정 및 보족
     을 포함한다(その後の修正及び補足を含む)"라는 문구가 일본의 치밀함을 보여준 것
     이라고 평가한다. 유의상, 명분과 실리, 445쪽. 장박진은 이로써 한국이 제6차 회담

취한 또는 향후 취할 수 있는 모든 조치의 효력을 승인하고 ⋯ 모든 청구권을 포기한다'라고 규정하고 있는데 이에 대해 일본은 승인의 대상이 되는 "조치"에 소송을 제기하는 경우 창구에서 거부하는 것도 포함된다는 입장을 드러내었다.[1098] 이 초안을 대표단으로부터 보고받은 본부는 일측이 제시한 제2조에 대해서는 종래의 입장을 견지하라면서 일측에 상세 확인해야할 본부의 의문점을 전달한다. 즉, "한국의 대일청구권은 원래 종전후 양국이 분리되므로 말미아마 발생한 것이며 따라서 1945년의 종전일을 표준으로 하여 그 이전에 권리가 발생한 것으로 되어 있음"을 전제하고, "일측안에 의하면 협정 서명일을 표준으로 하여 양국의 상대방 국가 및 국민에 대한 모든 청구가 소멸된다고 함으로[써] 종전일 이후에 발생한 제반 청구권에 일단 소멸되는 것으로 되어 있음"을 지적하면서 협정상 효과 작동의 기준일시에 대한 문제제기를 하도록 지시한다.[1099]

한편, 6월 2일 법적문제소위원회에서 한국은 일본이 말하는 '모든 조치'

에서 요구한 6항의 변경사항이 포함된 것으로 해석하면서 이에 따라 "한일회담에서 직접 제기되지 않았던 개인의 권리 행사 문제가 해결 범위에 들어간다는 해석을 강화하는 의미가 더해졌다"라고 평가하고 있다. 장박진, 형성과정 322-323쪽. 그러나 이러한 평가에 대해서는 이론의 여지가 있을 수 있다고 본다.

1098) 장박진, 형성과정, 324쪽. 장박진은 이러한 일본측 발언은 재산, 권리, 이익에 대해서만 적용되는 발언이며 청구권에 직접 적용되는 것은 아니라고 지적한다. 아울러, 일본측은 6월 2일 법적문제소위원회(청구권분과회) 회의에서 '모든 조치에는 재산권, 채권 등을 소멸시키는 조치뿐만 아니라 상대국 국민이 청구를 들고 나오더라도 이것을 각하하는 조치 등도 포함하는 것으로 해석하는 것으로 한다'고 언급한다. 이 발언 역시 한국측이 작성한 간단한 동 회의결과 보고문서에서는 발견되지 않는다. 장박진은 일본이 재산, 채권 문제뿐만 아니라 "실체가 없는 권리인 개인청구권까지 각하할 수 있는 권리를 포함한다는 견해를 다시 천명"한 것으로 평가한다. 장박진, 형성과정, 324-326쪽. 일본측의 이러한 발언들은 일본 문서에서만 발견되며 한국측의 결과보고서에서는 찾을 수 없다. 장박진, 형성과정, 325쪽.

1099) 한국외교문서철 1565, 한일간의 기본관계에 관한 조약 [등] 1965-65. 전5권(Vi. 교섭 및 서명), 294쪽(1965.6.2.). 이는 대표단에 보내는 지시전문의 기안문인데, 이어지는 주일대사관의 보고내용상 동 전문이 기안대로 발신된 것으로 보인다.

의 의미에 대해 문의하였다. 이러한 질문의 배경으로 한국은 '일본측의 설명에 의하면 (이 모든 조치의 예시로서) 법정에서 각하하는 것 등이 고려되고 있는 듯하나 본래 이러한 종류의 사항은 협정에서 다룰 필요가 없고, 권리나 이익에 대해 향후 하등의 조치도 취하지 않는다면 무한의 펜딩 상황이 되는 불안정'에 대한 우려가 있다는 취지로 설명하였다. 이에 일본은 광범위한 대상과 조치가 있을 수 있으므로 구체적으로 나열할 수는 없다고 답하였다. 그러자 한국측은 향후에 취할 수 있는 모든 조치라는 표현은 너무나 포괄적이어서 "예를 들어 8개 항목 이외에 어떤 것이 조치의 대상이 되는지 불확정"이며 국회 설명 관련 우려할 수밖에 없다고 언급하였다. 이에 대해 이어지는 일본의 설명은 '전반적인 해결의 도모'에 있어서 "평화조약의 선례"를 취하지 않을 수 없으며 실제 조치의 대상은 "8개 항목으로 커버되고 있는 것" 이외에는 있을 수 없다고 본다는 것이었다. 그러자 한국측은 "개괄적인 규정의 방식으로는 딱한(불쌍한) 케이스도 있을 수 있으므로 이를 국회에서 들춰내면 곤란하므로, 대상은 8개 항목 요강에 포함된 것으로 한정해주면 안심"이라고 강조하였다.[1100]

이 회의 결과에 대해 한국측은 내부 입장을 정리하면서 4.3. 합의 중 합의의사록 관련 구절(완전히 최종적으로 해결되는 재산과 청구권에는 8개 항목의 모든 청구권 포함)의 의미는 8개 항목상 청구권과 8개 항목에 빠져 있을지도 모르는 종전 전 청구권까지 예상하여 규정한 것이므로 종전 이후의 것까지 포함시키는 취지의 일본 초안은 자국 국민의 재산 및 청구권을 상대측에 백지로 위임하려는 것이어서 충분한 설명이 필요하다는 점을 지

1100) 장박진, 형성과정, 326쪽. 한국외교문서철 1565, 한일간의 기본관계에 관한 조약 〔등〕 1965-65. 전5권(Vi. 교섭 및 서명), 청구권 및 경제협력위원회 법적문제 소위원회 회의보고 (제1차), JAW-06052, 292쪽. 한국측 회의보고에는 이 회의 내용의 자세한 내용이 기록되어있지 않으며, 일본측 외교문서에만 기록되어 있다. 일본외교문서철 81, 第7次 日韓全面會談請求權及び經濟協力委員會請求權分科會第1回會合」(1965.6.2.).

적하고 있다.[1101]

한국은 6월 10일 처음으로 일본에 협정 초안을 제시하였는데[1102] 이 초안은 "재산 및 청구권 문제는 평화조약 4조에서 규정된 것을 포함해 완전히 그리고 최종적으로 해결된다"고 규정하면서 예외사항으로 해방이후 일본에 계속 거주해온 자의 재산 및 청구권과 그 이후 통상적인 접촉에서 발생한 "채권채무관계"를 명기하고 있다.[1103] 일본은 한국측 6.10. 초안에 대해 해결범위가 법률적 명확성을 결여하고 있다는 평가를 전달하면서 "재산 및 청구권이 완전히 그리고 최종적으로 해결"되었다는 문안은 법률적으로 그 해결대상의 범위가 애매해지고 또한 어떠한 처리가 이루어졌는지 알 수도 없다는 입장을 제시하였다.[1104]

이후 6월 11일부터 14일까지 동경 소재 뉴오따니 호텔에서 막판 합숙교섭이 진행되었으나, 한일 양측 모두 이 뉴오따니 호텔 합숙교섭의 상세기록은 남기지 않았다.[1105] 이 합숙교섭에 참가한 일본측 관계자는 합숙교섭

1101) 장박진, 형성과정, 327쪽. 한국외교문서철 1565, 한일간의 기본관계에 관한 조약〔등〕1965-65, 전5권(Vi. 교섭 및 서명), "청구권해결"에 관한 일측 협정안에 관한 검토(1965.6.7.), 306-315쪽. 이 검토문서는 수기로 작성되어있는데 누가 어떤 용도로 작성하였는지는 불분명하다. 장박진은 이와 같은 한국정부의 인식이 위안부 문제와 같은 개인청구권을 직접 의식했을 가능성은 없고 일본에 제시된 적도 없는 것으로 보인다고 평가하면서, 이는 결국 한국이 실제 대상범위보다는 해결 기준 시점에 대해서만 신경을 쓰고 있었음을 보여준다고 지적한다. 장박진, 형성과정, 328쪽.
1102) 한국외교문서철 1468, 한국측 제1차 안, 제7차 한일회담, 청구권관계회의보고 및 훈령, 1965.4-6, 1129-1167쪽. 일본측 초안(1965.5.31.)과 한국측 초안(1965.6.10.) 및 최종합의(1965.6.22.)의 조항별 대조는 유의상, 명분과 실리, 435-436쪽 및 441쪽 참조.
1103) 장박진은 이 초안에서 언급된 "해결"이 개인청구권 원천 소멸인지, 외교적 보호권 포기인지 등이 더욱 애매해지면서 오늘날까지 이어진 혼란의 기원이 되었다고 평가한다. 장박진, 형성과정, 329쪽.
1104) 한국외교문서철 1468, 1218-1222쪽. 유의상, 명분과 실리, 447-448쪽. 한국외교문서철에는 일본측의 일본어 서면 의견이 국문번역 없이 수록되어있다.
1105) 일본은 뉴오따니 교섭의 마지막날인 14일에 다시 초안을 제출하였는데 이는 시점 문제와 관련하여 서명일을 기준으로 향후 조치를 취할 권리를 보유한다고 명시하

경과를 되돌아보면서 숲으로 도망간 개를 죽이는 방식에 비유하여 회고하였다.1106) 이후 합숙교섭은 힐튼 호텔에서 이어졌으며 이 교섭 역시 양측에 전혀 회의기록이 남아있지 않으나, 일본측 관계자 회고에 의하면 여전히 '죽이는 방법'에 대해 협의가 이루어졌다고 한다.1107) 6월 17일 양측은 상호 수정안을 제시하였는데,1108) 한국은 제외 대상의 시간적 기점 등에 대해서는 기존 입장을 견지하였으나 6.10. 초안에 담지 않았던 재산, 권리 및 이익에 대한 조치 및 청구권에 대해서는 여하한 주장도 할 수 없는 것으로 한다는 취지의 일본측 초안 내용이 반영된 조항을 받아들이기로 하였다.1109) 6월 20일 일본에서 이동원 장관은 시간적 기점 문제에 대한 최종타협안을 작성하였고 이를 본국에 승인해줄 것을 요청하는 건의 전문을 발송하였으며, 결국 서울 본부가 6월 22일 오전 이를 받아들임으로써 그날 한일 간 최종적인 타결이 이루어질 수 있었다.1110) 최종 타결된 청구권·경제협력

는 등 기본적으로 5월 31일 초안에서 크게 다르지 않은 내용이었다. JAW-06311, 제7차 한일회담(1964.12.3.-1965.6.22.) 청구권관계회의보고 및 훈령, 1965, 전3권 (V.3.미해결문제 토의 및 조문화작업), 280쪽 및 278-279쪽. 장박진, 형성과정, 331-332쪽.

1106) 장박진, 형성과정, 332쪽. 숲으로 도망친 개에 대해서 일본은 숲을 다 태워버리자는 입장인 반면 한국은 개를 숲에서 끌어내오면 되는 것 아니냐는 식이었다는 것이다. 장박진이 원용한 이 일본측 관계자의 회고는 일본외교문서에 수록된 기록이다. 日韓國交正常化交涉の記錄 總說: 條文作成交涉と日韓條約締協定の調印」, 문서번호 1316 내, 13-458~459쪽 (장박진, 형성과정, 332쪽에서 재인용).

1107) 장박진, 형성과정, 332쪽. 왜 이러한 끔찍한 비유를 사용하였는지는 알 수 없다.

1108) 한국외교문서철 1565, JAW-06394, 1965.6.17. 313-314쪽; JAW-06420, 1965.6.18., 325-326쪽.

1109) 이러한 우리측 수정안에 대해 일본측 교섭 담당자는 숲 속으로 도망간 개와 관련된 일본측 사고방식이 제3항에 반영되었으므로 수락할 수 있다고 생각하였다고 증언하고 있다. 장박진, 형성과정, 333쪽. 최종적인 교섭과정에 대해 장박진은 개인의 피해에 기초한 개인청구권 문제는 최종적인 교섭과정에서도 명시적으로 다루어지지 않은 채 사실상 해결범위에 들어가게 된 것이라고 평가하였다. 장박진, 형성과정, 338쪽.

1110) 한국외교문서철 1565, JAW-06490, 1965.6.21., 333-334쪽; JAW-06504, 1965.6.21., 340쪽. 이러한 건의에 대해 6월 21일 정일권 국무총리 주재 회의가 개최되어 시점

협정은 제2조에서 "양 체약국 및 그 국민(법인을 포함함)의 재산, 권리 및
이익과 양 체약국 및 그 국민간의 청구권에 관한 문제"가 샌프란시스코 평
화조약 제4조(a)의 규정사항을 포함하여 "완전히 그리고 최종적으로 해결"
된다고 규정하고 있으며 이 협정의 합의의사록 2(g)항에서는 해결된 재산,
권리 및 이익과 청구권에 관한 문제에 "한국측으로부터 제출된 "한국의 대
일 청구요강"(소위 8개 항목)의 범위에 속하는 모든 청구가 포함"되어 있고,
"동 대일 청구요강에 관하여는 어떠한 주장도 할 수 없게 됨"을 규정하고
있다.1111) 이렇게 우리가 오늘날 아는 청구권·경제협력협정이 탄생하였다.

관련 기존 입장을 고수하라는 지시를 보내고 대표단이 이것이 불가능하다는 의견
을 보내는 등 본부와 동경 출장 대표단과의 급박한 전문왕래 끝에 결국 6월 22일
오전에서야 대표단의 건의가 받아들여졌다. 유의상, 명분과 실리, 453-454쪽. 청구
권 문제와 별개로 분쟁해결에 관한 교환공문 등도 본부와 대표단 간에 긴급한 전문
이 오가던 막판 교섭대상이었다. 이원덕, "한일회담 시기 일본의 독도정책 전개",
이원덕 외, 『한일공문서를 통해본 독도』(동북아역사재단 연구총서 64, 2013),
33-38쪽 참조. 한편, 원래 한국측은 영문본 협정문의 필요성을 제안하였으나 최종
문안조율이 어려워짐에 따라 6월 15일 김동조와 시나 간 면담에서 영문본을 작성
하지 않기로 합의되었다. 6월 22일에 서명된 한일간 조약·협정 중 기본관계조약만
이 영문본을 정본으로 포함하고 있다. 이후 한일간 조약·협정의 유엔등록과정에서
영문번역본의 유엔 제출이 양국간 쟁점이 되었으며 결국 일본측 작성 초안을 기본
으로 하여 한국측 이견이 있는 부분을 표시하는 것으로 정리된 것으로 보인다. 현
재 유엔에 정식 등록된 한일간 조약·협정을 찾아보면 한국측이 동의할 수 없었던
영어번역 표현에 대해서는 수기로 한국측이 선택한 번역어가 명기되어있다. 한일간
조약·협정의 영문번역본 작성과정 및 유엔 제출 문제 등에 대해서는 한국외교문서
철 2267, 한일제조약 영역문의 유엔등록, 1966-67(전3권) 참조.
1111) 대한민국과 일본국간의 재산 및 청구권에 관한 문제의 해결과 경제협력에 관한 협
정 (1965년 12월 18일 발효, 조약 제172호); 대한민국과 일본국간의 재산 및 청구권
에 관한 문제의 해결과 경제협력에 관한 협정에 대한 합의의사록(I) (1965년 12월
18일 발효, 조약 제173호). 참고로, 청구권·경제협력협정의 협상 경과를 살펴보면
서 주요 협상 참여자들의 개인회고록 내용은 거의 다루지 않았는데 이는 일단 준비
문서의 정의에 해당한다고 보기 어렵다는 원칙론적인 입장에 따른 것이다. 그러나
국제법적 차원에서의 조약해석을 위한 준비문서 검토를 떠나 협상 자체의 복잡다
기한 상황을 복원하고 역사적 인식을 심화한다는 차원에서 그러한 개인회고록 등

3. 청구권·경제협력협정 체결 이후 관련 상황 진행

이하에서는 청구권·경제협력협정의 해석 문제에 대한 이해를 도울 수 있을 것으로 보이는 체결 이후의 상황에 대해 간략히 살펴보도록 한다. 이는 협상 종결 이후의 진행경과로서 준비문서와 관련된 것은 아니므로 본 연구의 직접적인 검토대상은 아니다. 그러나 청구권·경제협력협정의 심층적인 분석 작업을 위해서는 준비문서의 검토 뿐만 아니라, 협정 체결·발효 전후 한일 양국 입장 표명이 준비문서의 내용과 연속성·일관성을 갖는지 등에 대한 확인도 필요할 것으로 생각된다.

가. 협상 타결 후 1960-70년대 한일 양국의 국내 조치

청구권·경제협력협정이 양국 의회의 비준동의를 각각 거쳐 발효된 것은 1965년 12월 18일이었으며, 이후 양국은 이와 관련된 국내입법조치를 취하였다.[1112] 한국은 1966년 청구권자금법,[1113] 1971년 청구권신고법[1114] 등을 제정하였으며, 실제 보상집행을 위해 1974년 청구권보상법[1115]을 제정하였다. 이에 따라 1977년까지 총 83,519건에 대하여 총 91억 8,769만 3,000원의 보상금(무상 청구권자금 3억달러의 약 9.7%)을 지급하였다.[1116]

이 갖는 기록으로서의 가치를 부인하는 것은 아님을 밝혀둔다.
1112) 정인섭, 대상범위 연구, 4-5쪽; 이근관, "한일청구권협정상 강제징용배상청구권 처리에 대한 국제법적 검토", 서울대학교법학, 제54권 제3호(2013)(이하 "국제법적 검토"), 338쪽. 한일회담이 타결된 직후 한일 양국이 취한 국내조치는 대법원의 2018년 판결에 간결하게 정리되어 있다.
1113) 1966.2.19. 청구권자금의 운용 및 관리에 관한 법률.
1114) 1971.1.19. 대일 민간청구권 신고에 관한 법률.
1115) 1974.12.21. 대일 민간청구권 보상에 관한 법률.
1116) 이중 피징용사망자 보상금으로 1인당 30만원씩 총 8,552건이 지급되었다고 한다. 2018년 판결.

한편, 일본은 1965년 12월 18일에 한국 또는 한국 국민의 일본 또는 일본 국민에 대한 재산, 이익 등에 해당하는 채권 또는 담보권을 1965년 6월 22일에 소멸하게 한다는 취지의 재산권조치법[1117]을 제정하였다.

나. 개인 청구권 문제 관련 한일 양국의 대외적 입장 표명

한국내 강력한 한일회담 반대 분위기가 존재하던 상황에서 1965년 6월 최종 타결 이전부터 청구권의 성격과 대상범위 등에 대한 다양한 논란이 지속되면서 정부관계자들의 관련 발언이나 정부 자료에서 이러한 문제에 대한 입장이 천명되었다. 1965년 3월에 제작된 한국정부의 〈한일회담 백서〉는 샌프란시스코 평화조약 제4조가 한일간 청구권 문제의 기초임을 지적하면서 "제4조의 대일청구권은 승전국의 배상청구권과는 구별"되므로 한국은 "제14조의 규정에 의한 승전국이 향유하는 「손해 및 고통(Damage and Suffering)」에 대한 배상청구권을 인정받지 못하였"다고 명시하고 있다.[1118] 한편, 타결 직후인 1965년 7월 5일 발간된 〈대한민국과 일본국 간의 조약 및 협정 해설〉은 "1951년 제1차 한일회담이 개최되자 우리측의 대일청구권을 종합하여 8개 항목으로 된 이른바 대일청구요강을 제시하였다. 이러한 우리측의 청구권은 민사상의 청구권적인 성격의 것이며 전시중 피해를 입은데 대하여 전승국이 전패국에 요구하는 배상(賠償)과는 다른 성격의 것"이라고 설명한다.[1119] 아울러, "우리측이 최초에 제시한 바 있는 8개

1117) 1965.12.18. 재산 및 청구권에 관한 문제의 해결과 경제협력에 관한 일본국과 대한민국간의 협정 제2조의 실시에 따른 대한민국 등의 재산권에 대한 조치에 관한 법률.

1118) 이에 따라 일제 36년 식민통치 대가를 논의하는 의견은 "한일간의 청구권 문제에는 배상청구를 포함시킬 수 없다는 근본적 입장"을 이해하지 못하는 혼동에 불과하다고 지적한다. 백서, 40-41쪽. 아울러, 8개 항목의 청구는 세목별로 법리론과 사실관계를 따지는 사무적 방법이 아닌 각 항목을 일괄하여 타결하는 해결방법(정치적 해결)이 불가피했다고 설명한다. 백서, 47쪽

1119) 대한민국 정부, 『대한민국과 일본국 간의 조약 및 협정 해설』(1965), (이하 "해설

항목의 대일청구 요강에서 요구한 것은 모두 소멸케되는바, 따라서 지금 및 지은에 관한 청구, 과거 조선총독부 체신국 관계의 청구(우편저금, 간이생명보험 등), 한국에 본사를 둔 법인의 재일재산에 대한 청구, 한국인소지의 일본계 통화, 각종 유가증권(국채, 공채 등), 피징용자의 미수금 및 보상금, 은급 등에 관한 청구, 한국인의 대 일본정부 및 일본국민에 대한 각종 청구 등이 완전히 그리고 최종적으로 소멸"한다는 점을 적시하고 있다.[1120]

1965년 8월 청구권·경제협력협정 비준동의를 위한 국회 심의 과정에서 청구권의 성격에 대한 한국 정부 관료들의 발언이 이어졌다. 이동원 외무장관은 제안설명 과정에서 우리가 일본에 대하여 청구하여 온 것은 "채무를 청산"하라는 것이었다면서, 각 청구항목을 일일이 따져서 청산하는 것은 사실상 불가능하였기에 청구액을 최대한 관철시키는 방법으로서 일괄 해결을 보게 되었다고 설명하였다.[1121] 장기영 경제기획원 장관은 무상 3

서"), 74쪽. 해설서는 우리측이 제1차 회담에서 일측에 제시한 8개 항목을 나열하고 있는데 이는 위에서 살펴본 우리측 제1차 회담 외교문서에 기록된 사항과 표현에 차이가 있으며, 제1차 회담 이후 변경된 8개 항목에 더 가깝다. 해설서, 75-77쪽. 이에 대해서는 후술(제5장 제2절 2항) 참조.

1120) 해설서, 84쪽. 해설서는 제공되는 자금의 명목과 관련시켜 교섭을 진행시킴으로써 액수의 규모에 합의함과 동시에 명목은 재산 및 청구권해결 및 경제협력으로 표현케 된 것이라고 설명한다. 아울러 한일 양측이 1957년 12월 31에 받아들인바 있는 평화조약 제4조에 관한 미국정부의 해석각서에 의하면 일본측은 재한 구일본자산에 관한 어떠한 청구권도 주장할 수 없으나, 한국내의 일본자산을 한국정부가 인수한 것으로 인하여 일본에 대한 한국의 청구권이 어느 정도 "소멸", "충족"되었는지에 관한 결정을 한일간의 특별 약정에 정하여야 한다고 하고 있는바, 이러한 모든 점을 고려할 때 각 항목을 일괄하여 타결하는 해결방법 즉 정치적인 방법에 의한 해결이 불가피하였다고 지적한다. 이어, 1962년 8월에 개시된 예비절충에서는 한국측의 8개 항목의 청구를 법이론적으로 검토하는 방식을 지양하고, 한국의 대일청구를 일괄하여 명목과 액수문제를 토의하기 시작하였으며 여기에서 토의된 바를 기초로 1962년 10월 20일과 11월 12일 2차에 걸쳐 개최된 김종필 특사와 오히라 외상간의 회담에서는 마침내 청구권문제해결에 관한 기본적인 원칙이 합의되었다고 설명한다.

1121) 제52회 국회 특별위원회(1965.8.3.) 및 본회의(1965.8.13.) 회의록. 국회 회의록 원문

억불은 "청구권이 아니라 한걸음 더 나아가 실질적으로는 배상적인 성격을 가진 것/실질적으로 배상"이라고 생각한다는 견해를 밝혔으며, 청구권·경제협력협정 제2조에 의해 소멸케되는 청구권에 대한 구체적 설명을 요구받자 "샌프란시스코 평화조약 제4조A호에 있는 소위 한국의 청구권은 양국 협정에 의해서 해결이 됐다"라고 답변하였다.[1122] 8월 10일 특별위원회 회의에서 김봉환 의원은 협정이 발효되면 "일본국과 우리나라 또는 일본국 국민, 우리국민 이와 같은 채권채무관계 청구권은 전부 소멸"된다면서 우리 국민이 갖고 있는 주식, 국채 등에 대해 어떻게 지불할 것인지 문의하자, 장기영 장관은 "한국국민이 대일 채권의 증거서류를 첨부하여 정부에 청구하면 … 민간인의 대일채권에 대해서는 확실한 증거가 있으면 이를 배상할 방침"이라고 답변하였다.[1123] 한편, 당시 야당의 김대중 의원을 비롯

은 국회회의록(likms.assembly.go.kr) 참조.

1122) 제52회 국회 본회의(1965.8.5.) 회의록.

1123) 제52회 국회 특별위원회(1965.8.10.) 회의록. 장기영 장관은 8월 14일 본회의에서 "일본이 자진해서 제공하는 것이 아니라 어디까지나 우리가 청구한 결과 일본이 지불하는 것입니다. 또 일괄해서 무상으로 제공한다는 점에 있어서는 이것은 3억 불은 사실상 배상의 성격과 같은 것"이라고 언급하였다. 제52회 국회 본회의(1965.8.14.) 회의록. 참고로, 1966년 1월 8일 한국 재무부는 "한일회담이 성공적으로 타결되어 대일청구권 문제가 해결됨에 따라 종래 민간인들이 보유하고 있는 대일청구권관계 재산에 대한 국내보상문제"를 검토하고 있다면서 "개인관계 청구권에 대한 보상방안을 수립"하는 데 필요한 자료로서 "소위 청구권 8개 항목의 항목별 금액과 그 산출근거"를 외무부에 문의하는 공문을 발송하였다. 이에 대해 1월 29일 외무부는 교섭경위에 대해서는 "청구권 문제에 관한 한일 양측 입장 대조표"를, 8개항 청구권의 산출근거에 대해서는 "대일배상 요구조서"를 참고하라는 회신 공문을 재무부에 보낸다. 이 공문에 첨부된 "대조표"는 "5.한국인(법인포함)의 일본국 및 그 국민에 대한 ① 일본국채 ② 공채 ③ 日銀券 ④ 피징용한인미수금, 보상금 및 ⑤ 기타청구권" 항목에서 "(4) 피징용자의 피해에 대한 보상"에 대해 한국측의 입장과 일본측의 입장을 다음과 같이 서술하고 있다. "한국측: 강제징용된 한인(노무자, 군인, 군속)이 받은 피해에 대한 補償 3.64억불을 청구한다. 전쟁수행의 성격이므로 사망, 부상자는 물론 생존자에게도 보상금청구. 算出根據 사망 부상은 일본 현행보상의 평균, 생존자는 정신적 육체적 고통을 고려, 인원수는 일본, 미국 및

한 주요 정치인들이 국회에서 청구권·경제협력협정과 개인청구권 등에 대해서 발언 또는 질의한 내용들은 당시 이 문제에 대한 매우 흥미로운 여러 인식을 보여준다.1124)

한편, 1965년 10월 일본 국회의 청구권·경제협력협정 심의과정에서 일본 의원이 청구권 자금이 배상의 성질을 갖는지 문의한 데 대해1125) 시나 외상은 "경제협력은 어디까지나 경제협력입니다. 그래서 청구권이라는 것의 취지를 관철할 수 없다…. 그래서 배상적인 성격을 만약 띠고 있는 것이라면, 그러한 일이 협정의 세부적으로 나타날 것이지만, 보시다시피, 어디까지나 경제협력으로서 취급하고 있는" 상황이라고 답변한다.1126) 11월 참회의 본회의에서도 시나 외상은 "경제협력이 배상의 의미를 갖는 것이라고 해석하는 사람이 있습니다만, 법률상은 그 사이에 아무런 관련이 없습니다….경제협력은 어디까지나 경제협력을 말하는 것으로, 한국의 경제가 번영할 수 있도록 … 또한 새로운 국가의 출발을 축하하는 점에서 이 경제협력을 인정한 것"이라고 답변하였다.1127) 한편, 시나 외상은 "개인의 청구

국내 자료로 산출…." "일본측: 韓人은 그 당시(일제시)에는 日人과 동일한 법적 지위 보유인바, 日人 생존자에 대한 보상없으므로 한인에게도 無이다. 사망, 부상자에 대한 원호조치는 당시의 국내법에 의해 지급했어야 할 것은 지급되었으나 미불금은 前記 미불금으로 처리되어야 한다. 일측 數字는 如下이다…." 한국외교문서철 1944, '한일간의 청구권 및 경제협력협정 제1의정서 제7조 및 제1의정서의 실시세목…협정 및 제1조의 합동위원회…협정, 1966, 전3권 V.3 추가합의사항 체결 국내조치' 497-499쪽 및 505-511쪽.

1124) 이에 대해서는 한혜인. "한일 청구권협정 체결 전후 강제동원 피해의 법위와 보상 논리 변화", 사학연구 제113호 (2014), 256-266쪽 참조.

1125) 이 일본 의원(小坂)은 한국측은 배상이라고 하고 일본은 그렇지 않다는 식으로 의견이 엇갈리고 있다는 요미우리 신문의 10월 22일자 보도를 언급하며 질의하였다.

1126) 1965.10.27. 제50회 중의원 4차 특별위원회.

1127) 1965.11.19. 제50회 참의원 본회의. 한편, 1965년 12월 4일 일본 참의원 특별위원회에서 외무성 아시아국장은 한국인의 피징용 사실 자체에 대해 보상을 요구한 것은 배상적 성격의 요구라고 인식하였다고 한다. 동 회의록 17-18쪽 (정인섭, 대상범위 연구, 517쪽의 각주 22에서 재인용).

권을 포기하였다고 하는 표현은 저는 적절치 않다고 생각합니다 … 정부가 이것을 일단 장악하고 그리고 나서 그것을 포기하였다, 이런 것은 아니며, 어디까지나 정부가 在韓청구권에 대하여 외교보호권을 포기하였다, 그 결과 개인의 청구권이라는 것을 주장하여도 저쪽이 받아들여주지 않는다, 그 받아들여주지 않는다고 하는 상태를 어떻게 할 수 없다, 결론적으로 구제하는 것이 불가능하다, 이런 것이 되는 것으로서 제가 혹시 그것을 포기하였다고 하는 것과 같은 표현을 사용하였다면 이 기회에 정정하겠습니다." 라고 발언하였다.[1128] 일본에서 1965년 9월 발간된 "법률시보(法律時報)"는 한일조약의 종합적 검토 특집호로서 일본 외무성 조약과 담당자의 한일청구권·경제협력협정 해설도 수록하고 있는데,[1129] 이 글의 필자는 협정 합의의사록 제2조(a)항에서 말하는 청구권이라는 것은 (법률상 근거에 의해 재산적 가치를 인정받는 실체적 권리인 재산, 권리 및 이익과 달리) "실체적 권리가 아닌 소위 클레임을 제기하는 지위를 말하는 것임이 양국간에 승인"되었다고 설명한다.[1130] 전반적으로 보아, 오늘날 여전히 청구권 문제

1128) 1965.11.5. 일본국회 특별위원회 회의(동회의록, 17쪽), 심의요지, 236쪽에 수록. 같은 날 회의에서 법제국장은 외교적 보호권 포기에 불과하므로 일본국민에 대한 헌법상 보상 문제는 발생하지 않는다고 하였다. 박배근, "일제강제징용 피해자의 법적 구제에 관한 국제법적 쟁점과 향후 전망: 2012년 대법원 판결을 중심으로", 한양대학교 법학논총 제30권 제3호(2013)(이하 "향후전망"), 62-63쪽의 각주 47 및 정인섭, 대상범위 연구, 521쪽의 각주 35와 36에서 재인용. 참고로, 일본 외무성 조약과 사무관은 청구권·경제협력협정 제2조의 의미는 국가가 국제법상 보유하는 외교보호권 불행사 약속이며 그에 대해 국가가 자국민에 대한 보상의무를 부담하는 것은 아니라고 서술하였다. 外務省外務事務官 谷田正躬 外 2人 編輯, 『時の法令 別冊 日韓條約と國內法の解說』(大藏省印刷局, 1966), (이하 "日韓條約"), 64쪽. 이 자료는 일본 외무성 조약과와 법규과의 담당사무관 등에 의해 집필되었다.

1129) 福田博, "解說日韓條約: 請求權條項", 法律時報 第37券 19號 (1965.9) (이하 "解說日韓條約"), 80-81쪽.

1130) 福田博(후쿠다 히로시)는 그러한 의미에서 청구권·경제협력협정상 "청구권"은 샌프란시스코 평화조약 제4조의 청구권이 "채권"까지 포함하고 있다는 것과 다르다고 서술하고 있다. 福田博, 解說日韓條約, 80쪽. 후쿠다가 샌프란시스코 평화

(개인청구권 소멸 여부 등)의 기본적 개념에 대한 여러 오해나 논란이 남아 있는 이유는 이렇게 '청구권'과 같이 간명하고 평이한 일반적 법률용어를 다소 혼란스럽고 일관성없는 방식으로 사용해온 데서 비롯한 측면이 있으 며 이러한 점에 있어서 한일 양국 모두 자유롭지 않음을 알 수 있다.[1131]

조약 제4조의 청구권이 "채권(債權)"까지 포함하고 있다고 서술한 것은 샌프란 시스코 평화조약 제4조(a)의 "including debts"라는 문구를 염두에 둔 것으로 추 측된다. 일본외무성 홈페이지에 게재된 샌프란시스코 평화조약 일본어 번역본 은 특이하게도 제4조의 'debts'를 '채무'가 아닌 "채권(債權)"으로 번역하고 있다 (www.mofa.go.jp/mofaj/gaiko/treaty/pdfs/B-S38-P2-795_1.pdf). 후쿠다에 의하면 한 국측은 한일회담에서 (일본과 달리) 청구권에 채권적 권리가 포함되는 것으로 사용하였기 때문에 제2조 해석에 "혼선"이 일어나기 쉬운 상황이었다고 한다. 후쿠다의 이러한 서술은 전반적인 회담 내용에 대한 상당히 자의적인 설명이라 고 평가할 수밖에 없다. 참고로, 일본은 독일에 대한 일본의 청구권 포기를 규정 한 제19조(c)에서도 "claims including debts"의 debts를 "채권"으로 번역하고 있 는데, 제18조에 나오는 "external debt"라는 단어에서 debt는 일본어 번역본에서 "채무"라고 번역되어있다. 일본측의 "debts" 번역에 일관성이 없는 이유는 파악 하기 어렵다. 일본의 샌프란시스코 평화조약 번역 표현이 우리나라 일부 연구에 서 인용되기도 하였으나 이러한 번역 문제에 대한 구체적 설명은 찾기 어렵다. 강병근, "1965년 한일협정의 "청구권"의 범위에 관한 연구", 국제법학회논총 제 60권 제3호(2015)(이하 "범위연구"), 20쪽.
1131) 청구권 개념의 혼선 문제에 대해서는 정인섭, "재사할린 한인에 관한 법적 제문제", 국제법학회논총 제34권 제2호(1989), p. 180 참조. 2005년 문서공개 이후에 이루어 진 연구 중 청구권이라는 개념 자체가 한일회담 타결 전후로 어떻게 이해, 활용되 어왔는지에 대한 종합적인 분석은 찾기 어렵다. 앞서 살펴본 한일회담 경과를 생각 해보면 청구권은 여러 개념과의 이항대립(청구권-배상, 청구권-경제협력, 청구권-실 체적 권리 등) 속에서 파악 또는 제시된 것으로 보이는데, 한일회담에 대한 정치/역 사학 연구자들이 설명하는 청구권 개념(예를 들어, 太田修, 한일교섭, 31-32쪽)과 현 대적인 법률용어로서의 청구권 개념이 반드시 동일한지 등에 대해서도 비판적 검 토가 필요할 것으로 보인다. 참고로, 청구권 개념과 연결하여 '채권' 또는 '채무'라 는 단어의 사용도 자못 흥미로운 잠재적 논점을 드러낸다. 2005년 우리나라의 민관 공동위원회는 방대한 한일회담 문서를 검토한 결과를 설명하면서 청구권·경제협력 협정이 '식민지배 배상 청구'가 아니라 "재정적·민사적 채권·채무관계" 해결만을 다루었다는 취지의 입장을 발표하였다. 국무조정실, 한일회담 문서공개 후속대책 관련 민관공동위원회 개최(2005.8.26. 보도자료) (이하 "2005년 보도자료"). 우리나

이후 70년대 청구권보상법 제정 관련 논의, 1990년대 위안부 피해자 피해사실 공개 등을 계기로 표면화된 일본 외무성 관계자들의 공식 발언과 우리나라 정부 고위급 인사들의 국회 발언이나 답변 등도 청구권·경제협력협정의 적용범위에 대한 여러 인식을 엿볼 수 있게 해준다.[1132] 한편, 2005

라에서 2005년 이전에 "재정적·민사적 채권·채무 관계"라는 정확한 문구를 처음 쓴 자료가 무엇인지는 정확히 확인하기는 어려우나, 1965년 3월 외무부 아주국에서 작성한 내부 검토자료를 보면 한국 대일청구권의 연원으로서 한국의 독립에 따른 양국간 "영토의 분리에서 오는 재정상 및 민사상의 채권 채무 관계를 청산하여야 할 필요"가 발생하였다고 서술하고 있음을 확인할 수 있다. 한국외교문서철 1474, 한일회담에서 논의되는 대일청구권 중 민간인이 보유하는 개인관계 청구권의 보상 문제, (1965.3.18.), 439쪽. 일응 "채권채무" 관계라는 표현은 샌프란시스코 평화조약 제4조의 "채무를 포함한 청구권(claims, including debts)"이라는 표현에서 착안된 표현이 아닐까 추측해본다. 1964년 정일영 당시 외무차관은 강연에서 샌프란시스코 평화조약 제4조의 내용을 "채권채무" 관계라고 설명하고 있다. 정일영, "韓日會談의 係爭點", 백서, 243-245쪽. 이와 관련하여 샌프란시스코 평화조약의 초안을 살펴보면, 1951년 5월 3일자 미국 초안에는 이 조항에 "including debts"라는 표현이 없었으나, 6월 13일 초안부터 이 표현이 등장하는 것으로 보인다. 이 당시 동양척식회사와 같이 승전국에 몰수된 일본 자산에 있어서 이 회사들이 발행한 회사채(bond)에 대해서는 여전히 일본이 이자채무를 지고 있다는 점에 대해 일본이 강력 반발하고 있었는데, 이러한 일본의 입장을 감안하여 미국이 청구권에 채무라는 단어를 넣은 것이 아닌지 추측가능하다. 독도 자료 I (미국편) (국사편찬위원회, 2008)의 미국 초안 자료 참조. 다만, 이러한 이자채무에 대해서는 이미 평화조약 제18조에서 어느 정도 처리되어 있다.

1132) 예컨대, 1991년 일본 외무성 야나이 조약국장의 발언은 이른바 외교적 보호권 한정 포기론 또는 개인청구권 불소멸론을 널리 알리게된 계기가 된 것으로 보인다. 박배근, 향후전망, 62쪽. 일본의 입장 표명에 대해서는 김창록, 해결된 권리, 820-826쪽도 참조. 야나이 조약국장은 1991년 일본 의회에서 청구권 문제의 최종적이고 완전한 해결이라 함은 양국이 국가로서 가지고 있는 외교적 보호권을 상호 포기하였다는 것으로서 "개인의 청구권 자체를 국내법적 의미에서 소멸시킨 것이 아니"라고 언급하였다. 1991.8.27. 일본 국회 참의원 예산위원회 회의록 제3호, 10쪽 (정인섭, 대상범위 연구, 520쪽 각주 30에서 재인용). 이어서 그는 이것이 "한국분들이 우리나라에 대하여 개인으로서 그러한 청구를 제기하는 것까지는 방해하지 않는다"는 취지라고 부연하면서 청구를 제기할 수 있는 "지위까지도 부정하지 않는다"는 의미에서 그러한 권리가 소멸되지 않은 것이라고 하였다. 그러나 "실체적인 법률상의

년 이후 한국에서의 주요 상황전개 역시 청구권·경제협력협정 관련 쟁점들
에 대한 체계적 이해와 평가를 위해 중요하다. 2005년 한국정부는 한일회
담문서 공개와 함께 민관공동위원회를 통해 청구권·경제협력협정의 적용
범위에 대한 기본적인 입장을 정립하여 보도자료 형태로 발표하였다.[1133)

근거를 가진 재산적 가치를 인정하는 권리"라고 당시에 관념되지 않았으며, "이른
바 위자료청구권이라고 하는 것이 법률상 근거가 있는 재산적 가치를 가진다고 인
정되는 실체적 권리"인가에 대해서는 "아마도 그렇지는 않을 것"이라고 발언하였
다. 야나이 국장의 이런 증언부언 및 당시 일본 관료들의 유사한 발언들은 결국 개
인의 청구권이 소멸되지는 않았으나 그 소멸되지 않은 청구권이란 말그대로 재판
을 제기해볼 수 있는 권리, 즉 소권이라는 뜻이다. 이에 대해 한일 양국 학계에서는
일본 정부가 자국민의 청구권에 대한 헌법상 보상책임을 회피하기 위한 궤변을 늘
어놓은 것이라고 비판한다 ("기이한 내용", "일종의 언어적 유희", 정인섭, 대상범
위 연구, 521쪽, 524쪽; "말장난에 불과", 박배근, 향후전망, 62쪽; "법적 책임을 회
피하기 위해 오랜 기간 동안 행해 온 해석론적 곡예(interpretive acrobatics)", 이근
관, 국제법적 검토, 329쪽. 小畑는 "편의적 선택", "법적 또는 정치적 책임을 회피하
고자 하는 해석"이라고 하였다. 이근관, 국제법적 검토, 373쪽 각주 102에서 재인
용). 1951년 샌프란시스코 평화조약 체결 직후 일본은 당연히 그 조약 제19조(a)에
의해 개인의 권리 자체가 포기된다는 입장을 취하였으나 1960년대 이후 일본국민
개인의 권리 자체를 소멸시킬 경우 국가보상문제가 발생할 우려를 의식하게 되었
다. 정인섭, 적용범위 연구, 524쪽; 이근관, 국제법적 검토, 372쪽. 이후 전후보상
소송 폭증을 배경으로 일본군 포로출신 미국 국민들 또는 네덜란드 국민들이 미국
에서 일본기업 등을 상대로 제기한 소송에서 일본 정부가 개인청구권 사실상 소멸
론으로 입장을 전환하기 시작하였다. 네덜란드 포로 및 억류자 소송 항소심에서 일
본은 샌프란시스코 평화조약 제14조의 "포기"는 청구에 응할 법률상의 의무가 소
멸했다는 것으로 이를 거절할 수 있으며, 구제가 주어지지 않는 권리가 되었다는
취지의 서면(2001.2.27.)을 제출하였다. 박배근, 향후전망, 63쪽. 이러한 해석이
2007년 일본최고재판소의 "니시마츠" 사건에서 확정됨으로써 일본의 해석론적 곡
예는 일단락되었다고 한다. 이근관, 국제법적 검토, 373쪽. 이 문제에 대한 상세사
항은 정인섭, 대상범위 연구; 박배근, 향후전망; 이근관, 국제법적 검토; 유의상, "한
일 청구권 협정과 과거사현안의 해결에 대한 고찰", 한국정치외교사논총 제37집 2
호 (2016) (이하 "과거사 현안"), 207-235쪽 등 참조.
1133) 민관공동위원회는 법리분과 검토에 따라 청구권·경제협력협정의 "법적 효력 범위"
에 대해 다음과 같이 정리하였다. 우선, 청구권·경제협력협정은 "식민지배 배상"의
청구가 아니라 "샌프란시스코 조약 제4조에 근거하여 한일양국간 **재정적·민사적**

이후 2011년 위안부 피해자 관련 헌법재판소 결정이 있었다.[1134] 2012년에는 강제징용 피해자 관련 대법원 판결이 선고되었고, 이 판결의 재상고심 확정판결은 2018년에 선고되었다.[1135] 2018년 대법원 판결 이후 한일관계는 여러 우여곡절을 겪으며 심각하게 악화되었고, 2023년 한국 정부는 행정안전부 산하의 '일제강제동원피해자지원재단'이 원고들에게 판결금 및 지연이자 등을 지급하는 해법을 발표하였다.[1136] 이러한 공식적 결정들은

채권·채무관계"의 해결을 위한 것이었으며, "**일본군위안부 문제**" 등 일본정부·軍 등 국가권력이 관여한 **반인도적 불법행위**"는 협정에 의해 해결되지 않아 "일본정부의 법적 책임"이 남아있으며 사할린 동포와 원폭피해자 문제도 협정 대상에 포함되지 않는다. 강제동원의 경우 일본정부가 "강제동원의 법적 배상·보상"을 부인하자 "**고통받은 역사적 피해사실**"에 근거"한 보상을 요구하여 이것이 무상자금 산정에 반영되었다. 즉, 무상 3억불은 "**강제동원 피해보상 문제 해결 성격의 자금** 등이 포괄적으로 감안"된 것으로 볼 수 있다는 것이다. 이에 따라 "정부는 수령한 무상자금중 상당금액을 강제동원 피해자의 구제에 사용하여야 할 도의적 책임"이 있었으나 "75년 우리정부의 보상 당시 강제동원 부상자를 보상대상에서 제외하는 등 도의적 차원에서 볼 때 피해자 보상이 불충분"하였음을 인정하고, "강제동원 피해자들에 대해 추가적 지원대책을 강구"하기로 하였다. 국무조정실, 2005년 보도자료 (굵은 글씨는 보도자료 원문대로임).

1134) 헌법재판소는 위안부 피해자들의 일본국에 대한 배상청구권이 청구권·경제협력협정에 의하여 소멸되었는지 여부와 관련하여 한일 양국간 해석상 분쟁이 존재하는데 이 분쟁을 청구권·경제협력협정 "제3조가 정한 절차에 따라 해결하지 아니하고 있는 피청구인의 부작위는 위헌"이라고 확인하였다. 2006헌마788, 2011, 전원재판부.

1135) 대법원의 2012년 및 2018년 판결에 대해서는 후술(제5장 제2절 3.가) 참조. 한편, 과거사 피해자들이 일본에서 제기한 소송에 대해서는 김창록, "한일청구권·경제협력협정에 의해 '해결'된 '권리': 일제 '강제동원' 피해 관련 대법원 판결을 소재로", 경북대학교 법학논고, 제49집(2015)(이하 "해결된 권리"), 792-796쪽 등 참조. 대법원의 2012년 및 2018년 판결의 사실관계 부분에도 일본내 소송에 대한 언급이 있다.

1136) 외교부, "강제징용 대법원 판결 관련 정부입장 발표문"(2023.3.6.) (www.mofa.go.kr/www/brd/m_4076/view.do?seq=369840). 윤석열 대통령은 한일정상회담 공동기자회견(2023.3.16.)에서 한국정부가 그동안 "강제징용 피해자들에 대한 배상 문제를 정부의 재정으로써 처리"를 해왔으나 2018년에 "정부의 65년 협정 해석과 다른 내용의 판결이 선고"됨에 따라 "이것을 방치할 것이 아니라" 그간 정부의 일관된 협정해석 태도와 대법원 판결을 "조화롭게 해석을 해서 한일관계를 정상화하고 발전"시켜야 한다는 생각을 바탕으로 해법을 발표하게 되

한일간 과거사 또는 청구권 문제의 중요한 이정표라고 할 수 있다. 2005년 이후 주요 이정표에 대한 상세한 이해는 오늘날 한일관계의 법적 측면을 정확히 파악하는 데 필수적이다.

제2절 청구권·경제협력협정의 이해와 준비문서의 함의

이제 제4장에서 살펴본 준비문서의 실질적 지위 관련 이론적 논의를 염두에 두고, 청구권·경제협력협정의 실제적 또는 잠재적 쟁점들을 이해해하는 데 있어서 이 협정의 준비문서가 갖는 함의를 생각해보기로 한다. 우선 청구권·경제협력협정의 교섭기록을 국제법상 준비문서라는 차원에서 이해하기 위한 선결문제로서 이 협정 준비문서의 기본적 분류를 시도한 후, 그 중 8개 항목이 교섭당시 우리나라 대일청구권 개념의 핵심을 반영한 특수한 준비문서라는 점에 주목하여 8개 항목에 관련된 잠재적 쟁점을 살펴본다. 이어 청구권협정의 적용범위 문제를 정면으로 다룬 가장 최근의 사례이자 한일과거사 문제의 중대한 전환점이 된 강제징용 관련 우리나라 대법원 판결의 내용 및 이에 대한 학술적 논의 동향을 검토한다. 청구권·경제협력협정의 준비문서 문제 포함 이 협정과 관련된 현재적 쟁점을 논의하는 데 있어서 강제징용 판결에 대한 이해는 피해갈 수 없는 과제이기 때문이다. 이러한 일련의 검토를 바탕으로 준비문서의 사실상 동등성 명제가 청구권·경제협력협정을 이해하는 데 있어서 어떠한 결론적 함의를 갖는지 제시해보도록 한다.

었다고 설명하였다(www.youtube.com/watch?v=vqzNB7JsH-E).

1. 청구권·경제협력협정 준비문서의 분류

청구권·경제협력협정의 배경과 교섭경과에 대한 검토에서 명백해졌듯이 청구권·경제협력협정의 준비문서는 거의 대부분 한일회담 주무부처로서 양국 외교부와 협상대표단 등이 작성한 외교문서라고 할 수 있다. 이 문서들은 완벽하지는 않으나 나름 체계적인 문서보존 양식에 따라 보관·관리되어왔으며 협상 자체가 장기간 진행됨에 따라 분량도 상당하고 내용과 형식이 점진적으로 변모되는 양상을 보이기도 하였다.

이러한 문서들은 그 성격이나 형식, 내용에 따라 다양한 분류법이 가능할 것이나 일단 텍스트로서의 기본적 성격상 크게 내부 검토문서(내부 회의록 및 훈령 포함), 양자간 협상(회의) 기록, 협정 초안(잠정 합의 및 미전달 초안 포함), 그리고 상대방에게 수교(전달)한 문서(협정 초안 제외) 등 네 가지 범주로 구분해서 생각해볼 수 있다.[1137]

먼저, 내부 검토문서는 특정 시점에서 협상 대표단이 직면한 과제 또는 주요 쟁점들에 대해 당사국의 협상전략과 목표, 기본적 인식과 논리 등을 보여준다. 1949년 한국정부가 연합군최고사령부에 전달한 "대일배상요구조서"[1138]는 한일회담 개최 이전에 작성된 우리측 자체 작성 문서이나 일부 전문가들에 의해 우리측 대일청구권의 근간이 되는 자료로 평가받고 있는데, 준비문서의 시간적 범위를 어느 정도까지 인정할 수 있는가라는 쟁점과도 관련된다.[1139] 한일 양국의 외교문서철에는 1955년경 일본의 항목

1137) 청구권회담과 관련된 당시 한일 양국의 언론보도는 여기서 전혀 다루지 않는데 원칙적으로 언론보도는 조약법상 준비문서 또는 여타 보충적 해석수단으로 볼 수 없기 때문이다. 예를 들어, 청구권·경제협력협정에 대한 1965년 9월 13일 동아일보 기사는 외무부가 개인청구권의 존재 및 보상에 대해 부정적 인식을 피력한 것으로 보도되었는데 이 보도의 근거를 찾기는 어렵고 이 기사를 조약 해석에 참조할 수 있는 준비문서로 간주할 수도 없다. 이에 대해서는 유의상, 과거사현안, 221쪽 참조.
1138) 제5장 제1절 2.가 참조.

별 지불가능 여부에 대한 내부 검토 문서,[1140] 1957년경 한국측 작성 영문
자료,[1141] 제5차 회담시 대응전략을 담은 회담 진행요강,[1142] 1964년 기본
관계조약 제2조와 청구권의 관계에 대한 고찰,[1143] 한일 각각 내부적으로
관계부처간 협의 기록 또는 관계부처간 수발신 공문, 주요 회담에 대한 본
부 발신 훈령 등 다양한 형식의 수많은 내부 검토문서가 산재해 있다.

두 번째로, 양자간 협상(회의) 기록은 한일회담 외교문서의 핵심적 요체
이자 분량상 비중도 큰 부분이라고 할 수 있다. 동일한 회담에 대해 양국
기록의 내용에 차이가 나는 경우도 있고 한 국가의 기록에만 나타나는 협
의내용도 있는데, 양자간 명확한 상충점이 있는 자료는 기각되어야 하겠으
나, 양국간 회담기록을 전반적으로 비교대조해보면 양측 자료 모두 신의성
실한 기록작성 및 회담결과 보고라는 관점에서 큰 문제는 없는 것으로 판
단된다. 따라서 회담기록은 해석 쟁점에 대한 내용상 관련성이나 당사국의
의도와 인식을 밝혀주는 정도에 따라 평가되어야 한다. 다만, 청구권·경제
협력협정의 최종적 문안협의가 전개된 두 차례의 호텔 합숙교섭(뉴오따니
호텔 협의와 힐튼 호텔 협의)에 대해서는 양측 모두 상세기록이 남아있지
않고 다소 기이하고 불쾌한 비유적 설명을 담은 모호한 성격의 일본 교섭
담당자의 일방적 회고만 전해지고 있는데 이는 비록 일본의 외교문서의 일
부로 보관되고 있었다 하더라도 준비문서로서의 가치를 인정하기 어렵다
고 볼 수 있다.

세 번째로, 협정 초안 및 중간단계 잠정합의는 당사자들의 공동인식 형

1139) Gardiner, *supra* note 6, p. 112. Gardiner는 준비문서 인정범위가 조약 관련 역사에서
어느 정도까지 거슬러 올라갈 수 있는가에 대해 단일한 지침은 없을 것이라고 평가한다.
1140) 日本外交文書綴 660, 請求權問題處理要綱案(1955.2.24.).
1141) 한국외교문서철 99, 1627-1628쪽.
1142) 한국외교문서철 716, 한일예비회담 진행요강 제1호.
1143) 한국외교문서철 756, 기본조약 제2조(1910년 8월 22일 이전에 체결된 모든 조약과
협정의 무효화 조항)와 청구권과의 관계에 대한 고찰, 877-882쪽.

성 과정 또는 공동인식 부재의 증거를 제공해주는 자료로서 소위 김-오히라 메모,[1144] 4.3. 합의 및 4.3. 합의에 이르기까지 상호 교환된 문안들,[1145] 일본 내부작성 협정 초안,[1146] 1965년 5-6월 막판 교섭에서 상호 교환한 초안들[1147] 등이 있다. 이 범주에 속하는 준비문서들은 청구권·경제협력협정 최종문안에 이르기까지의 나름 연속적이고 점진적인 협의전개 과정을 드러낸다는 점에서 검토의 가치가 충분하다고 본다.

이러한 여러 범주의 준비문서에 있어서 타결 시점에 근접한 특정 회담에서의 협상 내용이나 자료만이 의미를 가진다거나 특정 회담은 결렬되었다는 이유만으로 그 회담시 작성되거나 교환된 자료 또는 그 회담중 채택된 잠정합의 등이 준비문서로서 가치를 갖지 못한다고 일률적으로 말할 수는 없을 것이다. 청구권·경제협력협정 준비문서는 그 작성 시점이 속한 회담의 결렬이나 성과 여부에 상관없이 전체 협상의 전반적인 흐름에 따라 구체 쟁점에 대한 당사자들의 공동의도 형성이나 유지, 또는 부재 등을 확인하기 위한 통시적 독해의 대상으로서 그 가치를 평가해야할 것이다.

네 번째로 상대측에 전달한 문서라는 범주 분류는 한일청구권·경제협력협정의 맥락에서 '8개 항목'과 샌프란시스코 평화조약 제4조의 해석에 대한 '미 국무부 외교공한(각서)'을 지칭한다. 협상과정에서 타국에 전달한 외교공한이 준비문서로 원용되는 것은 흔히 있는 일이나, 8개 항목과 미 국무부 외교공한은 한일회담의 특수한 배경과 성격을 보여주는 독특한 형태의 준비문서라고 할 수 있다. 이하에서는 이중 8개 항목에 대해 별도로 살펴보도록 한다.[1148]

1144) 유의상, 명분과 실리, 370-377쪽 참조.
1145) 제5장 제1절 2.다 참조.
1146) 제5장 제1절 2.다 참조.
1147) 제5장 제1절 2.다 참조.
1148) 8개 항목이라는 텍스트를 어떻게 해석할 것인가의 문제도 생각해볼 수 있는데, 앞서 살펴보았듯이 2012년 및 2018년 대법원 판결에는 8개 항목의 해석 또는 평가에

2. 준비문서로서의 8개 항목에 대한 검토

8개 항목은 내용상으로는 한일회담 초기부터 제시된 한국측 대일청구권 개념의 핵심이라고 할 수 있다. 이는 협상과정 전반에 걸쳐 지속적인 논의의 대상이 되어왔고 결국 최종 타결된 청구권·경제협력협정 합의의사록의 텍스트에 "한국의 대일 청구 요강(소위 8개 항목)"이라고 직접 명기되었다. 8개 항목은 형식상 양국간 협상과 조율을 거쳐 타결된 합의문이 아니라 한국이 일방적으로 제출한 것이며 협상 도중에 한국측은 일부 항목의 내용을 바꾸기도 하였다. 한일회담 교섭기록 전반과 함께 1965년 이후 8개 항목에 대해 논의하거나 검토한 여러 자료들을 살펴보면, 준비문서로서의 8개 항목은 여러모로 독특한 성격을 보이고 있으며 의문점을 자아내는 측면도 있다.

우선, 8개 항목은 본 협정과 불가분의 일체를 이루는 합의의사록의 텍스트에 그 명칭이 정확히 명기되었음에도 불구하고 그 8개 항목의 실제 내용 자체는 한일간 협정 그 어디에도 첨부되거나 밝혀져 있지 않다. 조약 텍스트상 드러나는 유일한 설명적 문구는 "한일회담에서 한국측으로부터 제출된"이라는 간단한 수식문안뿐이다. 제출 날짜나 제출 경과 등도 나와있지 않다.[1149] 이러한 점에서 8개 항목은 합의의사록이라는 정식 조약에 명기

대한 기본 입장이 제시되어 있다. 8개 항목은 준비문서의 일환이자 협정문 초안 등과 달리 우리측의 일방적 입장 표명 문서라는 점에서 독특한 성격을 갖는데, 다소 상이한 맥락이기는 하나 일방적 선언의 해석 문제에 대해서는 ICJ의 1952년 앵글로-이란 오일 사건 및 이를 원용한 1998년 스페인-캐나다 간 어업관할권 사건 등에서 다루어진바 있다. Anglo-Iranian Oil Co. case (jurisdiction), Judgment of July 22nd, 1952: I.C.J. Reports 1952, p. 93, pp. 104-105; Fisheries Jurisdiction (Spain v. Canada), Jurisdiction of the Court, Judgment, I.C.J. Reports 1998, p. 432, p. 454 참조. 한편, 국무부 외교공한 문제는 제5장 제1절 2.가 참조.

1149) 한국은 1965년 백서와 해설서에 8개 항목의 내용과 배경에 대한 설명을 수록하였고 일본은 1966년 자료에 8개 항목을 게재하고 있다. 外務省外務事務官 谷田正躬 外 2人 編輯, 日韓條約 참조.

되어있음에도 불구하고 여전히 준비문서로 간주될 수 있다.[1150] 8개 항목이 합의의사록에 별도 첨부되지 않은 명시적인 이유는 한일회담 협의기록 등에서 찾기 어렵다. 만일 8개 항목의 구체 내용 자체가 부속서나 합의의사록 형태로 조약문에 포함되어있었다면 이는 준비문서가 아니라 제31조에 명기된 문맥(context)을 구성할 수 있을 것이다. 앞서 살펴본 기니-기니비사우 해양경계획정 중재판정에서 해당 조약 자체에 첨부된 부속서로서의 지도는 문맥으로 간주되었다. 만일 이 지도가 협정 본문에서 그 명칭만 언급될 뿐 실제 협정에 부속되지 않았다면 그 지위가 다소 애매하였을 것이다. 지도의 명칭이나 분류상 객관적으로 어떠한 지도를 지칭하는지 쉽게 확인할 수 있다면 군이 첨부되지 않더라도 문맥으로 간주하는 데 어려움이 없을 것이다. 반면, 이미 지도분류체계상 알려져있는 지도가 아니라 당사국이 교섭과정에서 별도로 제작한 지도라면 협정상 언급만으로 그 실체를 확인할 수 없기 때문에 결국 교섭과정에서 생산된 문서들의 탐색을 통해 식별해야하는 준비문서가 된다. 8개 항목의 경우 지도에 비유하자면 시중에 판매되는 지도가 아니라 한국이 자체 제작하고 교섭과정에서 일본에 제시한 특수한 지도, 즉 준비문서로 볼 수 있다.[1151] 둘째, 1952년 일본측에 처음 제출된 8개 항목 원문을 찾기가 어려우며, 8개 항목을 표현하고 있는 여러 버전의 준비문서와 협상 타결 이후 설명 자료상 소개된 8개 항목들 간

1150) 교섭중 채택된 해석합의에는 준비문서가 아닌 조약본문에 준하는 지위를 부여해야 한다는 주장도 있었으나 여전히 준비문서로 보는 것이 타당하다는 점에 대해서는 제4장 제3절 2.가(1) 참조.

1151) 만일 8개 항목을 비엔나 조약법협약 제31조 2항(b)에서 언급된 "조약의 체결과 관련하여, 1 또는 그 이상의 당사국이 작성하고 또한 다른 당사국이 그 조약에 관련된 문서로 수락한 문서(instrument)"로 볼 수 있다면 8개 항목은 문맥과 함께 고려되어야 하는 일반규칙상의 요소가 된다. 그러나 제31조 2항(b)의 "문서"는 통상적으로 비준서나 비준서에 첨부된 해석선언 등과 같이 "체결"과 관련하여 상대국이 서명 등의 형태로 수락한 문서를 지칭하기 때문에 8개 항목과는 다소 거리가 있는 것으로 보인다. Gardiner, *supra* note 6, pp. 232-242.

에 내용과 표현 등의 다양한 불일치가 발견되고 있다. 일본측이 소개하는 8개 항목과 상이한 점이 있음은 당연하다고 할 수 있을 정도다. 심지어 대법원 판결 포함 오늘날 8개 항목을 인용하는 여러 공식 문서에서도 8개 항목의 내용과 출처를 정확히 식별하기 어려운 경우가 있다. 셋째, 한일회담 후반부에 이르러 한국측은 8개 항목의 내용을 일부 변경하였는데 이에 대해 일본은 그다지 적극적인 수용의 태도를 보이지 않았으나 이후 이 문제에 대한 양국간 공통이해가 어떻게 형성되었는지 불분명한 측면이 있다. 단순히 여타 항목과 마찬가지로 청구권의 물적 대상이나 내용적 범위에 대한 사항이라면 그러한 점은 크게 문제가 되지 않을 것이다. 일본측의 반응과 상관없이 결국 8개 항목이 최종 협정 문안에 지칭되어있기 때문이다. 그러나 한국측의 수정사항은 또 하나의 청구권 내용과 대상이 아니라 8개 항목에 포함되지 않는 사항의 추후 권리행사에 관한 문제이기 때문에 당사국의 합의나 조율이 필수적인 사항이었다. 따라서 이 부분에 대해 생각해보지 않을 수 없다.

8개 항목의 해석 또는 독해가 청구권·경제협력협정의 가장 중요한 쟁점이라고 단언하기는 어렵겠으나 우리 대법원의 2012년 및 2018년 판결과 관련 학술적 논의에서 상당히 비중있는 쟁점으로 다루어지고 있다. 따라서 이에 대한 정교하고 합리적인 이해 시도는 충분히 의미가 있다. 물론 8개 항목의 여러 측면에 대한 상세한 파악이 실제 조약해석상 어떠한 가치나 효과를 갖는지는 별도의 문제라고 할 수 있다. 이하에서는 청구권·경제협력협정의 해석 문제에 대한 보다 깊이있는 입장이나 관점을 정립할 수 있는 기본적 토대를 공고히 한다는 차원에서 상기 언급한 의문점들을 차례로 살펴보도록 한다.

가. 8개 항목의 원본과 협상시 활용 또는 제시 경과

이미 언급하였듯이 우리나라가 여러 어려운 여건 속에서도 "대일배상요구조서" 등의 준비 작업을 바탕으로 8개 항의 대일 청구사항을 정리하여 일본에 정식 전달한 것은 1952년 2월 제1차 한일회담 청구권위원회 1차 회의에서였다. 우리측이 전달한 8개 항목의 명칭은 "한국의 대일청구 요강안"이었다.[1152] 한국외교문서철에 남아있는 "대일청구요강안"은 손글씨로 쓴 것인데 실제 일본에 전달된 원본의 사본인지 혹은 원본의 내용만 손으로 옮겨 적은 것인지는 확인하기 어렵다. 동일한 회의에 대한 일본측 기록에도 한글 손글씨로 기록된 8개 항목 및 이에 대한 일본어 버전(손글씨가 아닌 타이프된 문서)이 발견된다. 우리측 외교문서철의 한글 손글씨 버전과 일본측 외교문서철의 한글 손글씨 버전은 동일한 문건이 아니며, 글씨체, 문서양식, 일부 미세한 표현 등에 있어서 차이가 난다. 조사와 어미 등을 제외하고 모두 한자로 적혀있는 점은 같다.[1153] 양측 외교문서는 모두 영문회의록을 포함하고 있는데 여기에는 타이프된 8개 항목 영어번역본이 함께 붙어있다. 양측 외교문서에 별첨된 8개 항목 영어번역본은 내용상 동일하나 스페이싱 등의 차이로 인해 쪽수는 다르다.[1154] 양국의 한일회담 문서만으로는 한국이 8개 항목을 최초 전달하면서 수기 국문본을 전달한 것인지, 일본어 번역본을 전달하였는지, 영어본은 어떻게 작성하여 전달하였는지 등을 파악할 수 없다. 결국 한국이 일측에 "정식으로(formally)" 전

1152) 한국외교문서철 87, "한국의 대일청구요강안", 713-714쪽.

1153) 일본측 한글 손글씨 버전은 "韓日間 財産 및 請求權 協定要綱 韓國側 提案"이라는 제목이며, 4항에는 "本社(店)"이 아니라 "本店"으로 쓰여있다. 日本外交文書綴 1174, 對日請求要綱案.

1154) 제1차 회담에서 양측은 영어회담록을 양측 교대로 작성하기로 하였다. 유의상, 명분과 실리, 143쪽. 일본측 문서철의 8개 항목 영어번역본은 두 쪽이며 한국측 문서철의 영어번역본은 한 쪽으로 되어있다. 이렇게 서로 보유하고 있는 영어본의 양식이 다른 이유는 확인하기 어렵다.

달하였다는 8개 항목의 최초 원본이 무엇인지는 확인하기 어렵다. 이후 청구권위원회 제3차 회의(1952.2.27.)에서는 한국측이 8개 항목의 "세목"을 일본측에 제시하였음은 전술한 바와 같다.[1155)]

제2차 한일회담에서는 한국측이 8개 항목 관련 사항에 대해 사실관계 조회를 요청하였는데 한국측의 조회 요청사항은 8개 항목에 대한 한국측의 기본적 구상을 일견 보여준다.[1156)] 제3차 회담에서는 대일청구권의 근본적 성격에 대한 우리측 논증이 전개되는 등 일부 논의는 있었으나 8개 항목 자체의 세부 내용에 대한 토의는 없었다.[1157)] 1957년경 작성된 것으로 추정되는 한국의 영문자료는 8개 항목의 영어번역본을 포함하고 있는데 앞서 언급한바와 같이 1952년 영문본과 전반적으로 유사하나 제5항에 피해보상 (compensation for damage) 등의 문구가 포함되는 등 현저한 차이도 있다.[1158)] 이후 1958년 개최된 제4차 회담에서는 8개 항목에 대한 별다른 논의가 없었던 것으로 보인다.

1960년 제5차 회담에서는 앞서 언급한바와 같이 8개 항목과 청구권 문제가 비교적 상세히 논의되었다. 일반청구권소위원회 제1차회의에서 우리측은 1952년에 이미 설명한바 있는 8개 항목을 "다시 제시"하겠다고 하였다.[1159)] 우리측 외교문서에 의하면 이날 다시 제시된 8개 항목의 내용은 1952년 버전과 달리 "보상금"이라는 표현을 포함하고 있다.[1160)] 아울러, 11

1155) 상게서, 145-146쪽.
1156) 장박진, 실증분석, 96-97쪽.
1157) 유의상, 명분과 실리, 185쪽.
1158) 한국외교문서철 99, 1627-1628쪽.
1159) 한국외교문서철 718, 865쪽.
1160) 1952년 제시 문안과 비교시 "기타 청구권"이라는 표현이 '피징용 한인의'에 연결되는 것인지 아니면 완전히 별개의 항목인지 다소 불분명한 측면이 있기는 하나, 1952년과 비슷하게 '피징용 한인의 기타청구권'으로 볼 수 있을 것이다. 동일한 해석으로는 김창록, 해결된 권리, 811쪽 참조. 한편, 제1항의 경우, "조선은행을 통하여 반출된 지금과 지은의 반환을 청구함"이라고 하여 1952년 제시항목에 있던 고

월 18일 일반청구권소위원회 제2차 회의에서 8개 항목에 대한 "대체적인 설명"으로서 항목별 상세 내용이 전달되었다.[1161]

이후 1961년 제6차 회담에서 8개 항목의 내용과 효과에 있어서 간과할 수 없는 의미를 담은 입장 표명이 이루어진다. 전반적으로 일본이 한국측 8개 항목의 근거 등에 대해 부정적인 반응을 보이며 서로 논박이 진행되고 있던 상황에서, 우리측은 제6항 청구의 내용을 '8개 항목 중 제1항~제5항 에 포함되지 않은 사항에 대해서는 한일회담 종결 이후라 할지라도 개별적 으로 행사할 수 있다'는 원칙으로 수정하겠다고 통보하였다. 즉, 제1항~제5 항과 같은 또 하나의 실체적 요구사항이었던 제6항(기존 소유 주식과 증권 의 인정)을 권리행사의 절차적 문제이자 청구권 합의의 적용범위에 있어서 상당한 파급효과를 가질 수도 있는 조항으로 대체한 것이다. 이에 일본은 부정적 반응을 보였다.[1162]

이와 같은 8개 항목 구체 제출 및 논의의 전반적인 경과에 비추어 볼 때 한일 양국이 8개 항목의 세부 문안 등에 대한 집중적인 논의와 조율을 통 해 최종 버전에 대한 모종의 타결에 도달하였다고 보기는 어려울 것으로 생각된다.[1163] 이는 한일회담 종료 이후 양국이 각자의 발간자료를 통해 8 개 항목에 대한 설명을 각각 제시하는 과정에서 세부 문안이나 표현에 불 일치가 발생하는 이유를 일부 설명해주는 것으로 보인다.

서적, 미술품, 골동품, 기타 국보, 지도원판이 빠져있으며 "조선은행을 통하여 반출 된"이라는 표현이 추가되었다. 이에 대해 우리측은 미술품 등은 문화재위원회가 별 도로 진행되므로 빠진 것이라고 설명하는 한편, 조선은행으로부터의 "반출"이 당시 대가를 지불한 것이라는 일본측 주장에 대해 입씨름을 벌이기도 한다. 한국외교문 서철 718, 제5차한일회담 예비회담 일반청구권 소위원회 제3차회의 회의록, 885쪽.

1161) 한국외교문서철 718, 875쪽.
1162) 한국외교문서철 750, 412쪽.
1163) 8개 항목 자체는 "합의문"이 아닌 한국의 일방적 입장 표명이라는 점을 상기할 필 요가 있다.

나. 주요 버전 비교 - 8개 항목의 공식 버전 문제

8개 항목은 청구권·경제협력협정 체제의 텍스트에서 그 명시적인 명칭으로 지칭되어있으나 실제 첨부물이나 부속서로 존재하지는 않는다. 앞서 살펴본바와 같이 협상 과정에서 최초 제시된 원본은 확인하기 어려우며 양측 외교문서를 통해 그 내용을 파악하고 주요 논의과정과 수정·변경에 대해 대체적으로 살펴볼 수 있을 뿐이다. 그렇다면 한일간 최종타결된 정식 조약체제에서 지칭되고 있는 8개 항목의 공식본은 무엇인가 또는 무엇이 되어야 하는가라는 질문을 던져볼 수 있다. 즉, 만일 오늘날 8개 항목의 정확한 내용 소개나 인용을 위해 공식 문서에 옮겨 적어야 한다면 어떻게 기록해야 하는가?

회담 진행 과정에서 내부적으로만 검토되었거나 내부참고자료에만 실린 여러 버전의 8개 항목은 일본측에 전달되거나 공표된 적이 없으므로 이를 근거로 삼는 데에는 한계가 있을 것이다.[1164] 따라서 우선 과거 우리 정부가 8개 항목을 소개·설명한 공식 발간자료를 참조해볼 수 있다. 한국정부는 1965년 협상 최종 타결을 전후하여 "백서"와 "해설서"라는 두 종류의 한일회담 설명자료를 발간하였다.[1165] 이는 대한민국 정부 명의로 발간되었으므로 정부 공식자료로 간주될 수 있다. 이 두 자료가 소개하는 "8개 항목"에는 서로 차이가 없으며 그 오류와 오탈자도 동일하다. 1952년 8개 항목의 최초 전달 이후 한국측이 일본측에 8개 항목을 다시 정식 제시한 시점은 1960년 제5차 회담이었는데, 제6항 변경 제시(1961년) 이외에는 1965년 타결시까지 5년의 기간중 8개 항목을 전체적으로 재정비하거나 다듬어

1164) 제2차 회담시 사실관계 조회 차원에서 전달된 내용은 8개 항목에 대한 우리측의 인식을 반영하는 것임에는 틀림없으나 형식상 그 자체가 정식 8개 항목의 공식버전 전달이라고 하기는 어려울 것이다.

1165) 백서는 1965년 3월, 해설서는 1965년 7월 발간되었다.

서 수정 제시하였다는 기록은 없다. 아울러, 한국측 외교문서에서 찾을 수 있는 8개 항목 기록 중 백서 및 해설서에 담긴 8개 항목과 가장 유사한 버전이 제5차 회담시 다시 제시된 8개 항목이므로 양자를 일단 비교해볼 필요가 있다. 다음 표는 두 버전을 항목별로 비교하여 보여주고 있다. 세부 표현의 특기사항이나 오류 등은 각각의 각주에 정리하였다.

〈표 3〉 8개 항목 비교: 1960년 제5차 회담 - 1965년 발간물

1960년 제5차회담시 제시한 버전[1166] ("한국의 대일청구 요강(개략설명)")	1965년 백서 및 해설서 버전[1167] ("8개 항목은 다음과 같다")
조선은행을 통하여 반출된 지금과 지은의 반환을 청구함.	(1) 조선은행을 통하여 반출된 지금 249,633,198,61g(제5차회담시제시) 및 지은 67,541,771.2g(제5차회담시제시)의 반환 청구
본항의 청구는 1909년부터 1945년까지의 기간중 일본이 조선은행을 통하여 반출하여 간것임.	
2. 1945년 8월9일 현재 일본정부의 대조선총독부 채무의 변제를 청구함.	(2) 1954년[1168] 8월9일 현재의 일본정부의 對 조선총독부 채권[1169]의 반제(返濟)[1170] 청구
본항에 포함될 내용의 일부는 다음과 같다.	
1) 체신부 관계	(가) 체신국(局) 관계
ㄱ) 우편저금, 진체저금, 위체저금 등	ㄱ) 우편저금, 진체저금, 위체저금 등
ㄴ) 국채 및 저축채권 등	ㄴ) 국채 및 저축채권(貯蓄債券) 등
ㄷ) 조선간이생명보험 및 우편년금 관계	ㄷ) 간이생명보험 및 우편연금(年金) 관계
ㄹ) 해외위체저금 및 채권	ㄹ) 해외위체저금 및 채권(債券)
ㅁ) 군정법령 제3호에 의하여 동결된 한국수취금	ㅁ) 태평양 미국육군사령부 포고3호에 의하여 동결된 한국수취금
ㅂ) 기타	
2) 1945년 8월9일 이후 일본인이 한국내 각 은행에서 인출한 예금액	(나) 1945년 8월9일 이후 일본인이 한국 각 은행으로부터 인출한 예금액

1960년 제5차회담시 제시한 버전[1166] ("한국의 대일청구 요강(개략설명)")	1965년 백서 및 해설서 버전[1167] ("8개 항목은 다음과 같다")
3) 한국에서 수입된 국고금 중 무실세출로 인한 한국수취금 관계	(다) 한국에서 수입된 국고금 中의 이부자금(裏付資金)이 없는 세출에 의한 한국수취금 관계
4) 조선총독부 동경사무소 재산	(라) 조선총독부 동경사무소의 재산
5) 기타	(마) 기타
3. 1945년 8월9일 이후 한국으로부터 이체 또는 송금된 금원의 반환을 청구함.	(3) 1945년 8월9일 이후 한국으로부터 이체 또는 송금된 금품(金品)[1171]의 반환 청구
본항의 일부는 좌기사항을 포함한다.	
1) 8월9일 이후 조선은행 본점에서 재일본 동경지점으로 이체 또는 송금된 금원	(가) 8월9일 이후 조선은행 본점으로부터 재일 동경지점에 진체(振替)[1172] 또는 송금된 금품(金品)
2) 8월9일 이후 재산금융기관[1173]을 통하여 일본으로 송금된 금원	(나) 8월9일 이후 재한금융기관을 통하여 일본에 송금된 금품(金品)
3) 기타	(다) 기타
4. 1945년 8월9일 현재 한국에 본사 또는 본점 또는 주사무소가 있는 법인의 재일재산의 반환을 청구함.	(4) 1945년 8월9일 현재 한국에 본사, 본점, 지점 또는 주(主)된 사무소가 있던 법인의 재일재산의 반환 청구
본항의 일부는 좌기사항을 포함한다.	
1) 연합군 최고사령부 폐쇄기관령에 의하여 폐쇄청산된 한국내 금융기관의 재일지점 재산	(가) 연합군 최고사령부 폐쇄기관령에 의하여 폐쇄청산된 한국내 금융기관의 재일지점 재산
2) SCAPIN 1965호에 의하여 폐쇄된 한국내 본점보유 법인의 재일재산	(나) 연합군 최고사령부 지령965호[1174]에 의거 폐쇄된 한국내 본점보유 법인의 재일재산
3) 기타	(다) 기타
5. 한국법인 또는 한국자연인의 일본국 또는 일본국민에 대한 일본 국채, 공채, 일본은행권, 피징용한인의 미수금, 보상금 및 기타청구권의 변제를 청구함.	(5) 한국법인 또는 한국자연인의 일본국 또는 일본국민에 대한 일본 국채, 공채, 일본은행권, 피징용한국인의 미수금, 보상금 및 기타 청구권의 반제 청구
본항의 일부는 좌기사항을 포함한다.	

1960년 제5차회담시 제시한 버전[1166] ("한국의 대일청구 요강(개략설명)")	1965년 백서 및 해설서 버전[1167] ("8개 항목은 다음과 같다")
1) 일본유가증권	(가) 일본유가증권
2) 일본계통화	(나) 일본계 통화
3) 피징용인 미수금	(다) 피징용한국인 미수금
4) 전쟁으로 인한 피징용자의 피해에 대한 보상	(라) 전쟁에 의한 피징용자의 피해에 대한 보상
5) 한국인의 대 일본정부 청구	(마) 한국인의 대 일본정부 청구은급 관계[1175]
은급관계 및 기타	
6) 한국인의 대일본인 또는 법인 청구	(바) 한국인의 대(對) 일본인 또는 법인청구
7) 기타[1176]	
6. 한국 법인 또는 한국자연인 소유의 일본 법인의 주 또는 기타증권을 법적으로 인정할 것을 청구함.	(6) 한국인(자연인, 법인)의 일본정부 또는 일본인에 대한 개별적 권리행사에 관한 항목[1177]
본항의 내용은 1945년 8월9일 현재로 한국 법인 또는 자연인이 소유하고 있던 일본법인의 주 또는 증권은 앞으로도 계속하여 유효한 것으로 법적으로 인정케 하려는 것임.	
7. 전기 제 재산 또는 청구권에서 생한 제 과실의 반환을 청구함.	(7) 전기 제 재산 또는 청구권에서 발생한 제 과실의 반환 청구
(본 항의 설명은 수석위원이 돌아온 후에 상의한 후 답하겠다.)	
8. 전기 반환 및 결제는 협정성립후 즉시 개시하여 늦어도 6개월이내에 종료할 것.	(8) 전기 반환 및 결제의 개시 및 종료 시기에 관한 항목[1178]

1166) 제5차회담 일반청구권소위 제1차회의시(1960.11.10.) 한국측이 일본에 "다시" 제시한 8개 항목 및 동 소위 제2차회의(1960.11.18.)에서 우리측 전문위원이 상세 설명한 내용(1960.11.18.,일반청구권소위 제2차회의 기록(한국외교문서철 718, 877-879쪽).
1167) 백서, 44-46쪽; 해설서, 75-77쪽. 두 자료 모두 동 8개 항목이 '1951년 제1차 회담에서 제시'되었다고 설명하고 있으나 이는 틀린 서술이다. 제1차 회담은 1952년에 개

960년 '다시 제시' 버전과 1965년 백서와 해설서 소개 버전은 타결시점에 가장 근접한 두 개의 버전으로서 상기 비교표가 보여주듯이 상호 대조하여 보아야 보다 완전한 이해가 가능해진다. 1965년 버전은 한국정부의 공식 자료임에도 불구하고 세부 사항에 대한 오류나 공백이 있어서 그 자체만으로는 파악할 수 없는 항목이 일부 있기 때문이다. 8개 항목의 가장 정확하면서도 공식적인 (재)서술을 시도한다면 정부에 의한 공식 발간 여부, 내용의 정합성 등 특정한 기준을 정해야할 필요가 있을 것으로 생각된

최되었으며, 1952년 제1차 회담에서 제시된 8개 항목은 백서 및 해설서에 담긴 것과 내용 및 표현에 차이가 있다. 특히 1961년에 수정된 6항의 내용도 다를 수밖에 없다. 이 비교표에서는 양자 모두 각종 오기, 오류 등을 원문 그대로 적었다(띄어쓰기만 일부 조정). 아울러, 좌측 1960년 제5차 회담 기록에는 한자가 전혀 사용되지 않았으나 우측 백서 및 해설서 버전에서는 거의 모든 단어가 한자로 기록되어있다.

1168) 1945년의 오기로 보인다.

1169) 맥락이나 내용상 債務의 오기로 판단된다.

1170) "변제"가 아닌 "반제"라는 단어를 쓰고 있다.

1171) "금원"이 아닌 "금품"이라는 단어를 쓰고 있다.

1172) "이체"가 아닌 "진체"라는 단어를 쓰고 있다.

1173) "재한금융기관"의 오기로 보인다.

1174) 1965호의 오기로 보인다. SCAPIN 제1965호는 일본외부에 본점을 둔 은행의 일본 내 재산처리 관련 내용이며, SCAPIN 제965호는 동결자산 이자 관련 내용이다.

1175) "한국인의 대일본정부 請求恩給關契"로 쓰어 있으나 "한국인의 대일본정부 청구(은급관계)"를 의미하는 것으로 추정된다.

1176) 백서 및 해설서에 수록된 8개 항목에는 제5항의 이러한 "기타" 항목이 없다.

1177) 백서 및 해설서에는 제6차 회담시(1961.12.21.) 통보된 수정사항이 그대로 반영되지 않았다. 당시 전달된 서면에서 제6항의 제목은 "한국인(자연인 및 법인)의 일본정부 또는 일본인(자연인 및 법인)에 대한 권리 행사에 관한 원칙"으로 되어있었으나 백서 및 해설서는 제목이 약간 다르다. 아울러, 제6항 수정사항의 세부 내용(제1-5항에 미포함된 것은 추후 개별 행사 가능)이 서술되어있지 않다. 한국외교문서철 750, 제6차 한일회담 청구권위원회회의록, 1-11차, 1961.10.27.-62.3.6, 소위원회 제8차 1961.12.21., 417쪽.

1178) 백서 및 해설서에 수록된 8개 항목에서 제6항 및 제8항은 그 구체내용이 없고 항목의 제목(개별적 권리행사, 개시 및 종료 시기)만 적혀있다.

다. 따라서 1960년 및 1961년 버전 등 한일회담시 실제 제출·협의된 내용에 비추어 일부 수정·보완된 1965년 정부발간 백서와 해설서 버전이 가장 합리적인 8개 항목 버전으로 제시될 수 있을 것이다. 특히, 제6항의 세부사항이 누락되어있으므로 이를 보강해야 협상 내용을 온전히 반영한 8개 항목의 복원으로 간주될 수 있다. 당연히 이는 1965년 백서와 해설서 버전이 실제 일본측에 "제출"된 버전이거나 그 버전과 거의 유사하다는 것을 전제로 한다.

참고로, 2005년 한일회담 문서공개 관련 국무총리실 대책기획단 등의 여러 활동 및 회의 자료를 기록한 활동 백서(2007년)에도 8개 항목이 별첨되어있는데, 일부 오류가 있기는 하나 전반적으로 1965년 백서 및 해설서의 내용과 유사하다.[1179] 대법원의 2012년 판결문은 별도의 출처 표기 없이 8개 항목 전체를 직접 인용하고 있는데 제5항을 "한국법인 또는 한국자연인의 일본은행권, 피징용한국인의 미수금, 보상금 및 기타 청구권의 변제청구"라고 적었다.[1180] 이는 1965년 백서 및 해설서 버전 포함 기존 우리측이 제시하거나 공표한 어떠한 버전과도 일치하지 않으며 각 항목별 상세사항도 누락되어있다. 2018년 판결은 8개 항목 전체가 아니라 제5항만을 인용하였는데 직접 인용이 아니라는 차이는 있으나 2012년 판결과 동일한 문안으로 적고 있다.[1181]

8개 항목은 한일 양자간 합의문이 아니라 청구권·경제협력협정 합의의 사록이 규정하듯 "한국측으로 부터 제출된" 일방적 작성 문서다. 따라서 우리측 문서가 일본에 "제출"되었다면 그 문서에 근거하면 될 뿐이며 일본측 공식자료에 의존할 필요성은 크지 않을 것이다. 일본의 경우 1966년 발행된 "일한조약과 국내법의 해설"이라는 자료에서 한일간 1965년 체결된

1179) 국무총리실 백서, 286-287쪽.
1180) 2012년 판결.
1181) 2018년 판결.

협정을 전반적으로 소개하면서 8개 항목을 첨부하였다.[1182] 일본측이 첨부한 이 자료는 세부적 측면에서 우리측 버전과 상이한 점이 눈에 띈다. 우선, 제2항부터 제5항까지 모든 항목에서 각 항목 끝에 "기타(その他)"가 포함되어있으며, 제2항의 1항에도 "기타"가 들어가 있다. 이것은 1960년 "다시" 제시 버전과는 일치하나, 1965년 백서 및 해설서의 경우 제2항의 1항과 제5항에는 "기타"가 없다.[1183] 아울러, 제6항의 경우 우리측이 1961년에 통보한 수정사항의 제목이 그대로 반영되어있으나 세부사항은 누락되어있다.[1184] 제7항과 제8항은 각각 "(과실(果実))", "(지불방법)"이라고만 표기되어있다. 전체적으로 일본측이 당시 소개한 자료는 1960년 버전에서 일부(제6항-제8항) 누락사항이 있는 것으로 볼 수 있다.

다. 8개 항목 수정과 한일간 공동이해 성립 문제

2018년 대법원 판결에서는 8개 항목이 재정적·민사적 채권채무관계에 관한 것으로서 식민지배 불법성과 관련된 사항은 없다고 규정함으로써 8개 항목이 청구권·경제협력협정 해석상 갖는 의미와 가치를 간단하게 정리하고 있다. 그러나 이러한 대법원의 접근법과는 별개로 청구권·경제협력협정의 해석문제와 관련하여 한일회담의 전체적인 흐름상 8개 항목의 역할과 지위에 대한 양국의 이해가 어떻게 정리된 것인가라는 의문이 있음을 지적하지 않을 수 없다. 만일 8개 항목이 전부 청구의 실체적인 물적 대상이라

1182) 外務省外務事務官 谷田正躬 外 2人 編輯, 日韓條約, 221-222쪽 ("韓國側の對日請求要綱(いわゆる「八項目」の內容)").

1183) 국무총리실 대책기획단 활동 백서에 첨부된 8개 항목은 제3항과 제4항에만 "기타" 항이 있으며 제2항과 제5항에는 "기타" 항이 없다.

1184) 제5항 제목은 우리측이 1961년에 전달한 "한국인(자연인 및 법인)의 일본정부 또는 일본인(자연인 및 법인)에 대한 권리 행사에 관한 원칙"을 그대로 일본어로 번역하여 사용하였다. 세부내용이 누락된 것은 백서 및 해설서 버전과 동일하다.

면 8개 항목이 청구권·경제협력협정의 적용 대상이 되었다는 서술이나 규정을 이해하거나 평가하는 데에 큰 어려움이 없을 것이다. 그러나 이미 살펴본 바와 같이 제6항과 제8항은 청구의 실체적 물적 대상이 아니라 절차적 사항이다. 특히 한국이 1961년 수정 제시한 제6항은 청구권·경제협력협정의 포괄성 또는 일괄해결 성격에 직접적으로 영향을 미칠 수도 있는 요소를 포함한다. 제6항의 내용을 그대로 따른다면 8개 항목의 실체적 대상(제1항-제5항)에 포함되지 않는 권리는 협정 체결 이후에 개별적으로 행사 가능해진다. 그러나 일본은 우리측의 제6항 수정에 대해 부정적 반응을 보였다. 이후 이러한 일본의 부정적 반응이 협상 타결 과정에서 어떻게 정리되었는지 다소 모호한 측면이 있다. 전술한바와 같이 회담기록에 의하면 우리측은 1962년에 과거 대일청구에 포함되지 아니하던 개인 청구권까지 포함되어버릴 경우 정부가 곤란해질 수 있으므로 제6항을 배제하도록 협의하라고 대표단에 지시하였다. 이러한 본부 지시를 받은 대표단은 이를 일본측에 타진하였으나 일본은 논의 자체를 거부하는 듯한 반응을 보였고 대표단은 일본으로부터 양해를 구할 방법이 사실상 없다고 보고하였다.[1185] 그런데 여기서 다소 혼란스러운 내용이 발견된다. 우리측은 이미 1961년에 제6항을 수정 제시하였다. 따라서 1962년 시점에서의 제6항은 한국인이 보유한 일본 법인의 주식·증권이 아니다. 그런데 대표단이 본부 지시에 따라 일본측에 타진한 사항은 수정된 제6항이 아니라 한국인 보유 일본 법인의 주식·증권의 문제였으며, 이에 일본측은 제6항의 내용이 무엇인지는 모르나 수용할 수 없다는 식의 불성실한 답변을 하며 논의를 거부한 것이다.[1186] 따라서 제6항에 대해 교섭하라는 본부지시와 이 지시를 나름대로 이행한 대표단의 보고가 정확히 8개 항목의 변천이나 협의 과정에서 어떻게 이해되어야하는지 불확실하다.

1185) 한국외교문서철 737, JW-12393(1962.12.22.).
1186) 한국외교문서철 737, 461쪽.

만일 우리측의 1961년 제6항 수정 제시가 일본에 의해 거부당했다면, 그래서 결국 권리의 개별행사를 규정하는 것은 인정할 수 없다는 일본의 입장이 관철된 것이라면 협상 타결 이후 한국과 일본의 8개 항목 소개에서 제6항은 한국인 보유 일본 법인의 주식·증권으로 기록되어있어야 자연스러울 것이다. 그러나 이미 보았듯이 청구권·경제협력협정 합의의사록 텍스트나 그 외 어떠한 최종타결 문헌에도 한국측 제출 8개 항목이 일부 거절당했다거나 제한적으로 수용되었다는 암시는 없으며 양국 모두 대외 발표·설명한 8개 항목 자료에서 제6항의 내용을 주식·증권이 아닌 1961년 수정안의 제목으로 기록하고 있다. 비록 양측 공표자료에 제6항의 세부내용이 담겨있지는 않으나 제6항의 제목에 따라 그 내용을 합리적으로 이해·적용한다면 제1항-제5항에 포함되지 않은 사항은 추후 개별적으로 행사가능하다는 결론이 도출될 수도 있는 것이다. 이 문제는 보다 더 광범위한 자료 조사나 전문적인 학제간 검토와 판단이 필요할 것으로 생각된다. 따라서 여기서 제기한 사항만으로 어떤 확정적 결론을 내리는 것은 자제하도록 한다. 다만, 본 연구의 원래 주제인 준비문서의 가치와 역할이라는 차원에서 준비문서로서의 8개 항목에 대해 생각해보자면, 텍스트 해석의 모호성이나 불명확성 또는 부조리성이나 불합리성에 대한 판단과 무관하게 준비문서의 신중하고 신의성실한 검토가 거의 필요불가결하다는 점을 보여줄 수 있는 또 하나의 사례가 될 수 있을 것으로 본다.

3. 강제징용 피해자 관련 2012년 및 2018년 대법원 판결

앞서 언급하였듯이 2012년 및 2018년 대법원 판결과 그 판결을 둘러싼 논쟁은 한일 과거사 문제의 법리적 측면을 이해하는 데 있어서 중요한 이정표 역할을 한다고 할 수 있다. 그러나 이 판결이 청구권·경제협력협정이라는 조약에 대해 비엔나 조약해석 규칙을 구체적으로 어떻게 적용하고 있는지의 문제는 그간 이 판결에 대한 학술적 논의에서 그다지 두드러지지 않은 쟁점이라고 할 수 있다. 이러한 맥락에서 이 판결이 보여주는 한일회담문서 등 준비문서에 대한 접근법을 살펴보고 앞서 다루어진 현대 국제법상 준비문서의 지위와 역할에 대한 논의가 어떠한 시사점을 제공해줄 수 있는지 평가해볼 필요가 있다. 여기서는 우선 2012년 및 2018년 판결의 요지 및 차이점 등을 살펴본 후 대법원이 이 판결에서 보여준 비엔나 규칙의 적용 문제를 간략하게 검토해보도록 한다. 아울러, 이 판결에 대한 우리 학계의 평가를 살펴보는 차원에서 이 판결과 직간접적으로 관련된 주요 학술적 논의를 쟁점별로 개관한다.

가. 판결 요지

(1) 2012년 판결 요지

이 사건 원고 등은 1941년 이후 공원모집공고를 보고 응모하거나 보국대 동원 등의 사유로 일본으로 건너가 열악하고 비인간적인 노동 여건 하에서 위험한 노동에 종사하였으며 갖은 고통과 차별, 수모를 겪었다. 원고들 중 일부는 일본에서 미쓰비시의 강제징용 등 국제법 위반 및 불법행위 등을 이유로 손해배상소송을 제기하였으나 제척기간의 경과나 시효완성, 청구권·경제협력협정 및 재산권조치법에 의한 소멸 등을 이유로 최고재판소 상고심까지 잇달아 패소하였다. 이에 원고는 우리나라에서 2005년경 소송을 제기하였고 2012년 판결은 구 미쓰비시와 피고 일본기업의 법적 동일성 여부, 소멸시효 등과 함께 청구권·경제협력협정에 의한 청구권 소멸여부를 검토하였다.

청구권·경제협력협정에 의한 청구권 소멸 여부와 관련하여 2012년 판결은 ① 청구권·경제협력협정이 식민지배 배상 청구가 아닌 샌프란시스코 조약 제4조[1187])에 근거한 재정적·민사적 채권·채무 관계를 정치적 합의로 해결하기 위한 것이라는 점, ② 제1조상 경제협력자금과 제2조 권리문제 해결 간 "법적 대가관계"가 없어 보인다는 점, ③ 협상과정에서 일본이 식민지배 불법성을 인정하지 않은 채 강제동원피해 법적 배상을 원천 부인한 점, ④ 이에 따라 한반도 지배의 성격에 관하여 합의에 이르지 못한 상황에서, "일본의 국가권력이 관여한 반인도적 불법행위나 식민지배와 직결된 불법행위"로 인한 손해배상청구권이 청구권·경제협력협정 적용대상에 포함되었다고 보기 어려운 점[1188]) 등을 들며 원고 개인의 손해배상청구권 및 대한민국의 외교적 보호권도 이 청구권·경제협력협정으로 소멸 또는 포기되지 않았다고 보았다. 나아가 ⑤ 국가가 국민 개인의 동의없이 조약으로 국민의 개인청구권을 직접 소멸시킨다는 것은 근대법의 원리와 상충되며, ⑥ 국제법상 그러한 소멸이 허용되더라도 조약상 명확한 근거가 없는한 개인청구권까지 소멸시킬 수 없을 것인데 청구권·경제협력협정에는 그러한 소멸에 대한 양국간 의사의 합치가 있었다고 볼 충분한 근거가 없다는 점, ⑦ 일본의 재산권조치법 제정·시행은 개인 청구권 불소멸을 전제로 해야 비로소 이해될 수 있다는 점 등을 고려시 원고의 청구권이 청구권·경제협력협정 적용대상에 포함된다고 하더라도 청구권·경제협력협정으로 개인청구권까지 소멸된 것이 아니라 그 청구권에 대한 외교적 보호권만 포기된 것이라고 판시하였다.

1187) 2012년 판결 사실관계 부분은 샌프란시스코 평화조약 제4조를 직접 인용하는 듯하나 그 번역이 정확하지는 않다. 예를 들어, "including debts", "including juridical persons" 등의 번역을 누락하고 있다.

1188) 이 판시 논리에 대해 논리적인 순서가 뒤바뀌었다는 지적도 제기되었다. 즉, 협상과정에서 일본이 식민지배의 불법성을 부정하고 강제동원 피해의 법적 배상을 원천 부인하였기 때문에 양국간 한반도 지배의 성격에 합의하지 못한 것이 아니라, 한반도 지배의 성격에 합의하지 못한 상황에서 일본 정부가 식민지배의 불법성을 부정하였기 때문에 강제동원 피해의 법적 배상도 부인했다고 보는 것이 타당하다는 것이다. 이근관, 국제법적 검토, 355-356쪽.

상기 논거들 중 청구권·경제협력협정의 적용범위 해석과 직접 관련된 것은 ①, ②, ③, ④이며, ⑤, ⑥, ⑦은 주로 일괄보상협정의 실정성과 개인권리 소멸 가능성 문제라고 볼 수 있을 것이다.[1189] 2005년 민관공동위원회 보도자료와 비교하여 이 판결문에는 한가지 눈에 띄는 사항이 있다. 2005년 보도자료는 "(일본군위안부 문제 등) 일본정부·군 등 국가권력이 관여한 반인도적 불법행위"라는 개념을 제시한 반면, 2012년 판결은 "일본의 국가권력이 관여한 반인도적 불법행위나 식민지배와 직결된 불법행위(로 인한 손해배상청구권)"의 개념을 제시하고 있다. 청구권·경제협력협정의 적용대상에 포함되지 않는 사항으로서 "식민지배와 직결된 불법행위"가 추가된 것이다.[1190]

(2) 2018년 판결 요지

2018년 판결은 2012년 판결 요지와 유사하나, 보다 상세한 논거를 담고 있고 별개의견(4인)과 반대의견(2인) 등도 첨부되어있다.[1191] 다수의견은

1189) 일괄보상협정의 실정성, 즉 일괄보상협정에 의한 청구권·경제협력협정에 의한 개인권리 소멸 여부에 대해서는 상계논문, 358-380쪽 참조.

1190) 판결문은 기본적 사실관계 설명 부분에서 2005년 입장을 거론하고 있으나 상세 판결이유에서 이를 별도로 원용하지는 않고 있다. 참고로, 2005년 보도자료에서 처음 공식 사용된 것으로 보이는 "반인도적 불법행위"라는 개념은 국제형사법상 반인도적 범죄(crimes against humanity)라는 개념을 염두에 두고 이에 상응하는 민사법적 개념 차원에서 고안된 것으로 추정된다. 이것은 국제법상 기존에 존재하던 별도 용어는 아니고 그러한 용어가 사용된 여타 국제판례를 찾기도 어렵기 때문에 그 개념의 법리적 의미 등에 대한 추가적 검토와 연구가 필요할 것이다.

1191) 이기택 대법관의 별개의견은 2012년 환송판결의 기속력이 재상고심에도 미치는 것이 원칙이라고 한다. 김소영, 이동원, 노정희 대법관의 별개의견은 원고들의 배상청구권이 청구권·경제협력협정의 적용대상에는 포함되나 정부의 외교적 보호권만 포기되었을뿐 개인청구권까지 소멸된 것이 아니므로 원고들이 여전히 권리 행사 가능하다고 한다. 권순일, 조재연 대법관의 반대의견은 청구권·경제협력협정이 일괄처리협정의 일종으로서 개인청구권의 행사 역시 이 협정에 의해 제한된다고 보는 것이 타당하다는 의견을 제시한다. 여기서는 다수의견을 중심으로 살펴보도록 한다.

원고들이 겪은 참상을 상세 서술하고 샌프란시스코 평화조약 체결, 청구권·경제협력협정 체결 경위 및 체결 이후 양국의 조치 등을 살펴본 후, 상고이유를 개별적으로 검토하면서 그 중 하나로 청구권·경제협력협정의 적용범위를 논하고 있다.

2018년 판결은 조약해석의 규칙을 제시하면서,[1192] 이러한 조약해석의 법리에 따라 다음과 같은 "사정을 종합"하여 보면 원고의 손해배상청구권은 청구권·경제협력협정의 적용대상에 포함된다고 볼 수 없다고 판단하였다.

Ⓐ 이 사건의 손해배상청구권은 "일본 정부의 한반도에 대한 불법적인 식민지배 및 침략전쟁의 수행과 직결된 일본 기업의 반인도적인 불법행위를 전제로 하는 강제동원 피해자의 일본 기업에 대한 위자료청구권(이하 '강제동원 위자료청구권')"이며 미지급 임금이나 보상금이 아니다.

Ⓑ 청구권·경제협력협정은 "식민지배에 대한 배상을 청구하기 위한 협상이 아니라 기본적으로 샌프란시스코 조약 제4조에 근거하여 한일 양국 간의 재정적·민사적 채권·채무관계를 정치적 합의에 의하여 해결하기 위한 것"이다. 이 명제의 구체 내용으로서 Ⓑ-① 샌프란시스코 평화조약 제4조(a)의 내용,[1193] Ⓑ-② 8개 항목 역시 "재정적·민사적 채무관계"에 관한 것이라는 점,[1194] Ⓑ-③ 한일회담 백서(1965.3.20.)의 언급,[1195] Ⓑ-④ 청구

1192) 2018년 판결은 그 조약해석 규칙의 근거나 출처를 별도로 명시하지는 않고있는데, 비엔나 조약법협약의 제31조와 제32조의 문장과 단어를 그대로 원용하고 있지는 않으나 동 조항을 지칭하고 있음이 분명하다.

1193) 여기서 2018년 판결은 "샌프란시스코 조약 제4조(a)는 일본의 통치로부터 이탈된 지역의 시정 당국 및 그 국민과 일본 및 그 국민간의 재산상 채권·채무 관계는 … 특별약정으로써 처리한다는 내용"이라고 설명한다.

1194) 8개 항목 어디에도 식민지배의 불법성을 전제로 하는 내용이 없으므로 피징용 한국인의 미수금과 보상금 및 기타 청구권 항목 역시 일본측의 불법행위를 전제로 하는 것이 아니었다고 평가한다.

1195) 백서에서 샌프란시스코 평화조약 제4조의 대일 청구권은 "승전국의 배상청구권과 구별된다. 한국은 … 제14조 규정에 의한 승전국이 향유하는 '손해 및 고통'에 대한 배상청구권을 인정받지 못하였다. 이러한 한·일간 청구권문제에는 배상청구를 포

권·경제협력협정문이나 부속서에도 식민지배 불법성이 언급되지 않고 있다는 점,[1196] ⒝-⑤ 2005년 민관공동위원회 입장[1197]이 제시되었다.

ⓒ 청구권·경제협력협정 제1조상 경제협력자금과 제2조의 권리문제 해결 사이에 법적 대가관계가 있는지도 분명하지 않다.[1198]

ⓓ 일본이 식민지배 불법성과 강제동원 피해 법적 배상을 원천적으로 부인하여 양국간 일제 한반도지배의 성격에 대한 합의에 이르지 못한 상황에서 강제동원 위자료청구권이 적용대상에 포함된다고 보기 어렵다. 즉, 일방 당사국이 불법행위 배상책임 인정을 거부하는 마당에 피해자가 스스로 그 것까지 포함된 청구권·경제협력협정을 체결하였다고 보기 어렵다는 것이다.

ⓔ 환송 후 원심에서 피고측은 1961년 5월 10일 제5차 한일회담 예비회담에서 한국측이 피징용자의 정신적, 육체적 고통에 대한 보상을 언급한 사실 및 1961년 12월 15일 제6차 한일회담 예비회담에서 총 보상요구액의 약 30%를 강제동원 피해보상으로 산정한 사실 등을 제시하였으나 이는 상기 결론에 영향을 주지 않는다.[1199] 한편, 2018년 판결은 '외교적 보호권만

함시킬 수 없다'라는 부분을 원용하고 있다.

1196) 샌프란시스코 평화조약 제4조에 규정된 것 이외의 청구권도 포함될 여지가 있으나 "식민지배 불법성이 전혀 언급되어 있지 않은 이상" 식민지배 불법성과 직결된 청구권까지 위 대상에 포함된다고 보기는 어렵다고 판단하고 있다.

1197) 식민지배 배상 청구가 아니라 샌프란시스코 평화조약 제4조에 근거한 재정적·민사적 채권·채무 관계 해결을 위한 것이라는 언급을 원용하고 있다.

1198) 이 근거로서 청구권·경제협력협정 제1조의 구체 명목이 없고, 협정 전문상 '청구권 문제 해결'이라는 언급과 5억 달러 자금 간에 구체적으로 연결되는 내용이 없다는 점 등을 제시하고 있으며, 2005년 민관공동위원회가 "도의적" 책임을 거론한 점, 이후 제정된 보상관련 법이 모두 "인도적 차원"을 언급하고 있다는 점도 제시하고 있다.

1199) 제5차 한일회담 발언 내용은 정부의 공식견해가 아니라 교섭 담당자가 한 말에 불과하고 장기간의 교섭과정에서 일관되게 주장된 내용도 아니며 협상에서 유리한 지위를 점하기 위한 취지라고 지적한다. 아울러, 제5차 한일회담 협상이 결국 타결되지 않았다는 점도 지적한다. 제6차 회담에서 제시된 액수(총 12억 2천만 달러)에 대해서는 실제 최종타결된 액수(무상 3억달러)가 현격히 적다는 점에 비추어 강제동원 위자료청구권이 청구권·경제협력협정 적용대상에 포함되었다고 보기 어렵다

포기된 것이 아니라 개인청구권 자체가 포기(소멸)되었다'는 피고의 주장
은 원심의 가정적 판단에 관한 것으로서 살펴볼 필요도 없이 받아들일 수
없다고 하였다.

(3) 2012년 판결과 2018년 판결의 내용상 차이점

2012년 판결과 2018년의 판결은 조약해석 규칙의 명시적 원용 여부, 이
사건에서 문제가 되는 개인청구권의 성격에 대한 상세 규정, 청구권·경제
협력협정 체결 관련 사항들의 상세 검토 여부 등에 있어서 차이가 있다고
볼 수 있다.

우선, 2012년 판결은 청구권·경제협력협정이라는 조약의 해석 작업을
수행하면서도 조약해석의 법리가 무엇인지 명시적으로 밝히거나 이를 체
계적으로 적용하지 않았다. 그러나 2018년 판결은 국제법상 조약 해석의
규칙을 명확히 그리고 정확히 밝히는 데서 시작하고 있다는 점에서 2012년
판결의 미흡한 측면을 보완하고 있다고 평가할 수 있을 것이다. 다만, 이
판결이 원용한 조약해석의 규칙이 내용상 비엔나 조약해석 규칙을 지칭하
고 있음에도 이를 밝히지 않고 있다. 한일 양국은 비엔나 조약법협약 당사
국으로서 이 협약에 구속받는다는 점에서 2018년 판결이 이 협약을 명시하
지 않은 것에 대해서는 아쉬움이 남는다.[1200]

또한, 2018년 판결은 2012년 판결에 비해 원고 개인청구권의 성격에 대
한 보다 상세하고 정교한 규정을 시도하였다고 할 수 있다. 2012년 판결은
2005년 민관공동위원회 입장이 채택한 공식("반인도적 불법행위)에 "식민
지배와 직결된 불법행위"라는 요소를 추가하여 청구권·경제협력협정의 비
적용대상에 대한 개념을 확대하였다. 2018년 판결은 여기서 나아가 원고들

고 한다.
1200) 참고로, 청구권·경제협력협정 적용 문제에 있어서 2012년 판결과 2018년 판결 모
　　두 기존 국내외 판례나 학술논의 등은 전혀 원용하지 않고 있다.

의 청구가 '일본 정부의 행위요소(식민지배/침략전쟁)'에 직결된 '일본기업의 행위(반인도적 불법행위)'에 대한 "위자료"청구권임을 명확히 하였다.[1201] 반인도적 불법행위라는 새로운 개념규정에서 출발한 2005년 정부 입장이 2012년 반인도적/식민지배 직결 불법행위로 확대되고, 2018년의 보다 상세하고 정교한 공식으로 이어진 것이다.

아울러, 청구권·경제협력협정의 적용범위 관련 쟁점에 대해 비교적 짧은 분량만 할애하고 있는 2012년 판결에 비해 2018년 판결은 협상경과와 체결 이후의 양국의 법률제정 등 포함 공식 조치까지 비교적 상세 검토하여 이를 결론에 반영하고 있다는 점도 중요한 차이라고 할 수 있다.[1202]

나. 조약해석 규칙의 적용 문제

앞서 살펴보았듯이 2018년 판결은 비엔나 조약법협약상 제31조와 제32조를 명기하지는 않고 있으나 그 조항들을 사실상 거의 그대로 원용하면서 이 법리에 따라 청구권·경제협력협정의 적용범위 문제를 검토한 결과 원고의 손해배상청구권은 협정의 적용범위에 포함되지 않는다는 결론에 도달한다. 2018년 판결은 이와 같이 상세한 조약해석 작업을 전개하고 있으나 비엔나 규칙의 유형화된 적용 구조를 보여줄 만한 세부 요소별 구분이나 설명은 없다. 2018년 판결상 여러 논리적 단락의 요소들을 비엔나 규칙의 요소별로 재배열해 보면 아래와 같다.

1201) 2012년 판결문은 "위자료"청구권이라는 점에 대해서는 주목하지 않고 있다.

1202) 한편, 2012년 판결이 외교적 보호권 포기 문제를 다룬 데 반해, 2018년 판결은 외교적보호권과 개인청구권이 모두 소멸되었다는 주장에 대해서는 살펴볼 필요가 없다고 하였는데, 애시당초 원고의 강제동원 위자료청구권 자체가 청구권·경제협력협정 적용대상이 아니라고 한 점에 비추어 이는 타당한 판단으로 생각된다. 다만, 김소영 대법관 등의 별개의견 및 반대의견은 외교적 보호권 포기 문제를 상세 판단하고 있다.

우선, 단어의 통상적 의미 규명 부분은 거의 없다고 볼 수 있다. '목적'의 경우, Ⓑ에 속하는 모든 사항이 여기에 해당한다고 볼 수 있다. 청구권·경제협력협정의 협상 개시 동기와 목적, 취지 또는 그 한계를 밝히고 있는 부분이기 때문이다. Ⓒ와 Ⓓ 역시 큰 틀에서 목적·취지 관련 사항이라고 볼 수 있다. '문맥'의 경우 전문이나 부속문서 어디에도 식민지배 불법성 언급사항이 없다는 점을 밝힌 Ⓑ-④가 관련되는 것으로 볼 수 있으며 본문 자체의 내용 관련 맥락이라는 점에서 Ⓒ도 문맥의 일환으로 설명될 수 있다. 아울러, '후속 관행'의 경우, 2018년 판결이 상세히 언급한 체결 후 양국간 조치 등 전개상황이 이에 근접한다고 볼 수는 있으나, 이는 후속 관행의 개념에 대한 보다 정교한 검토를 필요로 할 것으로 보인다. 준비문서의 검토가 드러나는 부분은 Ⓔ라고 볼 수 있다. 한편, 8개 항목의 성격과 의미를 규정한 Ⓑ-②의 경우, "8개 항목"이라는 문구 자체가 합의의사록에 명시적으로 규정된 용어이기 때문에[1203) 일견 텍스트의 통상의미로 분류할 수도 있겠으나 이는 '여덟 개의 항목'이라는 단어/문구의 통상적 의미에 대한 것이 아니라 한일회담 교섭과정에서 한국측이 제출한 자료의 내용과 관련된 것이므로 준비문서 검토에 가깝다고 할 수 있다.

다. 학계의 논의

1990년대 이후 본격적으로 진행된 청구권·경제협력협정의 적용범위 관련 우리 학계의 연구는 2005년 한일회담 문서공개와 2012년 판결 및 2018년 판결 등을 계기로 보다 다양화되었다. 지금까지 살펴본 한일청구권·경제협력협정의 협상 경과 및 2012년과 2018년의 대법원 판결 내용을 바탕으로, 그간 이 협정의 적용범위라는 관점에서 논의된 내용을 쟁점별로 개관해본다.

1203) 청구권·경제협력협정 합의의사록(I) 제2항(g).

(1) 샌프란시스코 평화조약 제4조와의 관계

우선 샌프란시스코 평화조약과 청구권·경제협력협정과의 관계에 대해 생각해볼 수 있다. 한국의 샌프란시스코 평화조약 당사국 참가는 좌절되었으나 이 조약 제4조 등은 한국에 특혜를 부여하는 조항으로 이해되었다.[1204] 샌프란시스코 평화조약 제4조는 한일간 청구권·경제협력협정을 체결하게 되는 배경이자 계기가 되므로 청구권·경제협력협정 적용범위도 이에 근거하거나 한정된다고 이해되어왔다.[1205] 대법원도 청구권·경제협력협정은 샌프란시스코 평화조약 제4조에 따라 재정적·민사적 채권·채무관계에 대한 타결이 이루어진 것이라는 전제 하에 일본정부의 식민지배/침략전쟁에 직결된 일본기업의 반인도적 불법행위에 대한 손해배상청구권(위자료청구권)은 협정에 포함되지 않는다고 판단하였다.[1206] 이에 대해 한국은 샌프란시스코 평화조약에 대해 제3국에 불과하며, 따라서 이 조약 제14조의 적용대상에서 배제되었다고 하여 한국의 다른 권리주장까지 법적으로 금지된다고 보기 어렵다는 지적이 있다.[1207]

청구권·경제협력협정은 샌프란시스코 평화조약 제4조를 "포함하여" 청

1204) 만일 한국이 샌프란시스코 평화조약 제14조의 적용을 받는 승전연합국으로서 서명에 참가하였다면 강제동원피해자 보상은 어떤 식으로 이루어졌을지 가정해보는 것도 흥미로운 연구주제가 될 것이다.

1205) 백서, 41쪽.

1206) 2018년 판결문.

1207) 정인섭, 대상범위 연구, 514쪽; 이근관, 국제법적 검토, 352쪽. 참고로, 샌프란시스코 평화조약과 한일간 청구권·경제협력협정의 관계 등에 대한 미국 행정부의 인식은 위안부 피해자의 미국내 소송(황금주 사건 등)에서 제출된 의견서 등 관련 자료에서 찾을 수 있다. 황금주 사건 대해서는 오승진, "일본군 '위안부' 피해자 손해배상소송에 관한 연구-해외 법원의 판결을 중심으로", 단국대학교 법학논총 제42권 제1호 (2018년), p. 125, pp. 141-145; L. David Nefouse, "Trials & Errors: The Rights of the Korean Comfort Women and the Wrongful Dismissal of the Joo Case by the District of Columbia Federal Courts", *Korean Journal of International and Comparative Law*, Vol. 33 (2005). pp. 3-27 등 참조.

구권 문제를 해결하고 있으므로 평화조약 제4조에 국한되지 않는다는 의견
도 제기되었다.[1208] 이와 관련, 1965년 막판 협상과정에서 한일 양국은 샌
프란시스코 평화조약 제4조의 문제에 국한되지 않고 선박과 문화재 문제까
지 포함된다는 양해를 반영하기 위하여 "포함"이라는 표현을 쓴 것으로 보
인다.[1209]

(2) 8개 항목 포함의 의미

협상 초기 우리측 대일청구의 핵심 내용이 담겨있는 8개 항목[1210]이 청
구권·경제협력협정으로 해결된 대상의 전부인가 또는 당시 회담에서 8개
항목으로 제기되지 않았던 사항은 청구권·경제협력협정과 어떤 관계에 있
는가에 대하여 특히 일본군위안부 문제가 쟁점으로 부각되면서부터 여러
논의가 있었다.[1211] 2012년 판결은 8개 항목의 내용을 소개만 할뿐[1212] 그

1208) 이근관, 국제법적 검토, 353쪽. 청구권·경제협력협정 제2조가 샌프란시스코 평화조
약 제4조(a)에 규정된 것을 "포함하여" 해결된 것으로 규정하고 있으므로 대법원의
판단(청구권·경제협력협정은 샌프란시스코 조약 제4조에 근거하여 양국간 재정적·
민사적 채권채무관계를 해결하는 것)이 협정의 명문에 반한다는 주장도 있다. 주진
열, "1965년 한일청구권협정과 개인청구권사건의 국제법쟁점에 대한 고찰-대법원
2018.10.30. 선고 2013다61381전원합의체 판결을 중심으로", 서울국제법연구 제25
권 2호(2018) (이하 "쟁점고찰"), 196쪽.

1209) 장박진, 형성과정, 305-306쪽.

1210) 한국 정부가 공식 자료에서 8개 항목의 내용을 제시한 것은 2009년 8월 14일 외교
통상부의 "일제 징용 피해자들의 공탁금 환수 관련 정부입장"이라는 보도자료가
마지막인 것으로 보인다. 여기서 간략 인용된 8개 항목은 대략 1965년 백서, 해설
서 버전에 근거한 것으로 추정된다. 외교부 웹사이트(mofa.go.kr)의 뉴스공지 - 언
론보도 해명 참조.

1211) 정인섭, 대상범위 연구, 518쪽. 김기창과 최나진은 청구권·경제협력협정의 문언을
"표면적으로 관찰"하면 전쟁으로 인한 것이든 식민통치로 인한 것이든 상관없이
모든 청구권 문제가 협정 대상이 된 것으로 보이나 "범위를 한정하지 않고 모든
재산, 권리, 이익 및 청구권을 대상으로 한다고 표현된 협정 문언일지라도 해석을
통하여 그 적용 대상을 합리적 범위로 한정할 필요는 있다"고 한다. 김기창, 최나
진, "한일청구권협정과 강제동원 피해자의 손해배상청구권", 비교사법 제24권 2호

성격이나 청구권·경제협력협정 적용범위와의 관계 등에 대해서는 논하지
않고 있다. 2018년 판결은 8개 항목이 청구권·경제협력협정의 적용대상 전
체인가에 대한 별도 논의없이 8개 항목이 재정적·민사적 채권채무관계에
관한 것으로서 식민지배 불법성과 관련된 사항은 없다는 점을 지적하고 있
다.1213) 우리 대법원은 8개 항목으로 제시되지 않은 사항은 협정 적용범위

(2017) (이하 "비교사법"), 818쪽. 그러나 왜 그러한 한정이 필요한지에 대해서는
논의되지 않고 있다.

1212) 2012년 판결이 인용하고 있는 8개 항목은 그 출처를 밝히지 않고 있는데 1965년 3월
백서나 1965년 7월 해설서에 기록된 8개 항목과는 그 문구나 표현이 일부 다르다.

1213) 한일회담이 식민지배 배상 또는 전쟁배상을 얻고자 하는 것이 아니라는 입장은 회
담 초기부터 이미 드러났으며 회담 후반부 박정희 정권 핵심인사들의 발언에서도
두드러진다. 1963년 김용식 당시 외무장관은 공화당 당사에서 열린 강연을 통해
우리나라가 연합국으로서의 배상권을 갖지 못하였으며 우리가 당한 식민지배 피해
에 대한 청구를 국제사회에서 합리적으로 설명할 수 있는 논리적 근거로서 원상회
복을 제시한 것이라고 설명하면서 이것을 요구하는 것이 배상으로 설명될 수 있다
고 하였다. 아울러, "우리는 배상을 청구하려고 하면 전쟁법규상 연합국으로서 …
배상권을 가져야 하는데 그것이 없는 반면", 식민지배에 대한 피해를 청구하려면
"외국에서도 다 인정받을 만한 요구조건을 제출해야만 결과를 얻게 되는 것"이므
로 "국제여론과 국제관례와 모든 것을 보아서 인정받을 만한 숫자를 내놓아야 하며
숫자를 내놓으려면 어떤 항목으로 할 것이냐 하는 것이 문제"라고 하였다. 그는 우
리 정부가 "국제법을 연구한 결과 배상보다는 원상회복이다. 日人들이 갑절에 원상
회복을 해놓고 가야하지 않겠느냐고 미국측에다 얘기"했다고 하였다. 아울러, 그는
8개 항목은 "원상회복의 원리에 의해서 일본측에게 우리의 주장을 했던 것"이며
"원상회복이라고 하는 것이 배상이라는 조건으로 되어 있지만 … 원상회복이라 하
더라도 원상회복을 해달라고 청구하는 것은 배상으로 해석될 수가 있는 것"이라고
설명하였다. 김용식, "제3공화국의 對日外交政策" 강연(1963년 4월 2일, 중앙당회의
실). 이 강연록은 백서에 실려있다. 백서, 194쪽. 1964년 정일영 당시 외무차관은
공화당 강연에서 1951년 제1차 회담시 당시 한국 정부가 이미 배상을 포기하였고
자유당 말기까지 우리가 배상을 요구한 적이 없었으며, 민주당 정부가 집권한 시기
에 개최된 제5차 회담에서 우리가 요구하는 것은 배상이 아니라는 것을 일본에 설
명한바 있다고 언급하였다. 정일영은 한국의 독립으로 인한 일본의 분리로 인해 주
고받아야할 돈이 생겼고 이러한 "채권채무"를 해결하려는 것이 샌프란시스코 평화
조약 제4조의 취지이며 한국은 제14조상 전쟁배상을 적용받을 수 없었다고 지적하
면서, 샌프란시스코 평화조약 제4조의 "채권 채무 관계"에 의지할 수 밖에 없었던

에 포함되지 않는다는 명확한 입장을 취하지는 않고 있다고 평가할 수 있을 것이다.

8개 항목에 피징용자 피해보상이 명기되어있다고 하여 강제징용 피해자들의 청구권이 해결되었다고 주장할 수는 없다는 논거 중 하나로 청구권·경제협력협정은 항목별로 금액을 결정한 것이 아니고 정치협상을 통해 총액결정방식으로 타결되었다는 점을 지적하면서 8개 항목에 너무 큰 의미를 부여하는 것은 적절하지 못할 것이라는 견해도 있다.[1214)

(3) 협정 문언 의미의 명확성

2012년 대법원 판결을 비판하는 논지로서 강제징용 피해 관련 청구권에 대해 청구권·경제협력협정의 문언이 "별다른 해석의 필요가 없을 정도로 명확"하다는 지적도 있었다.[1215) 반면, 청구권의 의미에 대해서는 아무런 정의 규정이 없으며, 문언의 통상적 의미가 명확하지 않다는 주장도 제기되었다. 일본이 여타 국가와 체결한 평화조약들과 비교시 그러한 조약들은 "전쟁의 결과로서 발생한" 청구권이라고 명기하여 그 권리의 원인을 명시하고 있으나, 한일간 청구권·경제협력협정은 그 원인에 대해 전혀 규정하지 않고 있으므로 문언의 의미가 명확하지 않다는 것이다.[1216)

상황으로 인해 나온 것이 8개 항목이라고 설명하였다. 즉, 8개 항목은 배상과 무관한 순수 채무이행 혹은 가져간 물건의 반환이나 미지급 임금 지불 등이라는 것이다. 이 강연록 역시 백서에 실려있다. 정일영, "韓日會談의 係爭點", 백서, 243-245쪽. 정일영은 이 강연에서 야당(민주당)이 자신들 집권시절 이미 대일 배상을 포기해놓고서 "이제와서 배상을 요구한다는 것은 말이 되지 않는다"라며 야당을 비난한다. 이 강연 내용은 당시 한일회담에 대한 정치권의 반대와 비판 여론을 염두에 둔 것으로 보인다.

1214) 강병근, "국제법적 관점에서 본 일제강제징용 배상판결의 주요쟁점에 관한 연구", 저스티스 제143호(2014)(이하 "주요쟁점"), 246쪽.

1215) 이근관, 국제법적 검토, 336-337쪽; 박배근, 향후전망, 53쪽.

1216) 김창록, 해결된 권리, 804-805쪽. 여기서는 이 협정상 해결된 권리의 "통상적 의미"

(4) 배상과 보상의 구별

일각에서 '배상(賠償)'과 '보상(補償)'의 차이가 법학적으로 매우 중요하며 한일청구권·경제협력협정의 해석과 강제징용 피해자 문제도 이러한 관점에서 쉽게 파악할 수 있다는 견해도 제기되었다. 그러나 이에 대해 국제법에는 이러한 배상·보상 구분이 존재한다고 보기 어려우며, 우리측이 한일회담 과정에서 제시한 8개 항목은 피징용자에 대한 "보상" 요구를 포함하고 있는데 마치 한국측이 일제 식민지배와 강제징용의 합법성을 인정한 것이라는 기이한 논리로 이어지기 때문에 2018년 판결을 지지·옹호하는 법리가 "국내법적인 배상·보상의 구분론"에 근거해서는 안된다는 지적이 있었다.[1217] 2012년 판결과 2018년 판결은 배상·보상 구분론을 판결의 핵

가 불명확함을 전제로 후속 관행에 근거하여 해석론을 전개한다. 참고로, 청구권의 의미에 대해 일본측은 재산, 권리 및 이익은 법률상 실체가 있는 권리이며, 청구권은 재산, 권리 및 이익에 해당하지 않는 것으로서 "법률적 근거의 유무 자체가 문제가 되어있다고 하는, 클레임을 제기할 수 있는 지위를 의미"하는 것이라면서 재산, 권리 및 이익의 구체적인 예로는 '채권, 담보권, 청구권' 등이 있으며, 청구권의 구체적인 예로는 근거가 확실하지 않은 損失賠償청구권, 위자료청구권, 賃金청구권 등이라는 입장을 제시한바 있다. 1993년 5월 26일 일본 제126회 국회 중의원 예산위원회 회의록, 제26호 35쪽 (박배근, 향후전망, 61쪽 각주 43에서 재인용) 및 福田博, 解說日韓條約 등 참조. 太田修는 "claims"를 유진오가 청구권으로 번역하고 처음 소개하였다고 서술하는데 그 근거는 밝히지 않고 있다. 太田修, 한일교섭, 31쪽. 한국은 한일회담 과정에서 청구권이라는 용어를 '법적 근거'를 바탕으로 요구할 수 있는 실체적 권리의 총칭으로 사용한 것으로 평가된다. 정인섭, 대상범위 연구, 521쪽; 박배근, 향후전망, 60쪽. 청구권 개념에 일부 혼란이 있기는 했으나, 엄밀히 말해 '청구권'이라는 단어의 통상적 의미가 불명확하다고 보기는 어려울 것이다. 참고로, 우리나라가 체결한 조약 중 한일간 협정 외에 제목에 "청구권"이라는 단어를 사용하고 있는 조약은 "공익물에 관한 청구권 청산을 위한 대한민국 정부와 통합사령부의 자격으로서 그 자신 및 기타관계국간의 정부를 대표하는 미합중국 정부간의 협정"(조약 제46호, 1957년 7월 1일 발효)과 "대한민국 정부와 월남공화국 정부간의 군대 구성원에 의한 공무수행중의 인명피해 및 정부재산 손실에 대한 청구권에 관한 각서교환"(조약 제229호, 1967년 1월 16일 발효)이 있다.

1217) 김성원, "'일본 대응 논리'는 국제법에서 찾아야", 경향신문 2019.7.26.자. 이 기고문

심 근거로 채택하지는 않은 것으로 보인다.[1218)

은 당시 청와대 민정수석의 개인 페이스북 게재글의 문제점에 대해 서술하고 있다. 아울러, 일본은 전쟁 후 패전국이 전승국에 지불하는 것이 배상이며 청구권이라는 것은 상호 재산적 청구관계 정리를 위한 것이라는 입장으로서 국제관계에서는 국내민법상 배상·보상 구분과는 다른 개념이 쓰이고 있다는 점도 지적된바 있다. 高木健一, 從軍慰安婦と戰後補償: 日本の戰後責任(三一書房, 1992), 176쪽; 정인섭, 대상범위 연구, 516-517쪽. 여기서는 "8개 요강상의 표현이 보상이었다 하여 이의 배상적 성격을 인정하지 않는 입장은 그 법적 성격을 명확히 파악하지 못한 것"이라고 하고 있다. 청구권·경제협력협정상 청구권에는 "배상청구권"은 포함되지 않는다는 1990년대 학설로는 김명기, 「정신대와 국제법」(법지사, 1993), 74쪽 참조.

1218) 2018년 판결 다수의견은 "원고들은 피고를 상대로 미지급 임금이나 보상금을 청구하고 있는 것이 아니고, 위와 같은 위자료를 청구하고 있는 것"이라고 하고 있으나 이는 강제동원 위자료청구권 개념을 설명하는 부수적인 언급에 불과하며 판결의 핵심 근거는 아니다. 8개 항목에 대하여 "국제청구 차원에서 보상금은 비단 적법행위에 기한 보상금뿐 아니라 불법행위에 기한 배상금까지 모두 포함하는 넓은 개념이고 … 기타 청구권의 범위에 한일 양국이 아무런 제한을 두지 않았"다는 설명도 있다. 주진열, 쟁점고찰, 71쪽. 반면, 대법원 판결을 그대로 인용하여 8개 항목의 보상이 손해배상 청구권을 포함하지 않는다고 보는 주장도 제시되었다. 강병근, 범위연구, 23쪽. 참고로, 1965년 타결 당시 한국의 국내민법 등을 보면 국내법 체계상으로는 보상과 배상의 개념을 구분하고 있었던 것은 확실해 보인다. 2018년 판결 다수의견에 대한 두 대법관의 보충의견은 8개 항목의 제5항이 '보상금'이라는 용어를 사용하고 있음을 강조하면서 이는 "징용이 적법하다는 전제에서 사용한 용어"이며 "불법성을 전제로 한 위자료"는 포함될 수 없다고 한다. 이어 당시 한일 양국의 법제를 보면 보상은 "적법한 행위로 인한 손실"의 전보인 반면, 배상은 "불법행위로 인한 손해"의 전보로서 양자가 "명확하게 구별"되어 있었다고 지적한다. 2018년 판결 (대법관 김재형, 대법관 김선수의 다수의견에 대한 보충의견). 다만, 이 보충의견에 대해서는 8개 항목의 작성주체인 우리 정부가 일제강점기 징용을 적법한 것으로 보았다는 의미인지 등에 대한 의문이 제기될 수도 있을 것이다. 참고로, 제1차대전 종전 후 체결된 베르사이유 조약에서 독일의 배상을 규정한 부분 (Part VIII, 제231조-제247조)은 "reparation"과 "compensation"이라는 단어를 모두 사용하고 있는데 일본어 번역본은 이를 각각 "배상(賠償)"과 "보상(補償)"으로 나누어 번역하고 있다. 제232조에서 compensation(영어본)/réparer(불어본)로 영어본과 불어본의 표현이 다소 상이한 부분은 "보상"으로 번역되어 있다. Part VIII의 부속서 I은 제232조에 따라 독일에 "補償(compensation)"을 요구할 수 있는 "損害(damage/dommages)"의 범주를 구분하고 있는데 전쟁행위로 인해 발생한 민간인의 부상, 사망, 독일의 잔혹

이와 관련하여, 8개 항목에서 제시된 피징용 보상은 일본 법령에 따른 적법한 행위였다는 평가를 전제로 한 것이므로 불법적인 강제동원 문제는 논의된바 없다는 견해도 제시되었다.[1219] 그러나 이에 대해서는 그 보상의 기초가 되는 사실관계 자체는 불법이든 합법이든 강제징용/동원이라는 하나의 사실이며 이 문제에 대한 양국의 법률적 평가가 달랐다는 이유로 협정의 적용대상이 아니었다는 주장은 설득력이 없다는 주장도 제기되었다.[1220]

한편, 청구권·경제협력협정이 "민사적 사항이 아닌 전쟁에 관한 국가 차원의 보상 혹은 배상문제를 다룬 조약이었다면" 협약 본문에 "손해전보 (reparation), 배상 혹은 보상(compensation), 아니면 전쟁(war)이라는 용어가 사용되었을 것"이라면서 일본이 인도네시아, 버마 등과 체결한 조약과 비교하는 견해도 제기되었다.[1221]

(cruelty), 폭력, 학대(maltreatment) 등으로 인한 민간인 손해(강제노동 포함) 등이 규정되어있다. 1919년 베르사이유 평화조약, (www.census.gov/history/pdf/treaty_of_versailles-112018.pdf(영어본), mjp. univ-perp. fr/traites/1919versailles8.htm(불어본)). 일본어 번역본은 일본 국립공문서관 디지털 아카이브(www.digital.archives.go.jp) 참조.

1219) 김창록, 해결된 권리, 809-811쪽. 식민지배의 불법성을 견지하는 한국이 국민징용령을 합법적인 행위로 보아 '보상'의 대상으로 삼았다는 것은 논리적 정합성의 문제가 있다는 지적에 대해, 김창록은 한국이 미국 주도의 평화협정이라는 틀 안에서 사실상 합법지배를 전제로 하여 청구권·경제협력협정을 체결한 결과일 뿐이라고 주장한다. 그러나 이러한 주장은 다소 이해하기 어려우며, 설득력을 갖기 위해서는 보다 타당한 논변을 요하는 것으로 보인다. 아울러, 8개 항목에서 강제동원이 아니라 피징용이라는 단어가 사용되고 있다는 점도 강조된다. 김창록, 해결된 권리, 810쪽. 이러한 주장이 타당하려면 당시 우리 정부가 의도적으로 그러한 단어를 선택한 것인지 여부 등을 규명할 필요가 있을 것이다.

1220) 김기창 외, 비교사법, 820쪽 및 840쪽.

1221) 강병근, 주요쟁점, 241쪽. 그러나 인도네시아와 버마의 경우, 한국과 달리 미국으로부터 대일평화조약 서명국으로 인정받아 샌프란시스코로 초청되었다. 인도네시아는 서명하였으나 이후 비준하지 않았고 버마는 초청에도 불구하고 대표단을 파견하지 않았다. 전후배상 체제에 대한 아시아 국가들의 불만이 배후에 있던 것으로 알려져 있다. 이에 따라 일본은 추후 별도로 각각 양국과 평화조약을 체결하였다.

(5) 후속 관행 문제

비엔나 조약법협약 제31조 3항은 조약해석에 있어서 문맥과 함께 참작되어야할 것으로서 "조약의 해석에 관한 당사자의 합의를 증명하는 그 조약 적용에 있어서의 후속 관행(subsequent practice)"을 제시하고 있는데, 1965년 협정 타결 이후 한국과 일본이 취한 입법적 조치 등과 관련하여 청구권·경제협력협정의 해석에 참고할 수 있는 후속 관행(실행)이 형성되었는지 여부에 대해 이견이 존재한다. 한일 양국에서 취해진 입법조치들은 내용상 공통점보다는 차이점이 더 많기 때문에 조약법협약 제31조 3항에서 말하는 후속 관행은 찾을 수 없다는 입장도 있는 반면,1222) 조약 당사국의 사후 실행에 비추어 한일 양국이 청구권·경제협력협정의 물적 대상에 개인의 청구권이 포함되어있다고 볼 수 있다는 점에 의문이 없을 것이라는 입장도 있다.1223)

한편, 1965년 이후 한일 양국에서 전개된 보상 관련 법령제정과 행정부 조치 등의 내용적 평가는 다를 수 있겠으나, 제31조상 명기된 후속 관행이 아니라고 하더라도 제32조에 속하는 후속 관행으로서의 가치는 가질 수 있을 것이다. ILC는 조약적용에 있어서 조약해석에 관한 모든 당사국간 합의를 구성하는 후속 관행과 모든 당사국이 아닌 한 당사국 또는 복수의 당사국들의 후속 관행을 구분하여 후자도 제32조 보충수단으로서 조약해석에 일정한 역할을 할 수 있음을 확인하였다. 따라서 개인 청구권 포함 여부 문

John Price, "Cold War Relic: The 1951 San Francisco Peace Treaty and the Politics of Memory", *Asian Perspective*, Vol. 25, No. 3 (2001), pp. 46-49. 이러한 차이점이 갖는 함의를 신중하게 고려하지 않은 단순 비교는 설명력에 한계가 있을 것이다. 아울러, 단어/용어 차원의 문제로만 분석수준을 국한해보았을 때 '민사적 사항'이라는 표현에 과연 불법행위 손해배상은 포함될 수 없는가라는 원론적 문제가 제기되지 않을 수 없을 것으로 보인다.

1222) 강병근, 범위연구, 26쪽.

1223) 이근관, 국제법적 검토, 337-339쪽.

제를 한일 양국 각각의 관행에 비추어 검토하더라도 이는 비엔나 규칙 체제에서 벗어나지 않는 접근법이라고 할 수 있을 것이다.[1224]

(6) 제1조와 제2조의 법적 인과관계

청구권·경제협력협정 제1조와 제2조의 법적 인과관계 문제에 대해서도 상반되는 의견이 제시되었다. 일본이 제공한 자금은 오늘날 개념으로 공적 개발원조 차원 또는 경제협력 차원의 금전제공이므로 청구권 문제 해결과 무관하며 '법적 인과관계가 없어도 청구권 해결에 문제가 없다'고 단정지을 수 없다는 의견이 있다.[1225] 일본도 양자 사이의 대가 관계나 법적 상관관계를 부인하고 있다.[1226] 반면, 제1조와 제2조 사이에는 당연히 법적 인과관계가 있으며, 2012년 판결이 그 법적 대가관계를 부인하는 것은 "일본의 입장을 추수하는 것"이라는 비판도 있다.[1227] 생각건대, 대법원 판시처럼 제1조와 제2조 사이의 법적 대가관계가 없다는 판단에는 충분히 타당성이 있다고 보이나 과연 이 인과관계 자체가 주요 근거가 될 수 있는지 여부에 대해서는 의문이 있다.[1228] 제1조와 제2조 사이에 법적 인과관계가 있다고 하더라도 대법원의 결론(즉, 일본정부의 불법식민지배와 침략전쟁 수행에 직결되는 일본기업의 반인도적 불법행위에서 비롯하는 위자료청구권은 청구권·경제협력협정에 포함되지 않는다는 결론)에는 영향을 미치지 않을 수 있기 때문이다. 강제징용 피해자들의 손해배상청구권 문제의 포함

1224) ILC Yearbook 2018, Vol. II (Conclusion 1, Conclusion 4).

1225) 강병근, 주요쟁점, 249-250쪽. 여기서는 ODA 성격의 무상지원을 위로금(ex gratia payment)으로 부르지 않기 때문에 "법적 인과관계가 없어도 청구권 해결에 문제가 없다고 단정하는 것은 논리적 비약"이라는 주장이 제시된다.

1226) 外務省外務事務官 谷田正躬 外 2人 編輯, 日韓條約, 42-43쪽 및 62쪽. 이 자료는 양자가 대가관계나 법적 상관관계가 아니며 교섭경위에 의하여 (우연히) 사실상 관련지어져 동일 협정에서 다루어지는 것에 불과하다는 점을 반복적으로 강조하고 있다.

1227) 이근관, 국제법적 검토, 353-354쪽.

1228) 이근관, 국제법적 검토, 355쪽; 김창록, 해결된 권리, 802쪽.

여부는 일본의 식민지배 불법성 인정이나 강제동원 피해에 대한 법적 책임 인정 문제가 아니라, 이 청구권이 '완전하고도 최종적인 해결'에 포함되는 지 여부에 달려있음을 상기할 필요가 있다.[1229]

(7) 기타

청구권·경제협력협정 체결 당시에는 알려지지 않았던 위안부 피해 등을 감안시 청구권·경제협력협정은 "협정의 대상이 되는 중대한 사항에 대한 착오에 기인한 협정"이며, 청구권·경제협력협정이 위안부피해자 개인의 청구권을 포기시킨 것이라면 강행규범 위반으로 무효라는 주장이 제기된바 있다.[1230] 아울러, 이와 유사한 맥락에서 강제징용 피해자들에 대한 일본 기업의 행위는 "국제적 강행규범" 위반을 구성하므로, 청구권·경제협력협정의 적용대상에 "징용청구권"이 포함된다고 보더라도 이는 강행규범 위반 피해를 당사자 허락도 없이 문제 삼지로 않기로 한 것이므로 "국제적 강행규범의 위반을 묵인함에 의한 국제적 강행규범 위반"이며 이에 따라 조약 무효의 법리가 적용되어야 한다는 주장도 제기되었다.[1231]

1229) 이근관, 국제법적 검토, 356쪽.

1230) 최철영, "강제동원 관련 한인(조선인) 소송에 있어서 개인배상청구권 연구", 동북아 역사논총 19호, (2008), 239쪽. 그러나 여기서 착오나 강행규범 위반의 법리는 상세 논의되지 않고 있다.

1231) 신우정, "국제적 강행규범의 시각에서 본 강제징용 청구권의 소권 소멸 여부", 서울 국제법연구 제26권 1호(2019), 14-16쪽, 참고로, 이 논문은 강제징용을 노예 관련 국제규범 위반이라고 하는데 당시 국제법상 금지된 노예의 정의에 부합하는지 별도 확인이 필요할 것으로 생각된다. 이 논문에서는 강행규범 위반론에 대한 상정가능한 반론으로서 시제법 이론과 합의중시 원칙이 있을 것이라면서 이에 재반박하고 있다(24-27쪽). 그러나 제일 먼저 상정가능한 반론은 시제법 이론이나 합의중시 원칙 등이 아니라, 청구권·경제협력협정이라는 합의 자체의 강행규범 위반 입증 문제일 것이다. 이 논문에서는 우리 민법 제103조를 예를 들어 설명하고 있는데 이는 국제법의 도덕적 발전방향을 제시하고 있다는 점에서는 의미가 있겠으나, 국제법상 강행규범의 성립과정이나 입증방법에 대한 논의와는 다소 거리가 있는 것으로 보

4. 청구권·경제협력협정의 해석과
준비문서의 사실상 동등성

청구권·경제협력협정의 교섭과정에서 형성·집적된 한일회담문서는 조약법상 준비문서에 해당한다. 준비문서의 개념과 실질적 지위 및 역할 등에 대한 분석과 한일회담문서에 대한 개관 등 이 연구의 전반적 논의 내용에 비추어 청구권·경제협력협정 준비문서로서의 한일회담문서에 대해 다음과 같은 몇몇 결론적 관찰 또는 평가를 제시할 수 있을 것으로 본다.

우선, 준비문서로서의 한일회담문서 분석의 필요성과 방향이다. 앞서 논의한 바와 같이 현대 국제법상 준비문서는 텍스트 중심 해석의 명백함·합리성에 의해 배제될 수 있는 보충적·부수적·보조적 지위의 위계적 하위구조 요소라고 할 수 없으며 국제판례 등에 의해 조약해석의 여타 주요 해석요소들과 사실상 동등한 중요성을 갖는 필수적 요소라고 볼 수 있다. 따라서 국제법의 관점에서 이 협정에 대한 합리적 해석을 도출하고자 한다면 준비문서의 체계적 분석 또는 신의성실한 독해가 필연적으로 요구된다. 협정 준비문서로서의 한일회담문서에 대한 포괄적이고 체계적인 이해가 뒷받침되지 않는 한 설득력있고 온전한 해석논리 구축은 극히 어려울 것이다. 여기서 준비문서의 개념과 가치의 구분에 대해 상기해볼 필요가 있다.[1232] 다양한 종류와 유형의 준비문서는 구체 사안별로 해석의 맥락에 따라 그 가치가 달라질 수 있다. 준비문서의 개념과 가치를 일률적으로 설명해줄 수 있는 불변의 공식은 없으며, 당사자의 공동의도를 밝히는 증거로서의 가치 등이 주요한 기준으로 제시된다. 결국 개별 자료들의 구체 내

인다. 청구권·경제협력협정이 강행규범 위반이라는 주장을 위해서는 강행규범 위반으로 발생한 개인의 피해를 국가가 일괄보상협정으로 해결하는 것이 금지된다는 강행규범이 형성되어있다는 점을 입증해야할 것인데, 오늘날 국제법상 그러한 강행규범이 형성되었다고 볼 수 있는지 의문이다.

1232) 제4장 제3절 2.가(1) 참조.

용과 맥락 및 조약문언과의 관계 등에 대한 평가와 판단에 달려있는 문제다. 한일회담문서의 경우, 협정의 적용범위 또는 청구권 문제의 해결이나 청구권 소멸 여부 등에 대한 전체적 인식, 또는 협상 전략이나 여건의 변화에 상응하여 양국간 합의도출 노력의 흐름을 명징하게 보여줄 수 있는 자료와 증거를 일관성있게 재구성해내는 것이 관건일 것이다. 이러한 관점에서 일정한 기준과 개념적 지표에 따라 적실성있는 준비문서를 식별하는 작업이 선행되어야 하며, 이를 바탕으로 준비문서 분석이 드러내는 합리적인 해석론이 무엇인지 파악해야할 것이다. 어떠한 해석 입장을 취하느냐에 따라 일견 유리 또는 불리해보이는 자료나 협의 내용들이 산발적으로 발견될 수도 있다. 여기서 중요한 것이 준비문서의 신의성실한 독해라고 할 수 있을 것이다.1233) 이러한 원칙 하에 당사국 공동의도의 조명 등 핵심적 기준에 따라 준비문서 전반에 대한 합리적인 설명과 평가가 필요하다.

보다 구체적인 준비문서의 내용과 관련하여, 한일회담 외교문서는 준비문서의 실질적 중요성을 여실히 보여준다. 한일회담 관련 자료들에 대한 사례 검토가 보여주듯 준비문서는 텍스트 중심 해석만으로는 간과할 수도 있는 주요한 쟁점들을 식별하거나 그 이해를 구체화하는 데 실질적으로 유용하다. 특히, 핵심적 준비문서로서 8개 항목에 대한 상세한 추가적인 학제적 연구와 검토가 필요할 것으로 보인다.1234) 우리 정부는 첫 번째 본회담에서부터 8개 항목을 명확한 요구조건으로 제시하였으며 이는 십수년의 협상과정을 통해 크고 작은 수정 또는 변형의 과정을 겪으면서도 결국 최종 텍스트에 그 명시적 자리를 확보하였다. 따라서 8개 항목에 대한 이해는 텍스트 자체의 해석론으로 직접 환원될 수밖에 없다. 기니-기니비사우 간 해양경계획정 중재재판(1985년)에서 의정서·부속서 형태로 조약에 첨부된 준비문서와 달리 8개 항목은 그 실제 내용까지 첨부되지는 않았으나 여전

1233) 제4장 제3절 4.나 참조.
1234) 제5장 제2절 2항 참조.

히 그 사건의 준비문서처럼 "중요한 역할"을 할 수 있다.[1235] 공식 협정문에서 명기된 특별하고 중요한 이 준비문서에 대한 적절한 설명이 결여된다면 그 어떤 법리적 해석이나 논의도 불완전하다는 평가를 피하기 어려울 것이다. 이러한 측면에서, 8개 항목을 포함한 한일회담문서는 조약해석에 있어서 준비문서의 사실상 동등성을 현실적으로 보여주는 특수한 사례라고 할 수도 있다.

마지막으로, 2012년 및 2018년 대법원 판결이나 관련 논의에서는 비엔나 조약해석 규칙의 적용 문제나 준비문서에 대한 체계적 검토를 확인하기가 쉽지 않다는 점을 상기해볼 필요가 있다. 2018년 대법원 판결의 내용을 비엔나 규칙 요소별로 구분해 볼 수는 있으나, 판결 도입부에서 비엔나 규칙에 상응하는 내용이 명시적으로 원용되었음에도 불구하고 ICJ 주요 판례에서 볼 수 있는 비엔나 규칙 체제의 유형화된 적용 구조[1236]와는 사뭇 다른 방식으로 해석이 이루어졌다고 할 수 있다. 이 판결에서 준비문서 검토라고 할 수 있는 판시는 8개 항목에 대한 간략한 성격규정과 제5차 한일회담 내용의 평가에 관련된 부분이다. 물론 국내판례가 국제판례의 흐름이나 논리구사 방식을 반드시 따라야한다는 주장을 제기하는 것은 아니다. 전반적으로 이 사건 대법원 판결의 접근방법을 보면 협정의 목적[1237]과 특정 의도 또는 그 부재[1238]의 확인을 중심축으로 하고 있는 것으로 보이는데, 이러한 중요한 대법원 판결에서 준비문서에 대한 보다 전면적인 검토가 이루

1235) 제4장 제3절 2.가(1) 참조
1236) 제3장 제2절 2.다 참조.
1237) 청구권·경제협력협정의 목적이 식민지배 배상 청구가 아니라 한일 양국간 재정적·민사적 채권·채무 관계 해결이라는 점이 강조된다.
1238) 일방 당사자가 식민지배 불법성과 강제동원 피해 법적 배상을 원천 부인하여 불법행위 배상책임 인정을 거부하고 있는 상황에서 타방 당사자(피해국가)가 그것까지 포함하여 해결하는 협정을 체결하였다고 보기 어렵다고 해석되었다. 이는 당사자의 의도, 보다 정확히는 그러한 해결에 대한 공동의도의 부재를 지칭하는 것으로 볼 수 있다.

어지지 않은 것은 다소 아쉽다고 할 수 있다. 실제 앞서 살펴본 바와 같이 청구권·경제협력협정의 현대적 쟁점으로 논의되어 온 사항들(예를 들어, 개인청구권 소멸 문제, 반인도적 불법행위 등에 대한 손해배상청구권 문제, 강제징용 피해 보상의 성격 문제 등)의 정교한 이해에 직간접적으로 도움을 줄 수 있는 다양한 자료들이 한일 양국정부의 공식 협상기록으로 남아 있기 때문이다. 대법원의 판결 이유나 기본 근거가 반드시 국제법적 접근법과 동일해야할 필요는 없을 것이다. 다만, 우리나라의 입장을 국제(법)적 차원에서 보다 설득력있고 효과적인 서사 또는 담론으로 제시하길 원한다면 이 판결에 담긴 논리만으로는 부족한 측면이 있다. 준비문서의 실질적 가치와 역할에 상응하는 신의성실한 한일회담문서 독해에 입각하여 전체적인 논거의 재검토 또는 재구성이 요구된다. 나아가 앞서 준비문서의 사실상 동등성이 갖는 함의에서도 언급되었듯이, 국제법의 평면에서는 텍스트와 문맥, 목적, 준비문서 등에 의해 각각 동일한 결론을 중복 도출·확인하는 방식의 해석론이 우세할 가능성이 높다.1239) 준비문서로서의 한일회담 외교문서를 포함하는 비엔나 조약해석규칙상 주요 요소들의 병렬적·순차적 검토에 의한 중복적 확인으로 구성되는 완결된 틀 속에서 이 협정의 해석론이 제시될 수 있어야 할 것이다.1240)

1239) 제4장 제3절 3항 참조.
1240) 참고로, 조약해석이 문제가 되는 사안이라면, 중재와 ICJ 재판 등 국제재판의 맥락에서뿐만 아니라 조정(conciliation) 등을 포함한 비사법적·정치적 분쟁해결의 맥락에서도 준비문서가 여타 해석 요소들과 사실상 동등한 중요성을 갖는다고 생각할 수 있을 것이다.

제6장

결 론

현대 국제법에서 비엔나 조약해석 규칙은 강력한 규범적 권위를 인정받고 있다. 비엔나 규칙은 실용성과 유연성에 입각한 미려한 스타일의 유기적이고 체계적인 조항 구조 속에 조약해석의 거의 모든 필수적 요소들을 적절히 배치하고 있다. 이는 고전적 법칙(캐논)의 나열적 체제와 단절하고 조약해석의 전통적 학설 대립을 극복하고자 했던 ILC 작업의 성공을 의미한다. 그러나 비엔나 규칙의 형식적 외관은 조약해석 행위의 실질적 측면과 불일치하는 측면이 있다. 특히, 조약해석론에서 가장 논쟁적 요소로 간주되어온 준비문서와 관련하여, 비엔나 조약법협약 제31조 일반규칙과 제32조 보충수단 사이의 위계적 서열 구조를 보이는 외관은 '보충수단'으로 비정된 준비문서에 대해 실제 엄격한 제약을 부과하지 못하고 있으며 준비문서에 폭넓게 의존하려는 국가의 선호와 성향을 규범적으로 차단하거나 억제하지도 않는다고 할 수 있다. 준비문서는 통상의미, 문맥, 목적 등 일반규칙의 요소들과 사실상 동등한 가치를 갖는 병렬적·순차적 진행 관계의 해석 요소로 간주될 수 있다. 이러한 사실상의 동등성은 그간 주요 학술담론의 지평과 ICJ의 유형화된 비엔나 규칙 적용 등에서 식별되는 명제로서 이를 실체적으로 가능하게 하는 요인으로는 국제재판의 설득력과 수용성 제고를 위한 준비문서의 필수적 역할, 준비문서의 다소 부정적인 특성이 국가의 합리적 이익추구 동기와 갖는 내적 연계성과 이로 인한 국가의 준비문서 선호, 그리고 전면 상충하는 해석론 대립이라는 조약해석 분쟁의 속성 등을 생각해볼 수 있다. 이러한 준비문서의 사실상 동등성 명제는 준비문서의 형식적·내용적 속성과 관련된 문제제기를 피할 수 없을 것이다. 그러나 준비문서의 개념정의나 접근성, 해석 요소로서의 한계 등에 대한

다각적인 논의를 통해 준비문서의 일부 단점에도 불구하고 그 명제가 유효하게 제시될 수 있음을 확인하였다. 다만, 이 명제는 주로 ICJ 판례의 중심성에 근거하고 있다는 한계가 있음을 유념할 필요가 있다.

이렇게 비엔나 체제의 외관과 달리 준비문서가 보충적·보조적·부차적·종속적 지위로 확정되지 않는 것으로 평가할 수 있게 해주는 더 큰 틀의 맥락이 존재한다. 그것은 비엔나 규칙이 법적 구속력있는 조약(비엔나 조약법협약)의 틀 안에서 "shall"이라는 용어를 포함하는 의무적 법적 조항으로서의 형식을 갖추고 있음에도, 실질적으로는 조약해석의 본질적인 재량적 성격에 부합하는 '지침/가이드라인'으로 존재하고 적용되어왔다는 점이다. ILC 특별보고자 Waldock의 보고서를 바탕으로 진행된 ILC 내부 논의 과정 및 ILC 초안에 대한 각국 정부의 반응과 토의, 그리고 이후의 다양한 학설적 평가에서 이러한 점이 확인된다. 비엔나 규칙을 그 실체적인 규범적 존재양상이라는 관점에서 (재)규정한다면, 신의성실이라는 구속력있는 핵심 원칙을 중심으로 구축된 조약해석의 실용적이고 유연한 지침이라고 할 수 있다. 이러한 평가와 분석은 1990년대 이후 ICJ 판례법을 중심으로 하는 국제법 담론에서 비엔나 규칙에 공식적으로 부여된 '국제관습법의 반영'이라는 성격 또는 명명에도 불구하고 타당하다는 점을 짚어보았다. 실제 ICJ는 1969년 비엔나 조약법협약의 탄생 약 20여년 후 다소 갑작스럽게 협약 제31조의 국제관습법 반영을 선언하였으며, 이를 계기로 자기 판례의 누적적 원용을 통해 비엔나 규칙을 수용하기 시작했다. 비엔나 규칙 2개 조항의 국제관습법 반영 선언에는 시차가 존재하였다. ICJ 판례를 중심으로 현대 조약해석 규칙 담론을 추적해보면 PCIJ 판례와 ICJ 초기 판례의 연속성을 바탕으로 기존 조약해석 3개 학파를 타협·조화시킨 ILC의 조약해석 규칙 작성 작업이 ICJ의 권위있는 규범적 확인을 통해 매끄러운 연속적·선형적 발전 경로를 거쳐 국제관습법 규칙으로 자리잡았다는 통상적 서사가 구성된다. 그러나 PCIJ의 판례, PCIJ에서 ICJ 초기 판례로 이어지는 과정, 그리고 ICJ가 비엔나 규칙을 수용하여 별도의 논증없이 국제관습법적 지위를 부여하는 과정 등에는 일정한 불연속성 또는 규범과 현실 사이의 간극이 있음을 확인할 수 있다. 특히, 비엔나 규칙이 ICJ에 의해 국제관습법의 지위를 확인받는 과정은 ICJ의 일방적 단언을 통한 국제관습법 식별 양태의 전형적 사례로 볼 수 있다. 이를 ICJ의 필수적인 기능수행을 위한 전략적 반응으로 선해하더라도 비엔나 규칙에 대한 국제관습법 반영 단언은 그 필연성이나 불가피성에 의문의 여지가 있다. 법현실주의의 이론적 맥락에서 접근한다면, 주권국가로 구성된 국제사회에서 동의관할권 원칙에 기반한 ICJ 등의 국제재판소가 자기 판시의 반복을 통한 비엔나 규칙의 국제관습법 정립에 있어서 정당성과 권위확보라는 현실적 유인에 반응한 것이라는 기본적 통찰과 가설을 제시할 수 있음도 살펴보았다. 이와 같이 준비문서의 실질적 지위와 역할은 당연히 그것을 포함하고 있는 비엔나 규칙 체제의 실체적 존재양상에 대한 이해와 평가 속에서 파악되어야 한다. 준비문서의 사실상 동등성은 준비문서에 대한 당위적 주장의 결과가 아니라 실체적 인식과 논의, 관행 등에 대한 관찰과 평가에서 도출되는 결론이며 조약해석에 있어서 준비문서가 신의성실의 대원칙 하에 제 역할을 할 수 있도록 신중하고 효과적인 방식으로 다루어져야 한다는 실천적 함의를 갖는다.

이러한 논의를 바탕으로 한국이 체결한 주요 조약의 준비문서를 실증적으로 살펴보는 차원에서 한일간 1965년 청구권·경제협력협정의 해석에 활용될 수 있는 한일회담 문서 등 준비문서를 생성시점 또는 교섭경과에 따라 일별하였다. 그 과정에서 청구권·경제협력협정의 준비문서를 총괄적으로 평가하는 데 관련되는 기본적 쟁점들도 검토하였다. 그간 우리나라 대법원 판결 등이 청구권·경제협력협정에 대한 비엔나 조약해석 규칙의 체계적 적용이라는 측면에서 다소 불확실한 측면이 있었고 조약해석 요소로서의 준비문서 자체에 대한 검토작업이 전면적으로 이루어졌다고 보기 어려왔기 때문이다. 아울러, 대일청구요강(8개 항목)의 개념과 내용 문제를 준비문서 차원에서 검토해봄으로써 텍스트 중심 해석의 모호성이나 불명확성 또는 부조리성이나 불합리성 문제와 무관하게 준비문서의 적극적인 검토가 필수적으로 요구될 수 있다는 점을 확인하였다. 협정 문안에서 명시적으로 거론된 준비문서는 조약해석에 있어서 중요한 역할을 수행할 수밖에 없기 때문이다. 말하자면 한일회담 전 과정을 비교적 자세히 기록한 한일 양국의 외교문서는 준비문서의 사실상 동등성 명제에 비추어 청구권·경제협력협정의 설득력있는 해석을 위해 반드시 상세 검토되어야 한다. 국제(법)적 설득력을 높이기 위해서는 준비문서를 포함한 모든 주요 해석 요소들이 각각 동일한 결론을 중복 도출·확인하는 해석론의 정립이 필요한 것이다. 동시에 이 협정은 준비문서가 갖는 사실상의 중요성을 현실적으로 보여주는 하나의 중요한 사례라고 할 수도 있다. 강제징용 문제 등 한일간 현안의 실질적 해결과는 별개로 이 협정 준비문서가 반드시 짚고 넘어가야 할 주요 연구대상이라는 점을 부인하기는 어려울 것이다. 이 연구에서 다루지는 않았으나 한일간 청구권·경제협력협정 이외에 한국의 대외정책 또는 국내정치적 측면에서 자주 쟁점으로 부각되는 주요 조약 또는 정치적 합의문의 실제적 또는 잠재적 해석 쟁점을 검토하고 연구하는 데 있어서도 준비문서는 중요하다.[1241]

1241) 기본적으로 대부분의 "조약" 체결이 행정부에 의한 고도의 정치외교적 행위로 간주될 수는 있겠으나, 특히 동맹·안보 조약, 남북합의서, 한일간 외교적 합의 등의 경우 그 정치적 성격이 더욱 분명할 것이다. 한미상호방위조약의 경우 예를 들어 그 문언상 "태평양 지역(Pacific areas)"이라는 지리적 범위의 해석 문제를 생각해보기 위해서는 준비문서의 검토가 필수적이다. 한미상호방위조약의 체결과정과 준비문서에 대해서는 김계동, 『정전협정 전후 한미상호방위조약 체결협상』 (2019); 김남수, "한미상호방위조약 체결 과정 연구: 동맹의 제도화를 통한 동맹 딜레마의 관리" (서울대 외교학석사학위 논문, 2009); 한국사데이터베이스(db.history.go.kr)의 이승만서한철 및 미국무부 외교문서(Foreign Relations of the United States) 등 참조. 한편, 조약이 아닌 정치적 성격의 주요 합의문을 해석하고 이해하는 데 있어서도

이상과 같은 여러 측면을 감안시, 국가간 조약해석 분쟁이 발생하는 경우 그러한 분쟁의 해결을 위한 다양한 노력에는 조약 텍스트와 문맥 등의 해석과 함께 그와 사실상 동등한 가치를 갖는 적절한 준비문서를 수집·분류·분석·독해하는 일이 필수적으로 포함되어야 할 것이다. 주요 조약의 준비문서에 대한 그러한 작업은 국가의 국제법적 분쟁대응역량 강화를 위해서도 결코 간과할 수 없는 중요한 과제라고 할 수 있다.

조약해석 규칙의 준용이 가능할 것이다. 비엔나 규칙은 해석에 대한 상식과 논리의 원칙을 반영하고 있기 때문이다. Thirlway, *supra* note, p. 1241. 특히, 조약과 같은 법적 구속력이 있는 합의가 아닌 정치적 합의는 그 문언보다도 실제 당사자들의 정치적이고 상징적인 의도가 더 중요할 수도 있다는 점을 생각해보면 그 합의문에 이르기까지의 교섭경과와 준비문서가 비(非)법적 정치적 합의의 해석에 큰 비중을 가질 것이다. 이러한 차원에서 예컨대, 조약이 아닌 일종의 특수한 정치적 합의로 볼 수 있는 남북기본합의서를 해석하는 데 있어서 그 교섭과정이 담긴 준비문서가 있다면 주요 조항들의 해석이 새로운 조명을 받을 수 있을 것이다.

참고문헌

I. 국내문헌

1. 일반 논문

강병근, 1965년 한일협정의 "청구권"의 범위에 관한 연구, 국제법학회논총 제60권 (2015), 11쪽

_____, 국제법적 관점에서 본 일제강제징용 배상판결의 주요쟁점에 관한 연구, 저스티스 제143호 (2014), 234쪽

금태환, 행정법의 해석과 문언·입법취지 - 미국과 한국의 판례 분석을 중심으로, 법조, 제56권 제4호 (2007, 통권607호), 210쪽

김기창 외, 한일청구권협정과 강제동원 피해자의 손해배상 청구권, 비교사법 제24권 (2017), 813쪽

김민철, 미군정의 권한과 책임 이양의 諸조약에 대한 국제법적 재조명, 대한국제법학회논총, 제64권 (2019), 65쪽

_____, 관습국제법의 확인 측면에서 살핀 니카라과-콜롬비아 200해리 이원 대륙붕 경계획정 판결: Jura Novit Curia?, 서울국제법연구 제30권 2호(2023), 71쪽 참조.

김성욱, 재조선 미국 육군사령부 군정청 법령 제33호에 의한 소유권의 강제적 귀속, 한국법학회 법학연구 42집 (2011), 91쪽

김성원, 법경제학 국제법 방법론에 관한 연구, 한양법학 제22권 제1호 (2011), 65쪽

_____, 국제법 분석 도구로서의 경험주의 법학 방법론에 관한 연구, 국제법학회논총 제57권 제4호 (2012), 87쪽

김원희, 국제법상 해양에 대한 역사적 권리의 성격과 범위, 영토해양연구 제13권 (2017), 110쪽

김창록, 한일 청구권협정에 의해 '해결'된 '권리' - 일제 '강제동원' 피해 관련 대법원 판결을 소재로, 경북대학교 법학논고 제49집 (2015), 791쪽

김현정, WTO 분쟁해결절차에서의 규범 충돌의 해결 - WTO 협정과 非 통상 조약과의 관계를 중심으로, 통상법률 제109호 (2013), 88쪽

박배근, 국제법학방법으로서의 '국제법에 대한 제3세계의 접근', 국제법평론 제42

호. (2015), 45쪽

_____, 일제강제징용 피해자의 법적 구제에 관한 국제법적 쟁점과 향후 전망: 2012년 대법원 판결을 중심으로, 한양대학교 법학논총 제30권 (2013), 47쪽

박준호, 한국의 독립 관련 유엔 총회 결의 채택과정과 배경 - 미국의 외교문서를 중심으로, 국제법 동향과 실무 Vol.15, No.1 (2016), 17쪽

박현석, 차고스 군도의 분리와 후속상황에 관한 국제법원들의 결정 비교, 홍익법학 제21권 제1호 (2020), 121쪽

서은아, WTO 분쟁해결 절차에서 적용가능한 법 간 충돌의 해결 - 비WTO 규범과의 충돌 논의를 중심으로, 국제법학회 논총 제61권 제2호 (2016), 41쪽

신우정, 국제적 강행규범의 시각에서 본 강제징용 청구권의 소권 소멸 여부, 서울국제법연구 제26권 1호 (2019), 1쪽

오세혁, 한국에서의 법령해석 - 우리나라 법원의 해석방법론에 대한 비판적 분석, 법철학연구 제6권 제2호 (2003), 119쪽

오승진, 일본군 '위안부' 피해자 손해배상소송에 관한 연구 - 해외 법원의 판결을 중심으로, 단국대학교 법학논총 제42권 제1호 (2018), 125쪽

오시진, 대일강화조약(1951년)과 조약해석의 보충적 수단 - 역사학적 연구의 중요성, 영토해양연구 제20권 (2020.12), 95쪽

유의상, 샌프란시스코 대일강화회의와 한국의 참가문제, 사림 제53호 (2015), 265쪽

_____, 한일 청구권 협정과 과거사현안의 해결에 대한 고찰, 한국정치외교사논총 제37집 (2016), 207쪽

이근관, 한일청구권협정상 강제징용배상청구권 처리에 대한 국제법적 검토, 서울대학교 법학 제54권 (2013), 327쪽

이기범, 해양경계획정에 적용할 수 있는 '3단계 방법론'에 대한 비판적 소고, 국제법학회논총 제65권 제2호 (2020), 153쪽

이동희, 사비니(F. C. v. Savigny)와 역사법학, 단국대학교 법학논총, 제33권 제1호 (2009), 65쪽

이재민, 최근 WTO 분쟁해결절차에서 확인된 국제법 기본원칙 및 법리, 국제법학회 논총 제55권 제4호 (2010), 183쪽

장박진, 한일회담 청구권 교섭에서의 세부 항목 변천의 실증분석: 대일 8항목 요구 제5항의 해부, 정신문화연구 제34권 제1호(2011), 85쪽

_____, 한일 청구권협정 제2조의 형성 과정(1965.3-6) 분석:개인청구권 문제를 중심으로, 동북아역사논총 48호 (2015), 297쪽

정경수, 미완의 비식민화 잔여물의 탈식민적 청산 - 차고스 군도에 관한 권고적 의
　　견을 중심으로, 국제법평론 제54호 (2019), 101쪽
정인섭, 1965년 한일 청구권협정 대상범위에 관한 연구, 성곡논총 제25권 (1994),
　　509쪽
＿＿＿, 재사할린 한인에 관한 법적 제문제, 국제법학회논총 제34권 (1989), 165쪽
주진열, 1965년 한일 청구권협정과 개인청구권 사건의 국제법 쟁점에 대한 고찰,
　　서울국제법연구 제25권 2호 (2018), 173쪽
최봉철, 법현실주의, 미국학 제20집 (1997), 1쪽
최지현, 국제사법재판소와 선례, 외법논집 45권 (2021), 151쪽
최철영, 강제동원 관련 한인(조선인) 소송에 있어서 개인배상청구권 연구, 동북아
　　역사논총 19호 (2008), 233쪽
한애라, 미국 연방 민형사소송절차에서의 E-discovery와 국내적 시사점, 성균관법
　　학 제32권 제2호 (2020), 179쪽
한혜인, 한일 청구권협정 체결 전후 강제동원 피해의 범위와 보상 논리 변화, 사학
　　연구 제113호 (2014), 237쪽
황준식, 국제사법재판소의 권고적 의견과 동의 원칙 - 차고스 군도 사건에서 제출
　　된 서면의견을 중심으로, 국제법논총 제63권 제4호 (2018), 309쪽

2. 단행본

김계동, 정전협정 전후 한미상호방위조약 체결협상 (2019)
김명기, 정신대와 국제법 (1993)
김학태, 법의 해석과 적용 (2017)
박진희, 한일회담: 제1공화국의 대일정책과 한일회담 전개과정 (2008)
오오타 오사무(太田修) (송병권 외 옮김), 한일교섭: 청구권 문제 연구 (2008)
유의상, 대일외교의 명분과 실리: 대일청구권 교섭과정의 복원 (2016)
＿＿＿, 한일 과거사 문제의 어제와 오늘 - 식민 지배와 전쟁 동원에 대한 일본의
　　책임 (2022)
이원덕, 한일공문서를 통해 본 독도 (2013)
장박진, 미완의 청산 (2014)
정병준, 독도 1947 (2010)
＿＿＿, 샌프란시스코평화조약의 한반도관련 조항과 한국정부의 대응 (2019)

정인섭, 조약법 강의 (2016)

_____, 신국제법 강의 (2022)

3. 정부발간자료

한일회담외교문서(한국외교문서철)

대일배상요구조서 (1954)

韓日會談의 諸問題 (1960)

한일회담백서 (1965)

대한민국과 일본국 간의 조약 및 협정 해설 (1965)

條約實務便覽 (1980 (2024년 재발간))

한일회담 문서공개 후속대책 관련 민관공동위원회 개최 (보도자료, 2005.8.26)

국무총리실 한일수교회담문서공개등대책기획단 활동 백서 (2007)

독도 자료 I (2008)

일제 징용 피해자들의 공탁금 환수 관련 정부입장 (보도자료, 2009.8.14)

II. 외국문헌

1. 일반 논문

Allen, Stephen, Article 297 of the United Nations Convention on the Law of the Sea and the Scope of Mandatory Jurisdiction, Ocean Development and International Law, Vol. 48 (2017), p. 324

Allott, Philip, The Concept of International Law, European Journal of International Law, Vol. 10 (1999), p. 31

Angell, James, The Turkish Capitulations, American Historical Review, Vol. 6 (1901), p. 254

Beckett, Eric, Observations des Membres de la Commission sur le Rapport de M. Lauterpacht - Comments by Sir Eric Beckett, Anuaire de l'Institute de Droit International, Vol. 43 (1950-I), p. 435

Bodansky, Daniel, Legal Realism and its Discontents, Leiden Journal of International

Law, Vol. 28 (2015), p. 267

Bodansky, Daniel, Customary (and Not So Customary) International Environmental Law, Indiana Journal of Global Legal Studies, Vol. 3, No. 1, p. 105

Briggs, Herbert, The Travaux Préparatoires of the Vienna Convention on the Law of Treaties, American Journal of International Law, Vol. 65 (1971), p. 705

Brölmann, C., The significance of the 1980 ICJ Advisory Opinion Interpretation of the Agreement of 25 March 1951 between the WHO and Egypt, Amsterdam Law School Legal Studies Research Paper, No. 2015-17

Brown, Philip, The Interpretation of the General Pact for the Renunciation of War, American Journal of International Law, Vol. 23 (1929), p. 363

Carty, Anthony, The Corfu Channel Case and the Missing Admiralty Orders, Law and Practice of International Courts and Tribunals, Vol. 3 (2004), p. 1

Chimni, B. S. Customary International Law: A Third World Perspective, American Journal of International Law, Vol. 112, No. 1 (2018), p. 1

Criddle, Evan, The Vienna Convention on the Law of Treaties in US Treaty Interpretation, Virginia Journal of International Law, Vol. 44 (2004), p. 431

Dawidowicz, Martin, The Effect of the Passage of Time on the Interpretation of Treaties: Some Reflections on Costa Rica v. Nicaragua, Leiden Journal of International Law, Vol. 24 (2011), p. 201

Dunbar, Norman, The Myth of Customary International Law, Australian Yearbook of International Law, Vol. 8 (1983), p. 1

Dunoff, Jeffrey et al., Economic Analysis of International Law, Yale Journal of International Law, Vol. 24 (1999), p. 1

Fachiri, Alexander, Interpretation of Treaties, American Journal of International Law, Vol. 23 (1929), p. 745

Fairman, Charles, The Interpretation of Treaties, Transactions of the Grotius Society (1934), p. 123

Fidler, David, Challenging the Classical Concept of Custom: Perspectives on the Future of Customary International Law, German Yearbook of International Law, Vol. 39 (1996)

Fitzmaurice, Gerald, The Law and Procedure of the International Court of Justice: Treaty Interpretation and Certain Other Treaty Points, British Yearbook of

International Law, Vol. 28 (1951), p. 1

Fitzmaurice, Gerald, The Law and Procedure of the International Court of Justice 1951-4: Treaty Interpretation and Certain Other Treaty Points, British Yearbook of International Law, Vol. 33 (1957), p. 203

Fitzmaurice, Gerald et al. Sir (William) Eric Beckett, K.G.M.G., Q.C. (1896-1966): An Appreciation, International and Comparative Law Quarterly, Vol. 17 (1968), p. 267

Fleischer, Holger, Comparaive Approaches to the Use of Legislative History in Statutory Interpretation, American Journal of Comparative, Law, Vol. 6, No. 2 (2012), p. 404

Foster, Sydney, Should Courts Give Stare Decisis Effect to Statutory Interpretation Methodology? Georgetown Law Journal, Vol. 96, No. 6 (2008), p. 1863

Freund, Ernst, Interpretation of Statutes, University of Pennsylvania Law Review, Vol .65 (1917), p. 207

Galbraith, Jean, What Should the Restatement (Fourth) Say about Treaty Interpretation, BYU Law Review, Vol. 2015 (2015), p. 1499

Galbraith, Jean, American Law Institute Releases a Volume of the Restatement Fourth of the Foreign Relations Law of the United States, Partially Revising the Restatement Third, American Journal of International Law, Vol. 113 (2019), p. 386

Goldsmith, Jack et al. A Theory of Customary International Law, University of Chicago Law Review, Vol. 66 (1999), p. 1113

Greenwood, Christopher, Using Human Rights Law in English Courts, Law Quarterly Review, Vol. 114 (1998), p. 523

Hakimi, Monica, Making Sense of Customary International Law, Michigan Law Review, Vol. 118 (June 2020), p. 1487

Henkin, Louis, Human Rights and State "Sovereignty", Georgia Journal of International and Comparative Law, Vol. 25 (1995) p. 31

Hosseinnejad, Katayoun, Rethinking the Meaning of Ordinary Meaning in Light of the ICJ's Jurisprudence, Law and Practice of International Courts and Tribunals, Vol. 20 (2021), p. 267

Hudson, Manley, Harvard Draft Convention on the Law of Treaties, Supplement to the

American Journal of International Law, Vol. 29 (1935), p. 653

Hwang, Jun-shik, A Sense and Sensibility of Legal Obligation: Customary International Law and Game Theory, Temple International and Comparative Law Journal, Vol. 20 (2006), p. 111

Hyde, Charles, The Interpretation of Treaties by the Permanent Court of International Justice, American Journal of International Law, Vol. 24 (1930), p. 1

Hyde, Charles, Judge Anzilotti on the Interpretation of Treaties, American Journal of International Law, Vol. 27 (1933), p. 502

Hyde, Charles, Concerning the Interpretation of Treaties, American Journal of International Law, Vol. 3 (1909), p. 46

Institute of International Law, Resolutions Adopted by the Institute at its Session at Granada, 11-20 April 1956, Annuaire de l'Institut de Droit International, Vol. 46 (1956), p. 364

Kearney, Richard et al., The Treaty on Treaties, American Journal of International Law, Vol. 64, No. 3, (1970), p. 495

Kenny, James, Manley O. Hudson and the Harvard Research in International Law 1927-40, International Lawyer (ABA), Vol. 11 (1977), p. 319

Klabbers, Jan, International Legal Histories: The Declining Importance of Travaux Préparatoires in Treaty Interpretation, Netherlands International Law Review (2003), p. 267

Koskenniemi, Martti, The Case for Comparative International Law, Finnish Yearbook of International Law, Vol. 20 (2009), p. 1

Krzysztof, Pelc, The Politics of Precedent in International Law: A Social Network Application", American Political Science Review, Vol. 18, No. 3 (Aug., 2014), p. 547

Lauchterpacht, Hersch, Some Observations on Preparatory Work in the Interpretation of Treaties, Harvard Law Review, Vol. 48 (1935), p. 549

Lauchterpacht, Hersch, Restrictive Interpretation and the Principle of Effectiveness in the Interpretation of Treaties, British Yearbook of International Law, Vol. 26 (1949), p. 48

Linderfalk, Ulf, State Responsibility and the Primary-Secondary Rules Terminology - The Role of Language for an Understanding of the International Legal

System, Nordic Journal of International Law, Vol. 78 (2009), p. 53

Llewellyn, Karl, Some Realism about Realism: Responding to Dean Pound, Harvard Law Review, Vol. 44 (1931), p. 1222

Mitchell, Ryan, Sovereignty and Normative Conflict: International Legal Realism as a Theory of Uncertainty, Harvard International Law Journal, Vol. 58 (2017), p. 421

Mortenson, Julian, The Travaux of Travaux: Is the Vienna Convention Hostile to Drafting History?, American Journal of International Law, Vol. 107 (2013), p. 780

Nefouse, David, Trials & Errors: The Rights of the Korean Comfort Women and the Wrongful Dismissal of the Joo Case by the District of Columbia Federal Courts, Korean Journal of International and Comparative Law (2005), p. 3

Norman, George et al., The Customary International Law Game, American Journal of International Law, Vol. 99 (2005), p. 541

Nourse, Victoria et al., Empiricism, Experimentalism and Conditional Theory, SMU Law Review, Vol. 67 (2014), p. 141

Popa, Liliana, The Holistic Interpretation of Treaties at the International Court of Justice, Nordic Journal of International Law, Vol. 87 (2018), p. 249

Pound, Roscoe, Mechanical Jurisprudence, Columbia Law Review, Vol. 8 (1908), p. 605

Price, John, Cold War Relic: The 1951 San Francisco Peace Treaty and the Politics of Memory, Asian Perspective, Vol. 25, No. 3 (2001), p. 31

Prislan, Vid, Domestic Explanatory Documents and Treaty Interpretation, International and Comparative Law Quarterly, Vol. 66 (2017), p. 923

Quayle, Peter, Treaties of a Particular Type: the ICJ's Interpretative Approach to the Constituent Instruments of International Organizations, Leiden Journal of International Law, Vol. 29 (2016), p. 853

Ris, Martin, Treaty Interpretation and ICJ Recourse to Travaux Préparatories: Towards a Proposed Amendment of Articles 31 and 32 of the Vienna Convention on the Law of Treaties, Boston College International and Comparative Law Review, Vol. 14 (1991), p. 111

Roberts, Anthea, Traditional and Modern Approaches to Customary International Law: A Reconciliation, American Journal of International Law, Vol. 95, No. 4

(2001), p. 757

Rosenne, Shaptai, Travaux Préparatoires, International and Comparative Law Quarterly, Vol. 12 (1963), p. 1364

Rosenne, Shaptai, Interpretation of Treaties in the Restatement and the International Law Commission's Draft Articles: A Comparison, Columbia Journal of Transnational Law, Vol. 5 (1966), p. 205

Schauer, Frederick, Legal Realism Untamed, Texas Law Review, Vol. 91 (2013), p. 749

Schwarzenberger, Georg, Myths and Realities of Treaty Interpretation: Articles 27-29 of the Vienna Draft Convention on the Law of Treaties, Virginia Journal of International Law, Vol. 9 (1968), p. 1

Scoville, Ryan, Finding Customary International Law, Iowa Law Review, Vol. 101 (2016), p. 1893

Shaffer, Gregory, Legal Realism and International Law, Legal Studies Research Paper Series No. 2018-55

Shereshevsky, Yahli et al., Does Exposure to Preparatory Work Affect Treaty Interpretation? An Experimental Study on International Law Students and Experts, European Journal of International Law, Vol. 28 (2018), p. 1287

Skoczeń, Izabela, Minimal Semantics and Legal Interpretation, International Journal for the Semiotics of Law, Vol. 29 (2016), p. 615

Solan, Lawrence, Corpus Linguistics as a Method of Legal Interpretation: Some Progress, Some Questions, International Journal for the Semiotics of Law, Vol. 33 (2020), p. 283

Steinberg, Richard, Overview: Realism in International Law, Proceedings of the 96th Annual Meeting of American Society of International Law (2002), p. 260

Talmon, Stefan, Determining Customary International Law: The ICJ's Methodology between Induction, Deduction and Assertion, European Journal of Internationial Law, Vol. 26, No. 2, pp. 429

Vandevelde, Kenneth, Treaty Interpretation from a Negotiator's Perspective, Vanderbilt Journal of Transnational Law, Vol. 21 (1988), p. 281

Vitányi, Béla, Treaty Interpretation in the Legal Theory of Grotius and its Influence on Modern Doctrine, Netherlands Yearbook of International Law, Vol. 14 (1983), p. 41

Von Bogdandy, Amin et al., Beyond Dispute: International Judicial Institutions as Lawmakers, German Law Journal, Vol. 12 (2011), p. 979

Wright, Quincy, The Interpretation of Multilateral Treaties, American Journal of International Law, Vol. 23 (1929), p. 94

Yee, Sienho, The Fourth Use of Travaux Préparatoires in the LaGrand Case: To Prove the Non-preclusion of an Interpretation, Chinese Journal of International Law, Vol. 16 (2017), p. 351

2. 단행본

Alvarez, José, International Organizations as Law-makers (2006)

Andenas, Mads et al. (eds), A Farewell to Fragmentation: Reassertion and Convergence in International Law (2015)

Anghie, Antony, The Third World and International Order: Law, Politics and Globalization (2003)

Aust, Anthony, Modern Treaty Law and Practice (2013)

Aust, Helmut et al. (eds), The Interpretation of International Law by Domestic Courts - Uniformity, Diversity, Convergence (2016)

Bederman, David, Classical Canons - Rhetoric, Classicism and Treaty Interpretation (2001)

Benvenisti, Eyal et al. (eds), The Impact of International Law on International Cooperation: Theoretical Perspectives (2004)

Bianchi, Andrea, International Law Theories (2016)

Bjorge, Eirik, The Evolutionary Interpretation of Treaties (2014)

Black, Henry, Black's Law Dictionary (1990)

Boyle, Alan et al. (eds), The Making of International Law (2007)

Bradley, Curtis (ed), Custom's Future: International Law in a Changing World (2016)

Cannizzaro, Enzo (ed), The Law of Treaties Beyond the Vienna Convention (2011)

Clorten, Olivier et al. (eds), The Vienna Conventions on the Law of Treaties: A Commentary (2006)

Collins, Lawrence, Provisional and Protective Measures in International Litigation (1992)

D'Aspremont, Jean, Formalism and the Sources of International Law: A Theory of the Ascertainment of Legal Rules (2011)

Dörr, Oliver et al. (eds) Vienna Convention on the Law of Treaties: A Commentary (2012)

Dunoff, Jeffrey et al. (eds), Interdisciplinary Perspectives on International Law and International Relations: The State of the Art (2013)

Ehrlich, Ludwik, L'Interprétation des Traités (1929)

Fenwick, Charles, International Law (1924)

Fitzmaurice, Malgosia et al. (eds), Treaty Interpretation and the Vienna Convention on the Law of Treaties: 30 Years On (2010)

Gardiner, Richard, Treaty Interpretation (2010)

Grant, John et al., Parry and Grant Encyclopaedic Dictionary of International Law (2009)

Grotius, Hugo, The Rights of War and Peace (De Jure belli ac pacis) (edited by Stephen Neff) (2012)

Hart, H. L. A., The Concept of Law (1961)

Hathaway, James, The Rights of Refugees under International Law (2005)

Hathaway, Oona et al., The Internationalists: How a Radical Plan to Outlaw War Remade the World (2017)

Hernández, Gleider, The International Court of Justice and the Judicial Function (2014)

Higgins, Rosalyn, Problems and Process: International Law and How We Use It (1994)

Hudson, Manley, The Permanent Court of International Justice 1920 - 1942: A Treatise (1943)

Hyde, Charles, International Law Chiefly as Interpreted and Applied by the United States (1945)

Kammerhofer, Jörgetal (eds), International Legal Positivism in a Post-Modern World (2014)

Klinger, Joseph et al. (eds), Between the Lines of the Vienna Convention? Canons and Other Principles of Interpretation in Public International Law (2018)

Koskenniemi, Martti, The Gentle Civilizer of Nations: The Rise and Fall of International Law 1870-1960 (2002)

Koskenniemi, Martti, From Apology to Utopia: The Structure of International Legal Argument (2009)

Lauterpacht, Elihu, The Development of the Law of International Organization by the Decisions of International Tribunals (1976)

Lauterpacht, Hersch, The Development of International Law by the International Court (1958)

Leiter, Brian, Naturalizing Jurisprudence: Essays on American Legal Realism and Naturalism in Legal Philosophy (2007)

Linderfalk, Ulf, On the Interpretation of Treaties - The Modern International Law as Expressed in the 1969 Vienna Convention on the Law of Treaties (2007)

Lord McNair, The Law of Treaties (1961)

Makarczyk, Jerzy (ed), Theory of International Law at the Threshold of the 21st Century: Essays in Honour of Krzysztof Skubiszewski (1996)

McDougal, Myres et al., The Interpretation of International Agreements and World Public Order: Principles of Content and Procedure (1994)

Oppenheim, Lassa, International law: A Treatise (edited by Ronald Roxburgh) (1920)

Orakhelashvili, Alexander, The Interpretation of Acts and Rules in Public International Law (2008)

Orakhelashvili, Alexander et al. (eds), 40 Years of the Vienna Convention on the Law of Treaties (2010)

Phillimore, Robert, Commentaries upon International Law (1871)

Popa, Liliana, Patterns of Treaty Interpretation as Anti-Fragmentation Tools (2018)

Ratner, Steven et al. (eds), The Methods of International Law (2006)

Reisman, Michael, Folded Lies: Bribery, Crusades, and Reforms (1979)

Reuter, Paul, La Convention de Vienne du 29 Mai 1969 sur le Droit des Traités (1970)

Rosenne, Shabtai, An International Law Miscellany (1993)

Schwebel, Stephen, Justice in International Law: Further Selected Writings (2011)

Sinclair, Ian, The Vienna Convention on the Law of Treaties (1984)

Slocum, Brian, Ordinary Meaning: A Theory of the Most Fundamental Principle of Legal Interpretation (2015)

Spencer, John, Ethiopia at Bay: A Personal Account of the Haile Selassie Years (1984)

Tamanaha, Brian, Beyond the Formalist-Realist Divide: the Role of Politics in Judging (2010)

Tams, Christian et al. (eds), Legacies of the Permanent Court of International Law (2013)

Thirlway, Hugh, The Law and Procedure of the International Court of Justice - Fifty Years of Jurisprudence (2013)

Thomas, E. W., The Judicial Process: Realism, Pragmatism, Practical Reasoning and Principles (2005)

Twining, William, Karl Llewellyn and the Realist Movement (2012)

Van Damme, Isabelle, Treaty Interpretation by the WTO Appellate Body (2009)

Vattel, E, The Law of Nations (edited by Béla Kapossy and Richard Whatmore) (2008)

Venzke, Ingo, How Interpretation Makes International Law: On Semantic Change and Normative Twists (2012)

Visscher, Charles de, Problèmes d'Interprétation Judiciaire en Droit International Public (1963)

Westlake, John, International Law (1910)

Yü, Tsune-Chi, The Interpretation of Treaties (1927)

3. 국제기구 발간자료

Third Report on the Law of Treaties by Sir Humphrey Waldock, Special Rapporteur, A/CN.4/167 and Add.1-3, Yearbook of the International Law Commission 1964, Volume II (A/CN.4/SER.A/1964/ADD.1)

Summary Records of the Sixteenth Session, 11 May - 24 July 1964, Yearbook of the International Law Commission 1964, Vol. I (A/CN.4/SER.A/1964)

Report of the International Law Commission on the Work of its Sixteenth Session, 11 July 1964 (A/CN.4/173)

Summary Records of the First Part of the Seventeenth Session, 3 May - 9 July 1965, Yearbook of the International Law Commission 1965, Vol. I (A/CN.4/SER.A/1965)

United Nations General Assembly, Twentieth Session, Official Records, Sixth Committee, 842nd meeting, 6 October 1965, New York

United Nations General Assembly, Twentieth Session, Official Records, Sixth Committee, 845th meeting, 11 October 1965, New York

United Nations General Assembly, Twentieth Session, Official Records, Sixth Committee, 850th meeting, 11 October 1965, New York

Sixth Report on the Law of Treaties by Sir Humphrey Waldock, Special Rapporteur, A/CN.4/186 and Add.1-7, Yearbook of the International Law Commission 1966, Vol. II (A/CN.4/SER.A/1966/ADD.1)

Summary Records of the Eighteenth Session, 4 May - 19 July 1966, Yearbook of the International Law Commission 1966, Vol. I, Part II (A/CN.4/SER.A/1966)

Report of the International Law Commission on the Work of its Eighteenth Session, 4 May - 19 July 1966, Official Records of the General Assembly, Twenty-first Session, Supplement No. 9 (A/6309/Rev.1)

United Nations Conference on the Law of Treaties, First and second sessions, Vienna, 26 March - 24 May 1968 and 9 April - 22 May 1969, Official Records, Documents of the Conference (A/CONF.39/11/Add.2)

United Nations Conference on the Law of Treaties, First session, Vienna, 26 March - 24 May 1968, Official Records, Summary Records of the Plenary Meetings and of the Meetings of the Committee of the Whole (A/CONF.39/11)

International Law Commission, Report of the Study Group (A/CN.4/L.682) (13 April 2006)

Report of the International Law Commission on the Work of its Seventieth Session, 30 April - 1 June and 2 July - 10 August 2018 (A/73/10)

Yearbook of the International Law Commission, 2018, Vol. II, Part Two

Conciliation Commission, Report and Recommendations of the Compulsory Conciliation Commission Between Timor-Leste and Australia on the Timor Sea (9 May 2018)

4. 한일회담 관련 일본 자료

日本外交文書綴

福田博, 解說日韓條約: 請求權條項, 法律時報 第37券 (1965)

外務省外務事務官 谷田正躬 外, 日韓條約と國內法の解說 (時の法令 別冊)
    (1966)

高木健一, 從軍慰安婦と戰後補償: 日本の戰後責任 (1992)

III. 학위논문 및 기타

1. 국내외 학위논문

Kenny, James, The Contribution of Manley O. Hudson to Modern International Law
    and Organization (University of Denver, Ph.D. dissertation, 1976)

Spencer, John, L'Interprétation des Traités par les Travaux Préparatoires (Université de
    Paris, Thése pour le Doctorat en Droit, 1934)

김남수, 한미상호방위조약 체결 과정 연구: 동맹의 제도화를 통한 동맹 딜레마의
    관리 (서울대 외교학석사논문, 2009)

김민철, 경계미획정 수역에서 연안국의 권리행사와 분쟁해결 (서울대학교 법학박
    사논문, 2019)

조 훈, UN해양법협약 강제적 관할권 조항 해석 및 적용의 변천 (서울대학교 법학
    석사논문, 2018)

2. 기타

International Tribunal for the Law of the Sea, ITLOS/Press 8, 13 November 1997

Jan Klabbers, Interpretation as the Continuation of Politics by Other Means (2009),
    (opiniojuris.org)

Richard Gardiner, Comment on "The Travaux of Travaux: Is the Vienna Convention
    Hostile to Drafting History?" (2014), AJIL Symposium (opiniojuris.org)

Ulf Linderfalk, A Response to Julian Davis Mortenson (2014), AJIL Symposium
    (opiniojuris.org)

김귀근, "국방위, '유사시 美 자동개입' 여부 논란", 연합뉴스, 2017.10.16.자 기사
김성원, "'일본 대응 논리'는 국제법에서 찾아야", 경향신문 2019.7.26.자 칼럼
최승욱 외, 日, 1960년대 기록 공개하며 '징용배상 해결' 주장, 국민일보, 2019.7.30.
자 기사

Ⅳ. 판례

1. 국제판례

(상설국제사법재판소)

Designation of the Workers' Delegate for the Netherlands at the Third Session of the
International Labour Conferenc (1922), P.C.I.J. (Advisory Opinion), Series B,
No. 1

Competence of the ILO in regard to International Regulation of the Conditions of the
Labour of Persons Employed in Agriculture (1922), P.C.I.J. (Advisory
Opinion), Series B, No. 2

Case of the S.S. "Wimbledon" (1923), P.C.I.J. (Judgment), Series A, No. 1

Polish Postal Service in Danzig (1925), P.C.I.J. (Advisory Opinion), Series B, No. 11

Interpretation of Article 3, Paragraph 2, of the Treaty of Lausanne (1925), P.C.I.J.
(Advisory Opinion), Series B, No.12

Lotus (1927), P.C.I.J. (Judgment), Series A, No. 10

Jurisdiction of the European Commission of the Danube between Galatz and Braila
(1927), P.C.I.J. (Advisory Opinion), Series B, No. 14

Territorial Jurisdiction of the International Commission of the River Oder (1929),
P.C.I.J. (Judgment), Series A, No. 23,

Interpretation of the Convention of 1919 Concerning Employment of Women during
the Night (1932), P.C.I.J. (Advisory Opinion), Series A/B, No. 50

Treatment of Polish Nationals and Other Persons of Polish Origin or Speech in th
Danzig Territory (1932), P.C.I.J. (Advisory Opinion), Series A/B, No. 44

Lighthouses Case between France and Greece (1934), P.C.I.J. (Judgment), Series A/B,
No. 62

(국제사법재판소)

Admission of a State to the United Nations (Charter, Art. 4), Advisory Opinion, I.C.J. Reports 1948

Competence of Assembly regarding admission to the United Nations, Advisory Opinion, I.C.J. Reports 1950

Interpretation of Peace Treaties, Advisory Opinion, I.C.J. Reports 1950

Interpretation of Peace Treaties (second phase), Advisory Opinion, I.C.J. Reports 1950

Case concerning rights of nationals of th United States of America in Morocco, Judgment of August 27th, 1952, I.C. J. Reports 1952

Ambatielos case (jurisdiction), Judgment of July 1st, 1952, I.C.J. Reports 1952

Anglo-Iranian Oil Co. case (jurisdiction), Judgment of July 22nd, 1952: I.C.J. Reports 1952

Case concerning Sovereignty over certain Frontier Land, Judgment of 20 June 1959, I.C.J. Reports 1959

Constitution of the Maritime Safety Committee of the Inter-Governmental Maritime Consultative Organization, Advisory Opinion of 8 June 1960: I.C.J. Reports 1960

South West Africa Cases (Ethiopia v. Soztth Africa; Liberia v. South Africa), Preliminary Objections, Judgment of 21 December 1962: I.C. J. Report, 1962

Barcelona Traction, Light and Power Company, Limited, Judgment, I.C.J. Reports 1970

Legal Consequences for States of the Continued Presence of South Africa in Namibia (South West Africa) notwithstanding Security Council Resolution 276 (1970), Advisory Opinion, I.C.J. Reports 1971

Western Sahara, Advisory Opinion, I.C.J. Reports 1975

Interpretation of the Agreement of 25 March 1951 between the WHO and Egypt, Advisory Opinion, I. C.J. Reports 1980

Border and Transborder Armed Actions (Nicaragua v. Honduras), Jurisdiction and Admissibility, Judgment, I.C.J. Reports 1988

Applicability of the Obligation to Arbitrate under Section 21 of the United Nations Headquarters Agreement of 26 June 1947, Advisory Opinion, I.C.J. Reports 1988

Elettronica Sicula S.P.A. (ELSI), Judgment, I.C.J. Reports 1989

Arbitral Award of 31 July 1989, Judgment, I.C.J. Reports 1991

Land, Island and Maritime Frontier Dispute (El Salvador/Honduras: Nicaragua intervening), Judgment, I.C.J. Reports 1992

Maritime Delimitation in the Area between Greenland and Jan Mayen, Judgment, I.C.J. Reports 1993

Territorial Dispute (Libyan Arab Jamahiriya/Chad), Judgment, I.C.J. Reports 1994

Maritime Delimitation and Territorial Questions between Qatar and Bahrain, Jurisdiction and Admissibility, Judgment, I.C.J. Reports 1995

Oil Platforms (Islamic Republic of Iran v. United States of America), Preliminary Objection, Judgment, I.C.J. Reports 1996

Legality of the Threat or Use of Nuclear Weapons, Advisory Opinion, I.C.J. Reports 1996

Fisheries Jurisdiction (Spain v. Canada), Jurisdiction of the Court, Judgment, I.C.J. Reports 1998

Kasikili/Sedudu Island (Botswana/Namibia), Judgment, I.C.J. Reports 1999

LaGrand (Germany v. United States of America), Judgment, I.C.J. Reports 2001

Sovereignty over Pulau Ligitan and Pulau Sipadan (Indonesia/Malaysia), Judgment, I.C.J. Reports 2002

Avena and Other Mexican Nationals (Mexico v. United States of America), Judgment, I.C.J. Reports 2004

Legal Consequences of the Construction of a Wall in the Occupied Palestinian Territory, Advisory Opinion, I.C.J. Reports 2004

Legality of Use of Force (Serbia and Montenegro v. Belgium), Preliminary Objections, Judgment, I.C.J. Reports 2004

Application of the Convention on the Prevention and Punishment of the Crime of Genocide (Bosnia and Herzegovina v. Serbia and Montenegro), Judgment, I.C.J. Reports 2007

Certain Questions of Mutual Assistance in Criminal Matters (Djibouti v. France), Judgment, I.C.J. Reports 2008

Maritime Delimitation in the Black Sea (Romania v. Ukraine), Judgment, I.C.J. Reports 2009

Dispute regarding Navigational and Related Rights (Costa Rica v. Nicaragua), Judgment, I.C.J. Reports 2009

Pulp Mills on the River Uruguay (Argentina v. Uruguay), Judgment, I.C.J. Reports 2010

Accordance with International Law of the Unilateral Declaration of Independence in Respect of Kosovo, Advisory Opinion, I.C.J. Reports 2010

Application of the International Convention on the Elimination of All Forms of Racial Discrimination (Georgia v. Russian Federation), Preliminary Objections, Judgment, I.C.J. Reports 2011

Maritime Dispute (Peru v. Chile), Judgment, I.C.J. Reports 2014

Application of the Convention on the Prevention and Punishment of the Crime of Genocide (Croatia v. Serbia), Judgment, I.C.J. Reports 2015

Question of the Delimitation of the Continental Shelf between Nicaragua and Colombia beyond 200 Nautical Miles from the Nicaraguan Coast (Nicaragua v. Colombia), Preliminary Objections, Judgment, I.C.J. Reports 2016

Maritime Delimitation in the Indian Ocean (Somalia v. Kenya), Preliminary Objections, Judgment, I.C.J. Reports 2017

Immunities and Criminal Proceedings (Equatorial Guinea v. France), Preliminary Objections, Judgment, I.C.J. Reports 2018

Jadhav (India v. Pakistan), Judgment, I.C.J. Reports 2019

Application of the International Convention for the Suppression of the Financing of Terrorism and of the International Convention on the Elimination of All Forms of Racial Discrimination (Ukraine v. Russian Federation), Preliminary Objections, Judgment, I.C.J. Reports 2019

Application of the International Convention on the Elimination of All Forms of Racial Discrimination (Qatar v. United Arab Emirates), Preliminary Objections, Judgment, I.C.J. Reports 2021

Application of the Convention on the Prevention and Punishment of the Crime of Genocide (The Gambia v. Myanmar), Preliminary Objections, Judgment, 22 July 2022

Question of the Delimitation of the Continental Shelf between Nicaragua and Colombia beyond 200 Nautical Miles from the Nicaragua Coast (Nicaragua v. Colombia), Judgment, 13 July 2023

(국제해양법재판소 및 중재재판소)

Southern Bluefin Tuna case between Australia and Japan and between New Zealand and Japan, Award on Jurisdiction and Admissibility, Decision of 4 August 2000

MOX Plant (Ireland v. United Kingdom), Provisional Measures, Order of 3 December 2001, ITLOS Reports 2001

"Volga" (Russian Federation v. Australia), Prompt Release, Judgment, ITLOS Reports 2002

Arbitration Regarding the Iron Rhine(IJzeren Rijn) Railway between the Kingdom of Belgium and the Kingdom of the Netherlands, Award of 24 May 2005

Responsibilities and Obligations of States with respect to Activities in the Area, Advisory Opinion, 1 February 2011, ITLOS Reports 2011

In the Matter of the Chagos Marine Protected Area Arbitration between The Republic of Mauritius and The United Kingdom of Great Britain and Northen Ireland, Award of the Arbitral Tribunal, 18 March 2015

In the Matter of an Arbitration between the Republic of the Philippines and the People's Republic of China, Award on Jurisdiction and Admissibility, 29 October 2015

In the Matter of the South China Sea Arbitration between the Republic of the Philippines and the People's Republic of China, Award of the Arbitral Tribunal, 12 July 2016

(세계무역기구/유럽인권재판소)

US-Standards for Reformulated and Conventional Gasoline(1996), WT/DS2/AB/R

Golder v. United Kingdom, ECHR (Judgment of 21 February 1975)

Mamatkulov and Askarov v. Turkey, ECHR (Judgment of 4 February 2005)

Soering v. United Kingdom, ECHR (Judgment of 7 July 1989)

Witold Litwa v. Poland, ECHR (Judgment of 4 April 2000)

Bankovic and others v. Belgium and others, ECHR (Decision on Admissibility) (2001)

Sigurður A. Sigurjónsson v. Iceland, ECHR (Judgment of 30 June 1993)

2. 국내판례

정보공개거부처분취소 (서울행정법원 2004.2.13. 선고, 2002구합33943)

대한민국과 일본국 간의 재산 및 청구권에 관한 문제의 해결과 경제협력에 관한
   협정 제3조 부작위 위헌확인 (2006헌마788, 2011, 전원재판부)

손해배상(기)등 (대법원 2012.5.24. 선고, 2009다22549, 판결)

손해배상(기)등 (대법원 2018.10.30. 선고, 2013다61381, 판결)

유민총서 25

조약법상 준비문서(*Travaux Préparatoires*)의 지위

초판 1쇄 인쇄 2024년 7월 5일
초판 1쇄 발행 2024년 7월 12일

지 은 이 황준식
편   찬 홍진기법률연구재단
주   소 서울특별시 종로구 동승3길 26-12 2층
전   화 02-747-8112 팩   스 02-747-8110
홈페이지 http://yuminlaw.or.kr

발 행 인 한정희
발 행 처 경인문화사
편 집 부 이보은 김지선 한주연 김숙희
마 케 팅 하재일 유인순
출판번호 제406-1973-000003호
주   소 경기도 파주시 회동길 445-1 경인빌딩 B동 4층
전   화 031-955-9300 팩   스 031-955-9310
홈페이지 www.kyunginp.co.kr
이 메 일 kyungin@kyunginp.co.kr

ISBN 978-89-499-6804-9 93360
값 29,000원